에듀윌과 함께 시작하면,
당신도 합격할 수 있습니다!

처음 취업을 준비하며
공기업과 대기업 사이에서 길을 고민하는 첫 도전자.

강의 · 과제 · 아르바이트 틈새마다
필기시험 문제집을 풀어내는 졸업 앞둔 대학생.

퇴근 후에도 기출복원 문항으로 실력을 다지며
새로운 출발을 준비하는 재도전의 직장인.

합격의 길에 특별한 비결은 없습니다.
목표를 향해 꾸준히 나아가는 마음, 그 하나면 충분합니다.

이 책은 단순한 문제집이 아니라,
여러분의 노력을 결실로 이끄는 든든한 합격 파트너가 될 것입니다.

마지막 페이지를 덮으면,

에듀윌과 함께
취업 합격이 시작됩니다.

취업 대세 에듀윌!
Why 에듀윌 취업 교재

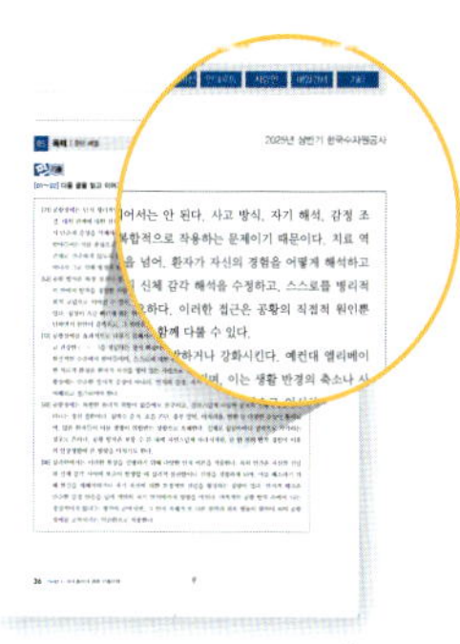

기출맛집 에듀윌!
100% 찐기출복원 수록

주요 공·대기업 기출복원 문제 수록
과목별 최신 기출부터 기출변형 문제 연습으로 단기 취업 성공!

공·대기업 온라인모의고사
+ 성적분석 서비스

실제 온라인 시험과 동일한 환경 구성
대기업 교재 기준 전 회차 온라인 시험 제공으로 실전 완벽 대비

합격을 위한
부가 자료

교재 연계 무료 특강
+ 교재 맞춤형 부가학습자료 특별 제공!

eduwill

취업 교육 1위
에듀윌 취업 **무료 혜택**

01 온라인 모의고사 & 성적분석 서비스

온라인 응시 서비스 응시코드

응시방법

PC 접속 https://eduwill.kr/1tVe
모바일 접속 오른쪽 QR 코드 연결

※ 온라인 모의고사 응시 및 성적분석 서비스는 2027년 03월 31일까지 유효합니다.
※ 본 응시코드는 1인 1회만 사용 가능하며, 중복 사용은 불가합니다.

온라인
모의고사
신청

02 1:1 학습관리 교재 연계 온라인스터디

참여 방법

STEP 1	STEP 2	STEP 3
신청서 작성	스터디 교재 구매 후 인증(선택)	오픈채팅방 입장 및 스터디 학습 시작

※ 온라인스터디 진행 혜택은 교재 및 시기에 따라 다를 수 있습니다.
※ 오른쪽 QR 코드를 통해 신청하시면 스터디 모집 시기에 안내 메시지를
받으실 수 있습니다.

온라인스터디
신청

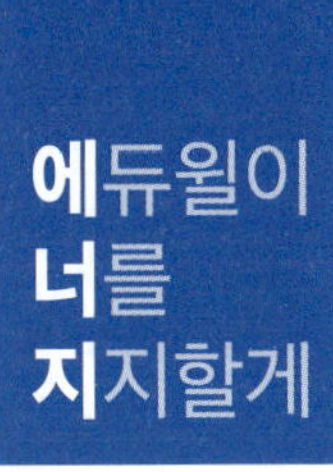

세상을 움직이려면
먼저 나 자신을 움직여야 한다.

– 소크라테스(Socrates)

에듀윌 GSAT SAMSUNG 삼성직무적성검사 실전모의고사

GSAT, 자소서, 그리고 면접까지!
삼성 입사에 필요한 모든 정보를 여기 다 모았다!

GSAT는 삼성에서 시행하는 직무적성검사로 크게 수리논리, 추리 2개 영역이 출제되며, 과락과 감점이 존재합니다. 또한 일정한 유형으로 출제되고 있으며, 난이도는 크게 높지 않습니다.

미래전략실이 사라지면서 삼성 '그룹'도 함께 사라졌습니다. 이에 따라 가장 대표적인 계열사인 삼성전자의 경영철학 및 핵심가치 등을 해당 페이지에 소개하였습니다.

GSAT 미리보기

구분	2020년 상반기~2025년 하반기	
	문항 수	시간
수리논리	20문항	30분
추리	30문항	30분

※ 2020년 상반기부터 온라인으로 진행하고 있으며, 수리논리, 추리 2개 영역이 출제됩니다.

01 시험 특징

1 온라인 시험

- 온라인 시험의 원활한 진행을 위해 예비소집을 통해 사전 점검을 합니다. 예비소집에 참여하지 않은 지원자는 검사 당일 응시가 제한될 수 있습니다.
- 개인별 안내를 통해 검사 진행을 위한 필요 절차를 실시하고, 응시자 매뉴얼 확인 후 스마트폰 거치대와 문제풀이 용지를 준비해야 합니다.
- 응시가 끝날 때까지 스마트폰 및 스마트폰 거치대를 이용하여 본인의 얼굴과 양손, 시험을 치르는 PC 화면이 보이도록 촬영해야 하며, 책상 위에는 PC, 문제풀이 용지(반드시 양면 인쇄), 필기구, 스마트폰 거치대를 제외한 모든 물건은 올려 둘 수 없습니다. 주변 환경에 대한 점검도 진행됩니다.
- 응시장소
  : 최소 3시간 이상 안정적으로 네트워크가 유지된 상태에서 PC, 스마트폰 이용이 가능한 장소
  : 타인의 방해를 받지 않고 시험에 집중할 수 있는 장소
- PC 및 스마트폰
  : 삼성직무적성검사 응시 프로그램에 접속할 수 있는 데스크탑 또는 노트북
  : 응시하는 본인 모습을 촬영할 수 있는 스마트폰
- 시험 종료 후 문제풀이 용지의 모든 면을 촬영하여 지정된 이메일 주소로 발송해야 합니다.

2 영역별 과락 존재

2개 영역(수리논리, 추리) 중 1개 영역이라도 일정 점수 이하를 받게 되면 과락으로 불합격 처리되며, 정확한 과락 점수는 공개되지 않았습니다.

3 감점 존재

오답에 대한 감점이 존재하며, 정확한 감점 메커니즘은 공개되어 있지 않습니다.

4 기타

- 계열사별로 이틀에 걸쳐 각각 오전, 오후 총 4번 진행되며, 부정행위를 방지하기 위해 4번의 시험 모두 다른 문제가 출제됩니다.
- 타사의 인적성 시험과 비교했을 때 난이도가 높지는 않습니다. 그러나 감점이 존재하므로, 제한 시간 내에 정확하게 최대한 많은 문제를 풀어내는 것이 중요합니다.

02 시험구성

1 수리논리

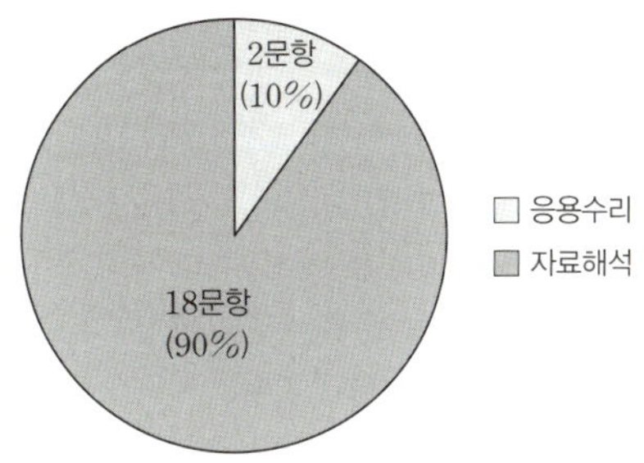

- 문항 유형 및 비중이 꾸준히 유지
- 계산 과정이 대체적으로 깔끔하지만, 일부 선택지에서는 복잡한 계산이 필요한 경우도 있음
- 다양한 형태의 도표가 제시, 비율과 증감률 등을 활용하는 형태가 많이 출제

 **최신 기출 복원 키워드**

- A, B제품의 작년 총 생산량 제시, 올해 B제품의 생산량 계산 방정식 문제
- 냉장고, 세탁기, 청소기를 전시하는 확률 문제
- A~D 제품의 매출액과 수출액 비교 문제
- 증가율의 평균 구하는 문제

2 추리

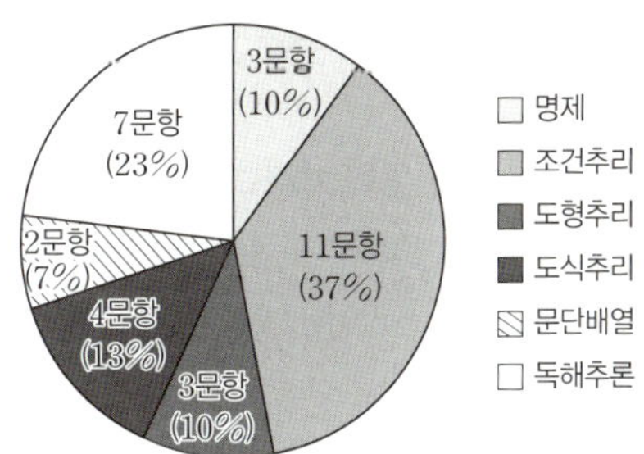

- 문항 유형 및 비중이 꾸준히 유지
- 전반적으로 난이도가 높지는 않지만, 조건추리 문항이 까다롭게 출제
- 순서 · 배열 · 매칭 등의 조건추리 문항이 많이 출제

최신 기출 복원 키워드

- 카페, 신용카드, 쇼핑을 키워드로 하는 명제 문제
- 마라톤 코스별 달리는 주자를 찾는 조건추리 문제
- 퇴근 순서와 실험복 사이즈를 맞추는 조건추리 문제
- 플라즈마 식각, 암진단 웨어러블 기기, 크린지 마케팅 등에 관한 독해추론 문제

삼성 기업 소개

(삼성전자 기준)

※ 기업 소개 정보는 변경될 수 있습니다. 정확한 사항은 기업 홈페이지를 참고해주세요.

01 기업소개

삼성전자는 사람과 사회를 생각하는 글로벌 일류기업을 추구합니다. '경영이념, 핵심가치, 경영원칙'의 가치체계를 경영의 나침반으로 삼고, 인재와 기술을 바탕으로 최고의 제품과 서비스를 창출하여 인류사회에 공헌하는 것을 궁극적인 목표로 삼고 있습니다. 이를 위해 삼성전자가 지켜나갈 약속인 5가지 경영원칙을 세부원칙과 행동지침으로 구체화하여 삼성전자 임직원이 지켜야 할 행동규범(Global Code of Conduct)으로 제정하였으며, 모든 임직원의 사고와 행동에 5가지 핵심가치를 내재화하여 삼성전자의 지속적인 성장을 견인하고 미래 방향성을 제시하고자 합니다.

02 경영철학과 목표

SAMSUNG

1 인재와 기술을 바탕으로
- 인재 육성과 기술 우위 확보를 경영 원칙으로 삼는다.
- 인재와 기술의 조화를 통하여 경영 시스템 전반에 시너지 효과를 증대한다.

2 최고의 제품과 서비스를 창출하여
- 고객에게 최고의 만족을 줄 수 있는 제품과 서비스를 창출한다.
- 동종업계에서 세계 1군의 위치를 유지한다.

3 인류사회에 공헌한다
- 인류의 공동이익과 풍요로운 삶을 위해 기여한다.
- 인류 공동체 일원으로서의 사명을 다한다.

03 인재상

Passion(열정)	끊임없는 열정으로 미래에 도전하는 인재
Creativity(창의혁신)	창의와 혁신으로 세상을 변화시키는 인재
Integrity(인간미 · 도덕성)	정직과 바른 행동으로 역할과 책임을 다하는 인재

04 핵심가치

인재제일 '기업은 사람이다'라는 신념을 바탕으로 인재를 소중히 여기고 마음껏 능력을 발휘할 수 있는 기회의 장을 만들어 갑니다.

최고지향 끊임없는 열정과 도전정신으로 모든 면에서 세계 최고가 되기 위해 최선을 다합니다.

변화선도 변화하지 않으면 살아남을 수 없다는 위기의식을 가지고 신속하고 주도적으로 변화와 혁신을 실행합니다.

정도경영 곧은 마음과 진실되고 바른 행동으로 명예와 품위를 지키며 모든 일에 있어서 항상 정도를 추구합니다.

상생추구 우리는 사회의 일원으로서 더불어 살아간다는 마음을 가지고 지역사회, 국가, 인류의 공동 번영을 위해 노력합니다.

05 경영원칙

1 법과 윤리적 기준을 준수한다

- 개인의 존엄성과 다양성을 존중한다.
- 법과 상도의에 따라 공정하게 경쟁한다.
- 정확한 회계기록을 통해 회계의 투명성을 유지한다.
- 정치에 개입하지 않으며 중립을 유지한다.

2 깨끗한 조직문화를 유지한다

- 모든 업무활동에서 공과 사를 엄격히 구분한다.
- 회사와 타인의 지적 재산을 보호하고 존중한다.
- 건전한 조직 분위기를 조성한다.

3 고객, 주주, 종업원을 존중한다

- 고객만족을 경영활동의 우선적 가치로 삼는다.
- 주주가치 중심의 경영을 추구한다.
- 종업원의 '삶의 질' 향상을 위해 노력한다.

4 환경 · 안전 · 건강을 중시한다

- 환경친화적 경영을 추구한다.
- 인류의 안전과 건강을 중시한다.

5 기업시민으로서 사회적 책임을 다한다

- 기업시민으로서 지켜야 할 기본적 책무를 성실히 수행한다.
- 사업 파트너와 공존공영의 관계를 구축한다.
- 현지의 사회 · 문화적 특성을 존중하고 공동 경영(상생/협력)을 실천한다.

삼성 채용 일정 및 전형 (3급 신입공채 기준)

01 채용 일정

삼성 신입사원 공개 채용은 매년 3월(상반기), 9월(하반기) 연 2회로 나누어 진행되며, 계열사에 따라 시기가 조금씩 차이가 나기도 합니다.

구분	상반기			하반기		
	2023년	2024년	2025년	2023년	2024년	2025년
서류접수	03.08.(수)	03.11.(월)	03.10.(월)	09.11.(월)	09.04.(수)	08.27.(수)
서류마감	03.15.(수)	03.18.(월)	03.17.(월)	09.18.(월)	09.11.(수)	09.03.(수)
서류발표	04.03.(월)	04.05.(금)	04.04.(금)	10.10.(화)	10.04.(금)	09.22.(월)
GSAT	04.22.(토) 04.23.(일)	04.27.(토) 04.28.(일)	04.26.(토) 04.27.(일)	10.28.(토) 10.29.(일)	10.26.(토) 10.27.(일)	10.25.(토) 10.26.(일)
GSAT 발표	05.08.(월)	05.10.(금)	05.13.(화)	11.10.(금)	11.06.(수)	11.05.(금)
면접시작	05.11.(목)	05.13.(월)	05.19.(월)	11.15.(수)	11.12.(화)	11.11.(화)
면접종료	05.26.(금)	05.31.(금)	06.09.(월)	12.01.(금)	12.01.(금)	11.21(금)

※ 삼성전자 기준

02 지원 자격

1 졸업예정자 또는 기졸업자

2 병역필 또는 면제자로 해외여행에 결격사유가 없는 분

3 영어회화 최소등급 이상 보유자(OPIc 또는 토익스피킹에 한함)

부문	직무	OPIc	토익 스피킹
DX	회로설계/시스템개발/애플리케이션 개발/서버 소프트웨어/시스템 소프트웨어/제조 소프트웨어/인공지능/기구개발/품질/서비스/생산기술	IL	Level 5(110점 이상)
	국내영업마케팅/구매/SCM · 물류/환경안전/재무	IM	Level 6(130점 이상)
	제품 · 서비스 마케팅/B2C 영업/ B2B 영업	IH	Level 7(160점 이상)
DS	반도체공정설계 · 기술/설비기술/SW개발/신호및시스템설계/기구개발/패키지개발/평가및분석/회로설계	IL	Level 5(110점 이상)
	생산관리/안전보건	IM	Level 6(130점 이상)

※ 2025년 하반기 삼성전자 기준

※ 디자인 관련 직무는 어학성적 필요하지 않음

1 지원서 접수

기본 인적사항, 전공과목 이수 내역, 직무 관련 활동 경험, 에세이 작성 후 제출

※ 삼성 채용 홈페이지(http://www.samsungcareers.com)에 로그인하여 접수

2 직무적합성 평가

지원서 제출 정보를 바탕으로 직군별 직무수행역량을 평가

※ 직무적합성 평가 합격자에 한해 직무적성검사 응시 가능
※ 2022년 하반기부터 AI 서류평가 도입

3 직무적성검사

직무	검사 내용
연구개발, 기술/설비, 영업마케팅, 경영지원	GSAT(Global Samsung Aptitude Test)
SW개발	S/W 역량테스트
디자인	디자인 포트폴리오 심사

4 종합면접

구분	인성 검사	직무역량 면접	임원 면접
평가 항목	기업에 적합한 인성을 갖춘 정도 파악	전공 역량, 직무 동기	개인 품성, 조직 적합성 등
진행 방식	각자 자리에 배치된 노트북으로 진행	1(면접자) : 多(면접위원)	
세부 사항	PART1은 본인의 성향과 가장 먼 것/가까운 것 체크, PART2는 본인의 성향인 것에 예/아니오 체크	전공별 문제풀이 후 프리젠테이션 및 질의/응답	질의/응답

※ 전형 프로세스 및 평가 내용은 시기 및 계열사, 직무에 따라 달라질 수 있음
※ 일부 직군은 창의성 면접을 추가적으로 진행(30분간 사전 문제풀이시간 부여한 뒤 30분간 면접 진행)

5 채용 건강검진

건강검진 합격자에 한해 최종 합격 및 입사 가능

자소서 및 면접 질문

(삼성전자 기준)

01 자소서 개요

삼성은 계열사별, 직무별로 자소서에 작성해야 하는 Essay 주제가 조금씩 다르나 최근 몇 년간 같은 항목을 유지하고 있습니다. 삼성전자를 기준으로 Essay 1~3은 전체가 동일하나 Essay 4는 부문별로 다릅니다.

02 Essay 주제

1 Essay 1(700자)

삼성전자를 지원한 이유와 입사 후 회사에서 이루고 싶은 꿈을 기술하십시오.

2 Essay 2(1,500자)

본인의 성장과정을 간략히 기술하되 현재의 자신에게 가장 큰 영향을 끼친 사건, 인물 등을 포함하여 기술하시기 바랍니다.(※ 작품 속 가상인물도 가능)

3 Essay 3(1,000자)

최근 사회이슈 중 중요하다고 생각되는 한 가지를 선택하고 이에 관한 자신의 견해를 기술해 주시기 바랍니다.

4 Essay 4(1,000자)

- **DX부문**

  지원 직무 관련 본인의 전문지식과 경험을 작성하고, 본인이 지원 직무에 적합한 사유를 삼성전자 제품과 서비스 사용 경험을 기반으로 기술하시기 바랍니다.

- **DS부문**

  지원한 직무 관련 본인이 갖고 있는 전문지식/경험(심화전공, 프로젝트, 논문, 공모전 등)을 작성하고, 이를 바탕으로 본인이 지원 직무에 적합한 사유를 구체적으로 서술해 주시기 바랍니다.

삼성 면접은 직무를 수행하는 데 필요한 역량을 보유하고 있는지와 삼성의 인재상에 부합하는지를 평가합니다. 크게 직무역량 면접, 창의성 면접, 임원 면접의 3단계로 구성되며, 순서는 조별로 다르게 구성됩니다.

1 직무역량 면접(전공)

직무와 관련하여 전공 문제를 풀고 그와 관련한 질문, 관련 프로젝트에 대한 질문

2 창의성 면접

주제를 제시, 주제와 관련하여 현장에서 직접 만들고 발표, 발표 내용과 관련한 질문

3 임원 면접

서류전형에서 제출한 자기소개서와 기본 정보를 바탕으로 주로 인성과 관련한 질문

대표 질문

- 지원 동기
- 1분 자기소개
- 지원자의 경험이 해당 직무에서 어떠한 강점이 될 수 있는가
- 입사하게 되면 자신이 잘 할 수 있는 것은 무엇인가
- 자소서 내용 중 Essay 3에 작성한 시사 관련 내용에 대한 자신의 의견
- 협업 과정에서 갈등이 생겼을 때, 자신만의 해결 방법
- 자신이 가장 존경하는 인물과 그 이유
- 지원한 직무의 핵심 역할이 무엇이라고 생각하는가
- 상사와의 갈등 상황에서 어떻게 대처할 것인가

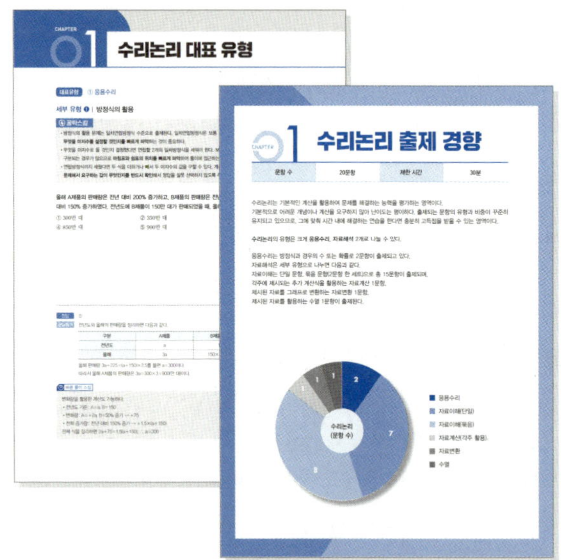

GSAT 유형공략

GSAT 영역별 출제 유형과 유형별 비중을 정리하였다.

대표유형을 중심으로, 기출 키워드와 풀이 전략을 제시하여 시간 내 해결 능력을 체계적으로 강화할 수 있도록 구성하였다.

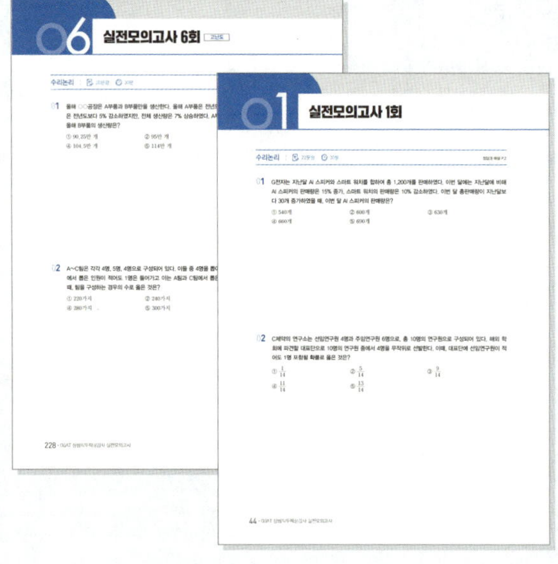

실전모의고사 6회 + 온라인 6회 = 총 12회로 완성하는 GSAT

최신 GSAT 출제 경향을 반영한 실전모의고사 6회를 교재에 수록하였다.

또한 온라인 전용 모의고사 6회를 추가 제공, 실제 응시 방식과 유사한 환경에서 문제를 풀어 실전과 동일한 조건으로 충분한 연습이 가능하도록 구성하였다.

➕ 전 회차 온라인 응시 서비스

실전과 동일한 환경에서 연습할 수 있도록 12회 모두 온라인 응시 서비스를 제공하고 성적분석 서비스와 함께 문제풀이 용지도 추가로 제공한다.

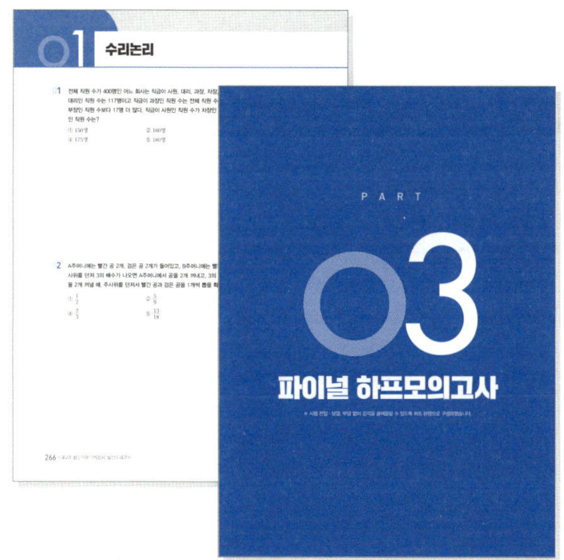

GSAT D-DAY 워밍업
파이널 하프모의고사

시험 직전 긴장 상태에서도 평소와 같은 문제 풀이 감각을 끌어올릴 수 있도록 구성하였다.

실제 시험 전 30분 동안 간단히 풀 수 있는 하프 모의고사를 통해 사고 흐름을 정리하고, 안정적인 컨디션으로 실전에 진입할 수 있도록 돕는다.

➕ 온라인 응시 서비스

실전과 동일한 환경에서 연습할 수 있도록 온라인 응시 서비스와 성적분석 서비스를 제공한다.

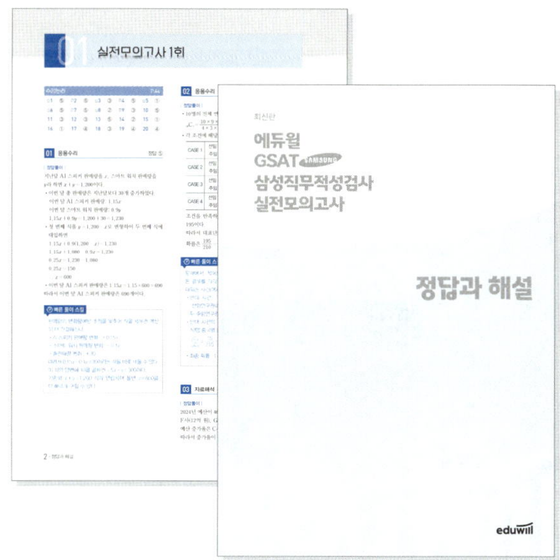

정답과 해설

누구나 쉽게 이해할 수 있도록 자세하고 친절하게 제시된 정답풀이와 실제 시험에서 적용했을 때 문제를 더욱 빠르게 해결할 수 있는 방법인 빠른 풀이 스킬을 수록하여 쉽게 학습할 수 있도록 하였다.

마지막으로 '알아두면 좋은 Tip'을 수록하여 고득점에 반드시 필요한 알짜 Tip을 학습할 수 있도록 하였다.

에듀윌이
너를
지지할게

ENERGY

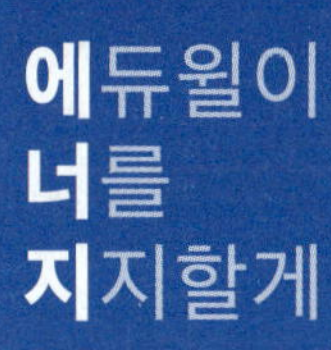

운명은 우연이 아닌, 선택이다.

기다리는 것이 아니라, 성취하는 것이다.

– 윌리엄 제닝스 브라이언(William Jennings Bryan)

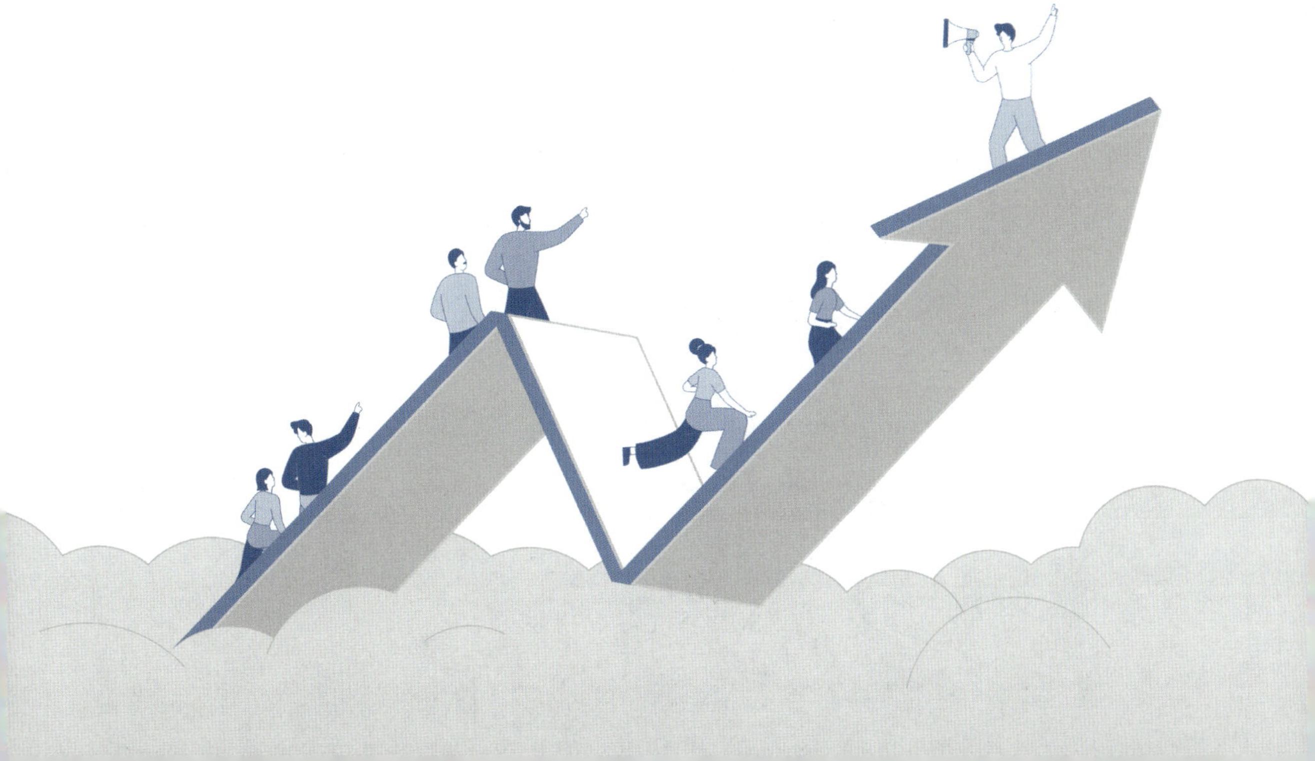

PART
01
GSAT 유형공략

수리논리 출제 경향

문항 수	20문항	제한 시간	30분

수리논리는 기본적인 계산을 활용하여 문제를 해결하는 능력을 평가하는 영역이다.
기본적으로 어려운 개념이나 계산을 요구하지 않아 난이도는 평이하다. 출제되는 문항의 유형과 비중이 꾸준히 유지되고 있으므로, 그에 맞춰 시간 내에 해결하는 연습을 한다면 충분히 고득점을 받을 수 있는 영역이다.

수리논리의 유형은 크게 **응용수리**, **자료해석** 2개로 나눌 수 있다.

응용수리는 방정식과 경우의 수 또는 확률로 2문항이 출제되고 있다.
자료해석은 세부 유형으로 나누면 다음과 같다.
자료이해는 단일 문항, 묶음 문항(2문항 한 세트)으로 총 15문항이 출제되며,
각주에 제시되는 추가 계산식을 활용하는 자료계산 1문항,
제시된 자료를 그래프로 변환하는 자료변환 1문항,
제시된 자료를 활용하는 수열 1문항이 출제된다.

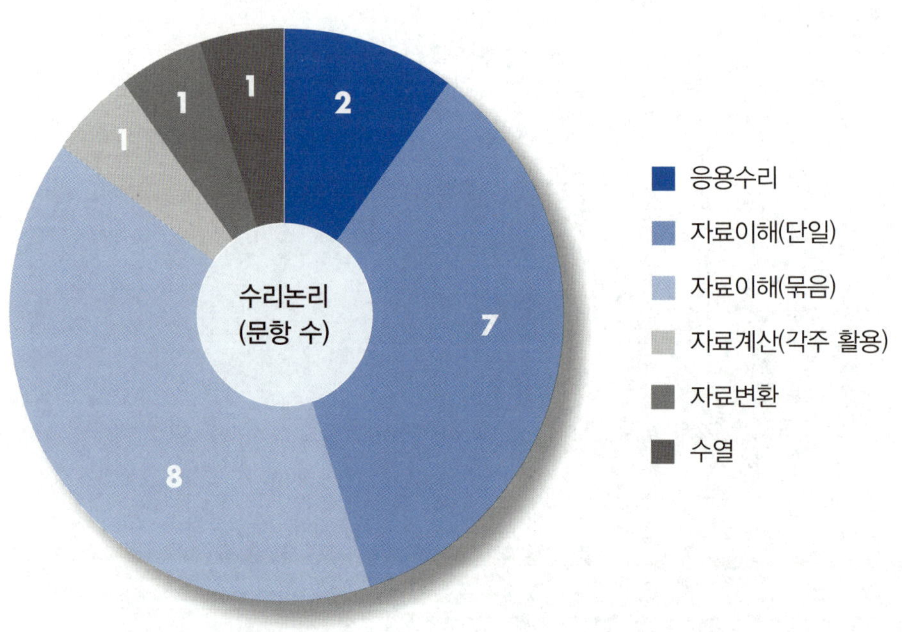

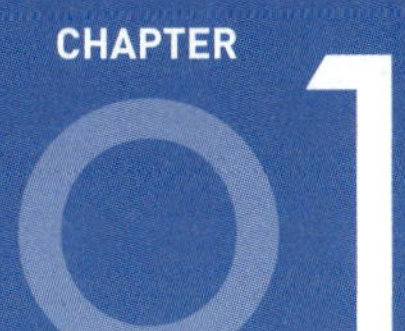

수리논리 대표 유형

대표유형 ① 응용수리

세부 유형 ❶ | 방정식의 활용

⚡ 공략스킬

- 방정식의 활용 문제는 일차연립방정식 수준으로 출제된다. 일차연립방정식은 보통 미지수가 2개, 일차방정식이 2개 제시되므로 **무엇을 미지수를 설정할 것인지를 빠르게 파악**하는 것이 중요하다.
- 무엇을 미지수로 둘 것인지 결정했다면 연립할 2개의 일차방정식을 세워야 한다. 보통 마침표 또는 쉼표를 기준으로 2개의 식이 구분되는 경우가 많으므로 **마침표와 쉼표의 위치를 빠르게 파악**하여 풀이에 접근하는 것이 좋다.
- 연립방정식까지 세웠다면 두 식을 더하거나 빼서 두 미지수의 값을 구할 수 있다. 계산한 미지수의 값이 정답이 아닌 경우도 있다. **문제에서 요구하는 값이 무엇인지를 반드시 확인**해서 정답을 잘못 선택하지 않도록 주의해야 한다.

올해 A제품의 판매량은 전년 대비 200% 증가하고, B제품의 판매량은 전년 대비 50% 증가하여 총 판매량은 전년 대비 150% 증가하였다. 전년도에 B제품이 150만 대가 판매되었을 때, 올해 A제품의 판매량은?

① 300만 대   ② 350만 대   ③ 400만 대
④ 850만 대   ⑤ 900만 대

정답 ⑤

정답풀이 전년도와 올해의 판매량을 정리하면 다음과 같다.

구분	A제품	B제품(만 대)	전체 판매량(만 대)
전년도	a	150	a+150
올해	3a	150×1.5=225	(a+150)×2.5

올해 판매량 3a+225=(a+150)×2.5를 풀면 a=300이다.

따라서 올해 A제품의 판매량은 3a=300×3=900(만 대)이다.

⏱ 빠른 풀이 스킬

변화량을 활용한 계산도 가능하다.

- 전년도 기준: A=a, B=150
- 변화량: A=+2a, B=50% 증가 → +75
- 전체 증가량: 전년 대비 150% 증가 → +1.5×(a+150)

전체 식을 정리하면 2a+75=1.5(a+150), ∴ a=300

⚡ 공략스킬

- **경우의 수는 순열, 조합을 활용한 문제가 주로 출제된다.** 순열은 순서가 정해진 상황에서 활용하며, 조합은 순서가 정해지지 않고 뽑기만 하는 상황에서 활용한다.
- 가장 중요한 것은 **어떤 공식과 방법을 활용해야 하는 문제인지 파악하는 것이다.** 예를 들어 4명 중 2명을 뽑는 상황이 제시되어 있다고 가정하자. 이때 뽑는 상황을 인지하고 단순히 $_4C_2$로 조합 공식을 사용한다면 문제를 틀릴 수 있다. 반장 2명을 뽑는 경우라면 조합 공식을 사용해서 구할 수 있지만 반장 1명, 부반장 1명을 뽑는 경우라면 순열 공식을 사용해야 하기 때문이다. 이처럼 단순히 순열, 조합 공식을 대입하려는 것보다 문제 상황을 정확하게 이해하는 것이 중요하다.
- **'적어도', '~이상'**과 같은 표현이 문제에 등장하는 경우: 이때는 전체 경우의 수에서 '적어도', '~이상'과 관련된 경우와 반대되는 경우의 수를 빼면 더욱 빠르게 계산할 수 있다.

남자 5명, 여자 4명 중에서 4명의 위원을 선출할 때, 남자와 여자가 각각 적어도 1명씩 포함되는 경우의 수로 옳은 것은?

① 48가지   ② 60가지   ③ 72가지
④ 96가지   ⑤ 120가지

정답   ⑤

정답풀이   남자와 여자가 각각 적어도 1명씩 포함되는 경우는 다음과 같이 나눌 수 있다.

  i) 남자 1명, 여자 3명: $_5C_1 \times _4C_3 = 5 \times 4 = 20$(가지)

  ii) 남자 2명, 여자 2명: $_5C_2 \times _4C_2 = \dfrac{5 \times 4}{2 \times 1} \times \dfrac{4 \times 3}{2 \times 1} = 10 \times 6 = 60$(가지)

  iii) 남자 3명, 여자 1명: $_5C_3 \times _4C_1 = \dfrac{5 \times 4 \times 3}{3 \times 2 \times 1} \times 4 = 10 \times 4 = 40$(가지)

  따라서 남자와 여자가 각각 적어도 1명씩 포함되는 경우의 수는 $20+60+40=120$(가지)이다.

⚡ 빠른 풀이 스킬

전체 경우에서 남자만 4명 또는 여자만 4명을 뽑는 경우를 제외하면 된다. 전체 9명 중에서 4명을 뽑는 경우의 수는 $_9C_4 = \dfrac{9 \times 8 \times 7 \times 6}{4 \times 3 \times 2 \times 1} = 126$(가지)이고, 남자만 4명을 뽑는 경우의 수는 $_5C_4 = 5$(가지), 여자만 4명을 뽑는 경우의 수는 $_4C_4 = 1$(가지)이다.

따라서 남자와 여자가 각각 적어도 1명씩 포함되는 경우의 수는 $126-(5+1)=120$(가지)이다.

세부 유형 ❶ | 자료계산(각주활용)

⚡ 공략스킬

- 자료계산(각주활용) 문제는 1문제씩 꾸준히 출제되는 유형으로, 자료의 빈칸에 들어갈 값을 제시된 각주(공식, 조건 등)를 이용하여 계산하는 유형이다. 보통 수리논리 뒷부분에서 출제되는 경우가 많은데 난도가 쉬운 편이니 먼저 해결하는 것이 좋다.
- **우선 자료에서 빈칸 없이 모든 수치가 제시된 항목을 확인한다.** 각주활용 유형의 문제 풀이 알고리즘은 보통 '**공식에 수치 대입 → 대입한 식을 연립하여 미지수 구하기 → 완성된 공식으로 빈칸의 값 구하기**' 순이므로 처음에 공식에 대입할 수치를 찾는 것이 가장 중요하다.

다음 [표]는 K사의 매출액에 관한 자료이다. 주어진 자료를 바탕으로 빈칸에 들어갈 값을 예측했을 때, 가장 적절한 것은?

[표] 연도별 매출액   (단위: 억 원)

연도	2018년	2019년	2020년	2021년	2022년	2023년	2024년
매출액	16	31	56	91	136	191	( )

※ 연도별 매출액$=($해당 연도$-2017)^2 \times a + b$

① 241   ② 250   ③ 256   ④ 273   ⑤ 281

정답 ③

정답풀이 2018년 매출액은 16억 원이고 2019년 매출액은 31억 원이므로 다음과 같은 식이 성립한다.

$(2018-2017)^2 \times a + b = 16 \rightarrow a + b = 16$ … ㉠

$(2019-2017)^2 \times a + b = 31 \rightarrow 4a + b = 31$ … ㉡

㉡$-$㉠을 계산하면 $a = 5$이고, $b = 11$이다.

따라서 2024년 매출액은 $(2024-2017)^2 \times 5 + 11 = 256$(억 원)이다.

⚡ 공략스킬

- 자료이해 문제는 표 또는 그래프가 1~3개 가량 주어지고 자료에 대한 설명으로 옳거나 옳지 않은 것을 고르는 문제로 출제된다.
- GSAT 자료해석 문제는 대부분 수치가 깔끔하게 제시되어 계산이 어렵진 않으나 주어진 시간이 짧으므로 여러 가지 스킬을 이용하여 빠르게 풀어야 한다.
- **자료이해 문제에서는 선택지를 먼저 확인하는 것이 좋다.** 선택지는 보통 계산이 필요한 선택지와 계산이 필요하지 않은 선택지가 제시되는데 계산이 필요하지 않은 선택지는 빠른 확인이 가능하므로 이를 먼저 확인한 뒤에 계산이 필요한 선택지를 확인하면 풀이 시간을 단축할 수 있다.
- **되도록 정확하게 계산하지 않고 풀어야 풀이 시간을 단축할 수 있다.** 선택지에서 특정 값을 묻는다면 정확한 계산이 필요하지만 '~이상이다.', '~미만이다.'와 같이 범위 포함 여부를 묻는 선택지라면 대략적인 값을 구해서 해결하도록 한다.
- **분수의 대소비교 관련 공식을 암기하는 것이 중요하다.** 자료이해 문제에서 계산이 가장 오래 걸리는 선택지는 보통 증가율, 비중 등 분수 계산이 필요한 선택지이다. 기본서와 해당 교재의 해설에 수록된 분수의 대소비교 관련 공식을 암기한다면 관련 문제의 풀이 시간을 확실히 단축할 수 있다.

다음 [그래프]는 AI 반도체 시장을 선점하기 위해 수집한 자료의 일부이다. 주어진 자료에 대한 설명 중 옳지 <u>않은</u> 것은?

[그래프1] AI 반도체 시장 전망   (단위: 억 달러)

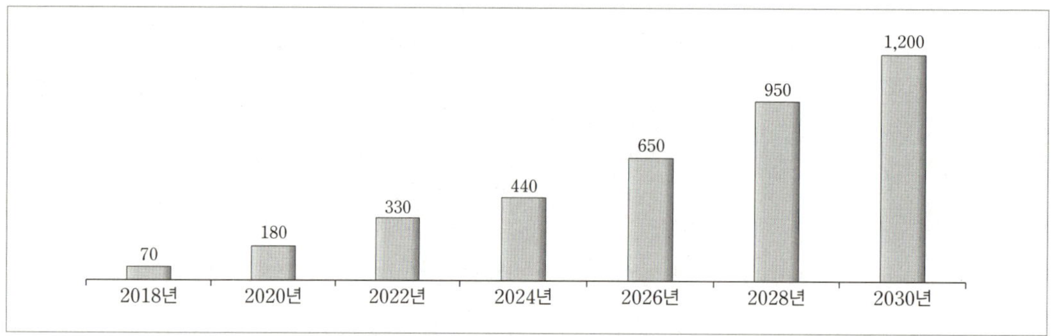

[그래프2] 시스템 반도체 시장 중 AI 반도체 비중   (단위: %)

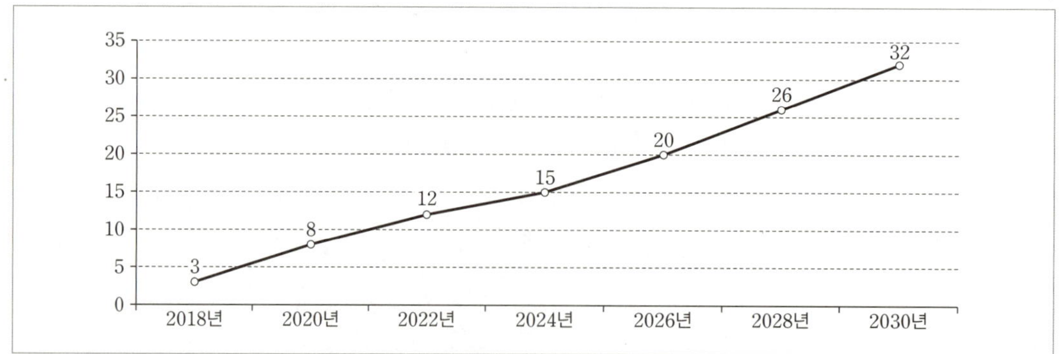

① 2022년 AI 반도체 시장 규모는 2년 전보다 130억 달러 이상 증가하였다.

② 2022년 이후 제시된 기간에 시스템 반도체 시장 규모는 증가할 것으로 예상된다.

③ 2020년 시스템 반도체 시장 규모는 2,250억 달러이다.

④ 2028년 AI 반도체 시장 규모는 10년 전 대비 1,200% 이상 증가할 것으로 예상된다.

⑤ AI 반도체 시장 규모는 2018~2024년 동안 매년 증가하였다.

정답 ⑤

정답풀이 주어진 [그래프]에서 연도는 2018년부터 2년 주기로 제시되어 있다. 제시되어 있지 않은 2019년, 2021년, 2023년 AI 반도체 시장 규모는 전년도와 비교했을 때 증가하는지 감소하는 지 알 수 없다.

따라서 AI 반도체 시장 규모는 2018~2024년 동안 매년 증가한다는 설명은 옳지 않다.

오답풀이 ① AI 반도체 시장 규모 2022년에 330억 달러, 2020년에 180억 달러이므로 2년 전 대비 150억 달러 증가하였으므로 130억 달러 이상 증가하였다.

② 제시된 각 연도별 시스템 반도체 시장 규모를 계산하면 다음과 같다.

구분	2020년	2022년	2024년	2026년	2028년	2030년
시스템 반도체 시장 규모(억 달러)	180÷0.08 =2,250	330÷0.12 =2,750	440÷0.15 ≒2,933	650÷0.2 =3,250	950÷0.26 ≒3,654	1,200÷0.32 =3,750

따라서 시스템 반도체 시장 규모는 2022년 이후 제시된 기간에 증가할 것으로 예상된다.

③ 2020년 시스템 반도체 시장 규모×8%=AI 반도체 시장 규모(180억 달러)

2020년 시스템 반도체 시장 규모=180억 달러÷8%=2,250(억 달러)

④ 2018년 AI 반도체 시장 규모: 70억 달러

2028년 AI 반도체 시장 규모: 950억 달러

2018년 대비 2028년 AI 반도체 시장 규모의 증가율$=\dfrac{(950-70)}{70}\times100=1,257(\%)$이므로 1,200% 이상 증가할 것으로 예상된다.

빠른 풀이 스킬

④ 2028년 AI 반도체 시장 규모는 2018년의 70에서 950으로 증가하였다.

1,200% 증가는 기준값의 12배 증가, 즉 최종값이 기준의 13배가 되는 경우이므로, 기준값 70의 13배인 910을 넘는지만 확인하면 된다. 2028년 값은 950으로 910을 초과하므로, 10년 전 대비 1,200% 이상 증가했음을 판단할 수 있다.

⚡ 공략스킬

- 자료변환 문제는 1문제씩 꾸준히 출제되는 유형으로, 주어진 자료를 활용하여 그래프, 표 등으로 나타내었을 때 옳거나 옳지 않은 것을 고르는 유형이다. 보통 수리논리 뒷부분에서 출제되는 경우가 많으며, 난도는 적당한 편이다.
- **선택지를 먼저 확인한 뒤에 주어진 자료와 비교하는 것이 중요하다.** 자료변환 문제는 크게 2가지 유형으로 나뉘는데 하나는 5개의 선택지에 모두 같은 형태의 그래프가 제시되고 옳은 그래프를 찾는 유형이고, 다른 하나는 5개의 선택지에 모두 다른 형태의 그래프가 제시되고 옳거나 옳지 않은 그래프를 찾는 유형이다. 어떤 유형이든 선택지를 먼저 확인한 뒤에 그래프의 수치가 맞는지 확인하여 **선택지를 하나씩 제거**하는 것이 풀이 시간 단축에 유리하다.

다음 [표]는 발전원별 에너지 발전량에 관한 자료이다. 주어진 자료를 바탕으로 5년 전 대비 에너지 발전량의 증가량을 그래프로 나타내었을 때, 옳지 <u>않은</u> 것은?

[표] 발전원별 에너지 발전량 (단위: GWh)

구분	2005년	2010년	2015년	2020년	2025년
태양광	1,200	1,500	1,800	2,400	2,000
원자력	2,000	2,500	2,400	1,700	1,500
수력	500	800	1,000	600	800
풍력	100	200	100	300	700
화력	700	1,000	1,200	1,000	1,500

① 태양광의 5년 전 대비 에너지 발전량 증가량

(단위: GWh)

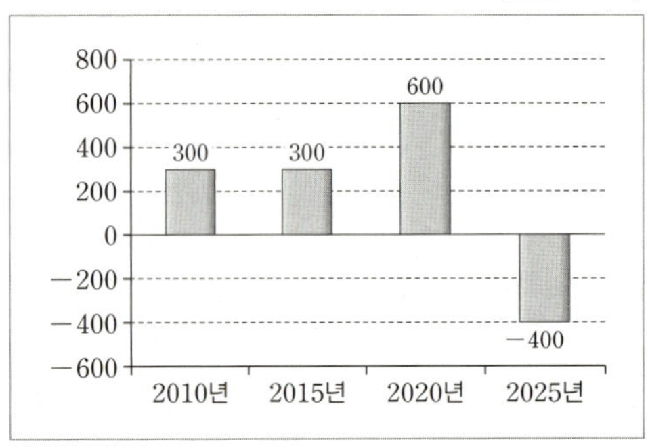

② 원자력의 5년 전 대비 에너지 발전량 증가량

(단위: GWh)

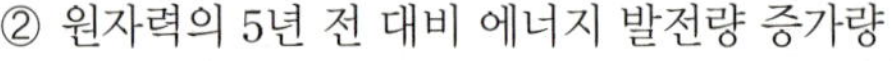
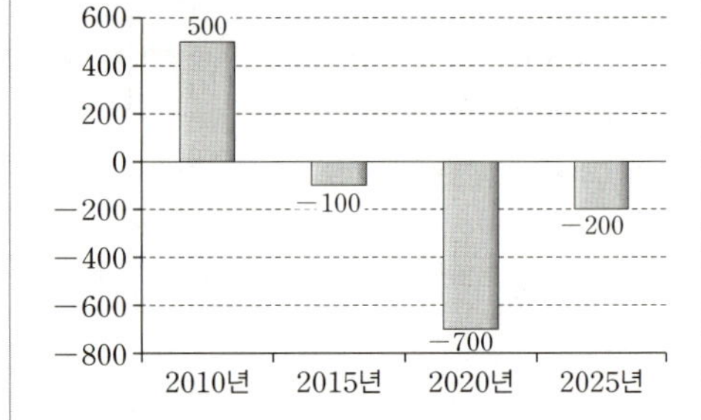

③ 수력의 5년 전 대비 에너지 발전량 증가량

(단위: GWh)

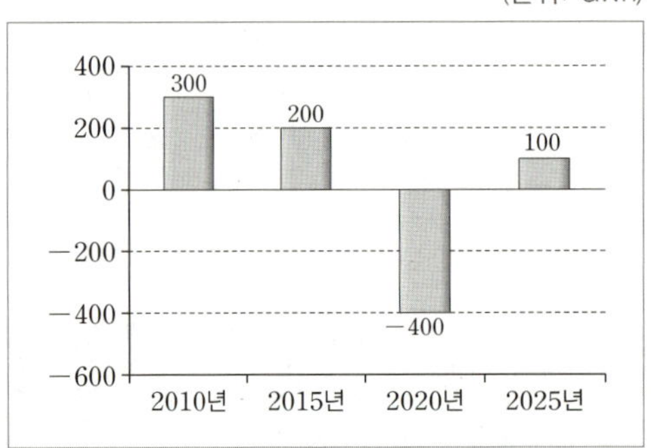

④ 풍력의 5년 전 대비 에너지 발전량 증가량

(단위: GWh)

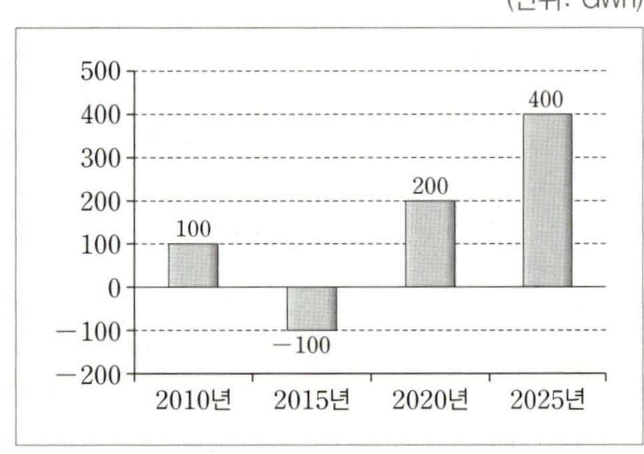

⑤ 화력의 5년 전 대비 에너지 발전량 증가량

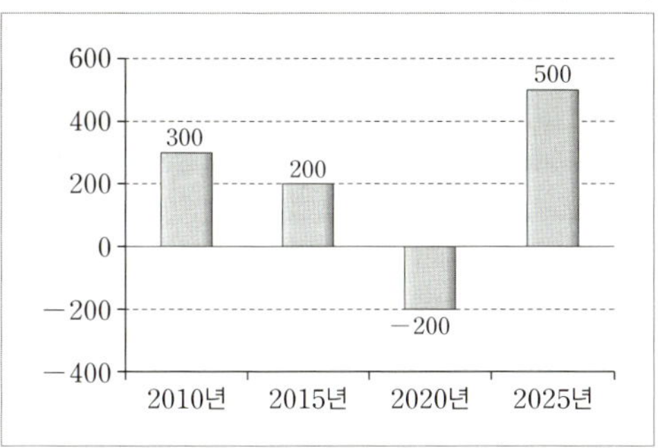

---

 ③

 수력의 5년 전 대비 발전량 증가량은 다음과 같다.

2010년	2015년	2020년	2025년
800−500=300(GWh)	1,000−800=200(GWh)	600−1,000=−400(GWh)	800−600=200(GWh)

따라서 옳지 않은 그래프는 ③이다.

빠른 풀이 스킬

자료변환 유형을 빠르게 해결하는 단계별 접근 방법

1. 주어진 자료의 증감을 확인

2. 계산이 필요하지 않은 그래프 먼저 확인

3. 계산이 필요한 그래프는 그래프에 제시된 수치를 활용하여 계산

각 단계별로 소거법을 활용하여 접근한다면 불필요한 계산을 줄여 풀이 시간을 단축할 수 있다.

⚡ 공략스킬

- 자료계산(수열) 문제는 1문제씩 꾸준히 출제되는 유형으로, 일정한 규칙을 가진 자료가 주어지면 그 규칙을 추론하여 특정 시기의 값을 구하는 유형이다. 보통 수리논리 뒷부분에서 출제되는 경우가 많은데 난도가 쉬운 편이니 먼저 해결하는 것이 좋다.
- **항목별 증감량을 나열하여 규칙을 찾는다.** 수열 문제는 일정한 규칙에 따라 변화하는 자료가 주어지기 때문에 규칙을 파악하는 것이 중요한데 눈으로 규칙을 찾는 것이 쉽지 않을 수 있다. 항목별 증감량을 나열하여 규칙을 빠르게 확인하는 것이 중요하다.
- **규칙(수열)의 종류를 미리 숙지하는 것이 중요하다.** 자주 출제되는 수열은 등차수열, 등비수열, 계차수열, 피보나치 수열이므로 이 4가지 수열을 염두에 두고 규칙을 파악하는 것이 좋다. 또한 수열 관련 공식을 모르더라도 단순 연산으로 빠르게 해결되는 경우가 많으므로 공식을 외우는 것에 부담을 가질 필요는 없다.

어느 은행 어플의 예금 통장은 매주 일정 금액을 비상금으로 저축할 수 있는 서비스를 진행하고 있다. 매주 저축할 수 있는 금액은 고객의 설정에 따라 서로 다르다. 소미와 혜린이가 이 서비스를 이용하고 있고, 매주 저축하는 비상금이 아래 규칙을 따른다고 할 때, 20주차까지 소미가 저축한 비상금과 혜린이가 저축한 비상금의 누적액의 차이는?(단, 20주 동안 비상금 저축 설정이 변화하지 않았다.)

[표] 소미와 혜린이의 주차별 저축한 비상금

구분	1주차	2주차	3주차	4주차	5주차
소미	1만 원	3만 원	5만 원	7만 원	9만 원
혜린	30만 원	30만 원	30만 원	30만 원	30만 원

① 200만 원　　　　　② 210만 원　　　　　③ 220만 원
④ 230만 원　　　　　⑤ 240만 원

①

헤린이는 매주 30만 원씩 저축하므로 20주차에 20×30=600(만 원)을 저축한다.

소미는 1주차에 1만 원을 저축하고, 매주 2만 원씩 더 저축하므로 N주차에 1+2(N−1)만 원을 저축한다. 이에 따라 N주차의 저축액은 $\frac{N\{2+2(N-1)\}}{2}=N^2$(만 원)이므로 20주차에 $20^2=400$(만 원)을 저축한다.

따라서 헤린이와 소미의 저축액 차이는 600−400=200(만 원)이다.

빠른 풀이 스킬

소미의 누적금액을 계산하기 위해 관련 수열 공식을 사용하지 않아도 계산할 수 있다.

소미가 20주차에 저축하는 금액은 1+2(N−1) 식으로 39만 원이라는 것을 구했다면 나열되는 수에서 규칙을 찾을 수 있다.

1주차부터 20주차까지 저축한 금액은 다음과 같다.

1, 3, 5, … 35, 37, 39

40만 원

40만 원

1주차+20주차=40(만 원)

2주차+19주차=40(만 원)

⋮

총 40×10=400(만 원)

소미의 누적금액이 400만 원임을 계산할 수 있다.

02 추리 출제 경향

문항 수	30문항	제한 시간	30분

추리는 주어진 조건과 정보를 바탕으로 논리적으로 사고하고, 숨은 규칙이나 흐름을 찾아내는 능력을 평가하는 영역이다. 단순히 표면적인 사실을 암기하는 데 그치지 않고 제시된 정보를 종합적으로 분석해 답을 도출하는 사고력이 요구된다. 따라서 추리 영역은 단순한 문제 풀이 능력이 아니라, 유추·추론 능력, 종합적 이해력, 논리적 사고력을 종합적으로 평가한다.

추리의 유형은 **명제, 조건추리, 도형추리, 도식추리, 문단배열, 독해추리** 6개로 나눌 수 있다.

명제는 3문항이 출제되며 전제와 결론을 이끌어 내는 형태다.
조건추리는 11문항으로 가장 많은 비중을 차지하고 있으며, 도형추리는 3문항, 도식추리는 묶음 문항으로 4문항(한 세트)이 출제된다.
문단배열은 2문항이 출제되며, 독해추리는 참/거짓 판단, 반박 찾기, [보기] 이해의 3가지 세부 유형으로 구성되며 총 7문항이 출제된다.

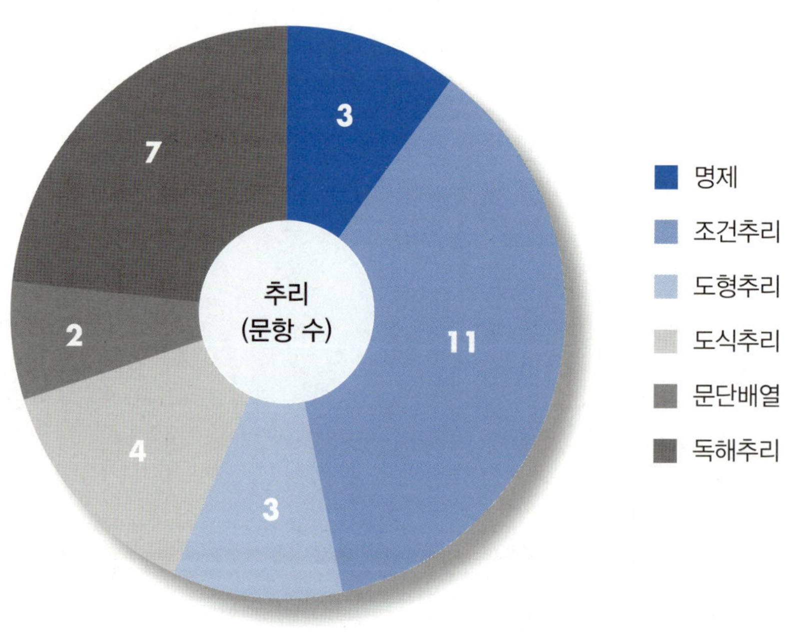

추리 대표 유형

대표유형 ① 언어추리

세부 유형 ❶ | 명제

⚡ 공략스킬

- 명제는 주어진 전제를 바탕으로 추론할 수 있는 결론을 찾거나 주어진 전제와 결론으로 또 다른 전제를 찾는 유형으로 대우명제와 삼단논법, 벤다이어그램을 이용하여 해결할 수 있다.
- 명제 문항은 일정한 패턴을 가지고 있으므로 그 패턴을 중심으로 학습하도록 한다.
  1. 모든(A → B)은 대우(~B → ~A)로 변환 가능하다.
  2. 어떤(A∩B)은 A와 B의 교집합이다. 따라서 A와 B의 자리변경이 가능하다.
  3. 두 전제를 연결할 때는 같은 개념이 겹치는 부분을 매개로 이어서 결론을 만든다.
  4. 전제가 모든, 모든이면 결론은 보통 모든 혹은 대우 꼴이 된다.
     전제가 모든, 어떤이면 결론은 보통 어떤 꼴이 된다.
  6. 항상 참인 결론은 '대우 변환+교집합 확인' 두 단계로 찾는다.

다음 전제를 보고 항상 참인 결론은?

전제1	모든 타박상은 자연치유된다.
전제2	타박상이 아닌 것은 모두 약물치료가 필요하다.
결론	

① 약물치료가 필요한 것은 모두 자연치유된다.

② 자연치유되는 것은 모두 약물치료가 필요하지 않다.

③ 약물치료가 필요하지 않은 것은 모두 자연치유된다.

④ 자연치유되지 않는 것은 모두 약물치료가 필요하지 않다.

⑤ 약물치료가 필요하지 않은 것은 모두 자연치유되지 않는다.

정답풀이 전제2의 대우명제와 전제1을 고려하면 다음과 같은 벤다이어그램을 그릴 수 있다.

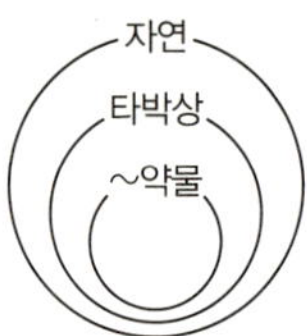

'자연'이 '~약물'을 포함하고 있으므로 '~약물 → 자연'이 항상 성립한다.

따라서 항상 참인 결론은 '약물치료가 필요하지 않은 것은 모두 자연치유된다.'이다.

문제해결 TIP

모든 A → B

모든 ~A → C (대우명제 ~C → A)

 • 결론: 모든 ~C → B

전제1과 전제2 모두 some 개념이 등장하지 않으므로 삼단논법을 사용하여 문제를 풀 수 있다. 타박상을 '타', 자연치유되는 것을 '자', 약물치료가 필요한 것을 '약'이라고 표시하고 전제1과 전제2를 다시 써보면 다음과 같다.

 • 전제1: 타 → 자

 • 전제2: ~타 → 약

전제1과 전제2에서 모두 '타'가 등장하므로 '타'가 전제1과 전제2를 연결하는 연결고리, 즉 매개념이다. 매개념을 이용하기 위해 전제2의 대우명제를 구해보면 '~약 → 타'이므로 전제1과 전제2를 서로 연결하면 '~약 → 자'라는 결론을 내릴 수 있다. 따라서 정답은 ③이다.

모든 명제 문제를 아래 3가지 형태로 나눠서 생각할 수 있다.

형태 1

┌ A는 B이다.
└ A는 C이다.

• 전제 찾기 = 모든 B는 C이다.

• 결론 찾기 = 어떤 B는 C이다. (※ 어떤+어떤 형태에서는 예외가 존재하므로 항상 참이 아닐 수 있으므로 주의)

※ 어떤은 앞, 뒤 자리 변경이 가능하다.

ex) 어떤 A는 B이다. → 어떤 B는 A이다.

형태 2

┌ B는 A이다.
└ C는 A이다.

• 전제 찾기 ① 모든 + 모든 = 모든 C는 B이다.

  ② 어떤 + 어떤 = 모든 B는 C이다.

  ③ 모든 + 어떤 = 모든 or 어떤 B는 C이다. or C는 B이다.

형태 3(모든 + 모든)

┌ B는 A이다.
└ A는 C이다.

• 결론 찾기 = 모든 B는 C이다.
  어떤 B는 C이다. or C는 B이다.

┌ A는 B이다.
└ C는 A이다.

• 결론 찾기 = 모든 C → B이다.
  어떤 C → B이다. or B → C이다.

• (공통)전제 찾기 = 어떤을 포함하는 경우, 자리를 변경하여 적용하도록 한다.

┌ B는 A이다.
└ 어떤 A는 C이다. → 어떤 C는 A이다.

┌ A는 B이다.
└ 어떤 C는 A이다. → 어떤 A는 C이다.

⚡ 공략스킬

- 조건추리는 주어진 조건들을 바탕으로 인물·사물·순서를 배열하거나 참·거짓 여부를 추론하여 정답을 찾아내는 유형이다. 단순히 조건을 나열하는 것이 아니라, 조건들을 모순 없이 동시에 충족하는 배치나 상황을 찾는 것이 핵심이다.
  1. 조건의 시각화: 그림이나 표로 표현할 수 있는 조건은 반드시 시각화하여 정리한다.
  2. 확정 조건부터 배치: '맨 앞', '가운데', '~보다 먼저'처럼 확정 가능한 조건을 먼저 배치하고, 이후 남은 조건을 추가하여 경우의 수를 최소화한다.
  3. 거짓말 문제는 진실/거짓부터 확정: 거짓말을 하는 사람을 먼저 확정하면, 이를 기준으로 다른 조건을 빠르게 정리할 수 있다.

운동을 좋아하는 A~D 4명은 각자 축구, 농구, 야구, 수영 중 두 종류의 운동을 취미로 한다. 주어진 [조건]을 바탕으로 항상 옳지 않은 것은?

┤ 조건 ├
- 축구와 야구를 모두 하는 사람은 없다.
- C는 농구와 야구 중 한 종류의 운동을 한다.
- A는 축구를 하고, C는 축구를 하지 않는다.
- B와 D가 하는 두 종류의 운동 중 한 종류는 야구이고, 다른 한 종류의 운동은 서로 다르다.

① 가능한 경우의 수는 8가지이다.
② 축구, 농구, 야구, 수영 중 아무도 하지 않는 운동은 없다.
③ D가 수영을 하면 B는 농구를 한다.
④ 축구를 하는 사람은 2명이다.
⑤ C가 야구를 하면 야구를 하는 사람은 3명이다.

정답 ④

정답풀이 축구와 야구를 모두 하는 사람은 없고, B와 D가 하는 두 종류의 운동 중 한 종류는 야구이며, 다른 한 종류의 운동은 서로 다르므로 B와 D는 각자 서로 다른 운동인 농구 또는 수영을 한다.

구분	A	B	C	D
운동1		야구		야구
운동2		농구 또는 수영		수영 또는 농구

A는 축구를 하고 C는 축구를 하지 않는데, C는 농구와 야구 중 한 종류만 하고, 다른 한 종류는 하지 않으므로 A가 하는 운동은 축구와 농구 또는 수영이고, C가 하는 운동은 수영과 농구 또는 야구이다.

구분	A	B	C	D
운동1	축구	야구	수영	야구
운동2	농구 또는 수영	농구	농구 또는 야구	수영
		수영		농구

따라서 축구를 하는 사람은 A뿐이므로 1명이다.

세부 유형 ❶ | 도형추리

⚡ 공략스킬

- 도형추리는 3×3박스에 제시된 8개의 도형을 바탕으로 나머지 1칸에 들어갈 도형을 추리하는 유형이다. 규칙은 보통 가로 또는 세로 줄로 적용되며, **시계/반시계 방향 회전, 상하/좌우 반전, 색 반전, 색 결합, 색 이동** 등의 규칙이 주로 출제된다. 2가지 규칙이 동시에 적용되는 경우도 있다.
- **같은 모양의 도형끼리 비교하여 규칙을 찾는다.** 도형추리의 규칙은 보통 가로 또는 세로로 적용되는데 만약 문제에서 가로 또는 세로로 3개씩 같은 도형이 제시된다면 같은 도형끼리 비교하여 규칙을 찾는다. 이때 찾은 규칙은 다른 줄에서도 적용되는지 확인하여 해당 규칙이 맞는지 체크해야 한다.
- **도형 내의 특이한 모양이나 일부 구역을 기준으로 규칙을 찾는다.** 3×3박스에 제시된 8개의 도형이 모두 같은 모양일 경우에는 규칙을 찾기 쉽지 않은데 ㄱ, ㄴ, ㄷ, ㄹ, ㅁ 등의 특이한 모양이나 도형을 분할하여 해당 모양 또는 분할한 부분 기준으로 회전했는지, 색 반전이 됐는지 등을 비교하면 규칙을 빠르게 찾을 수 있다.

다음 도형들은 일정한 규칙을 가지고 있다. 다음 중 ?에 들어갈 도형으로 알맞은 것은?

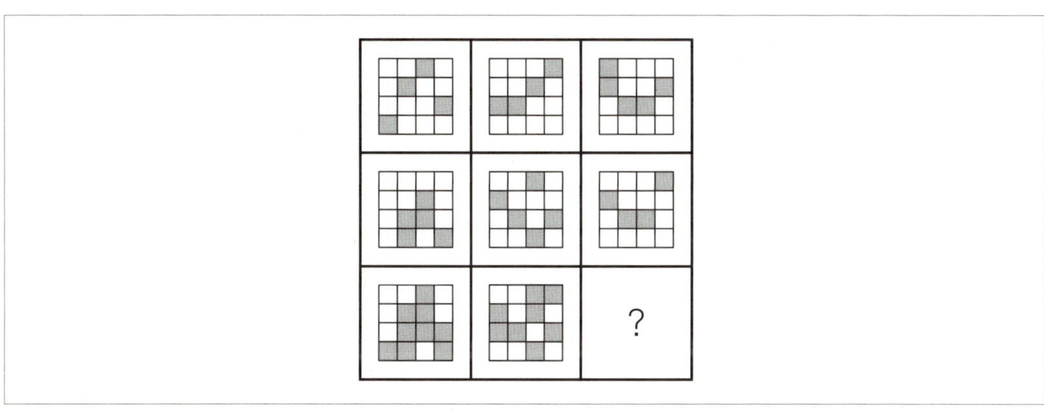

① 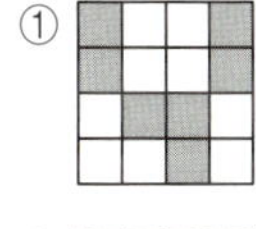　② 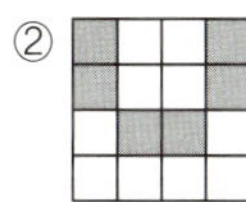　③ 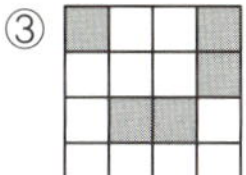

④ 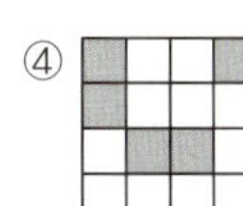　⑤ 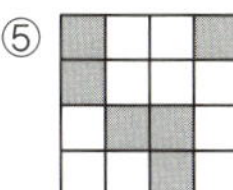

정답 ②

정답풀이 1행과 2행의 음영을 합친 것이 3행의 도형이다.

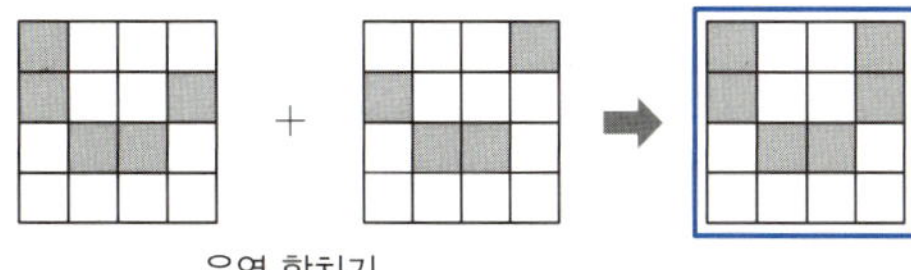

⚡ 공략스킬

- 도식추리는 도식 내 각 기호에 적용된 규칙을 찾아 연결된 문제를 해결하는 유형이다. 규칙은 보통 순서 바꾸기 또는 숫자연산이 적용된다.
- **문자표를 외워서 알파벳에 해당하는 숫자를 암기한다.** 여기서 말하는 문자표는 아래와 같이 알파벳의 순서에 따라 숫자를 매긴 표를 뜻한다.

1	2	3	4	5	6	7	8	9	10	11	12	13
A	B	C	D	E	F	G	H	I	J	K	L	M

14	15	16	17	18	19	20	21	22	23	24	25	26
N	O	P	Q	R	S	T	U	V	W	X	Y	Z

문자표를 외우면 알파벳에 숫자연산 규칙을 쉽게 적용할 수 있다.

- **홀로 규칙이 적용된 기호를 찾은 뒤 순차적으로 전체 기호의 규칙을 찾는다.** 도식에서 '(문자 또는 숫자) → (기호) → (문자 또는 숫자)'의 형태로 제시된 기호가 있다면 해당 기호의 규칙은 쉽게 알 수 있으므로 먼저 구한 뒤에 이를 이용하면 다른 기호의 규칙도 순차적으로 찾을 수 있다.

기호들이 하나의 규칙을 가지고 아래와 같이 문자나 숫자를 변화시킨다고 한다. 이때 다음 (?)에 해당하는 것을 고르시오.(단, 가로와 세로 중 한 방향으로만 이동하며, Z 다음은 A, 9 다음은 0이다.)

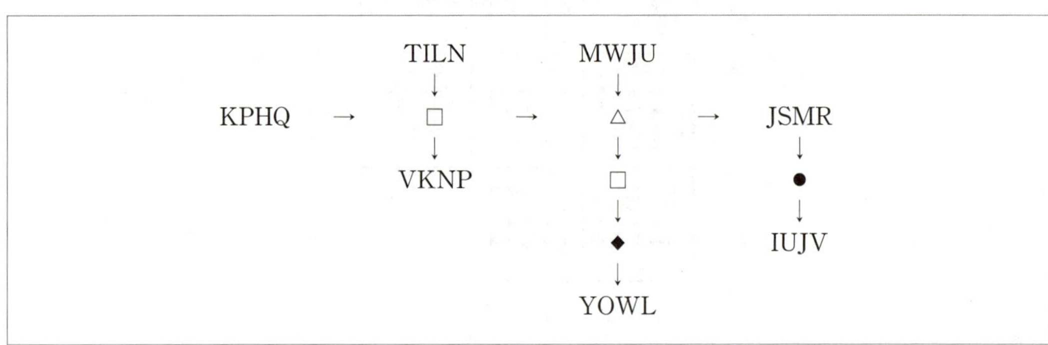

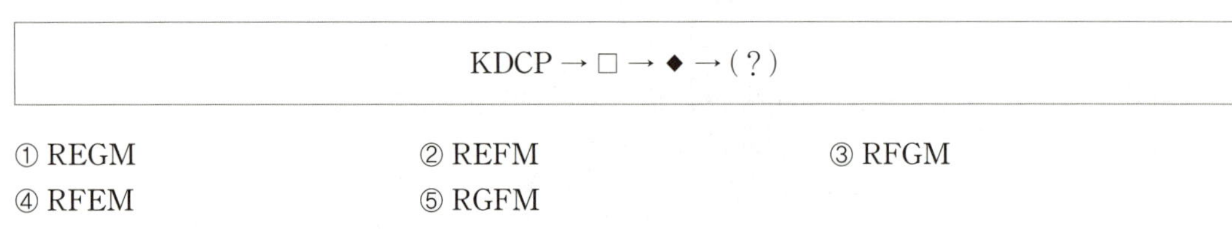

① REGM ② REFM ③ RFGM
④ RFEM ⑤ RGFM

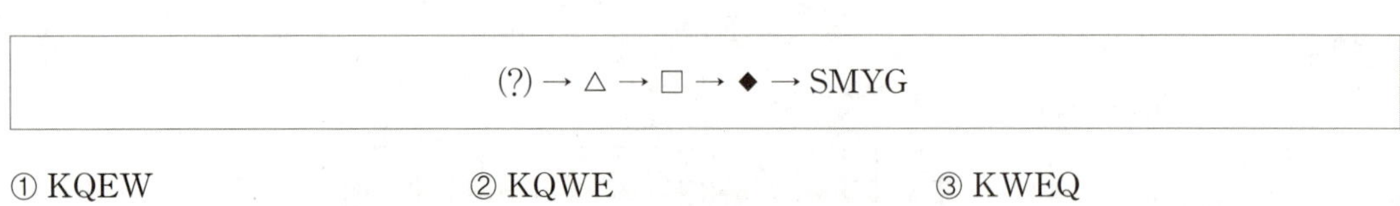

① KQEW ② KQWE ③ KWEQ
④ KWQE ⑤ KEQW

각 기호가 가지고 있는 규칙은 아래와 같은 순서로 찾을 수 있다.

- JSMR(10 19 13 18) → ● → IUJV(9 21 10 22)이므로 변환규칙 ● : (−1, +2, −3, +4)
- TILN(20 9 12 14) → □ → VKNP(22 11 14 16)이므로 변환규칙 □ : (+2, +2, +2, +2)
- KPHQ → □(MRJS) → △ → JSMR이므로 변환규칙 △ : 1234 → 3412
- MWJU → △(JUMW) → □(LWOY) → ◆ → YOWL이므로 변환규칙 ◆ : 1234 → 4321

각 기호에 해당하는 규칙을 정리하면 다음과 같다.

기호	□	△	◆	●
규칙	+2, +2, +2, +2	1234 → 3412	1234 → 4321	−1, +2, −3, +4

정답 ②

정답풀이 KDCP → □ → MFER → ◆ → (REFM)

정답 ①

정답풀이 규칙을 역으로 적용하면 다음과 같다.(+/− → −/+, 순서 바꾸기도 역으로 적용)

(KQEW) → △ → EWKQ → □ → GYMS → ◆ → SMYG

세부 유형 ❶ | 문단배열

⚡ 공략스킬

- 문단배열은 4~5개의 문단을 논리적 흐름에 맞게 배열하는 유형이다. 문단의 흐름을 파악하는 데 큰 어려움은 없는 편이다.
- 제시되는 문단에 **논리적인 흐름이 접속사, 시간 등으로 제시되어 있으므로** 한 번에 정확하게 판단해야 시간을 단축할 수 있다.

다음 문단을 논리적 순서에 맞게 배열한 것은?

[가] 건식 제련은 결국 만들어진 메탈 혼합물의 습식 제련을 통해 희유금속을 회수하는 과정이 필요하지만, 대량의 재활용이 가능한 장점을 보유하고 있어 대다수의 업체가 본 공정을 채택하고 있다.

[나] 폐배터리 재활용(Re−Cycling)은 수명이 다한 배터리에서, 양극재에 포함된 희유금속인 니켈·코발트·망간 등과 알루미늄·구리·플라스틱 등의 배터리 원재료를 회수하는 기술을 의미한다.

[다] 하지만 높은 온도의 열을 가해 줘야 하는 공정상의 이유로 이산화탄소 배출이 불가피하며, 용융로 등의 설비가 필요해 초기에 많은 자본적 지출이 요구된다.

[라] 배터리 건식 제련은 먼저 폐배터리를 용융로를 통해 고온의 열처리로 메탈 혼합물(니켈, 코발트, 구리 함유) 및 슬래그(리튬, 알루미늄, 망간 등 함유)로 만들고, 이렇게 만들어진 메탈 혼합물에서 습식 제련을 통해 니켈, 코발트를 회수한다.

① [가]−[나]−[다]−[라] ② [가]−[다]−[라]−[나]
③ [나]−[가]−[다]−[라] ④ [나]−[라]−[가]−[다]
⑤ [라]−[가]−[다]−[나]

정답 ④

정답풀이 주어진 글은 폐배터리 재활용 방법 중 건식 제련에 대해 설명하고 있다. 가장 먼저 배열되어야 하는 문장은 폐배터리 재활용의 개념을 설명한 [나]이다. 그리고 건식 제련의 과정을 설명한 [라]가 나오고 건식 제련의 장점을 설명한 [가]가 그 다음에 배열되어야 한다. 마지막으로 '하지만'으로 시작하여 건식 제련의 단점이 언급된 [다]가 오는 것이 적절하다.
따라서 주어진 문단을 논리적 순서에 맞게 배열한 것은 [나]−[라]−[가]−[다]이다.

세부 유형 ❷ | 참/거짓인 것 고르기

⚡ 공략스킬

- 독해추론은 기본적으로 제시문이 주어지며, 이를 바탕으로 주어진 문제를 해결하는 유형이다. 반도체 또는 최신 이슈와 관련한 내용이 자주 출제되며, 제시문의 길이는 적당하고 가독성은 좋은 편이라 난도는 상대적으로 낮은 유형이다.
- 참/거짓인 것 고르기는 주로 거짓인 것을 고르는 유형으로 출제되며, 제시문은 보통 1개가 주어진다.
- **제시문보다 선택지를 먼저 읽는다.** 세부 내용을 묻는 유형이므로 제시문을 먼저 읽으면 풀이 시간이 오래 걸릴 수 있다. 선택지의 내용을 먼저 파악한 뒤에 그와 관련된 내용을 제시문에서 찾으면 풀이에 필요 없는 부분을 읽지 않고 빠르게 문제를 해결할 수 있다.

다음 글의 내용이 참일 경우, 반드시 <u>거짓</u>인 것은?

> 사그라다 파밀리아 성당은 스페인 바르셀로나에 위치한 성당으로, 건축가 안토니 가우디의 대표작으로 알려져 있다. 이 성당은 19세기 말에 착공되었으나, 지금까지도 완공되지 않은 채 건설이 이어지고 있는 독특한 건축물이다. 가우디는 자연을 최고의 스승으로 삼아, 나무의 가지나 동물의 뼈와 같은 자연 구조에서 착안한 형태를 건축에 반영하였다.
>
> 사그라다 파밀리아 성당의 가장 큰 특징은 직선보다 곡선을 중시한 구조이다. 가우디는 포물선 아치, 쌍곡선, 나선형 기둥 등 복잡한 기하학적 곡면을 활용하여 구조적 안정성과 미적 조화를 동시에 추구하였다. 이러한 설계는 중세 고딕 건축의 수직성을 계승하면서도, 자연의 질서를 해석한 독창적인 방식으로 재구성된 것이다.
>
> 또한 성당 내부는 석재를 중심으로 구성되어 있으나, 빛이 내부로 깊숙이 스며들도록 계산된 채광 구조를 갖추고 있다. 색유리를 통해 들어오는 빛은 시간대에 따라 공간의 분위기를 변화시키며, 종교적 상징성과 예술적 효과를 동시에 강화한다. 가우디 사후에는 그의 설계도를 바탕으로 컴퓨터 모델링과 현대 공법이 도입되어 공사가 진행되고 있으며, 이는 전통적 건축 철학과 현대 기술의 결합이라는 평가를 받고 있다.

① 사그라다 파밀리아 성당은 철근콘크리트 구조를 기본으로 한 근대 건축물이다.
② 가우디는 자연의 구조 원리를 건축에 적용하기 위해 기하학적 곡면을 활용하였다.
③ 사그라다 파밀리아 성당은 석재를 주재료로 사용하면서도 빛의 효과를 극대화하도록 설계되었다.
④ 사그라다 파밀리아 성당의 건축 기법은 중세 고딕 양식과 자연주의적 해석이 결합된 형태이다.
⑤ 사그라다 파밀리아 성당은 건축 과정에서 컴퓨터 모델링이 활용되며 현대적 공사가 진행되고 있다.

정답 ①

정답풀이 사그라다 파밀리아 성당이 석재를 중심으로 한 곡선 구조와 기하학적 설계를 특징으로 하며, 가우디의 자연주의적 건축 철학이 반영되었다고 설명하고 있다.
따라서 철근콘크리트 구조를 기본으로 한 근대 건축물이라는 내용은 반드시 거짓이다.

오답풀이 ② 가우디는 자연 구조에서 착안하여 기하학적 곡면을 활용했다고 설명하고 있다.
③ 사그라다 파밀리아 성당은 석재를 주재료로 사용하며, 채광을 통해 빛의 효과를 극대화하도록 설계되었다고 했다.
④ 중세 고딕 건축의 수직성과 자연주의적 해석이 결합된 형태라고 설명하고 있다.
⑤ 가우디 사후 컴퓨터 모델링과 현대 공법이 활용되어 공사가 진행 중이라고 했다.

세부 유형 ❸ | 주장에 대한 반론으로 적절한/적절하지 않은 것 고르기

- 주장에 대한 반론으로 적절하거나 적절하지 않은 것 고르기 문제는 제시문이 주장하는 내용에 대해 반론으로 적절하거나 적절하지 않은 것을 고르는 유형이다.
- **제시문의 처음과 끝에 주목하자.** 주장에 대한 반론 고르기 문제는 글이 주장하는 바를 빠르게 찾는 것이 중요한데 주장은 제시문의 처음과 끝에 제시되는 경우가 많다.
- 반론으로 적절한 것은 글의 주장에 반대하는 것이며, 반론으로 적절하지 않은 것은 글의 주장과 같은 논점으로 주장을 강화하는 것이 된다.

다음 글을 읽고 제기할 수 있는 반박으로 가장 적절한 것은?

> 리워드 마케팅은 소비자가 특정 행동을 수행할 경우 보상을 제공함으로써 참여를 유도하는 마케팅 기법이다. 할인 쿠폰, 포인트, 적립금 등이 대표적인 보상 수단으로 활용되며, 이는 소비자의 자발적인 반응을 이끌어내는 데 효과적이다. 예를 들어 일부 배달 애플리케이션은 주문 횟수에 따라 포인트를 제공하여 재이용을 유도하고, 온라인 쇼핑몰은 후기 작성 시 적립금을 지급하여 참여도를 높이고 있다.
>
> 이러한 방식은 단순한 광고 노출보다 소비자의 실제 행동을 촉진하며, 반복적인 참여를 통해 브랜드와의 접점을 확대한다. 보상을 매개로 한 경험은 브랜드에 대한 긍정적 인식을 형성하고, 참여 과정에서 축적된 데이터는 향후 마케팅 전략을 정교화하는 데 활용될 수 있다.

① 리워드 마케팅은 소비자의 반복 구매를 유도해 브랜드 충성도를 높일 수 있다.
② 보상을 통해 소비자의 참여를 유도하면 마케팅 메시지의 도달률이 높아진다.
③ 리워드 마케팅은 단기적인 비용 부담이 크고, 장기적으로 수익성을 악화시킬 수 있다.
④ 소비자는 보상을 받는 과정에서 브랜드와의 긍정적인 경험을 형성하게 된다.
⑤ 리워드를 활용한 참여형 구조는 소비자의 행동 데이터를 효과적으로 확보하는 데 도움이 된다.

정답 ③

정답풀이 리워드 마케팅은 소비자의 참여를 유도하고, 반복 이용과 긍정적 경험을 통해 브랜드 가치를 높이며, 마케팅 전략 수립에 활용할 수 있는 데이터를 확보하는 데 유리하다는 점에서 긍정적으로 평가되고 있다.
따라서 리워드 제공에는 비용이 수반되며, 이러한 비용이 누적될 경우 장기적으로 수익성을 악화시킬 수 있다는 점은 지문의 주장에 직접적으로 반대되는 관점으로 반박으로 적절하다.

오답풀이 ① 리워드 마케팅이 반복 구매를 유도해 브랜드 충성도를 높인다는 내용은 지문의 주장을 강화하는 것이다.
② 보상을 통해 소비자의 참여와 메시지 도달률이 높아진다는 내용 역시 지문의 논지와 일치한다.
④ 보상을 받는 과정에서 소비자가 긍정적인 경험을 형성한다는 내용은 지문에서 제시한 장점을 재확인하는 진술이다.
⑤ 리워드 기반 참여 구조가 소비자 행동 데이터를 확보하는 데 도움이 된다는 점은 지문의 핵심 주장 중 하나이다.

세부 유형 ❹ | 글을 읽고 추론할 수 있는/없는 것 고르기

⚡ 공략스킬

- 글을 읽고 추론할 수 있거나 없는 것 고르기 문제는 보통 두 제시문을 읽고 추론하는 형태로 출제된다.
- **제시문보다 선택지를 먼저 읽는다.** 참/거짓인 것 고르기 유형과 마찬가지로 세부 내용을 묻는 유형이므로 선택지의 내용을 먼저 파악한 뒤에 그와 관련된 내용을 제시문에서 찾으면 풀이에 필요 없는 부분을 읽지 않고 빠르게 문제를 해결할 수 있다.
- **제시문이 짧다면 선택지보다 제시문을 먼저 읽는다.** 제시문이 짧다면 읽는 데 시간이 오래 걸리지 않으면서 글의 전체적인 내용을 빠르게 파악할 수 있으므로 선택지를 먼저 읽는 방법보다 빠르게 해결할 수 있다.

다음 글과 [보기]를 읽고 추론한 것 중 적절하지 <u>않은</u> 것은?

> 외식 품목 39개 가운데 치킨이 올해 들어 가장 많이 오른 것으로 조사됐다. 올해 초 가격 대비 품목별 물가 상승률은 치킨이 6.6%, 짜장면 6.3%, 떡볶이 6.0%, 칼국수 5.8% 순이었다. 대부분의 뉴스에서 외식 품목들 중 치킨 가격이 가장 많이 오른 이유로 '닭고기, 식용유, 튀김가루 등 원재료 가격이 상승세를 보였기 때문'이라고 전하고 있다.

─┤ 보기 ├─

> 우리는 원가가 오르면 자연스럽게도 가격도 오른다고 생각하지만 그것은 사실이 아니다. 원가가 오를 때 가격도 함께 오르는 경우도 있고 못 오르는 경우도 있다. 또 원가가 오르지 않아도 상품 가격이 오르기도 한다. 원가 상승과 가격 인상은 그 인과관계가 매우 희박하다. 특히 단기적으로는 더 그렇다. 공급자는 언제든지 가격을 올리고 싶어 하므로 현재의 가격이 공급자가 올릴 수 있는 최선의 가격이다. 하지만 가격을 마음대로 올렸다가는 고객들의 수요가 다른 대안으로 이동할 수 있으므로 이를 고려해야만 한다.

① 치킨 수요자들 입장에선 그간 치킨은 더 비싸게 받아도 괜찮았던 상품이었다.
② 치킨 공급자들의 매출이 줄어들지 않는 한 치킨의 가격은 지속적으로 인상될 여지가 있다.
③ 치킨의 가격 인상으로 인해 치킨의 매출이 줄었다 하더라도 가격 인상의 전략은 성공적이다.
④ 치킨 가격이 오른 채로 유지되는 이유는 가격이 올랐음에도 불구하고 지속적인 수요가 발생하기 때문이다.
⑤ 치킨 가격이 가장 많이 오른 이유는 치킨 소비자들이 치킨 말고 다른 외식 메뉴를 선택하지 않았기 때문일 것이다.

정답 ③

정답풀이 치킨의 가격 인상으로 인해 치킨의 매출이 줄었다면 실패한 가격 인상이다. 이러한 이유 때문에 원가가 올라도 공급자들이 함부로 가격을 올리지 못하는 것이다.

오답풀이 ①, ② 치킨 가격이 6.6%나 올라도 괜찮았던 것은 고객들의 수요가 다른 대안으로 이동하지 않음으로써 치킨 공급자들의 매출이 줄어들지 않았기 때문임을 알 수 있다.
④ 가격을 마음대로 올렸다가는 고객들의 수요가 다른 대안으로 움직일 수 있어 인상에 대해 유의해야 하지만 치킨 가격이 오른 채로 유지된다는 것은 수요가 지속적으로 발생하기 때문임을 알 수 있다.
⑤ 치킨 가격이 가장 많이 오른 이유는 치킨 말고 다른 외식 메뉴라는 대안이 없었기 때문임을 추론할 수 있다.

PART
02
실전모의고사

수리논리 | 📋 20문항 ⏱ 30분

정답과 해설 P.2

---

01 G전자는 지난달 AI 스피커와 스마트 워치를 합하여 총 1,200개를 판매하였다. 이번 달에는 지난달에 비해 AI 스피커의 판매량은 15% 증가, 스마트 워치의 판매량은 10% 감소하였다. 이번 달 총판매량이 지난달보다 30개 증가하였을 때, 이번 달 AI 스피커의 판매량은?

① 540개   ② 600개   ③ 630개
④ 660개   ⑤ 690개

02 C제약의 연구소는 선임연구원 4명과 주임연구원 6명으로, 총 10명의 연구원으로 구성되어 있다. 해외 학회에 파견할 대표단으로 10명의 연구원 중에서 4명을 무작위로 선발한다. 이때, 대표단에 선임연구원이 적어도 1명 포함될 확률로 옳은 것은?

① $\dfrac{1}{14}$ ② $\dfrac{5}{14}$ ③ $\dfrac{9}{14}$

④ $\dfrac{11}{14}$ ⑤ $\dfrac{13}{14}$

03 다음 [표]는 주요 IT기업 8곳의 연도별 R&D 예산 및 전년 대비 증감률에 관한 자료이다. 주어진 자료에 대한 설명으로 옳은 것은?

[표] 주요 IT기업의 R&D 예산 및 전년 대비 증감률 (단위: 억 원, %)

구분	2023년 예산	2024년 증감률	2024년 예산	2025년 증감률	2025년 예산
A사	40	+10	44	+25	55
B사	50	+20	60	−30	42
C사	20	+50	30	+30	39
D사	50	+10	55	+20	66
E사	60	+25	75	−20	60
F사	10	+20	12	+25	15
G사	25	+40	35	+20	42
H사	150	−40	90	+50	135

※ 2024년, 2025년 예산 및 증감액은 제시된 증감률을 바탕으로 계산함

① 2023년 대비 2025년 예산 증가액이 30억 원 이상인 기업의 수는 3개이다.

② 2024년 예산을 기준으로 상위 3개 기업의 2024년 대비 2025년 예산 증감액 합계는 하위 3개 기업의 예산 증감액 합계보다 크다.

③ 2024년 예산이 40억 원 이하인 기업 중 2024년 대비 2025년 예산 증가율이 가장 높은 기업은 C사이다.

④ 2024년 대비 2025년에 예산이 감소한 기업들의 감소율 평균은 2023년 대비 2024년에 예산이 증가한 기업들의 증가율 평균보다 크다.

⑤ 2024년 예산이 50억 원 이상인 기업들의 2023년 대비 2025년 총 예산 증감액 합계는 30억 원을 초과한다.

04 다음 [그래프]는 A기업의 2024~2025년 입사 지원자의 구사 가능 언어 수에 관한 자료이다. 주어진 자료에 대한 설명으로 옳지 <u>않은</u> 것은?

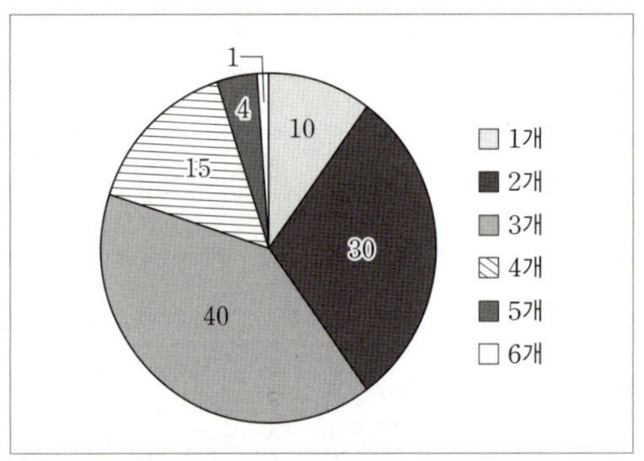

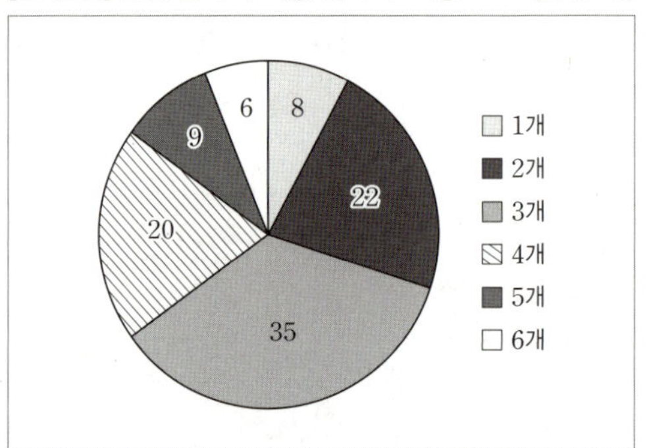

※ 총 인원은 1,200명이다.   ※ 총 인원은 1,500명이다.

① 2024~2025년에 3개 국어를 구사하는 총 지원자 수는 2개 국어를 구사하는 총 지원자 수보다 많다.

② 2025년에 2개 국어를 구사하는 지원자 수는 전년 대비 감소하였으나, 1개 국어를 구사하는 지원자 수는 변동이 없었다.

③ 5개 국어 이상을 구사하는 지원자 수는 2024년 대비 2025년에 3배 이상 증가하였다.

④ 2025년 3개 국어를 구사하는 지원자의 비중은 2024년 대비 감소하였으나, 지원자 수는 증가하였다.

⑤ 2025년 4개 국어를 구사하는 지원자 수는 2024년 대비 2025년에 100명 증가하였다.

05 다음 [표]는 2024년 스마트폰 이용자들의 제조사별 이용 현황에 관한 자료이다. 주어진 자료에 대한 설명으로 옳지 <u>않은</u> 것은?

[표] 2024년 스마트폰 제조사별 이용자 수

(단위: 천 명)

구분	20대	30대	40대	50대
A사	1,250	1,500	1,100	850
B사	1,100	1,350	1,600	1,150
A, B사 동시 이용	150	200	180	160

※ 10대 이용자 수는 해당 제조사의 20대 이용자 수의 40%이다.
※ 60대 이상 이용자 수는 해당 제조사의 40대와 50대 이용자 수의 합의 20%이다.
※ 이용자 수는 각 서비스 이용 경험을 기준으로 산정하였으며, 중복 집계를 포함한다.

① A사의 스마트폰을 이용하는 10대 이용자 수는 A사의 스마트폰을 이용하는 60대 이상 이용자 수보다 적다.
② A사의 스마트폰을 이용하는 30대 이용자 수는 20대 이용자 수보다 20% 더 많다.
③ A사의 스마트폰을 이용하는 20대 중에서 B사의 스마트폰도 동시에 이용하는 이용자 수의 비중은 10% 이상이다.
④ A사의 스마트폰을 이용하는 10대 이용자 수와 B사의 스마트폰을 이용하는 10대 이용자 수의 합은 1,000천 명 미만이다.
⑤ A사와 B사의 스마트폰을 동시에 이용하는 10대 이용자 수는 A사와 B사의 스마트폰을 동시에 이용하는 60대 이상 이용자 수보다 적다.

06 다음 [그래프]와 [표]는 어느 지역의 세입 예산 규모에 관한 자료이다. 주어진 자료에 대한 설명으로 옳지 않은 것은?

[**그래프1**] 최근 5년 세입 예산 규모
(단위: 억 원)

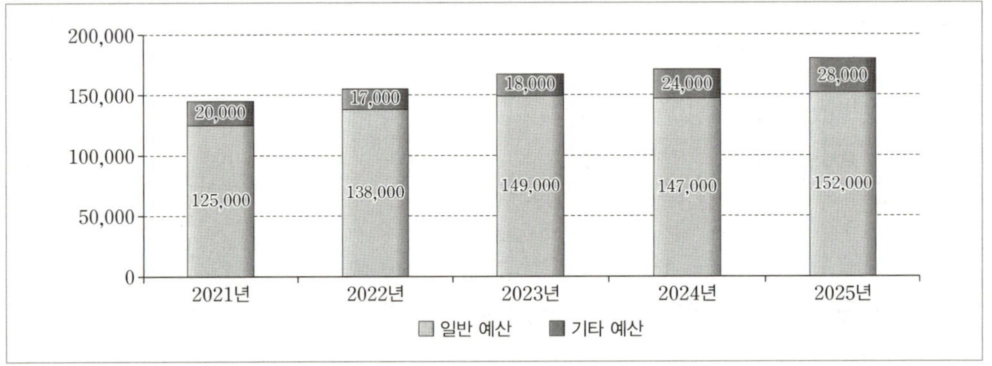

[**표**] 2025년 세입원별 세입 예산 규모

구분	세입 총계	일반 회계	특별 회계	기금
금액(억 원)	180,000	131,000	36,000	13,000

[**그래프2**] 2025년 일반 회계의 재원별 세입 현황
(단위: 억 원)

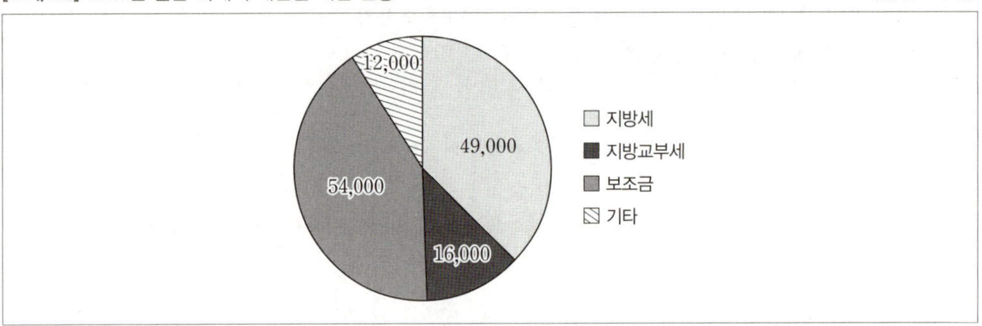

① 최근 5년간 편성된 세입 예산의 평균 세입 예산액은 16조 3,600억 원이다.

② 2025년 세입 총계에서 보조금이 차지하는 비중은 30%이다.

③ 2025년 세입 총계에서 특별 회계가 차지하는 비중은 20%이다.

④ 2025년 일반 회계 예산 중 지방세가 차지하는 비중은 37% 이상이다.

⑤ 세입 예산 중에서 2021년에 편성된 기타 예산의 비중은 2025년에 편성된 기타 예산의 비중보다 크다.

07 다음 [그래프]는 2021~2025년 A국립공원의 연령대별 이용객 수에 관한 자료이다. 주어진 자료에 대한 설명으로 옳지 <u>않은</u> 것은?

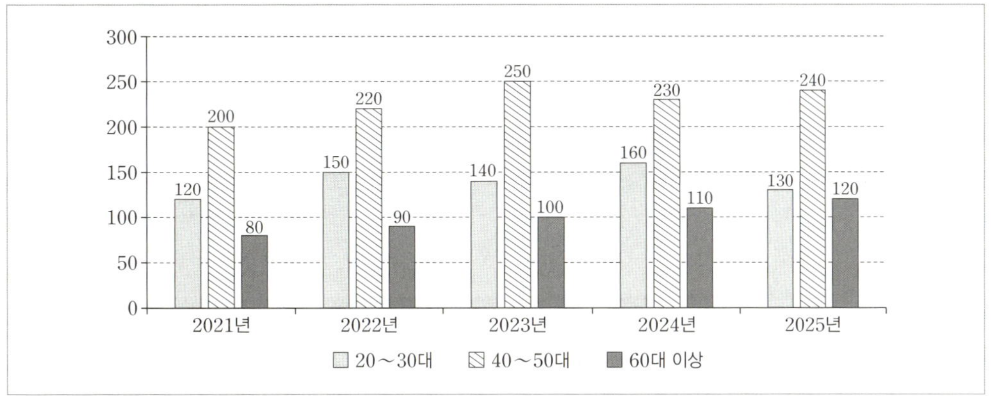

[그래프] 2021~2025년 A국립공원 연령대별 이용객 수 (단위: 만 명)

① 2022년 이후 60대 이상 이용객 수의 전년 대비 증가율은 매년 감소하였다.

② 2025년 20~30대 이용객 수의 전년 대비 감소율은 2024년 40~50대 이용객 수의 전년 대비 감소율보다 크다.

③ 전체 이용객 수가 가장 많았던 해는 2024년이다.

④ 20~30대 이용객 수가 전년 대비 증가한 해는 총 2번 있었다.

⑤ 전체 이용객 수의 전년 대비 증가 이용객 수가 가장 많았던 해는 2023년이다.

 다음 [그래프]와 [표]는 K사의 연도별 해외 전기차(EV) 판매량의 전년 대비 증감률과 국내외 시장 현황에 관한 자료이다. 다음 [보기]에서 주어진 자료에 관한 설명으로 옳은 것을 모두 고른 것은?

[그래프] K사 해외 전기차(EV) 판매량의 전년 대비 증감률 (단위: %)

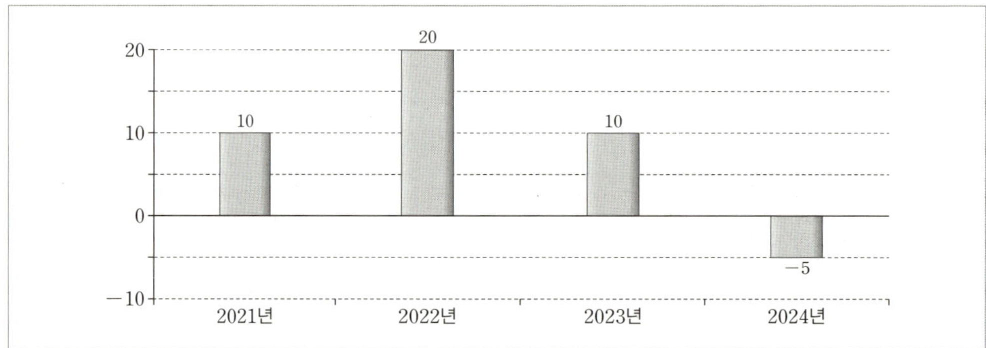

[표] 2020~2024년 주요 기업별 전기차(EV) 판매 현황 및 시장 규모 (단위: 만 대)

구분	K사 국내 판매량	A사 글로벌 판매량	글로벌 전기차(EV) 시장 규모
2020년	80	150	800
2021년	90	170	1,000
2022년	100	200	1,200
2023년	120	230	1,500
2024년	110	260	1,800

※ 총 판매량＝국내 판매량＋해외 판매량

─┤ 보기 ├─

㉠ 2021년 대비 2023년 K사의 해외 전기차(EV) 판매량은 35% 이상 증가하였다.

㉡ 2022년 대비 2023년 판매량 증가율은 K사 국내 판매량이 A사 글로벌 판매량보다 높다.

㉢ 2023년에 K사의 총 판매량은 A사의 글로벌 판매량보다 많다.

① ㉠　　　　　② ㉡　　　　　③ ㉠, ㉢
④ ㉡, ㉢　　　　⑤ ㉠, ㉡, ㉢

09 다음 [그래프]는 2021~2025년 신약 후보 물질 A와 B의 임상시험 진행 건수에 관한 자료이다. 주어진 자료에 대한 설명으로 옳지 <u>않은</u> 것은?

[그래프] 신약 후보 물질 임상시험 진행 건수

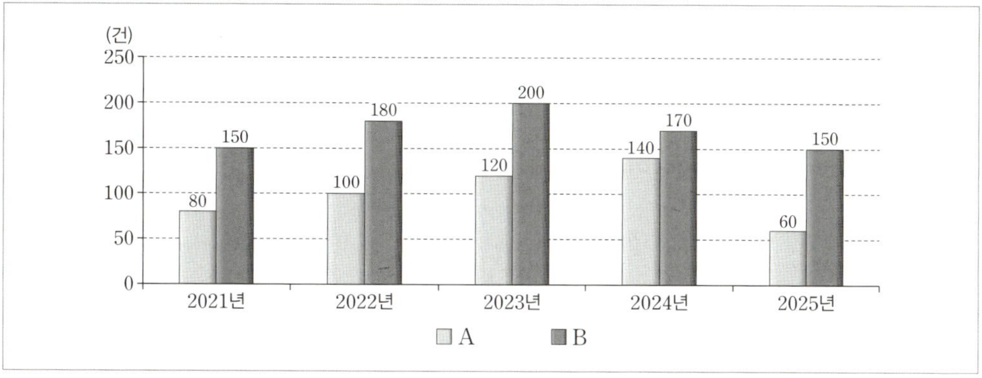

※ 각 후보 물질의 5년간 평균 임상시험 성공률은 A는 20%, B는 30%로 일정하다.

① 2025년 A의 임상시험 건수는 2023년 A의 임상시험 건수 대비 50% 감소하였다.

② 2021년부터 2025년까지 B의 평균 임상시험 건수는 2021년부터 2025년까지 A의 평균 임상시험 건수보다 70건 많다.

③ 2021년부터 2025년까지 A와 B의 평균 임상시험 성공 건수의 차이는 20건이다.

④ 2025년 A의 임상시험 성공 건수는 2021년 B의 임상시험 성공 건수보다 적다.

⑤ 2021년 대비 2023년 임상시험 성공 건수 증가율은 A가 B보다 높다.

[10~11] 다음 [그래프]와 [표]는 2023~2025년 프로그래밍 언어별 개발 활용 현황에 관한 자료이다. 주어진 자료를 바탕으로 이어지는 질문에 답하시오.

[그래프] 2023~2025년 언어별 AI 개발 사용률 변화   (단위: %)

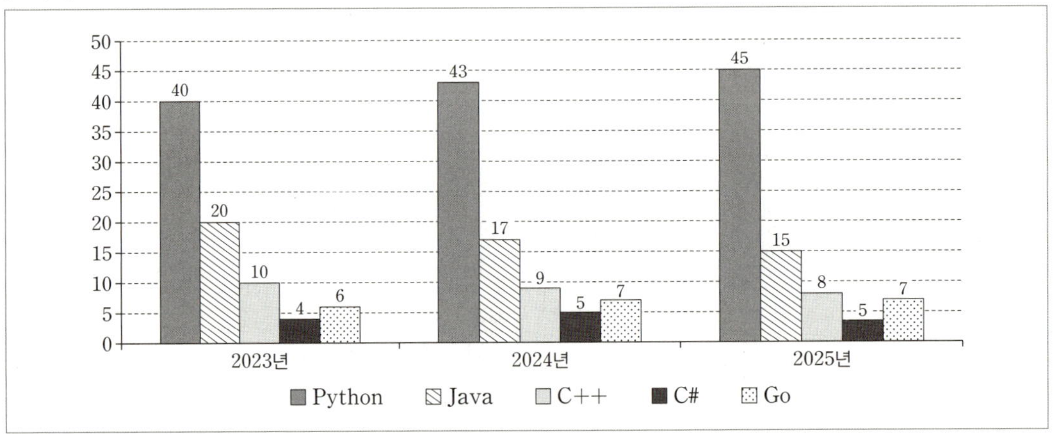

[표] 2025년 주요 프로그래밍 언어별 전체 개발 분야 내 활용 비중   (단위: %)

구분	웹개발	데이터 분석	AI 개발	시스템 프로그래밍	기타
Python	35	25	20	10	10
Java	30	10	25	15	20
C++	10	5	15	50	20
C#	10	5	10	10	65
Go	30	10	10	30	20

10 주어진 자료에 대한 설명으로 옳지 <u>않은</u> 것은?

① Python의 AI 개발 사용률은 2025년에 2023년보다 5%p 증가하였으며, 증가폭은 제시된 언어 중 가장 크다.

② Java의 AI 개발 사용률은 2023년 대비 2025년에 25% 감소하였고, 2025년 전체 개발 분야 중 Java의 AI 개발 비중은 Python보다 높다.

③ C++은 AI 개발 사용률이 2023년 대비 2025년에 20% 감소하였으며, 2025년 C++의 전체 개발 분야 중 시스템 프로그래밍 활용 비중이 가장 높다.

④ 2025년 전체 개발 분야에서 Java와 Go의 웹개발 비중의 합은 Python의 웹개발 비중보다 크다.

⑤ Go의 AI 개발 사용률은 2025년에 2023년보다 1%p 증가하였으며, 증가율은 Python의 1.5배 이상이다.

11 2023년 대비 2025년 5개 언어의 AI 개발 사용률 변화의 절댓값 평균은?(단, 소수점 첫째 자리에서 반올림한다.)

① 1%p   ② 2%p   ③ 3%p

④ 4%p   ⑤ 5%p

[12~13] 다음 [표]와 [그래프]는 방문 지역별 외국인 관광객 수에 관한 자료이다. 주어진 자료를 바탕으로 이어지는 질문에 답하시오.

[표] 2020~2024년 외국인 관광객 수 (단위: 천 명)

구분	2020년	2021년	2022년	2023년	2024년
서울	2,500	2,400	2,700	3,200	3,500
인천·경기	1,500	1,600	1,800	2,000	1,800
강원	500	800	1,000	1,100	1,200
충청	300	500	500	600	800
전라	800	600	1,000	1,500	1,800
경상	1,000	800	1,200	1,600	2,100
제주	1,200	1,500	1,800	2,000	2,300

[그래프] 2023년 외국인 여행객의 방문 지역 비율(서울)

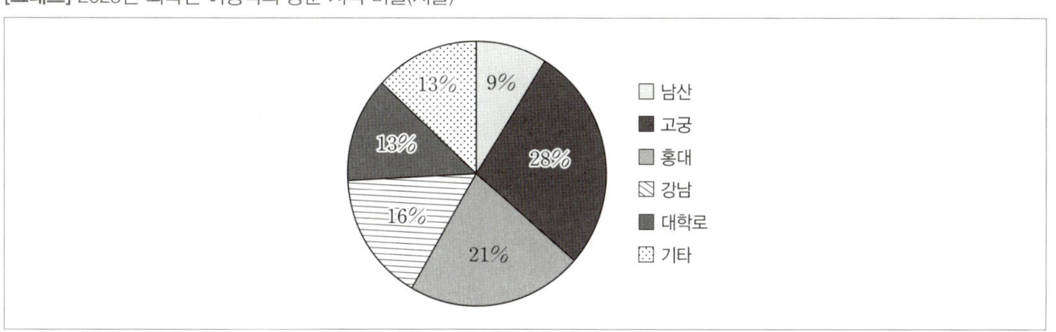

12 주어진 자료에 대한 설명으로 옳지 <u>않은</u> 것은?

① 2023년 외국인 관광객 수는 전년 대비 20% 증가하였다.
② 외국인 관광객 수가 해마다 꾸준히 증가한 지역은 두 곳이다.
③ 2023년 서울의 고궁을 방문한 외국인 관광객 수는 90만 명 이상이다.
④ 2020년 서울과 제주 지역을 방문한 외국인 관광객 수는 전체의 50% 이하이다.
⑤ 5년간 누적 외국인 관광객이 세 번째로 많이 방문한 지역은 인천·경기 지역이다.

13 다음 [보기]에서 2023년 외국인 여행객이 방문한 서울 내 지역에 관한 설명으로 옳은 것을 모두 고른 것은?

| 보기 |

㉠ 홍대를 방문한 외국인 관광객 수는 65만 명 이상이다.
㉡ 대학로 또는 기타 지역을 방문한 외국인 관광객 수는 83만 2천 명이다.
㉢ 강남을 방문한 외국인 관광객 수는 남산을 방문한 외국인 관광객 수보다 22만 4천 명 더 많다.

① ㉠　　　　　② ㉠, ㉡　　　　　③ ㉠, ㉢
④ ㉡, ㉢　　　　　⑤ ㉠, ㉡, ㉢

[14~15] 다음 [표]와 [그래프]는 2021~2024년까지 △△회사의 연도별 매출에 관한 자료이다. 주어진 자료를 바탕으로 이어지는 질문에 답하시오.(단, △△회사에서 발생하는 모든 매출액은 [그래프]에 제시된 4개의 제품에 대한 매출액으로만 구성된다.)

[표] 2021~2024년 매출액 및 영업이익 현황   (단위: 억 원)

구분	2021년	2022년	2023년	2024년
매출액	1,450	1,800	1,000	2,000
영업이익	250	100	180	150
영업 외 비용	−400	500	−200	−340

※ 영업이익＝매출액−영업비용

※ 영업이익률(%)＝$\dfrac{(\text{매출액}-\text{영업비용})}{\text{매출액}}\times100$

※ 당기순이익＝영업이익＋영업 외 비용

※ 당기순이익률(%)＝$\dfrac{\text{당기순이익}}{\text{매출액}}\times100$

[그래프] 2021~2024년 제품별 매출액 현황   (단위: 억 원)

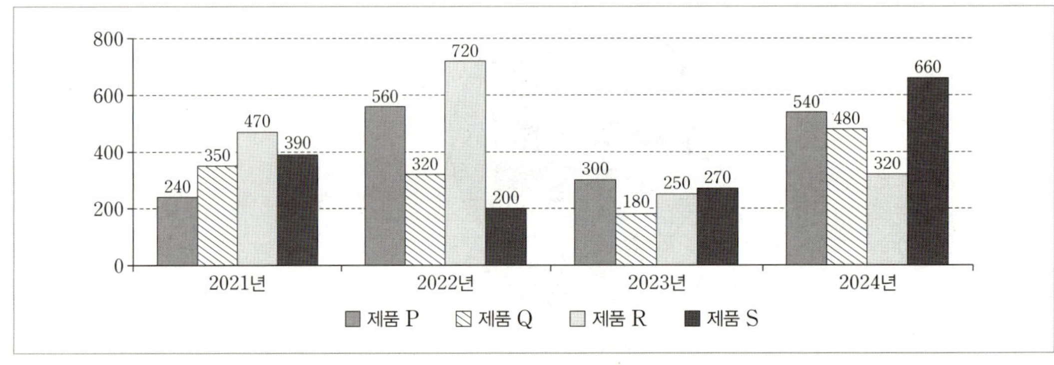

14 주어진 자료에 대한 설명으로 옳지 <u>않은</u> 것은?

① 2022년 영업이익률은 6% 미만이다.

② 2024년 당기순이익률은 −10.5%이다.

③ 영업비용이 가장 높은 해는 2024년이다.

④ 2023년 제품 S의 전년 대비 매출액 증가율은 35%이다.

⑤ 4년간 제품 P의 총 매출액은 1,640억 원이다.

15 다음 [보기]에서 주어진 자료에 대한 설명으로 옳은 것을 모두 고른 것은?

> ┤ 보기 ├
> ㉠ 4개의 제품 중 4년간 매출액이 가장 낮은 제품은 Q이다.
> ㉡ 2024년 제품 P의 매출액은 전년 대비 320억 원 증가하였다.
> ㉢ 2022년 제품 R의 매출액이 전체 매출액에서 차지하는 비중은 45%이다.

① ㉠

② ㉡

③ ㉠, ㉢

④ ㉡, ㉢

⑤ ㉠, ㉡, ㉢

[16~17] 다음 [표]와 [그래프]는 어느 지역의 연령대별 인구에 관한 자료이다. 주어진 자료를 바탕으로 이어지는 질문에 답하시오.

[표] 2004~2019년 연령대별 인구 (단위: 만 명)

구분	2004년	2009년	2014년	2019년	합계
10세 미만	180	200	160	100	640
10대	260	240	200	140	840
20대	300	250	210	160	920
30대	250	280	240	190	960
40대	240	220	250	200	910
50대	180	190	210	240	820
60세 이상	90	120	150	170	530
합계	1,500	1,500	1,420	1,200	5,620

[그래프] 2024년 연령대별 인구 비중

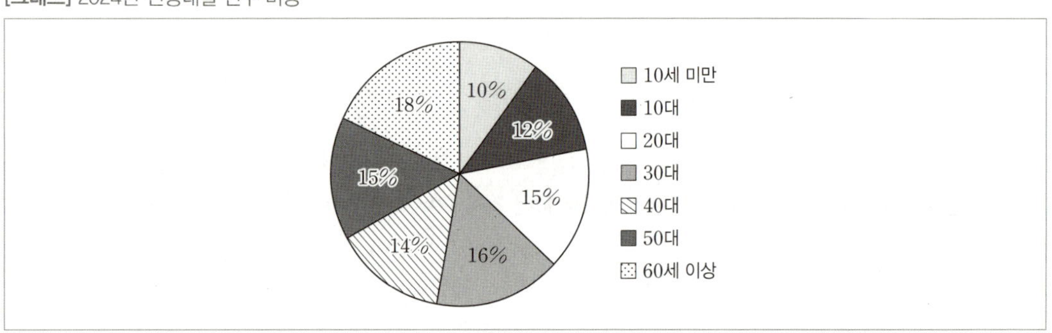

※ 전체 인구: 1,100만 명

16 주어진 자료에 대한 설명으로 옳지 <u>않은</u> 것은?

① 40대 이상 인구는 2014년이 2019년보다 10만 명 더 많다.

② 2009년 전체 인구 중 10대가 차지하는 비중은 16%이다.

③ 제시된 기간 동안 인구가 감소하거나 증가하는 흐름을 보인 연령대의 수는 4개이다.

④ 2009년 대비 2019년 인구가 감소한 연령대의 수는 5개이다.

⑤ 2004년 대비 2009년의 20대 인구 감소율은 2009년 대비 2014년의 20대 인구 감소율보다 높다.

17 다음 [보기]에서 주어진 자료에 대한 설명으로 옳은 것을 모두 고른 것은?

> ┤ 보기 ├
>
> ㉠ 2024년 40대 인구는 10년 전 대비 36.8% 감소하였다.
>
> ㉡ 2024년 30대 인구는 10대 인구보다 40만 명 이상 더 많다.
>
> ㉢ 2024년 50대 이상 인구는 2019년 20~30대 인구보다 13만 명 더 많다.

① ㉠　　　　　　② ㉢　　　　　　③ ㉠, ㉡

④ ㉡, ㉢　　　　⑤ ㉠, ㉡, ㉢

18 다음 [표]는 2025년 신규 구독 서비스의 지역별 지표 관계에 관한 자료이다. 주어진 자료를 바탕으로 빈칸에 해당하는 값을 예측했을 때, 가장 적절한 것은?

[표] 2025년 신규 구독 서비스 지역별 지표 관계

(단위: 억 원, 점)

구분	초기 광고비	고객 충성도	예상 매출액
서울	30	63	186
부산	60	57	234
인천	90	(㉠)	274
대구	120	33	(㉡)

※ 고객 충성도=(30+A)−B×(초기 광고비/30)^2
※ 예상 매출액=C×(초기 광고비+고객 충성도)

	㉠	㉡
①	45	298
②	47	274
③	47	306
④	51	298
⑤	51	306

19 다음 [표]는 2022~2024년까지 매출액에 관한 자료이다. 주어진 자료를 바탕으로 연도별 영업이익률 그래프를 작성하였을 때, 옳은 것은?

[표] 2022~2024년 매출액   (단위: 억 원)

구분	2022년	2023년	2024년
매출액	1,800	2,000	2,500
매출원가	1,000	1,200	1,500
판매비	600	900	1,000
관리비	200	400	500

※ 영업이익＝매출액－매출원가－판매비－관리비
※ 영업이익률(%)＝영업이익÷매출액×100

① 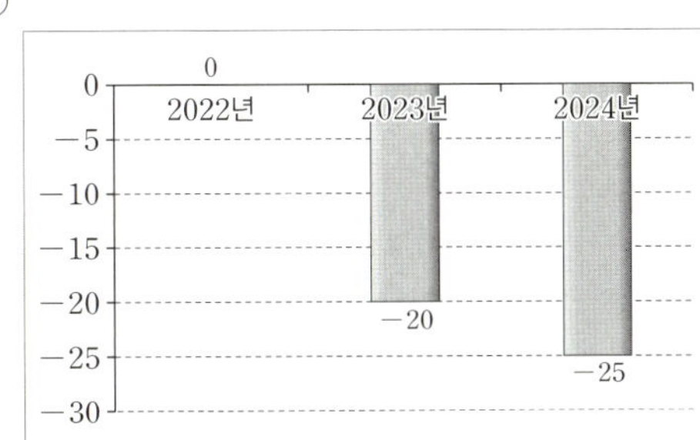

② 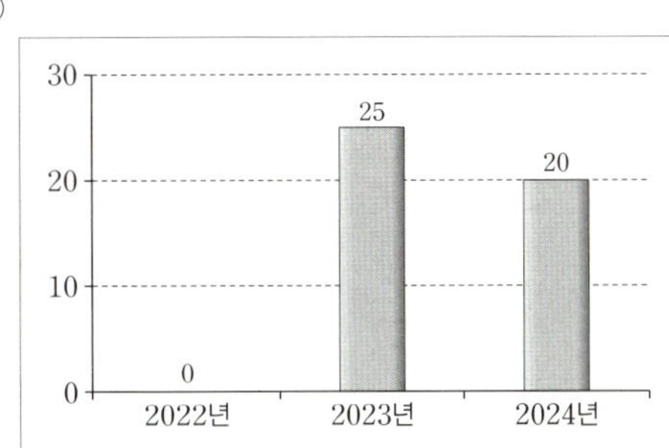

③ 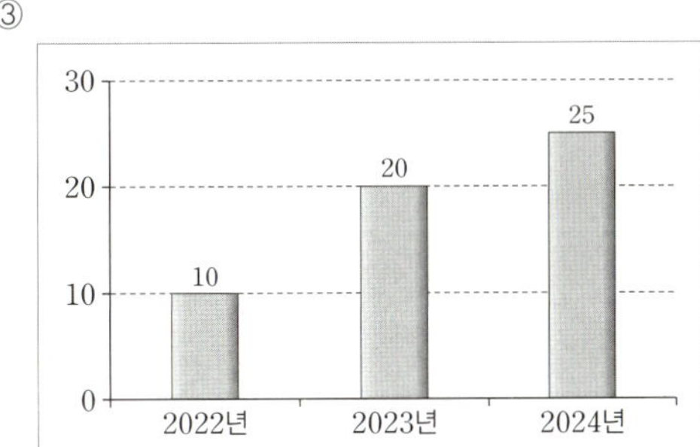

④ 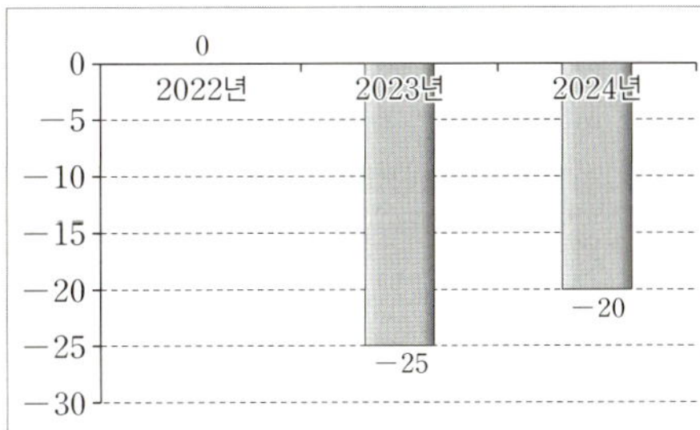

⑤ 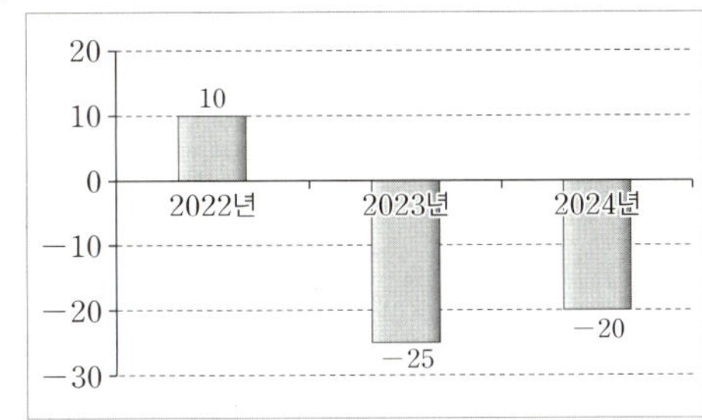

20 다음 [표]는 신형 스마트폰 모델 α와 모델 β의 배터리 성능 테스트 결과에 관한 자료이다. 시간에 따라 배터리 잔량이 표와 같이 일정한 규칙으로 변한다면, 오후 8시에 두 모델의 배터리 잔량(%)의 합으로 옳은 것은?

[표] 모델별 시간에 따른 배터리 잔량 (단위: %)

구분	9:00	10:00	11:00	12:00	13:00
모델 α	100	92	88	80	76
모델 β	100	98	94	88	80

① 0%　　　　② 20%　　　　③ 28%
④ 32%　　　　⑤ 40%

01 다음 전제를 보고 항상 참인 결론은?

전제1	SNS를 사용하지 않는 모든 사람은 여행을 좋아하지 않는다.
전제2	사진 찍는 것을 좋아하는 모든 사람은 여행을 좋아한다.
결론	

① SNS를 사용하는 모든 사람은 사진 찍는 것을 좋아한다.
② 사진 찍는 것을 좋아하는 모든 사람은 SNS를 사용한다.
③ SNS를 사용하지 않는 모든 사람은 사진 찍는 것을 좋아한다.
④ SNS를 사용하는 모든 사람은 사진 찍는 것을 좋아하지 않는다.
⑤ 사진 찍는 것을 좋아하는 모든 사람은 SNS를 사용하지 않는다.

02 다음 전제를 보고 항상 참인 결론은?

전제1	대기업에서 근무하는 어떤 직원은 자차로 출퇴근한다.
전제2	자차로 출퇴근하는 모든 직원은 임원이다.
결론	

① 모든 임원은 대기업에서 근무한다.
② 대기업에서 근무하는 어떤 직원은 임원이다.
③ 대기업에서 근무하는 모든 직원은 임원이다.
④ 임원이 아닌 어떤 직원은 대기업에서 근무한다.
⑤ 대기업에서 근무하지 않는 어떤 직원은 임원이다.

03 다음 결론이 반드시 참이 되게 하는 전제는?

전제1	영업을 하는 어떤 직원은 법인차량이 없다.
전제2	
결론	외근을 하는 어떤 직원은 법인차량이 없다.

① 외근을 하지 않는 어떤 직원은 영업을 한다.
② 영업을 하는 어떤 직원은 외근을 하지 않는다.
③ 외근을 하는 모든 직원은 영업을 하지 않는다.
④ 영업을 하지 않는 어떤 직원은 외근을 하지 않는다.
⑤ 외근을 하지 않는 모든 직원은 영업을 하지 않는다.

04 A, B, C, D 4명은 각자 휴대폰을 구매하려고 한다. 주어진 [조건]을 바탕으로 항상 옳은 것은?

> ┤ 조건 ├
> • A, B, C, D는 각자 휴대폰을 하나씩 구매하며, 서로 같은 휴대폰을 구매할 수도 있다.
> • 휴대폰은 총 4종이며, 각각의 용량은 64GB, 128GB, 256GB, 512GB이다.
> • A와 B가 구매한 휴대폰의 용량의 합은 512GB 이상이다.
> • C는 D보다 용량이 큰 휴대폰을 구매하였다.
> • D가 구매한 휴대폰의 용량은 128GB이다.
> • B가 구매한 휴대폰의 용량은 256GB 이하이다.

① A가 B보다 용량이 큰 휴대폰을 구매했다면 C는 512GB를 구매했다.
② A가 구매한 휴대폰이 512GB이면 C는 256GB를 구매했다.
③ 3명이 같은 휴대폰을 구매하는 경우는 없다.
④ B가 D보다 용량이 작은 휴대폰을 구매했다면 A는 512GB를 구매했다.
⑤ B와 C가 구매한 휴대폰의 용량의 합은 512GB 미만이다.

05 어떤 방에는 서로 다른 커튼 6개가 순서대로 달려 있다. 주어진 [조건]을 바탕으로 항상 옳지 <u>않은</u> 것은?

> ┤ 조건 ├
> - 각 커튼의 상태는 열림, 반열림, 닫힘 중 하나이다.
> - 연속해서 같은 상태인 커튼은 없다.
> - 열림 상태인 커튼은 2개이며, 이 두 커튼 사이에는 2개의 커튼이 있다.
> - 네 번째 커튼은 반열림 상태이다.

① 다섯 번째 커튼은 닫힘 상태이다.
② 두 번째 커튼이 반열림 상태이면 여섯 번째 커튼은 열림 상태이다.
③ 반열림 상태인 커튼이 3개이면 세 번째 커튼은 열림 상태이다.
④ 첫 번째 커튼과 네 번째 커튼이 같은 상태인 경우의 수는 3가지이다.
⑤ 두 번째 커튼과 네 번째 커튼이 다른 상태인 경우의 수는 5가지이다.

06 어떤 로봇청소기는 여러 과정을 거쳐 청소를 한다. 주어진 [조건]을 바탕으로 항상 옳은 것은?

> ┤ 조건 ├
> - 청소는 준비 과정(A, B, C), 청소 과정(D, E), 마무리 과정(F, G)이 있으며, 준비, 청소, 마무리 순으로 청소를 진행한다.
> - A~G의 7가지 과정을 모두 한 번씩 진행한다.
> - B는 준비 과정 중 가장 마지막에 진행한다.
> - C와 G 사이에는 4개 과정이 있다.
> - D가 E보다 먼저 진행하면 F는 G보다 먼저 진행한다.

① A가 C보다 먼저 진행하는 경우의 수는 3가지이다.
② D와 F 사이에 다른 과정이 존재하는 경우의 수는 2가지이다.
③ B와 E가 연달아 진행하는 경우의 수는 1가지이다.
④ E가 네 번째로 진행하면 G는 일곱 번째로 진행한다.
⑤ D의 순서와 관계없이 마무리 과정은 그 순서가 정해진다.

07 갑은 건강을 위해 월요일부터 일요일까지 헬스, 러닝, 필라테스, 요가를 하고 있다. 주어진 [조건]을 바탕으로 항상 옳은 것은?(단, 일요일과 월요일은 연속된 요일이다.)

> ─┤ 조건 ├─
> • 헬스, 러닝, 필라테스, 요가 중 일주일 동안 한 번도 하지 않는 운동은 없다.
> • 하루에 한 가지 운동만 할 수 있으며, 매주 같은 요일에 같은 운동을 한다.
> • 러닝은 일주일에 2회를 하며, 연속된 요일에 하지 않는다.
> • 금요일에는 요가를 하고, 토요일에는 요가를 하지 않는다.
> • 헬스를 한 다음 날만 운동을 하루 쉰다.
> • 필라테스를 한 다음 날에는 요가를 하지 않는다.
> • 일요일에는 러닝을 한다.

① 목요일에 러닝을 하면 수요일에는 요가를 한다.
② 화요일에 헬스를 하면 필라테스를 일주일에 2회 한다.
③ 이틀을 연속으로 하는 운동은 없다.
④ 러닝을 화요일에 했다면 헬스는 수요일에 했다.
⑤ 러닝을 한 다음 날에 헬스를 했다면 목요일에는 아무 운동도 하지 않았다.

08 K사의 연구소에서 근무하는 갑, 을, 병, 정, 무 5명은 방진복과 장갑을 착용하고 근무한다. 주어진 [조건]을 바탕으로 항상 옳은 것은?

> ─┤ 조건 ├─
> • 방진복의 색은 흰색, 파란색, 노란색, 검은색 중 하나이고, 장갑의 색은 흰색, 파란색 중 하나이다.
> • 방진복은 모든 색을 착용한다.
> • 무는 노란색 방진복을 착용한다.
> • 병의 방진복과 장갑의 색은 서로 다르다.
> • 갑과 정의 장갑의 색은 서로 다르다.
> • 을은 파란색 장갑을 착용한다.
> • 갑은 병과 같은 색 방진복을 착용한다.
> • 파란색 장갑을 착용한 사람은 2명이다.

① 방진복과 장갑의 색이 같은 사람은 2명이다.
② 갑이 검은색 방진복을 착용했다면 을은 파란색 방진복을 착용했다.
③ 정이 무와 같은 색 장갑을 착용했다면 갑은 같은 색의 방진복과 장갑을 착용했다.
④ 병이 파란색 방진복을 착용했다면 정은 검은색 방진복을 착용했다.
⑤ 을이 착용한 방진복과 장갑의 색이 같다면 갑은 검은색 방진복을 착용했다.

09 어느 식당에서 판매하는 메뉴의 재료인 A, B, C, D, E의 무게는 모두 다르다. 주어진 [조건]을 바탕으로 항상 옳지 <u>않은</u> 것은?

- 각 재료의 무게는 20g, 40g, 60g, 80g, 100g 중 하나이다.
- A의 무게는 D보다 무겁다.
- C와 A의 무게의 합은 E의 무게보다 작거나 같다.
- B의 무게는 60g 이상이다.

① 가능한 경우의 수는 4가지이다.
② B의 무게가 100g이면 D의 무게는 40g이다.
③ E의 무게는 80g이다.
④ A의 무게가 60g이면 C의 무게는 40g이다.
⑤ D의 무게가 40g인 경우의 수는 3가지이다.

10 어느 가게 금고의 비밀번호는 다섯 자리이다. 주어진 [조건]을 바탕으로 항상 옳은 것은?

- 비밀번호의 다섯 자리는 abcde로 표시하며, 각 자리의 숫자는 모두 다르다.
- 각 자리의 숫자는 1부터 9까지의 수 중 하나이다.
- c는 7이다.
- a와 b의 곱은 d와 같다.
- a와 c의 합은 홀수이다.
- e는 a보다 작다.

① a가 2이면 비밀번호는 23761이다.
② b는 e보다 크다.
③ c와 d의 곱은 짝수이다.
④ e는 짝수이다.
⑤ c가 d보다 작으면 a와 b의 합은 홀수이다.

11 어느 의류 매장에 방문한 A, B, C, D, E는 각자 의류를 1개씩 샀다. 상의를 구매한 사람은 1명, 나머지 4명은 모두 하의를 구매했고, 상의를 구매한 사람만 거짓을 말할 때, 주어진 [대화]를 바탕으로 상의를 구매한 사람은?

┤ 대화 ├

- A: 나는 하의를 구매했어.
- B: E는 하의를 구매했어.
- C: 본인의 이야기를 하는 사람의 말은 진실이야.
- D: C는 상의를 구매했어.
- E: B는 진실을 말하고 있어.

① A   ② B   ③ C
④ D   ⑤ E

12 3층 건물로 이루어진 어느 회사의 A~E팀은 회의실을 예약하여 회의를 진행하려고 한다. 주어진 [조건]을 바탕으로 항상 옳은 것은?

┤ 조건 ├

- 회의실은 2층과 3층에 하나씩 있고, 1층에는 없다.
- 각 회의실은 오전 1타임, 오전 2타임, 오후 1타임, 오후 2타임에 이용이 가능하며, 이 순서대로 시간이 이르다.
- 각 타임에 각 회의실은 한 팀만 이용할 수 있다.
- A팀은 오후에 3층 회의실을 예약하였다.
- B팀은 E팀보다 이른 시간에 회의실을 예약하였다.
- D팀과 E팀이 예약한 회의실은 층수가 다르다.
- C팀은 오후 2타임에 2층 회의실을 예약하였다.
- 오후 1타임에 회의실을 예약한 팀은 없다.

① 가능한 경우의 수는 4가지이다.
② 오전 2타임에 3층 회의실을 예약한 팀이 없다면 D팀은 3층 회의실을 예약했다.
③ 2타임에 회의실을 예약한 팀은 4팀이다.
④ B가 2층 회의실을 예약했다면 D는 3층 회의실을 예약했다.
⑤ E가 B와 같은 층인 회의실을 예약했다면 D는 B와 같은 타임에 회의실을 예약했다.

13 A~F팀까지 총 6개의 축구 팀이 토너먼트 대회를 통해 우승 팀을 가리려고 한다. 주어진 [조건]을 바탕으로 항상 옳은 것은?

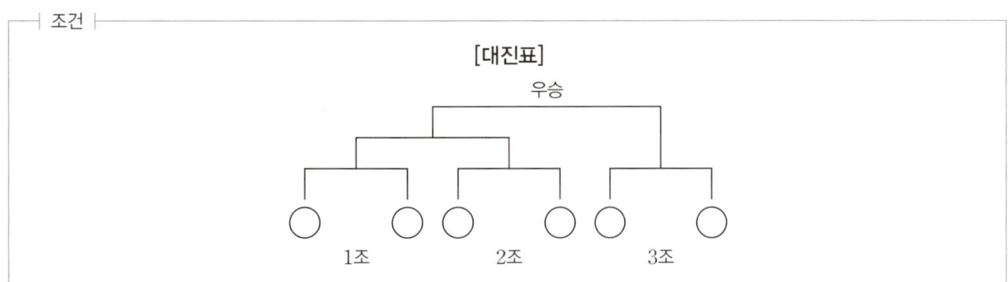

조건

- 6개의 팀은 대진표에 따라 토너먼트를 진행한다.
- B팀은 총 2번의 경기를 진행하여 우승하였다.
- E팀은 1조에 속하지 않으며, 총 2번의 경기를 진행하였다.
- C팀은 E팀과 대결하지 않았다.
- A팀은 1조에 속하며, D팀에게 패배하지 않았다.
- F팀은 E팀에게 패배하지 않았다.

① 6개의 팀이 각 조에 배정되는 경우의 수는 2가지이다.
② B팀이 F팀과 대결했다면 F팀은 1조에 속하였다.
③ 2조에 F팀이 속했다면 C팀은 3조에 속하였다.
④ A팀은 D팀보다 경기를 많이 하였다.
⑤ E팀은 B팀과 대결하여 패배하였다.

14 갑, 을, 병, 정, 무, 기, 경, 신 8명이 어느 회의실에서 4명씩 앉을 수 있는 원형 테이블 2개에 앉아 회의를 하려고 한다. 주어진 [조건]을 바탕으로 항상 옳지 <u>않은</u> 것은?(단, 원형 테이블에서 회전에 따른 자리 이동은 동일한 경우로 본다.)

┤ 조건 ├

- 갑과 정은 같은 테이블에 앉는다.
- B테이블에 앉는 을은 신과 마주 보며 앉는다.
- 기의 오른쪽에는 경이 앉는다.
- 신의 왼쪽에는 무가 앉지 않는다.

① 가능한 경우의 수는 6가지이다.
② 신의 오른쪽에 무가 앉는 경우의 수는 2가지이다.
③ 무와 기가 마주 보는 경우의 수는 2가지이다.
④ 갑이 을의 오른쪽에 앉으면 무는 경의 왼쪽에 앉는다.
⑤ 무가 신의 오른쪽에 앉으면 정은 A테이블에 앉는다.

15 다음 도형들은 일정한 규칙을 가지고 있다. 다음 중 ?에 들어갈 도형으로 알맞은 것은?

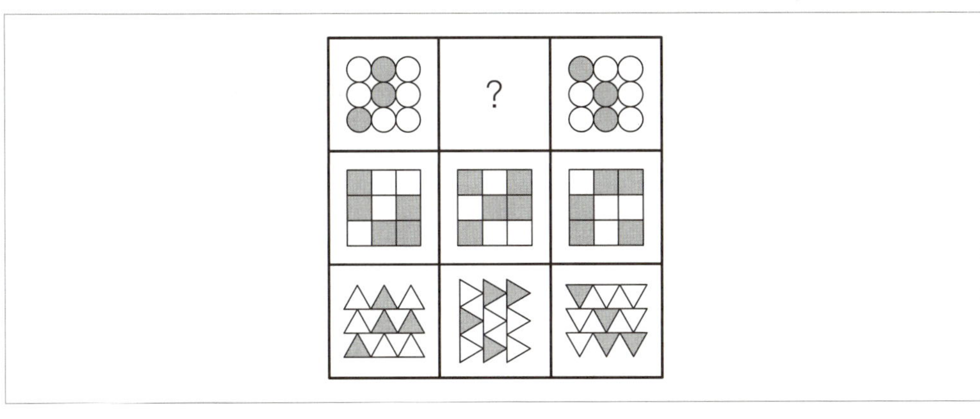

① 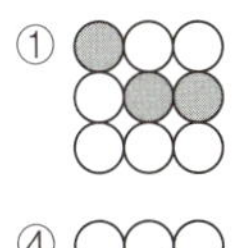   ②    ③ 

④   ⑤

16 다음 도형들은 일정한 규칙을 가지고 있다. 다음 중 ?에 들어갈 도형으로 알맞은 것은?

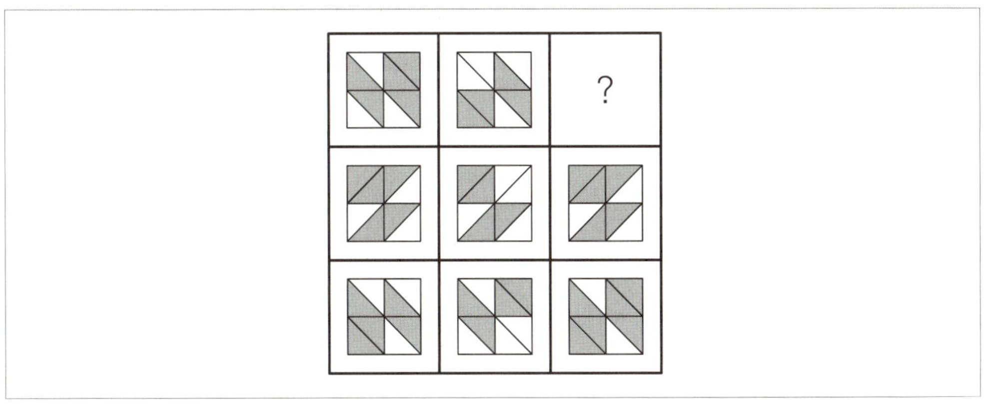

① 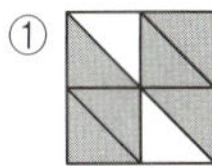   ② 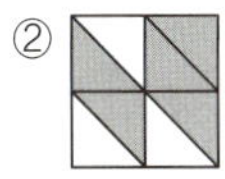   ③ 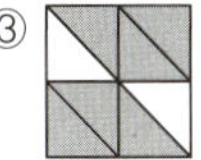

④ 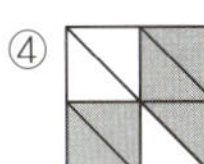   ⑤ 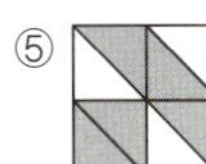

 다음 도형들은 일정한 규칙을 가지고 있다. 다음 중 ?에 들어갈 도형으로 알맞은 것은?

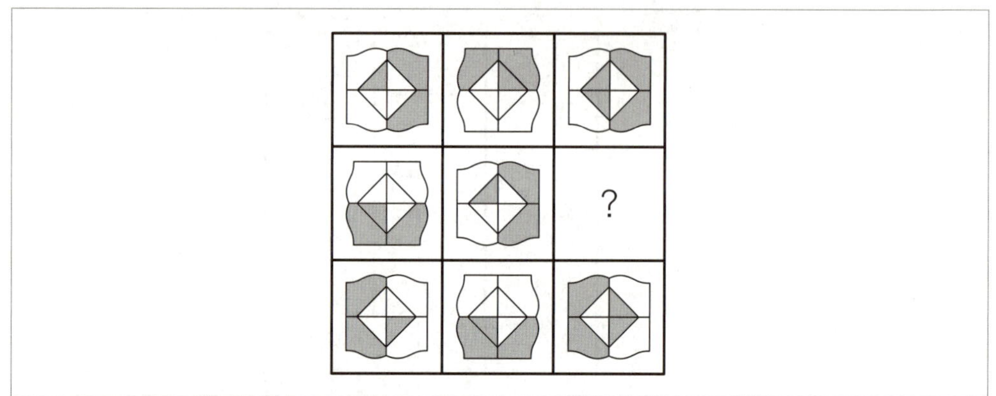

① 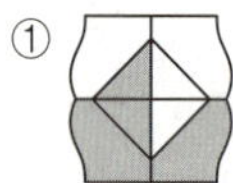

② 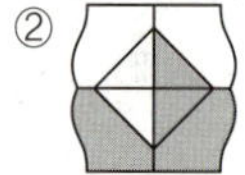

③ 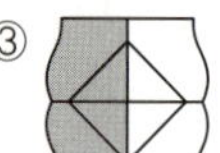

④ 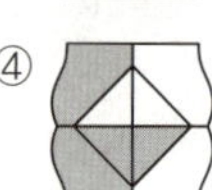

⑤ 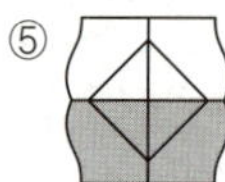

[18~21] 기호들이 하나의 규칙을 가지고 아래와 같이 문자나 숫자를 변화시킨다고 한다. 이때 다음 (?)에 해당하는 것을 고르시오.(단, 가로와 세로 중 한 방향으로만 이동하며, Z 다음은 A, 9 다음은 0이다.)

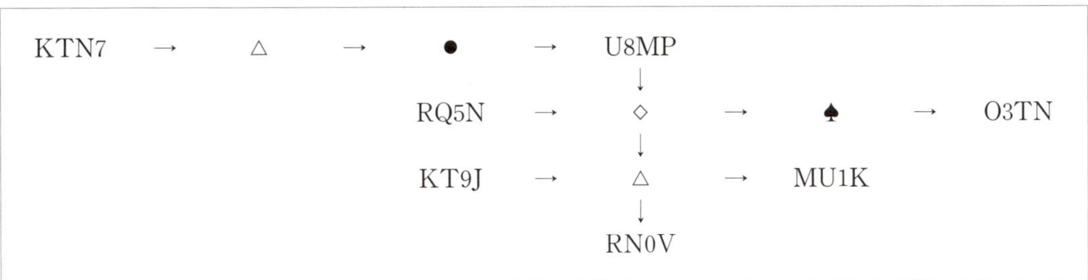

18

PUMT → ● → ♠ → (?)

① WRSI   ② VRSQ   ③ VVSQ
④ VRSI   ⑤ VSRK

19

HSK9 → △ → ♠ → ◇ → (?)

① 4PRK   ② 6PSL   ③ 6PRK
④ 4PSK   ⑤ 4PRL

20

(?) → ◇ → ♠ → ENTP

① SQPC   ② TQPD   ③ TPQC
④ TPQD   ⑤ SQPD

21

(?) → ● → ♠ → ◇ → INF7

① K6MH   ② 6HMK   ③ 6HKM
④ 7FNI   ⑤ N7IF

22 다음 문단을 논리적 순서에 맞게 배열한 것은?

[가] 우주 환경에서 사용되는 반도체는 극한의 조건을 견뎌야 한다. 급격한 온도 변화와 강한 방사선에 노출되기 때문에, 기존 실리콘 대신 내열성과 방사선 저항성이 뛰어난 탄화규소(SiC)가 주목받고 있다. SiC는 고온에서도 안정적으로 작동하고 전력 손실이 적어, 위성이나 탐사선용 반도체 소재로 활용이 확대되고 있다.

[나] 반도체는 수십 단계의 공정을 거쳐 완성된다. 노광, 식각, 증착 등 미세 회로 패턴을 형성하는 과정이 핵심이며, 공정의 정밀도가 곧 반도체의 성능을 결정한다. 최근에는 원자 단위 제어가 가능해야 할 만큼 기술 수준이 고도화되고 있다.

[다] 마지막으로 미래 지향적 연구에서는 그래핀이 차세대 반도체 후보로 꼽힌다. 흑연에서 추출한 단층 구조의 그래핀은 전자 이동 속도가 실리콘보다 훨씬 빨라 초고속 반도체 구현 가능성을 보여준다. 다만 대량 생산과 결함 제어 같은 과제가 남아 있어, 상용화를 위해선 앞으로 추가 연구가 필요하다.

[라] 소재 발전과 더불어 반도체 구조를 안정적으로 유지하는 접착제 기술 역시 중요하다. 접착제는 칩과 기판을 견고하게 결합해 충격이나 열팽창에도 성능이 떨어지지 않도록 한다. 최근에는 고온 안정성과 전기적 간섭 최소화를 동시에 만족시키는 차세대 접착 소재 연구가 활발히 이루어지고 있다.

① [가]-[나]-[라]-[다]
② [가]-[다]-[나]-[라]
③ [나]-[가]-[라]-[다]
④ [나]-[라]-[가]-[다]
⑤ [나]-[라]-[다]-[가]

 다음 문단을 논리적 순서에 맞게 배열한 것은?

[가] 전문가들은 AAV 치료제를 안정적으로 활용하려면 면역 억제와 발현 조절 기술을 결합해야 한다고 강조한다. 특히 논코딩 유전자를 활용한 조절 전략은 장기적인 치료 효과를 유지할 수 있는 중요한 연구 방향으로 꼽힌다. 결국 AAV 치료제의 미래는 면역과 발현 조절 기술을 얼마나 정교하게 결합하느냐에 달려 있다고 볼 수 있다.

[나] AAV(아데노 부속 바이러스)는 병원성이 거의 없어 안전하게 특정 세포에 유전자를 전달할 수 있다. 이 때문에 여러 유전 질환 치료 연구에서 운반체로 활용되며, 망막·근육 질환 등에서 임상 가능성이 확인되었다. 그러나 반복 투여 시 면역 반응이 나타나 치료 효과가 감소하는 한계가 있다.

[다] 이러한 한계를 극복하기 위해 코딩 유전자와 논코딩 유전자의 역할이 주목받고 있다. 코딩 유전자는 단백질 합성에 직접 관여하고, 논코딩 유전자는 발현 조절이나 면역 완화에 작용해 치료 효과를 뒷받침한다. 두 요소를 함께 활용하면 AAV 치료제의 한계를 극복할 수 있을 것으로 기대된다.

[라] 실제로 임상에서도 이러한 문제가 나타났다. AAV 치료제를 맞은 일부 환자에게 항체가 생기거나 면역세포가 과도하게 반응해 유전자가 제대로 작동하지 못한 사례가 보고된 것이다. 이로 인해 면역 반응 조절이 치료 성과를 결정하는 핵심 요소로 부각되었다.

① [가]−[나]−[다]−[라]
② [가]−[다]−[나]−[라]
③ [나]−[가]−[다]−[라]
④ [나]−[라]−[다]−[가]
⑤ [라]−[다]−[가]−[나]

 다음 글의 내용이 참일 경우, 반드시 <u>거짓</u>인 것은?

> 플라잉디스크 경기(얼티미트)는 겉모습이 럭비와 비슷해 보이지만 경기 방식과 규칙에서 큰 차이가 있다. 두 종목 모두 잔디 구장에서 7명이 한 팀을 이루어 경기를 진행하지만, 럭비가 강한 신체 접촉을 전제로 하는 반면, 플라잉디스크는 신체 접촉이 전혀 허용되지 않는다. 또한 럭비는 공을 들고 달리거나 태클을 통해 상대 진영으로 나아가지만, 플라잉디스크는 디스크를 잡은 선수가 이동할 수 없고 반드시 패스를 통해 전진해야 한다. 특히 플라잉디스크는 심판이 없는 '자기 판정(Self − Refereeing)' 제도를 운영하며, 경기 중 판정에 대한 합의가 이루어지지 않을 경우 처음 상황부터 경기를 다시 시작하는 독특한 규칙이 있다. 이러한 특성은 선수들의 자율성과 스포츠맨십을 강조하는 요소로 평가된다. 이러한 특성으로 인해 플라잉디스크는 '공정 경기'의 가치를 가장 중시하는 스포츠 중 하나로 꼽히며, 국제 대회에서도 동일한 규칙이 적용된다. 반면 럭비는 힘과 전략을 강조하며, 심판의 판정이 경기 흐름을 크게 좌우하는 특징이 있다.

① 플라잉디스크와 럭비는 모두 잔디 구장에서 7명이 한 팀으로 경기를 진행한다.
② 플라잉디스크는 선수 간의 신체 접촉이 허용되지 않는다.
③ 플라잉디스크는 디스크를 잡은 선수가 이동하지 못하고 패스로만 전진해야 한다.
④ 플라잉디스크는 심판이 없으며, 판정 합의가 안 되면 처음 상황부터 다시 시작한다.
⑤ 플라잉디스크는 국제 대회에서는 심판이 배정되어 판정을 담당한다.

25 다음 글의 내용이 참일 경우, 반드시 <u>거짓</u>인 것은?

> 　　디스플레이 반도체 산업에서는 다양한 핵심 부품과 공정이 사용된다. 먼저 MLCC(적층세라믹콘덴서)는 전류의 흐름을 안정적으로 유지하고 전자파 간섭을 줄이는 역할을 하여 스마트폰과 디스플레이 구동칩에서 필수적인 부품으로 자리 잡았다. 또한 OCF(Optically Clear Film) 디스플레이는 투명 접착층을 활용해 화면을 선명하게 유지하면서도 얇은 구조를 구현할 수 있어, 최근 초박형 스마트 기기에 적용이 늘고 있다. 특히 OLED 공정에서는 유기 발광층을 균일하게 증착하는 기술이 중요한데, 이 과정에서 불량률이 높으면 전체 생산 단가가 크게 올라가기 때문에 정밀한 공정 관리가 요구된다. 여기에 더해, 디스플레이 반도체는 단순히 부품 하나만으로 성능이 결정되는 것이 아니라 여러 기술이 정밀하게 조화를 이루어야 높은 화질과 에너지 효율을 구현할 수 있다. 따라서 소재·공정·부품 전반에서 혁신이 동시에 이루어져야 차세대 디스플레이 경쟁력을 확보할 수 있다. 이러한 기술들은 모두 차세대 디스플레이 성능과 직결되며, 소비자 경험을 좌우하는 핵심 요소로 평가된다. 그러나 지나치게 과도한 마케팅 표현이나 불완전한 공정 설명은 소비자에게 혼란을 줄 수 있어 규제 기관의 관리 대상이 되기도 한다.

① MLCC는 디스플레이 구동칩에서 전류를 안정적으로 유지하는 핵심 부품이다.
② OCF 디스플레이는 투명 접착층을 통해 화면 선명도를 높이고 기기의 얇은 구조를 구현한다.
③ OLED 공정에서 발광층의 균일 증착은 불량률과 생산 단가에 직접적인 영향을 미친다.
④ 디스플레이 반도체 기술은 성능보다는 가격 경쟁력이 가장 중요한 요소로 평가된다.
⑤ 과도한 마케팅 표현이나 불완전한 공정 설명은 소비자 혼란을 유발할 수 있다.

'혼란 포장 마케팅'은 소비자가 실제 제품의 크기나 질을 잘못 인식하도록 유도하는 전략을 말한다. 예를 들어 과자 봉지를 실제 내용물보다 훨씬 크게 제작하거나, 제품 외부에 고급 재질의 이미지를 사용해 실제보다 품질이 우수해 보이도록 하는 경우가 이에 해당한다. 이러한 방식은 단기적으로 소비자의 구매 욕구를 자극해 매출을 늘리는 효과가 있지만, 시간이 지날수록 소비자가 속았다는 인식을 가지게 되면서 기업의 신뢰와 브랜드 가치를 떨어뜨린다. 실제로 소비자 단체에서는 '포장 부풀리기' 사례를 꾸준히 조사하고 있으며, 공정거래위원회는 관련 규제를 강화해 혼란 포장으로 인한 소비자 피해를 줄이려 하고 있다. 한편 소비자 입장에서는 제품의 외관이나 광고에만 의존하기보다 실제 용량과 성분표, 단위 가격 등을 꼼꼼히 확인하는 태도가 필요하다. 결국 혼란 포장 마케팅은 기업의 단기적 이익에는 도움이 될 수 있지만, 장기적으로는 기업과 소비자 모두에게 부정적 영향을 남길 수 있다.

① 혼란 포장 마케팅은 실제보다 제품을 크게 혹은 고급스럽게 보이도록 하는 행위를 의미한다.
② 혼란 포장 마케팅은 단기적으로 매출 증가 효과를 가져올 수 있다.
③ 혼란 포장 마케팅은 장기적으로 브랜드 신뢰를 높이고 긍정적인 이미지를 만든다.
④ 공정거래위원회는 혼란 포장 규제를 강화하여 소비자 피해를 줄이고자 한다.
⑤ 소비자는 제품의 외관보다 실제 용량, 성분표, 단위 가격 등을 확인하는 것이 필요하다.

> DRAM은 데이터를 일시적으로 저장하는 휘발성 메모리로, 전원이 차단되면 정보가 사라지는 특징을 가진다. CPU가 연산을 빠르게 수행하기 위해서는 DRAM이 제공하는 높은 속도의 데이터 접근이 필수적이다. 반면 SSD(Solid State Drive)는 전원이 꺼져도 데이터를 보존할 수 있는 비휘발성 저장장치로, 대용량 정보를 안정적으로 보관하는 데 적합하다. 최근에는 DRAM과 SSD가 함께 사용되며, DRAM은 속도를, SSD는 저장 용량과 안정성을 담당해 전체 시스템 성능을 높인다. 또한 SSD 기술이 발전하면서 읽기·쓰기 속도가 과거보다 크게 개선되었지만, 여전히 DRAM만큼 빠르지는 않다. 더 나아가 DRAM은 가격 대비 용량이 제한적이어서 저장 공간보다는 속도 최적화에 주로 쓰인다. 반면 SSD는 용량을 크게 늘릴 수 있어 개인용 컴퓨터뿐 아니라 서버, 데이터센터 등에서 핵심 장치로 활용된다. 이처럼 DRAM과 SSD는 상호 보완적 관계를 이루며, 현대 컴퓨팅 환경에서 없어서는 안 될 핵심 부품으로 자리 잡았다. 특히 인공지능 연산이나 빅데이터 분석처럼 방대한 양의 데이터를 다루는 분야에서는 DRAM의 빠른 속도와 SSD의 대용량 저장 능력이 결합되어 성능을 크게 좌우한다. 따라서 두 장치의 발전은 정보 처리 능력을 높이는 중요한 동력이 된다.

① DRAM은 전원이 꺼져도 데이터를 보존할 수 있는 비휘발성 메모리다.
② SSD는 대용량 정보를 안정적으로 저장할 수 있는 비휘발성 저장장치다.
③ DRAM과 SSD는 모두 속도를 담당하여 시스템 성능을 높인다.
④ SSD는 DRAM보다 데이터 접근 속도가 빠르다.
⑤ DRAM은 저장 용량을 크게 늘려 대규모 데이터 보관에 적합하다.

28 다음 글을 읽고 제기할 수 있는 반박으로 가장 적절하지 <u>않은</u> 것은?

> 최근 일부 기업에서는 물건을 구매한 소비자가 직접 매장을 방문해 제품을 수령하도록 하는 서비스를 강화하고 있다. 이 방식은 택배 배송 과정에서 발생할 수 있는 분실·파손 위험을 줄일 수 있고, 매장에서 직원이 제품을 직접 확인해 주기 때문에 신뢰성이 높다는 장점이 있다. 또한 소비자가 매장을 방문하는 과정에서 다른 제품을 체험하거나 추가로 구매할 가능성이 있어 기업 입장에서도 긍정적이다. 무엇보다도 소비자가 스스로 제품을 수령함으로써 구매 만족도를 높이고, 기업은 물류 비용을 절감할 수 있다는 점에서 효과적인 서비스로 평가된다. 더 나아가 이 서비스는 소비자가 원하는 시간에 직접 찾아가 수령할 수 있어 배송 시간에 얽매이지 않는 자유로움도 제공한다. 특히 신선식품이나 고가의 전자제품처럼 상태 확인이 중요한 품목은 매장에서 직접 확인 후 수령하는 것이 소비자에게 더 큰 안심을 준다. 이러한 이유로 직접 수령 서비스는 최근 다양한 유통 업계에서 점차 확대되는 추세다.

① 직접 매장을 방문하는 과정이 번거로워 오히려 소비자 만족도가 떨어질 수 있다.
② 교통이 불편한 지역에 사는 소비자는 매장을 방문하기 어려워 불편함을 느낄 수 있다.
③ 몸이 불편하거나 시간이 부족한 소비자에게는 직접 수령 방식이 비현실적일 수 있다.
④ 직접 수령 서비스는 기업 입장에서 물류 비용 절감 효과를 얻을 수 있다.
⑤ 온라인 배송을 선호하는 소비자는 매장을 방문해 제품을 받기를 원하지 않을 수 있다.

 다음 글과 [보기]를 읽고 한 추론 중 적절하지 <u>않은</u> 것은?

> 모듈러 건축은 건축 구조물을 공장에서 미리 모듈 단위로 제작한 뒤, 이를 OSC(Off−Site Construction) 현장으로 운반하여 조립하는 방식이다. 이 과정은 기존 현장 시공 방식에 비해 공사 기간을 크게 단축할 수 있으며, 날씨나 작업 환경에 따른 영향을 줄여 품질 관리가 용이하다. 특히 콘크리트는 모듈러 건축의 기초와 외벽 등에 사용되어 강도와 안전성을 확보하는 핵심 재료로 꼽힌다. 최근에는 고강도·저탄소 콘크리트가 개발되어 친환경성과 지속 가능성을 높이는 데 기여하고 있다.

┤ 보기 ├

> OSC 현장은 공장에서 제작된 모듈을 실제로 설치·조립하는 장소를 뜻한다. 이 방식에서는 현장에서 진행되는 작업이 최소화되기 때문에 소음과 분진이 줄어드는 장점이 있다. 또한 도심지나 협소한 공간에서의 시공 효율성이 높고, 재사용 가능한 모듈을 적용하면 자원 절약에도 도움이 된다. 다만 현장에서는 여전히 콘크리트 타설이나 마감 공정 일부가 필요할 수 있다.

① 모듈러 건축은 공장에서 제작된 모듈을 OSC 현장에서 조립하여 완성한다.
② 모듈러 건축은 날씨와 작업 환경의 영향을 상대적으로 덜 받는다.
③ OSC 현장에서 대부분의 공정을 수행하므로 소음과 분진이 크게 발생한다.
④ 콘크리트는 모듈러 건축에서 강도와 안전성을 확보하는 데 중요한 재료로 활용된다.
⑤ 고강도·저탄소 콘크리트는 친환경성과 지속 가능성을 높이는 데 기여한다.

30 다음 글과 [보기]를 읽고 한 추론 중 적절하지 <u>않은</u> 것은?

> 디스플레이 반도체는 스마트폰, TV, 노트북 등 다양한 전자기기의 핵심 부품으로, 화면의 구동과 품질을 결정하는 중요한 역할을 한다. 반도체가 전기 신호를 정확하게 제어해야만 디스플레이가 선명한 색과 빠른 응답 속도를 구현할 수 있다. 또한 최근 고해상도·초박형 기기의 확산으로 인해 반도체의 안정성과 효율성에 대한 요구가 높아지고 있다. 디스플레이 반도체의 성능은 단순히 하나의 기술에 의해 결정되는 것이 아니라, 다양한 소재와 공정이 결합될 때 비로소 최적화된다. 이러한 특성 때문에 기업들은 차세대 디스플레이 경쟁력을 확보하기 위해 연구개발 투자를 확대하고 있다.

> ─┤ 보기 ├─
>
> MLCC(적층세라믹콘덴서)는 전류 흐름을 안정화하고 전자파 간섭을 줄여 반도체 회로가 안정적으로 작동하도록 돕는다. OCF(Optically Clear Film) 디스플레이는 투명 접착층을 활용해 화면 선명도와 얇은 구조를 구현하는 데 쓰인다. OLED 공정은 유기 발광층을 균일하게 증착해야 불량률이 낮아지고, 이를 통해 디스플레이 품질을 확보할 수 있다. 나아가 이러한 부품과 공정의 조화는 소비자 경험을 높이는 핵심 요소로 평가된다.

① 디스플레이 반도체는 전자기기의 화면 품질과 응답 속도에 직접적인 영향을 준다.
② MLCC는 반도체 회로의 안정성을 높이는 데 기여한다.
③ OCF 디스플레이는 두꺼운 구조를 만들지만 화면의 선명도를 떨어뜨린다.
④ OLED 공정에서 발광층 증착의 균일성은 불량률과 직결된다.
⑤ 디스플레이 반도체의 성능은 다양한 소재와 공정의 결합으로 최적화된다.

기회는 노크하지 않는다.
그것은 당신이 문을 밀어
넘어뜨릴 때 모습을 드러낸다.

– 카일 챈들러

01 올해 A회사의 전체 직원 수는 지난해 대비 15% 감소하여 2,040명이다. 올해 전체 직원 중 여자 직원이 지난해 대비 20% 감소하여 1,120명일 때, 지난해 남자 직원 수와 올해 남자 직원 수의 차는?

① 80명   ② 100명   ③ 120명

④ 150명   ⑤ 180명

02 남자 3명과 여자 4명이 원탁에 일정한 간격으로 둘러 앉을 때, 남자끼리 이웃하지 않도록 앉는 경우의 수는?

① 60가지   ② 72가지   ③ 108가지

④ 120가지   ⑤ 144가지

03 다음 [그래프]와 [표]는 2025년 바이오산업 분야별 인력 현황에 관한 자료이다. 주어진 자료에 대한 설명으로 옳지 <u>않은</u> 것은?

[그래프] 2025년 바이오산업 분야별 종사자 인력 구성비 (단위: %)

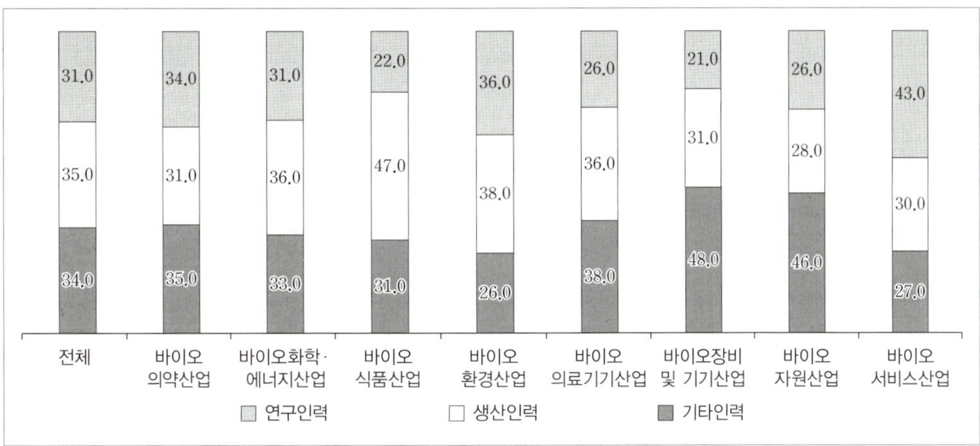

[표] 2025년 바이오산업 분야별 학위별 인력 분포 (단위: 명)

구분	박사	석사	학사	기타	전체인력
전체인력	2,970	9,800	26,220	14,660	53,650
바이오의약산업	1,500	4,700	10,700	4,900	21,800
바이오화학·에너지산업	320	1,200	3,200	2,200	6,920
바이오식품산업	300	900	3,200	2,900	7,300
바이오환경산업	40	140	620	240	1,040
바이오의료기기산업	300	1,100	3,000	1,900	6,300
바이오장비 및 기기산업	70	200	1,300	780	2,350
바이오자원산업	50	160	500	370	1,080
바이오서비스산업	390	1,400	3,700	1,370	6,860

① 바이오서비스산업의 생산인력은 바이오장비 및 기기산업의 생산인력보다 많다.

② 학사의 비율이 50% 이상인 분야는 3개이다.

③ 연구인력의 비중이 가장 높은 분야는 바이오산업 분야 중 박사와 석사를 합한 비율이 가장 높다.

④ 바이오의약산업의 전체인력은 전체 바이오산업 인력의 40% 이상을 차지하고 있다.

⑤ 바이오산업의 박사인력 수는 전체 바이오산업 인력의 6% 미만이다.

다음 [그래프]는 연도별 19세 이상 남녀의 비만율에 관한 자료이다. 주어진 자료에 대한 설명으로 옳지 <u>않은</u> 것은?

[그래프] 연도별 19세 이상 남녀 비만율 (단위: %)

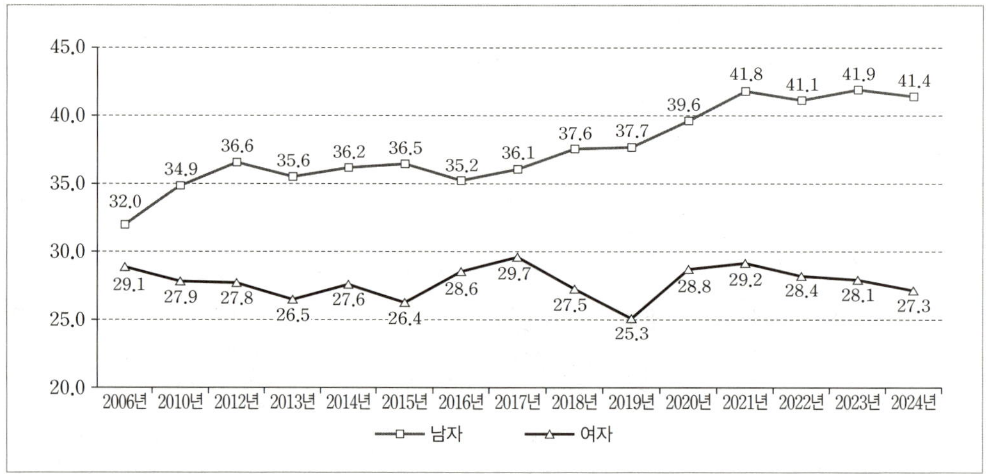

① 2012년 이후 19세 이상 여자의 비만율이 가장 낮은 해에 남녀 비만율의 차는 12.4%p이다.

② 19세 이상 여자의 비만율이 가장 높았던 해에 남자의 비만율은 여자의 비만율의 1.5배 미만이다.

③ 19세 이상 남자와 여자 모두 비만율이 두 번째로 높았던 해는 같다.

④ 2024년 19세 이상 남자의 비만율은 전년 대비 0.5%p 감소했다.

⑤ 19세 이상 남자의 비만율이 가장 높았던 해에 19세 이상 남녀 인구 성비가 1:1이라면 그 해의 전체 비만율은 34.5%이다.

05 다음 [그래프]는 주택 소유 변화 및 주택 소유자의 소유물 건수 변화에 관한 자료이다. 주어진 자료에 대한 설명으로 옳은 것은?(단, 조사 대상은 2024년과 2025년이 동일하다.)

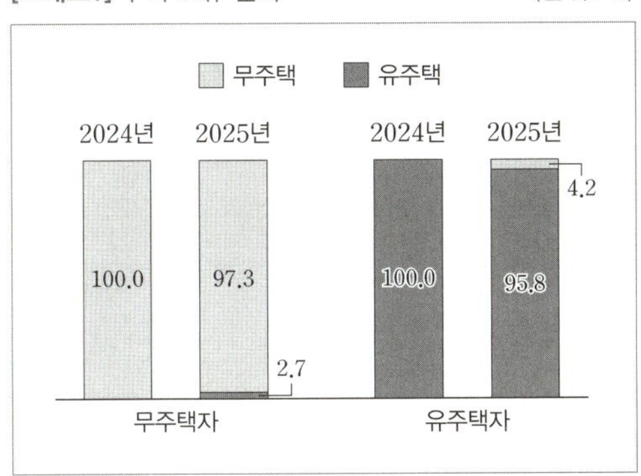

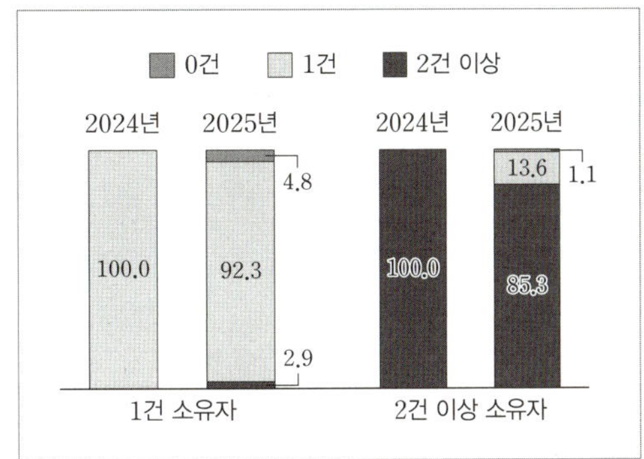

① 2024년 무주택자의 3.7%는 2025년 유주택자가 됐다.

② 2025년 유주택자는 전년 유주택자의 4.2%이다.

③ 2024년 주택 1건 소유자의 95.2%는 2025년 주택 1건 이상 소유자이다.

④ 2025년 주택 0건 소유자는 2024년 주택 1건 소유자의 4.8%이다.

⑤ 2024년 주택 2건 이상 소유자의 85.3%는 2025년 주택 1건 이상 소유자이다.

다음 [그래프]는 연도별 여행객 수와 해외여행지 비율에 관한 자료이다. 주어진 자료에 대한 설명으로 옳지 <u>않은</u> 것은?

[그래프1] 연도별 여행객 수 (단위: 만 명)

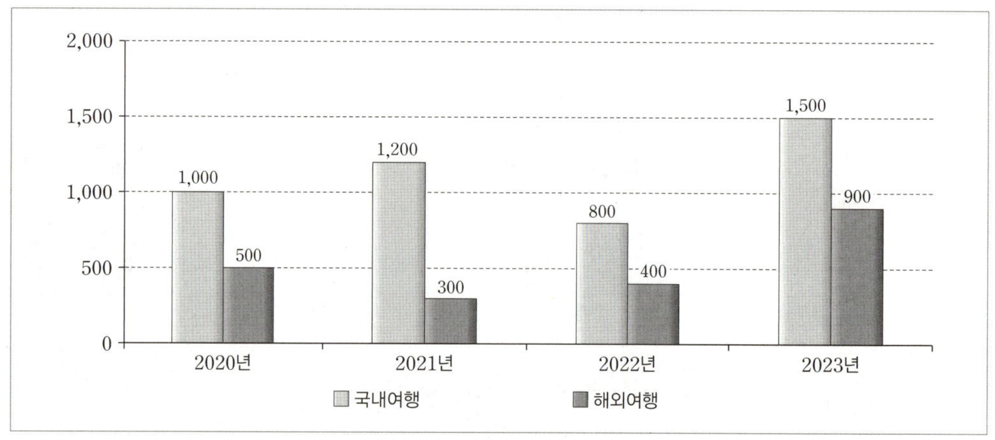

[그래프2] 2020년 해외여행지 비율 (단위: %)

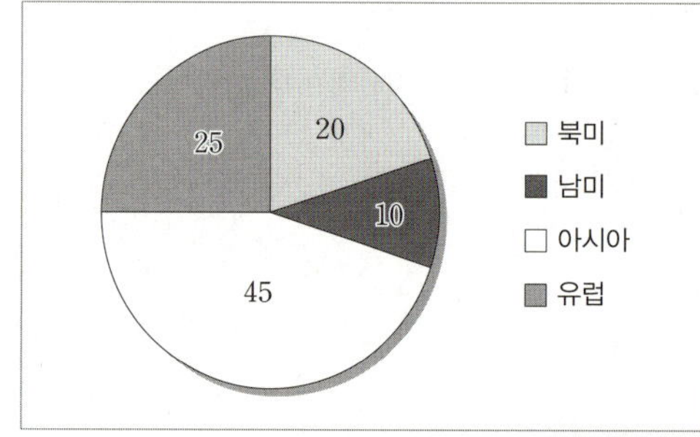

[그래프3] 2023년 해외여행지 비율 (단위: %)

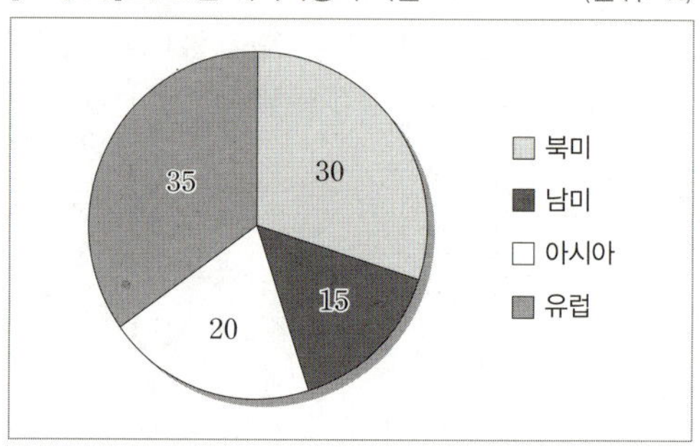

① 2022년 여행객 수는 전년 대비 20% 감소하였다.

② 2023년 북미 여행객 수는 2023년 국내외 여행객 전체의 15% 미만이다.

③ 2023년 아시아 여행객 수는 3년 전 대비 35만 명 감소하였다.

④ 2021년 여행객 수는 국내여행이 해외여행보다 60%p 더 높다.

⑤ 2023년 유럽 여행객 수는 2020년 유럽 여행객 수보다 190만 명 더 많다.

07 다음 [그래프]는 2019~2023년 S사가 전기차 부품 시장에서 차지하고 있는 점유율의 전년 대비 증감률에 관한 자료이다. 주어진 자료에 대한 설명으로 옳은 것은?

[그래프] S사 점유율의 전년 대비 증감률

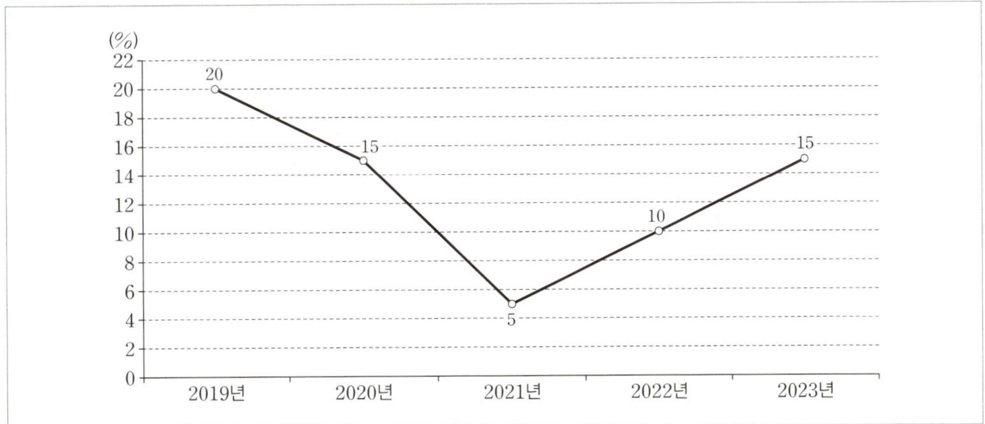

① 2022년부터 S사는 전기차 부품 시장에서 차지하는 점유율이 증가하기 시작했다.

② 2020년보다 2023년에 S사의 점유율이 더 낮았던 것으로 보인다.

③ 2021년 S사가 전기차 부품 시장에서 차지하는 점유율은 2019년 대비 20% 증가했다.

④ 2023년 S사 점유율의 전년 대비 증가량은 2022년 S사 점유율의 전년 대비 증가량보다 50% 이상 증가했다.

⑤ 2020년 S사가 전기차 부품 시장에서 40%를 차지하고 있었다면, 2022년에는 48% 이상 차지했을 것이다.

다음 [그래프]와 [표]는 2020~2024년 총산업부문 에너지 사용량 및 산업전체 GDP와 제조업부문 업종별 에너지 사용량에 관한 자료이다. 주어진 자료에 대한 설명으로 옳지 <u>않은</u> 것은?

[그래프] 2020~2024년 총산업부문 에너지 사용량 및 산업전체 GDP

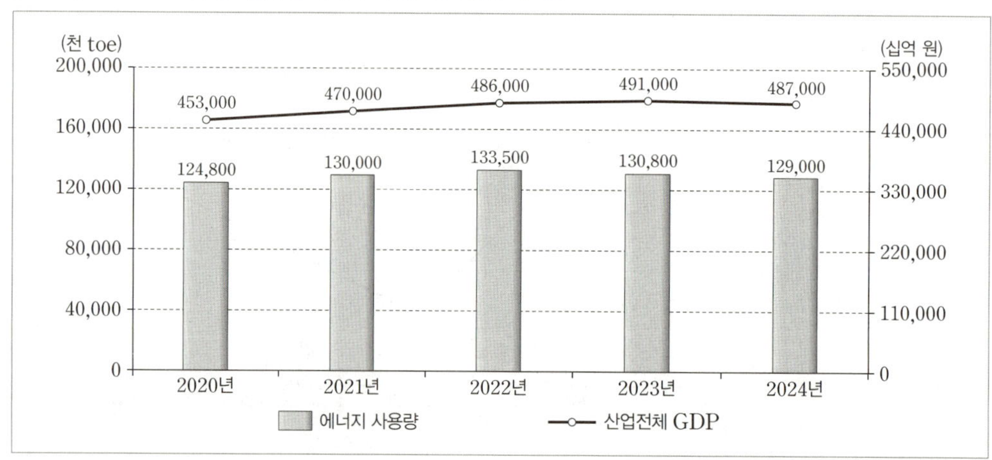

[표] 2020~2024년 제조업부문 업종별 에너지 사용량   (단위: 천 toe)

구분	2020년	2021년	2022년	2023년	2024년
음식료업	2,500	2,500	2,800	2,400	2,600
섬유제품업	1,700	1,500	1,600	1,000	1,000
펄프, 종이	2,800	3,000	2,900	2,600	2,600
정유	35,300	38,000	37,000	36,300	32,700
화학	33,300	35,000	36,000	35,900	36,500
비금속 광물제품	6,800	6,600	6,300	6,400	5,900
제1차 금속산업	31,200	31,700	33,800	33,500	33,700
전자장비 제조업	4,200	4,500	5,000	5,600	5,500
자동차 제조업	2,000	1,900	2,100	2,000	1,900
기타	4,900	5,000	5,700	5,000	5,900
합계	124,700	129,700	133,200	130,700	128,300

① 2021년 이후 산업전체 GDP의 전년 대비 증가율이 가장 큰 해는 2021년이다.

② 2020년부터 2024년까지 펄프, 종이와 에너지 사용량 증감 추이가 동일한 업종은 없다.

③ 총산업부문 에너지 사용량이 제조업과 광업으로만 구성되었다면, 광업의 2021년 에너지 사용량은 300천 toe이다.

④ 2023년 제조업부문 에너지 사용량 상위 3개 업종의 비중은 제조업부문 에너지 사용량의 80% 이상이다.

⑤ 2023년 대비 2024년 제조업부문에서 기타를 제외하고 에너지 사용량이 10% 이상 감소한 업종은 1개이다.

09 다음 [그래프]와 [표]는 2024년 1분기의 소득 5분위별 소득 및 소비지출과 전년 동기 대비 증가율에 관한 자료이다. 주어진 자료에 대한 설명으로 옳지 <u>않은</u> 것은?

[**그래프**] 2024년 1분기 소득 5분위별 소득 및 소비지출 (단위: 만 원)

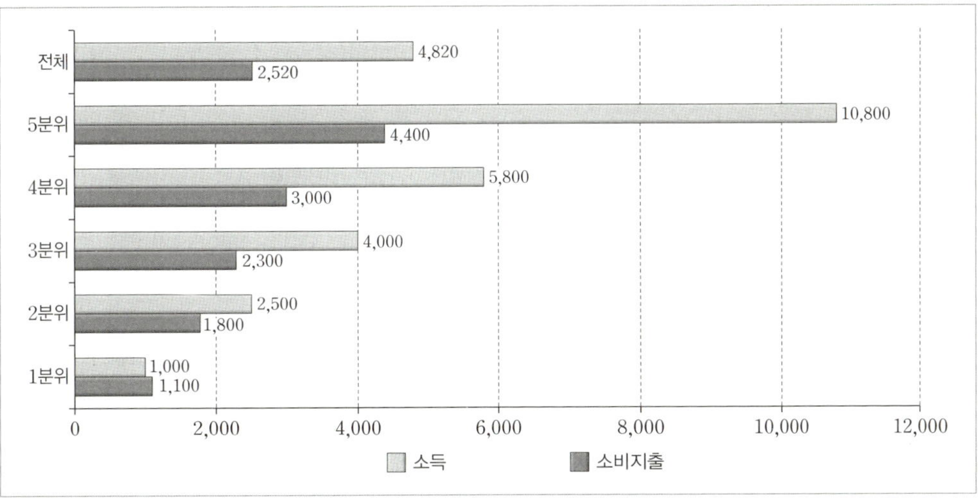

[**표**] 2024년 1분기 소득 5분위별 소득 및 소비지출의 전년 동기 대비 증가율 (단위: %)

구분	전체	1분위	2분위	3분위	4분위	5분위
소득 증가율	10.1	14.6	10.4	9.2	7.1	11.5
소비지출 증가율	4.7	3.2	11.2	4.4	6.2	1.7

① 2024년 1분기 소득 1분위의 소득은 2024년 1분기 소득 1분위의 소비지출보다 적다.
② 2023년 1분기 소득 4분위의 소득은 5,500만 원 미만이다.
③ 2024년 1분기 소득 5분위의 소득은 2024년 1분기 소득 1분위 소득의 10배 이상이다.
④ 2024년 1분기 소득과 소비지출의 차이가 가장 큰 소득 분위는 소득 5분위이다.
⑤ 2024년 1분기 소비지출의 전년 동기 대비 증가율이 가장 낮은 소득 분위가 소득의 전년 동기 대비 증가율은 반대로 가장 높다.

[10~11] 다음 [그래프]는 업체별 항목별 평가점수에 관한 자료이다. 주어진 자료를 바탕으로 이어지는 질문에 답하시오.

[그래프] 업체별 항목별 평가 점수   (단위: 점)

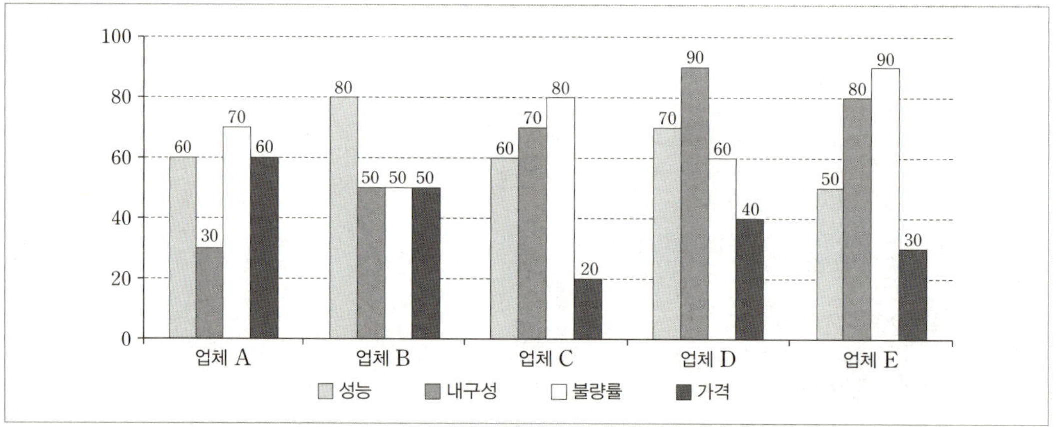

※ 업체별 종합점수는 항목별 점수의 합이다.
※ 종합점수가 가장 높은 업체의 물건을 구매한다.

10 다음 [보기]에서 주어진 자료에 대한 설명으로 옳은 것을 모두 고른 것은?

| 보기 |

ㄱ 종합점수는 업체 A가 가장 낮고, 업체 E가 가장 높다.
ㄴ 물건은 업체 D에서 구매하게 된다.
ㄷ 종합점수가 가장 높은 업체와 가장 낮은 업체의 종합점수의 차는 40점이다.

① ㄱ   ② ㄴ   ③ ㄱ, ㄴ
④ ㄱ, ㄷ   ⑤ ㄴ, ㄷ

11 4개의 항목에 대하여 각각의 가중치를 주어 종합점수를 아래와 같이 계산할 때, 다음 설명 중 옳지 <u>않은</u> 것은?

[표] 항목별 가중치   (단위: %)

구분	성능	내구성	불량률	가격
가중치	40	20	30	10

※ 종합점수는 (항목별 평가 점수×항목별 가중치)의 합이다.

① 업체별 종합점수는 모두 서로 다르다.
② 종합점수가 두 번째로 낮은 업체는 B이다.
③ 종합점수가 가장 높은 업체의 종합점수는 65점 이상이다.
④ 가중치 적용 전과 적용 후에 물건을 구매하게 되는 업체는 서로 다르다.
⑤ 가중치 적용 전 종합점수가 가장 낮은 업체는 가중치 적용 후 종합점수도 가장 낮다.

[12~13] 다음 [표]는 P기업의 분기별 손익계산서에 관한 자료이다. 주어진 자료를 바탕으로 이어지는 질문에 답하시오.

[표] P기업의 분기별 손익계산서

(단위: 천만 원)

구분	2023년 3분기	2023년 4분기	2024년 1분기	2024년 2분기	2024년 3분기
매출액	12,000	15,000	18,000	10,000	8,000
매출원가	1,500	3,500	2,000	3,000	1,500
판매관리비	2,000	1,500	5,000	2,500	2,000
금융손익	−5,000	2,000	−1,000	3,000	−500
영업외손익	500	−2,500	−3,000	2,000	1,500
법인세비용	3,000	1,000	1,500	2,000	2,500

12 다음 [보기]에서 주어진 자료에 대한 설명으로 옳은 것을 모두 고른 것은?

┤ 보기 ├

ㄱ. 2024년 1분기 이후 법인세비용은 매분기 증가했다.

ㄴ. 2023년 4분기 매출원가는 판매관리비의 3배 이상이다.

ㄷ. 2024년 3분기 매출액은 전년 동기 대비 4,000천만 원 감소했다.

① ㄱ   ② ㄴ   ③ ㄱ, ㄴ

④ ㄱ, ㄷ   ⑤ ㄴ, ㄷ

13 주어진 자료에 대한 설명으로 옳지 <u>않은</u> 것은?

① 제시된 기간 중 영업외손익이 적자인 시기는 2개이다.

② 2023년 3분기 금융손익과 영업외손익의 합은 −450억 원이다.

③ 2024년 2분기 법인세비용은 직전 분기 대비 30% 이상 증가했다.

④ 2023년 4분기 이후 금융손익의 직전 분기 대비 증감 추이와 동일한 항목은 없다.

⑤ 제시된 기간 중 매출액과 매출원가의 차이가 가장 큰 시기에 판매관리비는 최대이다.

[14~15] 다음 [그래프]와 [표]는 글로벌 이미지센서 시장 규모와 점유율에 관한 자료이다. 주어진 자료를 바탕으로 이어지는 질문에 답하시오.

[그래프] 글로벌 이미지센서 시장 규모 비교 (단위: %)

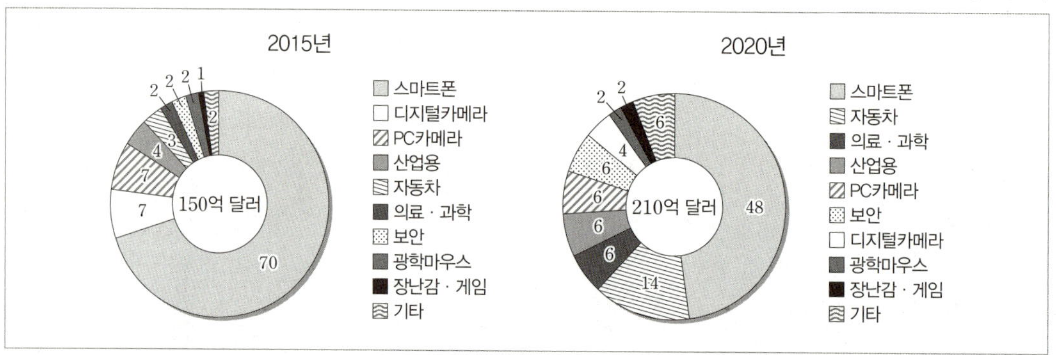

[표] 2020년 글로벌 이미지센서 시장 점유율 상위 7개 기업 (단위: %)

순위	제조사(국가)	점유율
1	소니(일본)	45
2	삼성전자(한국)	20
3	옴니비전(중국)	12
4	온 세미컨덕터(미국)	4.5
5	Goodix(중국)	4
6	갤럭시코어(중국)	3.5
7	SK하이닉스(한국)	3

14 주어진 자료에 대한 설명으로 옳은 것은?

① 2020년 글로벌 이미지센서 시장에서 스마트폰 시장 규모는 5년 전 대비 증가했다.
② 2020년 글로벌 이미지센서 시장 점유율 상위 5개 기업이 전체 시장에서 85% 이상을 차지한다.
③ 2020년 글로벌 이미지센서 시장에서 의료·과학 시장 규모는 2015년 대비 4.5배 이상 증가했다.
④ 2020년 글로벌 이미지센서 시장에서 일본 기업이 시장 점유율의 절반 이상을 차지한다.
⑤ 글로벌 이미지센서 시장에서 PC카메라 시장 규모는 2020년이 2015년보다 더 적었다.

15 2020년 글로벌 이미지센서 시장에서 상위 7개 기업 중 한국 기업의 시장 규모는?(단, 소수점 첫째 자리에서 반올림한다.)

① 42억 달러　　　　　② 44억 달러　　　　　③ 46억 달러
④ 48억 달러　　　　　⑤ 50억 달러

[16~17] 다음 [그래프]와 [표]는 탄소배출권 거래대금 및 거래량과 거래대금 비중에 관한 자료이다. 주어진 자료를 바탕으로 이어지는 질문에 답하시오.

[그래프] 2019~2023년 탄소배출권 거래대금 및 거래량 (단위: 억 원, 억 t)

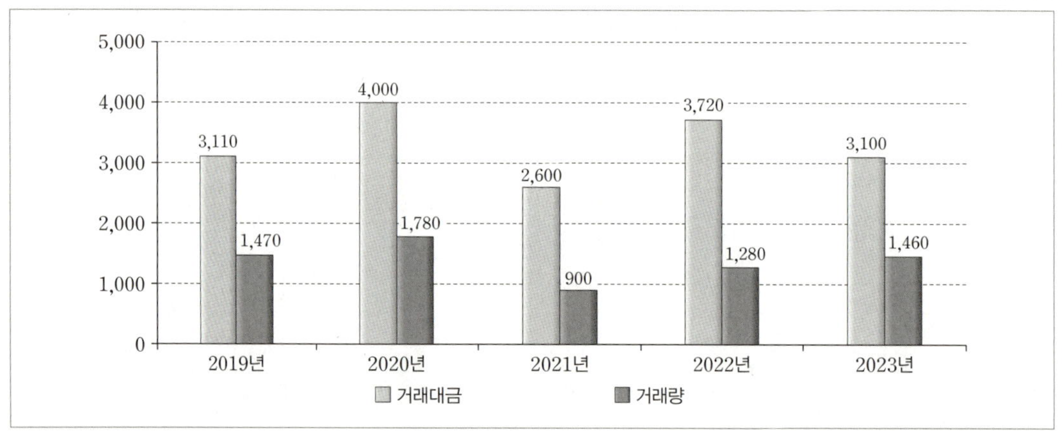

[표] 유형별 탄소배출권 거래대금 비중 (단위: %)

구분	2022년	2023년
토지이용	30	35
재생에너지	36	32
에너지효율	7	5
농업	2	1
폐기물처리	6	8
수송	4	8
화학공정	10	7
기타	5	4

16 주어진 자료에 대한 설명으로 옳지 <u>않은</u> 것은?

① 2019년 탄소배출권 1억 t당 거래대금은 2억 원 미만이다.

② 2023년 탄소배출권 유형 중 수송의 거래대금은 200억 원 이상이다.

③ 제시된 기간 중 탄소배출권 거래대금과 거래량이 모두 가장 많은 해는 2020년이다.

④ 2022년 탄소배출권 유형 중 거래대금 비중이 네 번째로 높은 유형은 에너지효율이다.

⑤ 2023년 탄소배출권 거래대금 비중이 전년 대비 가장 많이 증가한 유형은 토지이용이다.

17 다음 [보기]에서 주어진 자료에 대한 설명으로 옳은 것을 모두 고른 것은?

┌─ 보기 ├─

㉠ 2022년 탄소배출권 유형 중 화학공정의 거래대금은 350억 원 이상이다.

㉡ 2020년 이후 탄소배출권 거래대금과 거래량의 전년 대비 증가율은 모두 2020년이 가장 높다.

㉢ 2021년 탄소배출권 거래량은 2년 전 대비 600억 t 미만으로 감소하였다.

① ㉠   ② ㉡   ③ ㉠, ㉡

④ ㉠, ㉢   ⑤ ㉡, ㉢

18 다음 [표]는 어느 회사에서 구매하고자 하는 제품별 시간당 최대 생산량 및 일 최대 가동시간에 관한 자료이다. 주어진 자료를 바탕으로 빈칸에 해당하는 값을 예측했을 때, 가장 적절한 것은?

[표] 제품별 시간당 최대 생산량 및 일 최대 가동시간 (단위: 개, 시간, 점)

구분	S제품	L제품	K제품	H제품
시간당 최대 생산량	18	16	21	24
일 최대 가동시간	8	(㉠)	8	12
평가점수	92	68	104	(㉡)

※ 평가점수 $= a \times \left(\dfrac{\text{시간당 최대 생산량} \times \text{일 최대 가동시간}}{24} \right) + b$

	㉠	㉡
①	4	162
②	6	162
③	6	164
④	8	162
⑤	8	164

19 다음 [표]는 어느 고등학교의 1학년, 2학년, 3학년 학생들을 대상으로 일주일 동안의 운동 횟수를 조사한 자료이다. 주어진 자료를 바탕으로 1~3학년 전체 학생들의 일주일 동안의 운동 횟수를 그래프로 나타내었을 때, 적절한 것은?

[표] 학년별 일주일 동안의 운동 횟수   (단위: 명)

구분	하지 않음	1회	2~3회	4~5회	6회 이상
1학년	65	68	77	47	43
2학년	71	75	110	59	35
3학년	102	93	111	31	13

① (단위: %)

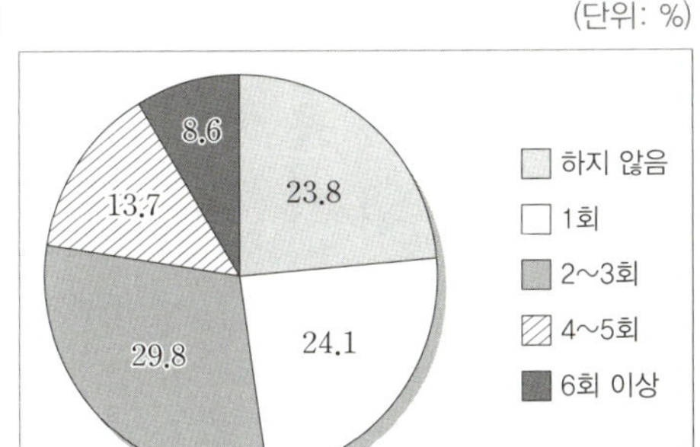

② (단위: %)

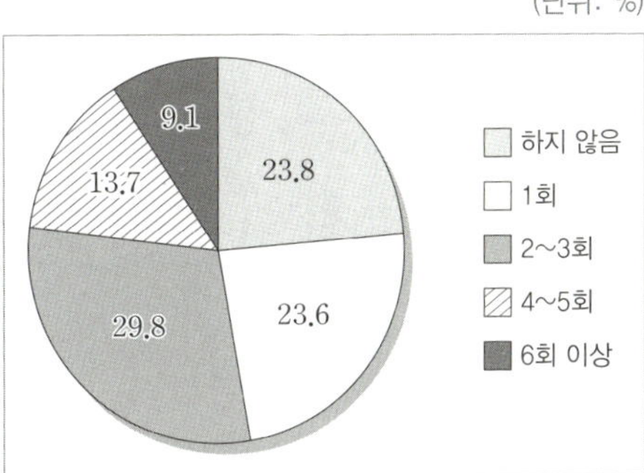

③ (단위: %)

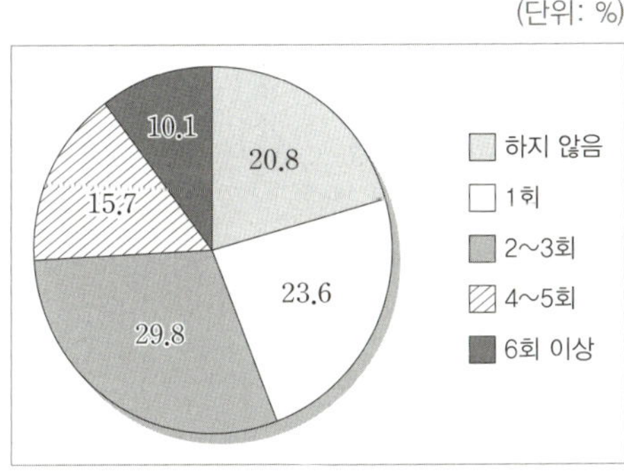

④ (단위: %)

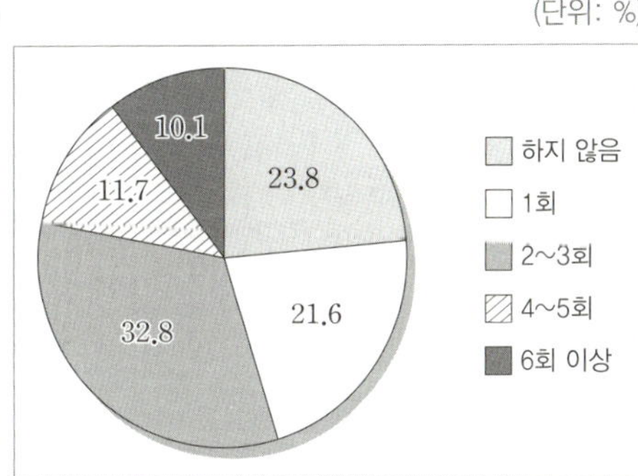

⑤ (단위: %)

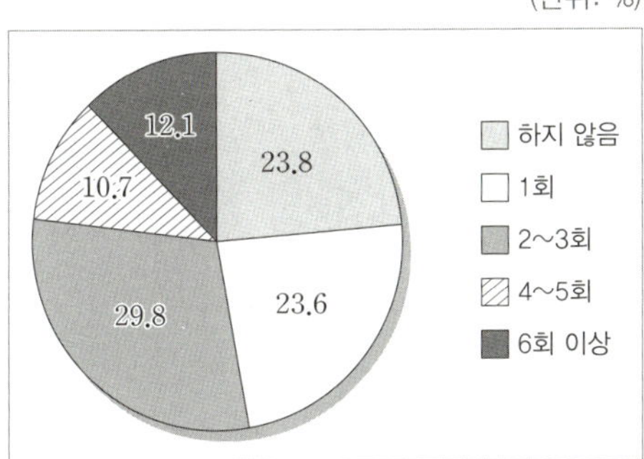

20 다음 [표]는 어느 회사의 공장별 제품 생산량 추이에 관한 자료이다. 생산량은 설비가동 후 일정한 규칙으로 증가한다고 할 때, A~C공장의 월 합산 제품 생산량이 처음으로 1,000개 이상이 되는 시기는?

[표] 공장별 제품 생산량 추이 (단위: 개)

구분	1월	2월	3월	4월	5월	6월
A공장	−	40	80	120	160	200
B공장	30	40	50	60	70	80
C공장	−	−	60	120	180	240

※ A공장은 2월, B공장은 1월, C공장은 3월부터 공장을 가동함

① 8월 ② 9월 ③ 10월 ④ 11월 ⑤ 12월

01 다음 전제를 보고 항상 참인 결론은?

전제1	과일을 좋아하지 않는 모든 사람은 고기를 좋아한다.
전제2	채소를 좋아하는 모든 사람은 고기를 좋아하지 않는다.
결론	

① 과일을 좋아하지 않는 모든 사람은 채소를 좋아하지 않는다.
② 채소를 좋아하지 않는 모든 사람은 과일을 좋아한다.
③ 채소를 좋아하는 모든 사람은 과일을 좋아하지 않는다.
④ 과일을 좋아하지 않는 모든 사람은 채소를 좋아한다.
⑤ 과일을 좋아하는 모든 사람은 채소를 좋아한다.

02 다음 전제를 보고 항상 참인 결론은?

전제1	영어를 가르치는 어떤 사람은 선생님이다.
전제2	모든 선생님은 학생들을 사랑한다.
결론	

① 영어를 가르치는 모든 사람은 학생들을 사랑한다.
② 영어를 가르치는 어떤 사람은 학생들을 사랑한다.
③ 영어를 가르치지 않는 모든 사람은 학생들을 사랑한다.
④ 영어를 가르치지 않는 어떤 사람은 학생들을 사랑한다.
⑤ 영어를 가르치지 않는 모든 사람은 학생들을 사랑하지 않는다.

03 다음 결론이 반드시 참이 되게 하는 전제는?

전제1	어떤 어른은 장난감을 좋아한다.
전제2	
결론	어떤 어른은 단 음식을 싫어한다.

① 장난감을 좋아하는 사람은 단 음식을 싫어하지 않는다.
② 단 음식을 싫어하는 사람은 장난감을 좋아하지 않는다.
③ 단 음식을 싫어하지 않는 어떤 사람은 장난감을 좋아한다.
④ 단 음식을 싫어하지 않는 사람은 장난감을 좋아하지 않는다.
⑤ 장난감을 좋아하지 않는 사람은 단 음식을 싫어하지 않는다.

04 ○○기관은 직원 A~E 5명에 대하여 민원인 평가 결과를 바탕으로 결과 등급이 가장 낮은 2명에게 특별 교육 참여 안내문을 발송하고자 한다. 주어진 [조건]을 바탕으로 안내문 발송 대상자를 모두 고른 것은?

┤ 조건 ├
- 5명은 결과 등급을 1~5등급 중 하나를 받았으며, 받은 결과 등급은 모두 다르다.
- 등급은 1등급부터 5등급 순으로 높다.
- E보다 결과 등급이 높은 직원은 2명 이상이다.
- E는 결과 등급이 C보다 한 등급 높다.
- B는 결과 등급이 D보다 한 등급 높다.
- A보다 결과 등급이 낮은 직원은 2명이다.

① B, C   ② B, D   ③ B, E
④ C, D   ⑤ C, E

05 서로 친구인 A~D는 각자 모자와 팔찌를 1개씩 착용했다. 주어진 [조건]을 바탕으로 항상 옳은 것은?

- 모자와 팔찌 모두 빨강, 파랑, 검정, 노랑 4가지 색깔이 있다.
- A~D는 각자 다른 색깔의 모자, 다른 색깔의 팔찌를 착용했다.
- 한 사람이 같은 색깔의 모자와 팔찌를 착용하지 않았다.
- A는 파랑 모자를 착용했다.
- B는 노랑 팔찌를 착용했다.
- D는 A가 착용한 모자와 같은 색깔의 팔찌를, C가 착용한 팔찌와 같은 색깔의 모자를 착용했다.

① C는 검정 팔찌를 착용했다.
② B가 검정 모자를 착용한 경우의 수는 2가지이다.
③ C는 B가 착용한 모자와 같은 색깔의 팔찌를 착용했다.
④ A가 빨강 팔찌를 착용했으면 D는 검정 모자를 착용했다.
⑤ D가 빨강 모자를 착용했으면 C는 검정 팔찌를 착용했다.

06 A~F는 공기총 사격을 하였다. 주어진 [조건]을 바탕으로 항상 옳지 <u>않은</u> 것은?

- 5명은 모두 한 번씩 사격을 하였고, 최소 6점부터 최대 10점까지 맞혔다.
- A와 B의 점수 합계는 C와 D의 점수 합계보다 1점 낮다.
- 10점을 맞힌 사람은 2명이고, 6점을 맞힌 사람은 1명이다.
- A~D의 평균 점수는 8.25점이고 A~E의 평균 점수는 8.6점이다.

① A의 점수는 6점이다.
② B의 점수는 10점이다.
③ A, B, C의 점수 합계는 24점 미만이다.
④ C의 점수가 8점이라면 A의 점수보다 낮다.
⑤ C, D, E의 평균 점수는 9점 이상이다.

07 7명의 직원 A~G가 단체로 영화를 보러 가서 일렬로 나란히 앉았을 때, 주어진 [조건]을 바탕으로 가장 오른쪽에 앉아서 영화를 본 직원은?

조건
- E는 양쪽 끝자리에 앉지 않았다.
- D는 오른쪽에서 세 번째 자리에 앉았다.
- B의 오른쪽에는 3명 이상이 앉았다.
- F는 왼쪽에서 두 번째 자리에 앉았다.
- A는 C 바로 옆자리에 앉았다.
- B는 가장 왼쪽에 앉지 않았다.

① A 또는 C 　② B 또는 D 　③ C 또는 D
④ F 　⑤ G

08 A~H 8명은 오후 회의를 진행하려고 한다. 오전과 오후 회의 시 자리 배치가 다음 [조건]을 따른다고 할 때, 오후 회의 시 자리 배치에 대한 설명으로 항상 옳은 것은?

조건
- 8명은 오전 회의에서 다음과 같은 직사각형 테이블 쪽을 바라보며 (1)~(8)번 자리에 앉아 회의를 진행하였다.

(1) A	(2) B	(3) C	(4) D
(5) E	(6) F	(7) G	(8) H

- 오후 회의에서 8명 중 오전 회의 때와 동일한 가로줄에 앉은 사람은 없다.
- 오후 회의에서 서로 가장 먼 거리에 떨어져 앉은 두 쌍은 C와 G, B와 H이다.
- 오전 회의 때와 동일한 세로줄에 앉은 사람은 F뿐이며, F의 옆자리에는 E와 H가 앉았다.

① B는 D와 이웃하여 앉는다.
② D와 마주 보고 앉은 사람은 F이다.
③ G와 마주 보고 앉은 사람은 B이다.
④ 오후 회의 때의 자리 배치로 가능한 경우의 수는 3가지이다.
⑤ C와 D가 이웃하여 앉는다면 E는 A와 마주 보고 앉지 않는다.

09 직원 A~F가 월~금요일 오전과 오후에 1명씩 당직을 선다. 주어진 [조건]을 바탕으로 항상 옳은 것은?

- A~D는 2번씩 당직을 서고, E와 F는 1번만 당직을 선다.
- 같은 직원이 같은 요일 오전·오후에 연달아 당직을 설 수는 없다.
- A는 2번의 당직 모두 C보다 일찍 선다.
- B는 월요일과 화요일 오후에 당직을 선다.
- 금요일 오후에 당직을 서는 직원은 D이다.
- E는 화요일, F는 목요일에 당직을 선다.
- A와 D는 한 번 같은 요일에 당직을 선다.

① D는 오후에만 당직을 선다.
② A는 2번의 당직 모두 D보다 일찍 선다.
③ 금요일 오전에 당직을 서는 직원은 C이다.
④ A가 오전에만 당직을 서는 경우의 수는 1가지이다.
⑤ F가 오후에 당직을 서면, A는 오전에만 당직을 선다.

10 소연이는 운동을 시작하기 전 스트레칭을 하고 있다. 스트레칭 동작은 총 8가지이고, 팔(A, B), 다리(C, D, E), 허리(F, G), 목(H) 스트레칭이다. 주어진 [조건]에 따라 순서대로 스트레칭을 한다고 할 때, 항상 옳은 것은?

- 같은 부위의 스트레칭은 연속적으로 수행한다.
- A 바로 다음으로 E를 수행한다.
- 목 스트레칭은 가장 첫 번째로 수행하지 않는다.
- F를 일곱 번째로 수행한다.

① 허리 스트레칭을 가장 마지막으로 수행한다.
② 목 스트레칭을 다리 스트레칭보다 먼저 수행한다.
③ B를 가장 먼저 수행한다.
④ 다리 스트레칭 중 D를 가장 마지막으로 수행한다.
⑤ 허리 스트레칭 중 G를 먼저 수행한다.

11 개발팀 직원 A~H는 워크샵을 위해 6개의 방을 예약하였다. 주어진 [조건]을 바탕으로 항상 옳지 <u>않은</u> 것은?

- 방 6개의 배치는 다음과 같다.

301호	302호	303호
201호	202호	203호

- A과장, B과장, C대리, D대리는 여자이고, E과장, F대리, G대리, H사원은 남자이다.
- 각 방에는 1명 또는 2명이 배정되었으며, 2명이 배정될 경우 같은 성별끼리 배정되었다.
- 대리는 모두 같은 층에 배정되었다.
- A과장과 같은 방에 배정된 직원이 있다.
- B과장은 201호에 혼자 배정되었다.
- 사원이 배정된 방의 바로 윗방에는 남자 직원이 배정되었다.
- 여자 대리는 서로 다른 방에 배정되었고, 이 중에서 1명은 302호에 배정되었다.

① E의 옆방에 대리가 배정된다.

② F의 옆방에 과장이 배정된다.

③ B의 바로 윗방에 A가 배정된다.

④ C가 301호에 배정되는 경우의 수는 2가지이다.

⑤ D가 302호에 배정되면, D의 바로 아랫방에는 E가 배정된다.

12 기획부 직원인 A부장, B차장, C과장, D과장, E대리, F대리, G사원, H사원은 모두 색 또는 종류가 다른 신발을 신었다. 주어진 [조건]을 바탕으로 운동화를 신은 직원 2명으로 옳은 것은?

- 8명의 직원은 구두(검은색, 갈색), 부츠(검은색, 갈색), 운동화(검은색, 흰색), 샌들(갈색, 흰색) 중 하나의 신발은 신었으며, 모두 서로 다른 신발을 신었다.
- 부장은 부츠를 신었다.
- 과장은 모두 같은 색의 신발을 신었고, 모두 구두를 신지 않았다.
- 사원은 모두 흰색 신발을 신었다.
- 차장은 검은색 구두를 신었다.
- C와 G는 샌들을 신었다.
- E는 운동화를 신지 않았다.

① C, G   ② D, G   ③ D, H

④ F, G   ⑤ F, H

13 빨강팀 또는 파랑팀에 속한 A~F 6명이 달리기 시합을 하였다. 주어진 [조건]을 바탕으로 항상 옳지 <u>않은</u> 것은?

┤ 조건 ├
- 빨강팀과 파랑팀은 각각 3명이다.
- A는 빨강팀이고, 파랑팀인 B보다 먼저 결승선을 통과했다.
- 3등과 6등은 파랑팀이고, 그중 한 명은 C이다.
- D와 E 등수의 합은 6이고, D는 빨강팀, E는 파랑팀이다.
- 빨강팀 등수의 총합은 파랑팀 등수의 총합보다 크다.
- 동시에 결승선을 통과한 사람은 없다.

① A가 2등이면 F는 4등이다.
② F가 2등이면 B는 3등이다.
③ F는 빨강팀이다.
④ B가 3등이면 F는 C보다 먼저 결승선을 통과했다.
⑤ 가능한 경우의 수는 3가지이다.

14 여름휴가로 A~D 4명은 각각 서로 다른 관광지를 다녀왔다. 4명 중 한 사람만 거짓을 말하고 나머지는 모두 진실을 말할 때 주어진 [대화]를 바탕으로 항상 옳은 것은?

┤ 대화 ├
- A: 나는 남산타워나 월미도에 다녀왔다.
- B: 나는 월미도나 해운대에 다녀오지 않았다.
- C: 나는 불국사나 남산타워에 다녀왔다.
- D: 나는 불국사에 다녀왔다.

① A는 월미도에 다녀왔다.
② D는 불국사에 다녀왔다.
③ B는 남산타워에 다녀왔다.
④ C는 남산타워에 다녀왔다.
⑤ 가능한 경우는 2가지이다.

15 다음 도형들은 일정한 규칙을 가지고 있다. 다음 중 ?에 들어갈 도형으로 알맞은 것은?

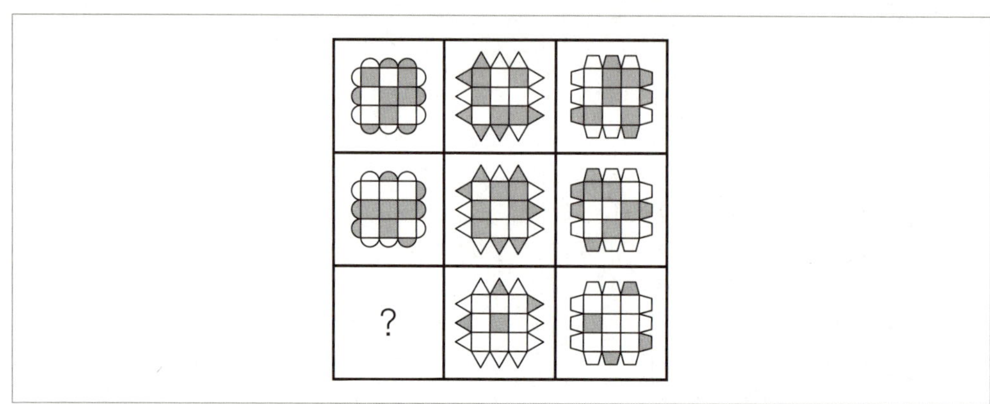

① 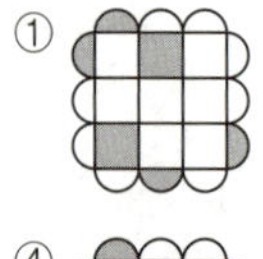 ② 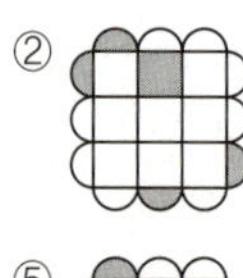 ③ 

④  ⑤ 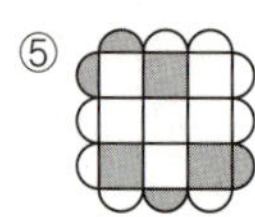

16 다음 도형들은 일정한 규칙을 가지고 있다. 다음 중 ?에 들어갈 도형으로 알맞은 것은?

① 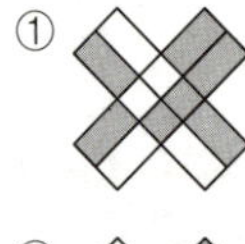 ②  ③ 

④ 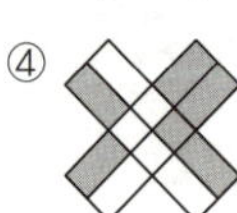 ⑤ 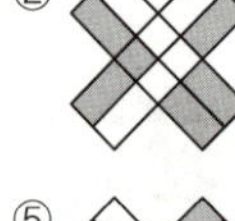

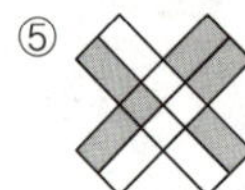

 다음 도형들은 일정한 규칙을 가지고 있다. 다음 중 ?에 들어갈 도형으로 알맞은 것은?

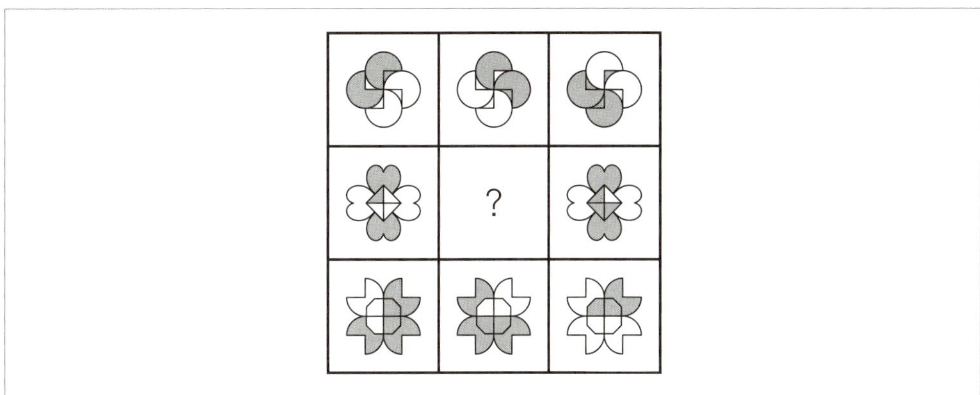

① 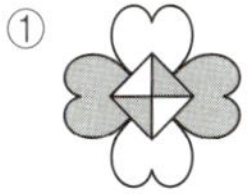

② 

③ 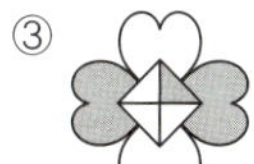

④ 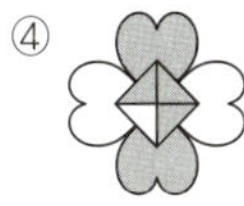

⑤ 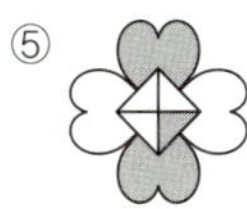

[18~21] 기호들이 하나의 규칙을 가지고 아래와 같이 문자나 숫자를 변화시킨다고 한다. 이때 다음 (?)에 해당하는 것을 고르시오.(단, 가로와 세로 중 한 방향으로만 이동하며, Z 다음은 A, 9 다음은 0이다.)

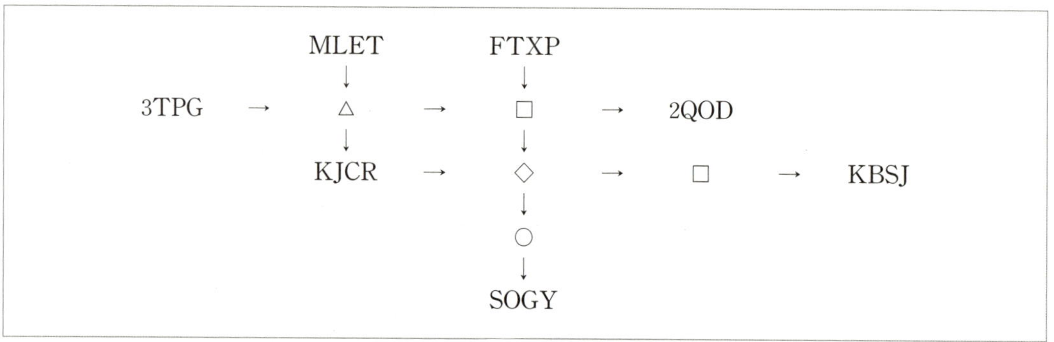

18

$$CUPS \rightarrow \bigcirc \rightarrow \square \rightarrow (?)$$

① QBVR ② OOTD ③ DOTT
④ TODT ⑤ BQRV

19

$$9735 \rightarrow \triangle \rightarrow \diamondsuit \rightarrow \bigcirc \rightarrow (?)$$

① 5184 ② 5137 ③ 5481
④ 5273 ⑤ 5371

20

$$(?) \rightarrow \triangle \rightarrow \bigcirc \rightarrow 2J4R$$

① 4TL6 ② 46TL ③ 02PH
④ 0PH2 ⑤ 35TL

21

$$(?) \rightarrow \diamondsuit \rightarrow \square \rightarrow \triangle \rightarrow 3562$$

① 2592 ② 4857 ③ 4587
④ 2925 ⑤ 5487

[가] 프롭테크는 부동산(Property)과 기술(Technology)이 결합된 용어로, 부동산 산업에 IT와 디지털 기술을 접목해 온라인으로 부동산 서비스를 제공하는 산업을 말한다. 프롭테크는 북미와 유럽에서 시작되었는데, 1980년대 인터넷의 보급으로 1세대 프롭테크가 탄생했다.

[나] 마지막으로 3세대 프롭테크는 블록체인, 인공지능 등의 신기술을 적용하는 것을 주요 특징으로 한다. 점차 프롭테크 관련 서비스에 대한 이용자들의 요구사항이 많아지고 높은 수준의 서비스를 기대하면서 앞으로도 많은 투자가 이루어질 것으로 전망된다.

[다] 1세대 프롭테크는 PC를 이용해 데이터를 분석하는 것을 말하는 세대이다. 부동산 관련 데이터 구성, 투자분석, 기술적인 분석 등이 이에 포함되며, 상호 간의 협업은 이루어지지 않고 폐쇄적으로 운영되었다.

[라] 그중에서 우리나라는 소비자 중심의 부동산 매물 정보가 한곳에 모인 통합된 마켓 플레이스 형태의 포탈이 프롭테크의 형태로 처음 등장했다. 이후 우리나라의 프롭테크는 소규모 비즈니스를 통해 성장하고 있으며, 데이터 분석, 가상현실 등을 통해 부가가치를 창출하기 위해 노력하고 있다.

[마] 다음으로 2세대 프롭테크는 공공데이터의 개방, 전자상거래의 활성화, 소셜 네트워크 시장의 확대, 오픈소스 등을 배경으로 활성화되었다. 주거 서비스의 경우 데이터를 분석하여 적정 주택가격을 알려주거나 가상현실을 통해 부동산의 현장을 확인하는 서비스 등을 제공하였다. 북미 및 유럽에서 2세대 프롭테크가 활성화될 무렵 아시아에서는 초기의 프롭테크가 시작되었다.

① [가]−[다]−[마]−[라]−[나] ② [가]−[라]−[다]−[마]−[나]
③ [다]−[가]−[마]−[라]−[나] ④ [다]−[라]−[나]−[마]−[가]
⑤ [다]−[마]−[나]−[라]−[가]

[가] 그가 회화와 음악을 결합하고자 한 이유는 음악은 회화에 비해 대상을 있는 그대로 묘사하지 않고도 대상의 본질을 직접적으로 나타낼 수 있다고 보았기 때문이다. 그는 예술의 진정한 미적 가치는 정신적 세계의 반영으로 부여되는 것이라고 보았으며, 정신적 세계가 내적 필연성에 근거해 있음을 보여주고자 했다.

[나] 칸딘스키는 회화와 음악이 서로 분리될 수 없는 긴밀한 관계에 있다고 생각하고, 두 예술이 독자적으로 갖고 있는 장점들을 바탕으로 두 예술을 결합시키고자 했다. 그는 회화의 음악성을 추구한 것이다.

[다] 이때 추상이란, 구체적인 그림의 형태가 아닐 것과 형태를 식별할 수 없어야 한다는 것을 의미한다. 그는 회화의 음악성을 추구하면서 회화가 나아가야 할 방향을 외적 자연 현상의 재현 또는 단순한 모방에서 순수 회화적 수단인 추상으로 전환시켰다.

[라] 내적 필연성이란 대상으로부터 느낀 내면적 감정을 있는 그대로 표현하는 것이다. 그는 이러한 내적 필연성이야말로 대상의 본질을 보여줄 수 있다고 믿었기 때문에 내적 필연성을 중요하게 생각했다. 그리고 내적 필연성은 추상적인 형태로 표현해야 한다고 주장했다.

① [나]-[가]-[라]-[다] ② [나]-[가]-[다]-[라]
③ [다]-[라]-[나]-[가] ④ [라]-[나]-[가]-[다]
⑤ [라]-[나]-[다]-[가]

기압이 높고 공기가 차가우면 공기의 밀도가 높아지면서 빛의 속도도 약간 더 느려진다. 반대로 기압이 낮고 공기가 따뜻하면 공기의 밀도가 낮아지면서 빛의 속도는 약간 더 빨라져 진공에서의 빛 속도와 더 가까워진다. 따라서 차가운 공기가 기압이 높은 아래에 깔리고 더운 공기가 기압이 낮은 위에 있으면, 물이 채워진 컵과 유사한 상황이 만들어진다. 멀리 있는 배가 실제로 있는 위치보다 더 높은 위치에 보일 수 있는 조건이 만들어지는 것이다. 이런 조건에서 실제보다 위에 있는 것처럼 보이는 현상을 '위 신기루'(superior mirage)라고 부른다. 하지만 '위 신기루' 현상이 나타나는 기상 조건은 흔하지 않다. 물 표면에서는 물질이 물에서 공기로 급격히 변하기 때문에, 빛이 꺾이는 방식으로 빛의 방향이 물 표면에서 급격히 변한다. 하지만 두 공기층이 만나는 영역에서는 공기의 밀도가 급격히 변하지 않고 상대적으로 서서히 변한다. 이로 인해 빛의 방향도 서서히 변하기 때문에 빛이 서서히 휜다고 보는 것이 적절하다.

① 빛은 공기가 차갑고 기압이 높으면 속도가 느려진다.

② 공기의 밀도가 낮아지면 빛의 속도는 진공에서의 속도와 가까워진다.

③ 공기와 기압이 물이 채워진 컵과 유사한 상황이면 위 신기루 현상이 나타날 수 있다.

④ 물 표면에서는 물질이 물에서 공기로 급격히 변하기 때문에 빛의 방향이 상대적으로 느리게 변한다.

⑤ 두 공기층이 만나는 영역에서는 빛의 방향이 서서히 변하기 때문에 빛이 서서히 휜다고 보는 것이 적절하다.

식품은 신선한 상태로 또는 가공이나 조리한 직후에 먹는 것이 가장 좋다. 하지만 불가피할 경우 수분의 증발, 온도변화, 광선, 산소의 접촉, 미생물의 번식, 충해 등의 영향으로 열화(劣化)와 변패(變敗)가 수반된다. 이들 요인을 제거하는 것이 식품의 보존법이다.

건조는 식품저장법 중 가장 오래된 방법이다. 건조의 장점은 유통과 보관에 유리하고 맛과 향의 보존, 특히 미생물의 번식을 억제하여 부패를 방지하는 데 있다. 동시에 수분을 제거하여 생체 생리 반응을 멈추게 하고, 세포 내 효소의 불필요한 반응을 막아 식품의 변질을 막는다. 반드시 그런 것은 아니지만 식품을 건조하면 물성변화, 풍미, 소화율, 색깔 등 품질이 다소 떨어지는 경향이 있다.

염장(鹽藏)은 식품에 소금을 가함으로써 부패를 방지하는 동시에 맛을 돋우는 것을 목적으로 한다. 소금은 방부제의 역할을 하는 것이 아니라 삼투압 현상을 이용해 식품 내의 수분을 빠져나오게 하는 역할을 한다. 세균과 미생물이 이용할 수 있는 식품 내 수분을 외부로 빠져나오게 하며 삼투압에 의하여 원형질 분리가 일어나 미생물의 세포가 파괴되게 함으로써 저장성을 높인다.

① 식품을 보존하기 위해서는 미생물의 번식을 막아야 한다.
② 건조는 유통과 보관에 유리하고 부패를 방지하는 장점이 있다.
③ 건조를 한다면 식품의 물성이나 풍미가 변할 수 있다.
④ 염장에서 소금은 삼투압 현상을 이용해 수분을 제거하는 역할을 한다.
⑤ 염장은 낮은 온도로 인해 미생물의 활동성을 떨어뜨려 저장성을 높인다.

스마트폰 카메라 성능이 경쟁 포인트로 부각되면서 손떨림을 방지하기 위한 방법이 연구되고 있다. 일반적으로는 이미지 센서의 크기를 키워 빛을 받아들이는 광량을 최대한 늘려서 선명한 사진을 찍을 수 있게 하거나 F값이 작은 밝은 렌즈를 사용하는 방법이 있다. 또 이를 보정하기 위한 방법으로 광학식 손떨림 보정과 전자식 손떨림 보정 기능도 사용된다.

전자식 손떨림 보정은 기본적으로 프레임 간 화상의 편차를 검출해 그 편차를 없애는 디지털 보정 방식이다. 반면에 광학식 손떨림 보정 방식은 카메라 또는 스마트폰 본체에 설치된 자이로 센서를 통해 카메라 흔들림을 감지해 센서나 렌즈를 반대 방향으로 이동시켜 흔들림을 보정한다.

전자식과 광학식 모두 장단점이 뚜렷하다. 광학식 손떨림 방지 기능의 가장 큰 장점은 화질 저하 없이 손떨림을 보정한다는 점이다. 전자식 손떨림 보정은 카메라 내 디지털 보정 방법을 이용하기 때문에 사진 크기나 해상도가 낮아지는 경우가 종종 발생한다. 보정을 위해서는 최소 두 프레임 이상, 정밀한 보정을 위해서는 더 많은 프레임이 필요한데 전자식 손떨림 보정에서는 연속 촬영 과정에서 프레임의 공통 영역만을 사용하게 되어 결과물의 화소 수가 실제 이미지 센서에서 표시할 수 있는 화소 수보다 줄어들 수밖에 없다. 반면 광학식은 렌즈를 움직이기 위한 구동칩을 탑재할 수 있는 면적이 필요해 기기 사이즈가 좀 더 커져야 한다는 단점이 있기는 하지만 화상 처리로 인한 화질 열화가 없는 것이 강점이다. 이 때문에 많은 제조사들이 프리미엄 스마트폰에 광학식 손떨림 보정 기술을 채택하는 사례가 늘고 있다.

① 스마트폰의 경쟁력을 높이기 위해서 손떨림을 보정하는 기술이 부각되고 있다.
② 전자식 손떨림 보정은 자이로 센서를 통해 카메라의 흔들림을 감지하는 기술이다.
③ 광학식 손떨림 보정은 기기 사이즈가 커야 하지만 화질 저하가 없어 채택 사례가 늘고 있다.
④ 전자식 손떨림 보정은 결과물의 화소 수가 실제 이미지 센서에서 표시할 수 있는 화소 수보다 적다.
⑤ 손떨림을 방지하기 위한 일반적인 방법으로는 이미지 센서의 크기를 키워 광량을 늘리는 방법이 있다.

반도체는 일반적으로 집적도를 기준으로 개별소자와 IC로 분류할 수 있다. 개별소자는 낱개로 되어 있는 소자이다. 즉, 소자 한 개가 하나의 물체이다. 전류를 증폭시키거나 온·오프 시키는 트랜지스터, 한쪽으로만 전류를 흐르게 하는 다이오드, 전류가 흐르면 빛이 나는 LED(발광다이오드)가 대표적인 개별소자이다. LED와 반대로 빛을 쪼이면 전류가 흐르는 광다이오드 즉, 포토다이오드 등도 개별소자에 속한다. 여기서 LED나 포토다이오드처럼 빛과 관련된 소자들을 특별히 광소자라고 한다. 한편 IC란 우리말로는 집적회로인데, 우리가 일상생활에서 흔히 반도체 칩이라고 부르는 그것이다. IC는 두 개 이상의 반도체 소자들이 서로 연결되어 어떤 기능을 가지는 전자회로를 이루고 있는 하나의 소자, 즉 한 개의 물체이다. 여기서 중요한 말은 전자회로라는 말이다. 단지 여러 개의 트랜지스터가 하나의 물체로 만들어져 있다고 해서 그것을 IC라고 부르지는 않는다.

① IC는 일상생활에서 반도체 칩이라고 불리는 집적회로를 의미한다.
② 개별소자는 낱개로 되어 있는 소자로, 트랜지스터, 발광다이오드 등이 있다.
③ IC는 두 개 이상의 반도체 소자들이 서로 연결되어 어떤 기능을 가지는 소자이다.
④ 포토다이오드는 빛과 관련된 광소자에 해당하기 때문에 개별소자로 분류되지 않는다.
⑤ 여러 개의 트랜지스터가 하나의 물체로 만들어져 있다는 이유로 집적회로라고 하지 않는다.

28 다음 글을 읽고 제기할 수 있는 반박으로 적절하지 <u>않은</u> 것은?

> 식각공정은 식각 반응을 일으키는 물질의 상태에 따라 습식(Wet)과 건식(Dry)으로 나뉘며 건식 식각은 플라즈마(Plasma) 식각이라고도 한다. 건식 식각은 반응성 기체(Gas), 이온 등을 이용해 특정 부위를 제거하는 방법이다. 즉, 기판을 넣은 진공 챔버에 식각용 가스를 주입 후 전기 에너지를 공급해 플라즈마 상태를 만들면, 이온화된 가스에서 높은 운동 에너지를 가지게 된 이온들이 기판의 전극에 의해 가속화되어 회로 물질의 원자들 간 결합을 끊어 식각을 하는 원리이다.
>
> 습식 식각은 건식 식각에 비해 상대적으로 정확성이 낮고, 식각에 사용한 화학 물질로 인해 오염 문제가 발생할 수 있다. 반면에 건식 식각은 원하는 부분만 식각하기 수월해 미세 회로 구현에 유리하여 최근에는 고해상도 디스플레이 성능에 필요한 미세 회로패턴을 구현할 수 있다. 이러한 이유로 식각에서 습식 식각보다 건식 식각을 많이 활용한다.

① 습식 식각은 건식 식각에 비해 비용이 저렴하다.
② 습식 식각은 건식 식각에 비해 공정이 단순하다.
③ 습식 식각은 건식 식각에 비해 식각 속도가 빠르다.
④ 건식 식각은 원하는 패턴을 제대로 구현하기 쉽다.
⑤ 건식 식각은 플라즈마를 이용하기 때문에 소자가 손상될 수 있다.

> 딥페이크(Deepfake)는 인공지능 기술을 이용하여 진위 여부를 구별하기 어려운 가짜 이미지나 영상물을 뜻한다. 딥페이크 영상은 인공지능이 질병을 학습하고 정확히 진단할 수 있도록 딥러닝하는 데 사용된다. 환자의 사생활 침해에 대한 우려와 의료용 3D 이미지 합성에 필요한 비용 때문에 의료영상을 분석할 데이터가 충분치 않았는데, 딥페이크 기술로 이를 해결한 것이다. 또한 딥페이크는 과거를 재현하거나 더 이상 실존하지 않는 인물을 그리고자 할 때 유용하게 활용되고 있다. 딥페이크 기술은 AR·VR 콘텐츠 제작에도 활용되고 있다.

---| 보기 |---

유명인사의 얼굴을 합성한 딥페이크 뉴스가 난무함에 따라 정치적·사회적 불안감이 가중되고 있다. 2019년 9월 이탈리아에서 Matteo Renzi 전 총리가 다른 정치인들을 모욕하는 딥페이크 영상이 한 프로그램에서 방영된 후, SNS를 통해 급속히 확산되었다. 해당 영상은 배우의 몸에 총리의 얼굴을 합성한 조작 영상이었지만, 영상의 내용을 실제처럼 인식한 일부 SNS 이용자가 총리를 향해 거센 비판을 제기하는 해프닝이 일어나기도 했다.

① 기술은 하나의 도구일 뿐 기술 자체는 윤리가 없다.
② 영상에 딥페이크 기술을 활용하는 것은 금지할 필요가 있다.
③ 딥페이크 기술 확산으로 진실과 거짓의 구분이 어려워지고 있다.
④ 의료계에서는 사회적으로 비판받는 딥페이크 기술을 바탕으로 연구를 진행하고 있다.
⑤ 영상 제작 업계에서는 딥페이크 기술로 특수효과를 만들어 내고 있다.

30 다음 글과 [보기]를 읽고 한 추론 중 가장 적절한 것은?

최근 인공지능 기술의 발전과 함께 비전 시스템은 이미지 인식, 객체 탐지 및 동작 분석과 같은 다양한 작업에서 AI를 활용해 핵심적인 역할을 수행하고 있다. 하지만 기존 비전 시스템은 이미지 센서에서 수신된 신호를 복잡한 알고리즘을 이용해 물체와 그 동작을 인식하는 것이 일반적이다. 이러한 방식은 상당한 양의 데이터 트래픽은 물론, 높은 전력 소모가 필요하기 때문에 모바일 또는 사물인터넷(IoT) 장치에 적용되기 어렵다.

━┤ 보기 ├

곤충은 기본 동작 감지기라는 시신경 회로를 통해 시각 정보를 효과적으로 처리해 물체를 탐지하고 그 동작을 인식하는 데 탁월한 능력을 보인다. 따라서 곤충의 시각지능을 모사하기 위한 여러 가지 시도가 있었으나 기존 실리콘 집적회로 기술에서는 복잡한 회로가 요구되기 때문에 실제 소자로 제작하기 어려운 한계가 있었다. K교수는 다양한 기능의 멤리스터 소자들을 집적해 곤충의 시신경에서의 시각지능을 모사하는, 고효율·초고속 동작 인식이 가능한 지능형 동작인식 소자를 개발했다.

① 멤리스터 소자는 이미지 센서를 고도화시킨 것이다.
② 데이터의 트래픽이 많으면 전력 소모 또한 높게 나타난다.
③ 곤충의 시신경계를 모방한 지능형 동작인식 소자는 사물인터넷 장치에 적용될 수 있다.
④ K교수는 누구도 관심 갖지 않던 곤충의 기본 동작 감지기를 모방하는 연구에 집중했다.
⑤ 비전 시스템은 간단한 시각 지능을 활용해 놀랍도록 민첩하게 물체의 동작을 인지할 수 있다.

수리논리 | 📋 20문항 ⏱ 30분 정답과 해설 P.34

01 전년도 메모리 반도체와 비메모리 반도체의 총 수출액은 1,200억 달러이다. 올해 메모리 반도체 수출액은 전년 대비 15% 증가하고, 비메모리 반도체 수출액은 전년 대비 25% 증가하여 총 수출액이 1,410억 달러일 때, 올해 비메모리 반도체 수출액은?

① 300억 달러 ② 345억 달러 ③ 375억 달러
④ 900억 달러 ⑤ 945억 달러

02 10명의 신입사원 중 2명을 영업부에 배치하려고 한다. 배치되는 2명 중 적어도 한 명이 남직원인 경우의 수가 30가지일 때, 신입사원 중 남직원의 수는?

① 4명 ② 5명 ③ 6명 ④ 7명 ⑤ 8명

03 다음 [그래프]는 국가별 인공위성 수와 궤도별 인공위성 비율에 관한 자료이다. 주어진 자료에 대한 설명 중 옳지 <u>않은</u> 것은?

[그래프1] 국가별 인공위성 수 (단위: 대)

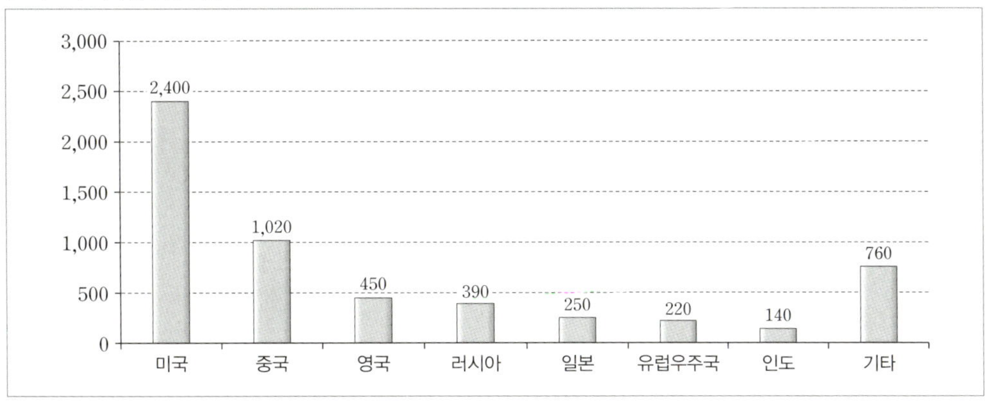

[그래프2] 궤도별 인공위성 비율 (단위: %)

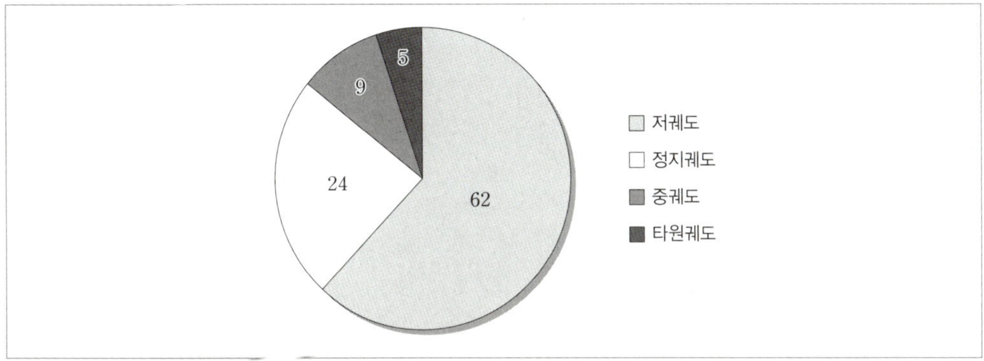

※ 궤도별 인공위성 비율은 모든 국가가 동일함

① 전체 인공위성 수는 5,500대 이상이다.

② 전체 인공위성 중 정지궤도 위성은 1,300대 이상이다.

③ 전체 인공위성 수에서 미국의 국가별 인공위성 점유율은 40% 이상이다.

④ 기타를 제외하고 인공위성 수가 세 번째로 많은 국가의 인공위성 수는 다섯 번째로 많은 국가의 인공위성 수의 2배 이상이다.

⑤ 영국의 저궤도 인공위성 수는 중국의 정지궤도 인공위성 수보다 많다.

04 다음 [표]는 2021~2024년 학령 인구수와 학령별 비중에 관한 자료이다. 주어진 자료에 대한 설명 중 옳지 않은 것은?

[표1] 연도별 학령 인구수 (단위: 만 명)

구분	2021년	2022년	2023년	2024년
학령 인구수	600	580	560	550

[표2] 학령별 비중 (단위: %)

구분	2021년	2022년	2023년	2024년
유치원	8	10	10	8
초등학교	38	40	45	38
중학교	28	30	25	28
고등학교	26	20	20	26

① 2021~2023년 동안 초등학교 학생 수는 지속적으로 증가하였다.

② 2021~2024년 학령별 비중에 대한 순위는 동일하다.

③ 2024년 중학교 학생 수의 전년 대비 증감률은 11% 이상이다.

④ 유치원생 수가 가장 적은 해는 2024년이다.

⑤ 고등학교 학생 수가 가장 적은 해에 유치원생 수와 초등학교 학생 수의 합은 280만 명 이상이다.

05 다음 [그래프]는 글로벌 에너지원별 소비 비중과 선진국·신흥국 에너지원별 소비 비중에 관한 자료이다. 주어진 자료에 대한 설명으로 옳지 <u>않은</u> 것은?

[**그래프1**] 글로벌 에너지원별 소비 비중 (단위: %) [**그래프2**] 선진국·신흥국 에너지원별 소비 비중 (단위: %)

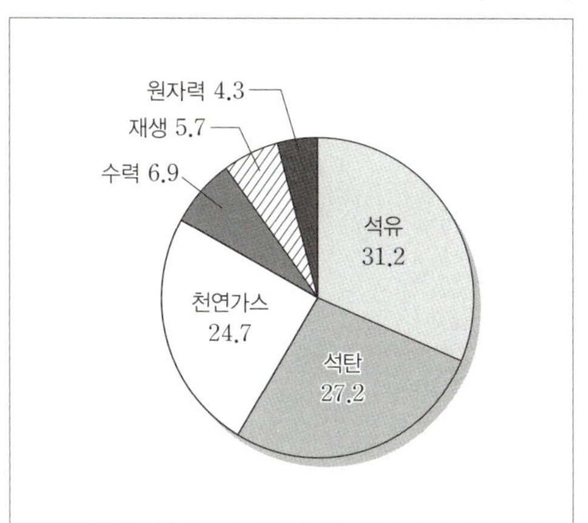

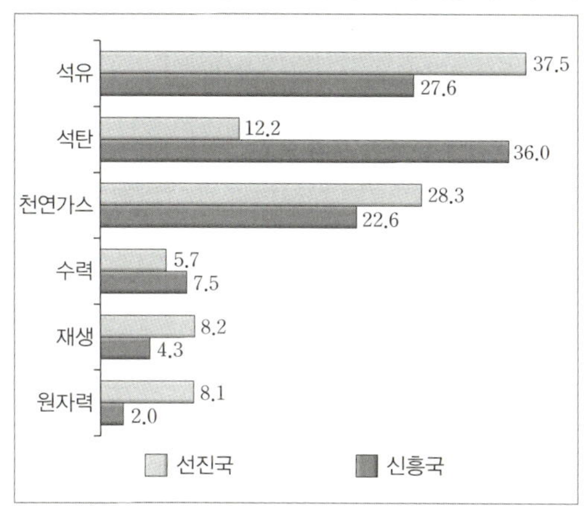

※ 천연가스·수력·재생·원자력 에너지는 친환경에너지로 분류한다.

① 글로벌 에너지원의 소비량은 석탄이 수력의 4배 미만이다.
② 글로벌 에너지원의 소비량은 석탄과 천연가스의 합이 전체의 절반 이상이다.
③ 석유와 천연가스의 소비 비중 차이는 선진국이 신흥국보다 크다.
④ 선진국에서 소비 비중이 가장 높은 에너지원과 네 번째로 높은 에너지원의 비중 차이는 29.4%p이다.
⑤ 선진국의 친환경에너지 소비 비중은 신흥국의 친환경에너지 소비 비중보다 13%p 이상 높다.

06 다음 [표]는 국가 5대 암 조기검진사업 수검 현황에 관한 자료이다. 주어진 자료에 대한 설명으로 옳지 <u>않은</u> 것은?

[표] 국가 5대 암 조기검진사업 수검 현황 (단위: 천 명, %)

구분		2019년	2020년	2021년	2022년	2023년	2024년
위암	수검자 수	1,200	1,000	950	1,150	1,250	1,500
	수검률	40	45	50	40	60	50
유방암	수검자 수	1,000	900	950	1,200	850	1,050
	수검률	45	50	55	60	50	65
폐암	수검자 수	800	900	800	650	850	600
	수검률	30	40	45	35	40	50
대장암	수검자 수	600	700	850	1,200	1,250	1,500
	수검률	35	45	40	50	55	60
간암	수검자 수	100	80	90	120	150	180
	수검률	45	50	40	55	35	30

※ 수검률(%) = $\dfrac{\text{수검자 수}}{\text{전체 수검 대상자 수}} \times 100$

① 2021년 전체 수검 대상자 수는 위암이 대장암보다 적다.

② 2024년 전체 수검 대상자 수가 가장 적은 항목의 수검률이 가장 낮다.

③ 2024년 위암의 전체 수검 대상자 수는 2020년 간암의 전체 수검 대상자 수보다 20배 이상 많다.

④ 2019년 대비 2024년 수검자 수 증가율이 가장 높은 항목은 대장암이다.

⑤ 2022년 유방암 전체 수검 대상자 수는 2년 전 유방암 전체 수검 대상자 수 대비 20만 명 증가하였다.

 다음 [그래프]와 [표]는 2020~2024년 전체 스마트폰 출하량과 5대 기업의 스마트폰 점유율을 조사한 자료이다. 주어진 자료에 대한 [보기]의 설명 중 옳은 것을 모두 고른 것은?

[그래프] 2020~2024년 전체 스마트폰 출하량 (단위: 백만 대)

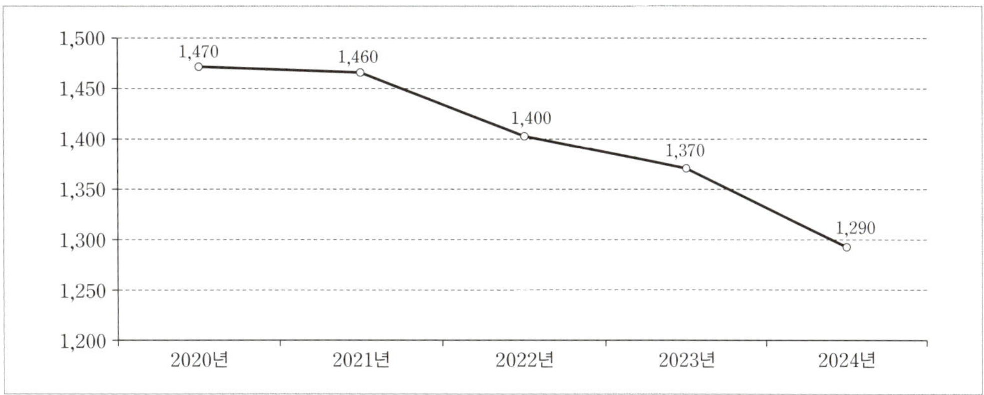

[표] 2020~2024년 5대 기업 스마트폰 점유율 (단위: %)

구분	2020년	2021년	2022년	2023년	2024년
A사	21.1	21.7	20.8	21.6	20.6
B사	14.6	14.7	14.9	13.9	15.9
C사	9.5	10.5	14.7	18.0	14.6
D사	6.0	7.6	8.1	7.8	8.2
E사	3.6	6.3	8.7	9.2	11.4

┤ 보기 ├

㉠ 2021년 이후 스마트폰 점유율이 매년 증가한 기업은 E사가 유일하다.
㉡ 2021년 이후 전체 스마트폰 출하량의 전년 대비 감소 대수는 2022년이 가장 크다.
㉢ 제시된 기업 중 2023년 스마트폰 점유율 2위인 기업의 스마트폰 출하량은 200백만 대 이상이다.
㉣ 제시된 기간에 제시된 기업 중 스마트폰 점유율 하위 3개 회사의 합산 점유율은 매년 A사의 스마트폰 점유율보다 높다.

① ㉠, ㉡ 　② ㉠, ㉢ 　③ ㉡, ㉢
④ ㉡, ㉣ 　⑤ ㉢, ㉣

08 다음 [그래프]는 어느 자영업자의 월별 매출액과 지출에 관한 자료이다. 주어진 자료에 대한 설명으로 옳지 <u>않은</u> 것은?(단, 월 매출액은 해당 월 생활비로 100% 지출된다고 가정한다.)

[그래프1] 월별 매출액   (단위: 십만 원)

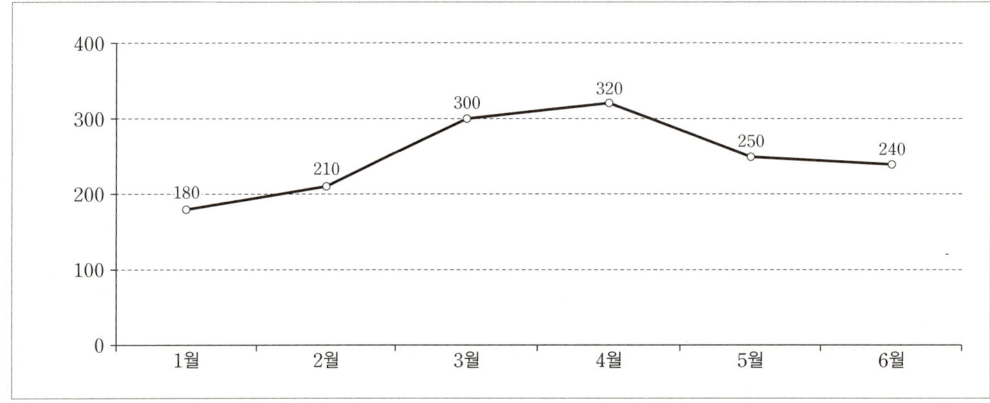

[그래프2] 1월 매출액 지출 비중   (단위: %)

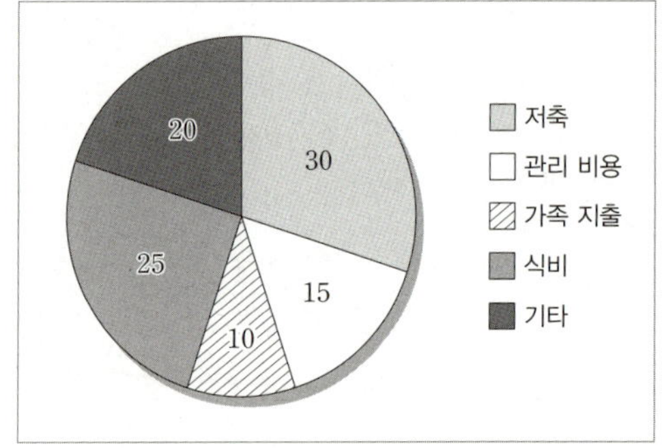

[그래프3] 5월 매출액 지출 비중   (단위: %)

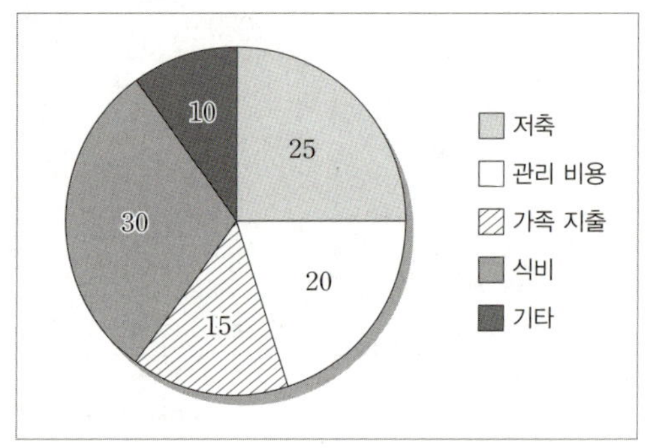

① 2월 대비 3월 매출액 성장률은 40% 이상이다.

② 매출액에 대하여 1월 대비 3월의 증가율보다 4월 대비 6월의 감소율이 더 높다.

③ 기타에 해당하는 지출액은 1월이 5월보다 11십만 원 더 많다.

④ 1월 저축에 해당하는 지출액은 5월 관리 비용에 해당하는 지출액 대비 8% 더 많다.

⑤ 5월 매출액 지출 중 식비는 1월 매출액 지출 중 식비 대비 65% 이상 증가하였다.

09 다음 [표]는 2020년부터 2023년까지 주요 해운 선진국의 지배선대 현황에 관한 자료이다. 주어진 자료에 대한 설명으로 옳은 것은?

[표] 주요 해운 선진국의 지배선대 현황

(단위: 척)

구분	2020년		2021년		2022년		2023년	
	국적선	외국적선	국적선	외국적선	국적선	외국적선	국적선	외국적선
그리스	710	4,020	690	4,160	690	4,240	650	4,350
일본	810	3,310	820	3,280	850	3,330	860	3,450
중국	2,800	2,450	3,000	2,680	3,830	2,850	4,080	3,000
한국	710	910	710	920	720	910	720	900

① 2023년 일본의 외국적선은 2022년 일본의 외국적선 대비 4% 이상 증가했다.

② 2022년 조사 국가 모두 전년 대비 국적선과 외국적선이 증가했다.

③ 조사기간 동안 매년 국적선과 외국적선의 합은 중국이 가장 크고, 한국이 가장 작다.

④ 조사기간 동안 연평균 국적선은 그리스가 700척 이상이다.

⑤ 2022년 중국 국적선의 전년 대비 증가율보다 2021년 중국 국적선의 전년 대비 증가율이 높다.

[그래프] 계열사별 지원자 수 (단위: 명)

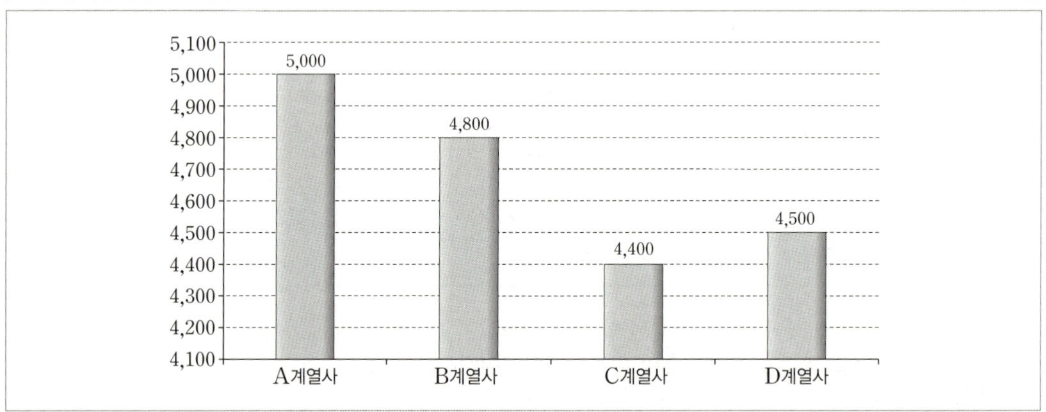

[표] 전형별 합격자 수 (단위: 명)

구분	A계열사	B계열사	C계열사	D계열사
서류	3,500	2,400	3,300	3,600
필기	420	720	495	540
면접	140	240	165	180

※ 각 전형은 서류−필기−면접 순으로 진행되고, 면접 전형 합격자가 모집 인원을 의미함

10 주어진 자료에 대한 설명으로 옳은 것은?

① 모집 인원이 가장 많은 계열사가 서류 전형 합격자 역시 가장 많다.

② 서류 전형 합격자 중 필기 전형 합격률이 가장 높은 계열사가 면접 전형 합격자가 가장 많다.

③ 서류 전형 합격자가 가장 많은 계열사가 필기 전형 합격자 또한 가장 많다.

④ 필기 전형 합격자 중 면접 전형 합격률이 가장 높은 계열사가 모집 인원이 가장 많다.

⑤ 계열사별 모집 인원이 많을수록 지원자 수가 많다.

11 다음 [보기]에서 주어진 자료에 대한 설명으로 옳은 것을 모두 고른 것은?

보기
⊙ 불합격자가 가장 적은 곳은 C계열사이다.
ⓒ 전체 경쟁률이 가장 낮은 곳은 C계열사이다.
ⓒ 전체 지원자 수 대비 최종 불합격자 비율이 가장 높은 곳은 A계열사이다.

① ⊙　　　　　　　② ⓒ　　　　　　　③ ⓒ

④ ⊙, ⓒ　　　　　　⑤ ⊙, ⓒ

[12~13] 다음 [표]는 2021~2023년 금속별 국내 수입금액 및 수입량과 2024년 금속별 예상 수입금액 및 예상 수입량의 전년 대비 증가율에 관한 자료이다. 주어진 자료를 바탕으로 이어지는 질문에 답하시오.

[표1] 2021~2023년 금속별 국내 수입금액 및 수입량 (단위: 백만 달러, t)

구분		2021년	2022년	2023년
백금	수입금액	70	120	250
	수입량	3	4	8
니켈	수입금액	690	820	730
	수입량	39,300	46,900	39,900
코발트	수입금액	150	85	80
	수입량	2,600	4,200	6,800
텅스텐	수입금액	90	120	90
	수입량	1,050	1,000	1,200
합계	수입금액	1,000	1,100	1,150
	수입량	42,900	52,100	47,900

[표2] 2024년 금속별 예상 수입금액 및 예상 수입량의 전년 대비 증가율 (단위: %)

구분	백금	니켈	코발트	텅스텐
예상 수입금액 증가율	50	−40	25	5
예상 수입량 증가율	150	1	30	0

12 다음 [보기]에서 주어진 자료에 대한 설명으로 옳지 <u>않은</u> 것을 모두 고른 것은?

　㉠ 2023년 t당 수입금액이 가장 낮은 금속은 니켈이다.

　㉡ 2023년 텅스텐의 수입금액은 전년 대비 25% 감소하였다.

　㉢ 제시된 기간에 전체 수입금액 중 차지하는 비중이 가장 높은 금속은 니켈이었지만, 2024년에는 백금이 가장 높을 것이다.

① ㉠

② ㉡

③ ㉠, ㉡

④ ㉠, ㉢

⑤ ㉡, ㉢

13 다음 중 2024년 4개 금속의 예상 수입금액 합으로 옳은 것은?(단, 소수점 첫째 자리에서 반올림한다.)

① 1,007백만 달러

② 1,008백만 달러

③ 1,015백만 달러

④ 1,150백만 달러

⑤ 1,180백만 달러

[그래프1] 이전 분기 대비 가계대출 금액 증가율 추이   (단위: %)

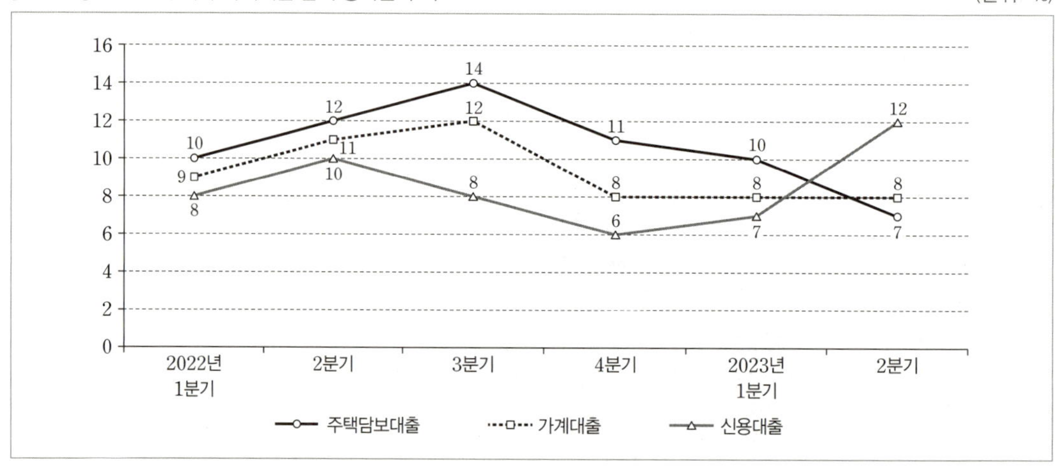

[그래프2] 분기별 신용대출 금액 비중 추이   (단위: %)

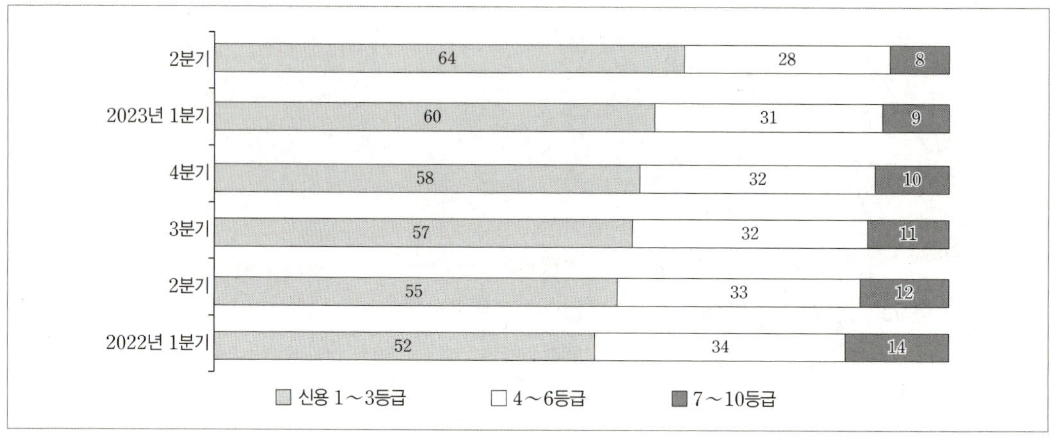

14 주어진 자료에 대한 설명으로 옳은 것은?

① 제시된 기간 중 주택담보대출 금액과 신용대출 금액의 증감 추이는 같다.

② 4~6등급이 받은 신용대출 금액은 2022년 3분기와 4분기가 같다.

③ 2023년 1분기와 2분기의 가계대출 금액은 동일하게 유지되었다.

④ 제시된 기간 중 가계대출 금액이 가장 큰 시기는 2022년 3분기이다.

⑤ 2022년 3분기 이후 주택담보대출 금액은 지속적으로 감소했다.

15 다음 [보기]에서 주어진 자료에 대한 설명으로 옳은 것을 모두 고른 것은?

| 보기 |

㉠ 2023년 1분기부터 4~10등급이 받은 신용대출 금액은 전체 신용대출 금액의 40%를 넘는다.

㉡ 제시된 기간 중 신용 1~3등급이 받은 신용대출 금액은 분기마다 계속 증가했다.

㉢ 2022년 2분기 신용 1~3등급이 받은 신용대출 금액의 직전 분기 대비 증가율은 대략 6%이다.

① ㉠   ② ㉡   ③ ㉠, ㉡

④ ㉠, ㉢   ⑤ ㉡, ㉢

[16~17] 다음 [표]와 [그래프]는 A기업의 연도별 해외지사 판매 실적과 제품 판매량에 관한 자료이다. 주어진 자료를 바탕으로 이어지는 질문에 답하시오.(단, A기업의 해외지사는 [표]에 제시된 국가에만 존재한다.)

[표] A기업 연도별 해외지사 판매 실적 (단위: 개)

해외지사＼연도	2021년	2022년	2023년	2024년		
				1~11월	12월	전년 대비 실적 증가율(%)
일본	350	280	480	580	60	33.3
중국	140	200	320	440	120	75.0
독일	650	460	720	720	90	12.5
브라질	480	640	580	900	60	65.5
미국	1,200	1,080	1,240	1,360	200	25.8
인도	300	330	350	280	40	−8.6
대만	80	240	180	300	60	100.0
합계	3,200	3,230	3,870	4,580	630	34.6

※ 전년 대비 증감률은 해당 연도 전체의 실적 기준이며, 소수점 둘째 자리에서 반올림함

[그래프] A기업 연도별 해외지사 제품 판매량 (단위: 개)

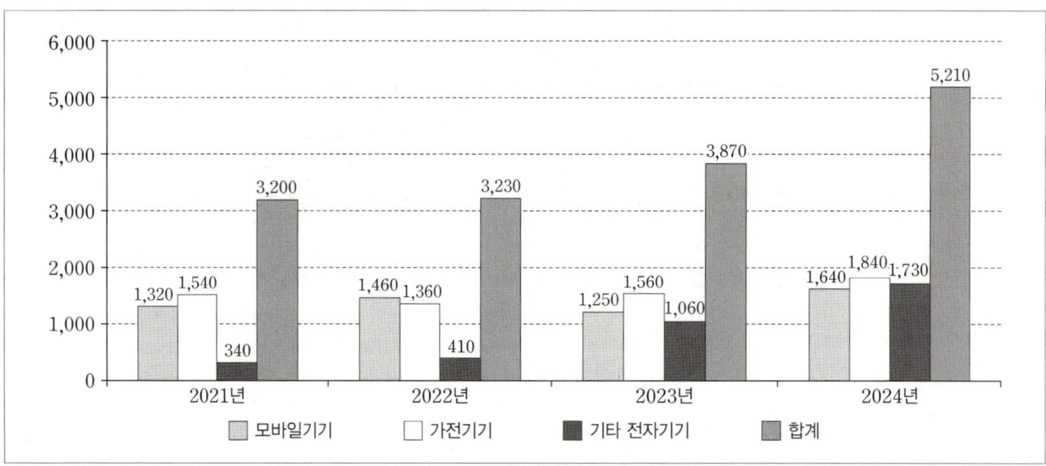

※ A기업의 판매 실적은 모바일기기, 가전기기, 기타 전자기기의 제품 판매량으로 산출함

16 주어진 자료에 대한 설명으로 옳지 <u>않은</u> 것은?

① 2023년 중국 지사의 판매 실적은 전년 대비 60% 증가하였다.

② 대만 지사의 판매 실적이 전년 대비 가장 많이 증가한 해는 2024년이다.

③ 2021년부터 2024년까지 판매 실적 건수의 합은 브라질 지사가 독일 지사보다 많다.

④ 2022년부터 2024년까지 인도 지사를 제외하고 모든 지사의 판매 실적이 매년 증가하였다.

⑤ 2021년 미국 지사의 판매 실적에서 모바일기기가 차지하는 비중이 11%라면, 같은 해 A기업의 해외 지사 모바일기기 판매량에서 미국 지사가 차지하는 비중은 10%이다.

17 2024년 모바일기기 판매량의 전년 대비 증가율과 2024년 가전기기 판매량의 전년 대비 증가율의 차이는?(단, 소수점 첫째 자리에서 반올림한다.)

① 10%p ② 11%p ③ 12%p
④ 13%p ⑤ 14%p

18 다음 [표]는 건강협회에서 고혈압유병률과 당뇨유병률에 따른 비만율의 상관관계를 연도별로 정리한 자료이다. 주어진 자료를 바탕으로 빈칸에 해당하는 값을 예측했을 때, 가장 적절한 것은?

[표] 고혈압유병률과 당뇨유병률에 따른 비만율 (단위: %)

구분	고혈압유병률	당뇨유병률	비만율
2020년	28	8	35
2021년	32	(㉠)	32.5
2022년	38	9	41
2023년	36	6	(㉢)
2024년	(㉡)	10	45

※ 비만율(%)=(고혈압유병률+당뇨유병률×a)÷b

	㉠	㉡	㉢
①	5	30	30
②	6	35	30
③	6	35	35
④	7	40	30
⑤	7	40	35

19 다음 [표]는 2019~2023년 자동차 전장사업 매출액과 영업이익에 관한 자료이다. 주어진 자료를 바탕으로 연도별 전년 대비 증감률을 그래프로 나타내었을 때, 옳은 것은?

[표] 2019~2023년 자동차 전장사업 매출액과 영업이익 (단위: 억 원)

구분	2019년	2020년	2021년	2022년	2023년
매출액	5,000	5,400	6,750	7,560	9,450
영업이익	−250	−400	−500	−200	−150

① 2020~2023년 전년 대비 증감률

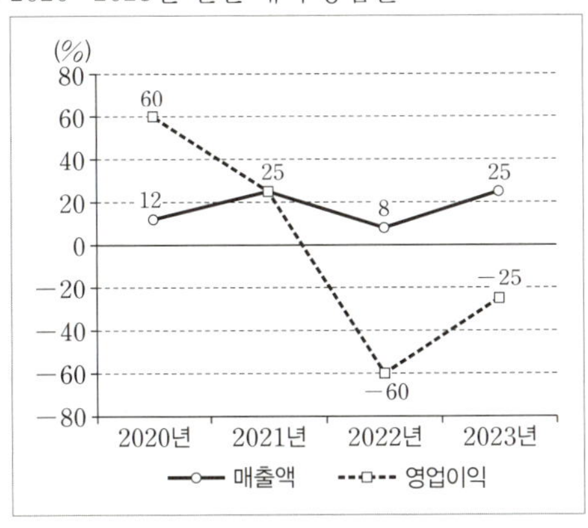

② 2020~2023년 전년 대비 증감률

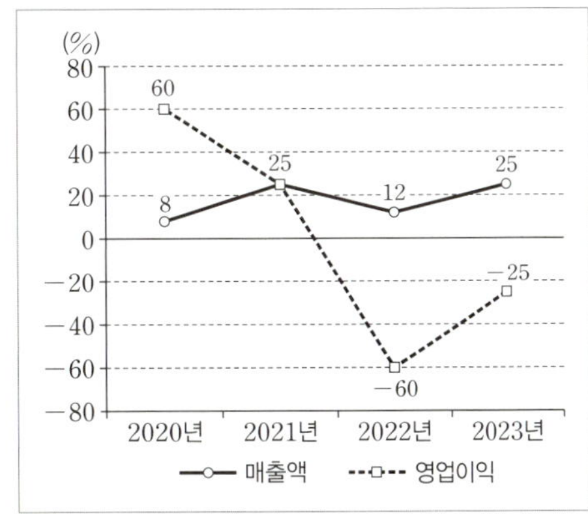

③ 2020~2023년 전년 대비 증감률

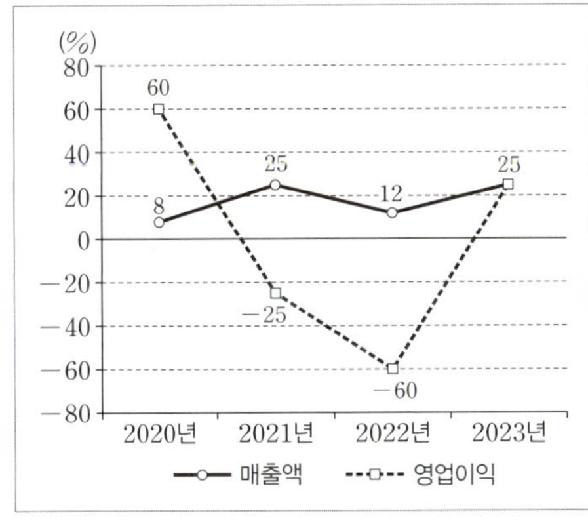

④ 2020~2023년 전년 대비 증감률

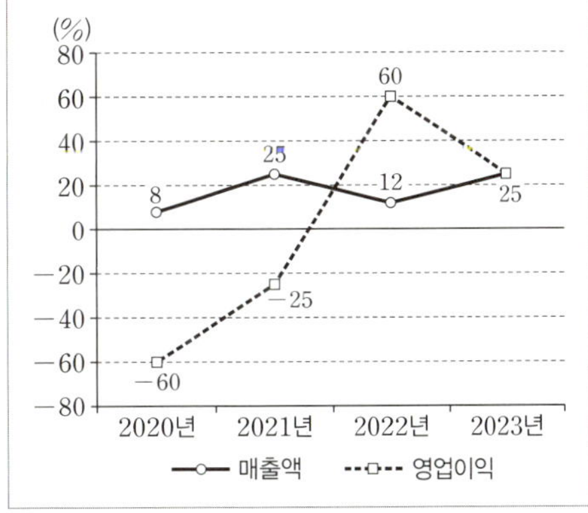

⑤ 2020~2023년 전년 대비 증감률

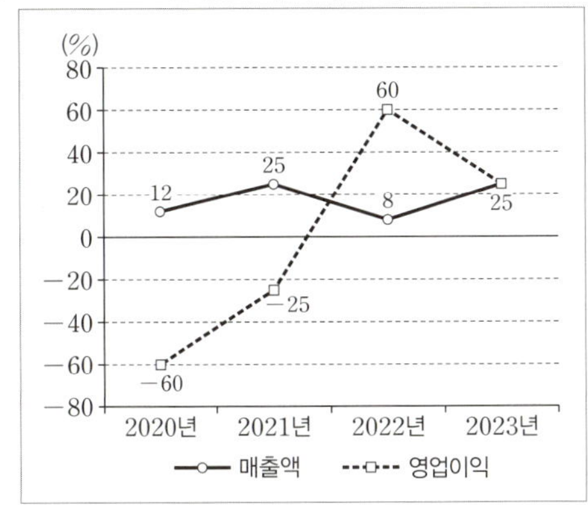

20 다음 [표]는 어느 지역의 월별 최고기온과 최저기온의 평균에 관한 자료이다. 월별 최고기온과 최저기온이 매월 일정하게 변할 때, 최고기온과 최저기온 평균의 차이가 처음으로 9℃이하가 되는 시기는?

[표] 월별 최고기온과 최저기온의 평균

(단위: ℃)

구분	1월	2월	3월	4월	5월	6월	7월
최고기온	−2	4	2	8	4	10	5
최저기온	−25	−22	−19	−16	−13	−10	−7

① 8월   ② 9월   ③ 10월
④ 11월   ⑤ 12월

01 다음 전제를 보고 항상 참인 결론은?

전제1	식물을 소중히 하는 사람은 동물을 소중히 한다.
전제2	식물을 소중히 하는 어떤 사람은 쓰레기를 함부로 버린다.
결론	

① 쓰레기를 함부로 버리는 모든 사람은 동물을 소중히 한다.
② 쓰레기를 함부로 버리는 어떤 사람은 동물을 소중히 하지 않는다.
③ 동물을 소중히 하는 모든 사람은 쓰레기를 함부로 버리지 않는다.
④ 동물을 소중히 하는 어떤 사람은 쓰레기를 함부로 버리지 않는다.
⑤ 동물을 소중히 하는 어떤 사람은 쓰레기를 함부로 버린다.

02 다음 전제를 보고 항상 참인 결론은?

전제1	모든 아기는 우유를 먹는다.
전제2	이유식을 먹는 모든 사람은 아기이다.
결론	

① 우유를 먹는 모든 사람은 이유식을 먹는다.
② 이유식을 먹는 모든 사람은 우유를 먹지 않는다.
③ 이유식을 먹지 않는 어떤 사람은 우유를 먹는다.
④ 우유를 먹는 어떤 사람은 이유식을 먹지 않는다.
⑤ 우유를 먹지 않는 모든 사람은 이유식을 먹지 않는다.

03 다음 결론이 반드시 참이 되게 하는 전제는?

전제1	아침을 좋아하는 어떤 사람은 달리기를 좋아한다.
전제2	
결론	아침을 좋아하는 어떤 사람은 저녁을 좋아하지 않는다.

① 달리기를 좋아하지 않는 모든 사람은 저녁을 좋아하지 않는다.

② 저녁을 좋아하는 모든 사람은 달리기를 좋아하지 않는다.

③ 저녁을 좋아하는 어떤 사람은 달리기를 좋아하지 않는다.

④ 달리기를 좋아하는 모든 사람은 저녁을 좋아한다.

⑤ 달리기를 좋아하는 어떤 사람은 저녁을 좋아한다.

04 어느 식당을 방문한 A~E 5명은 각자 다른 날짜에 방문했다. 네 번째로 방문한 사람만 거짓을 말할 때, 주어진 [대화]를 바탕으로 세 번째로 방문한 사람은?

┌─ 대화 ┐
- A: C는 D보다 늦게 방문했습니다.
- B: E는 짝수 번째로 방문했습니다.
- C: B는 A보다 늦게, 저보다는 빠르게 방문했습니다.
- D: 저는 두 번째로 방문했습니다.
- E: 두 번째로 방문한 사람은 A입니다.

① A   ② B   ③ C   ④ D   ⑤ E

05 경민, 도영, 희준, 현석, 재우 5명은 같은 날 신체검사를 해서 서로의 키를 비교하였다. 주어진 [대화]를 바탕으로 키가 네 번째로 큰 사람은?

- 경민: 희준이보다 키가 작은 사람은 175cm 미만이야.
- 도영: 5명의 키는 모두 달라.
- 희준: 나보다 키가 큰 사람은 2명이야.
- 현석: 경민이는 도영이보다 크고 재우보다 작아.
- 재우: 현석이와 도영이 중 한 명만 키가 180cm 이상이야.

① 경민　　　　② 도영　　　　③ 희준　　　　④ 현석　　　　⑤ 재우

06 어느 회사에서는 1년 차, 2년 차, 3년 차 직원들을 홍보부, 영업부, 기획부, 재무부에 3명씩 배치하고 있다. 각 연차별 직원들은 4명씩 있고, 각 연차별로 모두 경영학과, 영어영문학과, 화학과, 컴퓨터학과 전공자가 한 명씩 있다. 부서별로 직원들이 모두 배치된 후 각 부서장이 나눈 대화가 다음과 같을 때, 항상 옳은 것은?

- 홍보부: 우리 부서에 배치된 직원들은 모두 전공이 같아.
- 영업부: 우리 부서에는 영어영문학과 출신 3년 차 직원이 배치되었어.
- 기획부: 우리 부서에 배치된 1년 차와 3년 차 직원은 서로 전공이 같고, 2년 차 직원만 컴퓨터학 과로 다른 전공이야.
- 재무부: 우리 부서에 배치된 사원은 모두 연차와 전공이 다르고, 2년 차 직원은 경영학과야.

① 영업부에는 3년 차 직원이 두 명 배치되었다.
② 기획부에는 영어영문학과를 전공한 직원이 없다.
③ 재무부의 1년 차 직원은 컴퓨터학과이다.
④ 홍보부에는 1년 차 직원이 두 명이다.
⑤ 경영학과 출신 직원은 홍보부를 제외한 모든 부서에 배치되었다.

 어느 회사의 인사팀 사무실은 비밀번호를 입력해야 입장할 수 있다. 주어진 [조건]을 바탕으로 비밀번호로 옳은 것은?(단, AB는 십의 자리 숫자가 A, 일의 자리 숫자가 B인 수를 뜻한다.)

> ─┤ 조건 ├─
>
> - 비밀번호는 ABCDEF의 6자리로 구성되어 있다.
> - A, B, C, D, E, F는 모두 다른 수이며, 가능한 수는 0부터 9까지이다.
> - F는 9이다.
> - D는 짝수이다.
> - B−C는 5이다.
> - A+C는 4이다.
> - D+E는 6이다.
> - A~F 중 가장 작은 수는 E이다.

① 183209   ② 183609   ③ 186309

④ 450239   ⑤ 451609

08 미팅 자리에 나간 3명의 남자 갑, 을, 병과 3명의 여자 A, B, C가 6인용 원형 테이블에 일정한 간격으로 앉아 맥주를 마시고 있다. 다음 [조건]에 따라 앉을 때, 항상 옳은 것은?

> ─┤ 조건 ├─
>
> 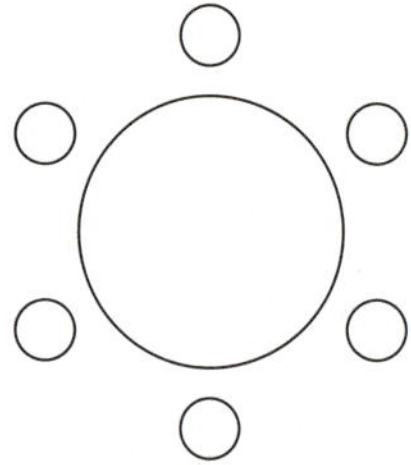
>
> - 병은 을의 오른쪽 바로 옆에 앉아 있다.
> - 갑과 병은 마주 보고 앉아 있다.
> - A와 B는 마주 보고 앉아 있다.
> - B와 이웃하여 앉은 사람은 모두 남자이다.

① 갑과 A는 서로 이웃하여 앉아 있다.

② 을과 이웃하여 앉은 사람은 모두 남자이다.

③ 양옆에 모두 남자가 앉아 있는 여자는 2명이다.

④ 6명이 자리에 앉을 수 있는 경우의 수는 1가지이다.

⑤ 마주 보고 있는 사람의 성별이 다른 사람은 모두 4명이다.

09 어느 회사의 영업팀 직원 A~E는 각자 출장을 위해 버스, 기차, 비행기 중 한 가지 교통수단을 선택하여 목적지로 이동하였다. 주어진 [조건]을 바탕으로 항상 옳지 <u>않은</u> 것은?

- 아무도 선택하지 않은 교통수단은 없다.
- 목적지에 도착하는 순서는 비행기, 기차, 버스 순이다.
- B와 D는 다른 교통수단을 선택하였다.
- A는 E보다 목적지에 늦게 도착하였다.
- E와 D는 같은 교통수단을 선택하였다.
- C는 비행기를 선택하였다.

① 가능한 경우의 수는 6가지이다.
② C와 B는 서로 다른 교통수단을 선택하였다.
③ A는 B보다 목적지에 먼저 도착하였다.
④ E와 목적지에 동시에 도착한 사람은 E를 포함하여 2명이다.
⑤ D는 비행기를 선택하였다.

10 갑, 을, 병, 정 4명이 각자 시계, 팔찌, 목걸이 중 장신구 1개와 구두, 운동화 중 신발 한 켤레를 구매하였을 때, 주어진 [조건]을 바탕으로 항상 옳은 것은?

- 모든 종류의 장신구와 신발은 한 가지 이상 구매되었다.
- 을은 목걸이를 구매하였다.
- 팔찌를 구매한 사람만 운동화를 구매하였다.
- 시계를 구매한 2명 중 1명은 정이다.

① 가능한 경우의 수는 4가지이다.
② 병이 팔찌를 구매하였으면 갑은 구두를 구매하였다.
③ 을이 구매한 신발과 정이 구매한 신발은 다르다.
④ 병이 구매한 장신구와 갑이 구매한 장신구는 같다.
⑤ 정이 구매한 장신구와 병이 구매한 장신구는 다르다.

11 택배기사가 1층부터 5층까지 서로 다른 층에 근무 중인 강 부장, 조 과장, 심 과장, 김 대리, 오 대리에게 택배 A, B, C, D, E를 전달하였을 때, 주어진 [조건]을 바탕으로 항상 옳은 것은?

- 택배 B는 조 과장에게 전달되었다.
- 과장들끼리는 바로 위아래 층에 근무한다.
- 택배 C는 택배 A보다 낮은 층에 전달되었다.
- 택배 A는 택배 B보다 3층 높은 층에 전달되었다.
- 직급이 가장 높은 사람의 택배는 가장 높은 층에 전달되었다.
- 택배 D는 택배 E 바로 아래층에 전달되었고, 두 택배 주인의 직급은 서로 같다.

① 김 대리는 택배 E를 전달받았다.
② 오 대리는 택배 D를 전달받았다.
③ 심 과장은 조 과장보다 아래층에 근무한다.
④ 가능한 경우의 수는 4가지이다.
⑤ 택배 A는 4층에 있는 직원에게 전달되었다.

12 어느 식당에서는 월요일부터 금요일까지 디저트 요리를 요일별로 1개씩 제공하려고 한다. 주어진 [조건]을 바탕으로 항상 옳지 <u>않은</u> 것은?

- 디저트 요리는 과일, 아이스크림, 커피 중 하나이다.
- 같은 디저트 요리를 연속된 요일에 제공하지 않는다.
- 과일을 제공한 날의 다음 날에는 커피를 제공한다.
- 모든 디저트 요리는 적어도 하루는 제공한다.
- 수요일에는 과일을 제공하지 않는다.
- 금요일에는 커피를 제공한다.

① 가능한 경우의 수는 9가지이다.
② 화요일에 아이스크림을 제공하면 수요일에는 커피를 제공한다.
③ 수요일에 아이스크림을 제공하면 목요일에는 과일을 제공한다.
④ 화요일과 목요일에 같은 디저트 요리를 제공하면 그 디저트 요리는 과일이다.
⑤ 월요일과 수요일에 같은 디저트 요리를 제공하는 경우는 3가지이다.

13 직원 A~H가 5층짜리 숙소에 묵기로 하였다. 다음에 주어진 [조건]을 바탕으로 층별로 묵는 인원이 옳지 <u>않게</u> 짝지어진 것은?

- A~E는 남자, F~H는 여자이다.
- A는 부장, B와 F는 차장, C~E는 대리, G와 H는 사원이다.
- 다른 성별끼리는 같은 층에 묵지 않는다.
- 5층에는 부장과 대리 총 2명이 묵는다.
- D의 바로 위층에는 F가, 바로 아래층에는 H가 묵는다.
- 4층에는 사원이 묵는다.

① 1층 − 1명   ② 2층 − 2명   ③ 3층 − 1명
④ 4층 − 1명   ⑤ 5층 − 2명

14 A, B, C, D는 각각 색깔이 다른 옷과 다른 종류의 신발을 착용하고 있다. 각자 착용한 옷과 신발이 다음 [조건]을 따른다고 할 때, 항상 옳은 것은?

- 옷의 색은 빨간색, 노란색, 초록색, 파란색이 있으며, 신발의 종류는 운동화, 구두, 샌들, 장화가 있다.
- A는 운동화를 신었다.
- B는 노란색 옷을 입었고 구두를 신지 않았다.
- C는 빨간색 옷과 초록색 옷을 입지 않았다.
- 초록색 옷을 입은 사람은 장화를 신었다.

① C는 구두를 신었다.
② A는 파란색 옷을 입었다.
③ 장화를 신은 사람은 B이다.
④ 빨간색 옷을 입은 사람은 D이다.
⑤ 4명이 색깔이 다른 옷과 다른 종류의 신발을 착용할 수 있는 경우의 수는 2가지이다.

15 다음 도형들은 일정한 규칙을 가지고 있다. 다음 중 ?에 들어갈 도형으로 알맞은 것은?

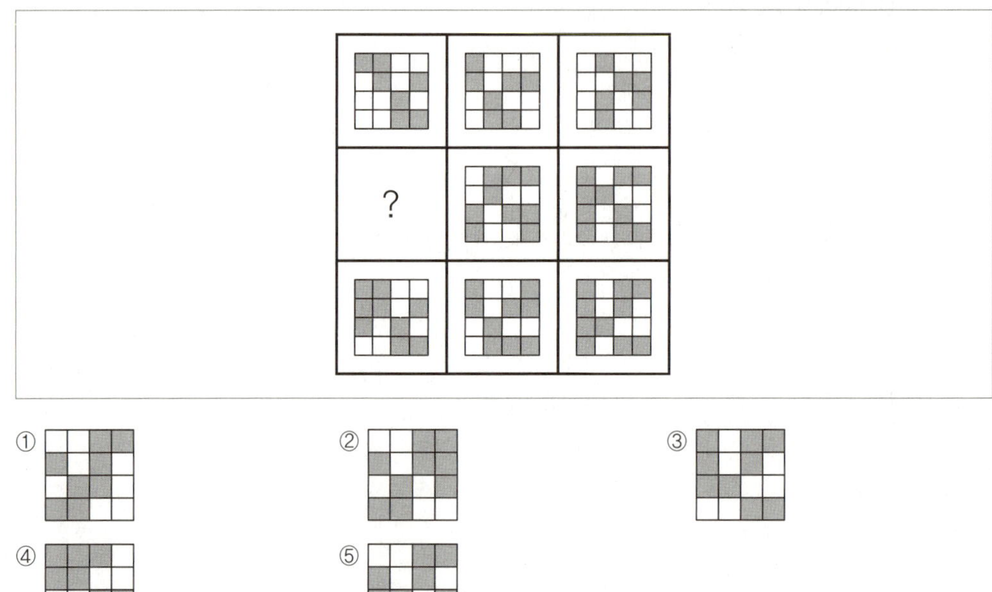

16 다음 도형들은 일정한 규칙을 가지고 있다. 다음 중 ?에 들어갈 도형으로 알맞은 것은?

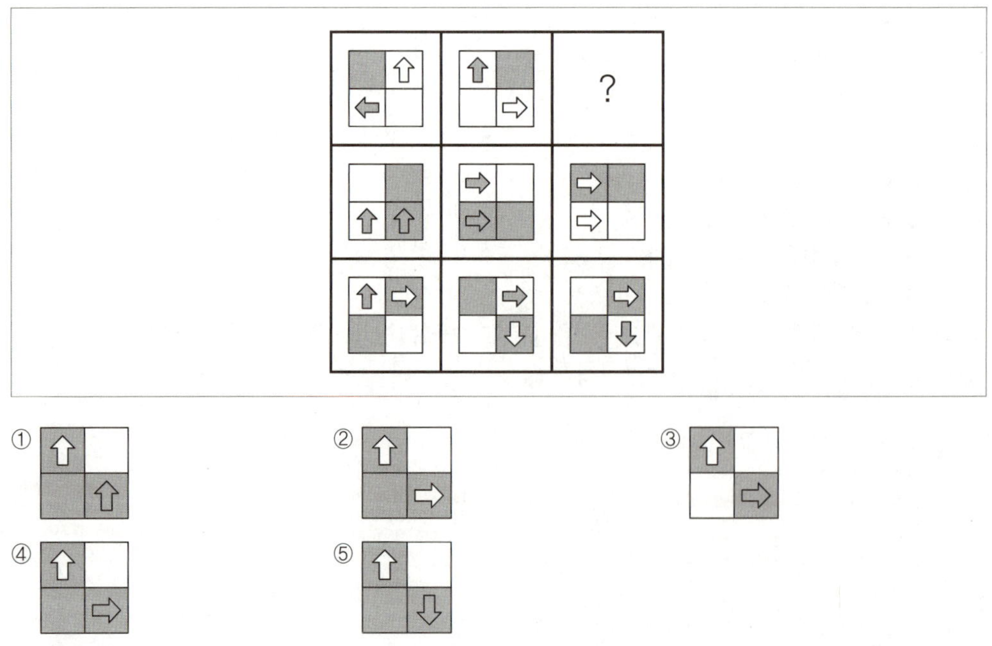

 다음 도형들은 일정한 규칙을 가지고 있다. 다음 중 ?에 들어갈 도형으로 알맞은 것은?

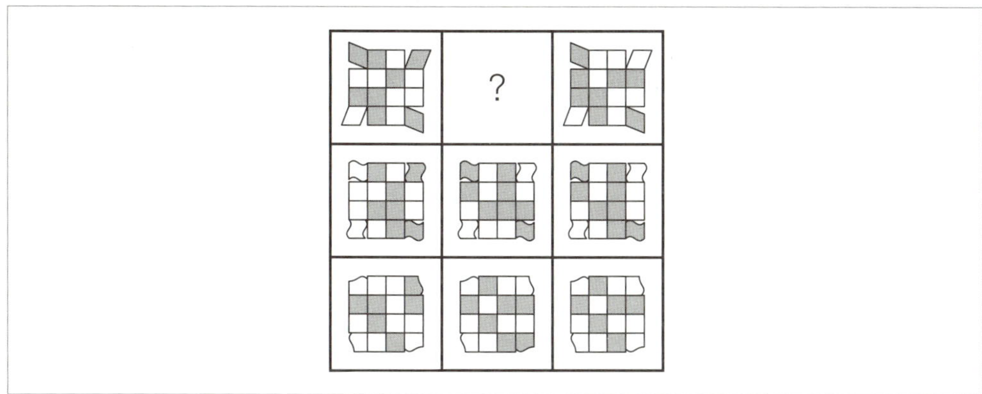

① 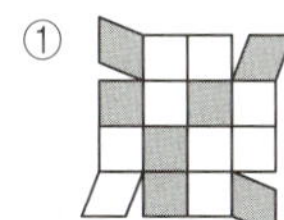

② 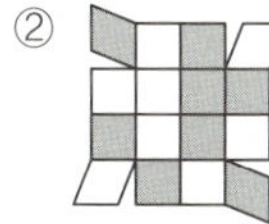

③ 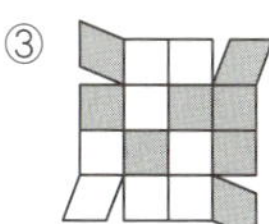

④ 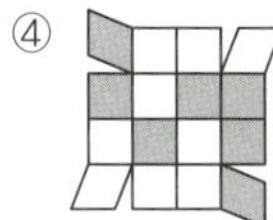

⑤ 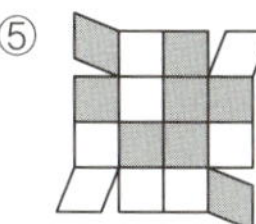

 기호들이 하나의 규칙을 가지고 아래와 같이 문자나 숫자를 변화시킨다고 한다. 이때 다음 (?)에 해당하는 것을 고르시오.(단, 가로와 세로 중 한 방향으로만 이동하며, Z 다음은 A, 9 다음은 0이다.)

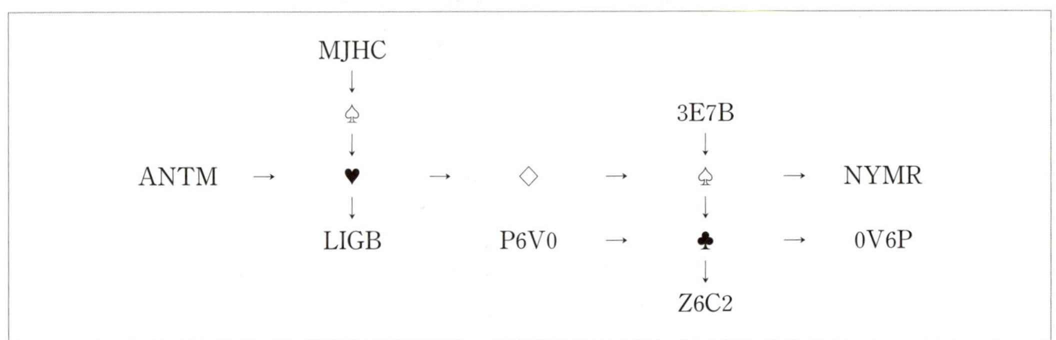

18

$$1234 → \diamondsuit → \spadesuit → (?)$$

① 1391   ② 3119   ③ 9131
④ 1931   ⑤ 1319

19

$$HUEI → \diamondsuit → \heartsuit → \spadesuit → (?)$$

① JFVI   ② VGJD   ③ TGHD
④ UIFE   ⑤ HDTG

20

$$(?) → \clubsuit → \spadesuit → 2L9Y$$

① A0N3   ② 0A3N   ③ W8J1
④ 3N0A   ⑤ 8W1J

21

$$(?) → \heartsuit → \diamondsuit → \clubsuit → WJDZ$$

① ADKW   ② DYWI   ③ KWAD
④ ZDJW   ⑤ DAWK

22 다음 문단을 논리적 순서에 맞게 배열한 것은?

[가] 물고기들이 떼를 짓는 이유는 포식자에게 발견될 경우 사방팔방으로 산개(散開)할 수 있어 먹힐 확률이 낮아지기 때문이다.

[나] 물고기 중 약 절반의 종류는 떼를 지어 하나의 생물인 것처럼 행동한다고 한다. 연구에 의하면, 세 마리 이상의 물고기 떼는 서로 일정한 거리를 유지하고 행동하며, 그들 사이에는 상하 관계가 없다고 한다.

[다] 떼를 짓지 않는 경우도 있다. 떼로 있으면 먹이를 발견했을 때 독점할 수 없기 때문에 떼를 짓지 않기도 하고, 먹이를 찾는 데 고생을 안 하거나 다른 개체에게 습격당할 위험성이 적은 물고기는 떼를 짓지 않는다.

[라] 또 물고기의 떼에는 암수가 섞여 있어 생식 가능한 시기가 되었을 때, '번식' 상대를 찾으러 다니지 않고 바로 무리 중에서 상대를 찾을 수도 있는 이점도 있다.

[마] 물고기의 떼는 각 개체가 그때그때의 상황에 따라서 자신이 살아남기 위해서 어떻게 하면 득인가를 판단한 결과로 형성되는 것이다.

① [나]-[가]-[라]-[다]-[마] 　② [나]-[가]-[마]-[다]-[라]
③ [나]-[다]-[라]-[가]-[마] 　④ [마]-[가]-[나]-[다]-[라]
⑤ [마]-[나]-[다]-[라]-[가]

23 다음 문단을 논리적 순서에 맞게 배열한 것은?

[가] 연주자와 떨어진 뒷자리에 앉으면 악기에서 나오는 직접음의 음량이 감소하기 때문에 소리의 크기도 감소한다. 하지만 좋은 콘서트홀에서는 무대에서 떨어진 뒷좌석이라고 할지라도 소리가 충분한 크기로 들리는데, 이는 직접음 이후에 도착하는 초기 반사음이 직접음을 강화시켜 주기 때문이다. 즉, 강도는 초기 반사음과 밀접한 관련이 있다.

[나] 그러나 홀이 좌·우로 넓은 경우는 다른 방법을 사용해야 한다. 캘리포니아 코스타메사의 세거스톰홀은 수용인원이 2,900석으로 큰 편임에도 불구하고 높은 강도를 가진 홀이다. 그 이유는 경사진 큰 반사판이 홀의 상부 측벽에 위치해 초기 반사음을 만들어내기 때문이다.

[다] 콘서트홀의 강도는 크게 3가지 요인에 의해 결정된다. 첫째는 초기 반사음을 만드는 벽면으로 측면 반사는 강도를 크게 한다. 둘째로 객석 표면적이 크고 공간 체적이 클수록 강도는 작아진다. 셋째로 카펫, 커튼, 쿠션이 있는 의자같이 소리를 흡음하는 재질이 있으면 강도가 줄어든다.

[라] 실제로 비엔나의 뮤직베라인 같이 좁은 직사각형 홀에서는 소리 감소를 줄여주는 초기 반사음이 자동으로 제공된다. 부채꼴이나 서라운드 형태의 홀이라면 천장 상부에 매달린 반사판이 청중을 위해 초기 반사음을 만들어 내 소리 감소를 줄여준다.

① [가]-[나]-[라]-[다] 　② [가]-[라]-[다]-[나]
③ [다]-[가]-[라]-[나] 　④ [다]-[나]-[가]-[라]
⑤ [라]-[가]-[다]-[나]

탄소는 우리의 일상과 아주 밀접하다. 우리 몸을 구성하는 중요한 원소 중의 하나이고, 식물이 광합성으로 태양 에너지를 저장하여 우리에게 전달하는 과정에서도 아주 중요한 성분이다. 음식을 먹으면 탄소가 우리 몸속에 들어와 산소와 결합하면서 생명에 필요한 에너지를 공급한다. 옛날 생물들의 유해인 석유와 석탄의 주된 성분이며 우리가 입는 옷과 사용하는 플라스틱 등의 주된 성분이기도 하다. 이렇게 중요한 탄소이지만 아이러니하게도 산소와 결합하여 생기는 이산화탄소는 지구 온난화의 주범으로 지목되어 퇴출 대상이기도 하다. 탄소가 이렇게 다양한 역할을 해낼 수 있는 것은 탄소 원자가 가장 바깥쪽의 전자 껍질에 4개의 전자를 가지고 있고 전자 껍질의 안쪽에는 s궤도 함수만 있기 때문이다. 원자의 가장 바깥쪽 전자 껍질에 있는 전자를 최외각 전자라 부르며, 이 전자들은 화학 결합과 전기적 성질에 중요한 역할을 담당한다. 탄소는 최외각 전자 4개를 가지고 주위의 다른 원자 1~4개와 화학 결합을 할 수 있어서 무수히 많은 구조의 분자와 고체를 만들 수 있다.

① 석유와 석탄의 주성분은 탄소이다.
② 탄소는 우리 삶에서 필수적인 성분이다.
③ 탄소의 최외각 전자에는 s궤도 함수만 있다.
④ 탄소는 무수히 많은 구조의 분자와 고체를 만들 수 있다.
⑤ 탄소가 산소와 결합하면 지구 온난화의 주범인 이산화탄소가 된다.

25 다음 글의 내용이 참일 경우, 반드시 거짓인 것은?

> 현미경은 일반적으로 광학 현미경과 전자 현미경으로 나뉜다. 이 외에도 여러 종류의 현미경이 있지만, 기본이 되는 구조와 원리를 가지고 있는 현미경은 광학 현미경과 전자 현미경이다. 광학 현미경은 빛 중에서 우리 눈에 보이는 가시광선을 이용하며, 전자 현미경은 전자빔을 이용하여 물체를 관찰하는 현미경이다. 광학 현미경은 빛이 렌즈를 통과하면서 굴절하는 성질을 이용하는데, 여기에 사용되는 접안렌즈와 대물렌즈는 모두 볼록렌즈이다. 볼록렌즈는 가까이에 있는 물체를 확대해서 보여주는 성질을 가지고 있어, 광학 현미경에서는 볼록렌즈를 이용하는데, 접안렌즈와 대물렌즈는 위치와 내부 구조가 다르지만 물체의 모습을 확대하는 역할을 한다는 점에서는 두 렌즈가 같다. 광학 현미경이 얼마나 확대해서 보여줄 수 있는가를 말해 주는 배율은 대물렌즈의 배율과 접안렌즈의 배율을 곱해서 말하게 되는데, 예를 들어서 대물렌즈로 100배를 확대할 수 있고 접안렌즈로 10배를 확대할 수 있으면 물체를 1,000배로 확대해서 볼 수 있게 되는 것이다.

① 광학 현미경은 가시광선을 이용하는 현미경이다.
② 광학 현미경은 접안렌즈와 대물렌즈를 모두 활용하여 물체를 확대한다.
③ 광학 현미경의 접안렌즈와 대물렌즈의 위치는 다르지만 역할은 동일하다.
④ 광학 현미경은 볼록렌즈에 통과하는 전자빔을 이용하여 물체를 확대해서 보여줄 수 있다.
⑤ 광학 현미경의 배율은 대물렌즈의 배율과 접안렌즈의 배율을 곱한 값으로 설명할 수 있다.

삼성SDS의 물류 플랫폼 첼로스퀘어가 삼성SDS의 핵심 물류 사업으로 부상했다. 지난해부터 중개하던 글로벌 문전 배송 서비스인 '특송'에 더해 '해상', '항공' 포워딩 서비스를 플랫폼에 추가하더니 이제는 삼성SDS의 모든 글로벌 물류를 몇 년 안에 첼로스퀘어를 기반으로 처리할 계획이라 발표했다. 이는 앞으로 삼성SDS 전사 물류의 디지털 전환과 플랫폼화를 첼로스퀘어를 통해 진행한다는 것을 뜻한다. 첼로스퀘어는 국제물류에 초점이 맞춰진 플랫폼이다. 2021년 시작한 첼로스퀘어 4.0을 기준으로 해상운송, 항공운송, 국제특송을 물류가 필요한 중소, 이커머스 화주사에게 중개했다. 화주사들은 첼로스퀘어를 통해 견적을 받고 선적을 예약하고, 운송통관 트래킹을 받는 것이 가능했다. 삼성SDS는 2021년까지의 첼로스퀘어를 디지털 포워딩 플랫폼을 위한 '워밍업 단계'였다고 평가한다. 그래서 첼로스퀘어의 서비스 지역도 '한국발'로, 물류 서비스 또한 해상과 항공 특송에 한정했다. 고객도 중소 B2B화주와 이커머스 화주로 제약을 두었다. 이 제약은 2022년을 기점으로 본격적으로 풀렸다.

① 첼로스퀘어는 삼성SDS의 물류사업이다.

② 삼성SDS는 첼로스퀘어를 글로벌 물류 사업으로 확장하려고 한다.

③ 2021년 첼로스퀘어는 서비스 지역 및 물류 서비스에 제한이 있었다.

④ 화주사들은 첼로스퀘어를 통해 견적을 받거나 선적을 예약하고 운송통관 트래킹을 받을 수 있다.

⑤ 첼로스퀘어는 2021년부터 물류가 필요한 대기업 화주사들에게 각종 운송 및 특송을 중개하는 역할을 했다.

가상 현실이란 컴퓨터 그래픽 기술을 활용해 가상 영상을 3차원 공간상에 실감나게 표현한 것이다. 가상 현실 기술에서 핵심적인 역할을 하는 장치로 HMD가 있다. HMD는 머리에 착용하는 휴대용 디스플레이 장치로 눈앞의 디스플레이 장치를 통해 가상 현실을 확대해서 볼 수 있도록 한 것이다. 그러나 소프트웨어의 처리 속도 등의 이유로 머리의 움직임을 반영할 때 현실의 움직임과 가상 현실 내의 움직임 사이에 시간 차이가 발생하게 된다. 이러한 시간 차이를 지연 시간이라고 하며 이는 가상 현실 사용자의 몰입을 방해한다. 더불어 HMD를 사용하는 가상 현실 체험자는 생리적 반응을 종종 호소하기도 하는데 가장 대표적인 예가 '멀미'이다. 멀미는 눈으로 들어오는 시각 정보와 귓속의 전정 기관으로 느껴지는 감각 정보가 불일치할 때 나타나는 현상이다. 결국 HMD를 시청하며 눈을 통해 움직인다는 정보가 들어왔는데 대체로 사용자들은 가만히 영상을 시청하는 경우가 많기에 귀에 있는 전정 기관은 아무것도 인지하지 못한다. 이 때문에 두뇌는 모순된 정보 사이에서 심각한 혼란을 겪으며 멀미나 두통을 호소하는 것이다.

① HMD를 사용하면 지연 시간을 줄일 수 있다.
② HMD를 사용하지 않고 가상 현실을 체험할 수 있다.
③ HMD를 통해 귓속 전정 기관에 정보를 제공할 수 있다.
④ HMD를 착용한 가상 현실 체험자는 두통을 느낄 수 있다.
⑤ HMD를 착용함으로써 사용자는 2차원 공간을 체험할 수 있다.

삼성이 전 세계 반도체 매출 1위 자리를 대만 TSMC에게 내줬다. TSMC는 대만 정부가 육성하고 보호하는 국민기업으로, 종합반도체기업(IDM)인 삼성전자는 메모리반도체, 파운드리, 팹리스 등 여러 분야에 나눠 43조 원을 투자했지만 TSMC는 50조 원을 오직 파운드리 사업에만 쓰는 등 한 우물만 파는 특성이 있다. 한편 내년부터 업계의 왕좌를 결정하는 것은 3나노미터 제품이 될 것으로 예상된다. TSMC는 내년부터 3나노 양산에 들어가는데 높은 기술이 적용되는 반도체 제품일수록 수익성이 높기 때문이다. TSMC는 여기서 더 욕심을 내 3나노 다음 세대 버전의 양산 시점도 당초 계획했던 것보다 2~3개월 앞당겨 추진할 것으로 밝혔다. 앞으로 TSMC는 파운드리 시장의 주도권을 놓치지 않을 것으로 보인다.

① 차세대 트랜지스터 구조인 GAA 기술을 적용한 3나노 공정은 삼성전자가 유일하므로 TSMC보다 경쟁력이 더 강하다.

② 3나노 반도체 생산은 TSMC보다 삼성전자가 먼저 시작했으므로 파운드리 시장의 주도권은 삼성이 다시 가져올 수 있다.

③ TSMC는 미국의 대중국 반도체 수출 규제, 중국－대만 간 갈등 이슈에서 자유로울 수 없기 때문에 변수가 다수 존재한다.

④ 5나노 공정에서 TSMC보다 삼성전자의 불량률이 높은 점을 본다면 3나노의 공정에서도 TSMC가 삼성전자보다 기술적으로 진보되어 있을 것이다.

⑤ 중국의 대만 침공 가능성에 대비하여 TSMC가 해외 생산 기지를 검토 중인데 초기 비용이 많이 들기 때문에 파운드리 사업에 대한 투자가 약해질 것이다.

29 다음 글과 [보기]를 읽고 한 추론 중 가장 적절하지 <u>않은</u> 것은?

조선 후기 회화에는 '액자 내부 시점'이라는 것이 존재한다. 그림에 반영된 정경이 작가의 시점이 아닌 그림 속 등장인물의 관점에서 펼쳐지는 경우가 있는데 이것을 '액자 외부'에 위치한 작가의 관점과 대비하여 '액자 내부 시점'이라고 한다. 소설에서도 다양한 시점이 존재하듯, 그림도 단일 시점으로만 되어 있지 않고 복합 시점에 의해 그려질 때가 있다. 이는 서양화에서는 거의 나타나지 않는 동양화만의 특징으로 여러 가지 의미를 지닌다.

⎯┤ 보기 ├⎯

실경(實景)을 그대로 담아낸 실경산수화 또는 진경산수화에는 흔히 액자 내부 시점과 액자 외부 시점이 혼재되어 나타난다. 예를 들어 정선의 「박연폭포」를 보면 실제 폭포의 높이보다 그림의 폭포가 훨씬 높게 표현되어 있다. 그것은 액자 내부에 있는 사람들의 시점을 반영한 결과로 보인다.

산수화가 작가에 의한 외부 시점으로만 구성된다면, 논리적 일관성과 통일성은 느낄 수 있겠지만 다양한 시각을 보여 줄 수는 없을 것이다. 이는 마치 하나의 시점으로만 이루어진 소설이 인물의 심리와 사건의 양상을 총체적이고 다층적으로 분석할 수 없는 이치와 같다. 이렇듯 액자 내부 시점의 도입은 인간의 마음을 담으면서 해석의 다양성과 열린 구조를 지향하기 위한 옛 동양화가들의 고심이 반영된 결과이다.

① 실경을 그대로 담아낸 그림에도 여러 시점이 사용될 수 있다.
② 동양 산수화에서는 자연에 비해 인물을 아주 거대하게 그린다.
③ 서양화는 작가의 시점이 일관되게 적용되는 그림이 대부분이다.
④ 그림에 작가의 관점을 드러내려는 경향은 서양화보다 동양화가 더 강하다.
⑤ 조선 후기 회화에서는 작가 또는 그림 속의 인물에 대한 심리 상태가 반영된 작품도 있다.

  다음 글과 [보기]를 읽고 한 추론 중 가장 적절한 것은?

설탕은 사탕수수 또는 사탕무 등을 원료로 만들어지는데 제조 공정을 보면 정제 공정에서 '원당―세당―용해―탈색 및 여과' 과정을 거쳐 당액을 추출하고, 결정 공정에서 '농축―결정화―분리 및 건조' 과정을 통해 설탕을 만들어, 포장 공정에서 용도에 따라 가정용과 업소용으로 포장해 배송하게 된다. 이렇게 만들어진 설탕을 유형별로 분류하면 백설탕, 갈색 설탕, 기타 설탕이 있다.

─┤ 보기 ├─

설탕 제조 과정 중 맨 처음 만들어지는 '백설탕'은 순도 99.9% 이상의 순수한 제품으로, 색이 하얀 이유는 설탕의 순수한 성분이 흰색이기 때문이다. '황설탕'은 제조 공정 중 가해진 열에 의한 갈변화 반응으로 갈색을 띠게 되므로 갈색 설탕으로 분류되며 '흑설탕'은 건조된 황설탕에 캐러멜을 첨가한 것으로 기타 설탕으로 분류된다.

① 백설탕은 표백을 해서 하얗다.
② 흑설탕이 백설탕보다 당분이 적다.
③ 황설탕이나 흑설탕이 백설탕보다 건강에 좋다.
④ 백설탕, 황설탕, 흑설탕 순으로 설탕이 제조된다.
⑤ 백설탕이 황설탕, 흑설탕보다 가격이 가장 비싸다.

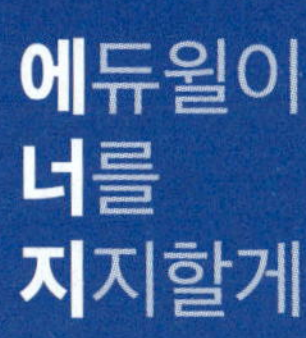

인생의 목적은
끊임없는 전진에 있다.

– 프리드리히 니체(Friedrich Wilhelm Nietzsche)

수리논리 | 📋 20문항 ⏱ 30분 정답과 해설 P.49

---

01 어느 판매점에서는 제품 A와 B를 판매하는데 정가가 15만 원인 제품 A는 30% 할인하여 판매하였고, 제품 B는 20% 인상하여 판매하였다. 두 제품을 각각 10개씩 판매하여 총 249만 원의 매출을 올렸을 때, 인상 전 제품 B의 정가는?

① 104,000원 ② 108,000원 ③ 112,000원
④ 116,000원 ⑤ 120,000원

02 제조팀 6명과 영업팀 4명 총 10명 중 3명을 뽑아서 팀을 만들려고 한다. 이때 제조팀 2명과 영업팀 1명을 뽑을 확률로 옳은 것은?

① $\frac{1}{4}$ ② $\frac{1}{3}$ ③ $\frac{2}{5}$ ④ $\frac{1}{2}$ ⑤ $\frac{2}{3}$

03 다음 [그래프]는 연도별 커피 전문점 매장과 서점 수에 관한 자료이다. 주어진 자료에 대한 설명으로 옳은 것은?

[**그래프**] 연도별 커피 전문점 매장과 서점 수   (단위: 개)

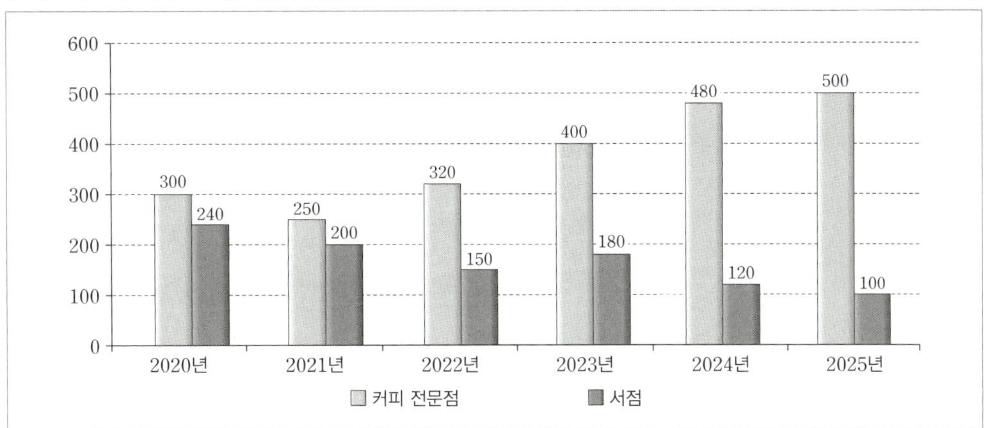

① 2024년 서점 수는 3년 전 대비 절반으로 감소하였다.

② 2021년 이후 커피 전문점 매장 수는 전년 대비 매년 증가하고 있다.

③ 2025년 커피 전문점 매장 수는 2년 전 대비 20% 증가하였다.

④ 2021년 이후 커피 전문점 매장 수와 서점 수의 전년 대비 증감은 매년 반대로 나타났다.

⑤ 2021년 이후 서점 수의 전년 대비 변화량이 가장 적은 해는 2025년이다.

04 다음 [표]와 [그래프]는 P국의 반도체 산업 매출액 및 ICT 산업 매출액 중 반도체 산업 매출액의 비중에 관한 자료이다. 주어진 자료에 대한 설명으로 옳지 <u>않은</u> 것은?

[표] P국의 반도체 산업 매출액 (단위: 조 원)

구분	2021년	2022년	2023년	2024년	2025년
매출액	130	140	154	180	160

[그래프] P국의 ICT 산업 매출액 중 반도체 산업 매출액의 비중 (단위: %)

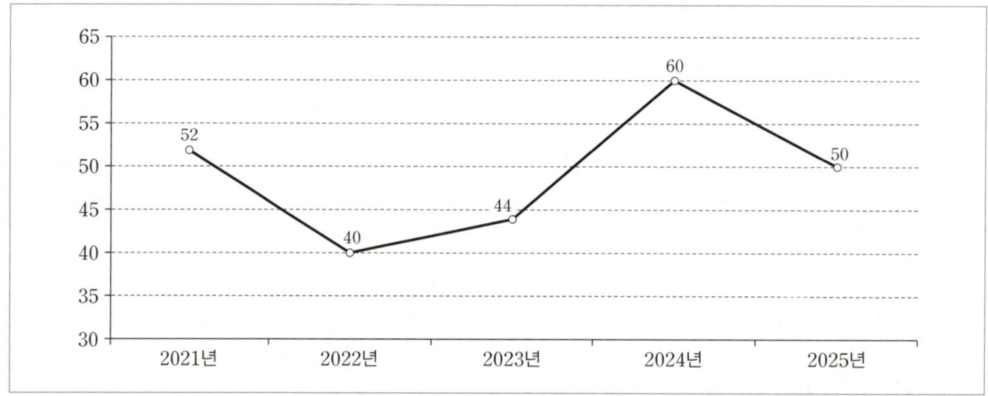

① 2021년 ICT 산업 매출액은 260조 원이다.

② 2023년 반도체 산업 매출액은 전년 대비 10% 증가하였다.

③ 2025년 ICT 산업 매출액은 전년 대비 20조 원 증가하였다.

④ 반도체 산업 매출액은 2021년부터 2024년까지 매년 증가하였지만, 2025년에는 전년 대비 감소하였다.

⑤ 제시된 기간 중 반도체 산업 매출액과 ICT 산업 매출액 중 반도체 산업 매출액의 비중은 모두 2024년에 가장 높다.

 다음 [표]와 [그래프]는 연도별 로봇사업체 현황과 2024년 매출액별 로봇사업체 비중에 관한 자료이다. 주어진 자료에 대한 설명으로 옳지 <u>않은</u> 것은?

[표] 연도별 로봇사업체 현황

(단위: 개사)

구분	2022년	2023년	2024년
제조업용 로봇	830	530	560
전문서비스용 로봇	370	240	330
개인서비스용 로봇	210	110	130
로봇부품 및 소프트웨어	1,110	1,360	1,410
로봇시스템	530	740	610
로봇임베디드	110	160	160
로봇서비스	450	1,180	1,140

※ 전체 로봇사업체는 제시된 7개의 분야로 구분함

[그래프] 2024년 매출액별 로봇사업체 비중

(단위: %)

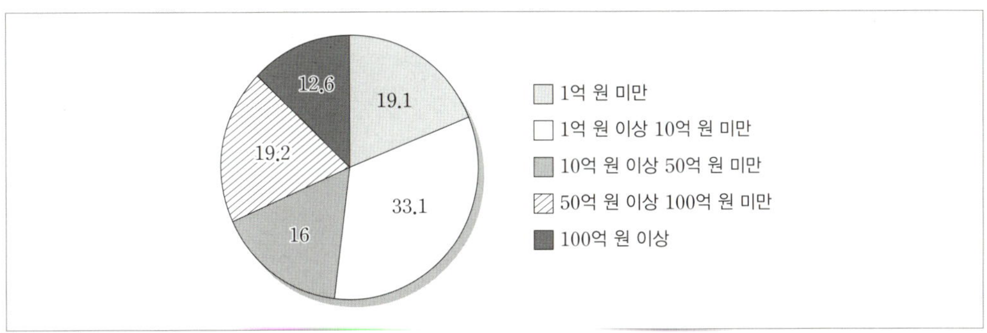

① 2023년 대비 2024년 로봇사업체 수가 감소한 분야는 2개이다.

② 2022년 로봇사업체 수는 제조업용 로봇이 로봇시스템의 1.5배 미만이다.

③ 2024년 매출액이 10억 원 미만인 로봇사업체는 전체 로봇사업체의 절반 이상이다.

④ 2023년 로봇사업체 수가 전년 대비 가장 많이 증가한 분야의 증가율은 150% 이상이다.

⑤ 2024년 10억 원 이상 50억 원 미만의 매출액을 보이는 로봇사업체는 650개사 이상이다.

06 다음 [표]는 운수업 및 물류산업 주요 지표에 관한 자료이다. 주어진 자료에 대한 설명으로 옳은 것은?

[표] 운수업 및 물류산업 주요 지표

(단위: 천 개, 천 명, 조 원, %)

구분	운수업				물류산업			
	2023년	2024년	전년 대비 증감량	전년 대비 증감률	2023년	2024년	전년 대비 증감량	전년 대비 증감률
기업체 수	380	390	10	2.6	210	220	10	4.8
종사자 수	1,130	1,150	20	1.8	590	600	10	1.7
매출액	150.0	152.0	2.0	1.3	90.0	93.0	3.0	3.3
영업비용	135.0	140.0	5.0	3.7	82.0	85.0	3.0	3.7

① 2024년 운수업의 기업체 수는 전년 대비 9만 개 이상 증가하였다.

② 2024년 물류산업의 기업체 수, 종사자 수, 매출액, 영업비용은 모두 전년 대비 2% 이상 증가했다.

③ 2024년 기업체 수의 전년 대비 증감률은 물류산업이 운수업보다 2.2% 더 높다.

④ 2024년 전년 대비 증가한 종사자 수는 운수업이 물류산업의 2배 이상이다.

⑤ 2024년 운수업과 물류산업의 영업비용은 총 222.9조 원이다.

07 다음 [표]는 2000년 A, B, C산업의 규모를 모두 100으로 보았을 때의 연도별 산업 규모 및 2020년 A, B, C산업의 규모를 다시 100으로 보았을 때의 연도별 예상 산업 규모에 관한 자료이다. 주어진 자료에 대한 설명으로 옳은 것은?

[표1] 연도별 산업 규모(2000년=100)

구분	2005년	2010년	2015년	2020년
A산업	105	110	117	138
B산업	94	88	97	100
C산업	101	102	101	105

[표2] 연도별 예상 산업 규모(2020년=100)

구분	2021년	2022년	2023년	2024년
A산업	101	102	103	104
B산업	100	100	105	110
C산업	95	97	99	101

① 2010년 A산업의 규모는 5년 전 대비 5% 늘어났다.
② 2021년 C산업의 규모는 2000년과 동일할 것으로 예상된다.
③ 2024년 C산업의 규모는 2020년 대비 줄어들 것으로 예상된다.
④ 2024년 B산업의 규모는 2000년 대비 10% 늘어날 것으로 예상된다.
⑤ 2022년 A산업의 규모는 B산업의 규모 대비 2% 더 클 것으로 예상된다.

 다음 [그래프]와 [표]는 T업체에서 생산하는 제품별 연간 유지비와 가격 대비 연간 유지비 비율에 관한 자료이다. 주어진 자료에 대한 설명으로 옳은 것은?

[그래프] 제품별 연간 유지비 (단위: 만 원)

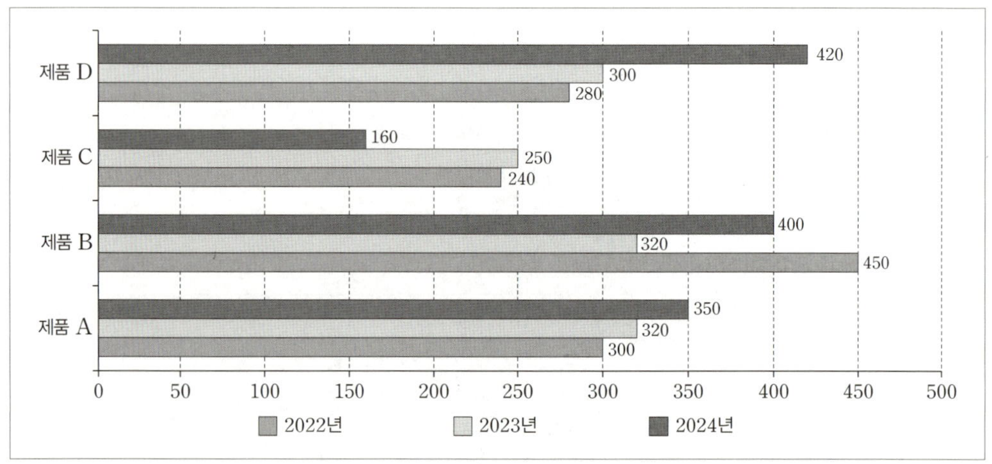

[표] 가격 대비 연간 유지비 비율 (단위: %)

구분	제품 A	제품 B	제품 C	제품 D
2022년	6.0	5.0	8.0	4.0
2023년	5.0	4.0	5.0	6.0
2024년	5.0	5.0	4.0	7.0

※ 가격 대비 연간 유지비 비율(%)= $\dfrac{\text{연간 유지비}}{\text{해당 제품 가격}} \times 100$

① 제품 B의 가격은 2024년에 가장 높다.
② 2024년 가격이 가장 높은 제품은 D이다.
③ 2023년 대비 2024년 제품 C의 가격은 20% 감소하였다.
④ 제시된 기간에 제품 A의 가격은 꾸준히 상승하지 않았다.
⑤ 2022년 가격 대비 연간 유지비 비율이 가장 높은 제품이 연간 유지비도 가장 높다.

 다음 [그래프]는 20××년 채널별, 제품군별 가전시장의 매출액과 전년 대비 성장률에 관한 자료이다. 주어진 자료에 대한 설명으로 옳은 것은?

[그래프1] 채널별 가전시장 매출액 및 전년 대비 성장률 (단위: 억 원, %)

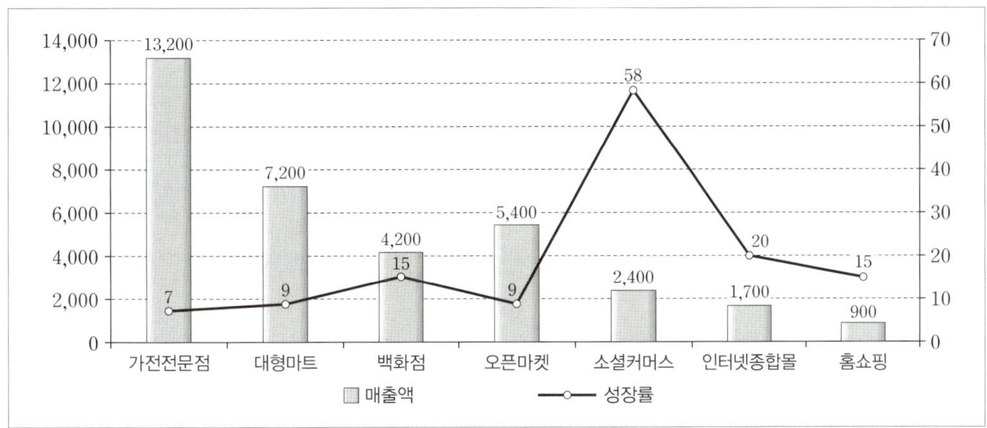

[그래프2] 제품군별 가전시장 매출액 및 전년 대비 성장률 (단위: 억 원, %)

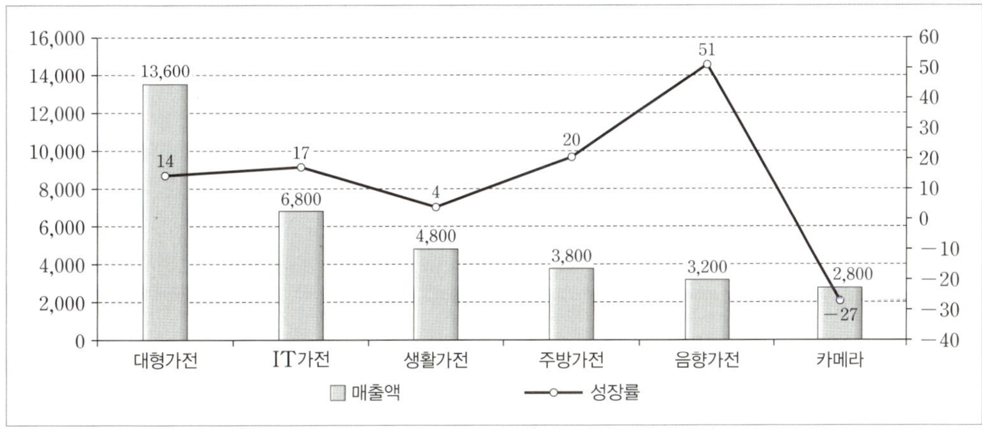

① 모든 제품군의 매출액은 전년 대비 증가했다.
② 가전전문점 매출액은 대형마트와 오픈마켓 합산 매출액보다 낮다.
③ 전년 대비 매출액 성장률은 소셜커머스가 백화점보다 43% 더 높다.
④ 주방가전 매출액의 성장률이 내년에도 동일하다면 내년 주방가전 매출액은 5,500억 원 이상일 것이다.
⑤ 홈쇼핑의 전년 대비 매출액 증가액은 인터넷종합몰의 전년 대비 매출 증가액보다 150억 원 이상 적다.

[10~11] 다음 [표]와 [그래프]는 어느 국가의 연령대별 1인 가구 수 및 2025년 가구 비율에 관한 자료이다. 주어진 자료를 바탕으로 이어지는 질문에 답하시오.

[표] 연령대별 1인 가구 수   (단위: 천 가구)

구분	2023년	2024년	2025년
20세 미만	60	70	70
20대	1,000	1,100	1,210
30대	1,100	1,200	1,320
40대	900	1,000	1,000
50대	1,000	1,100	1,200
60세 이상	2,000	2,100	2,400
합계	6,060	6,570	7,200

[그래프] 2025년 가구 비율   (단위: %)

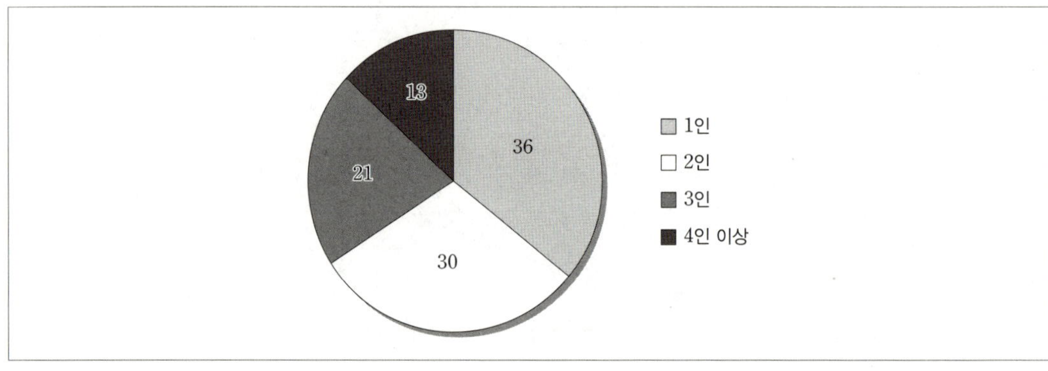

10 주어진 자료에 대한 설명으로 옳지 <u>않은</u> 것은?

① 2025년 전체 가구 수는 2천만 가구이다.

② 2025년 3인 가구 비율은 2025년 4인 이상 가구 비율보다 8%p 더 높다.

③ 2023년 대비 2024년 30대의 1인 가구 수의 증가율은 2023년 대비 2024년 40대의 1인 가구 수의 증가율보다 높다.

④ 2023년부터 2025년까지 20대 1인 가구 수는 매년 10%씩 증가하였다.

⑤ 20세 미만 1인 가구가 전체 1인 가구에서 차지하는 비율은 2025년이 2024년보다 낮다.

11 다음 [보기]에서 주어진 자료에 대한 설명으로 옳지 <u>않은</u> 것을 모두 고른 것은?

> **보기**
>
> ㉠ 2025년 50대 이상 1인 가구 수의 전년 대비 증가율은 20% 이상이다.
>
> ㉡ 2024년 1인 가구 수는 모든 연령대에서 전년 대비 10만 가구씩 증가하였다.
>
> ㉢ 2025년 2인 가구에 사는 사람 수보다 3인 가구에 사는 사람의 수가 더 많다.

① ㉠   ② ㉡   ③ ㉠, ㉡

④ ㉠, ㉢   ⑤ ㉠, ㉡, ㉢

[12~13] 다음 [그래프]는 남성 화장품 시장 규모 추이 및 구매금액 구성비에 관한 자료이다. 주어진 자료를 바탕으로 이어지는 질문에 답하시오.

[**그래프1**] 남성 화장품 시장 규모 추이 （단위: 억 원）

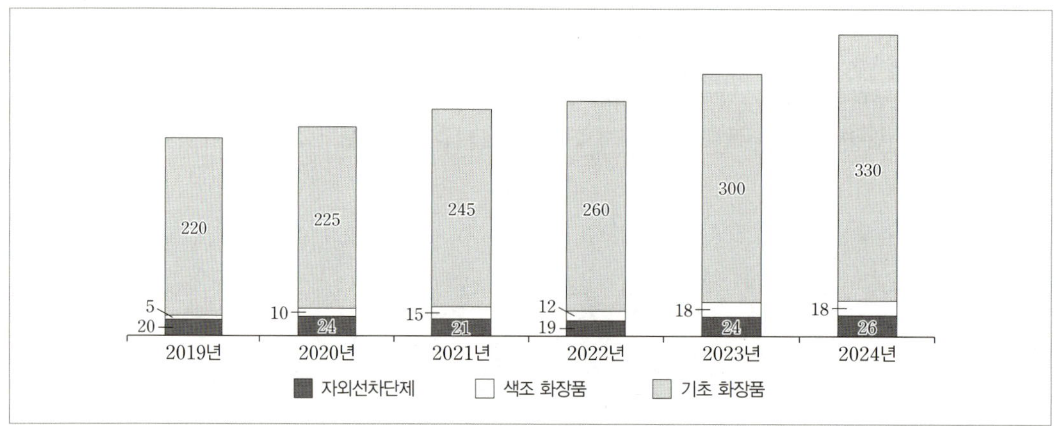

[**그래프2**] 2024년 연령대별 남성 기초 화장품 구매금액 구성비 （단위: %）

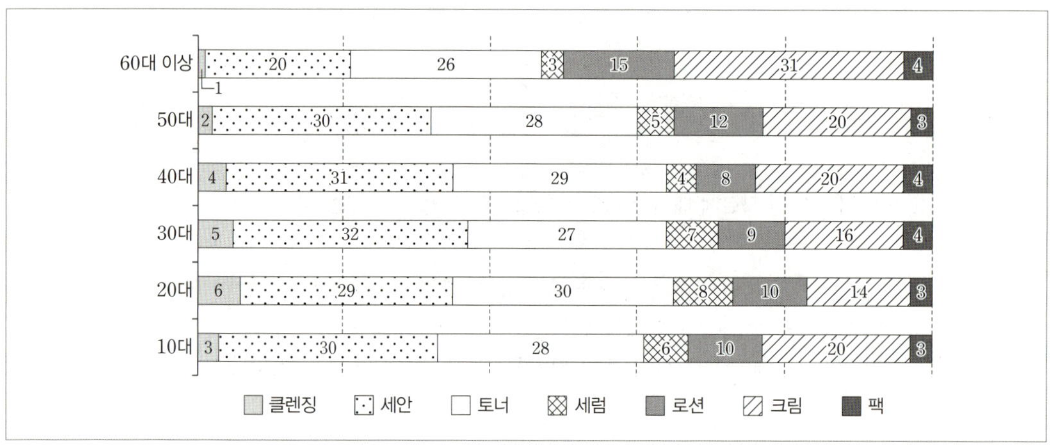

12 주어진 자료에 대한 설명으로 옳지 <u>않은</u> 것은?

① 2019~2024년 자외선 차단제의 시장 규모 증감 추이와 2019~2024년 색조 화장품 시장 규모의 증감 추이는 동일하다.

② 2024년 20대의 구매금액이 가장 낮은 남성 기초 화장품과 2024년 30대의 구매 금액이 가장 낮은 남성 기초 화장품은 동일하다.

③ 2024년 10대 남성의 토너 구매 금액은 2024년 10대 남성의 크림 구매금액보다 40% 더 크다.

④ 2024년 남성 기초 화장품 중 50대가 가장 많이 구매한 화장품은 세안이다.

⑤ 2019~2025년 동안 남성 화장품 전체 시장 규모는 매년 증가하였다.

13 2024년 40대 남성의 기초 화장품 구매금액 비중은 전체 기초 화장품 구매금액의 20%를 차지한다. 이 때 2024년 40대 남성의 로션 구매금액은?(단, 소수점 둘째 자리에서 반올림한다.)

① 3.6억 원   ② 4.8억 원   ③ 5.3억 원

④ 6.4억 원   ⑤ 7.8억 원

 다음 [표]는 2018~2023년의 암 조기검진사업 수검자 수에 관한 자료이다. 주어진 자료를 바탕으로 이어지는 질문에 답하시오.

[표] 연도별 암 조기검진사업 수검자 수 (단위: 천 명)

구분	2018년	2019년	2020년	2021년	2022년	2023년
전체	6,500	6,400	6,840	7,000	6,850	6,400
위암	2,000	2,100	1,800	2,050	2,200	1,850
간암	150	200	240	300	320	360
대장암	1,000	900	1,200	1,150	1,200	1,000
유방암	1,300	1,200	1,500	1,200	1,050	1,200
자궁경부암	1,250	1,000	900	1,200	1,150	950
기타	800	1,000	1,200	1,100	930	1,040

14 주어진 자료에 대한 설명으로 옳지 <u>않은</u> 것은?

① 수검자 수가 꾸준히 증가하는 암은 1개이다.

② 2019년 자궁경부암 수검자 수는 2018년 자궁경부암 수검자 수 대비 20% 감소하였다.

③ 위암 수검자 수는 항상 전체 수검자 수 중 가장 많은 비중을 차지한다.

④ 2023년 대장암 수검자 수는 4년 전 대장암 수검자 수 대비 10% 이상 증가하였다.

⑤ 전체 수검자 수가 전년 대비 가장 급격하게 변화한 해는 2020년이다.

15 다음 [보기]에서 주어진 자료에 대한 설명으로 옳은 것을 모두 고른 것은?

┌─ 보기 ┐

㉠ 2021년 대장암 수검자 수가 전체 암 수검자 수에서 차지하는 비중은 15% 이상이다.

㉡ 2021년 위암 수검자 수가 전체 암 수검자 수에서 차지하는 비중은 2018년 대비 증가하였다.

㉢ 2023년 유방암 수검자 수가 전체 암 수검자 수에서 차지하는 비중은 2018년 대비 감소하였다.

① ㉡   ② ㉢   ③ ㉠, ㉡

④ ㉠, ㉢   ⑤ ㉠, ㉡, ㉢

 다음 [표]는 어느 지역의 귀농 가구 현황에 관한 자료이다. 주어진 자료를 바탕으로 이어지는 질문에 답하시오.

[표1] 귀농 가구주의 성별 현황 (단위: 명)

구분	2023년			2020년		
	합계	남	여	합계	남	여
가구주	12,000	8,000	4,000	12,500	7,500	5,000

[표2] 귀농 가구주의 연령별 현황 (단위: 명)

구분	합계	30대 이하	40대	50대	60대	70대	평균 연령
2023년	12,000	1,000	2,000	5,000	3,500	500	55.2
2020년	12,500	1,200	1,800	5,200	3,500	800	54.8

[표3] 귀농 가구원 수별 가구 현황 (단위: 가구)

구분	합계	1인	2인	3인	4인 이상
2023년	12,000	6,500	3,000	1,500	1,000
2020년	12,500	8,000	2,500	1,000	1,000

16 주어진 자료에 대한 설명으로 옳은 것은?

① 2023년 여성 가구주 수는 2020년 여성 가구주 수 대비 10% 감소하였다.
② 2023년 가구원 수가 2인 이하인 귀농 가구의 비율은 2020년 대비 증가하였다.
③ 2020년 귀농 가구주가 가장 많은 연령대와 2023년 귀농 가구주가 가장 많은 연령대는 60대이다.
④ 귀농 가구주 수는 모든 연령대에 있어 유지 또는 감소하였다.
⑤ 2020년 1인 가구의 귀농 가구 수는 2020년 전체 귀농 가구 수의 65% 미만이다.

17 다음 중 2020년 대비 2023년 귀농 가구주의 감소율이 가장 큰 연령대로 옳은 것은?

① 30대 이하 　　　② 40대 　　　③ 50대
④ 60대 　　　⑤ 70대

18 다음 [표]는 작년 A상품의 구매 개수에 따른 할인율을 분기별로 정리한 자료이다. 주어진 자료를 바탕으로 빈칸에 해당하는 값을 예측했을 때, 가장 적절한 것은?

[표] 분기별 구매개수와 할인율

구분	1분기	2분기	3분기	4분기
구매개수(백 개)	100	110	(㉠)	150
할인율(%)	1.1	1.31	1.54	(㉡)

※ 할인율(%)×100 = $\left(a \times \dfrac{구매개수}{100}\right)^2 + b$ (단, $a \geq 0$)

	㉠	㉡
①	120	2.35
②	120	2.45
③	130	2.35
④	130	2.45
⑤	140	2.55

19 다음 [표]는 A사 전장산업 매출액과 영업이익에 관한 자료이다. 주어진 자료를 바탕으로 그래프로 나타내었을 때, 적절한 것은?

[표] A사 전장산업 매출액과 영업이익 (단위: 억 원)

구분	2021년	2022년	2023년	2024년
매출액	55,100	59,050	68,003	72,032
영업이익	−1,980	−3,935	−9,987	−2,012

① A사 전장산업 매출액과 영업이익 (단위: 조 원)

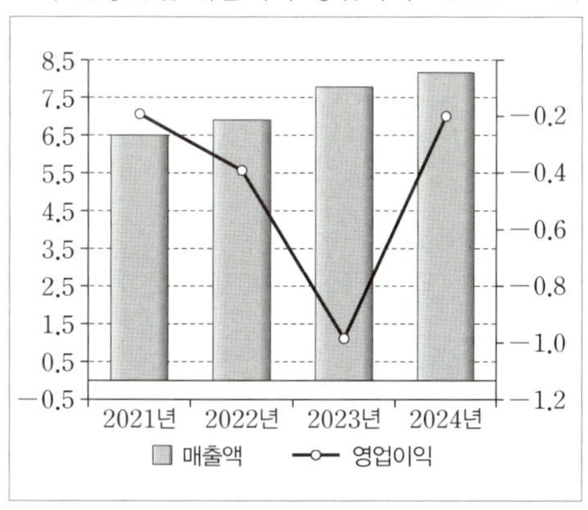

② A사 전장산업 매출액과 영업이익 (단위: 조 원)

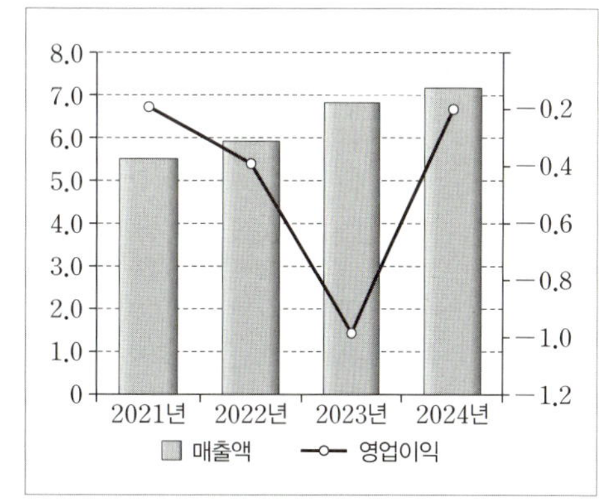

③ A사 전장산업 매출액과 영업이익 (단위: 조 원)

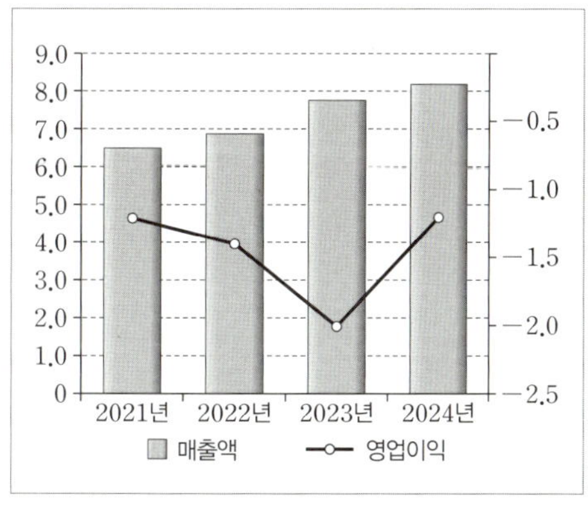

④ A사 전장산업 매출액과 영업이익 (단위: 조 원)

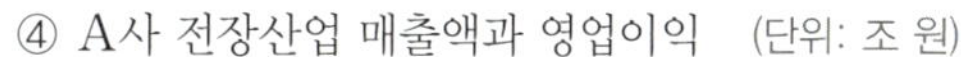
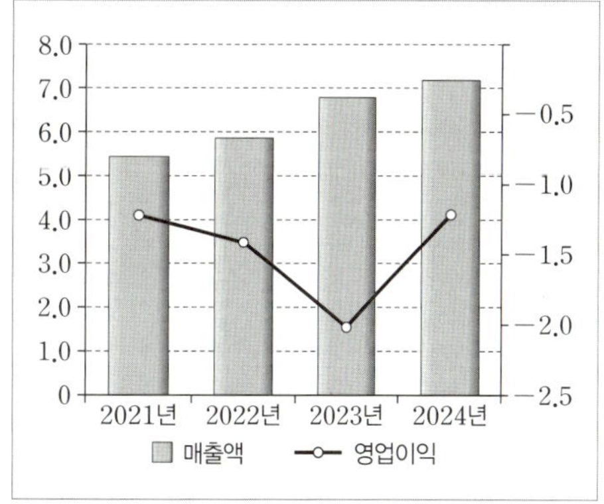

⑤ A사 전장산업 매출액과 영업이익 (단위: 조 원)

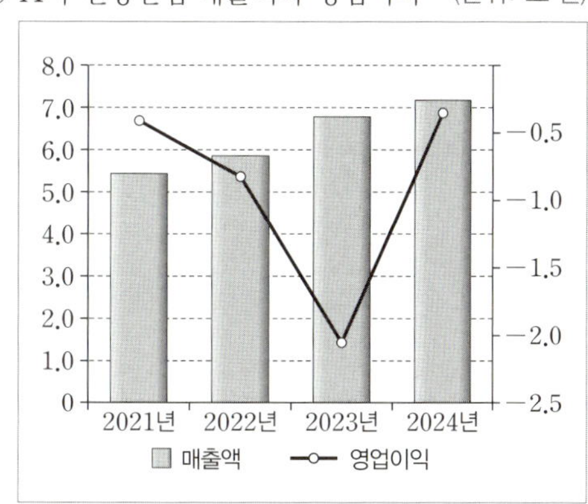

20 다음 [표]는 세포 A와 세포 B를 배양했을 때, 시간에 따른 변화량에 관한 자료이다. 각 세포의 변화량이 시간에 따라 아래와 같이 일정하게 변화할 때, 세포 A는 982개, 세포 B는 1개를 배양하여 처음으로 총 세포 수가 1,300개 이상이 되는 시기로 옳은 것은?

[표] 각 세포의 시간에 따른 변화량 (단위: 개)

구분	1일 후	3일 후	4일 후	5일 후
세포 A	991	1,009	1,018	1,027
세포 B	2	8	16	32

① 6일 후 ② 7일 후 ③ 8일 후
④ 9일 후 ⑤ 10일 후

01 다음 전제를 보고 항상 참인 결론은?

전제1	모든 댐은 홍수 재해 예방능력을 갖추고 있다.
전제2	어떤 댐은 가뭄 대비능력을 갖추고 있다.
결론	

① 가뭄 대비능력을 갖춘 댐은 홍수 재해 예방능력을 갖추지 않았다.
② 홍수 재해 예방능력을 갖추지 않은 댐은 가뭄 대비능력을 갖추지 않았다.
③ 가뭄 대비능력을 갖춘 어떤 댐은 홍수 재해 예방능력을 갖췄다.
④ 홍수 재해 예방능력을 갖춘 어떤 댐은 가뭄 대비능력을 갖추지 않았다.
⑤ 가뭄 대비능력을 갖춘 어떤 댐은 홍수 재해 예방능력을 갖추지 않았다.

02 다음 전제를 보고 항상 참인 결론은?

전제1	모든 크루즈 여행은 저렴하지 않다.
전제2	국내 여행은 모두 저렴하다.
결론	

① 모든 크루즈 여행은 국내 여행이다.
② 모든 국내 여행은 크루즈 여행이다.
③ 모든 크루즈 여행은 국내 여행이 아니다.
④ 국내 여행이 아니면 모두 크루즈 여행이다.
⑤ 국내 여행이 아니면 모두 크루즈 여행이 아니다.

 다음 결론이 반드시 참이 되게 하는 전제는?

전제1	모든 전자장치는 자석에 취약하다.
전제2	
결론	자석에 취약하지 않은 것은 모두 태양폭풍에 취약하지 않다.

① 모든 전자장치는 태양폭풍에 취약하다.

② 태양폭풍에 취약한 것은 모두 전자장치이다.

③ 전자장치가 아닌 것은 모두 태양폭풍에 취약하다.

④ 태양폭풍에 취약한 것은 모두 전자장치가 아니다.

⑤ 태양폭풍에 취약하지 않은 것은 모두 전자장치가 아니다.

04 7명의 직원 A~G가 월요일부터 일요일까지 하루에 한 명씩 돌아가며 당직을 선다. 다음 [조건]에 따라 당직을 설 때, D가 당직을 서는 요일은?

┤ 조건 ├
- 각자 당직을 서는 요일은 매주 동일하며, 일요일 다음 날은 월요일이다.
- A가 당직을 서고 이틀 후에 C가 당직을 선다.
- B가 당직을 서고 바로 다음 날 D가 당직을 선다.
- F가 당직을 서고 3일 후에 G가 당직을 선다.
- A는 목요일에 당직을 선다.
- E가 당직을 서고 바로 다음 날 G가 당직을 선다.

① 월요일　　　　　② 화요일　　　　　③ 수요일
④ 금요일　　　　　⑤ 토요일

05 어제저녁 누군가 회사의 기밀을 유출하려던 정황이 포착되어 범인을 색출하고 있다. 조사 결과 S과장, G과장, A대리, K대리, J대리가 용의자로 지목되었고, 이들 중 한 명이 거짓을 말하고 있을 때, 주어진 [대화]를 바탕으로 범인이 어제저녁에 만난 사람은?(단, 거짓을 말하는 사람의 모든 말은 거짓이며, 범인은 1명이다.)

| 대화 |
- S과장: 어제저녁 나와 함께 있었던 사람은 용의자 중 한 명이고, 이 사람은 범인이 아니다.
- G과장: 나는 어제저녁 용의자 중 한 명을 단둘이 만났고, 우리 둘 중 하나가 범인이야.
- A대리: 나는 어제저녁 K대리와 함께 있지 않았고, S과장님은 범인이 아니야.
- K대리: 어제저녁 나와 만난 사람은 과장이고, A대리가 범인이야.
- J대리: 나는 어제저녁 A대리와 함께 있었고, G과장님이 범인이야.

① S과장   ② G과장   ③ A대리
④ K대리   ⑤ J대리

06 가희와 소희가 매주 일요일마다 등산을 가기로 하였다. 등산할 산은 설악산, 무등산, 북한산, 도봉산, 관악산이다. 주어진 [조건]을 바탕으로 등산을 하려고 할 때, 항상 옳은 것은?

| 조건 |
- 설악산은 무등산과 북한산보다 빨리 등산한다.
- 관악산 또는 북한산은 가장 마지막으로 등산하지 않는다.
- 관악산 또는 도봉산을 가장 먼저 등산한다.
- 북한산과 도봉산을 연달아 등산하지 않는다.

① 설악산은 관악산보다 늦게 등산한다.
② 북한산은 무등산보다 먼저 등산한다.
③ 도봉산은 북한산보다 먼저 등산한다.
④ 설악산과 도봉산은 연달아 등산한다.
⑤ 무등산과 관악산은 연달아 등산하지 않는다.

07 3층으로 된 기숙사에 A~I 총 9명이 거주할 때, 주어진 [조건]을 바탕으로 항상 옳은 것은?(단, '라인'은 호수의 일의 자리 숫자가 같은 세로 호수들을 의미한다.)

301호	302호	303호	304호
201호	202호	203호	204호
101호	102호	103호	104호

- 각 층에는 3명씩 거주하며, 각 호수에는 최대 1명이 거주하고 있다.
- 1~4호 라인 중 3호 라인만 모든 호수에 거주자가 있다.
- C, F, G와 I, A, E는 각각 제시된 순서대로 같은 층에 연달아 거주하고 있다.
- C의 바로 아래층 호수에는 거주자가 없으며, 그 바로 아래층 호수에는 A가 거주하고 있다.
- D는 I와 같은 라인에 거주하고 있다.
- H의 바로 위층과 바로 아래층 중 한 곳에만 거주자가 있다.

① B와 E는 같은 라인에 거주하지 않는다.
② D의 바로 위층 호수에는 거주자가 있다.
③ 가능한 전체 경우의 수는 2가지이다.
④ D와 H는 연이은 호수에 거주하지 않는다.
⑤ F와 A는 같은 라인에 거주하고 있다.

08 갑은 창고의 비밀번호를 다섯 자리로 설정하려고 한다. 주어진 [조건]을 바탕으로 항상 옳지 <u>않은</u> 것은?

- 비밀번호의 각 자리 숫자는 8 이하의 자연수이며 서로 같은 숫자는 없다.
- 세 번째 자리 숫자는 3이다.
- 네 번째 자리 숫자는 짝수이다.
- 두 번째 자리 숫자와 다섯 번째 자리 숫자의 곱은 첫 번째 자리 숫자이다.

① 첫 번째 자리 숫자는 짝수이다.
② 각 자리 숫자 중 첫 번째 자리 숫자가 가장 크다.
③ 다섯 번째 자리 숫자는 세 번째 자리 숫자보다 크다.
④ 두 번째 자리 숫자가 세 번째 자리 숫자보다 크면, 다섯 번째 자리 숫자도 세 번째 자리 숫자보다 크다.
⑤ 네 번째 자리 숫자와 다섯 번째 자리 숫자의 합이 10 이상이면 첫 번째 자리 숫자와 두 번째 자리 숫자의 합도 10 이상이다.

09 은영, 정은, 상현, 민준, 재현이는 카페에서 각자 서로 다른 음료를 한 잔씩 시켰다. 주어진 [조건]을 바탕으로 항상 옳은 것은?

> ┤ 조건 ├
> - 5명이 시킨 음료는 에스프레소, 헤이즐넛 커피, 아이스 라테, 레몬티, 아이스 아메리카노이다.
> - 상현이는 아이스 라테 또는 아이스 아메리카노를 시켰다.
> - 민준이는 헤이즐넛 커피를 시키지 않았다.
> - 은영이는 레몬티 또는 헤이즐넛 커피를 시켰다.
> - 정은이는 에스프레소 또는 아이스 아메리카노를 시켰다.
> - 재현이는 아이스 라테 또는 에스프레소를 시켰다.

① 은영이는 레몬티를 시켰다.
② 재현이는 에스프레소를 시켰다.
③ 민준이는 아이스 라테를 시켰다.
④ 가능한 모든 경우의 수는 4가지이다.
⑤ 상현이가 아이스 아메리카노를 시켰다면 정은이가 에스프레소를 시켰다.

10 어느 직장인 K는 월요일부터 일요일 중 3일을 골라 운동을 하려고 한다. 주어진 [조건]을 바탕으로 항상 옳은 것은?

> ┤ 조건 ├
> - 화요일에 운동을 하면 수요일에는 운동을 하지 않는다.
> - 수요일에 운동을 하면 화요일과 목요일에 운동을 하지 않는다.
> - 토요일과 일요일에는 운동을 하지 않고 월요일에는 운동을 한다.

① 가능한 경우의 수는 6가지이다.
② 수요일과 금요일에 운동을 한다.
③ 금요일에 운동을 하면 화요일과 수요일 중 하루는 운동을 한다.
④ 이틀 연속으로 운동을 했다면 수요일에는 운동을 하지 않았다.
⑤ 금요일에 운동을 하지 않았다면 수요일에는 운동을 했다.

11 회사원 A~F 6명은 각자 겨울용 양말을 1개씩 샀다. 주어진 [조건]을 바탕으로 항상 옳은 것은?

> **조건**
> - 양말의 색은 검은색, 흰색, 회색 중 하나이다.
> - D는 검은색 양말을 사지 않았다.
> - B와 E는 같은 색 양말을 샀다.
> - A는 검은색 양말을 샀다.
> - 흰색 양말을 산 사람은 2명이다.
> - C와 F는 다른 색 양말을 샀다.

① 가능한 경우의 수는 12가지이다.
② D가 회색 양말을 샀다면 C는 검은색 양말을 샀다.
③ E가 검은색 양말을 샀다면 F는 흰색 양말을 샀다.
④ F가 흰색 양말을 샀다면 C는 검은색 양말을 샀다.
⑤ B가 흰색 양말을 샀다면 E와 F는 다른 색 양말을 샀다.

12 6명의 신입사원 A~F가 1~4공장에 배치되었다. 각 공장마다 1명 또는 2명이 배치되었으며 6명 중 2명은 거짓을 말하고 나머지 4명은 모두 참을 말한다. 다음에 주어진 [대화]를 바탕으로 3공장에 배치된 사람을 바르게 짝지은 것은?(단, 거짓을 말하는 사람의 모든 진술은 거짓이다.)

> **대화**
> - A: 나는 C와 같은 공장이 아니야.
> - B: E는 1공장에 혼자 배치되었고, 나는 4공장에 혼자 배치되었어.
> - C: 나는 D와 같은 공장이야.
> - D: 나는 F와 같은 공장이야.
> - E: 나는 A와 같은 공장이고, 우리는 2공장이야.
> - F: 나는 2공장이야.

① A, C   ② A, E   ③ C, D
④ C, F   ⑤ D, F

13 6개의 팀 A~F가 토너먼트 경기를 펼친다. 주어진 [조건]을 바탕으로 항상 옳지 <u>않은</u> 것은?

┤ 조건 ├

• 6개의 팀 A~F는 각자 1~6이 적힌 제비 중 서로 다른 하나를 뽑은 후, 뽑은 번호에 해당하는 위치에서 토너먼트를 시작하며, 토너먼트 대진표는 다음과 같다.

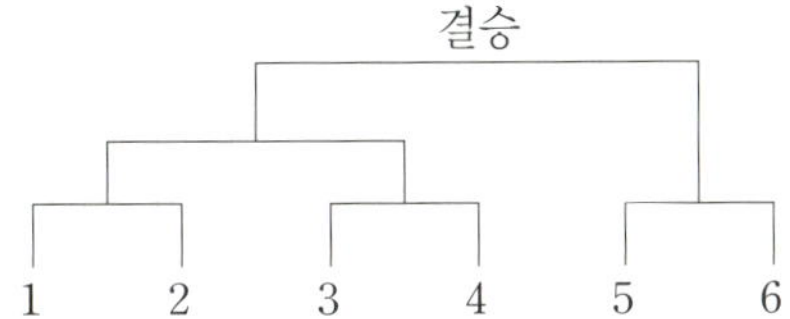

• A팀은 한 번만 승리하고 결승에 올랐다.
• C팀은 D팀에게 패배했다.
• F팀은 홀수가 적힌 제비를 뽑았다.
• 결승에서 이기고 우승한 팀은 B팀이다.
• B팀은 2가 적힌 제비를 뽑았다.

---

① E팀은 승리한 적이 없다.
② D팀은 B팀에게 패배했다.
③ F팀이 1을 뽑는 경우의 수는 2가지이다.
④ A팀이 홀수가 적힌 제비를 뽑았다면, F팀은 B팀에게 패배했다.
⑤ E팀이 짝수가 적힌 제비를 뽑았다면, A팀은 홀수가 적힌 제비를 뽑았다.

14 5명의 친구 A~E는 각자 축구, 야구, 농구, 배구, 탁구 중 서로 다른 한 가지 운동을 좋아한다. 주어진 [조건]을 바탕으로 항상 옳은 것은?

┤ 조건 ├

• A는 배구를 좋아한다.
• B는 농구와 탁구를 좋아하지 않는다.
• C는 탁구를 좋아하지 않는다.
• D는 농구와 탁구를 좋아하지 않는다.
• E는 축구와 야구를 좋아하지 않는다.

---

① C는 축구를 좋아한다.
② E는 탁구를 좋아한다.
③ 가능한 모든 경우의 수는 3가지이다.
④ B가 축구를 좋아하면, C는 야구를 좋아한다.
⑤ D가 야구를 좋아하면, E는 농구를 좋아한다.

15 다음 도형들은 일정한 규칙을 가지고 있다. 다음 중 ?에 들어갈 도형으로 알맞은 것은?

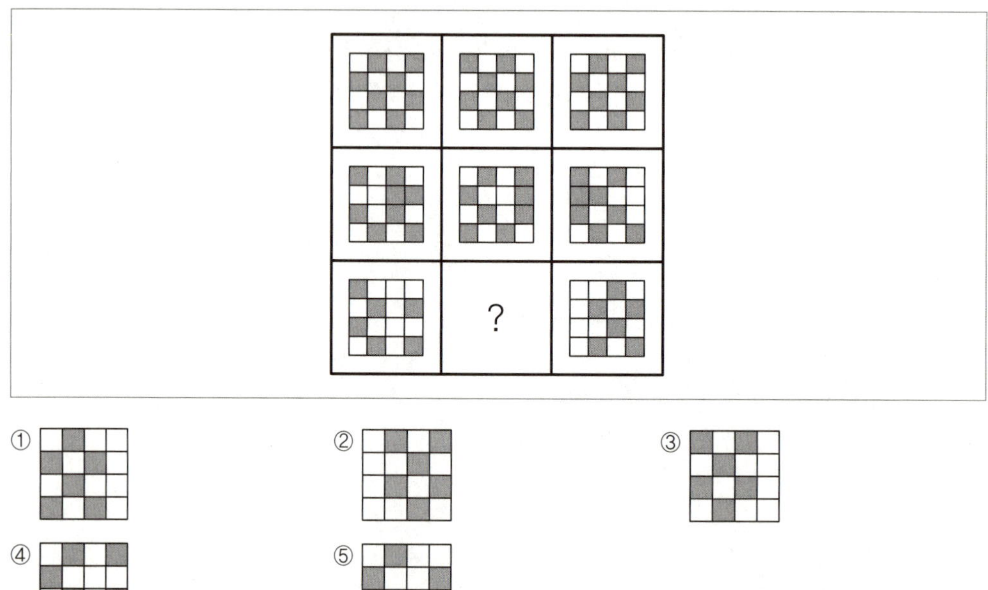

16 다음 도형들은 일정한 규칙을 가지고 있다. 다음 중 ?에 들어갈 도형으로 알맞은 것은?

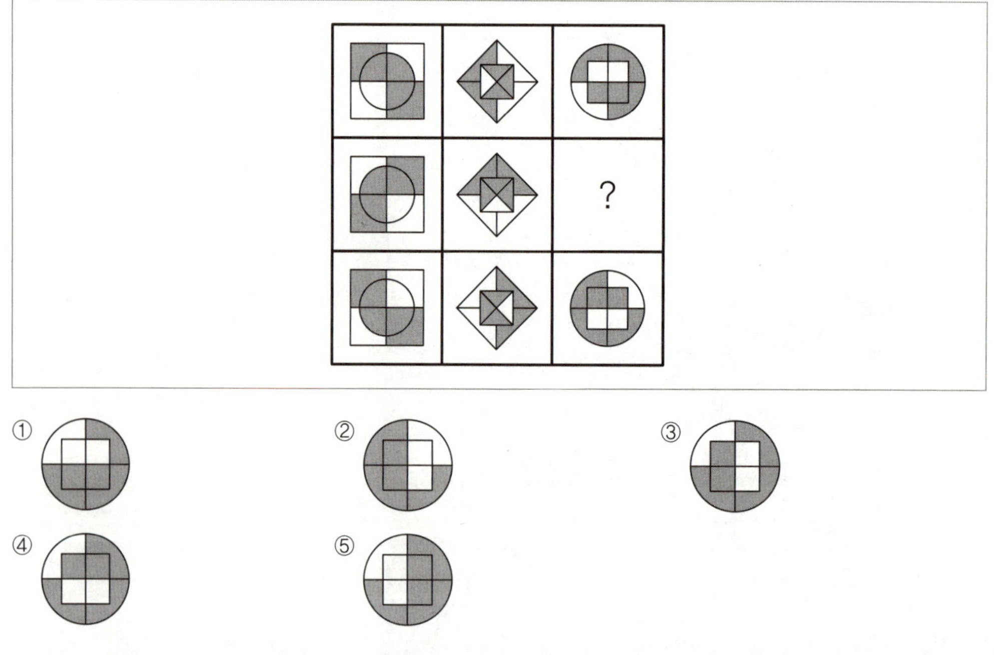

17 다음 도형들은 일정한 규칙을 가지고 있다. 다음 중 ?에 들어갈 도형으로 알맞은 것은?

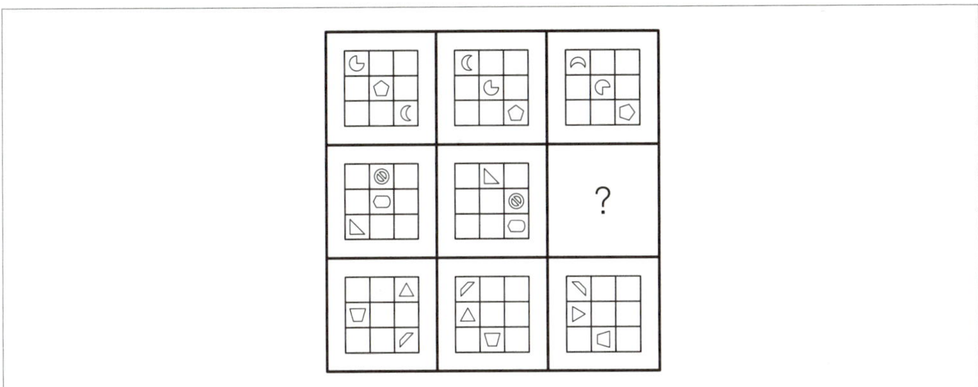

① 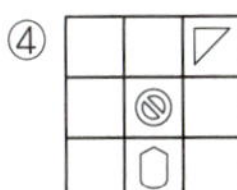

② 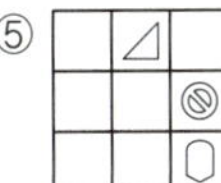

③

④

⑤

[18~21] 기호들이 하나의 규칙을 가지고 아래와 같이 문자나 숫자를 변화시킨다고 한다. 이때 다음 (?)에 해당하는 것을 고르시오. (단, 가로와 세로 중 한 방향으로만 이동하며, Z 다음은 A, 9 다음은 0이다.)

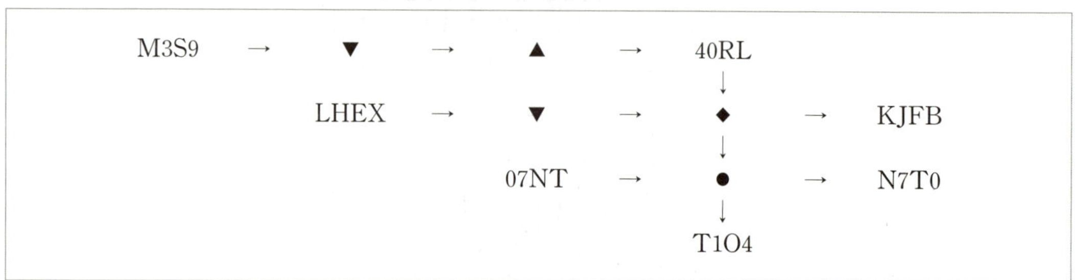

18

3058 → ▲ → ◆ → (?)

① 0954   ② 3621   ③ 3629
④ 0976   ⑤ 0974

19

9S2W → ◆ → ▲ → ▼ → (?)

① UY58   ② SA30   ③ SA31
④ UY50   ⑤ SA29

20

(?) → ▼ → ● → 1674

① 3708   ② 5626   ③ 5508
④ 5526   ⑤ 3607

21

(?) → ● → ◆ → ▲ → BHTN

① EARN   ② ENRA   ③ ERNA
④ ENAR   ⑤ EANR

22 다음 문단을 논리적 순서에 맞게 배열한 것은?

> 최근 텔레비전 요리 프로그램이 높은 시청률을 기록하며 인기를 끌고 있다.
> [가] 요리를 하고 음식을 먹는 것은 매일 반복되는 인간의 기본적 활동이기 때문에 시청자들은 요리 프로그램 속 요리에 친숙함을 느낀다.
> [나] 이는 대중들의 텔레비전 요리 프로그램에 대한 관심이 높아졌음을 의미한다.
> [다] 또한 다른 성격의 방송 프로그램까지도 요리 프로그램화 되어 방송 프로그램의 다양성이 점차 줄어들고 있다.
> [라] 이러한 시청자의 높은 관심을 반영하여 방송가에서는 다양한 요리 프로그램을 선보이고 있다.
> [마] 그러나 불필요한 간접 광고의 노출이 많아지는 등 요리 프로그램이 점차 상업화되어 가고 있다.

① [가]-[나]-[마]-[라]-[다]   ② [가]-[다]-[라]-[나]-[마]
③ [나]-[가]-[라]-[마]-[다]   ④ [나]-[라]-[가]-[다]-[마]
⑤ [나]-[라]-[가]-[마]-[다]

23 다음 문단을 논리적 순서에 맞게 배열한 것은?

> [가] 아폴리네르는 과학적 입체주의에서 찾을 수 없는 다채로운 색채를 부활시켜 화려하고 감각적으로 입체주의를 구현한 들로네의 미술 경향을 '오르피즘'이라고 이름 붙였다. '오르피즘'이란 그리스 신화에 나오는 음악가인 오르페우스의 이름에서 따온 것으로, 들로네의 작품이 오르페우스의 음악을 떠올리게 할 정도로 색채를 역동적이고 리듬감 있게 구사하고 있다는 의미이다.
> [나] 입체주의의 이러한 시도는 객관성보다 주관성을, 시각성보다 정신성을 추구하는 미술적 경향을 주도했다고 평가받는다. 입체주의의 대변인으로 불리는 프랑스의 시인이자 예술 이론가 아폴리네르는 새로운 예술을 찾아 끊임없이 노력하는 예술가의 창작 행위 자체가 예술의 본질이라 주장했다.
> [다] 특히 아폴리네르는 로베르 들로네의 시도에 주목했다. 아폴리네르는 형태를 해체하고 재조립함으로써 대상을 표현하는 피카소의 '과학적 입체주의'와 들로네의 입체주의를 구분한다. 들로네는 형태의 해체는 물론이고 색채의 분할을 통해 입체주의를 구현했다는 점에서 피카소와 차별점을 가진다고 본 것이다.
> [라] 입체주의는 여러 방향에서 본 대상의 모습을 한 화폭 안에 표현하려는 노력을 통해 2차원의 평면 위에 3차원으로 존재하는 대상을 담아내고자 하였다. 입체주의는 대상을 사실적으로 재현하려고 했던 기존의 미술적 경향을 밀어내고 대상을 주관적으로 묘사하고자 했다.

① [가]-[나]-[다]-[라]   ② [가]-[라]-[다]-[나]
③ [나]-[라]-[다]-[가]   ④ [라]-[나]-[다]-[가]
⑤ [라]-[다]-[나]-[가]

24 다음 글의 내용이 참일 경우, 반드시 거짓인 것은?

> 반도체 집적회로는 다양한 기능을 처리하고 저장하기 위해 많은 소자를 하나의 칩 안에 집적한 전자부품을 말한다. 반도체 집적회로는 웨이퍼라는 얇은 기판 위에 다수의 동일 회로를 만들어 탄생되는데, 웨이퍼는 실리콘, 갈륨 아세나이드 등을 성장시켜 만든 단결정 기둥을 적당한 두께로 얇게 썬 원판을 의미한다. 대부분의 웨이퍼는 모래에서 추출한 규소, 즉 실리콘으로 만들고 다음과 같이 구성된다. 우선 둥근 웨이퍼 위에 작은 사각형들이 밀집된 것으로 전자 회로가 집적된 IC칩인 다이가 있다. 다음으로는 다이와 다이가 일정한 간격을 두고 서로 떨어져 있을 수 있도록 한 스크라이브 라인이 있고, 웨이퍼의 구조를 구별하기 위해 만든 영역인 플랫존으로 구성된다. 플랫존은 노치로 대신하기도 하는데, 노치는 플랫존보다 더 많은 다이를 만들 수 있어 효율이 높다는 특징이 있다.

① 스크라이브 라인은 웨이퍼 안에서 다이와 다이의 간격을 두기 위한 것이다.
② 웨이퍼는 단결정 기둥을 적당한 두께로 얇게 썬 것으로, 대부분 실리콘으로 만든다.
③ 웨이퍼의 구조를 플랫존으로 구별하는 경우 노치보다 더 많은 다이를 만들 수 있다.
④ 웨이퍼라는 얇은 기판 위에 다수의 동일 회로를 만들어 반도체 집적회로를 만들 수 있다.
⑤ 반도체 집적회로는 다양한 기능을 처리하고 저장하기 위해 많은 소자를 집적한 전자부품을 의미한다.

25 다음 글의 내용이 참일 경우, 반드시 거짓인 것은?

> 이탈리아 리비에라 지역의 항구도시 놀리 앞바다에는 투명한 플라스틱으로 만든 커다란 구 형태의 농장 '네모 가든(Nemo's garden)'이 건설돼 있다. 총 9개로 구성된 네모 가든은 식물을 토양이 아닌 바닷속에서 키우는 대규모 실험 프로젝트다. 투명 플라스틱 돔의 습한 공기가 햇빛에 의해 데워지면 벽면에 결로 현상이 일어나는데, 이 물을 이용해 식물을 재배한다. 네모 가든에는 플라스틱 돔으로 된 수중 생태계에 수경재배장치와 공기 순환을 위한 팬을 설치하였다. 돔 내부의 식물은 토양과 마찬가지로 씨앗이 발아해 줄기와 잎이 자라고 꽃과 열매를 맺었으며 현재 다양한 허브가 자라고 있다. 네모 가든은 바닷속 온실의 실현 가능성을 검증할 수 있으며 반복 재배에 따른 황폐화가 불가피한 토양과 달리 식물의 영구 재배 가능성을 보여 주는 프로젝트이다.

① '네모 가든'은 플라스틱으로 만든 네모난 모양의 농장이다.
② '네모 가든'은 토양이 아닌 곳에서 식물을 기르기 위한 일종의 실험이다.
③ '네모 가든'은 습한 공기로 인한 결로 현상을 이용하여 식물을 재배한다.
④ '네모 가든'은 현재 다양한 허브가 자라고 있으며 수경재배장치와 팬 등이 설치되어 있다.
⑤ '네모 가든'이 성공한다면 바닷속 온실을 만들 수 있고 식물의 영구 재배 가능성까지 확인할 수 있다.

26 다음 글의 내용이 참일 경우, 반드시 거짓인 것은?

차세대 디스플레이와 조명 등의 광원으로 주목받는 고분자 유기발광소자의 발광효율과 안정성을 높일 수 있는 공정이 개발됐다. 고분자 유기발광소자는 고분자를 발광체로 활용해 전기에너지를 빛에너지로 변환하는 소자이다. 형태·무게 등에 제약이 적고 용액 공정이 가능해 높은 생산성을 기대할 수 있지만 낮은 발광효율과 불안정성이 단점으로 지적됐다. 새로 개발된 유기발광다이오드는 고분자의 낮은 발광효율을 극복하고자 처리 온도에 따라 자발적으로 형성되는 물결 모양의 나노 구조 산화아연($ZnO-R$)을 사용해 효율을 높였다. 이 소자는 발광효율이 17.8%로 과거 이론적으로 보고된 수치인 5%보다 3배나 높다. 이번에 유기발광소자를 개발함으로써 향후 유기태양전지·유기트랜지스터·유기다이오드 레이저 등을 상용화하는 데 큰 도움이 될 것으로 기대된다. 다만, 이를 실용화하려면 소자의 안정성을 한 단계 더 높일 필요가 있다고 전문가들은 전망했다.

① 나노 구조 산화아연을 사용한 소자를 통해 발광효율을 3배 정도 높일 수 있다.
② 고분자 유기발광소자의 안정성과 발광효율을 높일 수 있는 공정이 가능해졌다.
③ 유기태양전지 등을 상용화하기 위해서는 현재 개발된 유기발광소자의 안정성을 높여야 한다.
④ 고분자를 발광체로 활용해 전기에너지를 빛에너지로 변환하는 소자는 생산성과 안정성이 높다.
⑤ 차세대 디스플레이 등의 광원으로 주목받는 고분자 유기발광소자는 형태나 무게 등의 제약이 적다.

27 다음 글의 내용이 참일 경우, 반드시 거짓인 것은?

표적세포란 호르몬에 대하여 표적이 되는 세포라는 의미로서 그 호르몬에 대한 수용체를 가지고 있는 세포이다. 예를 들어 인슐린은 인슐린 수용체를 가진 표적세포로 하여 이 세포에만 작용한다. 이러한 표적세포의 특징을 이용한 것이 표적치료제이다.

기존의 항암제는 세포독성 약물로서, 세포 내에 일반적으로 존재하는 DNA나 미세소관을 표적으로 하기 때문에 암세포에 대해서는 치료 효과를 나타내지만 정상세포에는 악영향을 끼치는 부작용을 초래한다. 하지만 표적치료는 암이 발생하는 데 핵심적인 역할을 하는 것으로 알려진 특정 유전자나 단백질, 신호전달경로를 표적으로 하여 약물을 전달함으로써 암세포를 제거한다. 이러한 치료법은 약물이 암 조직에 효과적으로 도달하게 하여 암세포를 선택적으로 제거하고 정상세포에는 최소한의 피해를 주는 장점이 있다. 그러나 이들 약물은 표적이 되는 특정 유전자나 단백질을 가지고 있는 환자에게만 효과적이며, 정상세포에서의 예기치 못한 교차반응으로 인하여 부작용이 동반될 수 있고, 선천적 혹은 후천적 약물 내성의 출현으로 인해 효과가 감소할 수 있다.

① 인슐린은 인슐린 수용체를 가지지 않은 세포에게는 작용하지 않는다.
② 기존의 항암제는 정상세포도 표적으로 하여 여러 부작용을 초래한다.
③ 표적치료는 특정 유전자나 단백질 등을 가진 암세포만을 제거할 수 있다.
④ 표적치료는 대부분의 암환자들에게 효과가 있으며 부작용이 생길 위험이 없다.
⑤ 선천적 혹은 후천적인 이유로 약물 내성이 생긴다면 표적치료를 해도 효과가 없을 수 있다.

네트워크 토폴로지 혹은 네트워크 구성은 네트워크 성능을 결정하는 핵심 요소이다. 네트워크 토폴로지는 네트워크상의 다양한 노드, 장치, 그리고 접속부가 어떻게 물리적으로 또는 논리적으로 배치되어 서로 연결되는지를 나타낸다. 네트워크를 하나의 도시라고 생각하면 토폴로지는 도로를 표시한 지도이다. 스타 토폴로지는 네트워크 안의 모든 노드가 동축 케이블이나 연선 또는 광케이블을 통해 직접 하나의 중앙 허브에 연결되는 최고의 네트워크 구성이다. 중앙 노드는 서버로서 작동하여 전체 네트워크 및 데이터의 흐름을 관리한다. 즉, 네트워크 안의 각각의 노드에서 보낸 정보가 목적지에 닿기 위해서는 반드시 중앙 노드를 지나야 한다. 또한, 중앙 노드는 신호를 수신하여 재전송시키는 리피터처럼 기능하여 데이터 손실을 방지한다. 그뿐만 아니라 스타 토폴로지의 구조는 물리적 측면에서 네트워크 전부를 연결하는 데 상대적으로 적은 케이블을 사용하기 때문에 시간이 지남에 따라 네트워크를 확장하거나 줄여나갈 때 설정과 관리가 모두 간단하다. 네트워크 디자인이 단순하기 때문에 장애가 발생하거나 성능에 이상이 생긴 경우 쉽게 찾아낼 수 있어 관리자 역시 힘들이지 않고 관리할 수 있다.

① 스타 토폴로지는 한 장소에서 전체 네트워크를 편리하게 관리할 수 있다.
② 스타 토폴로지에서 중앙 허브에 장애가 생기면 네트워크가 모두 멈추게 된다.
③ 계층 구조의 복잡성과 네트워크 배치 구조 때문에 노드 추가 설치 작업이 번거롭다.
④ 스타 토폴로지는 각각의 노드가 중앙 허브와 독립적으로 연결되어 있어서 안정적인 배치이다.
⑤ 노드 하나에서 장애가 발생하더라도 나머지 네트워크는 영향을 받지 않고 기능한다.

29 다음 글과 [보기]를 읽고 한 추론 중 적절하지 <u>않은</u> 것은?

> 사계절이 뚜렷한 곳에서 자라는 나무는 매해 하나씩 나이테를 만들기 때문에 나이테를 세어보면 나무의 나이를 알 수 있다. 나이테는 위치에 따라 크게 심재, 변재로 구분된다. 심재는 나무의 성장 초기에 형성된 안쪽 부분으로 생장이 거의 멈추면서 진액이 내부에 갇혀 색깔이 어둡게 변한 부분이다. 이와 다르게 변재는 심재의 끝부터 껍질인 수피 전까지의 바깥 부분으로 물과 영양분을 공급하는 생장 세포가 활성화되어 있기에 밝은 색상을 띠는 부분이다. 나무의 나이는 이 심재와 변재의 나이테 수를 합하여 세야 한다.

| 보기 |

> 나무의 나이테 너비를 살펴보면 매해 그 너비가 일정하지 않다. 나무가 생장하기 위해서는 물, 빛, 온도, 이산화탄소 등의 다양한 환경 요소가 필요한데 환경 요소들은 해마다 다르기에 나이테의 너비도 변하게 된다. 그렇다고 모든 환경 요소가 나이테의 너비 변화에 영향을 주는 것은 아니다. 여러 환경 요소 중에서 가장 부족한 요소가 나이테의 너비 변화에 가장 큰 영향을 준다고 알려져 있다. 나무는 가장 부족한 요소에 모든 생물학적 활동을 맞춘다.

① 나무의 나이테는 위치에 따라 심재와 변재로 나뉜다.
② 나무의 나이는 심재와 변재의 나이테 수를 합하여 센다.
③ 나무의 나이테 너비 변화는 생장이 이루어지는 변재에서 나타난다.
④ 나무의 나이테 너비 변화에 영향을 주지 않는 환경 요소도 있다.
⑤ 나무의 나이테 너비는 물보다 이산화탄소에 더 큰 영향을 받는다.

 다음 글과 [보기]를 읽고 한 추론 중 가장 적절한 것은?

기존 우주과학계에서는 구(球) 모양의 천체들은 그 모양으로 인해 남극에는 햇빛이 비스듬하게 들어 365일 그늘만 존재하는 곳이 있다고 보았다. 그리고 달에도 이러한 곳이 존재할 것이라 생각하고 이곳을 소행성이 수십억 년 전 달의 표면을 강타하면서 남긴 충돌구라고 예상해 왔다. 특히 이곳은 햇빛이 들지 않기에 매우 추운 곳으로 물이 언 상태로 존재할 것이라고 분석했다.

┤ 보기 ├

최근 과학계에서 달의 표면 전체에서 물을 구할 수 있다는 연구 결과를 내놓았다. 연구진은 달 표면 대부분에서 수소와 산소 원자 하나씩으로 만들어진 물 유사 물질 '하이드록실기'를 발견했다. 물이 태양에서 나오는 전기 성질 알갱이의 집합, 즉 태양풍에 공격당해 변형된 것이 하이드록실기다. 원래 햇빛에 노출된 물은 사라지는 것이 맞지만, 대기가 없어 태양풍이 바로 월면에 꽂히는 달에서는 물이 변형돼 하이드록실기가 생성된다. 이러한 물 성분의 유래에 관해서 연구진은 수십억 년 전 달로 돌진한 수많은 소행성으로 인해 월면 지하에 존재하던 물 함유량이 많은 암석 '사장암'이 월면 밖으로 모습을 드러낸 것이라고 설명했다.

① 달은 전체가 모두 사장암으로 이루어져 있다.
② 달은 태양풍의 강도가 세서 대기가 불안정하다.
③ 달의 표면에서 전체적으로 물 유사 물질을 발견할 수 있다.
④ 달에는 햇빛이 들지 않기에 물이 쉽게 사라지지 않는다.
⑤ 달에 존재하는 물 성분은 모두 액체 상태로 존재하고 있다.

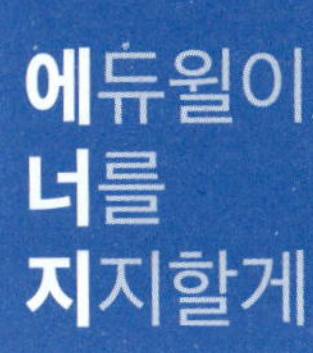

목표가 있는 사람은 성공한다.
어디로 가고 있는지 알기 때문이다.

– 얼 나이팅게일(Earl Nightingale)

01 올해 무선이어폰의 판매량은 전년 대비 10% 증가, 유선이어폰의 판매량은 20% 감소하여 총 5,850만 대가 판매되었다. 전년도 무선이어폰과 유선이어폰의 총 판매량이 올해 유선이어폰 판매량의 3배일 때, 올해 무선이어폰 판매량은?

① 2,000만 대　　　　　② 2,200만 대　　　　　③ 2,500만 대
④ 3,500만 대　　　　　⑤ 3,850만 대

02 A학교 전체 학생의 80%는 운동을 좋아하고, 전체 학생 중 80%는 남학생이다. 그리고 운동을 좋아하는 학생의 80%는 남학생이다. 이때 A학교 전체 여학생 중 운동을 좋아하지 않을 확률로 옳은 것은?

① 16%　　　　　② 20%　　　　　③ 40%
④ 50%　　　　　⑤ 80%

03 다음 [표]와 [그래프]는 연도별 A회사 매출액과 매출액의 전년 대비 증가율에 관한 자료이다. 주어진 자료에 대한 설명으로 옳지 <u>않은</u> 것은?

[표] 연도별 A회사 매출액 (단위: 백만 원)

구분	2015년	2016년	2017년	2018년	2019년
매출액	5,000	7,500	8,000	6,000	10,000

[**그래프**] 연도별 A회사 매출액의 전년 대비 증가율 (단위: %)

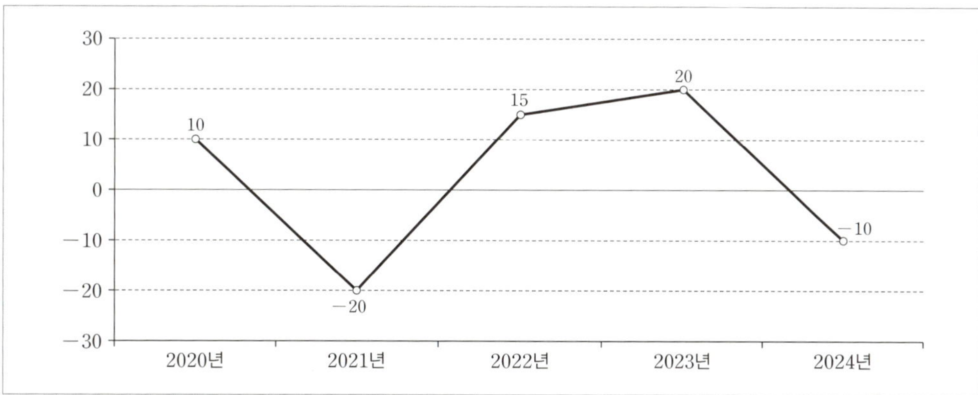

① 2024년 매출액은 2019년 대비 감소했다.
② 2020년 매출액은 2015년 대비 100% 이상 증가하였다.
③ 제시된 기간 중 매출액이 가장 큰 해는 2023년이다.
④ 2016년부터 2019년까지 매출액이 전년 대비 감소한 해는 1개이다.
⑤ 2021년 이후 매출액의 전년 대비 증가율이 전년 대비 증가한 해는 2개이다.

04 다음 [표]는 연구실별 연구원 수, 연구원 1인당 연구비와 기초연구비에 관한 자료이다. 주어진 자료에 대한 설명으로 옳은 것은?

[표1] 연구실별 연구원 수, 연구원 1인당 연구비   (단위: 명, 만 원)

구분	2025년		2024년	
	연구원 수	연구원 1인당 연구비	연구원 수	연구원 1인당 연구비
A연구실	5	12,500	6	11,000
B연구실	3	15,000	2	14,000
C연구실	4	20,000	4	18,000
D연구실	8	11,500	6	12,000

[표2] 연구실별 기초연구비   (단위: 만 원)

구분	A연구실	B연구실	C연구실	D연구실
기초연구비	7,500	25,000	23,000	10,000

※ 1) 기초연구비는 연구실별로 매년 일정함
   2) (연구실별 총연구비)=(기초연구비)+(연구원 수)×(연구원 1인당 연구비)

① 2025년 총연구비가 가장 많은 연구실은 D연구실이다.
② 2025년 총연구비가 전년보다 줄어든 연구실은 2곳이다.
③ 2025년 연구원 수가 전년보다 늘지 않은 연구실은 3곳이다.
④ 2025년 연구원 1인당 연구비의 전년 대비 증가율이 가장 높은 연구실은 A연구실이다.
⑤ 2025년 전체 연구실의 연구원 1인당 평균 연구비는 2024년보다 10% 이상 증가하였다.

05 다음 [그래프]와 [표]는 A, B, C국의 전년 대비 실질GDP 증가율과 2024년의 실질GDP에 관한 자료이다. 주어진 자료에 대한 설명으로 옳지 <u>않은</u> 것은?

[그래프] A, B, C국의 전년 대비 실질GDP 증가율   (단위: %)

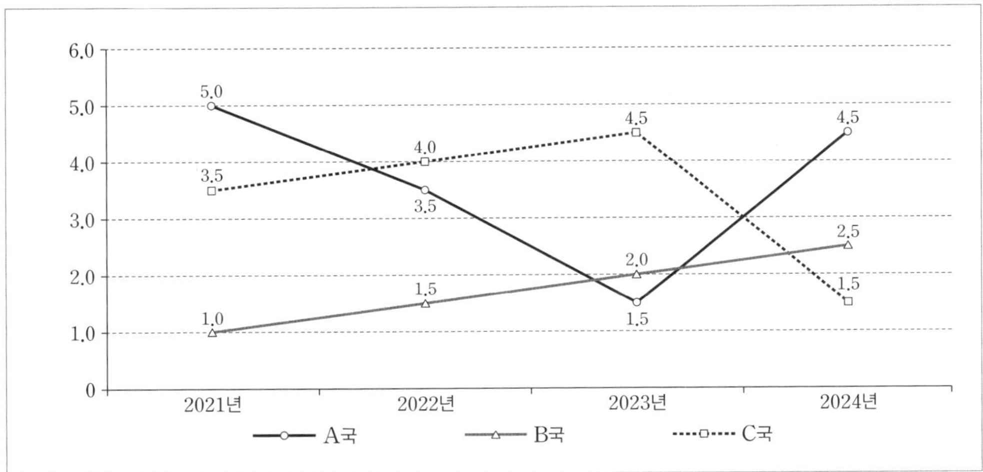

[표] 2020년 A, B, C국의 실질GDP   (단위: 십억 달러)

구분	A국	B국	C국
실질GDP	1,500	1,000	1,000

① A국의 실질GDP는 매년 증가하였다.

② 2022년 C국의 실질GDP는 1조 764억 달러이다.

③ A국의 실질GDP는 매년 B국의 실질GDP보다 높았다.

④ B국의 실질GDP는 2024년에 처음으로 C국의 실질GDP를 넘어섰다.

⑤ 2023년 실질GDP가 가장 높은 국가와 가장 낮은 국가의 실질GDP 차이는 600십억 달러 이상이다.

 다음 [표]와 [그래프]는 국내 로봇청소기 시장에서 가장 많이 점유하고 있는 A사에 관한 자료이다. 주어진 자료에 대한 설명으로 옳지 <u>않은</u> 것은?

[표] 국내 로봇청소기 전체 시장 규모 및 A사의 점유율 (단위: 억 원, %)

구분	2020년	2021년	2022년	2023년
전체 시장 규모	1,800	2,100	3,000	4,800
A사 점유율	25	35	36	40

[그래프] 국내 로봇청소기 A사 실적 추이 (단위: 억 원, %)

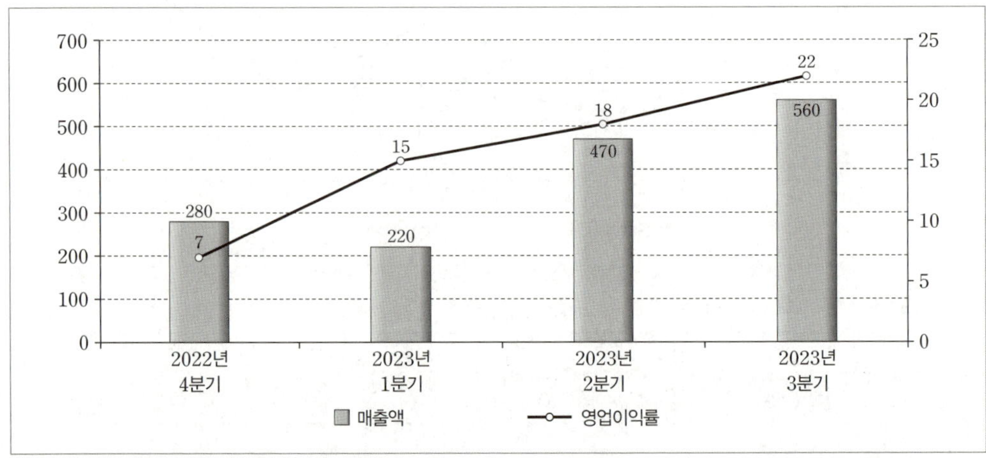

※ 영업이익률(%)= $\dfrac{영업이익}{매출액}$ ×100

① 2020년 대비 2023년 국내 로봇청소기 전체 시장 규모의 증가율은 2020년 대비 2023년 국내 로봇청소기 전체 시장 내 A사의 점유율 증가율보다 크다.

② 2020년 대비 2023년 A사의 시장 매출액 증가율은 2020년 대비 2023년 전체 시장 규모의 증가율보다 높다.

③ 2022년 대비 2023년 A사의 시장 점유율 증가폭은 2021년 대비 2022년 A사의 시장 점유율 증가폭보다 작다.

④ 국내 로봇청소기 A사의 2023년 4분기 매출액은 680억 원에 미치지 못한다.

⑤ 국내 로봇청소기 A사의 영업이익은 2022년 4분기보다 2023년 1분기가 더 크다.

07 다음 [그래프]는 2020~2023년 A, B, C기업의 누적 매출액에 관한 자료이다. 주어진 자료에 대한 설명으로 옳지 <u>않은</u> 것은?

[**그래프**] 2020~2023년 기업별 누적 매출액   (단위: 억 원)

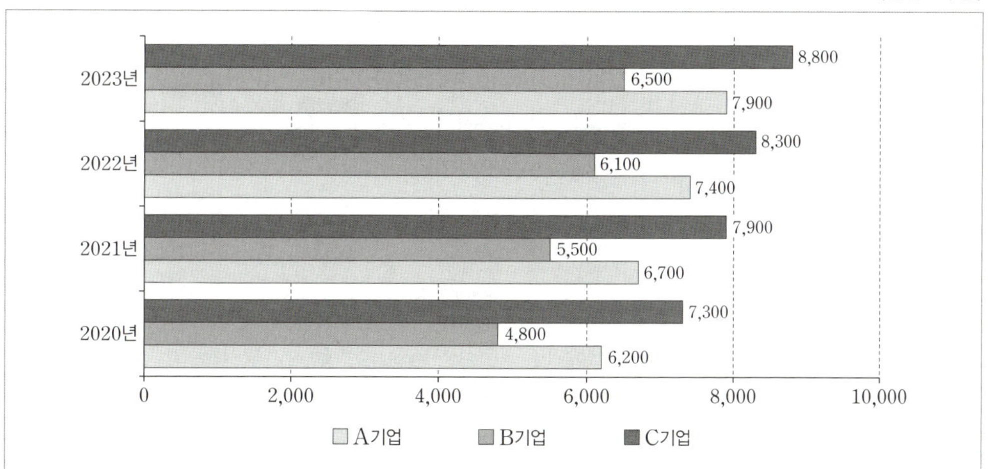

① A기업의 2021년 매출액은 B기업의 2022년 매출액보다 더 작다.
② C기업의 2022년 매출액은 A기업의 2023년 매출액보다 더 작다.
③ B기업의 2021년 매출액은 A기업의 2022년 매출액보다 더 작다.
④ A기업의 2022년 매출액은 C기업의 2023년 매출액보다 더 크다.
⑤ B기업의 2023년 매출액은 C기업의 2021년 매출액보다 더 작다.

08 다음 [그래프]는 스마트 농업 분야 관련 국내 시장 규모 및 전망과 연도별 스마트 팜 보급 누계 실적에 관한 자료이다. 주어진 자료에 대한 설명으로 옳은 것은?

[그래프1] 스마트 농업 분야 관련 국내 시장 규모 및 전망 (단위: 억 원)

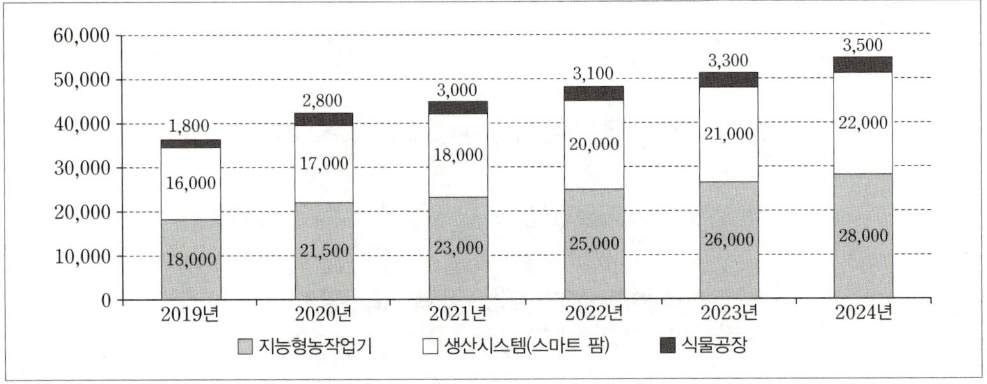

[그래프2] 연도별 스마트 팜 보급 누계 실적 (단위: ha, 호)

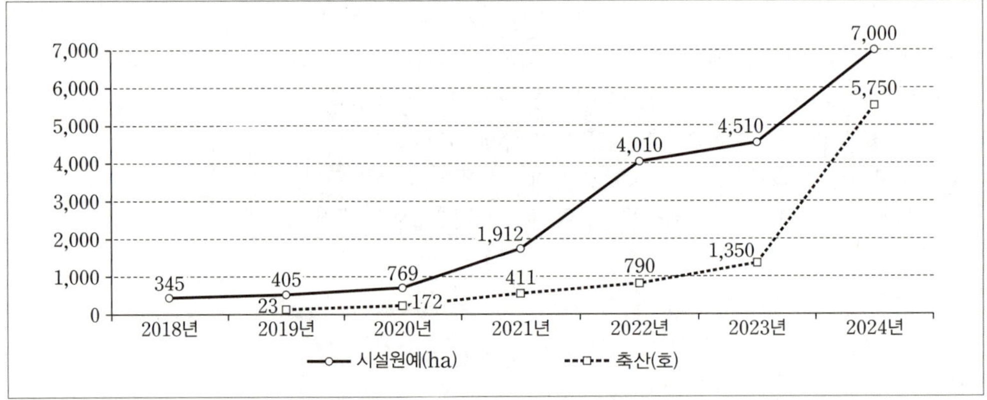

① 스마트 팜 보급으로 시설원예 면적이 2023년보다 2021년에 더 많이 증가하였다.

② 2020년 이후 생산시스템 국내 시장 규모의 전년 대비 증가율은 지속적으로 감소하였다.

③ 스마트 팜 보급으로 인해 2024년 축산 호수는 전년 대비 4,000호 이상 증가하였다.

④ 지능형농작업기 국내 시장 규모가 전년 대비 가장 많이 증가한 해의 증가율은 20% 이하이다.

⑤ 식물 공장의 규모가 전년 대비 가장 많이 증가한 해의 증가율은 57% 이상이다.

09 다음 [표]는 우리나라의 글로벌 반도체 산업 동향과 반도체 산업 글로벌 시장점유율 추이에 관한 자료이다. 주어진 자료에 대한 설명으로 옳지 <u>않은</u> 것은?

[표1] 반도체 산업 동향

구분	2018년	2019년	2020년	2021년	2022년	2023년
반도체 생산액(조 원)	65	100	140	135	–	–
반도체 수출액(억 달러)	620	980	1,270	940	990	1,280
반도체 수입액(억 달러)	370	410	450	470	500	610
DRAM 가격(달러)	2.0	3.8	4.0	3.7	3.0	2.9

[표2] 반도체 산업 글로벌 시장점유율 추이 (단위: %)

구분	2015년	2016년	2017년	2018년	2019년	2020년	2021년	2022년
반도체 전체	15.5	16.2	17.0	16.5	21.4	23.6	18.4	18.4
메모리 반도체	48.7	53.0	57.7	57.4	60.7	61.7	58.4	56.9
시스템 반도체	5.5	3.9	3.6	3.1	3.0	3.0	3.2	2.9

① 2019년부터 2023년까지 반도체 수입액은 매년 증가했다.

② 2023년 반도체 수출액은 5년 전 반도체 수출액의 2배 이상 증가했다.

③ 2018년부터 2022년까지 반도체 전체의 글로벌 시장점유율은 연평균 20% 이상이다.

④ 2016년부터 2021년까지 글로벌 시장점유율에서 반도체 전체와 메모리 반도체의 증감 추이는 동일하다.

⑤ 2018년 이후 시스템 반도체의 글로벌 시장점유율이 전년 대비 가장 크게 감소한 해에 DRAM 가격은 2018~2023년 중 최저이다.

[10~11] 다음 [그래프]와 [표]는 연도별 및 부문별 부담금 규모에 관한 자료이다. 주어진 자료를 바탕으로 이어지는 질문에 답하시오.

[그래프] 연도별 총 부담금 규모   (단위: 조 원, %)

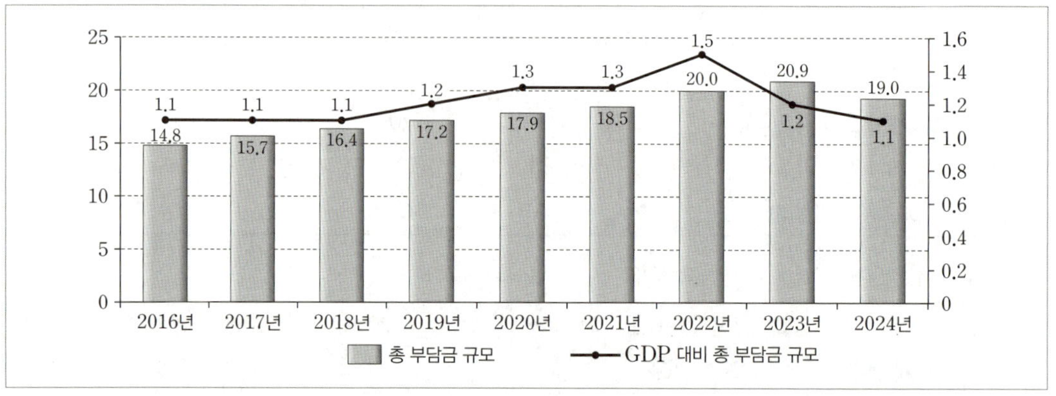

[표] 부문별 부담금 규모   (단위: 조 원)

구분	2016년	2017년	2018년	2019년	2020년	2021년	2022년	2023년	2024년
환경건설부문	3.2	3.4	3.6	4.3	3.6	3.7	4.1	4	4.1
산업정보부문	4	4.3	4.5	4.7	5.1	5	5	5.3	4.7
금융부문	3.1	3.4	3.7	3.8	3.8	3.8	4.1	4.3	4.4
농림수산부문	0.9	0.8	0.9	1.3	1.3	1.4	1.4	1.6	1.4
기타	3.6	3.8	3.7	3.1	4.1	4.6	5.4	5.7	4.4

10 주어진 자료에 대한 설명으로 옳지 <u>않은</u> 것은?

① 2022년 총 부담금 규모는 2021년 총 부담금 규모 대비 10% 미만으로 증가하였다.

② 2017년 이후 금융부문 부담금 규모가 전년 대비 증가한 해는 6개이다.

③ 2024년 환경건설부문의 부담금 규모는 2024년 농림수산부문 부담금 규모보다 2.7조 원 더 크다.

④ 제시된 기간 중 GDP 대비 총 부담금 규모가 처음으로 1.2%를 초과하는 해에 기타 부담금 규모는 전년 대비 1억 원 증가하였다.

⑤ 2021~2024년 산업정보부문 부담금 규모는 연평균 5조 원이다.

11 2017년 이후 총 부담금 규모가 전년 대비 감소한 해의 총 부담금 규모에서 기타 부담금 규모가 차지하는 비중은?(단, 소수점 첫째 자리에서 반올림한다.)

① 20%　　　　② 23%　　　　③ 26%　　　　④ 29%　　　　⑤ 32%

[12~13] 다음 [그래프]는 A시의 연도별 온실가스 배출량 및 배출 비율에 관한 자료이다. 주어진 자료를 바탕으로 이어지는 질문에 답하시오.

[그래프1] A시의 연도별 온실가스 배출량 (단위: 만 톤CO$_2$eq)

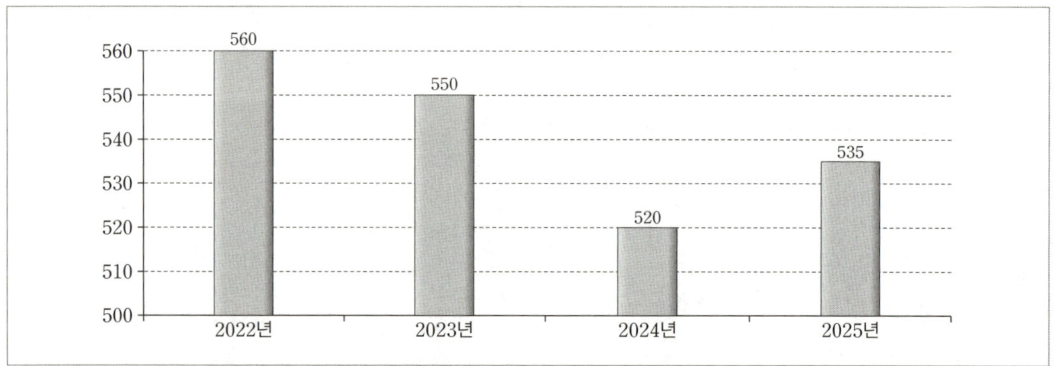

[그래프2] A시의 2025년 부문별 온실가스 배출 비율 (단위: %)

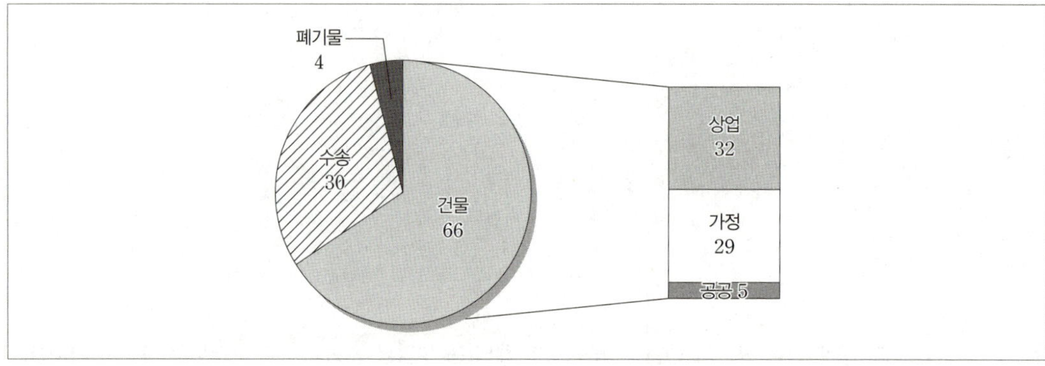

12 주어진 자료에 대한 설명으로 옳지 <u>않은</u> 것은?

① 2024년 A시의 건물 온실가스 배출량이 2025년과 동일하다면 2024년 A시의 건물 온실가스 배출 비율은 66% 이상이다.

② 2025년 A시의 수송 온실가스 배출량은 160만 톤 이상이다.

③ 2024년 A시 온실가스 배출량의 증감률은 2023년 A시 온실가스 배출량 대비 −5% 이상이다.

④ 2025년 A시의 폐기물 온실가스 배출량은 2025년 A시의 공공 건물 온실가스 배출량보다 더 적다.

⑤ 2025년 A시의 온실가스 배출량은 3년 전 A시의 온실가스 배출량 대비 25만 톤 이상 감소했다.

13 A시의 2023년 부문별 온실가스 배출 비율이 2025년과 동일할 때, 2023년 대비 2025년 수송 온실가스 배출량의 증감률은?(단, 소수점 둘째 자리에서 반올림한다.)

① −3.0%　　　　② −2.7%　　　　③ −1.5%

④ 2.7%　　　　⑤ 3.0%

 다음 [그래프]와 [표]는 국내 골프연습장 수 및 증감률과 창·폐업 수에 관한 자료이다. 주어진 자료를 바탕으로 이어지는 질문에 답하시오.

[그래프] 국내 골프연습장 수 및 전년 대비 증감률   (단위: 개, %)

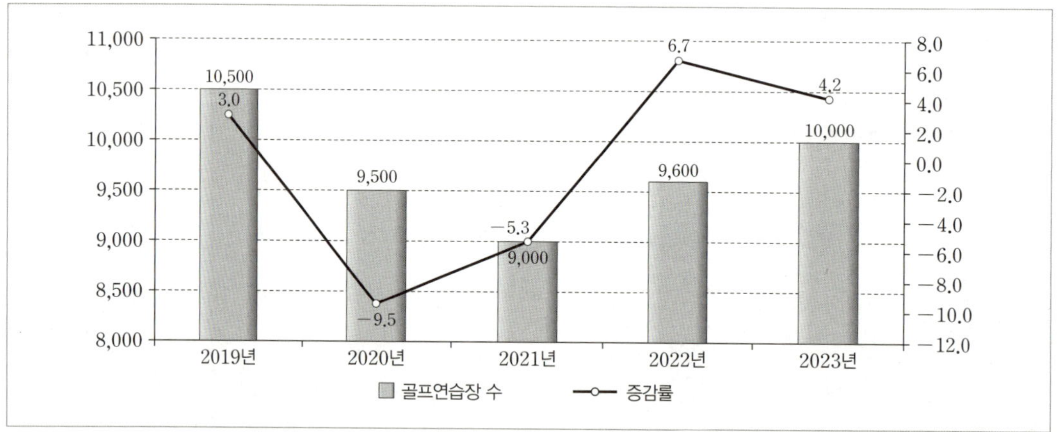

[표] 국내 골프연습장 창·폐업 수   (단위: 개)

구분	2019년	2020년	2021년	2022년	2023년
창업 매장 수	800	150	500	800	700
폐업 매장 수	500	1,150	1,000	200	300

14 주어진 자료에 대한 설명으로 옳은 것은?

① 국내 골프연습장 수는 2021년부터 증가하기 시작했다.

② 2021년부터 국내 골프연습장 창업 매장 수는 지속적으로 증가하였다.

③ 주어진 기간 동안 국내 골프연습장 폐업 매장 수가 창업 매장 수보다 많았던 해는 3번이다.

④ 2019년 이후 국내 골프연습장 폐업 매장 수는 매년 감소하였다.

⑤ 2018년 국내 골프연습장 수는 10,000개 이상이다.

5회

15 다음 [보기]에서 주어진 자료에 대한 설명으로 옳은 것을 모두 고른 것은?

> | 보기 |
>
> ㉠ 국내 골프연습장 창업 매장 수는 2018년보다 2019년에 더 많았다.
>
> ㉡ 2021년 창업과 폐업 매장 수가 동일했다면, 2022년의 전년 대비 증가율은 2%가 되지 않는다.
>
> ㉢ 2019~2023년 동안 국내 골프연습장 창업 매장 수가 폐업 매장 수보다 더 많다.
>
> ㉣ 2024년 창업 매장 수 950개, 폐업 매장 수 250개이면, 국내 골프연습장 수는 2019년보다 더 많다.

① ㉠, ㉡   ② ㉠, ㉢   ③ ㉠, ㉣

④ ㉡, ㉢   ⑤ ㉡, ㉣

[16~17] 다음 [표]는 유형별 사이버 범죄 발생 현황과 연도별 사이버 범죄 발생 건수 및 검거 건수에 관한 자료이다. 주어진 자료를 바탕으로 이어지는 질문에 답하시오.

[표1] 유형별 사이버 범죄 발생 건수 (단위: 건)

연도	망 침해	망 이용	불법콘텐츠
2020년	3,100	107,000	21,000
2021년	2,800	123,000	23,000
2022년	3,600	151,000	25,000
2023년	4,300	200,000	30,000

[표2] 연도별 사이버 범죄 발생 건수 및 검거 건수 (단위: 건)

구분	2020년	2021년	2022년	2023년
발생 건수	131,100	148,800	179,600	234,300
검거 건수	107,000	112,000	146,000	157,000

※ 검거율(%)=$\dfrac{\text{검거 건수}}{\text{발생 건수}}\times100$

16 주어진 자료에 대한 설명으로 옳지 <u>않은</u> 것은?

① 2021년 이후 망 이용 및 불법콘텐츠 사이버 범죄 발생 건수는 매년 전년 대비 증가했다.

② 2023년 사이버 범죄 발생 건수의 3년 전 대비 증가율이 가장 높은 유형은 망 이용이다.

③ 2020년 사이버 범죄 검거율은 80% 미만이다.

④ 2022년 사이버 범죄 발생 건수 중 검거하지 못한 건수는 33,600건이다.

⑤ 2023년 사이버 범죄 발생 건수에서 불법콘텐츠 사이버 범죄 발생 건수가 차지하는 비중은 10% 이상이다.

17 다음 [보기]에서 주어진 자료에 대한 설명으로 옳지 <u>않은</u> 것을 모두 고른 것은?

┤ 보기 ├

㉠ 2021년 사이버 범죄 검거 건수는 전년 대비 7,000건 증가했다.

㉡ 2022년 사이버 범죄 발생 건수는 망 이용이 망 침해의 50배 미만이다.

㉢ 제시된 기간 중 사이버 범죄 발생 건수가 가장 많은 해에 망 이용 사이버 범죄 발생 건수가 차지하는 비중은 90% 이상이다.

① ㉠   ② ㉡   ③ ㉠, ㉡

④ ㉠, ㉢   ⑤ ㉡, ㉢

18 다음 [표]는 경제성장률과 실업률 변화에 대한 관계를 연도별로 정리한 자료이다. 주어진 자료를 바탕으로 빈칸에 해당하는 값을 예측했을 때, 가장 적절한 것은?

[표] 경제성장률과 실업률 변화에 대한 관계

구분	경제성장률(%)	장기경제성장률(%)	실업률(%)
2020년	−3	4.5	8.2
2021년	6	3	10.2
2022년	(㉠)	4	13.2
2023년	−4	2	15.2
2024년	−2	1	(㉡)

※ 경제성장률＝(a×장기경제성장률)−(b×전년 대비 실업률 증감량)

	㉠	㉡
①	4	1
②	4	16.2
③	4	2
④	5	1
⑤	5	16.2

19 다음 [표]는 미국과 한국의 금리 추이에 관한 자료이다. 주어진 자료를 바탕으로 미국과 한국의 전분기 대비 금리 추이를 한눈에 비교하기 위해 그래프로 나타내었을 때, 적절한 것은?

[표] 미국과 한국의 금리 추이 (단위: %)

구분	22년 1분기	22년 2분기	22년 3분기	22년 4분기	23년 1분기	23년 2분기
미국	0.25	1.75	3.25	4.5	5	5.25
한국	1.25	1.75	2.5	3.25	3.5	3.5

① 전분기 대비 변화량 (단위: %p)

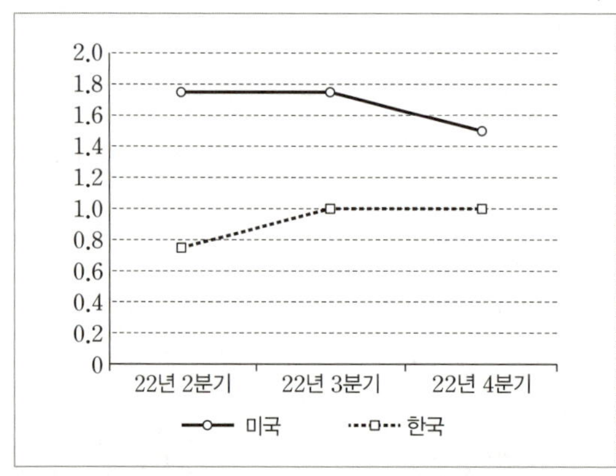

② 전분기 대비 변화량 (단위: %p)

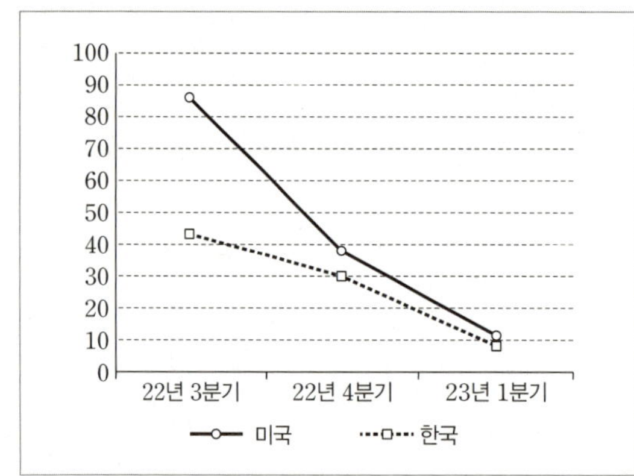

③ 전분기 대비 변화량 (단위: %p)

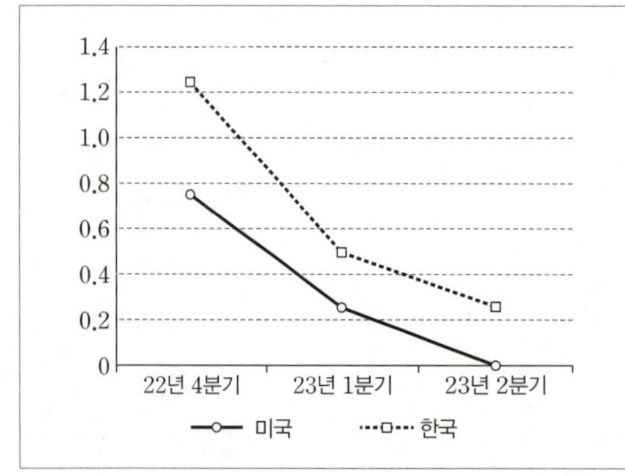

④ 전분기 대비 변화율   (단위: %)

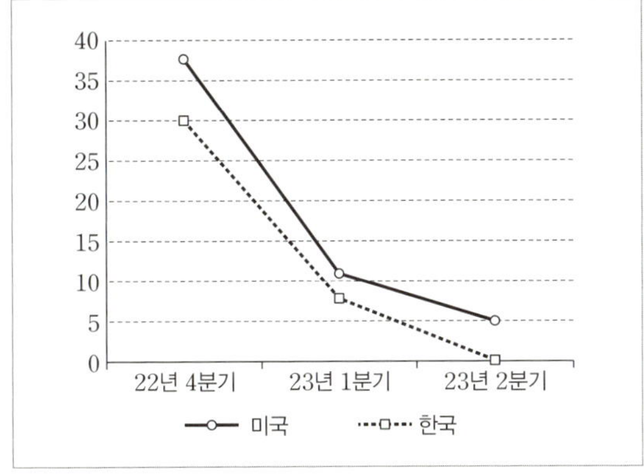

⑤ 전분기 대비 변화율   (단위: %)

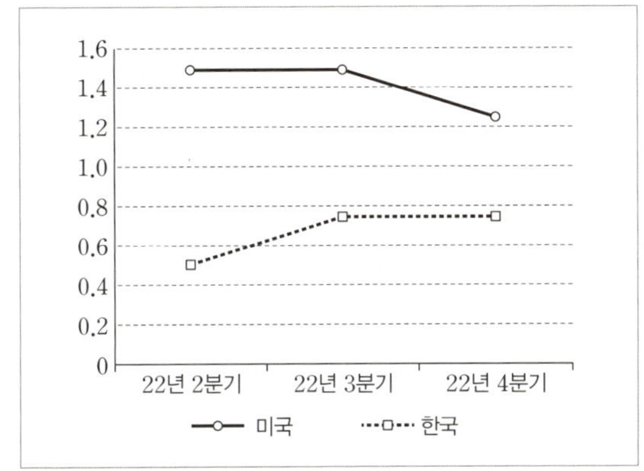

20 재석과 호동은 1년 만기 자유적금 상품에 가입했다. 현재까지 저축한 누적 금액은 호동과 재석이 각각 100만 원이다. 230일차 부터는 다음 [표]와 같이 매일 일정한 규칙에 따라 저축을 한다고 할 때, 처음으로 재석이 저축한 누적액이 호동의 누적액의 2배 이상이 되는 시기로 옳은 것은?

[표] 재석과 호동의 저축액   (단위: 만 원)

구분	호동	재석
230일 차	5	5
231일 차	10	10
232일 차	5	15
233일 차	10	20

① 240일 차   ② 239일 차   ③ 238일 차
④ 237일 차   ⑤ 236일 차

01 다음 전제를 보고 항상 참인 결론은?

전제1	바람이 세게 불면 가뭄이 온다.
전제2	닭들이 폐사하지 않으면 가뭄이 오지 않는다.
결론	

① 닭들이 폐사하면 바람이 세게 분다.
② 닭들이 폐사하면 바람이 세게 불지 않는다.
③ 닭들이 폐사하지 않으면 바람이 세게 분다.
④ 바람이 세게 불지 않으면 닭들이 폐사하지 않는다.
⑤ 닭들이 폐사하지 않으면 바람이 세게 불지 않는다.

02 다음 결론이 반드시 참이 되게 하는 전제는?

전제1	음식을 골고루 먹는 모든 학생은 건강하다.
전제2	
결론	인스턴트 식품을 좋아하는 어떤 학생은 음식을 골고루 먹지 않는다.

① 인스턴트 식품을 좋아하는 어떤 학생은 건강하다.
② 인스턴트 식품을 좋아하는 모든 학생은 건강하다.
③ 건강하지 않은 어떤 학생은 인스턴트 식품을 좋아한다.
④ 건강한 어떤 학생은 인스턴트 식품을 좋아하지 않는다.
⑤ 건강하지 않은 어떤 학생은 인스턴트 식품을 좋아하지 않는다.

03 다음 전제를 보고 항상 참인 결론은?

전제1	모든 중학생은 초등학교를 졸업했다.
전제2	중학생 중에 고등학교를 가는 사람이 있다.
결론	

① 초등학교를 졸업한 모든 사람은 고등학교를 간다.
② 초등학교를 졸업한 어떤 사람은 고등학교를 가지 않는다.
③ 고등학교를 가는 모든 사람은 초등학교를 졸업했다.
④ 초등학교를 졸업한 어떤 사람은 고등학교를 간다.
⑤ 고등학교를 가는 사람 중에 초등학교를 졸업하지 않는 사람이 있다.

04 준성이는 주말에 빨래 개기, 청소기 돌리기, 걸레질, 설거지, 분리수거를 하려고 한다. 시간이 가장 짧게 소요되는 일부터 처리하려고 할 때, 주어진 [조건]을 바탕으로 항상 옳지 <u>않은</u> 것은?

┤ 조건 ├
- 분리수거는 설거지보다 시간이 짧게 소요된다.
- 걸레질은 청소기 돌리기보다 시간이 많이 소요된다.
- 설거지는 빨래 개기보다 시간이 많이 소요된다.
- 빨래 개기 바로 다음으로 청소기 돌리기를 한다.

① 세 번째로 걸레질을 한다.
② 분리수거를 빨래 개기보다 먼저 한다.
③ 청소기 돌리기 바로 다음으로 설거지를 한다.
④ 걸레질 바로 다음으로 분리수거를 한다.
⑤ 네 번째로 청소기 돌리기를 한다.

05 중동 5개국 개발 프로젝트를 위해 최종적으로 우리나라의 5개 기업(갑, 을, 병, 정, 무)이 선정되었다. 각국의 개발 프로젝트는 항상 2개 기업이 한 팀으로 담당하게 되며, 5개국의 개발 프로젝트는 각기 다른 조합의 팀이 수행한다. 5개 기업 관계자 중 1개 기업의 관계자만 한 팀이 된 기업에 대하여 거짓을 말할 때, 주어진 [대화]를 바탕으로 <u>거짓</u>을 말하는 관계자의 기업은?(단, 모든 기업이 동일한 횟수로 프로젝트에 참여한다.)

┤ 대화 ├

- 갑: 우리는 병 기업과 한 팀으로 프로젝트를 수행한다.
- 을: 우리는 정 기업과 한 팀으로 프로젝트를 수행한다.
- 병: 우리는 정 기업과 한 팀으로 프로젝트를 수행한다.
- 정: 우리는 갑 기업과 한 팀으로 프로젝트를 수행한다.
- 무: 우리는 병 기업과 한 팀으로 프로젝트를 수행한다.

---

① 갑　　　　② 을　　　　③ 병　　　　④ 정　　　　⑤ 무

06 A~E의 다섯 명은 각자 딸기, 수박, 사과, 배, 감 중 어느 하나의 과일만 좋아한다. 다섯 명이 좋아하는 과일이 서로 모두 다를 때, 주어진 [조건]을 바탕으로 항상 옳은 것은?

┤ 조건 ├

- A는 배와 수박을 좋아하지 않는다.
- B는 배, 수박, 감을 좋아하지 않는다.
- C는 딸기와 사과를 좋아하지 않는다.
- D는 감, 수박, 사과를 좋아하지 않는다.
- E는 배, 감, 딸기를 좋아하지 않는다.

---

① 가능한 경우의 수는 총 3가지이다.
② A가 감을 좋아한다면 B는 딸기를 좋아한다.
③ B가 딸기를 좋아한다면 A는 사과를 좋아한다.
④ C가 배를 좋아한다면 E는 수박을 좋아한다.
⑤ E가 사과를 좋아한다면 D는 딸기를 좋아한다.

07 A씨는 다섯 개의 서로 다른 숫자로 된 비밀번호를 설정하였다. 주어진 [조건]을 바탕으로 A씨가 설정한 비밀번호가 될 수 <u>없는</u> 것은?

> ┤ 조건 ├
> • 두 번째 숫자는 1이다.
> • 비밀번호는 3의 배수이자 4의 배수이다.
> • 첫 번째 숫자는 네 번째 숫자의 배수이다.

① 41328   ② 61032   ③ 61920
④ 81324   ⑤ 91230

08 어느 기업의 행사에서 다음과 같이 6개의 부스를 설치하였다. 가 구역의 부스와 나 구역의 부스는 같은 번호의 부스끼리 서로 마주 보도록 설치되어 있다. 주어진 [조건]을 바탕으로 A~F 부스를 설치했을 때, 항상 옳은 것은?

가-1
가-2
가-3

가 구역

나-1
나-2
나-3

나 구역

> ┤ 조건 ├
> • A와 D는 서로 마주 보도록 설치되어 있다.
> • C는 B와 서로 마주 보지 않도록 설치되어 있다.
> • F의 바로 오른쪽에는 B가 설치되어 있다.
> • E는 가 구역에 설치되어 있다.

① C는 A와 이웃한다.
② A는 가 구역에 설치되어 있다.
③ 가능한 모든 경우의 수는 6가지이다.
④ C와 D가 이웃하면 E는 D와 이웃한다.
⑤ E는 B와 서로 마주 보도록 설치되어 있다.

09 A~E가 8일 동안 당직을 선다. 주어진 [조건]을 바탕으로 당직 순서를 정한다고 할 때, 항상 옳지 <u>않은</u> 것은?

> ┤ 조건 ├
> • 당직은 하루에 한 명이 서고, 같은 사람이 연속해서 당직을 서지 않는다.
> • A, B, C는 당직을 2번 서고, D, E는 당직을 1번 선다.
> • 4일 차에는 C가 당직을 선다.
> • D가 당직을 서는 날의 앞뒤로 B가 당직을 선다.
> • 1일 차에는 A가 당직을 선다.

① 가능한 경우의 수는 5가지이다.
② 2일 차에 E가 당직을 선다면 D는 7일 차에 당직을 선다.
③ 5일 차에 A가 당직을 선다면 B는 8일 차에 당직을 선다.
④ 6일 차에는 B 또는 D가 당직을 선다.
⑤ E가 C와 연속해서 당직을 서는 경우는 3가지이다.

10 7명의 직원 A~G가 짝을 지어 각각 미국, 태국, 두바이로 출장을 가려고 한다. 주어진 [조건]을 바탕으로 출장을 갈 때, 항상 옳은 것은?

> ┤ 조건 ├
> • A~C는 차장, D~G는 대리이다.
> • A는 미국, B는 두바이, C는 태국으로 출장을 간다.
> • A는 대리 2명, B와 C는 각각 대리 1명과 함께 출장을 간다.
> • D와 G는 서로 다른 곳으로 출장을 간다.
> • A와 E는 서로 다른 곳으로 출장을 간다.
> • C와 F는 서로 다른 곳으로 출장을 간다.

① D는 두바이로 출장을 간다.
② F는 미국으로 출장을 간다.
③ E가 태국으로 출장을 가는 경우의 수는 3가지이다.
④ E가 두바이로 출장을 가는 경우의 수는 1가지이다.
⑤ G가 두바이로 출장을 가면, D는 태국으로 출장을 간다.

11 A~E가 다음 대진표에 따라 토너먼트 경기를 하고 있다. 주어진 [조건]을 바탕으로 경기를 할 때, 항상 옳지 <u>않은</u> 것은?

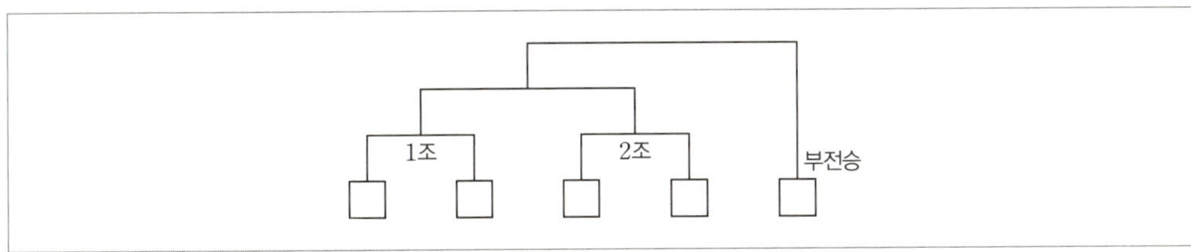

> **조건**
> • A는 경기를 총 세 번 하였다.
> • B는 C와 경기를 하지 않았다.
> • C는 결승까지 올라가지 못했다.
> • D는 경기를 한 번 하였다.
> • E는 A와 경기를 하였다.
> • E는 2조이다.

① 대진표로 가능한 경우의 수는 5가지이다.
② A는 1조이다.
③ D는 부전승이다.
④ B는 경기를 총 두 번 하였다.
⑤ C는 1승을 하였다.

12 A~E의 5명은 놀이공원 할인권을 적어도 1개 이상씩 갖고 있다. 주어진 [조건]을 바탕으로 항상 옳은 것은?

> **조건**
> • 한 사람이 가진 할인권은 6개 이하이고, 5명의 할인권이 총 12개이다.
> • B와 E가 가진 할인권 개수는 똑같다.
> • 짝수 개의 할인권을 가진 사람은 3명이다.
> • B의 할인권 개수는 A의 할인권 개수보다 많다.
> • C의 할인권 개수는 D의 할인권 개수보다 1개 더 많다.

① A와 D의 할인권 개수는 똑같다.
② D는 홀수 개의 할인권을 갖고 있다.
③ A와 B의 할인권 개수의 차는 1개이다.
④ C의 할인권 개수는 B의 할인권 개수보다 많다.
⑤ 할인권을 가장 많이 가진 사람은 5개의 할인권을 갖고 있다.

13 홍보팀 정 과장은 이번 달에 2박 3일간의 연차 휴가를 사용하려고 한다. 주어진 [조건]을 바탕으로 정 과장의 연차 휴가에 속할 수 <u>없는</u> 요일은?

| 조건 |

- 이번 달은 1일이 수요일인 6월이다.
- 둘째 주에 거래처 2곳과의 중요한 회의가 있고, 넷째 주에는 홍보팀 워크숍이 계획되어 있어 휴가를 쓸 수가 없다.
- 15일은 기자 간담회가 예정되어 있으며, 27일은 2/4분기 실적 마감일이라 가장 바쁜 날이어서 휴가를 쓸 수 없다.

① 월요일   ② 화요일   ③ 수요일
④ 목요일   ⑤ 금요일

14 어느 회사의 인사팀은 신입사원인 강 사원, 오 사원, 박 사원, 장 사원, 민 사원, 권 사원 6명을 영업팀, 기획팀, 홍보팀으로 배정하였다. 주어진 [조건]을 바탕으로 신입사원을 배정할 때, 항상 옳은 것은?

| 조건 |

- 한 팀에 2명씩 배정하였다.
- 오 사원은 홍보팀에 배정되지 않았다.
- 박 사원과 민 사원은 같은 팀에 배정되었다.
- 권 사원은 영업팀에 배정되었다.

① 오 사원은 영업팀에 배정되었다.
② 박 사원은 홍보팀에 배정되지 않았다.
③ 장 사원과 권 사원은 같은 팀에 배정되지 않았다.
④ 6명이 세 팀에 배정되는 경우의 수는 모두 4가지이다.
⑤ 강 사원과 권 사원이 같은 팀에 배정되지 않았다면, 장 사원은 기획팀 또는 홍보팀에 배정되었다.

15 다음 도형들은 일정한 규칙을 가지고 있다. 다음 중 ?에 들어갈 도형으로 알맞은 것은?

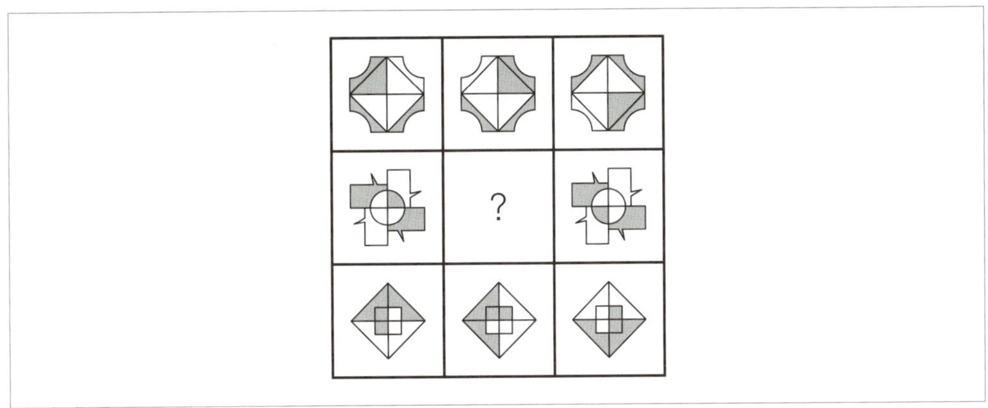

① 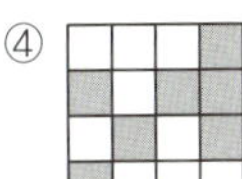   ② 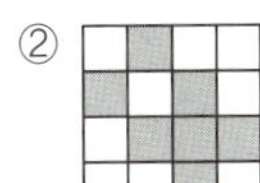   ③ 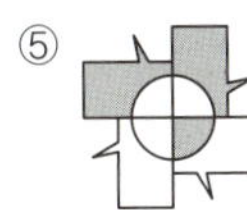

④ 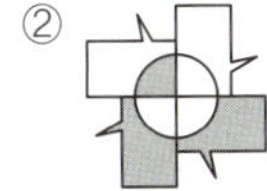   ⑤ 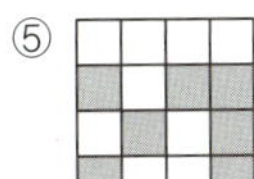

16 다음 도형들은 일정한 규칙을 가지고 있다. 다음 중 ?에 들어갈 도형으로 알맞은 것은?

① 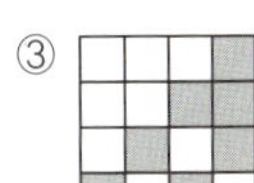

 다음 도형들은 일정한 규칙을 가지고 있다. 다음 중 ?에 들어갈 도형으로 알맞은 것은?

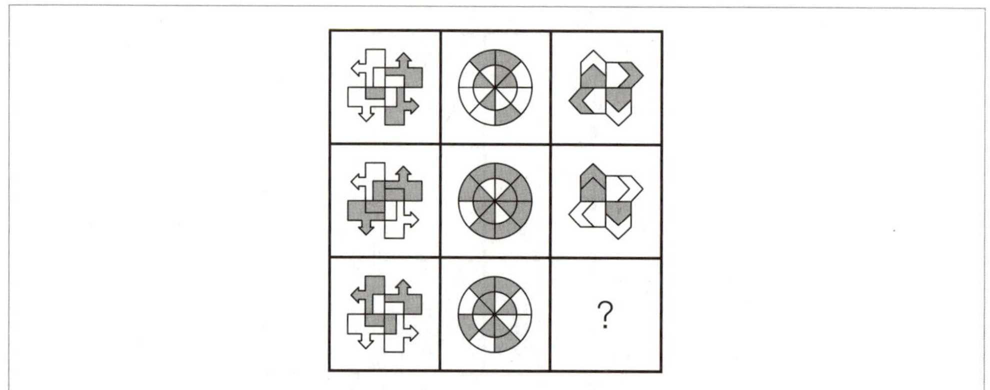

① 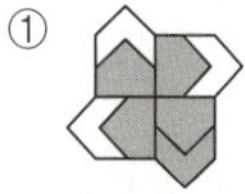

② 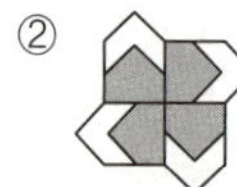

③ 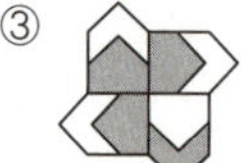

④ 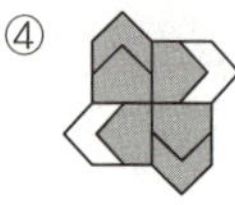

⑤ 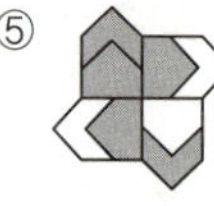

[18~21] 기호들이 하나의 규칙을 가지고 아래와 같이 문자나 숫자를 변화시킨다고 한다. 이때 다음 (?)에 해당하는 것을 고르시오.(단, 가로와 세로 중 한 방향으로만 이동하며, Z 다음은 A, 9 다음은 0이다.)

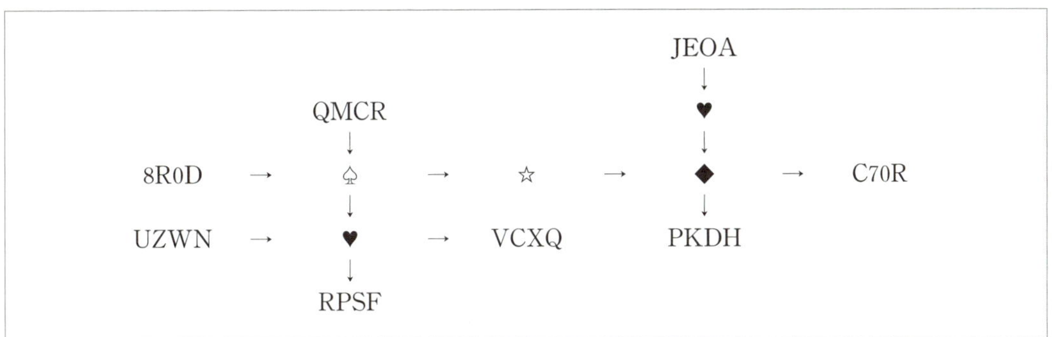

18

$$8367 \rightarrow \heartsuit \rightarrow \blacklozenge \rightarrow (?)$$

① 7054   ② 7906   ③ 9760
④ 5740   ⑤ 7096

19

$$FPKQ \rightarrow \star \rightarrow \blacklozenge \rightarrow \spadesuit \rightarrow (?)$$

① JEPQ   ② JEQP   ③ LGPQ
④ KFOP   ⑤ LGQP

20

$$(?) \rightarrow \blacklozenge \rightarrow \spadesuit \rightarrow 0526$$

① 0562   ② 6520   ③ 5602
④ 5206   ⑤ 0265

21

$$(?) \rightarrow \spadesuit \rightarrow \star \rightarrow \heartsuit \rightarrow S8G3$$

① Q50E   ② S50G   ③ U1I7
④ S5G0   ⑤ U17I

[가] 국악을 들을 때, 서양 음악에서 느낄 수 있는 화성적 풍부함이 없어서 어딘가 허전하게 느낀다고 말하는 이가 있습니다. 그것은 서양 음악을 들을 때, 국악에서 볼 수 있는 선율의 정교함이 없어 허전함을 느끼게 된다는 것과 같은 이야기입니다. 그러니까 그것은 우리가 음악을 들을 때 미적 가치를 논할 수 없다는 말입니다.

[나] 우리들은 오랫동안 리듬·선율·화성을 음악의 3요소라고 배워 왔습니다. 그리고 아직도 이렇게 학생들에게 가르치고 있습니다. 그러나 우리는 음악의 3요소가 리듬·선율·화성이라고 쉽게 말할 수 있는 것인지 다시 한 번 살펴볼 필요가 있습니다. 음악의 3요소 가운데 하나라고 말하는 화성은 서양 음악에서 빼놓을 수 없는 중요한 요소입니다. 물론 서양 음악의 역사에도 화성의 개념이 없던 시대가 있었지만 일반 음악 애호가들이 접할 수 있는 대부분의 서양 음악에는 화성이 중요한 하나의 뼈대를 이루고 있습니다. 이 때문에 화성이 음악의 3요소 가운데 하나로 지목되었고 지금도 통용되고 있습니다.

[다] 결국 우리가 음악에 대해 알고 있는 상식이나 지식은 사실은 서양 음악의 기준에 맞추어 본 것에 불과합니다. 서양 음악과 다른 우리 국악에 대한 바른 이해와 감상을 위해서는 먼저 국악의 특성을 이해하고 듣는 자세와 노력이 필요하다는 것을 강조하고자 합니다.

[라] 그러나 엄밀히 살펴본다면, 화성은 서양 음악의 3요소에 들 수 있을지는 몰라도 음악의 3요소에 들 수는 없습니다. 그 이유는 자명합니다. 서양에서도 물론이려니와 서양 이외의 지역에서도 화성의 개념이 없이도 훌륭한 미적 가치를 지니고 있는 음악들이 많이 있기 때문입니다. 그런 음악들 가운데 하나가 우리의 전통 음악입니다. 국악에도 물론 단편적인 화음들이 있기는 합니다. 이것들은 의도적인 화음 체계에 기초한 것이 아니고 각 성부의 자연스런 진행을 위하여 별 의도 없이 만든 화음들입니다.

① [가]-[나]-[라]-[다] ② [가]-[라]-[나]-[다]
③ [나]-[가]-[라]-[다] ④ [나]-[라]-[가]-[다]
⑤ [나]-[라]-[다]-[가]

23 다음 문단을 논리적 순서에 맞게 배열한 것은?

[가] 그뿐 아니라 자신을 알아주는 이, 즉 지기자(知己者)를 위해서라면 기꺼이 자신의 전부를 버릴 수 있어야 하며, 더불어 은혜는 은혜대로, 원수는 원수대로 자신이 받은 만큼 되갚기 위해 진력하여야 한다.

[나] 무공이 높다고 하여 반드시 협객으로 인정되지 않는 이유는 바로 이런 원칙에 위배되는 경우가 심심치 않게 발생하기 때문이다. 요컨대 협이란 사생취의(捨生取義)의 정신에 입각하여 살신성명(殺身成名)의 의지를 실천하는 것, 또는 그러한 실천을 기꺼이 감수할 준비가 되어 있는 상태를 뜻한다고 할 수 있다.

[다] 협으로 인정받기 위해서는 무엇보다도 절개와 의리를 숭상하여야 하며, 개인의 존엄을 중시하고 간악함을 제거하기 위해 노력해야만 한다. 신의(信義)를 목숨보다도 중히 여길 것도 강조되는데, 여기서의 신의란 상대방을 향한 것인 동시에 스스로에게 해당되는 것이기도 하다.

[라] 무와 더불어 보다 신중하게 다루어야 할 것이 '협'의 개념이다. 무협 소설에서 문제가 되는 협이란 무덕(武德), 즉 무인으로서의 덕망이나 인격과 관계가 되는 것으로, 이는 곧 무공 사용의 전제가 되는 기준 내지는 원칙이라고 할 수 있다.

① [나]-[다]-[가]-[라]
② [나]-[다]-[라]-[가]
③ [라]-[가]-[다]-[나]
④ [라]-[다]-[가]-[나]
⑤ [라]-[다]-[나]-[가]

주의력결핍증이나 불면증은 현대인들의 심각한 정신질환이다. 이런 질환을 앓고 있는 사람들의 뇌파는 정상인들과 차이가 있는데, 그들의 뇌파를 조절하면 해당 질환을 고칠 수 있다고 한다. 이런 경우에 쓰는 뇌파 조절 기술을 뉴로피드백(Neurofeedback)이라고 한다. 뉴로피드백에 의한 질병의 진단 과정을 살펴보도록 하자.

먼저, 진단을 위해 환자의 두피에 전극을 붙이고 생체 전기신호의 일종인 뇌파를 수집한다. 뇌파는 그 신호가 매우 약하므로 증폭 회로를 통해, 입력된 뇌파에 강한 전압을 가하여 신호를 증폭해 주어야 한다. 그런데 뇌파는 눈 깜박임과 같은 미세한 움직임에도 변화가 생기기 때문에 필터 회로를 통해 주된 뇌파만 걸러내어, 주된 주파수 대역만 찾아야 한다. 마지막으로 아날로그 형태인 뇌파를 A/D 컨버터를 통해 디지털 형태로 바꾸어 주어야 컴퓨터 화면으로 쉽게 뇌파를 확인할 수 있다. 이러한 과정으로 질병을 진단한 결과, 주의력결핍증 환자들의 경우에는 정상인에 비해 델타파나 세타파가 아주 강하게 나타나며, 우울증 환자의 경우는 좌뇌보다 우뇌가 뇌파의 진동이 유독 빠르게 나타나는 것을 알 수 있다.

① 뉴로피드백 기술로 정신질환을 진단할 수 있다.
② 뉴로피드백 기술로 주의력결핍증 치료에 성공한 사례가 있다.
③ 우울증 환자들은 우뇌보다 좌뇌의 뇌파 진동이 빠르게 나타난다.
④ 주의력결핍증 환자들은 정상인에 비해 델타파나 세타파가 아주 강하게 나타난다.
⑤ 뇌파는 눈만 깜박여도 변화가 생기므로 뇌파를 수집할 때 주된 뇌파만 걸러내야 한다.

인간의 신경 조직을 수학적으로 모델링하여 컴퓨터가 인간처럼 기억, 학습, 판단할 수 있도록 구현한 것이 인공 신경망 기술이다. 신경 조직의 기본 단위는 뉴런인데, 인공 신경망에서는 뉴런의 기능을 수학적으로 모델링한 퍼셉트론을 기본 단위로 사용한다.

퍼셉트론은 입력값들을 받아들이는 여러 개의 입력 단자와 이 값을 처리하는 부분, 처리된 값을 내보내는 한 개의 출력 단자로 구성되어 있다. 퍼셉트론은 각각의 입력 단자에 할당된 가중치를 입력값에 곱한 값의 합인 가중합을 구한 후, 고정된 임계치보다 가중합이 작으면 0, 그렇지 않으면 1과 같은 방식으로 출력값을 내보낸다. 이러한 퍼셉트론은 출력값에 따라 두 가지로만 구분하여 입력값들을 판정할 수 있을 뿐이다. 이에 비해 복잡한 판정을 할 수 있는 인공 신경망은 다수의 퍼셉트론을 여러 계층으로 배열하여 한 계층에서 출력된 신호가 다음 계층에 있는 모든 퍼셉트론의 입력 단자에 입력값으로 입력되는 구조로 이루어진다. 이러한 인공 신경망에서 가장 처음에 입력값을 받아들이는 퍼셉트론들을 입력층, 가장 마지막에 있는 퍼셉트론들을 출력층이라고 한다.

① 입력층과 출력층이라고 불리는 퍼셉트론들이 존재한다.

② 인공 신경망에서 인간의 뉴런 역할을 하는 것은 퍼셉트론이다.

③ 인공 신경망은 하나의 퍼셉트론을 통해 복잡한 판정을 할 수 있도록 설계되어 있다.

④ 퍼셉트론은 여러 개의 입력값을 받아도, 그 입력값을 두 가지로만 구분하여 판정한다.

⑤ 퍼셉트론은 가중합이 고정된 임계치보다 작으면 0, 크거나 같으면 1과 같은 방식으로 출력값을 내보낸다.

유통기한이란 제품의 제조일로부터 소비자에게 판매가 허용되는 기한을 말한다. 일반적으로 유통기한은 제조사의 설정실험을 통해 결정된다. 설정실험은 보통 새로운 제품을 개발한 경우나 제품의 공정 또는 포장이 변경된 경우에 진행하며 이때 1보다 작은 안전 계수를 곱하여 실험을 통해 산출된 기간보다 짧게 유통기한을 정한다. 설정실험에는 실측실험과 가속실험이 있다. 실측실험은 제조사가 의도하는 유통기한의 약 1.3~2배 기간 동안 실제 보관 또는 유통 조건으로 저장하면서 품질지표가 품질한계에 이를 때까지 진행한다. 이는 유통기한을 가장 정확하게 판정할 수 있는 방법이나 시간, 비용 등 경제적인 측면에서 3개월 이내의 비교적 유통기한이 짧고 유통 조건이 단순한 제품에 효율적이다. 가속실험은 실제 보관 또는 유통 조건보다 가혹한 조건에서 실험하여 단기간에 제품의 유통기한을 예측하는 것이다. 아레니우스 방정식을 사용하여 실제 보관 및 유통 온도로 예측하여 계산한 후 유통기한을 결정한다. 이 방법은 유통기한이 길고 유통 조건이 복잡한 경우 효율적인 측정이 가능하지만 계산 과정이 복잡하여 잘못 예측할 수 있다.

① 가속실험보다 실측실험을 통해 측정한 유통기한이 정확도가 더 높다.
② 실측실험은 가속실험보다 유통기한 측정에 드는 비용이 더 적게 든다.
③ 유통기한은 유통사가 유통 조건을 효율적으로 개선하기 위해 측정한다.
④ 유통기한은 설정실험을 통해 산출된 기간보다 대체적으로 길게 정한다.
⑤ 실측실험과 가속실험 모두 아레니우스 방정식을 활용해 유통기한을 측정한다.

27 다음 글의 내용이 참일 경우, 반드시 참인 것은?

전기자동차의 전동기는 운전자가 제동 페달을 밟으면 역학적 에너지를 전기 에너지로 바꾸는 발전기로 기능이 전환된다. 운전자가 제동 페달을 밟는 순간부터 배터리에서 전동기로 공급되는 전류가 차단되어 회전자를 회전시키는 전자기력은 사라지지만 달리던 자동차의 관성으로 인해 바퀴는 일정 시간 굴러가므로 바퀴가 회전자를 돌리게 된다. 이때 바퀴가 회전자를 돌리며 전자기 유도 현상에 따라 전기 에너지가 만들어지므로 제동을 하면서 줄어든 운동 에너지가 전기 에너지의 형태로 회생되고, 이러한 전기 에너지가 전압 변환 장치를 거쳐 배터리에 저장되므로 이 기술을 회생제동이라고 명명한 것이다. 이러한 회생제동 장치가 설치된 다른 기계에는 승강기도 있다. 이때 승강기의 전동기와 전기자동차의 전동기는 구조가 동일하다. 승객이 타는 부분인 카를 올려 보내야 할 경우, 카의 무게가 평형추의 무게보다 가볍다면 평형추에 작용하는 중력에 의해 전동기에 연결된 회전축이 회전하게 되므로 전기 에너지가 생산된다. 반면, 카의 무게가 평형추보다 무겁다면 전동기는 전기를 소모하여 카를 움직이게 한다. 한편 카를 내려 보내야 할 경우, 카의 무게가 균형추보다 무겁다면 카에 작용하는 중력에 의해 전동기에 연결된 회전축이 회전하며 전기 에너지가 만들어진다. 반대로 카의 무게가 평형추보다 가볍다면 전동기는 전기 에너지를 사용한다.

① 카를 올려 보내야 할 경우, 전기자동차와 마찬가지로 승강기에 전기를 제공해 주는 장치가 필요하다.

② 카를 내려 보내야 할 경우, 전기자동차와는 다르게 승강기에 전기를 제공해 주는 장치가 필요하지 않다.

③ 평형추에 작용하는 중력은 승강기의 회전축을 돌린다는 점에서 달리던 전기자동차의 관성과 유사한 역할을 한다.

④ 카를 내려 보내야 할 경우, 카의 무게가 평형추의 무게보다 가볍다면 전기자동차에서 회생제동에 의해 전기 에너지가 발생하는 상태와 유사하다.

⑤ 카를 올려 보내야 할 경우, 카의 무게가 평형추의 무게보다 무겁다면 전기자동차에서 회생제동에 의해 전기 에너지가 발생하는 상태와 유사하다.

> 예술은 인간 감정의 구현체로 간주되곤 한다. 그런데 예술과 감정의 연관은 예술이 지닌 부정적 측면을 드러내는 데 쓰이기도 했다. 즉, 예술은 이성적으로 통제되지 않는 비합리적 활동으로, 심지어는 광기 어린 활동으로 여겨지곤 했다. 그렇지만 예술과 감정의 연관을 긍정적인 측면에서 해석하려는 시각 또한 유구한 전통을 형성해 왔다. 이러한 입장을 대표하는 사람으로 △△대학의 A교수를 들 수 있다.
>
> A교수의 견해에 따르면, 생각이 타인에게 전달될 필요가 있듯이 감정도 그러하다. 이때 감정을 타인에게 전달하는 주요 수단이 예술이다. 예술가는 자신이 표현하고픈 감정을 떠올린 후, 작품을 통해 타인도 공감할 수 있도록 전달한다. 그런데 이때 전달되는 감정은 질이 좋아야 하며, 한 사회를 좋은 방향으로 이끌어 나갈 수 있어야 한다. 연대감이나 형제애가 그러한 감정이다. 이런 맥락에서 톨스토이는 노동요나 민담 등을 높이 평가하였고, 교태 어린 리스트의 음악이나 허무적인 보들레르의 시는 부정적으로 평가하였다. 즉, 좋은 감정이 잘 표현된 한 편의 예술이 전 사회, 나아가 전 세계를 감동시키며 세상의 발전에 기여할 수 있다는 것이다.

① 예술은 공동체에 기여하는 수단이 아니라 한 개인의 감정을 정리하는 수단이다.

② 예술의 본질은 예술 고유의 형식적 아름다움에 있는 것이 아니라 감정의 전달이나 정리에 있다.

③ 예술로 인해 우리가 감동을 받았다면 굳이 타인에게 전달하지 않더라도 예술의 소임은 완성된 것이다.

④ 예술적 효과를 통한 연대감이나 형제애의 전달은 때론 비합리적 선동을 강화하는 결과를 낳을 수 있다.

⑤ 예술은 한편으로는 시대의 상을 반영하기도 하는데, 전쟁 중에 만들어지는 예술 작품은 부정적인 평가를 받기도 한다.

AI는 '공정'이란 단어의 의미도 알 수 없고 공정과 관련된 복잡한 의미론적, 사회적, 윤리적 관계를 이해할 수 있는 '의식적 마음'도 가질 수 없다. 그러므로 AI가 사람보다 더 혹은 덜 공정한가라는 질문은 이런 의식적 마음을 갖지 않은 복잡한 기계가 수많은 공학자들의 노력과 엄청난 양의 학습 데이터를 활용한 기계학습을 기반으로 산출하는 결과물이 사람이 보기에 동일한 일을 수행하는 사람이 산출한 결과물보다 더 혹은 덜 공정한가에 대한 판단을 의미한다.

⊣ 보기 ⊢

우리 사회의 공정하지 못한 '측면'을 파악하고 이에 대한 대응책을 마련하기 위해 AI를 활용하는 상황을 고려해 볼 수 있다. 최근 사회정책 수립이나 사회문제 해결에 AI를 활용하면 좋을 것이라는 생각이 점점 인기를 얻고 있으니 충분히 가능한 상황이다. 이런 목적이라면 우리 사회에 어떤 불평등한 모습이 있는지를 가감 없이 그대로 드러내는 AI가 필요할 것이다. 이런 AI의 산출물이 보여주는 우리 사회의 불평등한 모습이 그에 대한 교정적 정책을 시행할 수 있는 정확한 출발점이 되어야 하기 때문이다.

① AI의 산출물의 공정함 자체를 요구하는 것은 필수적이다.
② AI에 공정함을 요구하는 것이 규범적으로 타당하며, 공정함의 수준도 일치할 수 있다.
③ AI의 용도에 따라 AI 산출물의 공정성은 추구할만한 가치일 수도 있고 그렇지 않을 수도 있다.
④ AI에 산출물을 공정하게 만들기 위해서는 AI 입력물이 근본적인 수준에서 진보적일 수밖에 없다.
⑤ 챗봇 AI의 경우 논란의 소지가 완벽하게 제거된, 물샐틈없이 '도덕적인 문장'만을 발화하도록 만들 수 없다.

액체 내의 분자들은 분자 간의 힘에 의해 모든 방향에서 당겨진다. 그러나 표면에 있는 분자들은 다른 분자들에 의해 옆과 아래쪽으로 당겨지지만, 표면 위쪽으로는 당겨지지 않는다. 이러한 분자 간 인력은 표면의 분자들을 액체 속으로 끌어당기고, 이 힘으로 인해 물 표면은 탄성이 있는 막처럼 팽팽해진다. 표면 장력은 액체 표면에 존재하는 장력으로, 액체가 표면적을 작게 하려고 만드는 힘이라고 할 수 있다. 액체마다 분자 간 인력이 모두 다르므로 액체의 종류에 따라 표면 장력도 모두 상이하다. 물은 대표적으로 분자 간 인력이 큰 액체로 표면 장력이 크다. 액체의 부피가 같을 때 표면적이 최소가 되는 기하학적 구조는 구이므로 물의 표면 장력은 물방울의 모양을 구에 가깝게 만든다.

─┤ 보기 ├─

연잎의 표면은 작은 돌기들로 빼곡하게 채워져 있어서 물방울은 돌기 끝부분과만 접촉하고 돌기와 돌기 사이에 위치한 물방울은 공중에 떠 있는 형태가 된다. 이 때문에 연잎 표면과 물방울이 접촉하는 면적이 매우 작아진다. 표면적이 작을수록 서로 끌어당기는 분자의 수는 적어진다. 이처럼 작은 돌기가 많은 거친 표면이 물방울과의 접촉 면적을 최소화하면서 강한 소수성을 띠기 때문에 물이 연잎에 스며들거나 퍼지지 않고, 둥근 물방울 형태를 유지하면서 잘 흘러내릴 수 있다.

① 연잎에 물보다 표면 장력이 더 작은 액체를 흘리면 이 액체는 물보다 둥근 형태를 더 잘 유지한다.
② 연잎의 돌기는 대상과 접촉하는 면적을 넓히면서 연잎 위의 물방울을 퍼지지 않게 한다.
③ 연잎과 달리 돌기가 없는 식물의 잎은 친수성으로 인해 물방울이 더 잘 흘러내린다.
④ 연잎의 돌기와 물 사이에는 분자끼리 결합하지 않으려는 힘이 작용한다.
⑤ 분자 간 인력이 작은 액체는 표면 장력이 크므로 강한 소수성을 띤다.

할 수 있다고 믿는
사람은 그렇게 되고

할 수 없다고 믿는
사람 역시 그렇게 된다.

– 샤를 드 골(Charles De Gaulle)

수리논리 | 📋 20문항 ⏱ 30분 정답과 해설 P.78

---

01 올해 ○○공장은 A부품과 B부품만을 생산한다. 올해 A부품은 전년도보다 생산량이 10% 증가하고, B부품은 전년도보다 5% 감소하였지만, 전체 생산량은 7% 상승하였다. A부품의 전년도 생산량이 440만 개라면, 올해 B부품의 생산량은?

① 90.25만 개   ② 95만 개   ③ 99.75만 개
④ 104.5만 개   ⑤ 114만 개

02 A~C팀은 각각 4명, 5명, 4명으로 구성되어 있다. 이들 중 4명을 뽑아 새로운 팀으로 구성하려고 한다. B팀에서 뽑은 인원이 적어도 1명은 들어가고 이는 A팀과 C팀에서 뽑은 인원의 합보다 더 적어야 한다고 할 때, 팀을 구성하는 경우의 수로 옳은 것은?

① 220가지   ② 240가지   ③ 250가지
④ 280가지   ⑤ 300가지

03 다음 [그래프]는 연도별 분야별 로봇 매출 변화와 2024년 분야별 매출에 관한 자료이다. 주어진 자료에 대한 설명으로 옳지 <u>않은</u> 것은?

[**그래프1**] 분야별 로봇 매출 변화   (단위: 억 원)

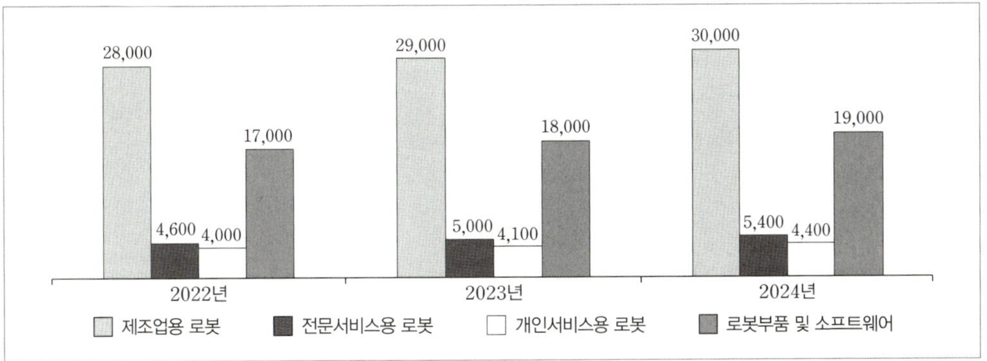

[**그래프2**] 2024년 분야별 매출 현황

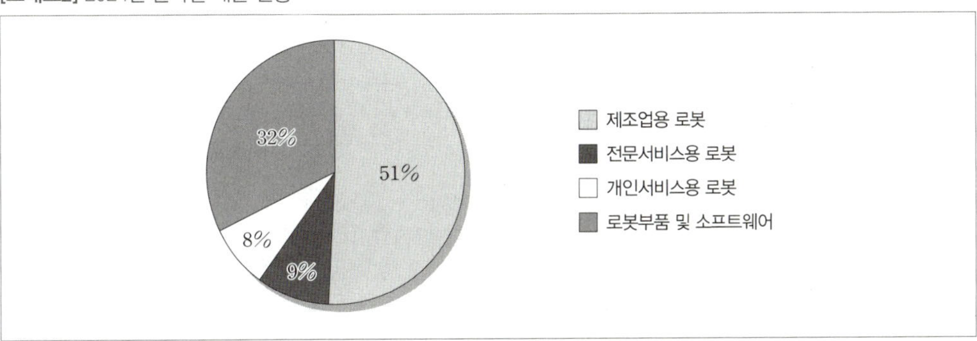

① 2022년 제조업용 로봇 매출은 2022년 로봇 전체 매출의 50% 이상을 차지한다.

② 2022~2024년 동안 주어진 4개 분야 모두 로봇 매출은 지속적으로 증가하였다.

③ 2024년 제조업용 로봇을 제외한 분야에서 개인서비스용 로봇 매출은 20% 이상을 차지한다.

④ 2023년 분야별 로봇 매출의 전년 대비 증가율이 가장 큰 분야는 전문서비스용 로봇이다.

⑤ 2024년 제조업용 로봇의 매출 비율은 2022년 제조업용 로봇 매출 비율보다 1%p 이상 감소하였다.

 다음 [그래프]는 전 세계와 아프리카 스마트폰 점유율 추이에 관한 자료이다. 주어진 자료에 대한 설명으로 옳은 것은?

[그래프1] 전 세계 스마트폰 점유율 추이

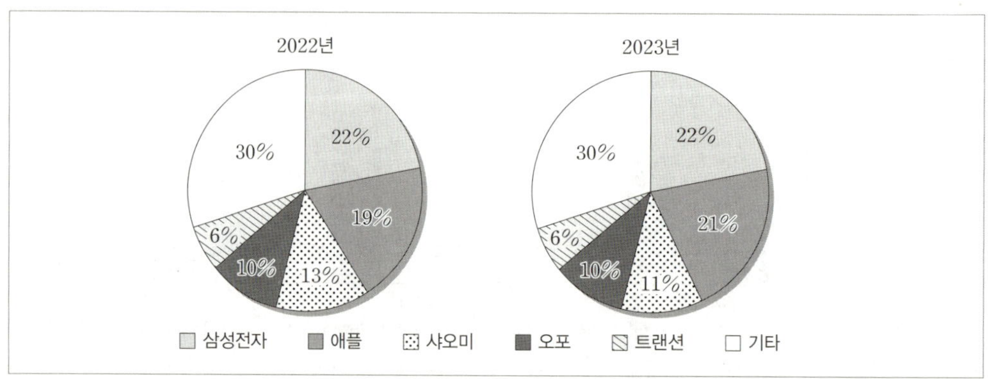

[그래프2] 아프리카 스마트폰 점유율 추이

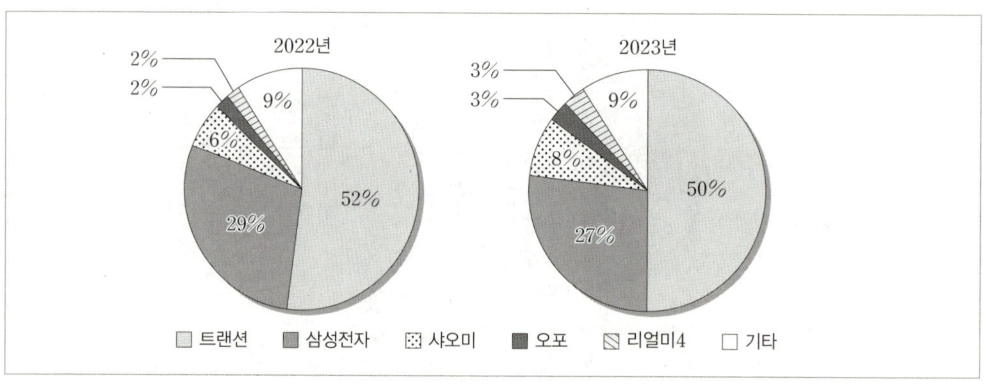

① 2023년 전 세계 스마트폰 시장에서 삼성전자의 점유율은 2022년보다 4% 이상 높다.

② 2023년 전 세계 스마트폰 시장에서 애플의 점유율은 2022년 대비 15% 이상 증가하였다.

③ 2023년 전 세계 스마트폰 시장이 전년 대비 10% 감소했다면, 애플의 시장 규모는 증가하였다.

④ 아프리카 스마트폰 시장이 전 세계 시장의 30%를 차지한다면, 2023년 삼성전자 스마트폰의 35% 이상이 아프리카에서 판매된다.

⑤ 2023년 아프리카 스마트폰 시장에서 트랜션의 점유율은 2022년보다 2% 감소하였다.

05 다음 [표]는 2017년부터 2023년까지 2년 간격으로 성별 및 연령대별 근로자들의 일평균 여가 시간을 조사한 자료이다. 주어진 자료에 대한 설명으로 옳지 <u>않은</u> 것은?

[표1] 성별 일평균 여가 시간 (단위: 시간)

구분	평일				주말 및 공휴일			
	2017년	2019년	2021년	2023년	2017년	2019년	2021년	2023년
남자	3.2	2.8	3.3	3.5	5.8	5.2	5.5	5.3
여자	3.8	3.5	3.3	3.2	4.8	5.2	5.3	5.0

[표2] 연령대별 일평균 여가 시간 (단위: 시간)

구분	평일				주말 및 공휴일			
	2017년	2019년	2021년	2023년	2017년	2019년	2021년	2023년
10대	3.1	3.4	3.0	2.8	5.0	4.5	4.9	4.8
20대	3.2	3.5	3.5	3.2	5.6	6.0	5.4	5.3
30대	3.5	3.0	3.4	3.0	6.8	5.9	6.2	5.5
40대	2.8	2.9	3.3	3.5	6.5	5.8	6.2	5.2
50대	3.8	4.0	3.5	3.7	6.8	6.5	6.1	5.7
60대	5.1	4.8	4.5	4.2	7.0	6.8	6.5	6.1
70대 이상	6.1	5.8	5.5	5.2	7.5	7.0	6.5	6.0

① 제시된 기간에 주말 및 공휴일 일평균 여가 시간의 평균은 남자가 여자보다 많다.

② 2019년 10대의 주말 및 공휴일 일평균 여가 시간은 2017년 10대의 주말 및 공휴일 일평균 여가시간보다 10% 감소하였다.

③ 제시된 기간에 남자의 평일 일평균 여가 시간은 2년 주기로 감소했다.

④ 제시된 기간에 20대의 평일 일평균 여가 시간의 평균은 30대의 평일 일평균 여가 시간의 평균보다 많다.

⑤ 2019년 70대 이상의 주말 및 공휴일 일평균 여가 시간은 2023년 남자의 평일 일평균 여가 시간의 2배이다.

 다음 [그래프]와 [표]는 국내 특송업체 수와 특송물품 통관실적에 관한 자료이다. 주어진 자료에 대한 설명으로 옳지 <u>않은</u> 것은?

[그래프] 국내 특송업체 수 (단위: 개)

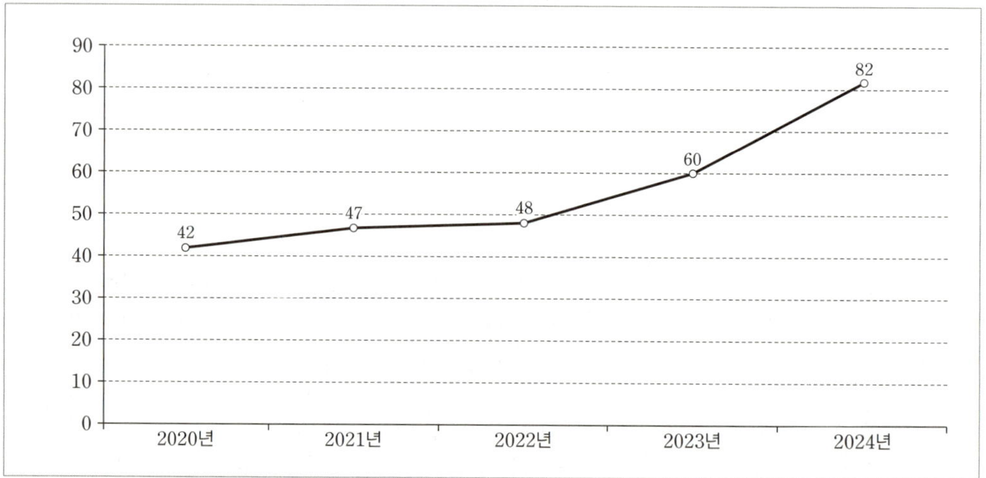

[표] 국내 특송물품 통관실적 (단위: 천 건, 백만 달러)

구분	목록통관		간이신고		일반신고		전체	
	건수	금액	건수	금액	건수	금액	건수	금액
2020년	4,749	129	799	409	3,692	5,538	9,240	6,076
2021년	5,726	182	734	403	5,045	10,921	11,505	11,506
2022년	6,912	306	644	347	6,585	13,554	14,141	14,207
2023년	8,190	443	596	347	8,435	14,343	17,221	15,133
2024년	8,200	706	521	330	8,499	16,998	17,220	18,034

※ 국내 특송물품 통관은 목록통관, 간이신고, 일반신고로만 구성됨

① 2024년 일반신고의 통관건수 대비 통관금액의 비율은 2020년보다 크다.

② 제시된 기간에 목록통관과 일반신고의 통관건수와 통관금액은 모두 매년 증가하였다.

③ 제시된 기간에 국내 특송업체 수와 전체 특송물품 통관금액은 모두 매년 증가하였다.

④ 2024년 국내 특송업체 1개당 전체 특송물품 통관건수는 2020년보다 많다.

⑤ 간이신고 통관금액이 전체 통관금액에서 차지하는 비율은 매년 낮아지고 있다.

07 다음 [그래프]는 2020년 서울교통공사 통행거리별 승차 실적에 관한 자료이다. 주어진 자료에 대한 설명으로 옳지 <u>않은</u> 것은?

[**그래프**] 2020년 서울교통공사 통행거리별 승차 실적

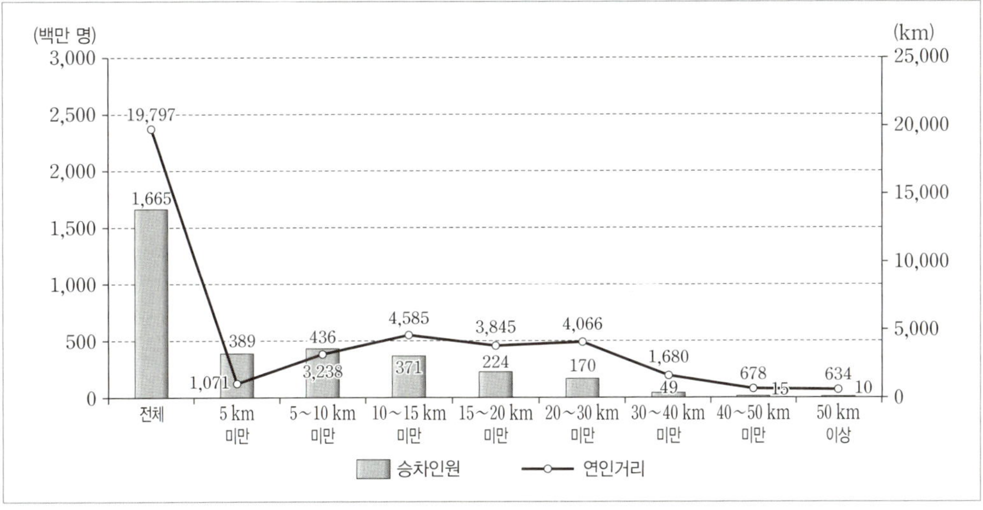

※ 연인거리: 통행거리별 승차인원의 총 이동거리

① 통행거리가 5km 미만인 승차인원 백만 명당 평균 통행거리는 약 2.5km이다.
② 제시된 통행거리 중 5~10km 미만의 승차인원이 가장 많다.
③ 제시된 통행거리 중 연인거리가 가장 긴 통행거리는 10~15km 미만이다.
④ 통행거리가 20~50km 미만인 승차인원은 234백만 명이다.
⑤ 전체 승차인원 백만 명당 평균 통행거리는 12km 이하이다.

 다음 [그래프]는 연도별 증권시장 상장회사 수에 관한 자료이다. 주어진 자료에 대한 설명으로 옳은 것은?

[그래프] 증권시장 상장회사 수 (단위: 개)

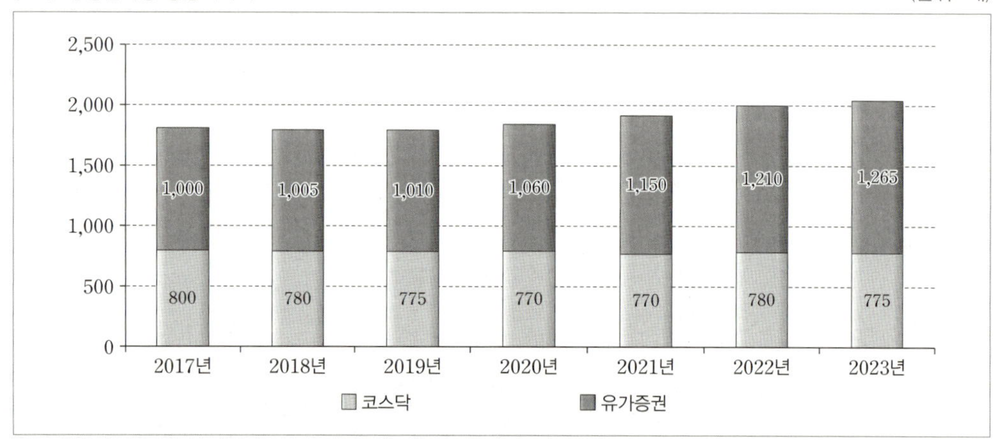

※ 증권시장은 코스닥과 유가증권으로 구분됨

① 2017년 대비 2022년 증권시장 전체 상장회사 수는 12% 이상 증가하였다.

② 2018년 유가증권시장 상장회사 수는 전년 대비 0.5% 감소하였다.

③ 2022년 전체 상장회사 수의 전년 대비 증가율은 2021년 전체 상장회사 수의 전년 대비 증가율보다 낮다.

④ 2023년 유가증권시장 상장회사 수는 전년 대비 5% 이상 증가하였다.

⑤ 2019년 전체 상장회사 수는 2018년 전체 상장회사 수보다 많다.

09 다음 [표]는 연도별 공공기관 고용 현황과 공공기관 CCTV 설치 현황에 관한 자료이다. 주어진 자료에 대한 설명으로 옳은 것은?

[표1] 공공기관 고용 현황   (단위: 개, 명, 만 원)

구분	2021년	2022년	2023년	2024년	2025년
공공기관 수	840	855	850	845	830
직원 수	131,040	124,830	125,800	128,440	130,310
평균 연봉	5,500	5,600	5,450	5,550	5,400

[표2] 공공기관 CCTV 설치 현황   (단위: 대, 개)

구분	2021년	2022년	2023년	2024년	2025년
설치 대수	50,400	49,410	48,300	52,480	50,530
설치 기관 수	800	810	805	820	815

① CCTV가 설치된 공공기관 1개당 설치 대수는 매년 60대 이상이다.
② 2023년 공공기관 직원 연봉 총액은 2021년 공공기관 직원 연봉 총액보다 많다.
③ 공공기관 평균 연봉이 가장 낮은 해에 CCTV가 설치된 공공기관 수는 가장 적다.
④ 2021년과 2025년에 전체 공공기관 수에서 CCTV 미설치 공공기관 수가 차지하는 비중의 차이는 2%p 미만이다.
⑤ 2022년 이후 공공기관 CCTV 설치 대수가 전년 대비 증가한 해에 CCTV 설치 공공기관 수는 전년 대비 감소하였다.

[10~11] 다음 [표]는 A국가의 월별 수출액 및 전년 동월 대비 증감률에 관한 자료이다. 주어진 자료를 바탕으로 이어지는 질문에 답하시오.

[표] A국가의 월별 수출액 및 전년 동월 대비 증감률   (단위: 백만 달러, %)

구분	2023년		2024년		2025년	
	수출액	증감률	수출액	증감률	수출액	증감률
1월	46,170	−6.0	43,100	−6.6	48,000	11.4
2월	38,960	−11.0	40,910	5.0	45,000	10.0
3월	47,000	−8.5	46,170	−1.8	53,700	16.3
4월	48,800	−2.0	36,270	−25.7	51,220	41.2
5월	45,700	−10.0	34,850	−23.7	50,730	45.6
6월	44,000	−14.0	39,200	−10.9	54,800	39.8
7월	46,000	−11.0	42,800	−7.0	55,500	29.7
8월	44,020	−14.0	39,500	−10.3	53,170	34.6
9월	44,630	−12.0	47,820	7.1	55,920	16.9
10월	46,650	−15.0	44,780	−4.0	55,620	24.2
11월	44,040	−14.5	45,800	4.0		−
12월	45,670	−5.0	51,300	12.3		

10 주어진 자료에 대한 설명으로 옳지 <u>않은</u> 것은?

① 제시된 기간 동안 전년 동월 대비 2년 연속 수출액이 감소한 달은 총 8개이다.

② 2025년 7월 수출액은 5개월 전 대비 10,500백만 달러 증가하였다.

③ 2024년 11월 이후 매월 수출액은 전년 동월 대비 증가하였다.

④ 2024년 7~9월 수출액은 월평균 43,373백만 달러이다.

⑤ 제시된 기간 중 수출액이 전년 동월 대비 가장 많이 감소한 달은 수출액도 가장 적었다.

11 2025년 수출액이 가장 적은 달의 2년 전 동월 대비 수출액의 증감률은?(단, 소수점 첫째 자리에서 반올림한다.)

  ① 12%   ② 13%   ③ 14%   ④ 15%   ⑤ 16%

[12~13] 다음 [표]와 [그래프]는 군인연금 예산 및 수급자 현황과 기금보유액의 전년 대비 증가율에 관한 자료이다. 주어진 자료를 바탕으로 이어지는 질문에 답하시오.

[표] 군인연금 예산 및 수급자 현황 (단위: 억 원, 명)

구분		2018년	2019년	2020년	2021년	2022년	2023년
군인연금 예산	합계	28,530	29,570	31,020	32,330	33,840	34,660
	기여금	5,150	5,500	5,880	6,150	6,400	6,700
	일반회계전입금	23,300	24,000	25,050	26,080	27,300	27,800
	반환금 및 기타	80	70	90	100	140	160
연금수급자	합계	87,100	89,100	91,080	93,130	95,300	97,150

[그래프] 기금보유액의 전년 대비 증가율 (단위: %)

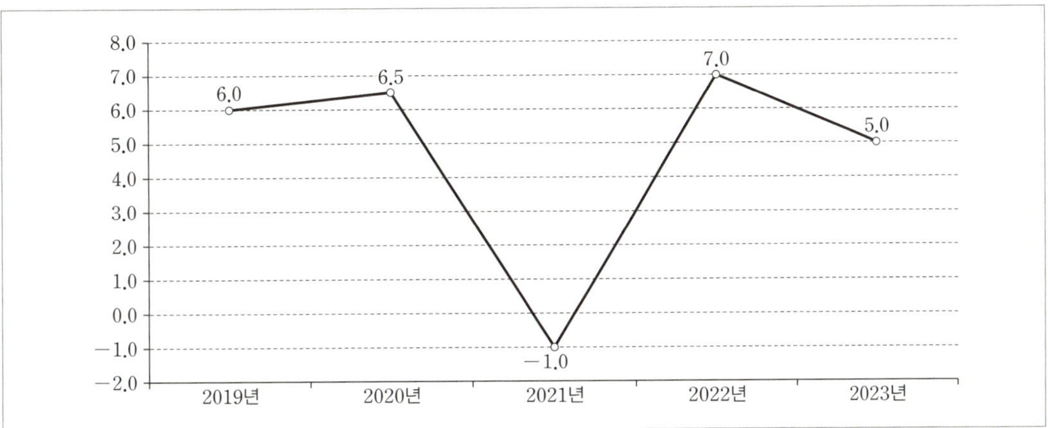

12 주어진 자료에 대한 설명으로 옳지 않은 것은?

① 2019년부터 2023년까지 군인연금 예산은 매년 증가했다.
② 2019년부터 2023년까지 일반회계전입금은 매년 평균적으로 전년 대비 900억 원 증가하였다.
③ 2019~2023년 중 전년 대비 연금수급자가 두 번째로 많이 증가한 해는 2021년이다.
④ 2021~2023년 동안 연평균 기여금은 6,500억 원 이상이다.
⑤ 2023년 반환금 및 기타 금액의 전년 대비 증가율은 10% 이상이다.

13 2022년의 기금보유액이 10,700억 원이라고 할 때, 2021년 대비 2023년 기금보유액의 증가량은?

① 1,095억 원 ② 1,125억 원 ③ 1,235억 원
④ 1,275억 원 ⑤ 1,335억 원

[14~15] 다음 [표]와 [그래프]는 우리나라의 2020~2022년 지역별 반도체 수출액과 2022년 대비 2023년 지역별 반도체 수출액 증가율에 관한 자료이다. 주어진 자료를 바탕으로 이어지는 질문에 답하시오.

[표] 2020~2022년 지역별 반도체 수출액

(단위: 백만 달러)

구분	전체	미국	대만	중국·홍콩	싱가포르	일본	EU
2020년	98,000	3,400	4,400	66,400	3,100	1,200	1,800
2021년	127,000	6,400	6,500	85,800	2,800	1,200	2,200
2022년	94,000	6,000	4,500	59,600	2,300	1,100	1,900

[그래프] 2022년 대비 2023년 지역별 반도체 수출액 증가율

(단위: %)

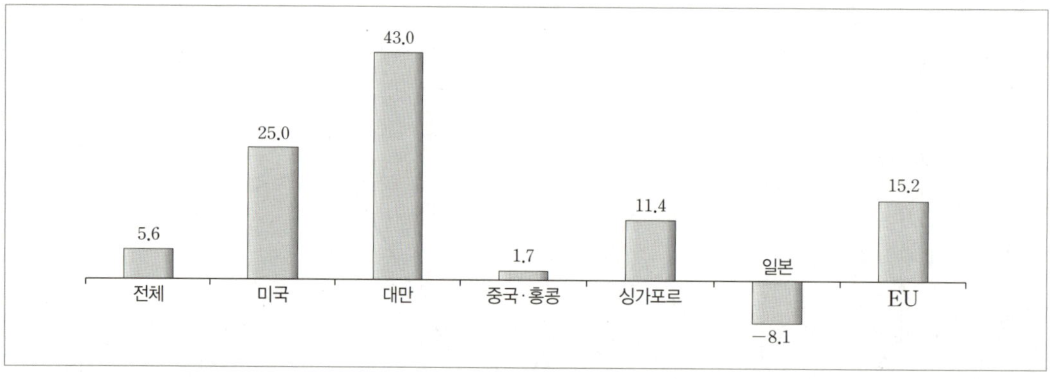

14 주어진 자료에 대한 설명으로 옳은 것은?

① 2023년 일본에 대한 반도체 수출액은 1,000백만 달러 미만이다.

② 2021년 EU에 대한 전년 대비 반도체 수출액 증가율은 2023년 EU에 대한 전년 대비 반도체 수출액 증가율보다 낮다.

③ 2021년 전체 반도체 수출액에서 중국·홍콩이 차지하는 비중은 67% 이상이다.

④ 2020년부터 2022년까지 제시된 지역에 대한 반도체 수출액 순위는 매년 동일하다.

⑤ 2020~2022년 중 전체 반도체 수출액이 가장 큰 해에 제시된 모든 지역도 반도체 수출액이 각각 최대이다.

15 다음 [보기]에서 주어진 자료에 대한 설명으로 옳은 것을 모두 고른 것은?

> ─┤ 보기 ├─
>
> ㉠ 미국에 대한 2020~2023년 연간 반도체 수출액의 평균은 5,500백만 달러 미만이다.
>
> ㉡ 2021년 전체 반도체 수출액에서 싱가포르와 EU가 차지하는 비중은 5% 미만이다.
>
> ㉢ 2020년부터 2023년까지 4년 동안의 반도체 수출액은 싱가포르가 일본의 2배 이상이다.

① ㉠ 　　　　② ㉡ 　　　　③ ㉢

④ ㉠, ㉢ 　　　　⑤ ㉡, ㉢

[16~17] 다음 [그래프]는 간편결제 서비스 시장에서 카드사와 핀테크 기업의 결제 규모에 관한 자료이다. 주어진 자료를 바탕으로 이어지는 질문에 답하시오.

[그래프1] 간편결제 서비스 시장에서 차지하는 카드사 · 핀테크기업 비중 (단위: %)

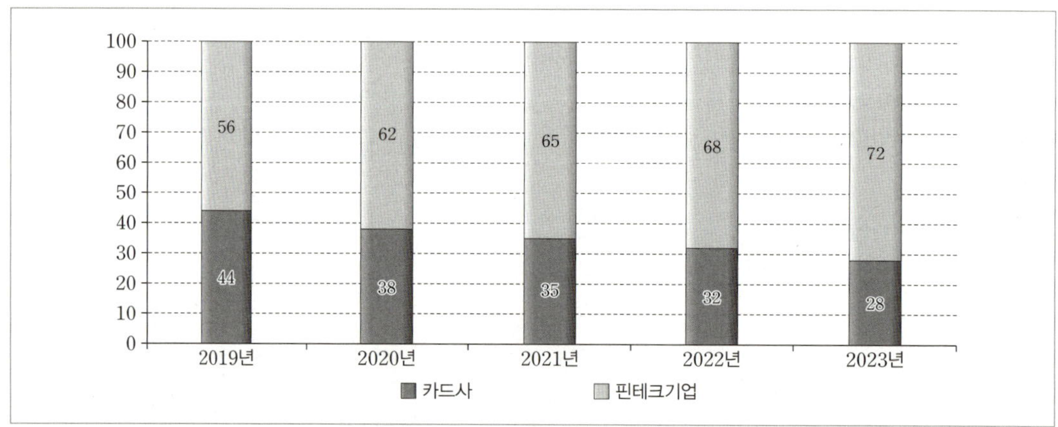

※ 개인 · 법인 신용 · 체크카드 국내가맹점 일평균 금액 기준

[그래프2] 간편결제 서비스 시장에서 핀테크기업 결제 규모 (단위: 억 원)

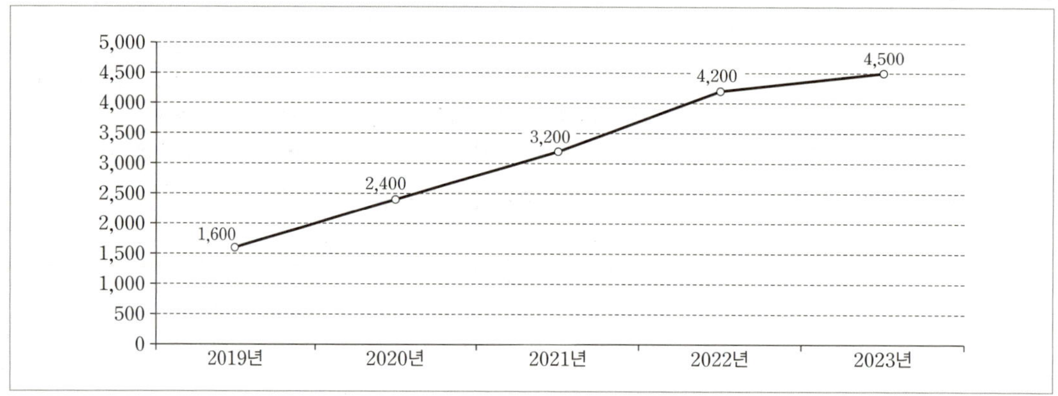

16 주어진 자료에 대한 설명으로 옳지 <u>않은</u> 것은?

① 2023년 간편결제 서비스 시장에서 카드사의 비중은 전년 대비 4%p 줄어들었다.

② 최근 5년 동안 간편결제 서비스 시장에서 카드사와 핀테크기업을 제외한 다른 결제 수단은 없다.

③ 주어진 기간 동안 간편결제 서비스 시장에서 핀테크기업 결제 규모는 지속적으로 증가하였다.

④ 2021년 핀테크기업과 카드사가 간편결제 서비스 시장에서 차지하는 비중의 전년 대비 증감률의 절댓값은 핀테크기업이 더 크다.

⑤ 2019~2023년 동안 간편결제 서비스 시장에서 결제 규모는 핀테크기업이 카드사보다 매년 컸다.

17 다음 [보기]에서 주어진 자료에 대한 설명으로 옳은 것을 모두 고른 것은?

> ┤ 보기 ├
>
> ㉠ 2023년 간편결제 서비스 시장에서 카드사 결제 규모는 전년 대비 감소하였다.
>
> ㉡ 간편결제 서비스 시장에서 차지하는 핀테크기업 비중의 전년 대비 증가율은 2022년이 2021년보다 더 높다.
>
> ㉢ 간편결제 서비스 시장에서 핀테크기업 결제 규모의 전년 대비 증가율은 2023년이 2022년보다 더 낮다.

① ㉠ 　　　　② ㉡ 　　　　③ ㉠, ㉡

④ ㉠, ㉢ 　　　　⑤ ㉡, ㉢

18 다음 [그래프]는 전 세계 반도체 매출액의 변화율에 관한 자료이다. 주어진 자료를 바탕으로 연도별 반도체 매출액을 그래프로 나타내었을 때, 적절한 것은?

[그래프] 전 세계 반도체 매출액 전년 대비 변화율 (단위: %)

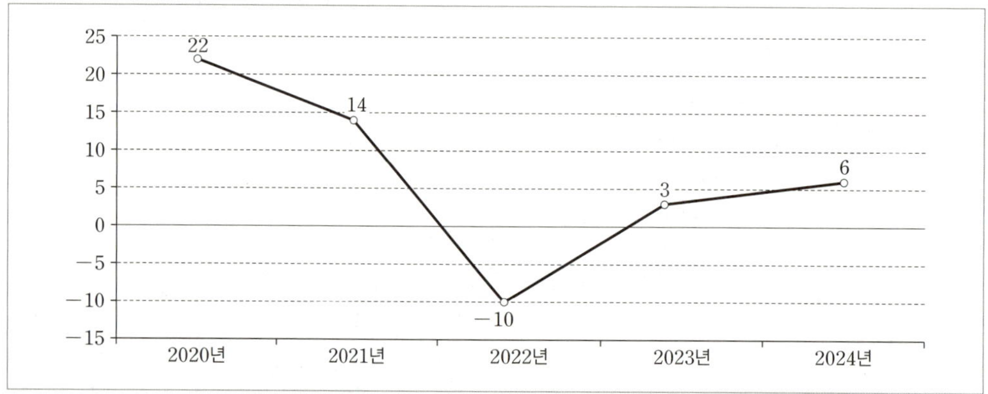

① 2019~2021년 전 세계 반도체 매출액

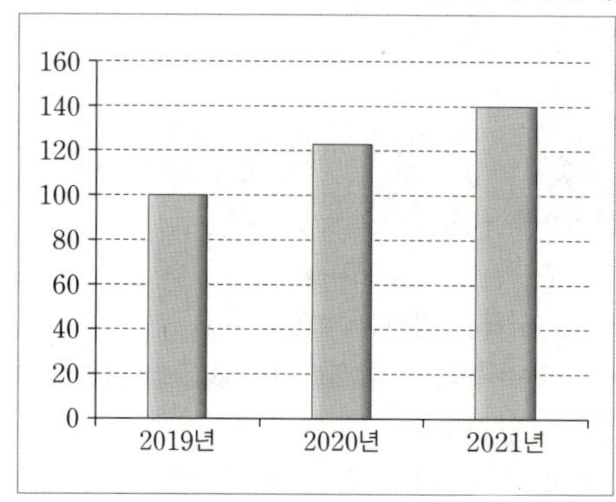

② 2019~2021년 전 세계 반도체 매출액

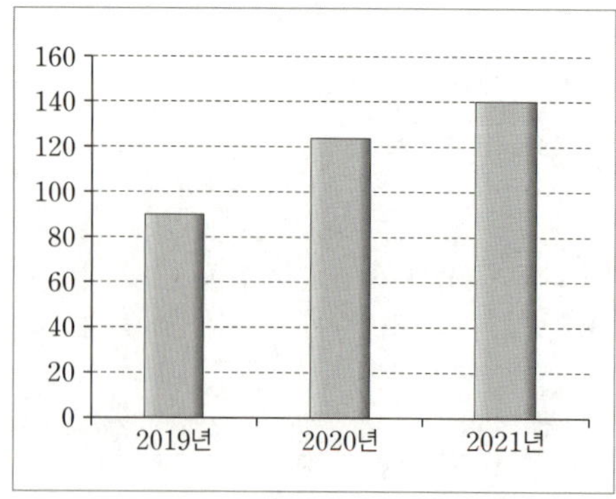

③ 2021~2023년 전 세계 반도체 매출액

(단위: 십억 달러)

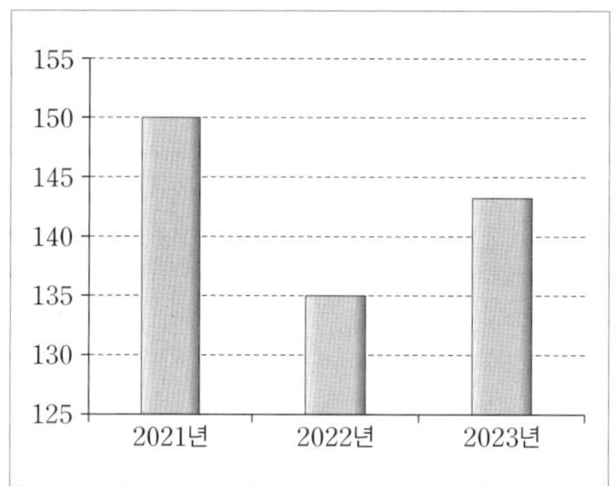

④ 2021~2023년 전 세계 반도체 매출액

(단위: 십억 달러)

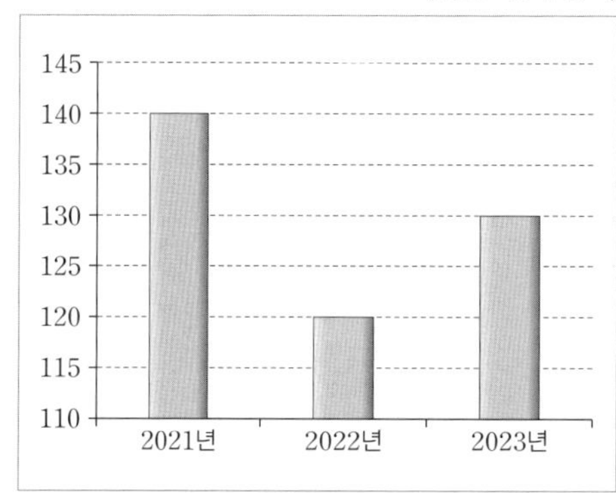

⑤ 2022~2024년 전 세계 반도체 매출액

(단위: 십억 달러)

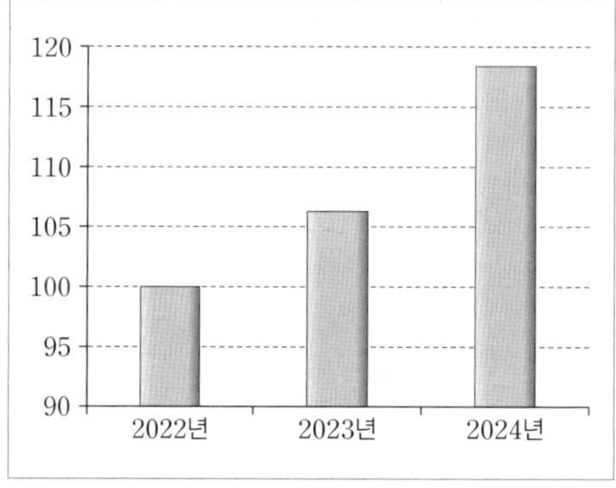

19 다음 [표]는 각 재료비에 따른 판매율의 상관관계를 정리한 자료이다. 주어진 자료를 바탕으로 빈칸에 해당하는 값을 예측했을 때, 가장 적절한 것은?

[표] 재료비에 따른 판매율의 상관관계

구분	2021년	2022년	2023년	2024년
A재료비(원)	5,000,000	4,000,000	(ⓛ)	5,000,000
B재료비(원)	5,000,000	8,000,000	3,000,000	4,000,000
판매율(%)	(㉠)	100	68	75

※ 판매율(%) = $\dfrac{\text{A재료비} + \text{B재료비}}{\text{A재료비} \times a + \text{B재료비} \times b} \times 100$

	㉠	ⓛ
①	80	5,500,000
②	80	6,000,000
③	82	5,500,000
④	82	6,000,000
⑤	84	6,000,000

20 다음 [표]는 OO그룹 내의 계열사 A사, B사의 매출액을 분기별로 나타낸 자료이다. 두 회사의 매출액이 매 분기 일정하게 변한다고 할 때, 두 회사의 분기별 평균 매출액이 1조 원 이상이 되는 시기로 옳은 것은?

[표] A사와 B사의 분기별 매출액 (단위: 억 원)

구분	2022년 1분기	2분기	3분기	4분기	2023년 1분기	2분기
A사	8,000	8,100	8,300	8,600	9,000	9,500
B사	6,000	6,100	6,100	6,200	6,200	6,300

① 2023년 3분기 ② 2023년 4분기 ③ 2024년 1분기
④ 2024년 2분기 ⑤ 2024년 3분기

01 다음 전제를 보고 항상 참인 결론은?

전제1	핸드크림을 바르는 사람은 손톱이 길다.
전제2	손이 건조한 사람은 손톱이 길지 않다.
결론	

① 손이 건조한 사람은 핸드크림을 바른다.
② 손이 건조하지 않은 사람은 핸드크림을 바른다.
③ 손이 건조하지 않은 사람은 핸드크림을 바르지 않는다.
④ 핸드크림을 바르는 사람은 손이 건조하다.
⑤ 핸드크림을 바르는 사람은 손이 건조하지 않다.

02 다음 결론이 반드시 참이 되게 하는 전제는?

전제1	그림을 그리는 모든 사람은 예술성이 깊다.
전제2	
결론	음악을 좋아하는 모든 사람은 그림을 그리지 않는다.

① 음악을 좋아하는 어떤 사람은 예술성이 깊다.
② 예술성이 깊은 모든 사람은 음악을 좋아한다.
③ 예술성이 깊은 어떤 사람은 음악을 좋아한다.
④ 음악을 좋아하는 모든 사람은 예술성이 깊지 않다.
⑤ 그림을 그리지 않는 어떤 사람은 음악을 좋아한다.

03 다음 전제를 보고 항상 참인 결론은?

전제1	비가 내리는 어떤 날은 무릎이 아픈 날이다.
전제2	비가 내리는 모든 날은 춥다.
결론	

① 무릎이 아픈 어떤 날도 추운 날이 아니다.
② 추운 날 중에 무릎이 아픈 날이 있다.
③ 추운 모든 날은 무릎이 아픈 날이다.
④ 무릎이 아픈 어떤 날은 춥지 않은 날이다.
⑤ 춥지 않은 모든 날은 무릎이 아프지 않은 날이다.

04 A부장, B차장, C과장, D대리, E주임, F사원의 6명이 참말 또는 거짓말을 하였을 때, 주어진 [대화]를 바탕으로 이들 중 거짓말을 한 사람을 모두 고른 것은?

> ┤ 대화 ├
>
> - A부장: B차장과 F사원은 참말을 하고 있습니다.
> - B차장: E주임은 참말을 하였습니다.
> - C과장: 거짓말을 하는 사람은 A부장님입니다.
> - D대리: 단 1명만이 거짓말을 하고 있습니다.
> - E주임: F사원은 거짓말을 하였습니다.
> - F사원: C과장님과 A부장님은 모두 거짓말을 하고 계십니다.

① A부장, B차장
② C과장, D대리
③ A부장, D대리, F사원
④ B차장, E주임, F사원
⑤ C과장, E주임, F사원

05 6명의 신입사원 A~F가 각자 리더십, 보안, 안전, 코딩 교육 중 2개씩 선택하여 교육을 신청할 때, 주어진 [조건]을 바탕으로 안전 교육을 신청한 사람을 모두 고른 것은?

> ┤ 조건 ├
> • 한 사람이 같은 교육 2개를 신청할 수 없다.
> • 리더십 교육과 안전 교육은 함께 신청할 수 없다.
> • A는 보안, 안전 교육을 신청하였다.
> • B와 E는 리더십 교육, C와 F는 보안 교육을 신청하였다.
> • D가 신청한 교육은 모두 E가 신청한 교육과 다르다.
> • B와 D는 모두 코딩 교육을 신청하지 않았다.
> • 코딩 교육은 3명이 신청하였다.

① A, B   ② A, C   ③ A, D   ④ A, E   ⑤ A, F

06 K씨는 어느 온라인 사이트의 간편 결제를 위해 6자리의 비밀번호를 설정하였다. 주어진 [조건]을 바탕으로 항상 옳은 것은?

> ┤ 조건 ├
> • 비밀번호는 0부터 9까지의 자연수이며, 모두 다른 숫자로 구성되어 있다.
> • 비밀번호는 4의 배수이다.
> • 다섯 번째 숫자는 첫 번째 숫자의 2배이다.
> • 세 번째 숫자는 네 번째 숫자보다 5만큼 작다.
> • (두 번째 숫자)=(첫 번째 숫자)+(다섯 번째 숫자)=(세 번째 숫자)+(네 번째 숫자)

① 두 번째 숫자는 8이다.
② 여섯 번째 숫자는 0이다.
③ 가능한 경우의 수는 3가지이다.
④ 네 번째 숫자는 여섯 번째 숫자보다 크다.
⑤ 첫 번째 숫자는 세 번째 숫자보다 2만큼 크다.

07 9명의 재무팀 직원 A~I가 워크숍을 진행하고 1명당 하나씩 방을 배정받았다. 주어진 [조건]을 바탕으로 항상 옳은 것은?

• 9명이 배정받은 방은 다음과 같다.

3층	301호	302호	303호
2층	201호	202호	203호
1층	101호	102호	103호

• A는 부장, B는 차장, C, D는 과장, E, F는 대리, G, H, I는 사원이다.
• 대리와 사원은 모두 1, 2층에 위치한다.
• 과장끼리는 서로 옆방에 위치한다.
• 대리는 모두 끝자리가 짝수인 방에 위치한다.
• H는 203호에 위치한다.
• I의 바로 윗방에는 C가 위치한다.

① A가 1층에 위치하는 경우는 없다.
② B가 1층에 위치하는 경우의 수는 2가지이다.
③ F가 202호에 위치하는 경우의 수는 2가지이다.
④ A가 303호에 위치하면, G는 101호에 위치한다.
⑤ B가 103호에 위치하면, A는 303호에 위치한다.

08 A~D가 영국, 프랑스, 독일, 일본으로 출장을 가려고 한다. 주어진 [조건]을 바탕으로 항상 옳은 것은?(단, 출장을 가지 않은 사람은 없으며, 각자 한 곳에만 출장을 갔다.)

• A는 영어, 독일어, 일본어, B는 영어, 프랑스어, 독일어, C는 프랑스어, 독일어, 일본어, D는 영어, 독일어를 할 수 있다.
• 프랑스에 출장을 간 사람은 프랑스어를 할 수 있다.
• 영국에 출장을 간 사람은 영어를 할 수 있다.
• 일본어를 할 수 있는 사람은 독일에 출장을 가지 않았다.
• 일본에 출장을 간 사람은 3개 국어를 할 수 있다.

① 독일에 출장을 간 사람은 영어를 할 수 있다.
② 프랑스에는 C가 출장을 갔다.
③ 일본에 출장을 간 사람은 프랑스어를 할 수 없다.
④ 영국에 출장을 간 사람은 일본어를 할 수 있다.
⑤ 프랑스에 출장을 간 사람은 영어를 할 수 있다.

09 제주도행 비행기 표 6장을 가지고 있는 길동이는 A~E 5명과 함께 여행을 가고자 한다. 주어진 [대화]를 바탕으로 항상 옳은 것은?(단, 비행기 표 6장을 반드시 다 사용할 필요는 없으며, 길동이는 항상 참여한다.)

> ┤ 대화 ├
> - A: 나는 E가 간다면 갈게.
> - B: D가 가지 않는다면 나도 갈 수 없어.
> - C: 나는 전체 인원이 나 포함해서 짝수로 맞춰진다면 갈게.
> - D: 나는 C가 가지 않으면 갈게.
> - E: 다른 일 때문에 아직 확정할 수 없어. 결정되면 알려줄게.

① D가 여행을 가면 여행 인원은 적어도 4명 이상이다.
② C가 여행을 가면 길동이는 C와 단둘이 여행을 가게 된다.
③ B가 여행을 가면 C는 여행을 가지 않으며 전체 여행 인원은 홀수이다.
④ A와 D가 모두 여행을 가면 여행 인원은 4명이다.
⑤ C와 E는 함께 여행을 갈 수 없다.

10 다음에 주어진 [조건] 중 하나는 거짓, 나머지 2개는 참일 때, 항상 옳지 <u>않은</u> 것은?

> ┤ 조건 ├
> - 영희는 사과를 좋아하거나 호빵을 좋아한다.
> - 영희는 호빵을 좋아하거나 코코넛을 좋아한다.
> - 영희는 사과를 좋아하지 않거나 코코넛을 좋아하지 않는다.

① 영희는 사과를 좋아한다.
② 영희는 호빵을 좋아한다.
③ 영희는 코코넛을 좋아한다.
④ 영희가 사과를 좋아하면 코코넛을 좋아하지 않는다.
⑤ 영희가 코코넛을 좋아하지 않으면 호빵을 좋아한다.

11 기획팀, 제작팀, 개발팀에서 각각 2명씩을 뽑아 TF를 구성하여 원탁회의 중이다. 주어진 [조건]을 바탕으로 항상 옳은 것은?

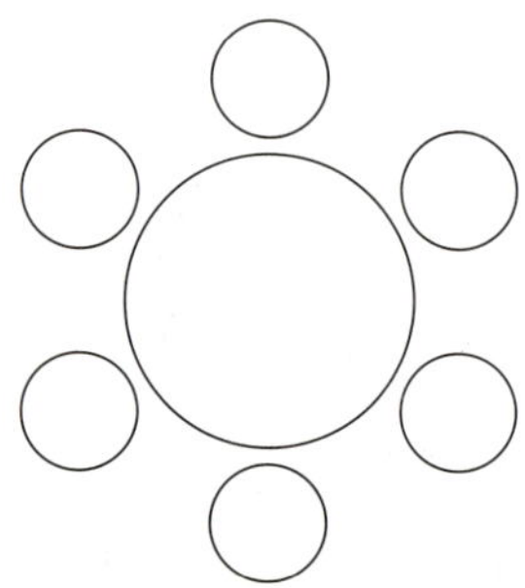

> ┤ 조건 ├
> - 기획팀에서는 김 차장, 박 대리가 참여 중이고, 제작팀에서는 한 과장, 이 주임이 참여 중이며, 개발팀에서는 오 차장, 정 과장이 참여 중이다.
> - 기획팀 두 명은 서로 마주 보고 앉아 있고, 개발팀 2명은 서로 옆에 붙어 앉아 있다.
> - 기획팀의 박 대리의 왼쪽에 제작팀의 이 주임이 앉아 있다.

① 제작팀 2명은 서로 마주 보고 앉아 있다.
② 6명이 자리에 앉을 수 있는 경우의 수는 총 2가지이다.
③ 제작팀의 이 주임 왼쪽에 기획팀의 김 차장이 앉아 있다.
④ 기획팀의 박 대리 오른쪽에 앉은 사람의 직급은 과장이다.
⑤ 기획팀의 김 차장의 왼쪽에 개발팀의 오 차장이 앉아 있다면, 오른쪽에는 제작팀의 이 주임이 앉아 있다.

12 어느 행사장에서 사은품으로 검은색, 빨간색, 파란색 펜 중 한 가지를 참가자에게 나누어 주고 있다. A~E가 다음 [조건]에 따라 펜을 받았다고 할 때, 항상 옳은 것은?

> ┤ 조건 ├
> - A가 검은색 펜을 받으면 C는 빨간색 펜을 받는다.
> - 파란색 펜을 받은 사람은 1명이다.
> - D는 빨간색 펜을 받았다.
> - B는 검은색 펜을 받지 않았다.
> - 검은색 펜을 받은 사람은 2명이다.

① E는 검은색 펜을 받는다.
② B는 파란색 펜을 받는다.
③ A가 검은색 펜을 받으면 E는 파란색 펜을 받는다.
④ C가 파란색 펜을 받는 경우는 1가지이다.
⑤ D가 B와 같은 색 펜을 받는 경우는 없다.

13 소희, 지혜, 성아, 윤정, 진영이는 각자 A, B, C노트북 중 하나를 구매하였다. A노트북은 180도 펼쳐지는 기능만 있고, B노트북은 터치 기능만 있으며, C노트북은 180도 펼쳐지는 기능과 터치 기능이 모두 있다. 주어진 [조건]에 따라 노트북을 구매했을 때, 항상 옳은 것은?

- 윤정이는 180도 펼쳐지는 노트북을 구매했다.
- 소희는 터치가 되지 않는 노트북을 구매했다.
- 진영이는 성아와 다른 노트북을 구매했다.
- 성아는 터치가 되는 노트북을 구매했다.
- 지혜는 B노트북을 구매했다.
- 각 노트북은 1명 이상이 구매했다.
- B노트북은 2명이 구매했다.

① 가능한 경우의 수는 총 4가지이다.
② 소희와 진영이는 다른 노트북을 구매했다.
③ 진영이가 C노트북을 구매했다면 성아는 B노트북을 구매했다.
④ 성아가 C노트북을 구매했다면 윤정이도 C노트북을 구매했다.
⑤ 윤정이가 A노트북을 구매했다면 진영이는 B노트북을 구매했다.

14 S회사에서는 신입사원 채용을 위해 지원자 18명의 면접을 진행하고자 한다. 면접관은 A부장, B부장, C차장, D과장으로 2명씩 두 팀으로 나뉘어 면접에 들어가고, 지원자는 최소 3명부터 최대 7명으로 이루어진 네 개의 조로 나뉘어 면접을 진행한다. 주어진 [조건]을 바탕으로 D과장이 두 번째로 면접을 보게 될 조의 지원자 수로 옳은 것은?

- 면접은 1층의 101호와 102호, 2층의 201호와 202호에서 진행되고, 네 개의 조는 모두 서로 다른 곳에서 면접을 본다. 이때 면접은 1호, 2호 순으로 진행된다.
- 모든 조의 지원자 수는 서로 다르다.
- A부장과 D과장은 같은 팀이 아니다.
- C차장은 201호에서 지원자 4명의 면접을 진행한다.
- 부장끼리는 같은 팀이 될 수 없고, 각 팀은 한 층씩 담당하여 면접에 들어간다.
- 1층과 2층 모두 1호에서 면접을 보는 지원자 수는 2호에서 면접을 보는 지원자 수보다 많다.

① 3명   ② 4명   ③ 5명   ④ 6명   ⑤ 7명

 다음 도형들은 일정한 규칙을 가지고 있다. 다음 중 ?에 들어갈 도형으로 알맞은 것은?

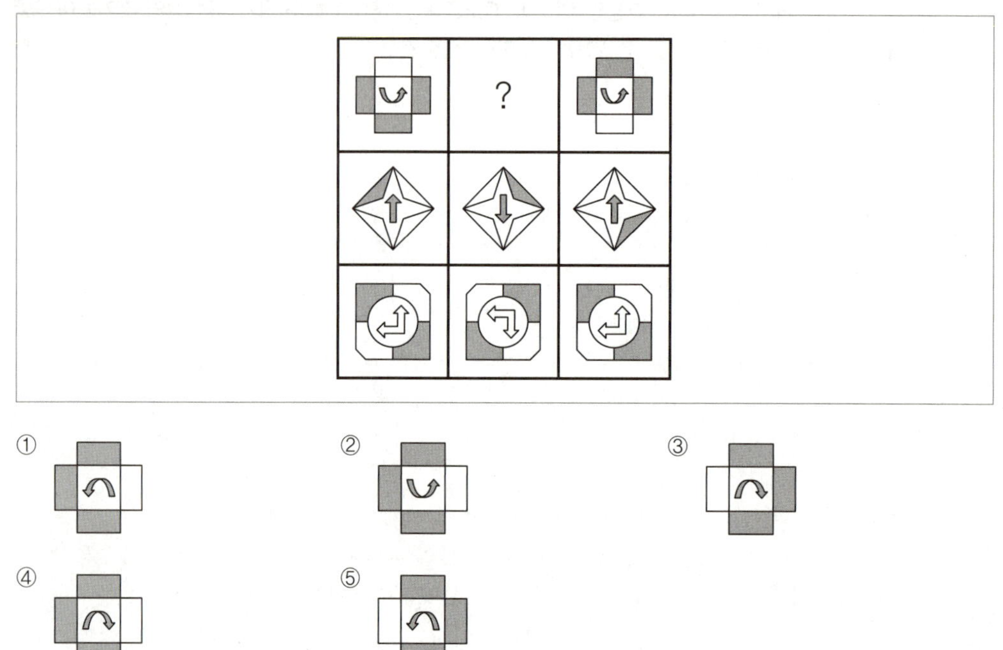

① ② ③

④ ⑤

16 다음 도형들은 일정한 규칙을 가지고 있다. 다음 중 ?에 들어갈 도형으로 알맞은 것은?

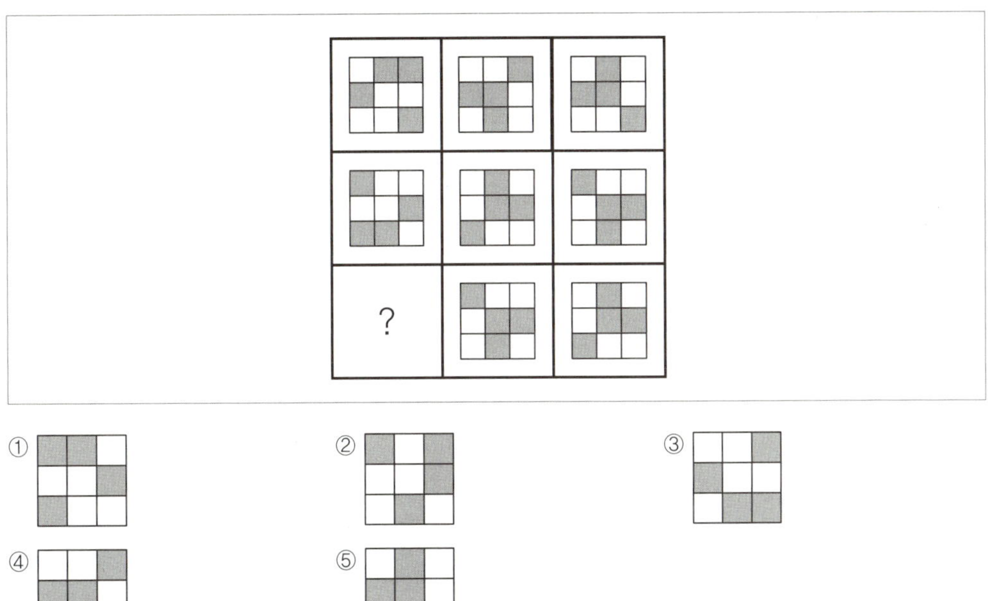

① 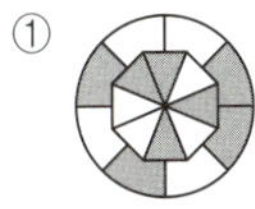

② 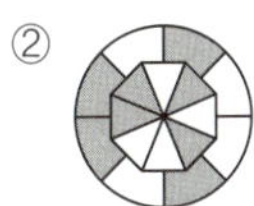

③ 

④ 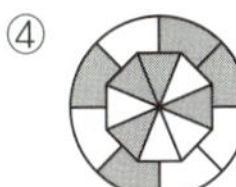

⑤ 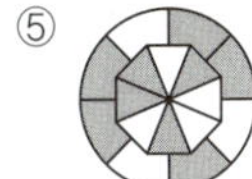

17 다음 도형들은 일정한 규칙을 가지고 있다. 다음 중 ?에 들어갈 도형으로 알맞은 것은?

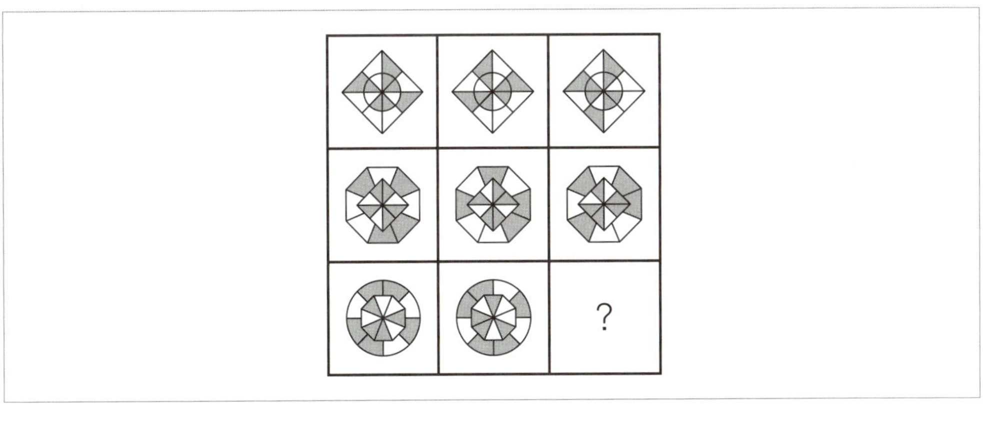

[18~21] 기호들이 하나의 규칙을 가지고 아래와 같이 문자나 숫자를 변화시킨다고 한다. 이때 다음 (?)에 해당하는 것을 고르시오.(단, 가로와 세로 중 한 방향으로만 이동하며, Z 다음은 A, 9 다음은 0이다.)

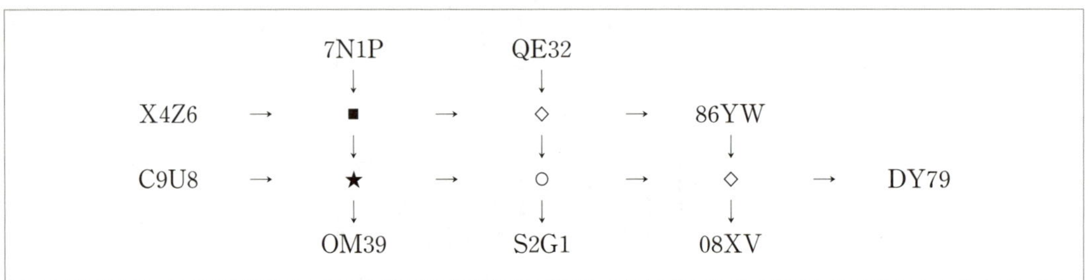

18

$$QETU \rightarrow \bigstar \rightarrow \blacksquare \rightarrow (?)$$

① WDPV ② WPDV ③ WPVD
④ WVDP ⑤ WDVP

19

$$B1A4 \rightarrow \bigstar \rightarrow \bigcirc \rightarrow \diamondsuit \rightarrow (?)$$

① DE95 ② DF95 ③ CE59
④ CE95 ⑤ C9E5

20

$$(?) \rightarrow \diamondsuit \rightarrow \bigstar \rightarrow 6935$$

① 5284 ② 5824 ③ 9022
④ 5842 ⑤ 9202

21

$$(?) \rightarrow \blacksquare \rightarrow \bigcirc \rightarrow \diamondsuit \rightarrow 3TR2$$

① 3ST1 ② 3RS1 ③ 3SR1
④ 4ST2 ⑤ 4TS2

22 다음 문단을 논리적 순서대로 알맞게 배열한 것은?

> [가] 실제 그의 실내 풍속화는 그 시대를 반영하는 군인, 학자, 화가 그리고 집안일을 돌보는 여인의
>   모습을 담고 있다. 또한 당대 시민들이 소유하고 있던 다양한 생활 모티프 즉 악기, 태피스트
>   리, 파이앙스, 그리고 벽에 걸린 그림, 지도 등이 중산층의 취향을 반영하고 있다.
> [나] 17세기 네덜란드는 종교적으로는 칼뱅주의가 중심을 이루면서 여타 종교에 대해 관용적이었
>   고, 정치적으로는 스페인으로부터의 독립 후 평화주의를 지향하였다. 또한 경제적으로는 '황금
>   의 시대'로 알려진 네덜란드 사상 유례없던 경제적 부흥기를 맞이하였다.
> [다] 이들 세속화 중에 17세기 시민 사회의 모습을 가장 잘 반영한 회화 장르는 풍속화였다. 일상을
>   재현하는 풍속화의 대가 베르메르는 '황금의 세기' 경제적 번영의 중심지인 홀란트주 델프트시
>   에서 활동하였고, 그의 작품은 주로 도시 중산층의 삶을 묘사하였다.
> [라] 독립을 위한 오랜 기간의 전쟁과 원격지 부역, 그리고 남부 벨기에 지역으로부터의 이민자 수
>   용은 다양한 문화적 근원을 배태한 도시 중심의 자율적인 시민 사회를 발전시켰다. 이러한 네
>   덜란드 시민 사회는 1579년 위트레흐트 조약을 통해 칼뱅교를 국교로 공인하였고, 칼뱅주의는
>   성상 사용을 배격하면서 세속적 미술의 발전에 영향을 미치게 되었다.

① [나]-[가]-[라]-[다]　　　　② [나]-[다]-[가]-[라]
③ [나]-[라]-[다]-[가]　　　　④ [라]-[나]-[다]-[가]
⑤ [라]-[다]-[가]-[나]

23 다음 중 [보기]에 이어서 문단을 논리적 순서대로 알맞게 배열한 것은?

> **보기**
>
> 욕은 공격성의 표현이자, 말로 하는 폭력이다. 아이가 욕을 배워 친구 앞에서 욕을 하는 것은 어른 세계에 대한 반항이자 거기서 벗어나고 싶다는 표현이다.

[가] 그들이 집회에서 내뱉는 폭언은 자신들과 기성세대의 차이를 분명하게 구분 짓는 행동 양식이었다. 기성세대와는 다른 그들만의 독자성을 가진 집단을 만들어내기 위한 방법이었다.

[나] 그러나 욕은 특수 용어가 아니다. 특수 용어는 개념을 더 정확하게 나타내고 미묘한 뉘앙스 차이를 분명하게 한다. 언어 그 자체를 약화시키는 것이 아니라 오히려 이해에 도움을 주는 것이다. 하지만 욕과 같은 추한 말은 언어를 저하시키고 못쓰게 만든다.

[다] 1968년 이탈리아에서 학생 운동이 시작되었을 당시, 학생들이 귀에 담기 힘든 폭언을 내뱉은 것도 같은 이유에서였다. 자신들은 규범을 깨뜨릴 것이며 이제 기성세대에, 국가 권력에 따르지 않겠다는 성명이었다. 학생 집회에 참가했던 사람들은 놀라서 그 자리에 못이 박히고 말았다. 입만 열면 욕설이 난무하는 집단 속에서는 말을 할 수가 없었다. 바보나 멍청이로밖에 보이지 않을 것이기 때문이다. 그렇다고 해서 학생들 흉내를 내며 학생들 편에 설 수도 없었다.

[라] 어떤 집단이나 직업에도 특수한 말이 있다. 의사, 변호사, 공증인 등이 외부 사람들이 알아듣기 어려운 전문 용어를 쓰는 것은 동료 간의 의사소통에 편리할 뿐만 아니라 타 분야와 확실히 구별을 짓고 싶기 때문이다. 그래서 화자가 특수 용어를 쓰지 않고 일반적인 용어를 사용하면 그 분야 사람들은 화를 낸다. 배신당한 기분이 들기 때문이다.

① [다]―[가]―[나]―[라]
② [다]―[가]―[라]―[나]
③ [다]―[나]―[가]―[라]
④ [라]―[나]―[가]―[다]
⑤ [라]―[나]―[다]―[가]

> 심해저의 다양한 퇴적물 중에서 생물 유래의 유기물과 무기물로 생성된 것을 생물기원퇴적물이라 한다. 심해저의 가장 흔한 생물기원퇴적물은 연니이다. 연니는 주로 미세한 해양 생물의 유해나 남은 물질로 이루어져 있다. 대표적인 예로는 플랑크톤, 조류, 그리고 패각류의 껍질이 포함된다. 연니는 표층수에 사는 부유생물의 양이 많을수록, 해저에서 형성된 후의 용해 속도가 느릴수록 많이 퇴적된다. 칼슘탄산염으로 구성된 조개나 산호의 껍질 등 석회질의 생물체 잔해가 30% 이상 포함된 퇴적물을 '칼슘탄산염연니'라 하고, 주로 규조류와 같은 실리카 성분의 생물체 잔해가 30% 이상 포함된 퇴적물을 '실리카연니'라 한다. 칼슘탄산염연니는 비교적 따뜻하고 얕은 곳에 분포한다. 이는 차가운 해수가 탄산염을 용해시키는 이산화탄소를 더 많이 포함하므로, 수심이 깊은 곳에서는 탄산염 성분이 용해되기 때문이다. 심해저 표면의 약 48%를 덮고 있는 실리카연니는 대서양 중앙 부분과 동태평양 등에 집중적으로 분포하고 있다. 연니는 해양 연구에서 중요한 요소로, 퇴적물을 연구하면 과거부터 현재까지 해양 생태계의 변화에 관한 다양한 정보를 얻을 수 있다.

① 수심이 얕은 해수에 이산화탄소가 더 많이 포함되어 있다.

② 수심이 깊은 곳에서는 얕은 곳에 비해 규조류가 더 쉽게 용해된다.

③ 해저에 형성된 후의 용해 속도가 빠를수록 연니의 퇴적량은 늘어난다.

④ 심해로 갈수록 칼슘탄산염연니보다 실리카연니를 더 많이 찾을 수 있다.

⑤ 연니는 표층수에 사는 플랑크톤의 양과 반비례한 정도로 해저에 퇴적된다.

플로팅게이트란 플래시메모리 셀을 구성하는 기본 구조물 가운데 하나다. D램의 경우, 커패시터라는 곳에 전하를 채우는 방식으로 데이터를 기록하지만, 플래시메모리는 커패시터가 없고 오로지 트랜지스터만 있다. 플래시메모리의 트랜지스터는 플로팅게이트와 컨트롤게이트로 구성된다. 이 플로팅게이트에 전하가 차 있으면 1, 전하가 없으면 0 으로 기록하게 된다. 플로팅게이트는 절연체인 산화막으로 둘러싸여 있어 기본적으로 닫힌 상태다. 그러나 컨트롤게이트에서 높은 (+)전압을 걸어주면 (−)전자가 산화막을 통과해 플로팅게이트로 들어간다. 이것이 바로 낸드플래시 메모리의 '쓰기' 작업이다. 이렇게 산화막을 통과해 플로팅게이트에 저장된 전자는 갇힌 상태가 되며, 전원이 공급되지 않더라도 그대로 유지된다. 전원을 끊어도 데이터가 삭제되지 않는 '비휘발성' 특성은 바로 이러한 원리로 만들어진다. '지우기' 과정은 반대다. 산화막에 갇힌 전자를 빼내기 위해 기판 쪽에서 높은 (+)전압을 걸어주면 전자가 빠져나온다. 플로팅게이트는 비워지며, 이를 터널 릴리즈라고 한다. 낸드플래시는 덮어쓰기가 안 되므로 해당 영역에 데이터를 새로 쓰려면 지우기 과정을 반드시 거쳐야 한다.

① 플래시메모리와 D램은 구조가 다르다.
② 플래시메모리는 '비휘발성' 특성을 가지고 있다.
③ 컨트롤게이트에서 낮은 전압을 걸어주면 산화막 안에 있는 전자를 이동시킬 수 있다.
④ 낸드플래시의 셀은 플로팅게이트에 전자를 채우고 비우는 방식으로 0과 1을 인식한다.
⑤ 데이터가 저장된 플래시메모리에 데이터를 새로 쓰기 위해서는 터널 릴리즈 작업이 선행되어야 한다.

삼성전자가 반도체 위탁생산 시장 판도를 바꿀 것으로 기대되는 차세대 공정기술 'GAA(Gate All Around)' 도입을 재확인했다. GAA는 반도체 칩의 기본 소자인 '트랜지스터'를 더 작고 빠르게, 적은 전력만 소모하도록 만드는 최신 기술이다. 지금까지 트랜지스터를 가장 작고 빠르게 만들 수 있는 기술은 물고기의 등지느러미(Fin) 모양을 닮은 '핀 트랜지스터'였다. 삼성의 경우 2012년 14나노 공정부터 핀 트랜지스터를 도입했다. 하지만 7나노, 5나노, 4나노 등 초미세 공정기술이 발전하면서 한계에 부딪혔다. 핀 트랜지스터 구조로는 4나노 이하 공정에서 '동작 전압(트랜지스터 등을 동작시키기 위해 필요한 전원 전압)'을 줄이는 게 불가능했다. 이를 해결하는 기술이 바로 GAA다. 삼성전자는 여기서 더 나아가 독자적인 GAA 기술인 'MBC펫(Multi Bridge Channel—Field Effect Transistor)'을 개발했다. 삼성전자 측은 "MBC펫 구조를 적용한 3나노 공정은 기존 핀펫 기반 5나노 공정 대비 성능은 30% 향상되고, 전력 소모와 면적은 각각 50%, 35% 감소할 것으로 예상한다."고 설명했다.

① 트랜지스터는 반도체 칩에서 반드시 필요하다.
② 핀 트랜지스터는 물고기 등지느러미 모양을 닮았다.
③ 트랜지스터는 작고 빠르고 적은 전력을 소모할수록 좋다.
④ GAA 기술로 4나노 이하 공정에서 동작 전압을 줄이는 것이 가능하다.
⑤ MBC펫 구조를 적용하면 4나노 공정에서 30%의 성능을 향상시키고 전력소모와 면적도 감소시킬 수 있다.

 다음 글의 내용이 참일 경우, 반드시 <u>거짓</u>인 것은?

모든 첨단 기술의 기반이 되는 반도체는 더욱 고성능화가 요구되어 나노미터 단위, 즉 1미터의 10억 분의 1의 세계에서 현재도 계속해서 진화하고 있다. 예를 들어, PC나 스마트폰 등의 데이터를 저장하는 NAND 플래시 메모리는 보다 대용량의 데이터를 처리할 수 있도록 데이터 기록 단위인 메모리 셀을 더 많이 쌓아 올리는 '적층화' 기술의 혁신이 진행되고 있다. 2023년에는 200단을 돌파하였으며, 앞으로 더욱 심화될 대용량화 요구에 대응하기 위해 향후 1,000단을 넘는 로드맵을 그리고 있다. AI, 데이터 센터, 양자 컴퓨터 등 사회 발전을 이루는 신기술 개발에는 반도체의 진화가 필수적이다. 반도체의 대용량화, 고속화, 고신뢰성뿐만 아니라 환경 부하 저감을 위한 저소비 전력화도 동시에 실현해 가야 한다. 강력하고 유연하게 지속 가능한 사회를 실현하는 인프라로서 반도체에 대한 기대는 점점 더 커지고 있다.

① NAND 플래시 메모리는 PC나 스마트폰 등의 데이터를 저장한다.
② NAND 플래시 메모리는 높이 쌓으면 쌓을수록 대용량의 데이터를 처리한다.
③ NAND 플래시 메모리의 적층화의 한계치는 1,000단이다.
④ 반도체의 발전은 성능의 향상뿐만 아니라 전력의 소비를 줄이는 데에도 초점이 맞춰진다.
⑤ 반도체는 사회의 발전과 지속 가능한 사회 실현에 인프라로 작용한다.

28 다음 글에 대해 '문화인류학'의 입장에서 '사회생물학'을 반박한 내용으로 가장 적절한 것은?

> 사회생물학은 자연선택이라는 찰스 다윈이 제시한 생물학적 진화론의 개념을 이용하여 인간의 사회적 행위를 설명하고자 하는 이론이다. 즉, 사회생물학은 자연선택의 원리를 기초로 한 다윈의 진화론이 포괄적 적자생존이라는 더 세련된 개념을 갖고 사회생물학이란 이름으로 다시 태어난 것이다. 사회생물학이나 진화론은 다양한 동물 종(種)들의 사회적 행위를 그 개체들 사이에서 이루어진 재생산적 성공의 결과로서 진화해 온 것으로 보고 있다. 이러한 재생산은 유전자 내의 암호의 한 부분이라는 것이다. 궁극적으로 사회생물학은 유전자 중심의 진화론의 연장이다.
>
> 반면 문화인류학자들은 문화의 연구는 경험에 기초한 사회과학적 입장에서 행해져야 하며, 살아 있는 문화나 사회 속에서 사람들과의 상호작용이나 관찰, 학습을 통해 축적된 자료를 바탕으로 이론이 전개되어야 한다고 주장한다.

① 경험을 무시하고 실험과 관찰에만 초점을 맞춘다.
② 인간의 문화나 학습 행위의 효과를 무시하고 있다.
③ 인간을 실험 대상으로 삼고 있다는 점에서 비윤리적이다.
④ '진화된 것'으로 명명함으로써 좋지 않은 인간의 행동을 정당화한다.
⑤ 인간과 다른 동물의 행동을 필요에 따라 선택적으로 비교해 설명한다.

시장 경제는 경쟁을 통해서 효율성을 높이고 성장을 달성한다. 경쟁의 동기는 사적인 이익을 추구하는 인간의 이기적 속성에 기인한다. 국민 각자는 모두가 함께 잘살기 위해서가 아니라 내가 잘살기 위해서 경쟁을 한다. 국가는 국민 모두가 함께 잘살기 위한 공동의 목적을 달성하기 위해 시장 경제를 선택한 것이지만 개개인은 이기적인 동기로 시장에 참여하는 것이다. 이와 같이 시장 경제는 개인의 사적 목적과 공동의 목적이 서로 상반되는 모습을 갖는 것이 그 본질이다. 그래서 시장 경제가 제대로 운영되기 위해서는 국가의 소임이 중요하다. 시장 경제에서 국가가 할 일은 크게 세 가지로 나누어 볼 수 있다. 첫째는 경쟁을 유도하는 시장 체제를 만드는 것이고, 둘째는 공정한 경쟁이 이루어지도록 시장 질서를 세우는 것이며, 셋째는 경쟁의 결과로 얻어진 성과가 모두에게 공평하게 분배되도록 조정하는 것이다.

최근 발표된 한 보고서에 따르면 우리나라 전체 가구에서 빈곤층이 차지하는 비율은 지속적인 증가 추세를 보였다. 또한 경제 성장의 몫이 어떻게 분배되었나를 가구 총소득에서 보면 비(非)빈곤층의 몫이 105.96%, 빈곤층의 몫이 −5.96%이었다. 쉽게 말해 늘어난 가구 총소득을 100으로 했을 때, 비빈곤층은 105.96을 가져간 데 비해 빈곤층은 5.96을 잃었다는 것이다. 이러한 양극화를 초래한 원인 중 하나는 바로 불균형 성장 전략이다. 이를 잘 보여 주는 예가 바로 과학 기술 정책이다. 제품 혁신이나 첨단 기술 개발 분야에 대한 집중 지원에서 알 수 있듯이 특정 연구자들과 대형 과제에 대해서만 지원이 치우침으로써 과학 기술계의 양극화가 점점 심화되어 온 것이다. 이에 따라 소수의 과학 기술자는 정치·경제계의 파워 엘리트가 되었지만 대다수 과학 기술 인력은 비정규직 노동자의 처지인 것이다.

① 기업에서 과학 기술 정책에 대한 투자를 대폭 확대해야 한다.
② 정부에서는 빈곤층 감소를 이루기 위해 성장 위주의 경제 정책을 펴야 한다.
③ 경쟁은 공정성을 보장하지 못하므로 과학계의 불균형 성장 역시 불가피한 현상이다.
④ 과학 기술은 경쟁이 그 분야의 생리이므로 경쟁의 결과에 대해서는 각자가 책임질 수밖에 없다.
⑤ 정부에서는 과학 기술 분야에서도 경쟁의 공정성이 보장될 수 있도록 적극적인 노력을 펼쳐야 한다.

30 다음 글과 [보기]를 읽고 추론한 것 중 가장 적절한 것은?

> 인구의 2~6%는 만성적으로 악몽을 꾼다. 청소년기에 가장 자주 꾸고, 나이가 많을수록 빈도는 점차 준다. 현재 악몽 치료에는 '이미지 리허설 요법(IRT)'이 사용되는데, 악몽의 내용을 떠올린 뒤 부정적인 줄거리를 긍정적인 내용으로 바꾸고, 이를 대본 삼아 낮에 리허설 하는 방식이다. 이 치료를 진행하면 2~3주 안에 악몽이 멈추지만, 악몽 장애 환자의 약 30%는 치료 효과를 보지 못한다.

―| 보기 |―

> 제네바대 연구진은 IRT 치료를 받는 환자 중 한 그룹만 IRT 치료 중에 특정 음악을 들려줬다. 긍정적으로 새로 써낸 스토리와 소리 사이의 연관성을 만들기 위해서다. 참가자 중 IRT 치료 도중에 음악을 청취하도록 한 참가자들은 일주일에 평균 3회 꾸던 악몽을 0.2회만 꿨다. 또한, 이 치료는 장기적으로 효과를 보였다.

① IRT 치료를 받으면 환자가 꿈을 꿀 때 뇌가 활성화되면서 잠에서 깬다.

② 악몽을 꾸는 환자에게 특정 소리를 들려주지 않으면 IRT 치료는 전혀 효과를 보이지 않는다.

③ 특정 소리를 이용한 악몽 치료는 IRT 치료에 비해 빠른 시간에 효과를 보지만 지속력은 약하다.

④ 특정 소리를 이용한 악몽 치료는 꿈을 꿀 때 환자의 정서가 긍정적으로 바뀌면서 악몽을 꾸는 횟수가 감소한다.

⑤ IRT 치료와 특정 소리를 이용한 악몽 치료는 모두 나이가 많은 환자에게는 효과가 있지만 나이가 어린 환자에게는 효과가 없다.

파이널 하프모의고사

※ 시험 전일·당일, 부담 없이 감각을 끌어올릴 수 있도록 하프 분량으로 구성하였습니다.

01 전체 직원 수가 400명인 어느 회사는 직급이 사원, 대리, 과장, 차장, 부장으로 나뉜다. 이 회사에서 직급이 대리인 직원 수는 117명이고 직급이 과장인 직원 수는 전체 직원 수의 25%이며, 직급이 차장인 직원 수는 부장인 직원 수보다 17명 더 많다. 직급이 사원인 직원 수가 차장인 직원 수보다 6배 많을 때, 직급이 사원인 직원 수는?

① 150명   ② 160명   ③ 165명
④ 175명   ⑤ 180명

02 A주머니에는 빨간 공 2개, 검은 공 2개가 들어있고, B주머니에는 빨간 공 3개, 검은 공 1개가 들어있다. 주사위를 던져 3의 배수가 나오면 A주머니에서 공을 2개 꺼내고, 3의 배수가 나오지 않으면 B주머니에서 공을 2개 꺼낼 때, 주사위를 던져서 빨간 공과 검은 공을 1개씩 뽑을 확률은?

① $\dfrac{1}{2}$ ② $\dfrac{5}{9}$ ③ $\dfrac{11}{18}$
④ $\dfrac{2}{3}$ ⑤ $\dfrac{13}{18}$

03 다음 [표]와 [그래프]는 연도별 글로벌 VR시장 규모와 이용자 수에 관한 자료이다. 주어진 자료에 대한 설명으로 옳지 <u>않은</u> 것은?

[표] 연도별 글로벌 VR시장 규모   (단위: 억 달러)

구분	2020년	2021년	2022년	2023년	2024년
하드웨어	65	120	175	220	230
콘텐츠	30	105	205	240	290

[그래프] 연도별 글로벌 VR시장 이용자 수   (단위: 만 명)

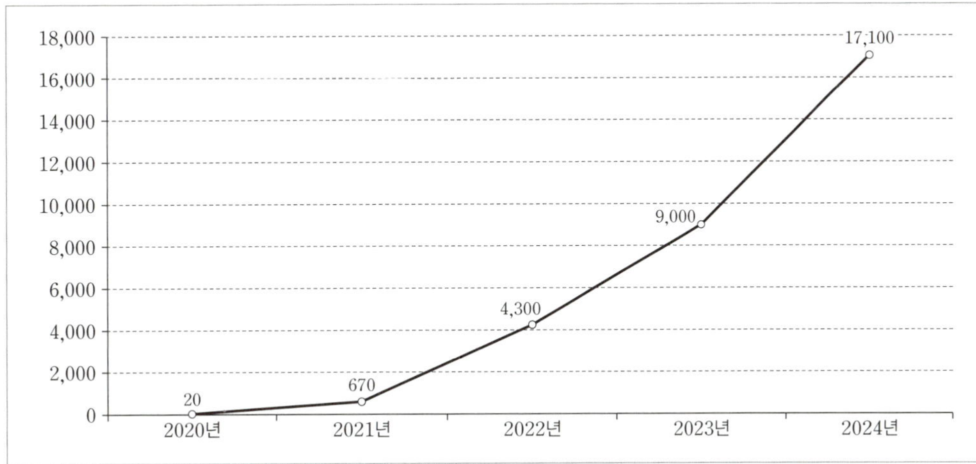

① 글로벌 VR시장 이용자 1명당 콘텐츠 규모는 2024년에 가장 작다.

② 2020년 대비 2024년 글로벌 VR시장 콘텐츠 규모의 증가율은 1,000% 이상이다.

③ 글로벌 VR시장에서 하드웨어와 콘텐츠의 규모 차이가 가장 작은 해는 2021년이다.

④ 2021년 글로벌 VR시장 규모는 하드웨어와 콘텐츠를 합쳐 전년 대비 2배 이상으로 성장했다.

⑤ 2024년 글로벌 VR시장의 하드웨어가 전체 시장 규모에서 차지하는 비중은 40% 이상이다.

 다음 [그래프]는 2024년 AI이용에 대해 14~65세 일반 국민 4,000명 대상으로 조사한 결과이다. 주어진 자료를 바탕으로 이어지는 질문에 답하시오.(단. 각 항목에 대해 중복 답변이 가능하다.)

[그래프1] 대국민 AI이용 인식조사 결과 (단위: %)

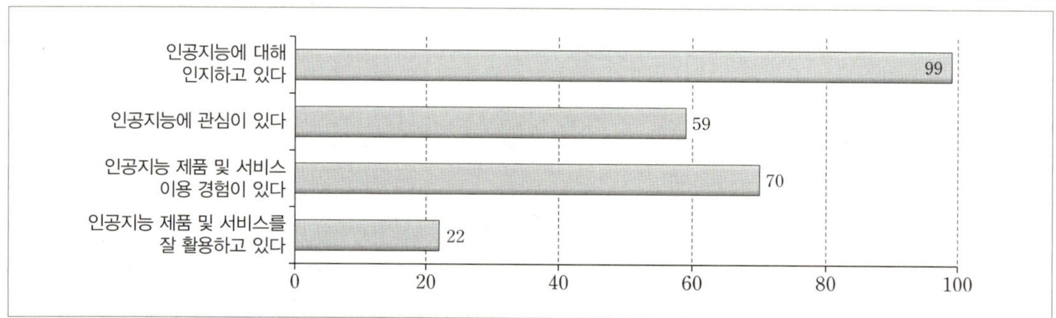

※ '인공지능 제품 및 서비스를 잘 활용하고 있다'에 응답한 비율은 '제품 및 서비스 이용 경험이 있다'에 응답한 인원 중에서의 비율을 의미함

[그래프2] AI제품 및 서비스 이용 경험 (단위: %)

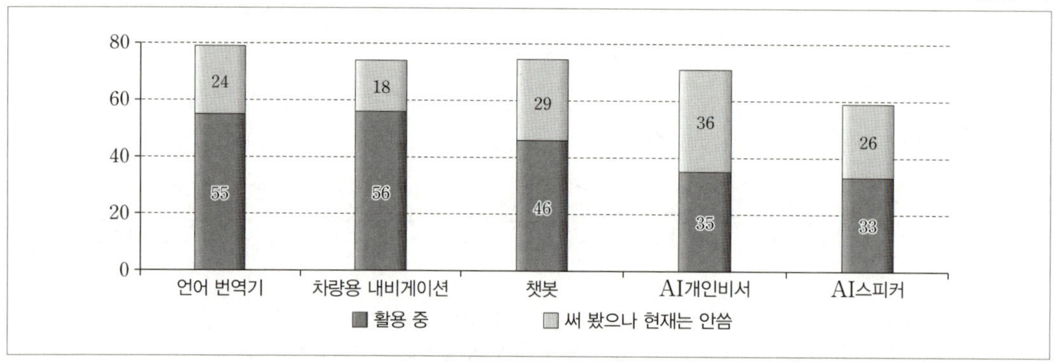

※ 위의 비율은 '인공지능 제품 및 서비스 이용 경험이 있다'에 응답한 인원 중 각 항목에 응답한 비율을 의미함

04 주어진 자료에 대한 설명으로 옳은 것은?

① AI이용 조사 결과 인공지능에 관심이 있는 인원은 2,460명을 넘는다.
② AI이용 조사 결과 AI개인비서를 활용 중인 인원은 1,400명이다.
③ AI이용 조사 결과 인공지능에 대해 인지하지 못한 인원은 400명이다.
④ AI이용 조사 결과 언어 번역기를 활용 중인 인원은 1,540명이다.
⑤ AI이용 조사 결과 인공지능 제품 및 서비스를 잘 활용하고 있는 인원은 880명이다.

05 다음 [보기]에서 주어진 자료에 대한 설명으로 옳은 것을 모두 고른 것은?

┤ 보기 ├
㉠ 언어 번역기 활용 중인 인원은 차량용 내비게이션 활용 중인 인원보다 더 적다.
㉡ 챗봇 이용 경험이 있다고 응답한 인원은 차량용 내비게이션 이용경험이 있다고 응답한 인원보다 더 많다.
㉢ AI스피커 이용 경험이 있다고 응답한 인원수와 인공지능에 관심이 있다고 응답한 인원수는 같다.

① ㉠　　　　　　　② ㉡　　　　　　　③ ㉠, ㉡
④ ㉠, ㉢　　　　　⑤ ㉡, ㉢

[그래프] 어류·패류 수입

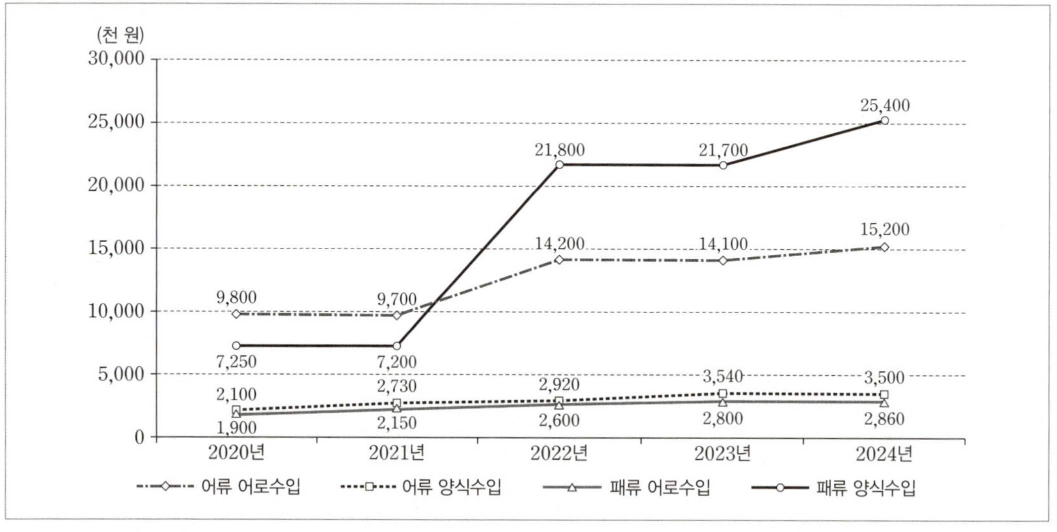

06 주어진 자료에 대한 설명으로 옳은 것은?

① 2020년 대비 2024년 어류 어로수입의 증가율은 2020년 대비 2024년 어류 양식수입의 증가율보다 크다.

② 제시된 기간 동안 패류의 어로수입 대비 양식수입 비율은 매년 3배 이상이다.

③ 2023년 어류 어로수입은 2021년 어류 어로수입 대비 48% 이상 증가하였다.

④ 2022년 패류 양식수입은 2022년 패류 어로수입의 9배 이상이다.

⑤ 2021년 이후 어류 양식수입이 전년 대비 감소한 해에 어류 어로수입도 전년 대비 감소하였다.

07 2024년 양식수입은 어업 총수입의 60%를 차지하고, 패류 양식수입은 양식수입의 55%를 차지한다고 할 때, 2024년 어업 총수입은?(단, 총수입은 백원 단위에서 반올림하여 계산한다.)

① 76,909천 원   ② 76,970천 원   ③ 77,000천 원

④ 78,733천 원   ⑤ 79,987천 원

08 다음 [표]는 도시의 범죄 신고율과 검거율에 대한 상관관계를 연도별로 나타낸 자료이다. 주어진 자료를 바탕으로 빈칸에 해당하는 값을 예측했을 때, 가장 적절한 것은?

[표] 범죄 신고율과 검거율에 대한 상관관계 (단위: %)

구분	신고율	검거율
2022년	45	18
2023년	(㉠)	16
2024년	50	19
2025년	65	(㉡)

※ 검거율(%)=$\dfrac{\text{신고율}}{a}$+b

	㉠	㉡
①	25	20
②	35	22
③	35	24
④	40	22
⑤	40	24

다음 [표]는 세대원 수에 따른 가구 수에 관한 자료이다. 주어진 자료를 바탕으로 그래프를 작성하였을 때, 옳은 것은?(단, 소수점 첫째 자리에서 반올림하여 계산한다.)

[표] 세대원 수에 따른 가구 수 (단위: 만 가구)

구분	1인 가구	2인 가구	3인 가구	4인 이상 가구
2015년	520	480	400	600
2020년	720	600	420	660
2025년	900	600	480	520

① 2015년 세대원 수별 가구 수 비중

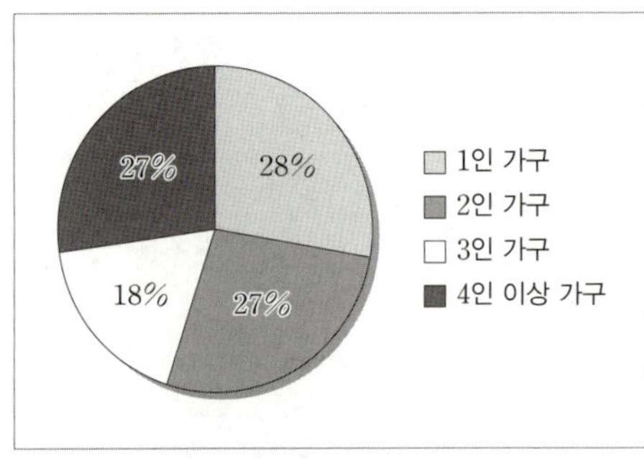

② 2020년 세대원 수별 가구 수 비중

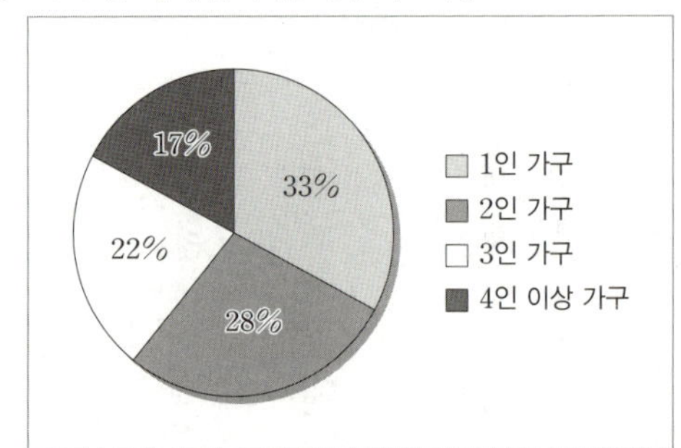

③ 2020년 세대원 수별 가구 수 비중

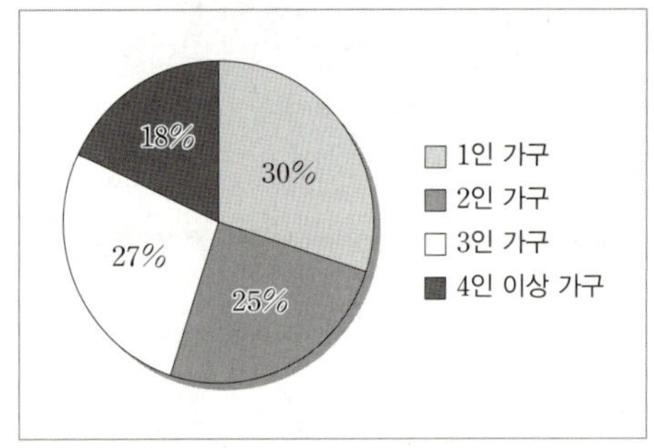

④ 2025년 세대원 수별 가구 수 비중

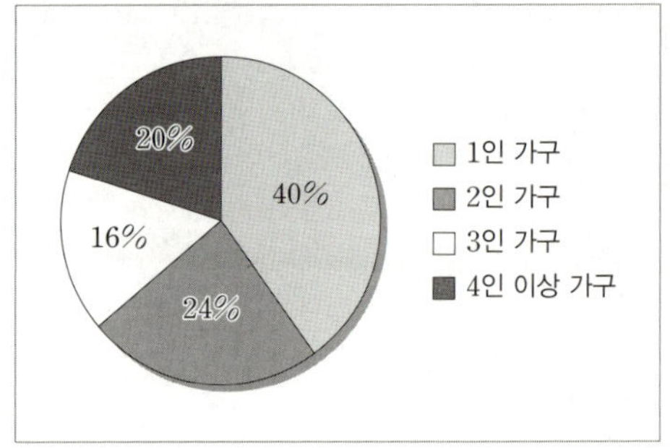

⑤ 2025년 세대원 수별 가구 수 비중

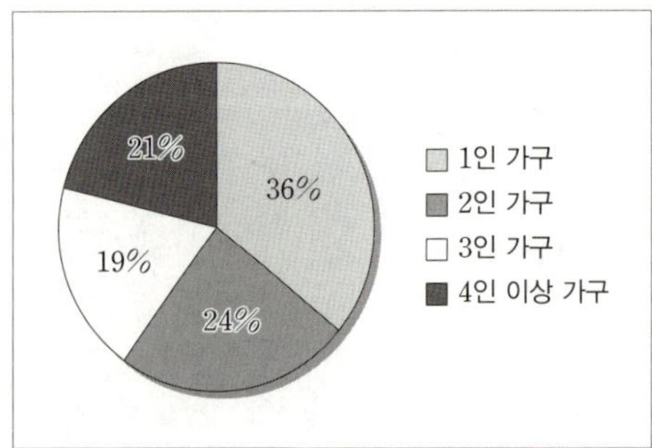

10 다음 [표]는 2025년 어느 도시의 월별 가로등 설치 대수를 정리한 자료이다. 가로등을 일정하게 꾸준히 설치한다고 할 때, B지역 가로등 설치 대수가 A지역보다 5대 이상 많아지는 시기를 고르면?

[표] 2025년 월별 가로등 설치 대수
(단위: 대)

구분	2월	3월	4월	5월	6월	7월
A지역	25	29	33	37	41	45
B지역	12	18	24	30	36	42

① 2025년 9월   ② 2025년 10월   ③ 2025년 11월
④ 2025년 12월   ⑤ 2026년 1월

정답과 해설 P.92

01　다음 전제를 보고 항상 참인 결론은?

전제1	어떤 스마트폰은 접힌다.
전제2	모든 스마트폰은 무료로 이용할 수 없다.
결론	

① 무료로 이용할 수 있는 어떤 스마트폰은 접힌다.
② 무료로 이용할 수 없는 어떤 스마트폰은 접힌다.
③ 무료로 이용할 수 없는 모든 스마트폰은 접힌다.
④ 무료로 이용할 수 없는 어떤 스마트폰은 접히지 않는다.
⑤ 무료로 이용할 수 있는 모든 스마트폰은 접히지 않는다.

02　다음 결론이 반드시 참이 되게 하는 전제는?

전제1	왕이 앉는 곳은 모두 신하가 앉는 곳이 아니다.
전제2	
결론	왕이 앉는 곳은 모두 의자다.

① 어떤 의자는 신하가 앉는 곳이다.
② 모든 의자는 신하가 앉는 곳이 아니다.
③ 신하가 앉지 않는 곳은 모두 의자이다.
④ 신하가 앉지 않는 어떤 곳은 의자이다.
⑤ 신하가 앉지 않는 곳은 모두 의자가 아니다.

03 S보험회사 최종 면접 응시자 A~F는 최종 면접날 대기실에 도착하였다. 6명 중 3명은 거짓을 말하고, 3명은 참을 말할 때, 주어진 [대화]를 바탕으로 항상 옳지 <u>않은</u> 것은?

┤ 대화 ├

- A: 나는 가장 먼저 도착했어.
- B: D가 두 번째로 도착했어.
- C: E는 세 번째 이내에 도착했어.
- D: 나는 두 번째로 도착했어.
- E: 나는 세 번째 이내에 들지 못했어.
- F: A가 가장 먼저 도착했어.

① D가 두 번째로 도착한 경우, A는 가장 먼저 도착했다.
② E가 세 번째 이내에 도착한 경우, D는 두 번째로 도착했다.
③ A가 가장 먼저 도착한 경우, E는 세 번째 이내에 도착했다.
④ A가 가장 먼저 도착한 경우, D는 두 번째로 도착하지 않았다.
⑤ D가 두 번째로 도착한 경우, E는 세 번째 이내에 도착하지 못했다.

04 A~E 5명은 사과, 배, 복숭아, 수박, 참외 중 각각 서로 다른 어느 한 가지 과일을 좋아한다. 주어진 [조건]을 바탕으로 항상 옳은 것은?

┤ 조건 ├

- A는 사과, 배, 수박을 좋아하지 않는다.
- B는 참외, 사과를 좋아하지 않는다.
- C는 배를 좋아하지 않는다.
- D는 복숭아를 좋아한다.
- E는 수박을 좋아하지 않는다.

① E가 사과를 좋아하면 C는 배를 좋아한다.
② B가 수박을 좋아하면 E는 배를 좋아한다.
③ C가 수박을 좋아하면 B는 사과를 좋아한다.
④ B가 수박을 좋아하면 E는 사과를 좋아한다.
⑤ B가 배를 좋아하면 C가 좋아하는 과일로 가능한 것은 2가지이다.

 회의실에서 A~G 7명이 회의를 하고 있을 때, 주어진 [조건]을 바탕으로 항상 옳은 것은?

| 조건 |

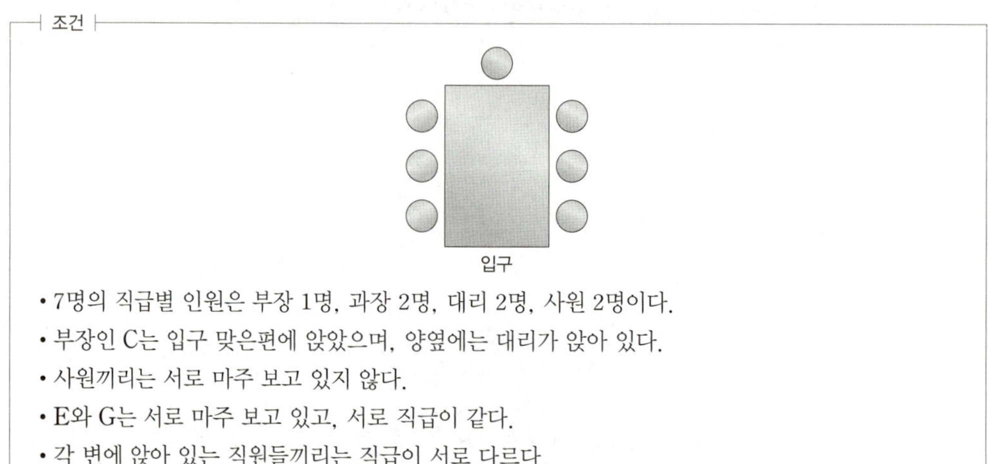

- 7명의 직급별 인원은 부장 1명, 과장 2명, 대리 2명, 사원 2명이다.
- 부장인 C는 입구 맞은편에 앉았으며, 양옆에는 대리가 앉아 있다.
- 사원끼리는 서로 마주 보고 있지 않다.
- E와 G는 서로 마주 보고 있고, 서로 직급이 같다.
- 각 변에 앉아 있는 직원들끼리는 직급이 서로 다르다.
- F는 E의 바로 오른쪽에 앉아 있고, G보다 직급이 낮다.
- D는 B의 바로 오른쪽에 앉아 있고, 같은 변에 앉아 있다.

① 가능한 경우의 수는 2가지이다.
② F는 B와 같은 변에 앉아 있다.
③ A는 B와 마주 보고 있고, A의 직급은 사원이다.
④ A의 왼쪽에 앉은 사람은 F이다.
⑤ G는 입구를 기준으로 왼쪽 변에 앉아 있다.

06 1층부터 5층까지 서로 다른 층수로 지어진 건물 5채가 일렬로 길가에 있고, A~E의 5명이 각각의 건물에서 한 명씩 자영업을 하고 있다. 주어진 [조건]을 바탕으로 항상 옳지 <u>않은</u> 것은?

- A는 1층짜리 건물 바로 옆에서 3층에 치과를 개업하였다.
- B는 4층짜리 건물의 4층에서 사무실을 운영 중이다.
- C가 운영 중인 가게의 왼쪽에는 3층짜리 건물이 있고, 오른쪽에는 4층짜리 건물이 있다.
- D는 5채의 건물 중 가장 높은 건물의 1층에서 휴대전화를 판매하고 있으며, 바로 옆에 2층짜리 건물이 있다.
- E는 5채의 건물 중 가장 오른쪽에 있는 건물의 2층에서 식당을 운영 중이다.

① 가능한 경우의 수는 1가지이다.
② C가 운영 중인 가게는 2층에 있다.
③ E는 2층짜리 건물에서 식당을 운영하고 있다.
④ A가 치과를 개업한 건물은 3층짜리 건물이다.
⑤ B의 바로 오른쪽에서 자영업을 하는 사람은 D이다.

07 민성, 종찬, 재훈이가 식당에서 주문한 음식을 받기 위해 한 줄로 서있다. 주어진 [조건]을 바탕으로 항상 옳지 <u>않은</u> 것은?

- 각자 받은 음식은 서로 다르며, 음식의 종류는 한식, 중식, 일식이다.
- 본인보다 앞에 선 사람이 받은 음식은 모두 알 수 있으나, 본인보다 뒤에 선 사람이 받은 음식은 알 수 없다.
- 민성이는 종찬이가 일식을 받은 것을 안다.
- 재훈이는 마지막에 서지 않는다.
- 민성이가 받은 음식은 중식이 아니다.

① 가능한 경우의 수는 2개이다.
② 민성이보다 뒤에 선 사람은 없다.
③ 종찬이는 두 번째로 서서 일식을 받았다.
④ 재훈이는 첫 번째로 서서 중식을 받았다.
⑤ 민성이가 받은 음식을 알 수 있는 사람은 1명이다.

 다음 도형들은 일정한 규칙을 가지고 있다. 다음 중 ?에 들어갈 도형으로 알맞은 것은?

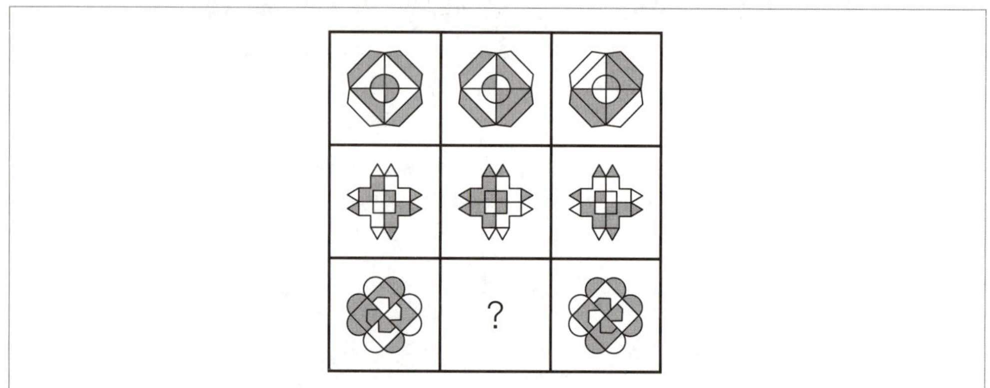

① 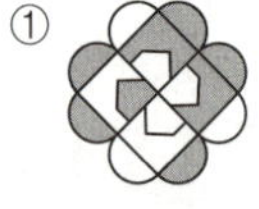

② 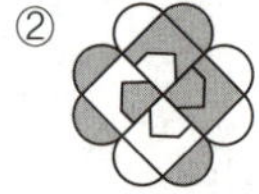

③ 

④ 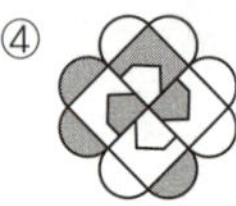

⑤ 

 기호들이 하나의 규칙을 가지고 아래와 같이 문자나 숫자를 변화시킨다고 한다. 이때 다음 (?)에 해당하는 것을 고르시오.(단, 가로와 세로 중 한 방향으로만 이동하며, Z 다음은 A, 9 다음은 0이다.)

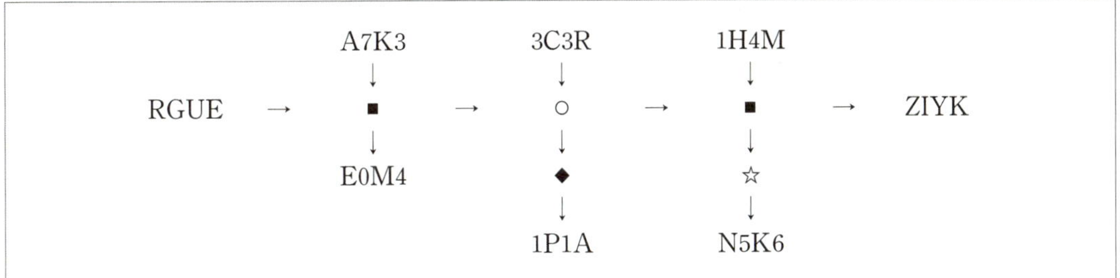

09

G3W1 → ☆ → ■ → ○ → (?)

① 5J7X   ② 5A7K   ③ 5X5J
④ 5J5X   ⑤ 5K7A

10

(?) → ■ → ◆ → SOUP

① QUNQ   ② QNUQ   ③ QQUN
④ QNQU   ⑤ QUQN

[가] 국내에서는 신도시 건설과 기존 도시의 재생 및 비점오염 저감 등의 목적으로 LID 기법이 활발하게 적용되고 있는데, 아산탕정지구 분산형 빗물관리 도시, 환경부의 강릉 저탄소 녹색 시범도시 등이 대표적이다.

[나] 기후변화 대응 및 국가정책 기조에 따라 수자원 관리 및 이용의 중요성이 확대되면서 저영향개발(LID) 기반의 물순환 도시 조성 계획·설계 기술 확보가 요구되고 있다. 국가별로 사용하는 용어는 상이하나 접근하는 방식은 유사한데, 공통적으로 발생한 강우를 그 지역 내에서 관리하는 분산형 빗물관리 기술을 적용하고 있고, 저영향 개발(미국), 자연 순응형 개발(일본), 분산식 도시계획(독일), 지속가능한 도시계획(호주) 등 발생원 빗물관리를 목표로 한다. 미국 내 많은 연방기관과 주 정부 및 지자체에서는 저영향 개발을 이용한 우수관리 기법에 관한 지침서와 매뉴얼을 제공하고, 유역의 신규 개발 또는 재개발 시 LID 기술을 활용하도록 제도화되어 있다.

[다] 한국 그린인프라·저영향 개발 센터는 그린 인프라(GI)·LID 기술에 대한 검·인증 역할 수행 및 연구를 위한 세계 최초의 다목적 실내·외 종합 검증시설이며, 다양한 형태의 LID 실증시설을 실제로 구축·운영함으로써 수리·수문, 토질, 재료, 환경 분야의 실험 및 분석을 수행하고 있다.

[라] 한편, LID 기술의 국내 현장 적용 및 파급 확대를 위해서는 선진국 수준의 설계 및 요소기술의 검증·인증을 위한 방안 마련과 사업 후 적용 평가를 위한 지침의 개발이 시급하다. 이에 국토교통부 '건전한 도시물순환인프라의 저영향 개발 및 구축·운영 기술 연구단' 프로젝트를 통해 부산대학교 양산캠퍼스에 한국 그린인프라·저영향 개발 센터를 설립하였다.

① [나]-[가]-[다]-[라]
② [나]-[가]-[라]-[다]
③ [다]-[나]-[라]-[가]
④ [다]-[라]-[가]-[나]
⑤ [다]-[라]-[나]-[가]

12 다음 글의 내용이 참일 경우, 반드시 <u>거짓</u>인 것은?

> 탄소나노튜브는 강철의 100배 이상 강한 강도를 가지면서 무게는 4분의 1 이하로 가벼우며, 구리 수준의 높은 전기전도도를 가지는 신소재이다. 탄소나노튜브 섬유는 탄소나노튜브로만 섬유가 이루어진 '순수 탄소나노튜브'와 고분자 물질이 첨가된 '탄소나노튜브 복합 탄소섬유'로 나뉜다. 최근 강도와 탄성률을 높인 탄소나노튜브 복합 탄소섬유의 저가 공정기술이 개발됐다. 탄소나노튜브와 폴리이미드의 복합섬유를 제조한 뒤, 고온 열처리해 강도를 유지하면서 높은 탄성률을 가지는 섬유가 제조됐다. 이는 기존에 상용화된 탄소섬유의 탄성률과 비교해 약 1.6배 높은 수준이다. 이를 통해 저가 고분자를 활용함으로써 탄소나노튜브 기반 탄소섬유의 제조원가를 획기적으로 낮출 수 있게 되었으며, 그동안 가격 문제로 활용되지 못했던 항공우주, 국방 및 미래 모빌리티 산업에 향후 활용될 수 있을 것이다.

① 순수 탄소나노튜브 섬유는 고분자 물질이 첨가되어 있지 않은 섬유이다.
② 탄소나노튜브는 강철보다 강하면서도 무게는 가볍고 전기전도도가 높은 신소재이다.
③ 탄소나노튜브와 폴리이미드의 복합섬유는 기존의 복합 탄소섬유보다 가격 면에서 비싸진다.
④ 탄소나노튜브 기반 탄소섬유의 제조원가가 낮아지면 다양한 분야에서 요긴하게 활용될 수 있다.
⑤ 탄소나노튜브와 폴리이미드의 복합섬유에 고온 처리하면 높은 강도에 높은 탄성률을 가질 수 있다.

13 다음 글의 내용이 참일 경우, 반드시 <u>거짓</u>인 것은?

> 종자은행은 식물자원의 연구, 보존과 이용에 근간이 되는 종자의 장기 저장을 위해 필수적인 시설이다. 이곳에는 종자의 장기 저장에 적합하도록 온도와 습도가 조절되는 첨단의 운영 체계를 갖추고 있다. 종자은행의 효율적인 운영을 위해 탐색, 수집, 분류, 보존 연구를 수행하는 연구실과 X-RAY 검사장치, 종자 함수율 측정장치, 현미경 영상장치, 발아시험기 등을 갖춘 종자검사실 및 우량한 종자를 정선, 분리하기 위한 종자 정선기, 중력분리기, 훈증기, 건조기 등의 장치를 갖춘 종자처리실을 운영하고 있다. 종자은행은 국내 자생식물 및 해외 유용 식물 종자의 수집과 산림식물 종자의 장기 저장 기술 확립, 종자의 보존 센터 및 종자의 이용 산업 기반을 구축하고자 한다. 종자은행에서는 자생식물, 희귀·특산식물을 우선 수집하고, 분포 및 서식지 환경, 개화 및 결실 생태를 조사하며 종자와 확증 표본이 동시에 채집된다. 이렇게 채집된 종자들은 분류되어 장기 보존된다.

① 종자은행은 연구실, 종자검사실, 종자처리실로 구성되어 있다.
② 종자은행에서 가장 먼저 수집하는 종자는 자생식물, 희귀·특산식물이다.
③ 종자은행은 종자를 장기 저장하여 식물자원의 연구, 보존을 목적으로 한 시설이다.
④ 종자은행은 종자의 장기 저장을 위해 시설 전체를 일정한 온도와 습도로 유지한다.
⑤ 종자은행은 종자를 수집하고, 장기 저장 기술을 확립하여 종자 이용 산업 기반을 구축하고자 한다.

'최소량의 법칙(law of the minimum)'이란 말이 있다. 독일이 과학 강국으로 되는 데 기초를 닦은 학자로 유명하고, 유기화학의 아버지라 불리는 유스투스 리비히는 1840년 질소, 인산, 칼륨 등 식물 성장에 필요한 영양소 중 성장을 좌우하는 것은 넘치는 영양소가 아니라 가장 부족한 영양소에 의해 결정된다고 주장했다. 다른 영양소가 아무리 많이 있어도 어느 하나가 부족하면 식물은 제대로 자랄 수 없다는 법칙이다. 즉, 최대가 아니라 최소가 성장을 결정한다. 여러 개의 나무판을 잇대어 만든 나무 물통에 물을 붓는다면 물의 양은 길이가 제일 짧은 판자에 의해 결정된다는 비유에서 '나무 물통의 법칙'이라고도 한다. 인체의 영양학에서도 그러하다. 영양제를 통해 모자라지도 않는 영양소를 2배, 3배 더 많이 섭취한들 건강에 도움은 안 되고, 초과된 영양소를 저장할 수도 없으니, 몸 밖으로 내보내려 분해하고 배설하느라 간과 신장이 고생을 하고, 장기간 지속되면 결국 간과 신장에 문제가 생긴다.

① 영양소 결핍 여부는 개인의 식습관과 건강 상태를 함께 고려해야 한다.
② 식사로 충족이 어려운 경우 영양제로 부족한 영양소를 보충할 수 있다.
③ 영양소의 과잉 섭취가 장기간 지속되면 신체 기관에 부담이 될 수 있다.
④ 성장은 최소량뿐 아니라 영양소 간 균형과 상호작용에도 영향을 받는다.
⑤ 영양소 섭취 외에도 운동량과 생활 습관이 건강에 영향을 미친다.

15 다음 글과 [보기]를 읽고 추론한 것 중 적절하지 <u>않은</u> 것은?

음악 마케팅은 소비자들의 감성적 소비 성향을 이용하는데, 공감각 중에서 청각을 이용한 마케팅 수단이다. 고객과의 상호작용에 중점을 두면서 청각이나 소리, 음악을 활용하여 고객의 감성 요소를 자극하는 마케팅 전략으로, 시간대별, 장소별, 업소별 등으로 음악을 달리해 고객의 구매 심리를 자극한다. 최근에는 제품개발, 광고캠페인, 기업 이미지 제고 등에도 활용되고 있다.

| 보기 |

청각은 구매행동에 직접적인 영향을 미친다. 예를 들어 와인 매장에서 프랑스 음악이 연주되는 날에는 소비자들이 대부분 프랑스 와인을 구입하고, 독일 음악이 연주되면 독일 와인을 구입할 확률이 높다. 또한 음악의 템포나 음량을 조절해서 구매행동에 직접적인 영향을 줄 수 있는데, 음료수 캔을 개봉할 때 소리 등을 통해 소비자들의 청각을 자극함으로써 해당 상품을 구매하도록 하는 경우를 예로 들 수 있다. 이뿐만 아니라 사회적 행동에도 영향을 미친다. 감정이나 행동에 문제가 있는 아이들이 마음을 안정시키는 배경음악을 틀어주면 수학을 더 빨리 배우는 경우가 있다.

① 음악은 구매뿐 아니라 학습·정서에도 영향을 줄 수 있다.
② 음악 요소 조절은 소비자의 행동 변화를 유도할 수 있다.
③ 청각 자극은 상황에 따라 구매 선택에 작용할 수 있다.
④ 음악의 영향은 상품의 품질보다 항상 우선한다.
⑤ 음악 활용은 마케팅 외 커뮤니케이션에도 쓰일 수 있다.

삼성그룹 면접 대비
인성검사

▌삼성그룹 인성검사의 특징

삼성그룹의 인성검사는 GSAT 합격 후 진행되는 면접 단계에서 실시되며, 지원자의 가치관·태도·행동 성향을 종합적으로 파악하기 위한 중요한 절차로 운영된다. 평가 방식은 두 가지 유형으로 구성된다. 첫 번째는 제시된 세 개의 문장 중 자신의 성향과 가장 가까운 문장(①)과 가장 먼 문장(②)을 각각 선택하는 유형이며, 두 번째는 하나의 문장에 대해 자신에 해당하면 'YES(①)', 자신에게 해당하지 않으면 'NO(②)'로 응답하는 유형이다. 인성검사는 면접 당일 준비된 컴퓨터로 진행되며, 상당한 양의 문항을 제한된 시간 안에 모두 응답해야 한다. 문항 수가 많아 응답 리듬이 끊기기 쉽고, 시간 종료와 동시에 모든 답안 입력이 즉시 마감되기 때문에 각 문항에 꾸준한 응답 속도를 유지하는 것이 중요하다. 이러한 구조는 지원자의 일관성, 주의 집중력, 기본 성향 파악을 위해 설계된 것으로, 시험 환경 자체가 인성검사의 특성을 반영한다고 볼 수 있다.

TIP: 미리 자신의 특성을 정리해서 나의 특성에 대한 우선순위를 미리 정해둔다.
예) 책임감 〉 적극성 〉 창의성

▌인성검사의 답변 요령

01 솔직성	사람의 성격은 제각기 다르기 때문에 인성검사에 정답이 있을 수는 없다. 출제자가 의도한 바를 미리 짐작하여 그 입맛에 맞추려고 인위적으로 응답해서는 안 된다. 다양한 특성을 갖고 있는 인재들을 그 특성에 맞게 활용하고자 하는 데 인성검사의 목적이 있으므로 솔직하게 답할 필요가 있다. 비슷한 내용의 문항이 반복되어 나오기 때문에 인위적인 응답은 일관성이 결여된 사람으로 보일 수 있다. 솔직하게 문항에 응답하고, 면접 시 적절한 답변으로 대응하는 것이 좋다.
02 일관성	인성검사의 문항을 풀다 보면 일정한 간격으로 유사한 내용의 문항이 반복된다는 것을 알 수 있다. 무심코 문제를 풀다 보면 유사한 내용의 문항에 다른 답을 체크하는 결과가 종종 생기기도 한다. 유사한 내용에 다른 답을 체크하는 것은 일관성이 없어 보일 수 있으며 이는 결코 좋은 인상을 심어 줄 수가 없다. 많은 문항을 풀다 보면 지루함에 빠지기 쉽지만, 긴장을 늦추지 말고 문항의 내용을 기억해 가며 차분히 풀어야 한다.
03 인재상 및 직무연관성	지원한 직무에서 요구하는 성향이 무엇인지 파악해 두는 것도 도움이 된다. 인성검사를 통해 드러나는 성격과 지원한 직무와의 연계성이 높다면 같은 조건의 타 지원자보다 유리한 위치에 설 수 있다. 따라서 자신이 지원한 직무에 대해서 미리 생각해 보는 것도 필요하다.

[001~072] 다음 문항을 읽고 자신과 맞는 성향에 따라 가장 가까운 것(①)과 가장 먼 것(②)을 하나씩 고르시오.

번호		문항 예시	응답	
			가깝다	멀다
001	A	지시를 내리기보다는 받는 편이다.	①	②
	B	신중히 생각하고 행동한다.	①	②
	C	많이 움직인다는 소리를 많이 듣는 편이다.	①	②
002	A	모두가 싫증을 내는 상황에서도 참고 열심히 하는 편이다.	①	②
	B	한껏 고무된 기분 탓에 일을 그르친 경우가 있다.	①	②
	C	타인을 이끌 수 있는 지도력이 있다는 평가를 받고 싶다.	①	②
003	A	어떠한 일이든 빨리 시작해야 다른 사람을 이길 수 있다.	①	②
	B	이웃집의 소리에 신경이 많이 쓰이는 편이다.	①	②
	C	이것저것 걱정을 많이 한다.	①	②
004	A	가끔 아무 이유 없이 다른 사람들을 때리고 싶을 때가 있다.	①	②
	B	일을 하다가 휴식을 할 때는 혼자 편안히 쉬고 싶다.	①	②
	C	상대방과 있어도 나의 주장을 말하는 편이다.	①	②
005	A	조용하거나 너무 지루하면 떠들고 싶다.	①	②
	B	한번도 다른 사람들의 욕을 해 본 적이 없다.	①	②
	C	동호회 등의 모임에 나가는 것을 좋아하지 않는다.	①	②
006	A	활동적이라기보다는 사려가 깊다는 말을 더 많이 듣는다.	①	②
	B	정정당당하고 생각이 열린 사람이다.	①	②
	C	쉽게 타협하지 않고 내 방식대로 끝까지 해본다.	①	②
007	A	한 달간의 계획을 수립하여 생활하는 편이다.	①	②
	B	과정이 중요하다고 하더라도 성공하지 못한 과정은 의미 없다.	①	②
	C	어떠한 일을 주면 빨리 실행에 옮겨야 마음이 편하다.	①	②
008	A	주변의 말에 비교적 상처를 잘 받는다.	①	②
	B	자신을 생각할 때 그리 낙천적인 편은 아닌 것 같다.	①	②
	C	감정의 변화가 심한 편이다.	①	②
009	A	독특하다는 말을 많이 듣는다.	①	②
	B	상대방한테 지적을 받는다는 것을 참을 수 없다.	①	②
	C	신중한 사람이라는 평가를 받는 편이다.	①	②

<table>
<tr><th rowspan="2">번호</th><th rowspan="2"></th><th rowspan="2">문항 예시</th><th colspan="2">응답</th></tr>
<tr><th>가깝다</th><th>멀다</th></tr>
<tr><td rowspan="3">010</td><td>A</td><td>당사자가 없는 곳에서 그를 험담한 적이 없다.</td><td>①</td><td>②</td></tr>
<tr><td>B</td><td>내 의견을 상대방에게 크게 주장하는 편은 아니다.</td><td>①</td><td>②</td></tr>
<tr><td>C</td><td>일에 대한 욕심이 무척 많은 편이다.</td><td>①</td><td>②</td></tr>
<tr><td rowspan="3">011</td><td>A</td><td>나에게 주어진 일은 곧바로 시작한다.</td><td>①</td><td>②</td></tr>
<tr><td>B</td><td>나는 조금 예민한 편에 속한다.</td><td>①</td><td>②</td></tr>
<tr><td>C</td><td>내가 정말 필요한 존재인지 스스로 자책할 때가 있다.</td><td>①</td><td>②</td></tr>
<tr><td rowspan="3">012</td><td>A</td><td>수시로 감정이 바뀌어 종잡을 수가 없다.</td><td>①</td><td>②</td></tr>
<tr><td>B</td><td>다른 사람이 옆에 있으면 불편하다.</td><td>①</td><td>②</td></tr>
<tr><td>C</td><td>한번 흥분하면 쉽게 가라앉지 않는다.</td><td>①</td><td>②</td></tr>
<tr><td rowspan="3">013</td><td>A</td><td>순간적 흥분을 참지 못해 사람을 때린 적이 있다.</td><td>①</td><td>②</td></tr>
<tr><td>B</td><td>부모님에게 반항해 본 적이 한 번도 없다.</td><td>①</td><td>②</td></tr>
<tr><td>C</td><td>처음 보는 사람과 대화하기까지 많은 노력이 필요하다.</td><td>①</td><td>②</td></tr>
<tr><td rowspan="3">014</td><td>A</td><td>생각을 충분히 하지 않고는 행동으로 옮기지 않는다.</td><td>①</td><td>②</td></tr>
<tr><td>B</td><td>우울할 때 밖에 나가서 돌아다니면 기분이 좋아진다.</td><td>①</td><td>②</td></tr>
<tr><td>C</td><td>서두르지 않고, 느긋하고 차분하게 일을 진행한다.</td><td>①</td><td>②</td></tr>
<tr><td rowspan="3">015</td><td>A</td><td>앞으로 진행할 일을 정리해 두지 않으면 불안하다.</td><td>①</td><td>②</td></tr>
<tr><td>B</td><td>나는 업무에 있어서 욕심이 많다.</td><td>①</td><td>②</td></tr>
<tr><td>C</td><td>어렵고 힘들더라도 새로운 일에 도전하는 것을 좋아한다.</td><td>①</td><td>②</td></tr>
<tr><td rowspan="3">016</td><td>A</td><td>가끔 걱정 때문에 잠을 이루지 못할 때가 있다.</td><td>①</td><td>②</td></tr>
<tr><td>B</td><td>스스로 질책하며 무기력함에 빠져들곤 한다.</td><td>①</td><td>②</td></tr>
<tr><td>C</td><td>친구의 의견에 따라 나의 견해가 종종 바뀐다.</td><td>①</td><td>②</td></tr>
<tr><td rowspan="3">017</td><td>A</td><td>안면이 있는 사람을 우연히 만나도 먼저 인사하는 게 쉽지 않다.</td><td>①</td><td>②</td></tr>
<tr><td>B</td><td>몇몇이 반대를 한다고 하더라도, 내 의도대로 행하는 편이다.</td><td>①</td><td>②</td></tr>
<tr><td>C</td><td>작은 일에도 쉽게 우쭐해져서 기분이 좋아진다.</td><td>①</td><td>②</td></tr>
<tr><td rowspan="3">018</td><td>A</td><td>언제나 정직한 편이어서 거짓말을 하지 않는다.</td><td>①</td><td>②</td></tr>
<tr><td>B</td><td>내가 먼저 다가가서 친구를 사귀는 것이 힘들다.</td><td>①</td><td>②</td></tr>
<tr><td>C</td><td>무슨 일이든 행동하기 전에 곰곰이 생각하는 것을 좋아한다.</td><td>①</td><td>②</td></tr>
<tr><td rowspan="3">019</td><td>A</td><td>내가 좋아하는 사람이 나를 좋아한다.</td><td>①</td><td>②</td></tr>
<tr><td>B</td><td>포기하지 않고 끝까지 실행한다.</td><td>①</td><td>②</td></tr>
<tr><td>C</td><td>일을 시작하기 전에 다시 한 번 확인해 보고 시작한다.</td><td>①</td><td>②</td></tr>
<tr><td rowspan="3">020</td><td>A</td><td>모든 업무 시스템은 나를 중심으로 흘러가야 한다.</td><td>①</td><td>②</td></tr>
<tr><td>B</td><td>내가 잘하지 못하는 일이라고 해도 자원해서 하는 편이다.</td><td>①</td><td>②</td></tr>
<tr><td>C</td><td>경쟁은 발전을 위해 필요하다고 생각한다.</td><td>①</td><td>②</td></tr>
</table>

번호		문항 예시	응답	
			가깝다	멀다
021	A	일의 성취도보다 문화생활이 중요하다.	①	②
	B	능력을 최대치로 발휘할 수 있는 곳에서 일하고 싶다.	①	②
	C	담당 업무 이외의 일이 주어져도 의욕적으로 할 것 같다.	①	②
022	A	사고 관련 뉴스를 보면 나에게도 닥칠 것 같아 불안하다.	①	②
	B	울적한 마음에 일이 제대로 되지 않을 때가 있다.	①	②
	C	자신을 생각할 때 나는 의지가 약한 편에 속한다.	①	②
023	A	팀원들과 공동프로젝트를 하는 것보다 나 혼자 하는 것이 좋다.	①	②
	B	무슨 주제로 어떤 대화를 하든지 지지 않는 편이다.	①	②
	C	TV 드라마를 보면서 쉽게 흥분한다.	①	②
024	A	꼭 갖고 싶었던 물건을 보더라도 훔치고 싶은 마음이 들지는 않는다.	①	②
	B	학창 시절, 학급에서 그렇게 눈에 띄는 편은 아니었다.	①	②
	C	하루 일과가 끝나고 돌아볼 때 반성하는 경우가 많다.	①	②
025	A	어떠한 결정이 나면 즉각 행동으로 옮기는 편이다.	①	②
	B	나는 스스로 인내력이 강하다고 생각한다.	①	②
	C	여행을 하기 전에는 세부적인 계획을 먼저 세운다.	①	②
026	A	나는 최고가 될 것이다.	①	②
	B	주위로부터 활동하는 데 있어서 활력이 넘친다는 말을 자주 듣는다.	①	②
	C	나에 관한 다른 사람들의 생각이 궁금하다.	①	②
027	A	나를 싫어하는 사람이 있다.	①	②
	B	순간적인 감정을 이기지 못해 싸움한 적이 있다.	①	②
	C	내가 나를 생각해도 참 융통성이 없다고 생각한다.	①	②
028	A	대화로 누군가를 설득한다는 것은 어려운 일이 아니다.	①	②
	B	자극적이고 기분이 고무되는 일을 하는 것이 좋다.	①	②
	C	지금껏 누군가와 싸워 본 적이 없다.	①	②
029	A	인간관계가 편협하다는 말을 듣는 편이다.	①	②
	B	생각하고 나서 행동한다.	①	②
	C	아침에 일어나는 것이 그렇게 어렵지 않다.	①	②
030	A	포기하지 않고 노력하고 있다는 사실이 중요하다.	①	②
	B	계획을 치밀하게 짠다.	①	②
	C	어떠한 일을 진행하든 꼼꼼히 생각하는 경우가 많다.	①	②
031	A	시간만 있으면 집에서 공상을 즐기고 싶다.	①	②
	B	새로운 어떤 일을 시작한다는 것이 쉬운 일은 아니다.	①	②
	C	조그마한 일이라도 계획을 세운다.	①	②

번호		문항 예시	응답	
			가깝다	멀다
032	A	역사에 남을 만한 중요한 일을 해 보고 싶다.	①	②
	B	도전하기를 좋아하여 직접 부딪히는 편이다.	①	②
	C	미래를 생각하면 종종 불안해지곤 한다.	①	②
033	A	말로 표현할 수 없는 나쁜 일을 상상한다.	①	②
	B	동료와의 술값을 기분에 들떠 모두 계산한 적이 있다.	①	②
	C	가끔 집을 떠나서 여행을 가고 싶다.	①	②
034	A	상대방이 재촉하면 나도 모르게 화가 난다.	①	②
	B	자살하고 싶은 충동을 가끔 느낀다.	①	②
	C	어렸을 때에도 도둑질한 적이 없다.	①	②
035	A	가능하면 새로운 사람들과 관계를 만들어 가고 싶지 않다.	①	②
	B	너무 많이 고려한 나머지 기회를 놓치는 경우가 많다.	①	②
	C	친구들 사이에 활달한 사람으로 인정받는다.	①	②
036	A	등산을 할 때는 정상까지 올라가는 편이다.	①	②
	B	주위에서 좋다고 하더라도 한번 더 검토 후 실행으로 옮긴다.	①	②
	C	내가 일하는 분야에서는 일인자가 되어야 한다고 생각한다.	①	②
037	A	시원시원한 성격이라는 말을 자주 듣는다.	①	②
	B	처음 사람들을 만나면 긴장한 탓에 땀이 많이 나서 불편하다.	①	②
	C	공동 업무의 실패는 모두 내 탓이다.	①	②
038	A	나는 진정한 프로라는 말을 들으면 기분이 좋아진다.	①	②
	B	누가 나의 일에 이러쿵저러쿵 말하는 것이 싫다.	①	②
	C	자존심이 센 편에 속한다.	①	②
039	A	파티 같은 분위기를 좋아한다.	①	②
	B	법령에 위반되는 일은 한번도 하지 않았다.	①	②
	C	남과 대화하는 것은 많은 용기를 필요로 하는 일이다.	①	②
040	A	항상 무슨 말을 하기 전에 생각하는 습관이 있다.	①	②
	B	무리해서 운동한다고 해도 별로 피로하지 않다.	①	②
	C	어려움에 부딪혀도 좀처럼 포기하지 않는다.	①	②
041	A	갑자기 식은땀이 날 때가 있다.	①	②
	B	때때로 욕설을 퍼붓고 싶을 때가 있다.	①	②
	C	내 스스로를 생각할 때 나는 개성적인 편이다.	①	②
042	A	나는 발표하는 것을 좋아한다.	①	②
	B	주위로부터 에너지가 넘친다는 얘기를 종종 듣는다.	①	②
	C	약간의 위법도 해서는 안 된다.	①	②

<table>
<tr><th rowspan="2">번호</th><th></th><th rowspan="2">문항 예시</th><th colspan="2">응답</th></tr>
<tr><th></th><th>가깝다</th><th>멀다</th></tr>
<tr><td rowspan="3">043</td><td>A</td><td>사람과 첫 대면을 한다는 것이 경쾌한 일은 아니다.</td><td>①</td><td>②</td></tr>
<tr><td>B</td><td>주위로부터 차분하다라는 말을 많이 듣는 편이다.</td><td>①</td><td>②</td></tr>
<tr><td>C</td><td>사람이 많은 곳에 가서 활동하는 것이 좋다.</td><td>①</td><td>②</td></tr>
<tr><td rowspan="3">044</td><td>A</td><td>일단 시작하면 끝장을 봐야 후련하다.</td><td>①</td><td>②</td></tr>
<tr><td>B</td><td>어떠한 일에 대한 비전을 세우고 시작한다.</td><td>①</td><td>②</td></tr>
<tr><td>C</td><td>무슨 일을 하든 주위로부터 리더라는 말을 듣고 싶다.</td><td>①</td><td>②</td></tr>
<tr><td rowspan="3">045</td><td>A</td><td>운동경기를 할 때, 수비보다는 공격을 좋아한다.</td><td>①</td><td>②</td></tr>
<tr><td>B</td><td>한 달에 한두 번 스트레스를 해소한다.</td><td>①</td><td>②</td></tr>
<tr><td>C</td><td>누군가와 다툰 것이 모두 내 잘못 때문인 것 같다.</td><td>①</td><td>②</td></tr>
<tr><td rowspan="3">046</td><td>A</td><td>어디론가 떠나고 싶은 충동을 자주 느낀다.</td><td>①</td><td>②</td></tr>
<tr><td>B</td><td>마음을 터놓고 진정으로 대할 수 있는 사람이 주위에 없다.</td><td>①</td><td>②</td></tr>
<tr><td>C</td><td>내 의견을 확실하게 말하는 편이다.</td><td>①</td><td>②</td></tr>
<tr><td rowspan="3">047</td><td>A</td><td>조용하고 차분한 모임보다는 떠들썩한 모임을 더 좋아한다.</td><td>①</td><td>②</td></tr>
<tr><td>B</td><td>어떠한 일에 변명을 하며 합리화시켜 본 적이 없다.</td><td>①</td><td>②</td></tr>
<tr><td>C</td><td>일이 잘 진행되고 있는데 새로운 것을 고민하는 것은 비효율적이다.</td><td>①</td><td>②</td></tr>
<tr><td rowspan="3">048</td><td>A</td><td>생각을 하기 전에 앞서 행동하는 편이다.</td><td>①</td><td>②</td></tr>
<tr><td>B</td><td>무엇을 하든 몸을 움직이는 것을 좋아한다.</td><td>①</td><td>②</td></tr>
<tr><td>C</td><td>자신을 생각할 때 나는 완고한 편이다.</td><td>①</td><td>②</td></tr>
<tr><td rowspan="3">049</td><td>A</td><td>항상 준비하고 철저히 계획한다.</td><td>①</td><td>②</td></tr>
<tr><td>B</td><td>정부 부처의 장관이 되고 싶다는 꿈을 가진 적이 있다.</td><td>①</td><td>②</td></tr>
<tr><td>C</td><td>좀 피곤하더라도 동시에 많은 일을 진행할 수 있다.</td><td>①</td><td>②</td></tr>
<tr><td rowspan="3">050</td><td>A</td><td>다른 사람의 감정에 종종 이입되기도 한다.</td><td>①</td><td>②</td></tr>
<tr><td>B</td><td>타인의 충고를 듣고 나면 모두가 내 탓인 것 같다.</td><td>①</td><td>②</td></tr>
<tr><td>C</td><td>가끔 울음이나 웃음을 참지 못할 때가 있다.</td><td>①</td><td>②</td></tr>
<tr><td rowspan="3">051</td><td>A</td><td>남들 시선이 어떻든 별로 상관하지 않는다.</td><td>①</td><td>②</td></tr>
<tr><td>B</td><td>'내 사전에 불가능이란 없다'는 명언에 전적으로 동감한다.</td><td>①</td><td>②</td></tr>
<tr><td>C</td><td>분위기를 살려 보려고 한 행동이 오히려 침울하게 만든 적이 있다.</td><td>①</td><td>②</td></tr>
<tr><td rowspan="3">052</td><td>A</td><td>있는 사실을 중요시할 뿐, 과장하거나 축소해서 말한 적은 없다.</td><td>①</td><td>②</td></tr>
<tr><td>B</td><td>떠들썩한 모임에 가는 것은 좋아하지만, 분위기를 주도한다거나 하지는 못한다.</td><td>①</td><td>②</td></tr>
<tr><td>C</td><td>실행하기 전에 한번 더 생각하는 편이다.</td><td>①</td><td>②</td></tr>
<tr><td rowspan="3">053</td><td>A</td><td>취미가 하나 생기면 오랜 시간 즐기는 편이다.</td><td>①</td><td>②</td></tr>
<tr><td>B</td><td>포기는 배추 셀 때나 쓰는 말이다.</td><td>①</td><td>②</td></tr>
<tr><td>C</td><td>무슨 일이든 신중하게 계획적으로 하는 것이 중요하다고 생각한다.</td><td>①</td><td>②</td></tr>
</table>

번호		문항 예시	응답	
			가깝다	멀다
054	A	종료된 업무보다 아직 완성되지 않은 업무에 더 관심이 간다.	①	②
	B	사소한 일이더라도 열심히 하려고 생각하고 있다.	①	②
	C	이유 없이 불안하다.	①	②
055	A	지난 일에 대하여 아쉬움에 후회할 때가 있다.	①	②
	B	무슨 일이든 쉽게 싫증나서 하기 싫을 때가 많다.	①	②
	C	아는 사람을 만나면 나도 모르게 피하게 된다.	①	②
056	A	무슨 일이든 잘할 수 있다는 자신감이 있다.	①	②
	B	한껏 들뜬 기분에 가만히 있지 못하고 설치는 경우가 있다.	①	②
	C	약속 시간에 늦어 본 적이 한 번도 없다.	①	②
057	A	낯가림을 하는 편이다.	①	②
	B	무엇인가를 생각한다는 것은 즐거운 일이다.	①	②
	C	몸을 움직이는 것을 좋아한다.	①	②
058	A	육상으로 비교하자면 단거리보다 장거리 선수가 더 어울린다.	①	②
	B	좋은 아이디어가 생각나도 한번 더 검토해 본다.	①	②
	C	인생을 살아가는 데 있어서 목표를 갖는다는 것은 중요하다.	①	②
059	A	적극적이고 의욕적으로 활동하는 편이다.	①	②
	B	몸이 좀 피곤할 때는 병에 걸렸다는 생각이 든다.	①	②
	C	일이 잘 풀리지 않으면 비관적으로 생각하는 편이다.	①	②
060	A	남의 의견을 들으면 맞는 것 같아서 나의 의견이 많이 바뀐다.	①	②
	B	다른 사람들이 무엇을 하든 그 일에 관심이 없다.	①	②
	C	낯선 사람들과도 편하게 이야기할 수 있다.	①	②
061	A	다른 사람들의 이야기를 하는 것을 좋아하는 편이다.	①	②
	B	누군가를 의심해 본 적이 한 번도 없다.	①	②
	C	조심스러운 성격이다.	①	②
062	A	무슨 일이든 신중하게 행동하는 편이다.	①	②
	B	학창 시절 체육 수업을 너무나 좋아했다.	①	②
	C	단기적인 일보다는 꾸준히 하는 일이 적성에 맞는다.	①	②
063	A	휴가는 세부적인 일정까지 세우고 움직인다.	①	②
	B	꼭 출세하여 보란 듯이 살고 싶다.	①	②
	C	무슨 일이든 열심히 의욕적으로 행하는 편이다.	①	②
064	A	공사장 인근을 걷다 보면 위에서 무엇인가 떨어질까 봐 걱정된다.	①	②
	B	작은 일에도 쉽게 우울해진다.	①	②
	C	집중을 잘하지 못하고 다른 일에 자꾸 귀 기울이게 된다.	①	②

<table>
<thead>
<tr><th>번호</th><th></th><th>문항 예시</th><th colspan="2">응답</th></tr>
<tr><th></th><th></th><th></th><th>가깝다</th><th>멀다</th></tr>
</thead>
<tbody>
<tr><td rowspan="3">065</td><td>A</td><td>가끔 사람들과의 관계가 싫어질 때가 있다.</td><td>①</td><td>②</td></tr>
<tr><td>B</td><td>자존심이 무척 센 편이다.</td><td>①</td><td>②</td></tr>
<tr><td>C</td><td>나 스스로 잘 흥분하는 편이라고 생각한다.</td><td>①</td><td>②</td></tr>
<tr><td rowspan="3">066</td><td>A</td><td>어떠한 일에 관하여 과장해 본 적이 한 번도 없다.</td><td>①</td><td>②</td></tr>
<tr><td>B</td><td>낯선 사람과 대화를 이어 가는 것은 무척이나 어려운 일이다.</td><td>①</td><td>②</td></tr>
<tr><td>C</td><td>현실에서 벗어난 색다른 일을 좋아한다.</td><td>①</td><td>②</td></tr>
<tr><td rowspan="3">067</td><td>A</td><td>감정을 우선시하여 일을 판단하는 편이다.</td><td>①</td><td>②</td></tr>
<tr><td>B</td><td>그때그때 상황에 따른 대처가 용이하다.</td><td>①</td><td>②</td></tr>
<tr><td>C</td><td>인터넷 등에 떠도는 온갖 말들은 소문일 뿐 별로 궁금할 것 없다.</td><td>①</td><td>②</td></tr>
<tr><td rowspan="3">068</td><td>A</td><td>초능력이 있어서 좀 더 효율적으로 일했으면 좋겠다.</td><td>①</td><td>②</td></tr>
<tr><td>B</td><td>마음으로 감싸 주는 상사와 일했으면 좋겠다.</td><td>①</td><td>②</td></tr>
<tr><td>C</td><td>엄격한 질서나 규율에 적응하기 어렵다.</td><td>①</td><td>②</td></tr>
<tr><td rowspan="3">069</td><td>A</td><td>최근에 유행하는 그룹이 누구인지도 모른다.</td><td>①</td><td>②</td></tr>
<tr><td>B</td><td>상황이 발생하면 어떻게 대처할지 직감적으로 판단하는 편이다.</td><td>①</td><td>②</td></tr>
<tr><td>C</td><td>나는 스스로를 주관적인 사람이라고 생각한다.</td><td>①</td><td>②</td></tr>
<tr><td rowspan="3">070</td><td>A</td><td>자율과 규율 중 자율적으로 움직이는 편이다.</td><td>①</td><td>②</td></tr>
<tr><td>B</td><td>술자리에서도 조용히 먹는 것을 좋아한다.</td><td>①</td><td>②</td></tr>
<tr><td>C</td><td>주위로부터 상상력이 많다는 말을 많이 듣는다.</td><td>①</td><td>②</td></tr>
<tr><td rowspan="3">071</td><td>A</td><td>잘못이 생기면 그 사정에 대해 이해를 하는 편이다.</td><td>①</td><td>②</td></tr>
<tr><td>B</td><td>시간에 크게 얽매이지 않고 여유로운 편이다.</td><td>①</td><td>②</td></tr>
<tr><td>C</td><td>가까운 친구라고 해도 최근 무슨 일을 겪고 있는지 모른다.</td><td>①</td><td>②</td></tr>
<tr><td rowspan="3">072</td><td>A</td><td>가끔 현실과 동떨어진 생각을 할 때가 있다.</td><td>①</td><td>②</td></tr>
<tr><td>B</td><td>성공적으로 살아가려면 이상을 가져야 한다.</td><td>①</td><td>②</td></tr>
<tr><td>C</td><td>일정한 계획에 얽매이는 것을 별로 좋아하지 않는다.</td><td>①</td><td>②</td></tr>
</tbody>
</table>

[073~250] 다음 문항을 읽고 자신에 해당하면 'YES(①)', 그렇지 않다면 'NO(②)'에 답하시오.

번호	문항 예시	응답	
		YES	NO
073	항상 새로운 것에 도전한다.	①	②
074	긍정적이라는 말을 자주 듣는다.	①	②
075	어떠한 일에 관하여 과장해 본 적이 한 번도 없다.	①	②
076	일을 시작할 때 철저한 계획을 세운다.	①	②
077	무슨 일이든 쉽게 싫증이 나서 하기 싫을 때가 많다.	①	②
078	지금껏 누군가와 싸워 본 적이 없다.	①	②
079	감정 조절을 잘하는 편이다.	①	②
080	의견이 대립되었을 때 조정을 잘한다.	①	②
081	마음이 상해도 참으려고 노력하는 편이다.	①	②
082	주목받는 것을 좋아한다.	①	②
083	지나친 고민으로 기회를 놓친 적이 있다.	①	②
084	꼭 갖고 싶었던 물건을 보더라도 훔치고 싶은 마음이 들지는 않는다.	①	②
085	여유를 가지고 생활한다.	①	②
086	운동 경기를 좋아한다.	①	②
087	어디론가 자주 떠나고 싶다.	①	②
088	신중한 편이어서 어떤 일을 시작할 때 준비 기간이 길다.	①	②
089	평소 활동적인 취미를 즐긴다.	①	②
090	우연히 아는 사람을 만나면 나도 모르게 피하게 된다.	①	②
091	가치 있는 실수란 없다고 생각한다.	①	②
092	남들과 경쟁하는 것에 관심이 없다.	①	②
093	내 물건을 남이 만지면 속상하다.	①	②
094	항상 시작 전에는 세부적인 계획을 먼저 세운다.	①	②
095	낯선 사람과 대화한다는 것은 무척이나 어려운 일이다.	①	②
096	호의에는 대가가 항상 필요하다.	①	②
097	이루고자 하는 목표가 명확하다.	①	②
098	잘못이 생기면 그 사정에 대해 이해를 하는 편이다.	①	②
099	여러 사람 앞에서 이야기하는 것이 좋다.	①	②
100	쉽게 설득을 당하는 편이다.	①	②

번호	문항 예시	응답	
		YES	NO
101	도전적인 사람을 좋아한다.	①	②
102	남을 칭찬하는 것이 익숙하다.	①	②
103	가끔 걱정 때문에 잠을 이루지 못할 때가 있다.	①	②
104	갑자기 식은땀이 날 때가 있다.	①	②
105	다른 사람을 쉽게 믿지 않는 편이다.	①	②
106	무슨 일이든 잘할 수 있다는 자신감이 있다.	①	②
107	이유 없이 불안하다.	①	②
108	모임에 가는 것을 싫어한다.	①	②
109	여러 사람 앞에서 내 자랑을 잘한다.	①	②
110	당황스러운 질문에도 능청스럽게 대답할 수 있다.	①	②
111	가끔 아무 이유 없이 다른 사람들을 때리고 싶은 생각이 든다.	①	②
112	나는 정말 쓸모없는 사람이라고 느낄 때가 있다.	①	②
113	항상 자기 계발을 추구한다.	①	②
114	해외에 나가서 살고 싶다.	①	②
115	나는 최고라고 생각한다.	①	②
116	돌발 상황이 생겨도 대안이 바로 떠오른다.	①	②
117	나보다 급한 사람이 있으면 순서를 양보한다.	①	②
118	계획대로 안 되면 스트레스를 받는다.	①	②
119	혼자만의 생각에 빠질 때가 많다.	①	②
120	다른 사람으로부터 이해를 받지 못해도 상관없다.	①	②
121	인간관계가 편협하다는 말을 듣는 편이다.	①	②
122	주위로부터 활력이 넘친다는 말을 자주 듣는다.	①	②
123	불편한 이야기를 나누는 상황은 피하고 싶어 한다.	①	②
124	해야 하는 일을 미루지 않는다.	①	②
125	인상이 좋다는 말을 자주 듣는다.	①	②
126	인내력이 강하다고 생각한다.	①	②
127	나 스스로 흥분을 잘하는 편이라고 생각한다.	①	②
128	자존감이 높다.	①	②
129	종종 심장이 두근거린다.	①	②
130	융통성이 부족한 편이다.	①	②
131	한껏 들뜬 기분에 가만히 있지 못하고 설치는 경우가 있다.	①	②
132	남에게 엄격한 편이다.	①	②
133	혼자만의 힘으로도 최고의 성과를 낼 수 있다.	①	②
134	혼자 여행 다니는 것을 좋아한다.	①	②

번호	문항 예시	응답	
		YES	NO
135	남들보다 유능하고 똑똑하다.	①	②
136	내가 시작한 일은 남에게 맡기기 불안하다.	①	②
137	권위적인 방식으로 나를 대하면 반항한다.	①	②
138	즉흥적으로 행동하는 일이 거의 없다.	①	②
139	이견이 있다면 마음이 불편하다.	①	②
140	생각하고 나서 행동한다.	①	②
141	주도적이다.	①	②
142	새로운 일에 도전하는 것이 즐겁다.	①	②
143	어려워 보이는 목표부터 달성한다.	①	②
144	어떠한 결정이 나면 즉각 행동으로 옮기는 편이다.	①	②
145	결점을 지속적으로 지적받으면 스트레스를 받는다.	①	②
146	불쌍한 사람을 보면 도와주고 싶다.	①	②
147	내 말투나 음성은 언제나 일정한 편이다.	①	②
148	누군가로부터 빨리 하라는 말을 들으면 왠지 모르게 화가 난다.	①	②
149	감정을 잘 드러낸다.	①	②
150	타인의 충고를 듣고 나면 모두가 내 탓인 것 같다.	①	②
151	결과보다 과정이 중요하다.	①	②
152	하고 나서 후회하는 일이 많다.	①	②
153	지식을 얻고 기술을 익히는 데 적극적이다.	①	②
154	약속 시간에 늦은 적이 한 번도 없다.	①	②
155	차분하다는 말을 자주 듣는다.	①	②
156	잘하는 일보다는 좋아하는 일을 하고 싶다.	①	②
157	계획이 틀어지면 스트레스를 받는다.	①	②
158	문화생활을 즐기는 편이다.	①	②
159	처음 보는 사람과 쉽게 친해진다.	①	②
160	리더십이 강하다.	①	②
161	가끔 울음이나 웃음을 참지 못할 때가 있다.	①	②
162	생각을 먼저 하고 나중에 행동하는 편이다.	①	②
163	다수의 의견은 최선의 선택이라고 생각한다.	①	②
164	일을 마치기 위해 즐거움을 잠시 미루는 것이 어렵지 않다.	①	②
165	하루 일과가 끝나고 돌아볼 때 반성하는 경우가 많다.	①	②
166	나에 관한 다른 사람들의 생각이 궁금하다.	①	②
167	창의적이다.	①	②
168	낯가림을 하는 편이다.	①	②

번호	문항 예시	응답	
		YES	NO
169	넓은 교제보다 좁은 교제를 한다.	①	②
170	아침에 쉽게 일어난다.	①	②
171	신기한 물건들을 자주 구매한다.	①	②
172	개인보다 집단의 이익을 우선시한다.	①	②
173	주변의 말에 비교적 상처를 잘 받는다.	①	②
174	내가 맡은 일은 끝까지 해야 한다.	①	②
175	정해진 방식을 따르는 것이 좋다.	①	②
176	다른 사람들의 시선을 많이 신경 쓴다.	①	②
177	어떤 분야의 개척자가 되는 것을 좋아한다.	①	②
178	남들과 경쟁하는 것이 불편하다.	①	②
179	무언가를 새롭게 창조하는 것을 좋아한다.	①	②
180	포기하지 않고 노력하고 있다는 사실이 중요하다.	①	②
181	자존심이 무척 센 편이다.	①	②
182	학창 시절, 학급에서 눈에 띄는 편은 아니었다.	①	②
183	나를 싫어하는 사람이 있다.	①	②
184	남에게 피해를 입힌 적이 없다.	①	②
185	융통성 있게 잘 대처하는 사람을 보면 믿음이 간다.	①	②
186	처음 보는 사람과 대화하기까지는 많은 노력이 필요하다.	①	②
187	몸을 움직이는 것을 좋아한다.	①	②
188	나쁜 사람보다는 착한 사람들이 많다고 생각한다.	①	②
189	나를 화나게 하면 반드시 보복한다.	①	②
190	나의 생활에 만족한다.	①	②
191	신중한 사람이라는 평가를 받는 편이다.	①	②
192	자신을 생각할 때 낙천적인 편은 아닌 것 같다.	①	②
193	모임에서 항상 리더를 맡는다.	①	②
194	감정을 조절하지 못해 싸운 적이 있다.	①	②
195	어두운 곳을 무서워한다.	①	②
196	한껏 고무된 기분 탓에 일을 그르친 경우가 많다.	①	②
197	우울할 때 밖에 나가서 돌아다니면 기분이 좋아진다.	①	②
198	경쟁 구조가 갖추어진 상황에서 더 큰 역량이 발휘된다.	①	②
199	나에 대해 엄격한 편이다.	①	②
200	TV 드라마를 보면서 쉽게 흥분한다.	①	②
201	사람들을 잘 배려한다.	①	②
202	언제나 정직한 편이어서 거짓말을 하지 않는다.	①	②

번호	문항 예시	응답	
		YES	NO
203	낯을 가리지 않는다.	①	②
204	행복해지기 위해서 돈은 가장 중요한 요인이다.	①	②
205	어떻게 하면 내 화가 풀리는지 알고 있다.	①	②
206	같이 일하는 것을 좋아한다.	①	②
207	다른 사람들과 협상하는 것에 능숙하다.	①	②
208	항상 친구들에게 먼저 연락한다.	①	②
209	좋은 아이디어가 생각나도 한 번 더 검토해 본다.	①	②
210	무슨 일이 있어도 약속을 지킨다.	①	②
211	인간관계가 넓은 편이다.	①	②
212	새로운 사람들과 관계를 만들어 가고 싶지 않다.	①	②
213	봉사 활동하는 것을 좋아한다.	①	②
214	상대방한테 지적을 받는다는 것을 참을 수 없다.	①	②
215	감정의 변화가 심한 편이다.	①	②
216	질서보다는 자유롭게 생활하는 것이 좋다.	①	②
217	어떠한 일이든 꼼꼼히 생각하는 경우가 많다.	①	②
218	부모님에게 반항해 본 적이 한 번도 없다.	①	②
219	자신을 과소평가하는 경향이 있다.	①	②
220	내가 나를 생각해도 융통성이 없다고 생각한다.	①	②
221	과정보다 성공이 중요하다고 생각한다.	①	②
222	목소리가 큰 편이다.	①	②
223	누군가의 부탁을 거절하지 못하는 편이다.	①	②
224	지루한 것보다는 차라리 어려운 것이 낫다.	①	②
225	어떤 일을 하기 전에 미리 계획을 세운다.	①	②
226	새로운 길로 가는 것이 즐겁다.	①	②
227	실수도 실력이라고 생각한다.	①	②
228	주어진 일을 하는 것이 좋다.	①	②
229	모험을 하는 것을 좋아한다.	①	②
230	의리를 지키는 것은 중요하다고 생각한다.	①	②
231	다른 사람들이 무엇을 하든 그 일에 관심이 없다.	①	②
232	누군가를 설득한다는 것은 어려운 일이 아니다.	①	②
233	시간만 있으면 집에서 공상을 즐기고 싶다.	①	②
234	어렸을 때에도 도둑질한 적이 없다.	①	②
235	내 의견을 확실하게 말하는 편이다.	①	②
236	여러 사람 앞에서 사회를 잘 본다.	①	②

번호	문항 예시	응답	
		YES	NO
237	당사자가 없는 곳에서 험담한 적이 없다.	①	②
238	독특하다는 말을 많이 듣는다.	①	②
239	작은 일에도 쉽게 우쭐해져서 기분이 좋아진다.	①	②
240	가족이 내 인생의 최우선이다.	①	②
241	내 의견을 상대방에게 주장하는 편은 아니다.	①	②
242	공동 프로젝트보다 혼자 진행하는 것이 좋다.	①	②
243	진정한 프로라는 말을 들으면 기분이 좋아진다.	①	②
244	서두르지 않고 느긋하게 일을 진행한다.	①	②
245	순간적 흥분을 참지 못해 사람을 때린 적이 있다.	①	②
246	한 달간의 계획을 수립하여 생활하는 편이다.	①	②
247	어떤 상황에서도 먼저 상대방의 입장에서 생각한다.	①	②
248	슬퍼하는 친구를 보면 나도 눈물이 난다.	①	②
249	사람이 많은 곳에 가서 활동하는 것이 좋다.	①	②
250	지루한 것을 참지 못한다.	①	②

끝이 좋아야 시작이 빛난다.

– 마리아노 리베라(Mariano Rivera)

성명:

수험번호:

①

②

③

④

⑤

정답

정답

정답

정답

정답

성명:
수험번호:
SAMSUNG
⑥
⑦
정답
정답
⑧
⑨
수 리 논 리
정답
정답
⑩
정답

⑯

정답

⑰

정답

⑱

정답

⑲

정답

⑳

정답

성명:　　　　　　　　　수험번호:　　　　　　　　SAMSUNG

① 　　　　　　　　　　②

정답　　　　　　　　　정답

③ 　　　　　　　　　　④

정답　　　　　　　　　정답

⑤ 　　　　　　　　　　⑥

정답　　　　　　　　　정답

⑦ 　　　　　　　　　　⑧

정답　　　　　　　　　정답

성명:　　　　　　　　　　　　　　　　　수험번호:

⑨

⑩

정답

정답

⑪

⑫

정답

정답

⑬

⑭

정답

정답

⑮

⑯

정답

정답

⑰

정답

⑱

정답

⑲

정답

⑳

정답

㉑

정답

㉒

정답

㉓

정답

㉔

정답

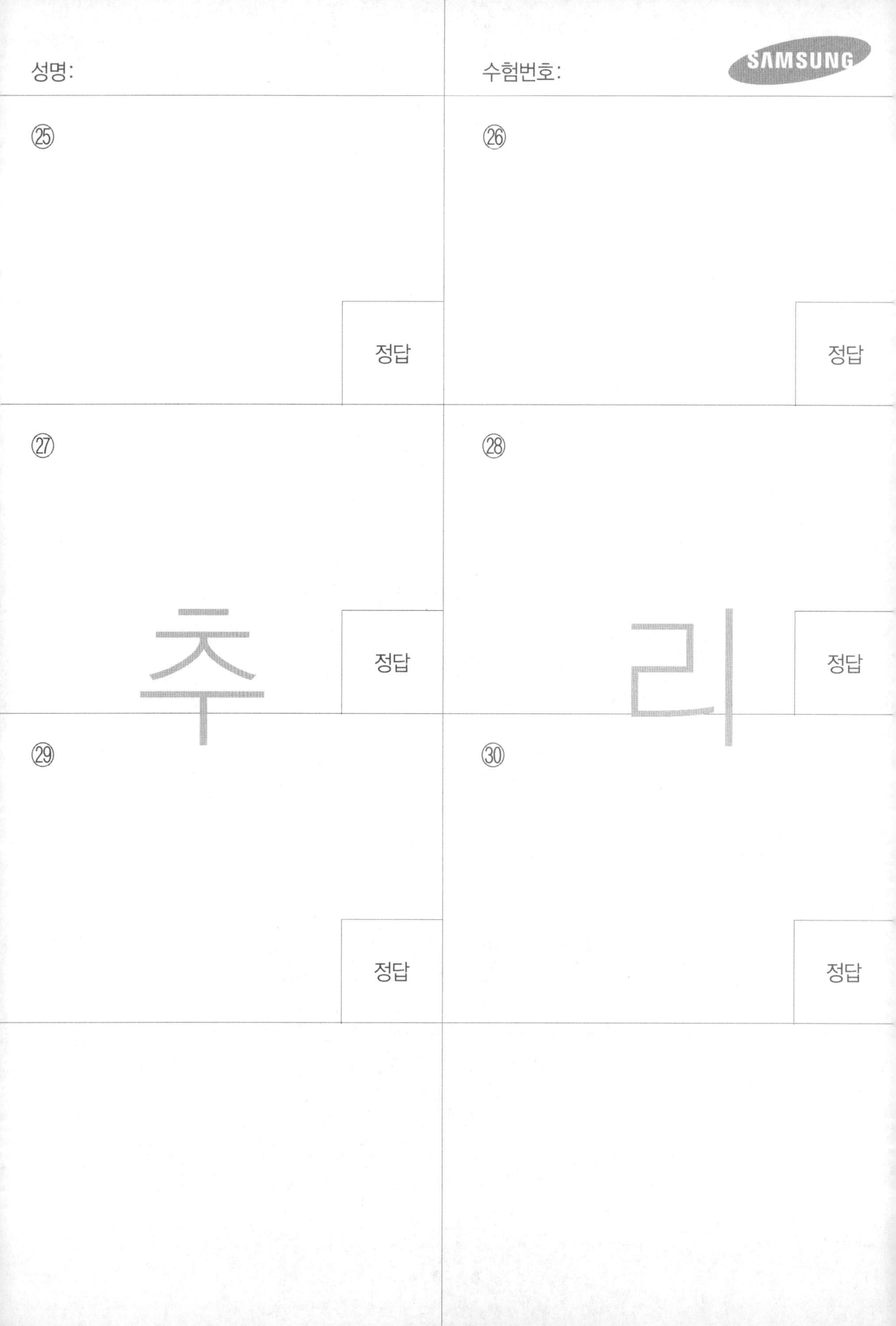

㉕

정답

㉖

정답

㉗

정답

㉘

정답

㉙

정답

㉚

정답

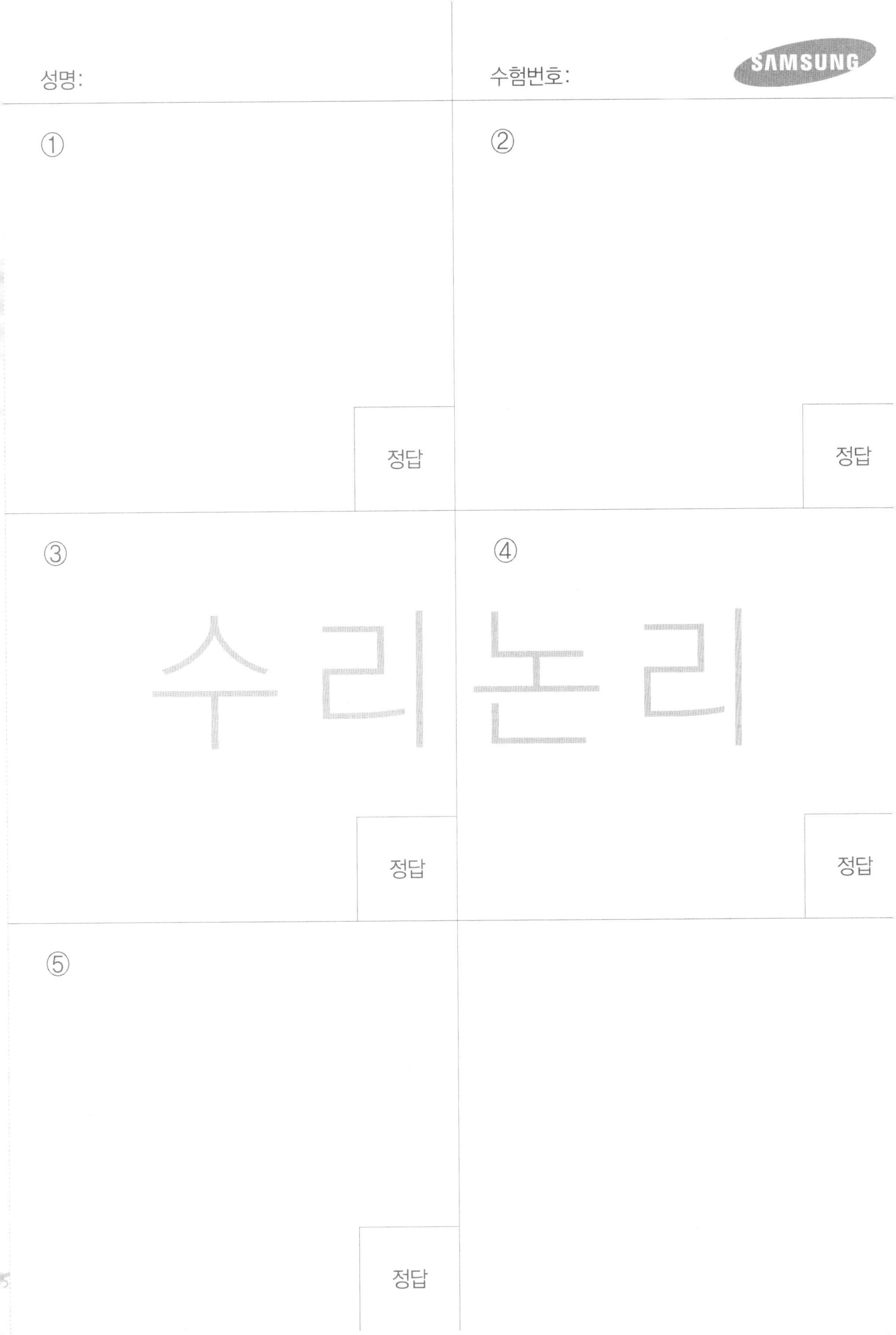

성명:
수험번호:
SAMSUNG
①
②
③
④
⑤
정답
정답
정답
정답
정답
수 리 논 리

성명:
수험번호:
SAMSUNG
⑥
⑦
정답
정답
⑧
⑨
정답
정답
⑩
정답

성명:
수험번호:
SAMSUNG
⑪
⑫
정답
정답
⑬
⑭
정답
정답
⑮
정답

수리논리

⑯

정답

⑰

정답

⑱

정답

⑲

정답

⑳

정답

성명:　　　　　　　　　　　　　수험번호:

SAMSUNG

①

②

정답

정답

③

④

정답

정답

⑤

⑥

정답

정답

⑦

⑧

정답

정답

성명: 수험번호: SAMSUNG

⑨

정답

⑩

정답

⑪

정답

⑫

정답

⑬

정답

⑭

정답

⑮

⑯

정답

정답

⑰

정답

⑱

정답

⑲

정답

⑳

정답

㉑

정답

㉒

정답

㉓

정답

㉔

정답

㉕

정답

㉖

정답

㉗

정답

㉘

정답

㉙

정답

㉚

정답

성명:

수험번호:

① 정답

② 정답

③ 정답

④ 정답

⑤ 정답

⑥

정답

⑦

정답

⑧

정답

⑨

정답

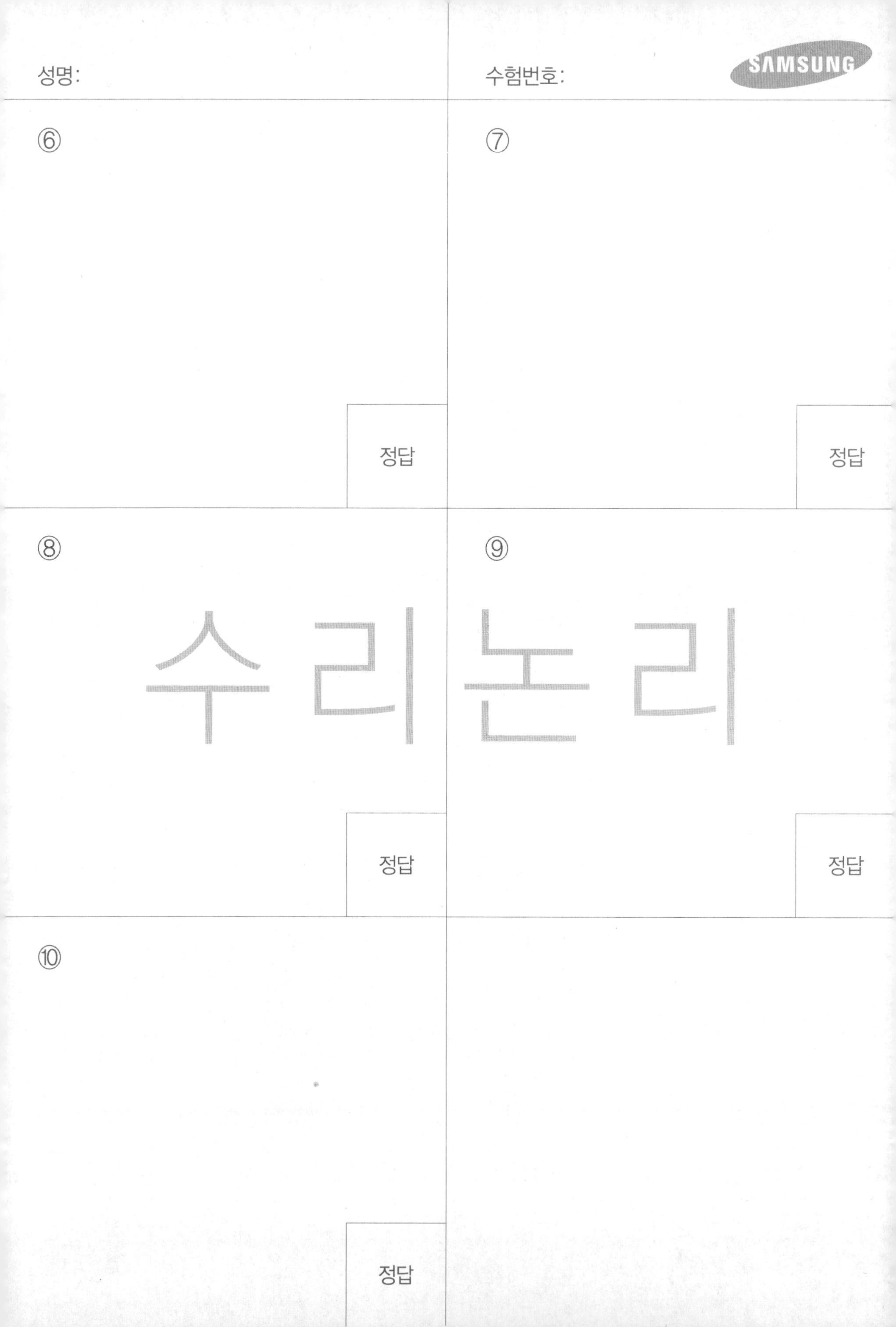

⑩

정답

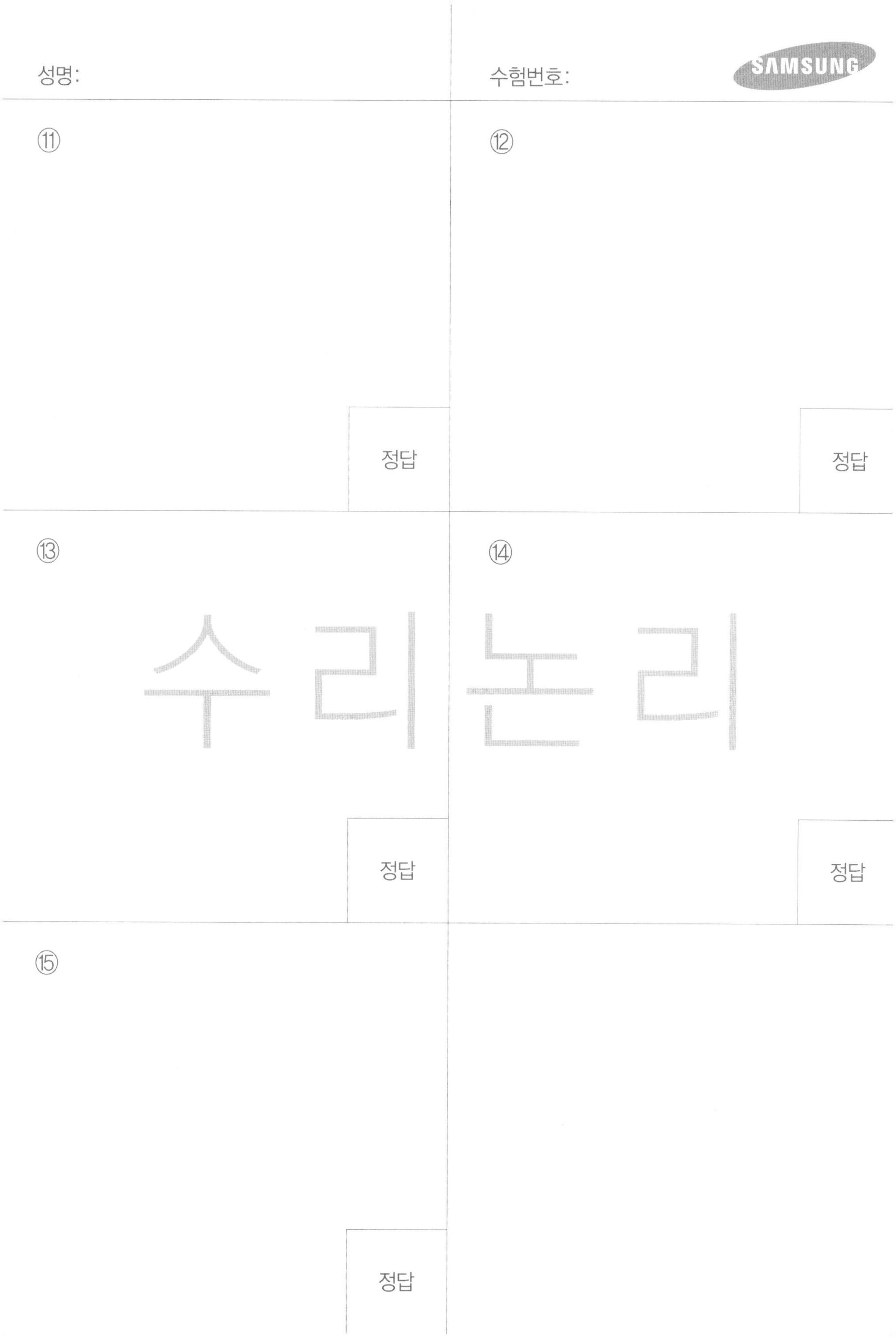

⑪

정답

⑫

정답

⑬

정답

⑭

정답

⑮

정답

성명:

수험번호:

SAMSUNG

⑯

정답

⑰

정답

⑱

정답

⑲

정답

수리논리

⑳

정답

성명:

수험번호:

SAMSUNG

①

②

정답

정답

③

④

정답

정답

⑤

⑥

정답

정답

⑦

⑧

정답

정답

성명:
수험번호:
SAMSUNG
⑨
⑩
정답
정답
⑪
⑫
정답
정답
⑬
⑭
정답
정답
⑮
⑯
정답
정답

성명:

수험번호:

SAMSUNG

⑰

정답

⑱

정답

⑲

정답

⑳

정답

㉑

정답

㉒

정답

㉓

정답

㉔

정답

성명:

수험번호:

㉕

정답

㉖

정답

㉗

정답

㉘

정답

㉙

정답

㉚

정답

성명:
수험번호:
SAMSUNG
①
②
③
④
⑤
정답
정답
정답
정답
정답
수리논리

⑥

정답

⑦

정답

⑧

정답

⑨

정답

⑩

정답

성명:

수험번호:

⑪

정답

⑫

정답

⑬

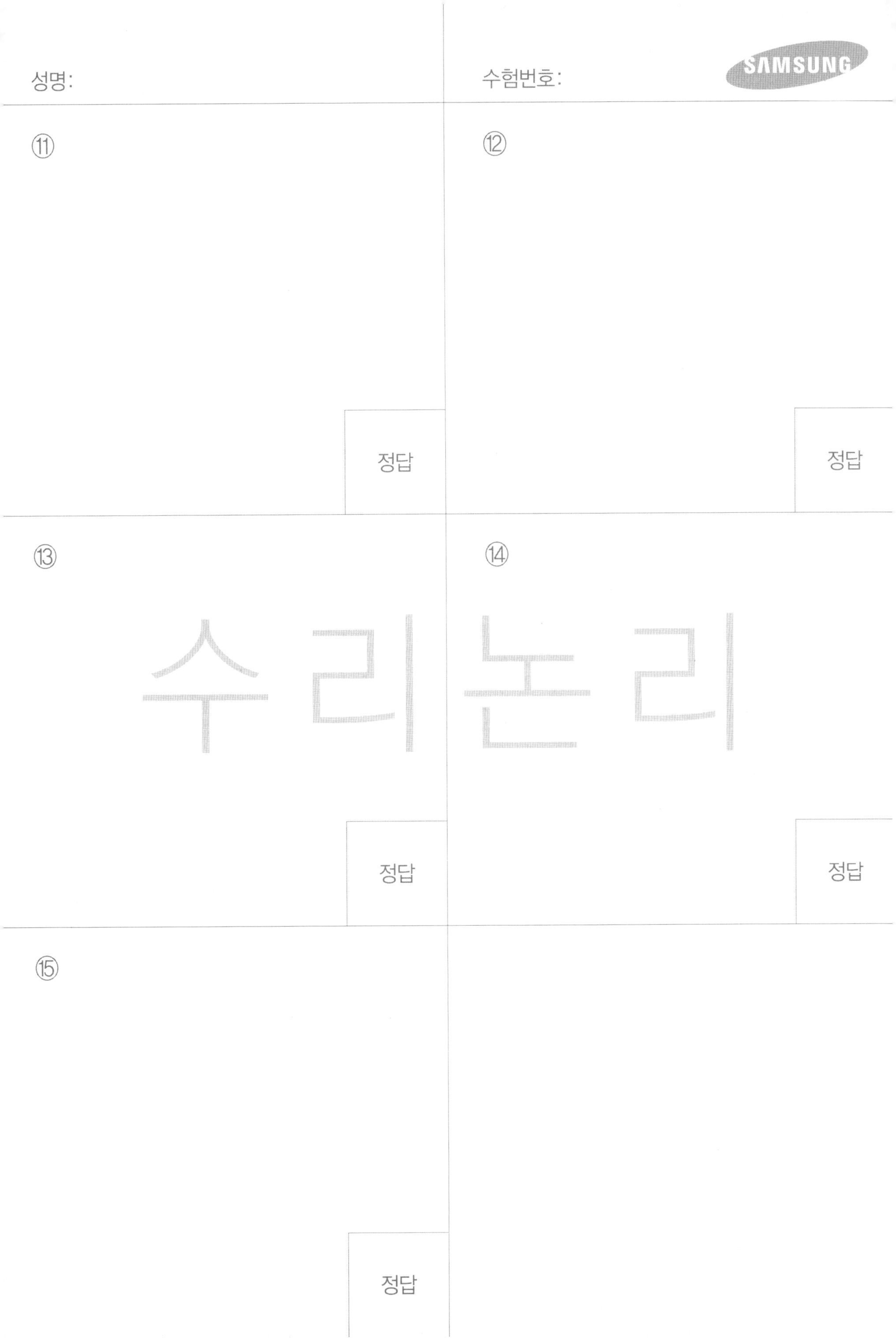

정답

⑭

정답

⑮

정답

성명:

수험번호:

SAMSUNG

⑯

정답

⑰

정답

⑱

정답

⑲

정답

⑳

정답

수리논리

성명:　　　　　　　　　　　　수험번호:

SAMSUNG

①

②

정답

정답

③

④

정답

정답

⑤

⑥

정답

정답

⑦

⑧

정답

정답

⑨

정답

⑩

정답

⑪

정답

⑫

정답

⑬

정답

⑭

정답

⑮

정답

⑯

정답

성명:
수험번호:
SAMSUNG
⑰
정답
⑱
정답
⑲
정답
⑳
정답
㉑
정답
㉒
정답
㉓
정답
㉔
정답

성명:

수험번호:

SAMSUNG

㉕

정답

㉖

정답

㉗

정답

㉘

정답

㉙

정답

㉚

정답

추리

성명:

수험번호:

SAMSUNG

①

정답

②

정답

③

정답

④

정답

⑤

정답

수리논리

성명:

수험번호:

⑥

정답

⑦

정답

⑧

정답

⑨

정답

⑩

정답

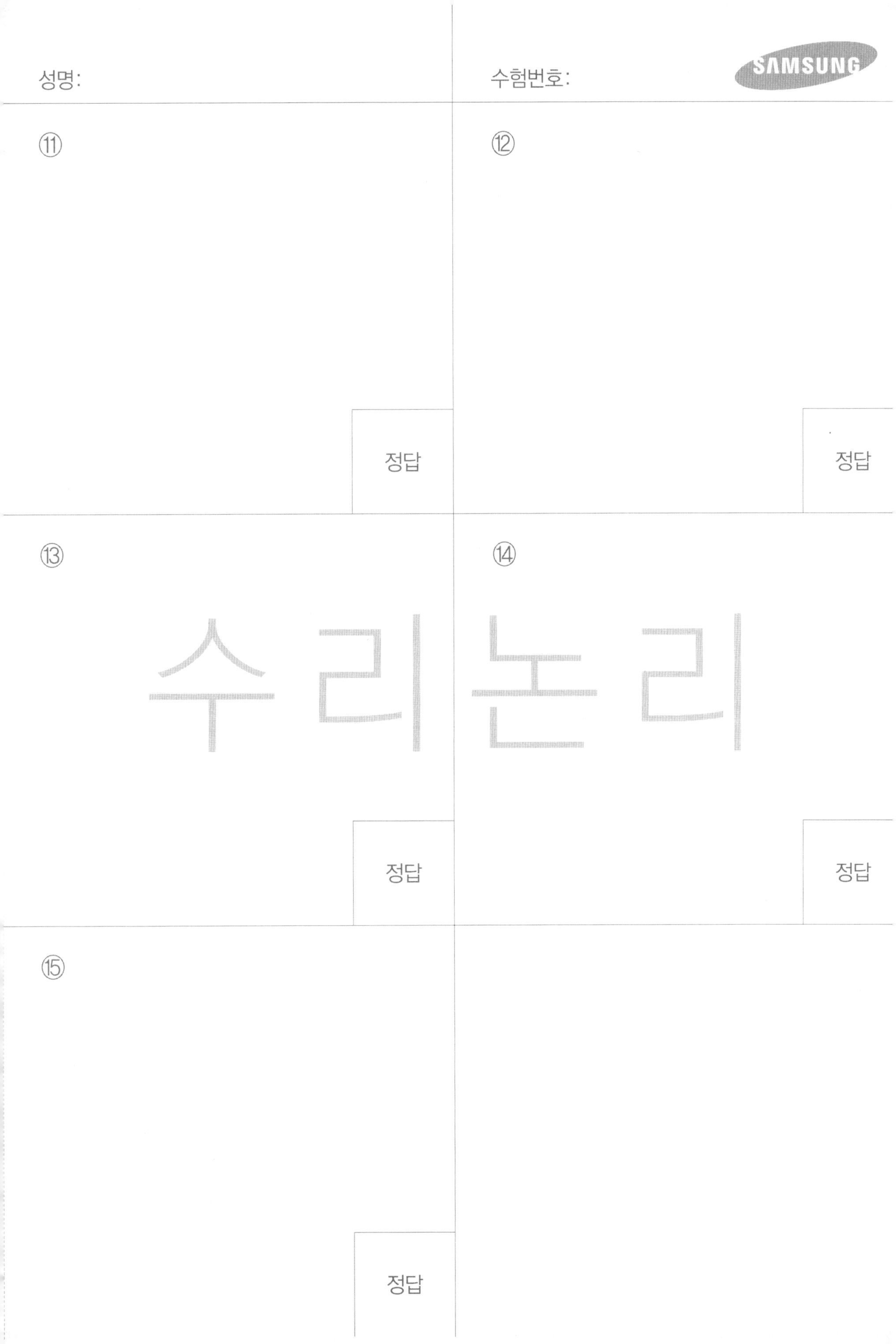

성명:

수험번호:

⑪

정답

⑫

정답

⑬

정답

⑭

정답

⑮

정답

⑯

정답

⑰

정답

⑱

정답

⑲

정답

⑳

정답

성명: 수험번호: SAMSUNG

①

정답

②

정답

③

정답

④

정답

⑤

정답

⑥

정답

⑦

정답

⑧

정답

성명:

수험번호:

⑨

정답

⑩

정답

⑪

정답

⑫

정답

추 리

⑬

정답

⑭

정답

⑮

정답

⑯

정답

성명: 수험번호:

⑰

정답

⑱

정답

⑲

정답

⑳

정답

㉑

정답

㉒

정답

㉓

정답

㉔

정답

성명:

수험번호:

SAMSUNG

㉕

정답

㉖

정답

㉗

정답

㉘

정답

추 리

㉙

정답

㉚

정답

성명: 수험번호: SAMSUNG

①   ②

정답   정답

③   ④

정답   정답

⑤

정답

⑥

정답

⑦

정답

⑧

정답

⑨

정답

⑩

정답

성명:

수험번호:

⑪

정답

⑫

정답

⑬

정답

⑭

정답

⑮

정답

성명:

수험번호:

SAMSUNG

⑯

⑰

정답

정답

⑱

⑲

수 리 논 리

정답

정답

⑳

정답

성명:

수험번호:

①

②

정답

정답

③

④

정답

정답

⑤

⑥

정답

정답

성명:

수험번호:

⑦

⑧

정답

정답

성명:　　　　　　　　　　　　　　　　수험번호:　　　　　　　　　　　　SAMSUNG

⑨

정답

⑩

정답

⑪

정답

⑫

정답

⑬

정답

⑭

정답

⑮

정답

⑯

정답

성명:

수험번호:

SAMSUNG

⑰

정답

⑱

정답

⑲

정답

⑳

정답

㉑

정답

㉒

정답

㉓

정답

㉔

정답

성명: 수험번호: **SAMSUNG**

㉕

정답

㉖

정답

㉗

정답

㉘

정답

㉙

정답

㉚

정답

MEMO
MEMO

MEMO
MEMO

MEMO
MEMO

GSAT 삼성직무적성검사 실전모의고사

발 행 일	2026년 3월 5일 초판 | 2026년 3월 5일 1쇄
편 저 자	에듀윌 취업연구소
펴 낸 이	양형남
개발책임	김기철, 윤은영
개 발	이승윤, 장혜진, 권민정, 김영훈, 엄동언
펴 낸 곳	(주)에듀윌
I S B N	979-11-360-7270-2
등록번호	제25100-2002-000052호
주 소	08378 서울특별시 구로구 디지털로34길 55
	코오롱싸이언스밸리 2차 3층

* 이 책의 무단 인용 · 전재 · 복제를 금합니다.

www.eduwill.net

대표전화 1600-6700

베스트셀러 1위
에듀윌 상식 시리즈

14만 부 판매 돌파!
기출이 합격 전략의 기본!

기출 금융경제 상식　　**공기업기출 일반상식**　　**언론사 기출 최신 일반상식**

eduwill

에듀윌 GSAT

실전모의고사

실전모의고사 6회 + 온라인 모의고사 6회 + 무료특강

정답과 해설

에듀윌에서
공부해듀~

에듀윌
GSAT SAMSUNG
삼성직무적성검사
실전모의고사

정답과 해설

eduwill

수리논리									P.44
01	⑤	02	⑤	03	③	04	⑤	05	①
06	⑤	07	⑤	08	②	09	③	10	⑤
11	③	12	③	13	⑤	14	②	15	①
16	①	17	④	18	③	19	④	20	④

01 응용수리   정답 ⑤

| 정답풀이 |

지난달 AI 스피커 판매량을 x, 스마트 워치 판매량을 y라 하면 $x+y=1,200$이다.

- 이번 달 총 판매량은 지난달보다 30개 증가하였다.
  이번 달 AI 스피커 판매량: $1.15x$
  이번 달 스마트 워치 판매량: $0.9y$
  $1.15x+0.9y=1,200+30=1,230$
- 첫 번째 식을 $y=1,200-x$로 변형하여 두 번째 식에 대입하면
  $1.15x+0.9(1,200-x)=1,230$
  $1.15x+1,080-0.9x=1,230$
  $0.25x=1,230-1,080$
  $0.25x=150$
  $\therefore x=600$
- 이번 달 AI 스피커 판매량은 $1.15x=1.15\times600=690$

따라서 이번 달 AI 스피커 판매량은 690개이다.

⏱ 빠른 풀이 스킬

판매량의 변화량에만 초점을 맞추어 식을 세우면 계산이 더 간결해진다.

- AI 스피커 판매량 변화: $+0.15x$
- 스마트 워치 판매량 변화: $-0.1y$
- 총판매량 변화: $+30$

따라서 $0.15x-0.1y=300$이라는 식을 바로 세울 수 있다.
이 식의 양변에 10을 곱하면 $1.5x-y=3000$이다.
기존의 $x+y=1,200$ 식과 연립하여 풀면 $x=600$을 더 빠르게 구할 수 있다.

02 응용수리   정답 ⑤

| 정답풀이 |

- 10명의 전체 연구원 중에서 4명을 뽑는 경우의 수
  $_{10}C_4=\dfrac{10\times9\times8\times7}{4\times3\times2\times1}=210$
- 각 조건에 해당하는 경우의 수 계산

CASE 1	선임 1명, 주임 3명	$_4C_1\times_6C_3=4\times\dfrac{6\times5\times4}{3\times2\times1}=4\times20=80$
CASE 2	선임 2명, 주임 2명	$_4C_2\times_6C_2=\dfrac{4\times3}{2\times1}\times\dfrac{6\times5}{2\times1}=6\times15=90$
CASE 3	선임 3명, 주임 1명	$_4C_3\times_6C_1=4\times6=24$
CASE 4	선임 4명, 주임 0명	$_4C_4\times_6C_0=1\times1=1$

조건을 만족하는 총 경우의 수는 $80+90+24+1=195$이다.

따라서 대표단에 선임연구원이 적어도 한 명 포함될 확률은 $\dfrac{195}{210}=\dfrac{13}{14}$이다.

⏱ 빠른 풀이 스킬

문제에서 '적어도 ∼', '최소 ∼'라는 표현이 나오면, 모든 경우를 각각 계산하는 것보다 전체 확률 1에서 반대되는 사건(여사건)의 확률을 빼는 것이 간단하다.

- 반대 사건: '선임연구원이 적어도 1명'의 반대는 '선임연구원이 한 명도 없는 것', 즉 '선발된 4명 모두 주임연구원'인 경우이다.
- 반대 사건의 확률: (주임 6명 중 4명 뽑기) / (전체 10명 중 4명 뽑기)
  $\dfrac{_6C_4}{_{10}C_4}=\dfrac{15}{210}=\dfrac{1}{14}$
- 최종 확률: $1-($반대 사건의 확률$)=1-\dfrac{1}{14}=\dfrac{13}{14}$

03 자료해석   정답 ③

| 정답풀이 |

2024년 예산이 40억 원 이하인 기업은 C사(30억 원), F사(12억 원), G사(35억 원)이며 2024년 대비 2025년 예산 증가율은 C사 30%, F사 25%, G사 20%이다.
따라서 증가율이 가장 높은 기업은 C사이다.

| 오답풀이 |

① 2023년 대비 2025년 예산 증가액은 A사 +15, B사 −8, C사 +19, D사 +16, E사 0, F사 +5, G사 +17, H사 −15이다. 30억 원 이상 증가한 기업은 없다.

② 2024년 예산 상위 3개 기업은 H사, E사, B사이며, 이들의 2024년 대비 2025년 예산 증감액 합계는 +45−15−18=12(억 원)이다. 하위 3개 기업(F사, C사, G사)의 증감액 합계는 +3+9+7=19(억 원)이므로 상위 3개 기업의 예산 증감액 합계보다 크다.

④ 2024년 대비 2025년에 예산이 감소한 기업은 B사(30%), E사(20%)로 감소율 평균은 25%이다. 2023년 대비 2024년에 예산이 증가한 기업들의 증가율 평균은 $(10+20+50+10+25+20+40) \div 7 = 25(\%)$이므로, 서로 같다.

⑤ 2024년 예산이 50억 원 이상인 기업은 B사, D사, E사, H사이다. 이들의 2023년 대비 2025년 총 예산 증감액 합계는 $-8+16+0-15=-7$(억 원)이므로 30억 원을 초과하지 않는다.

04 자료해석　　　　　　　정답 ⑤

| 정답풀이 |

4개 국어 구사자의 인원수 변화를 계산한다.
- 2024년: $1,200 \times 15(\%) = 180$(명)
- 2025년: $1,500$명$\times 20(\%) = 300$(명)

2024년 대비 2025년 증가한 인원은 $300-180=120$(명)이다.
따라서 120명 증가하였다.

| 오답풀이 |

① 2024년과 2025년의 지원자 수를 각각 합산하여 비교한다.

3개 국어 구사자 수:
- 2024년: $1,200 \times 40(\%) = 480$(명)
- 2025년: $1,500 \times 35(\%) = 525$(명)

두 해의 합계는 $480+525=1,005$(명)이다.

2개 국어 구사자 수:
- 2024년: $1,200 \times 30(\%) = 360$(명)
- 2025년: $1,500 \times 22(\%) = 330$(명)

두 해의 합계는 $360+330=690$(명)이므로 3개 국어 구사 지원자가 2개 국어 구사 지원자보다 많다.

② 2개 국어 구사자 수 변화:
- 2024년: $1,200 \times 30(\%) = 360$(명)
- 2025년: $1,500 \times 22(\%) = 330$(명)

$360-330=30$(명)이 감소하였다.

1개 국어 구사자 수 변화:
- 2024년: $1,200 \times 10(\%) = 120$(명)
- 2025년: $1,500 \times 8(\%) = 120$(명)

2024년과 2025년이 동일하다.

③ 5개 국어 이상(5개+6개) 구사자 수를 계산한다.
- 2024년: $1,200 \times (4\%+1\%) = 1,200 \times 5(\%) = 60$(명)
- 2025년: $1,500 \times (9\%+6\%) = 1,500 \times 15(\%) = 225$(명)

225명은 60명의 3배(180명) 이상이므로 3배 이상 증가하였다.

④ 3개 국어 구사자의 비중과 실제 인원수를 비교한다.

비중: 2024년 40%에서 2025년 35%로 감소했다.

인원수:
- 2024년: $1,200 \times 40(\%) = 480$(명)
- 2025년: $1,500 \times 35(\%) = 525$(명)

인원수는 480명에서 525명으로 증가했다.

⚡ 빠른 풀이 스킬

① 2024년과 2025년에 3개 국어를 구사하는 지원자 수의 비중은 각각 40%, 35%이다.
2024년과 2025년에 2개 국어를 구사하는 지원자 수의 비중은 각각 30%, 22%이므로 정확한 값을 계산하지 않고 비중만으로도 3개 국어를 구사하는 총 지원자 수가 더 많음을 알 수 있다.

05 자료해석　　　　　　　정답 ①

| 정답풀이 |

A사의 10대와 60대 이상 이용자 수를 각각 계산하여 비교한다.
- A사의 10대 이용자 수: $1,250 \times 40(\%) = 500$(천 명)
- A사의 60대 이상 이용자 수: $(1,100+850) \times 20(\%) = 1,950 \times 0.2 = 390$(천 명)

따라서 A사의 스마트폰을 이용하는 10대 이용자 수는 A사의 스마트폰을 이용하는 60대 이상 이용자 수보다 많다.

| 오답풀이 |

② A사의 20대 이용자 수는 1,250천 명, 30대 이용자 수는 1,500천 명이다.

증가율: $\dfrac{(1,500-1,250)}{1,250} \times 100 = 20(\%)$

A사의 스마트폰의 30대 이용자 수는 20대 이용자 수보다 20% 더 많다.

③ A사의 20대 이용자 수: 1,250천 명

A사와 B사를 동시에 이용하는 20대 이용자 수는 150천 명이다.

비중은 $\dfrac{150}{1,250} \times 100 = 12(\%)$이므로 10% 이상이다.

④ A사와 B사 스마트폰의 10대 이용자 수를 각각 계산하면 다음과 같다.
- A사의 10대 이용자 수: $1,250 \times 40(\%) = 500$(천 명)
- B사의 10대 이용자 수: $1,100 \times 40(\%) = 440$(천 명)

두 이용자 수의 합: $500+440=940$(천 명)으로 1,000천 명 미만이다.

⑤ A사와 B사를 동시에 이용하는 10대 이용자 수는 150×40(%)
=60(천 명)

A사와 B사를 동시에 이용하는 60대 이상 이용자 수는
(180+160)×20(%)=340×0.2=68(천 명)

10대 이용자 수는 60천 명, 60대 이상 이용자 수는 68천 명으
로, 10대 이용자 수가 떠 적다.

---

06 자료해석　　　　　　　　정답 ⑤

| 정답풀이 |

2021년과 2025년 세입 예산 중 기타 예산이 차지하는
비중을 구해 보면 다음과 같다.

- 2021년: $\dfrac{20,000}{145,000} \times 100 ≒ 13.8(\%)$

- 2025년: $\dfrac{28,000}{180,000} \times 100 ≒ 15.6(\%)$

따라서 세입 예산 중 기타 예산이 차지하는 비중은 2025년
이 2021년보다 크다.

| 오답풀이 |

① [그래프1]에서 2021년부터 2025년까지 세입 예산액 총액을 구
해보면 145,000+155,000+167,000+171,000+180,000=
818,000(억 원)이므로 5년간 평균 세입 예산액은 818,000÷5
=163,600(억 원), 즉 16조 3,600억 원이다.

② 2025년 세입 총계에서 보조금이 차지하는 비중은
$\dfrac{54,000}{180,000} \times 100 = 30(\%)$이다.

③ 2025년 세입 총계에서 특별 회계가 차지하는 비중은
$\dfrac{36,000}{180,000} \times 100 = 20(\%)$이다.

④ 2025년 일반 회계 예산 중 지방세가 차지하는 비중은
$\dfrac{49,000}{131,000} \times 100 ≒ 37.4(\%)$이므로 37% 이상이다.

> **⏱ 빠른 풀이 스킬**
>
> 해당 문항은 계산량을 줄이는 것이 핵심이다. 예를 들
> 면 선택지 ①에서 세입 예산액 총액은 145+155+167
> +171+180=818로 단위를 낮춰 계산한다. 비중을
> 묻는 선택지 ②도 마찬가지로, 형식적으로 ×100을 계
> 산하기보다 분자와 분모의 비율 관계만 확인하면 충분
> 하다.

---

07 자료해석　　　　　　　　정답 ⑤

| 정답풀이 |

전년 대비 전체 이용객 수의 증가 인원(증가폭)을 계산한다.

- 2022년: 460－400＝＋60(만 명)
- 2023년: 490－460＝＋30(만 명)
- 2024년: 500－490＝＋10(만 명)
- 2025년: 490－500＝－10(만 명)

따라서 전년 대비 전체 이용객 수의 증가 인원이 가장 많
았던 해는 2022년이다.

| 오답풀이 |

① 60대 이상 이용객 수의 증가율을 계산하면 다음과 같다.

- 2022년 증가율: $\dfrac{(90-80)}{80} \times 100 = 12.5(\%)$

- 2023년 증가율: $\dfrac{(100-90)}{90} \times 100 ≒ 11.1(\%)$

- 2024년 증가율: $\dfrac{(110-100)}{100} \times 100 = 10.0(\%)$

- 2025년 증가율: $\dfrac{(120-110)}{110} \times 100 ≒ 9.1(\%)$

2022년 이후 증가율이 12.5% → 11.1% → 10.0% → 9.1%로
매년 감소하였다.

② 두 연령대의 특정 연도 감소율을 각각 계산하여 비교한다.

- 20~30대의 2024년 대비 2025년 이용객 수의 감소율:
$\dfrac{(160-130)}{160} \times 100 = 18.75(\%)$

- 40~50대의 2023년 대비 2024년 이용객 수의 감소율:
$\dfrac{(250-230)}{250} \times 100 = 8.0(\%)$

2025년 20~30대 이용객 수의 전년 대비 감소율이 2024년
40~50대 이용객 수의 전년 대비 감소율보다 크다.

③ 연도별 전체 이용객 수는 다음과 같다.

- 2021년: 120+200+80=400(만 명)
- 2022년: 150+220+90=460(만 명)
- 2023년: 140+250+100=490(만 명)
- 2024년: 160+230+110=500(만 명)
- 2025년: 130+240+120=490(만 명)

2024년이 500만 명으로 가장 많다.

④ 20~30대 이용객 수의 전년 대비 증감은 다음과 같다.

- 2022년: 150－120＝＋30 (증가)
- 2023년: 140－150＝－10 (감소)
- 2024년: 160－140＝＋20 (증가)
- 2025년: 130－160＝－30 (감소)

20~30대 이용객 수가 전년 대비 증가한 해는 2022년, 2024년
으로 총 2번이다.

> **⏱ 빠른 풀이 스킬**
>
> ① 변화량은 매년 10으로 동일하며, 분모의 값만 커지
> 　 므로 증가율이 매년 감소한다는 것을 계산하지 않
> 　 아도 확인할 수 있다. 정확한 값을 요구하는 것이
> 　 아니므로 흐름만 확인하도록 한다.
> ④ 단순히 증감량에 대한 것으로 그래프의 수치 비교
> 　 를 통해 확인할 수 있다.
> ⑤ 선택지 ③의 계산과 연결되는 값이다. 이와 같이 선
> 　 택지에서 계산 값을 중복으로 요구하는 경우가 있으

므로, 문제 풀이 용지에 정리하면서 푸는 습관이 필요하다.

08 자료해석 정답 ②

| 정답풀이 |

ⓛ 2022년 대비 2023년의 각 사 판매량 증가율을 계산하여 비교한다.

K사 국내 판매량 증가율: $\dfrac{(120-100)}{100} \times 100 = 20(\%)$

A사 글로벌 판매량 증가율: $\dfrac{(230-200)}{200} \times 100 = 15(\%)$

K사의 국내 판매량 증가율(20%)이 A사의 글로벌 판매량 증가율(15%)보다 높으므로 옳다.

| 오답풀이 |

㉠ 2021년 대비 2023년의 해외 판매량 누적 증가율은 1.20×1.10=1.32로 32% 증가하였으므로 35% 미만이다.

ⓒ 2023년 K사의 총 판매량을 구하기 위해서는 K사의 해외 판매량이 필요하다. 주어진 자료에서는 K사의 해외 판매량이 제시되지 않았으므로, K사의 총 판매량은 A사의 글로벌 판매량과 비교할 수 없다.

⏱ 빠른 풀이 스킬

증감률만 제시된 문제는 기준 값을 100으로 두고 누적 증감은 곱셈으로 처리한다.
누적 증가율이나 대소 비교처럼 판단이 명확한 보기부터 소거하면 풀이 시간을 줄일 수 있다.

09 자료해석 정답 ③

| 정답풀이 |

A의 5년 총 임상시험 건수는 $80+100+120+140+60=500$(건), B는 $150+180+200+170+150=850$(건)이다.

A의 평균 임상시험 건수는 $500 \div 5 = 100$(건), B의 평균 임상시험 건수는 $850 \div 5 = 170$(건)이다.

따라서 평균 임상시험 성공 건수는 A는 $100 \times 0.2 = 20$(건), B는 $170 \times 0.3 = 51$(건)이므로 두 물질의 평균 임상시험 성공 건수 차이는 31건이다.

| 오답풀이 |

① A의 임상시험 건수는 2023년 120건에서 2025년 60건으로 줄었으므로 감소율은 $\dfrac{(120-60)}{120} \times 100 = 50(\%)$이다.

② 2021~2025년 A의 평균 임상시험 건수=100(건), B의 평균 임상시험 건수=170(건)이므로 B의 평균 임상시험 건수가 A의 평균 임상시험 건수보다 70건 많다.

④ A의 2025년 임상시험 성공 건수는 60×0.2=12(건), B의 2021년 임상시험 성공 건수는 150×0.3=45(건)이므로 A의 2025년 임상시험 성공 건수가 B의 2021년 임상시험 성공 건수보다 적다.

⑤ A의 임상시험 성공 건수

- 2021년: 80×0.2=16(건)
- 2023년: 120×0.2=24(건)

A의 2021년 대비 2023년 임상시험 성공 건수의 증가율:

$\dfrac{(24-16)}{16} \times 100 = 50(\%)$

B의 임상시험 성공 건수

- 2021년: 150×0.3=45(건)
- 2023년: 200×0.3=60(건)

B의 2021년 대비 2023년 임상시험 성공 건수의 증가율:

$\dfrac{(60-45)}{45} \times 100 = 33.3(\%)$

A의 임상시험 성공 건수의 증가율이 B의 임상시험 성공 건수의 증가율보다 높다.

⏱ 빠른 풀이 스킬

평균값은 총합을 5로 나누는 간단한 계산이므로, 성공률을 바로 곱해 근사 비교만 해도 빠르게 답을 찾을 수 있다.
예를 들어 A는 평균 100×20(%)=20(건), B는 평균 170×30(%)=50(건)이므로, 차이는 약 30건 이상임을 직관적으로 파악할 수 있다.
따라서 ③이 틀린 선택지임을 계산 없이도 빠르게 확인할 수 있다.

10 자료해석 정답 ⑤

| 정답풀이 |

Go의 AI 개발 사용률은 2023년 6%에서 2025년 7%로 1%p 증가하였으며, 증가율은 $\dfrac{1}{6} \times 100 = 16.7(\%)$이다.

Python의 AI 개발 사용률은 2023년 40%에서 2025년 45%로 5%p 증가하였으며, 증가율은 $\dfrac{5}{40} \times 100 = 12.5(\%)$이다.

따라서 Python 증가율의 1.5배는 18.75%이므로, Go의 증가율(약 16.7%)은 이에 미치지 못하므로 1.5배 이상이 아니다.

| 오답풀이 |

① Python의 AI 개발 사용률은 40%에서 45%로 5%p 증가하였으며, 이는 제시된 언어 중 증가폭이 가장 크므로 옳다.

② Java의 AI 개발 사용률은 20%에서 15%로 25% 감소하였다. 또한 2025년 전체 개발 분야 중 AI 개발 비중은 Java가 25%, Python이 20%로 Java가 더 높으므로 옳다.

③ C++의 AI 개발 사용률은 10%에서 8%로 20% 감소하였다. 2025년 전체 개발 분야 중 시스템 프로그래밍 활용 비중은 C++이 50%로 가장 높으므로 옳다.

④ 2025년 웹개발 비중은 Java가 30%, Go가 30%로 합은 60%이다. 이는 Python의 웹개발 비중 35%보다 크므로 옳다.

> **⏱ 빠른 풀이 스킬**
>
> 문항의 핵심은 증가폭(%p)과 증가율(%)의 구분이다.
> Python은 증가폭은 크지만 기준값이 커 증가율은 상대적으로 낮고, Go는 증가폭은 작지만 기준값이 작아 증가율이 크게 나타난다.
> 단위를 구분하지 않으면 증가폭과 증가율을 혼동하여 오답을 선택할 수 있다.

11 자료해석   정답 ③

| 정답풀이 |

2023년 대비 2025년의 사용률 차이(%p)는 다음과 같다.

구분	2023년	2025년	증가폭(%p)
Python	40	45	+5
Java	20	15	−5
C++	10	8	−2
C#	4	5	+1
Go	6	7	+1

증가폭의 절댓값 평균은 $(5+5+2+1+1) \div 5 = 2.8(\%p)$, 약 3%p이다.

> **⏱ 빠른 풀이 스킬**
>
> 평균 증가폭은 증가·감소 방향을 구분하지 않고 변화의 크기(절댓값)의 평균값을 말한다. 평균 변화율이 아닌 평균 변화폭(%p)에 주의해야 한다.

12 자료해석   정답 ③

| 정답풀이 |

2023년 서울을 방문한 외국인 관광객 수는 320만 명이므로 고궁을 방문한 외국인 관광객 수는 $320 \times 0.28 = 89.6$(만 명)이다. 즉, 90만 명 미만이다.

| 오답풀이 |

① 2022년 외국인 관광객 수는 $2,700+1,800+1,000+500+1,000+1,200+1,800 = 10,000$(천 명)이고 2023년에는 $3,200+2,000+1,100+600+1,500+1,600+2,000 = 12,000$(천 명)이다. 따라서 2023년 외국인 관광객 수는 전년 대비 $\frac{(12,000-10,000)}{10,000} \times 100 = 20(\%)$ 증가하였다.

② 외국인 관광객 수가 해마다 꾸준히 증가한 지역은 강원, 제주 두 곳이다.

④ 2020년 전체 외국인 관광객 수는 $2,500+1,500+500+300+800+1,000+1,200 = 7,800$(천 명)이고 서울과 제주 지역을 방문한 외국인 관광객 수는 $2,500+1,200 = 3,700$(천 명)이다. 따라서 그 비중은 전체의 $\frac{3,700}{7,800} \times 100 = 47.4(\%)$이므로 50% 이하이다.

⑤ 지역별로 5년간 방문한 외국인 관광객 수를 구해보면 서울(1,430만 명)이 가장 많고, 두 번째로는 제주(880만 명)이다. 그리고 세 번째로 많은 지역은 인천·경기(870만 명)이다.

> **⏱ 빠른 풀이 스킬**
>
> ④ 비중을 구할 때는 해설처럼 직접 분수 계산을 하지 않아도 쉽게 알 수 있는 경우가 종종 있다. 예를 들어 2020년 전체 외국인 관광객 수가 780만 명이라는 것을 구하고, 서울과 제주 지역을 방문한 외국인 관광객 수가 370만 명임을 확인하였다면 $370 \times 2 = 740 < 7800$이므로 굳이 비중을 계산하지 않더라도 50% 이하임을 알 수 있다.
>
> ⑤ 정확한 수치를 요구하는 것이 아니므로 각 지역별로 외국인 관광객 수의 합을 계산하여 찾기 보다는 수치의 크기를 비교하여 찾도록 한다. 자료의 수치를 보면 5년간 외국인 관광객이 가장 많이 방문한 지역은 서울임을 알 수 있다. 두 번째는 인천·경기와 제주의 수치를 비교하여 찾는다.
> 인천·경기는 2020년 +300천 명, 2021년 +100천 명, 제주는 2024년 +500천 명이다.
> 최종적으로 제주가 인천·경기보다 +100천 명이 더 많이 방문하였으므로 두 번째로 많이 방문한 지역은 제주, 세 번째로 많이 방문한 지역은 인천·경기이다.

13 자료해석   정답 ⑤

| 정답풀이 |

㉠ 2023년 외국인 여행객 중 홍대를 방문한 사람 수는 $3,200 \times 0.21 = 672$(천 명)이므로 65만 명 이상이다.

㉡ 대학로 또는 기타 지역을 방문한 외국인 관광객 비중이 26%이므로 그 수는 $3,200 \times 0.26 = 832$(천 명), 즉 83만 2천 명이다.

ⓒ 2023년 외국인 여행객 중 강남을 방문한 사람 수는 $3,200\times0.16=512$(천 명)이고 남산을 방문한 사람 수는 $3,200\times0.09=288$(천 명)이다. 따라서 강남을 방문한 외국인 관광객 수는 남산을 방문한 외국인 관광객 수보다 $512-288=224$(천 명), 즉 22만 4천 명 더 많다.

보기 ⓒ은 남산을 방문한 비중과 강남을 방문한 비중의 차이를 활용하면 $3,200\times0.07=224$(천 명)을 바로 계산할 수 있다.

14 자료해석   정답 ②

| 정답풀이 |

2024년 당기순이익이 $150+(-340)=-190$(억 원)이므로 당기순이익률은 $-\dfrac{190}{2,000}\times100=-9.5(\%)$이다.

| 오답풀이 |

① 2022년 영업이익률은 $\dfrac{100}{1,800}\times100≒5.6(\%)$이므로 6% 미만이다.

③ 연도별로 영업비용을 구하면 다음과 같다.
- 2021년: $1,450-250=1,200$(억 원)
- 2022년: $1,800-100=1,700$(억 원)
- 2023년: $1,000-180=820$(억 원)
- 2024년: $2,000-150=1,850$(억 원)

따라서 영업비용이 가장 높은 해는 2024년이다.

④ 2022년 제품 S의 매출액은 200억 원이고 2023년에는 270억 원이다.

따라서 2023년 제품 S의 전년 대비 매출액 증가율은 $\dfrac{(270-200)}{200}\times100=35(\%)$이다.

⑤ 4년간 제품 P의 총매출액은 $240+560+300+540=1,640$(억 원)이다.

15 자료해석   정답 ①

| 정답풀이 |

㉠ 4년간 4개 제품의 매출액을 구해 보면 다음과 같다.
- 제품 P: $240+560+300+540=1,640$(억 원)
- 제품 Q: $350+320+180+480=1,330$(억 원)
- 제품 R: $470+720+250+320=1,760$(억 원)
- 제품 S: $390+200+270+660=1,520$(억 원)

따라서 4년간 매출액이 가장 낮은 제품은 Q이다.

| 오답풀이 |

ⓒ 2023년 제품 P의 매출액은 300억 원이고 2024년에는 540억 원이므로 2024년 제품 P의 매출액은 전년 대비 $540-300=240$(억 원) 증가하였다.

ⓒ 2022년 제품 R의 매출액이 전체 매출액에서 차지하는 비중은 $\dfrac{720}{1,800}\times100=40(\%)$이다.

16 자료해석   정답 ①

| 정답풀이 |

2014년의 40대 이상 인구는 $250+210+150=610$(만 명)이고 2019년에는 $200+240+170=610$(만 명)이므로 서로 같다.

| 오답풀이 |

② 2009년 전체 인구에서 10대가 차지하는 비중은 $\dfrac{240}{1,500}\times100=16(\%)$이다.

③ 제시된 기간 동안 인구가 감소한 연령대는 10대, 20대이고, 증가한 연령대는 50대, 60대 이상이다. 따라서 인구가 감소하거나 증가한 연령대의 수는 4개이다.

④ 2009년 대비 2019년 인구가 감소한 연령대는 50대와 60대 이상을 제외한 모두이다.

⑤ 2009년과 2014년에 대하여 각각 20대의 5년 전 대비 인구 감소율을 구하면 다음과 같다.
- 2004년 대비 2009년: $\dfrac{(300-250)}{300}\times100≒16.7(\%)$
- 2009년 대비 2014년: $\dfrac{(250-210)}{250}\times100=16.0(\%)$

따라서 2004년 대비 2009년의 20대 인구 감소율이 더 높다.

17 자료해석   정답 ④

| 정답풀이 |

ⓒ 2024년 30대 인구는 $1,100\times0.16=176$(만 명)이고 10대 인구는 $1,100\times0.12=132$(만 명)이므로 $176-132=44$(만 명) 더 많다. 즉, 40만 명 이상 더 많다.

ⓒ 2024년 50대 이상 인구 비중이 $15+18=33(\%)$이므로 그 수는 $1,100\times0.33=363$(만 명)이다. 2019년 20~30대 인구가 $160+190=350$(만 명)이므로 2024년 50대 이상 인구는 2019년 20~30대 인구보다 13만 명 더 많다.

| 오답풀이 |

㉠ 2024년 40대 인구는 $1,100\times0.14=154$(만 명)이므로 10년 전 대비 $\dfrac{(250-154)}{250}\times100=38.4(\%)$ 감소하였다.

㉠ 변화율을 구할 때, 분수 계산이 어렵다면 곱셈 계산으로 해결할 수 있다는 것을 알아두면 좋다. 2014년 40대 인구가 250만 명이므로 $250 \times (1-0.368)$을 계산하였을 때 2024년 40대 인구인 154만 명이 나와야 한다.

㉡ 2024년 전체 인구는 1,100만 명이며, 두 연령의 비율 차이는 4%이므로 $1,100 \times 0.04 = 44$(만 명)으로 바로 계산할 수 있다.

18 자료해석 　　　　　　　　정답 ③

| 정답풀이 |

'초기 광고비$=$X, 고객 충성도$=$Y, 예상 매출액$=$Z'로 계산하면 다음과 같다.

- 상수 A, B 및 ㉠ 값을 구한다.

  서울 (X$=$30, Y$=$63): $63 = (30+A) - B \times (30/30)^2$

  $\rightarrow 33 = A - B$ 　　 $\cdots$ 1)

  부산 (X$=$60, Y$=$57): $57 = (30+A) - B \times (60/30)^2$

  $\rightarrow 27 = A - 4B$ 　　 $\cdots$ 2)

  1)$-$2)를 계산하면, $6 = 3B$이므로 $B = 2$이다.

  또한, $33 = A - 2$이므로 $A = 35$이다.

  식을 정리하면 $Y = 65 - 2 \times (X/30)^2$이다.

  인천의 X값은 90이므로

  $Y = 65 - 2 \times (90/30)^2 = 65 - 2 \times (3)^2 = 65 - 18 = 47$

  $\therefore$ ㉠$=47$

- 상수 C 값 및 ㉡ 구하기

  서울 (X$=$30, Y$=$63, Z$=$186): $186 = C \times (30+63)$

  $= C \times 93$이므로 $C = 2$이다.

  식을 정리하면 $Z = 2 \times (X+Y)$이다.

  대구의 X값은 120, Y값은 33이므로

  $Z = 2 \times (120+33) = 2 \times 153 = 306$

  $\therefore$ ㉡$=306$

  따라서 ㉠$=47$, ㉡은 306이다.

19 자료해석 　　　　　　　　정답 ④

| 정답풀이 |

연도별로 영업이익률을 구하면 다음과 같다.

- 2022년: $\dfrac{(1,800-1,000-600-200)}{1,800} \times 100 = 0(\%)$

- 2023년: $\dfrac{(2,000-1,200-900-400)}{2,000} \times 100 = -25(\%)$

- 2024년: $\dfrac{(2,500-1,500-1,000-500)}{2,500} \times 100 = -20(\%)$

따라서 영업이익률을 바르게 나타낸 그래프는 ④이다.

20 자료해석 　　　　　　　　정답 ④

| 정답풀이 |

각 모델별 배터리 잔량의 규칙은 다음과 같다.

- 모델 α: -8, -4 반복
- 모델 β: -2, -4, -6 $\cdots$으로 감소하는 값이 2씩 증가한다.

이를 표로 정리하면 다음과 같다.

[표] 모델별 시간에 따른 배터리 잔량　　　　　　(단위: %)

구분	09:00	10:00	11:00	12:00	13:00	14:00	15:00	16:00	17:00	18:00	19:00
모델 α	100	92	88	80	76	68	64	56	52	44	40
모델 β	100	98	94	88	80	70	58	44	28	10	0

따라서 오후 8시 두 모델의 배터리 잔량의 합은 $32+0 = 32(\%)$이다.

01	②	02	②	03	⑤	04	④	05	③
06	②	07	④	08	⑤	09	①	10	③
11	④	12	②	13	①	14	④	15	③
16	①	17	⑤	18	④	19	③	20	②
21	①	22	③	23	④	24	⑤	25	④
26	③	27	②	28	④	29	③	30	③

01 명제   정답 ②

| 정답풀이 |

전제2의 대우명제와 전제1을 고려하면 다음과 같은 벤다이어그램을 그릴 수 있다.

'~사진'이 '~SNS'를 포함하고 있으므로 '~SNS → ~사진'과 그 대우명제인 '사진 → SNS'가 항상 성립한다. 따라서 항상 참인 결론은 '사진 찍는 것을 좋아하는 모든 사람은 SNS를 사용한다.'이다.

| 오답풀이 |

① SNS를 사용하는 사람 중에 사진 찍는 것을 좋아하시 않는 사람이 존재할 수 있다.
③ SNS를 사용하지 않는 모든 사람은 사진 찍는 것을 좋아하지 않는다.
④ SNS를 사용하는 사람 중에 사진 찍는 것을 좋아하는 사람이 존재한다.
⑤ 사진 찍는 것을 좋아하는 모든 사람은 SNS를 사용한다.

⏱ 빠른 풀이 스킬

모든 A → B
모든 C → A
  • 결론: 모든 C → B
전제1의 부정을 소거하기 위해 대우명제로 변경하여 연결할 수 있다.
전제1의 대우명제: 여행을 좋아하는(A) 모든 사람은 SNS를 사용(B)한다.
전제2: 사진 찍는 것을 좋아하는(C) 모든 사람은 여행을 좋아(A)한다.
이렇게 하면 C → A → B의 관계가 성립한다.
따라서 C → B의 관계도 항상 참이 된다.

02 명제   정답 ②

| 정답풀이 |

전제2를 만족하는 벤다이어그램은 [그림1]과 같다.

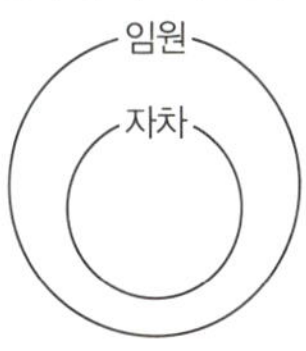

[그림1]

여기에 전제1을 덧붙인 기본적인 벤다이어그램은 [그림2]와 같이 나타낼 수 있으며, '자차'와 '대기업'의 공통영역에 해당하는 색칠된 부분이 반드시 존재해야 한다.

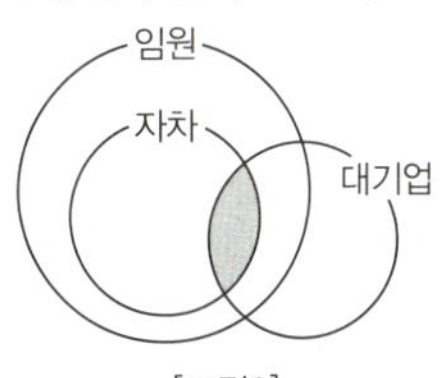

[그림2]

[그림2]에서 매개념 '자차'를 제외한 '임원'과 '대기업' 사이의 관계를 보면, 둘 사이에 뚜렷한 포함관계가 존재하진 않으나 최소한 색칠한 부분만큼은 공통으로 포함하고 있다는 것을 알 수 있다. 즉, '임원'과 '대기업' 사이엔 반드시 공통영역이 존재한다.
따라서 항상 참인 결론은 '대기업에서 근무하는 어떤 직원은 임원이다.'이다.

⏱ 빠른 풀이 스킬

어떤 B → A(어떤 A → B로 변경 가능)
모든 A → C
  • 결론: 어떤 B → C
전제1에 "어떤 ~는 ~이다."라는 some 개념이 있으므로 벤다이어그램을 활용한다. 대기업에서 근무하는 직원을 '대', 자차로 출퇴근하는 직원을 '자', 임원인 직원을 '임'이라고 표시하자. some 개념이 없는 전제2부터 벤다이어그램으로 표현하면 [그림3]과 같다.

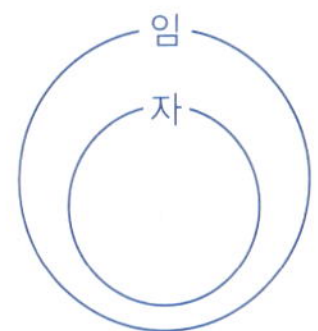

[그림3]

여기에 전제1을 덧붙인 기본적인 벤다이어그램은 [그림4]와 같이 나타낼 수 있으며, '자'와 '대'의 공통영역에 해당하는 색칠된 부분이 반드시 존재해야 한다.

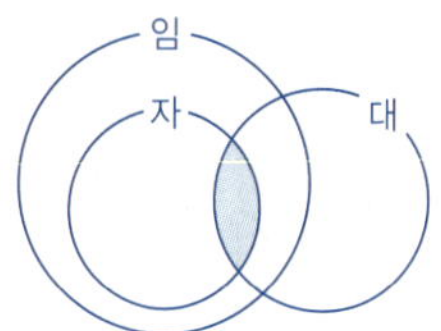

[그림4]

여기서 소거법을 사용하여 정답을 찾아보자. [그림4]를 보면 ①, ③은 옳지 않다는 것을 알 수 있다. 한편 [그림4]의 색칠된 부분이 존재하기만 하면 '대'의 범위를 [그림5]와 같이 더 줄일 수도, [그림6]과 같이 더 늘릴 수도 있다.

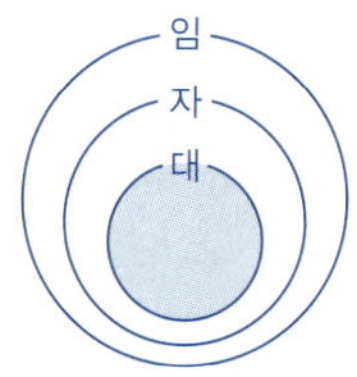

[그림5]

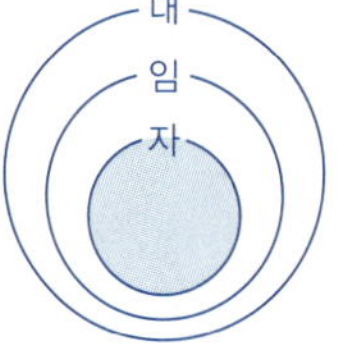

[그림6]

[그림5]의 경우 ④가 옳지 않다는 것을 알 수 있고, [그림6]의 경우 ⑤가 옳지 않다는 것을 알 수 있다. 어떠한 경우에도 항상 참인 결론을 골라야 하므로 ①, ③, ④, ⑤는 정답이 될 수 없고 소거법에 의해 ②가 정답임을 알 수 있다.

---

03 명제 　　　　　　　　　　　정답 ⑤

| 정답풀이 |

전제1을 만족하는 가장 기본적인 벤다이어그램은 [그림1]과 같다.

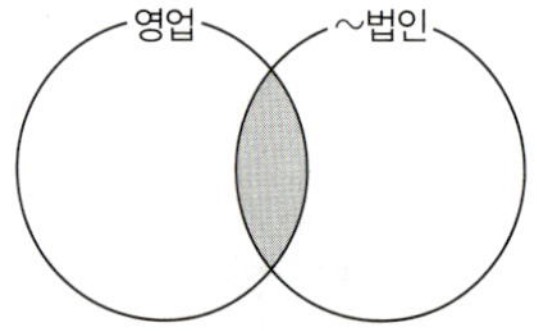

[그림1]

이 상태에서 '외근'과 '~법인' 사이에 공통영역이 존재한다는 결론을 반드시 만족하기 위해선 [그림2]와 같이 '외근'이 '영업'을 포함하고 있으면 된다.

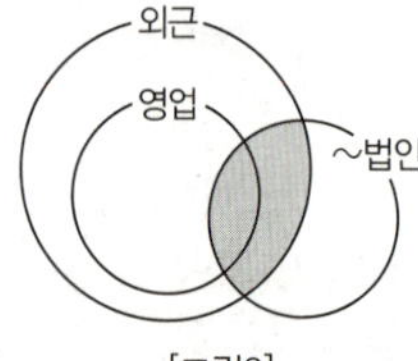

[그림2]

'외근'이 '영업'을 포함하고 있으면 [그림2]의 색칠된 부분이 반드시 존재하게 되므로, '외근'과 '~법인' 사이에

공통영역이 존재한다는 결론을 반드시 만족하게 된다. 따라서 결론이 반드시 참이 되게 하는 전제는 '영업을 하는 모든 직원은 외근을 한다.'의 대우명제인 '외근을 하지 않는 모든 직원은 영업을 하지 않는다.'이다.

어떤 B → ~A

어떤 C → ~A

• 전제2: 모든 B → C (대우명제: ~C → ~B)

주의! '모든'은 명제가 참인 경우 대우명제도 항상 참이 되지만, '어떤'은 대우명제가 항상 참이 아니므로 바꿀 수 없다.

전제1과 결론에 some 개념이 있으므로 벤다이어그램을 활용한다. 영업을 하는 직원을 '영', 법인차량이 있는 직원을 '법', 외근을 하는 직원을 '외'라고 표시하자. 우선 전제1을 만족하는 가장 기본적인 벤다이어그램은 [그림3]과 같으며, 색칠된 부분이 반드시 존재해야 한다.

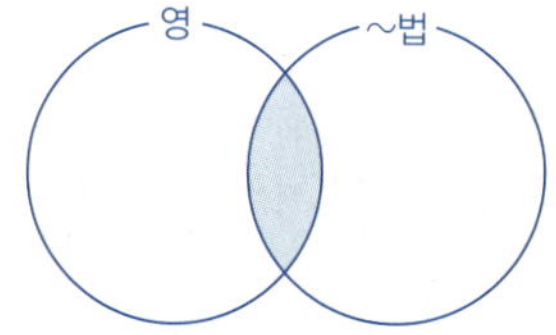

[그림3]

이 상태에서 ①을 만족하도록 '~외'의 벤다이어그램을 그려보도록 하자. ①을 만족하기 위해 '~외'와 '영'의 공통부분이 존재하기만 하면 되므로 [그림4]와 같은 벤다이어그램도 그릴 수 있다.

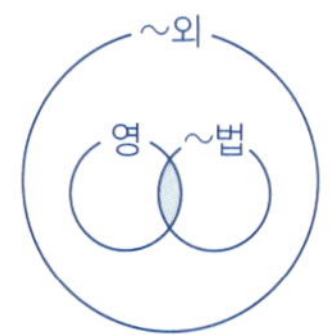

[그림4]

이 경우 전제1과 ①을 모두 만족하지만 결론을 만족하지 못한다. 즉, ①을 전제2로 세울 경우 항상 결론이 도출되는 것은 아니므로 ①은 전제2로 적절하지 않다.

이와 같은 방식으로 전제1과 ②~⑤를 만족하는 벤다이어그램을 각각 그렸을 때, 결론을 위배하는 반례가 하나라도 발생한다면 해당 선택지를 소거할 수 있다. ②, ③은 [그림4], ④는 [그림5]를 반례로 들 수 있다.

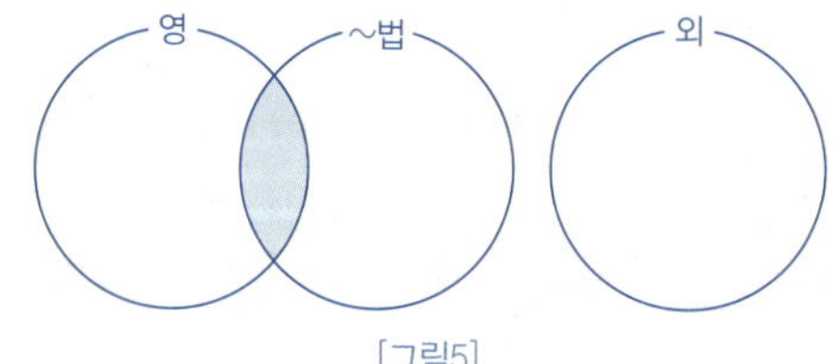

[그림5]

반면 ⑤는 전제2로 세웠을 때 항상 결론을 만족하므로 정답은 ⑤이다.

04 조건추리　　　　　　　　　　정답 ④

| 정답풀이 |

D가 구매한 핸드폰의 용량은 128GB이고 C는 D보다 용량이 큰 핸드폰을 구매하였으므로 C가 구매한 핸드폰의 용량은 256GB 또는 512GB이다.
B가 구매한 핸드폰의 용량은 256GB 이하이고 A와 B가 구매한 핸드폰의 용량의 합은 512GB 이상이므로 B가 구매한 핸드폰의 용량에 따라 가능한 경우는 다음과 같다.
　ⅰ) B가 구매한 휴대폰 용량이 64GB인 경우, A는
　　　512GB 용량의 휴대폰을 구매한다.
　ⅱ) B가 구매한 휴대폰 용량이 128GB인 경우, A는
　　　512GB 용량의 휴대폰을 구매한다.
　ⅲ) B가 구매한 휴대폰 용량이 256GB인 경우, A는
　　　256GB 또는 512GB 용량의 휴대폰을 구매한다.
모든 경우를 정리하면 다음과 같다.

A	B	C	D
512GB	64GB		
512GB	128GB	256GB 또는 512GB	128GB
256GB 또는 512GB	256GB		

따라서 B가 D보다 용량이 작은 핸드폰을 구매했다면 A는 512GB를 구매했다.

| 오답풀이 |

① A가 B보다 용량이 큰 핸드폰을 구매하고 C가 256GB를 구매하는 경우가 있다.
② A가 구매한 핸드폰이 512GB이고 C가 구매한 핸드폰이 512GB인 경우가 있다.
③ A, B, C 3명이 모두 같은 용량인 256GB 핸드폰을 구매하는 경우가 있다.
⑤ C가 구매한 핸드폰의 용량이 512GB이면 B와 C가 구매한 핸드폰의 용량의 합은 512GB 이상이다.

🕹 빠른 풀이 스킬

A, B와 C, D는 주어진 조건에서 분리되어 있는 것을 알 수 있다. 먼저 확정할 수 있는 C와 D를 정리하고 A와 B 중에서 기준을 정하여 조건을 정리하도록 한다.

05 조건추리　　　　　　　　　　정답 ③

| 정답풀이 |

연속해서 같은 상태인 커튼은 없고, 네 번째 커튼은 반열림 상태이다. 이때 열림 상태인 커튼은 2개이며, 이 두 커튼 사이에는 2개의 커튼이 있으므로 열림 상태인 커튼 2개의 순서에 따라 가능한 경우는 다음과 같다.
　ⅰ) 열림 상태인 커튼이 두 번째, 다섯 번째인 경우
　　　열림 상태인 커튼이 두 번째, 다섯 번째이면 세 번째 커튼은 닫힘 상태이고 첫 번째와 여섯 번째 커튼은 반열림 또는 닫힘 상태이다.

첫 번째	두 번째	세 번째	네 번째	다섯 번째	여섯 번째
반열림 또는 닫힘	열림	닫힘	반열림	열림	반열림 또는 닫힘

　ⅱ) 열림 상태인 커튼이 세 번째, 여섯 번째인 경우
　　　열림 상태인 커튼이 세 번째, 여섯 번째이면 다섯 번째 커튼은 닫힘 상태이고 첫 번째 커튼과 두 번째 커튼은 반열림 또는 닫힘 상태이다.

첫 번째	두 번째	세 번째	네 번째	다섯 번째	여섯 번째
반열림	닫힘	열림	반열림	닫힘	열림
닫힘	반열림				

따라서 반열림 상태인 커튼이 3개이면 세 번째 커튼은 닫힘 상태이다.

🕹 빠른 풀이 스킬

순서가 주어진 문제에서는 표를 이용하여 주어진 조건을 도식화하면 더욱 빠른 추론이 가능하다.

06 조건추리　　　　　　　　　　정답 ②

| 정답풀이 |

청소는 준비, 청소, 마무리 순으로 진행하고 B는 준비 과정 중에 가장 마지막에 진행하므로 세 번째로 진행한다. C와 G 사이에는 4개 과정이 있으므로 C와 G는 첫 번째와 여섯 번째 또는 두 번째와 일곱 번째로 진행한다. 이때 D와 E의 순서에 따라 가능한 경우는 다음과 같다.
　ⅰ) D가 E보다 먼저 진행하는 경우
　　　D가 E보다 먼저 진행하면 F는 G보다 먼저 진행하므로 네 번째부터 D－E－F－G 순으로 진행한다. 이때 G가 일곱 번째이므로 C는 두 번째이고 A는 첫 번째로 진행한다.

첫 번째	두 번째	세 번째	네 번째	다섯 번째	여섯 번째	일곱 번째
A	C	B	D	E	F	G

ii) E가 D보다 먼저 진행하는 경우

E가 D보다 먼저 진행하면 C와 G는 첫 번째와 여섯 번째 또는 두 번째와 일곱 번째로 진행하므로 가능한 경우는 다음과 같다.

첫 번째	두 번째	세 번째	네 번째	다섯 번째	여섯 번째	일곱 번째
C	A	B	E	D	G	F
A	C	B	E	D	F	G

따라서 D와 F 사이에 다른 과정이 존재하는 경우의 수는 2가지이다.

① A가 C보다 먼저 진행하는 경우의 수는 2가지이다.
③ B와 E가 연달아 진행하는 경우의 수는 2가지이다.
④ E가 네 번째로 진행하고 G가 여섯 번째로 진행하는 경우가 있다.
⑤ D가 네 번째이면 마무리 과정인 F와 G의 순서가 여섯 번째, 일곱 번째로 정해진다.

07 조건추리　　　　정답 ④

| 정답풀이 |

각 운동은 하루에 하나만 하고 금요일에는 요가, 일요일에는 러닝을 한다. 토요일에는 요가를 하지 않고 러닝은 일주일에 2회, 연속된 요일에 하지 않으므로 토요일에는 러닝도 하지 않고 헬스 또는 필라테스를 한다. 이때 헬스를 한 다음 날에는 아무 운동도 하지 않으므로 토요일에는 필라테스를 한다. 4개의 운동 중 일주일 동안 한 번도 하지 않는 운동은 없으므로 헬스를 하는 요일에 따라 가능한 경우는 다음과 같다.

ⅰ) 헬스를 월요일에 하는 경우

헬스를 월요일에 하면 화요일에는 아무 운동도 하지 않는다. 러닝은 일주일에 2회를 하므로 수요일에 러닝을 하면 목요일에는 헬스 또는 필라테스 또는 요가를 하는데 헬스를 한 다음 날에는 아무 운동도 하지 않고 필라테스를 한 다음 날에는 요가를 하지 않으므로 목요일에는 요가를 한다. 만약 목요일에 러닝을 하면 수요일에는 요가 또는 필라테스를 한다.

월	화	수	목	금	토	일
헬스	×	러닝	요가	요가	필라테스	러닝
		요가 또는 필라테스	러닝			

ii) 헬스를 화요일에 하는 경우

헬스를 화요일에 하면 수요일에는 아무 운동도 하지 않는다. 러닝은 일주일에 2회를 하는데 연속된 요일에는 하지 않으므로 월요일에는 못하고 목요일에 한다. 월요일에는 요가 또는 필라테스를 한다.

월	화	수	목	금	토	일
요가 또는 필라테스	헬스	×	러닝	요가	필라테스	러닝

iii) 헬스를 수요일에 하는 경우

헬스를 수요일에 하면 목요일에는 아무 운동도 하지 않는다. 러닝은 월요일에 하지 못하므로 화요일에 하고 월요일에는 요가 또는 필라테스를 한다.

월	화	수	목	금	토	일
요가 또는 필라테스	러닝	헬스	×	요가	필라테스	러닝

따라서 러닝을 화요일에 했다면 헬스는 수요일에 했다.

① 목요일에 러닝을 하고 수요일에 요가를 하지 않는 경우가 있다.
② 화요일에 헬스를 하고 필라테스를 일주일에 1회를 하는 경우가 있다.
③ 요가를 목요일에 하면 요가를 이틀 연속으로 하게 된다.
⑤ 월요일에 헬스를 했다면 러닝(일요일)을 한 다음 날에 헬스를 했지만 목요일에 운동을 했다.

> **⏱ 빠른 풀이 스킬**
>
> 요일이 제시된 문제는 일요일과 월요일이 연속되는 상황인지 확실하게 파악하여 오답을 고르지 않도록 주의한다.

08 조건추리　　　　정답 ⑤

| 정답풀이 |

무는 노란색 방진복을 착용하고, 을은 파란색 장갑을 착용한다. 파란색 장갑을 착용한 사람은 2명이고, 갑과 정의 장갑의 색은 서로 다르므로 나머지 병, 무가 착용한 장갑은 흰색이다. 이때 병의 방진복과 장갑의 색은 서로 다르므로 병의 방진복은 파란색, 노란색, 검은색 중 하나인데 노란색이면 방진복에서 착용하지 않는 색이 생기므로 병의 방진복은 파란색 또는 검은색이다. 갑은 병과 같은 색 방진복을 착용하였으므로 둘이 착용한 방진복의

색에 따라 가능한 경우는 다음과 같다.

ⅰ) 갑, 병이 파란색 방진복을 착용한 경우

갑, 병이 파란색 방진복을 착용했으면 을과 정은 흰색 또는 검은색 방진복을 착용한다. 이때 갑과 정의 장갑의 색은 서로 다르므로 흰색 또는 파란색을 착용한다.

구분	갑	을	병	정	무
방진복	파란색	흰색 또는 검은색	파란색	검은색 또는 흰색	노란색
장갑	흰색 또는 파란색	파란색	흰색	파란색 또는 흰색	흰색

ⅱ) 갑, 병이 검은색 방진복을 착용한 경우

갑, 병이 검은색 방진복을 착용했으면 을과 정은 흰색 또는 파란색 방진복을 착용한다. 이때 갑과 정의 장갑의 색은 서로 다르므로 흰색 또는 파란색을 착용한다.

구분	갑	을	병	정	무
방진복	검은색	흰색 또는 파란색	검은색	파란색 또는 흰색	노란색
장갑	흰색 또는 파란색	파란색	흰색	파란색 또는 흰색	흰색

따라서 을이 착용한 방진복과 장갑의 색이 파란색으로 같다면 갑은 검은색 방진복을 착용했다.

① 방진복과 장갑의 색이 같은 사람이 없는 경우가 존재한다.

② 갑이 검은색 방진복을 착용하고 을이 흰색 방진복을 착용하는 경우가 존재한다.

③ 정이 무와 같은 색 장갑을 착용하고 갑은 서로 다른 색의 방진복과 장갑을 착용하는 경우가 존재한다.

④ 병이 파란색 방진복을 착용하고 정이 흰색 방진복을 착용하는 경우가 존재한다.

☝ 빠른 풀이 스킬

파란색 장갑을 착용한 사람은 2명이므로 흰색 장갑을 착용한 사람은 3명임을 알 수 있다. 이렇게 이분법적으로 주어진 조건을 활용하면 해당 조건의 또 다른 의미를 쉽게 파악할 수 있다.

09 조건추리 　　　　정답 ①

| 정답풀이 |

C와 A의 무게의 합은 E의 무게보다 작거나 같으므로 E의 무게는 60g, 80g, 100g 중 하나이다. 이때 A의 무게

는 D보다 무거우므로 A와 C의 무게의 합은 최소 80g이 되어 E의 무게는 80g, 100g 중 하나이다. E의 무게에 따라 가능한 경우는 다음과 같다.

ⅰ) E의 무게가 80g인 경우

E의 무게가 80g이면 C와 A의 무게의 합은 80g이므로 두 재료의 무게는 20g 또는 60g이다. 이때 A의 무게는 D보다 무거우므로 A가 60g, C가 20g, D가 40g이다. B의 무게는 나머지 무게인 100g이다.

A	B	C	D	E
60g	100g	20g	40g	80g

ⅱ) E의 무게가 100g인 경우

E의 무게가 100g이면 C와 A의 무게의 합은 80g 또는 100g이다. 만약 C와 A의 무게의 합이 80g이면 위의 경우와 마찬가지로 A, C, D의 무게가 각각 60g, 20g, 40g이고 B는 80g이다. 만약 C와 A의 무게의 합이 100g이면 B의 무게가 60g 이상이므로 B를 기준으로 생각하면 B가 60g일 때 A가 80g, C가 20g, D가 40g이 가능하다. B가 80g이면 A는 40g 또는 60g이고 이에 따라 C와 D의 무게가 정해진다.

A	B	C	D	E
80g	60g	20g	40g	100g
40g	80g	60g	20g	100g
60g	80g	40g	20g	100g
60g	80g	20g	40g	100g

따라서 가능한 경우의 수는 모두 5가지이다.

② B의 무게가 100g이고 D의 무게가 40g인 경우가 존재한다.

③ E의 무게가 80g인 경우가 존재한다.

④ A의 무게가 60g이고 C의 무게가 40g인 경우가 존재한다.

10 조건추리 　　　　정답 ③

| 정답풀이 |

비밀번호의 각 자리의 숫자는 모두 다르고 a와 b의 곱은 d와 같으므로 a와 b는 2, 3 또는 2, 4이다. c는 7이고 a와 c의 합은 홀수이므로 a는 짝수이다. a와 b에 따라 가능한 경우는 다음과 같다.

ⅰ) a, b가 2 또는 3인 경우

a, b가 2 또는 3이면 a는 짝수이므로 a가 2, b가 3이다. 이때 e는 a보다 작으므로 e는 1이고, d는 a와 b의 곱인 6이다.

a	b	c	d	e
2	3	7	6	1

ⅱ) a, b가 2 또는 4인 경우

a가 2이면 b는 4이고 d는 8이다. 이때 e는 a보다 작으므로 1이다. a가 4이면 b는 2이고 d는 8, e는 a보다 작으므로 1 또는 3이다.

a	b	c	d	e
2	4	7	8	1
4	2	7	8	1
4	2	7	8	3

따라서 c와 d의 곱은 짝수이다.

| 오답풀이 |

① a가 2일 때, 비밀번호가 24781인 경우가 존재한다.

② b가 2이고 e가 3인 경우가 존재한다.

④ e는 홀수이다.

⑤ c가 d보다 작으면 a와 b의 합은 짝수이다.

🕐 빠른 풀이 스킬

선택지 ③은 c와 d의 곱은 홀수라고 하였는데 c가 7이므로 d가 홀수인지 여부만 파악하면 된다. 각 자리의 숫자는 모두 다르고 a와 b의 곱은 d와 같으므로 d는 항상 짝수이다.

주어진 [조건]을 먼저 정리한다면 가능한 경우를 모두 찾지 않아도 해결할 수 있는 문항이다.

11 조건추리 　　　　　　　　　정답 ④

| 정답풀이 |

상의를 구매한 사람 1명만 거짓을 말하는 상황에서 D는 C가 상의를 구매했다고 했으므로 D의 말이 진실이면 C의 말이 거짓이고, D의 말이 거짓이면 C의 말은 진실이다. 즉, C와 D 둘 중 한 명이 상의를 구매하였으므로 A, B, E의 말은 모두 진실이다. 이때 C는 본인의 이야기를 하는 사람의 말이 진실이라고 하였고, 본인의 이야기를 하는 사람인 A의 말은 진실이므로 C는 진실을 말한 것이다. 따라서 상의를 구매한 사람은 D이다.

12 조건추리 　　　　　　　　　정답 ②

| 정답풀이 |

C팀은 오후 2타임에 2층 회의실을 예약했고, 오후 1타임에 회의실을 예약한 팀은 없으며, A팀은 오후에 3층 회의실을 예약하였으므로 A팀은 오후 2타임에 3층 회의실을 예약하였다. 이때 B팀은 E팀보다 이른 시간에 회의실을 예약하였으므로 B팀은 오전 1타임, E팀은

오전 2타임에 예약했고, D팀과 E팀이 예약한 회의실은 층수가 다르므로 가능한 경우는 다음과 같다.

ⅰ) B팀이 3층 회의실을 예약한 경우

B팀이 3층 회의실을 예약했으면 E팀은 2층 또는 3층 오전 2타임에 예약했고, D팀은 E팀과 다른 층을 예약했으므로 가능한 경우는 다음과 같다.

구분	오전		오후	
	1타임	2타임	1타임	2타임
3층	B	E	없음	A
2층	D 또는 없음	없음 또는 D	없음	C

또는

구분	오전		오후	
	1타임	2타임	1타임	2타임
3층	B	D	없음	A
2층	없음	E	없음	C

ⅱ) B팀이 2층 회의실을 예약한 경우

B팀이 2층 회의실을 예약했으면 E팀은 2층 또는 3층 오전 2타임에 예약했고, D팀은 E팀과 다른 층을 예약했으므로 가능한 경우는 다음과 같다.

구분	오전		오후	
	1타임	2타임	1타임	2타임
3층	D 또는 없음	없음 또는 D	없음	A
2층	B	E	없음	C

또는

구분	오전		오후	
	1타임	2타임	1타임	2타임
3층	없음	E	없음	A
2층	B	D	없음	C

따라서 오전 2타임에 3층 회의실을 예약한 팀이 없다면 D팀은 3층 회의실을 예약했다.

| 오답풀이 |

① 가능한 경우의 수는 6가지이다.

③ 2타임에 회의실을 예약한 팀은 3팀일 수도 있다.

④ B가 2층 회의실을 예약하고 D도 2층 회의실을 예약하는 경우가 있다.

⑤ E가 B와 같은 층인 회의실을 예약하고 D가 B와 다른 타임에 회의실을 예약하는 경우가 있다.

🕐 빠른 풀이 스킬

층수와 관련된 소재의 문제는 층수를 표로 그려서 도식화하면 더욱 직관적이고 쉽게 경우의 수를 추론할 수 있다.

| 정답풀이 |

조건을 정리하면 다음과 같다.

- B팀은 우승팀이며 총 2경기를 하므로 3조에 속한다.
- E팀은 1조에 속하지 않으며 총 2경기를 하므로 2조에 속한다.
- F팀은 E팀에게 패배하지 않으므로 2조에 속할 수 없다.
- C팀은 E팀과 대결하지 않으므로 2조에 속할 수 없다.

따라서 2조는 E와 D로 확정된다.

A팀은 1조에 속하며, 남은 C팀과 F팀이 1조와 3조에 배치된다.

이에 따라 가능한 경우는 조 배치를 정리하면 다음과 같다.

구분	1조	2조	3조
경우 1	A, C	E, D	B, F
경우 2	A, F	E, D	B, C

따라서 6개의 팀이 각 조에 배정되는 경우의 수는 2가지이다.

| 오답풀이 |

② B팀과 F팀이 대결하는 경우, F팀은 3조에 속한다.

③ 조건을 만족하는 어떤 경우에서도 F팀이 2조에 속하는 경우는 존재하지 않는다.

④ A팀은 1조에서 탈락할 수 있으며, 이 경우 A팀과 D팀은 모두 1경기만 치르는 경우가 존재한다.

⑤ 가능한 모든 경우에서 E팀은 준결승에서 탈락하며, B팀과 대결하지 않는다.

⏱ 빠른 풀이 스킬

토너먼트 문제에서는 경기 횟수를 통해 각 팀이 속한 위치를 파악할 수 있다. B팀이 2번의 경기만으로 우승하려면 3조에 속해야만 한다는 것을 알 수 있다. 같은 방식으로 1조가 아닌 E팀이 2경기를 했다는 점을 보면, E팀은 2조로 바로 고정된다. 이후에는 대결 여부 조건을 이용해 해당 조에서 배제되는 팀만 제거하면 된다.

| 정답풀이 |

B테이블에는 을과 신이 마주 보며 앉고, 기의 오른쪽에는 경이 앉는다는 것은 두 사람이 붙어 앉는다는 것으로 기와 경은 A테이블에 앉는다. 이때 갑과 정은 같은 테이블에 앉으므로 갑과 정이 앉는 테이블에 따라 가능한 경우는 다음과 같다.

ⅰ) 갑과 정이 A테이블에 앉는 경우

갑과 정이 A테이블에 앉으면 경의 오른쪽에 갑 또는 정이 앉고 기의 왼쪽에는 정 또는 갑이 앉는다. 이때 병과 무는 B 테이블에 앉는데 신의 왼쪽에는 무가 앉지 않으므로 병이 앉고 신의 오른쪽에 무가 앉는다.

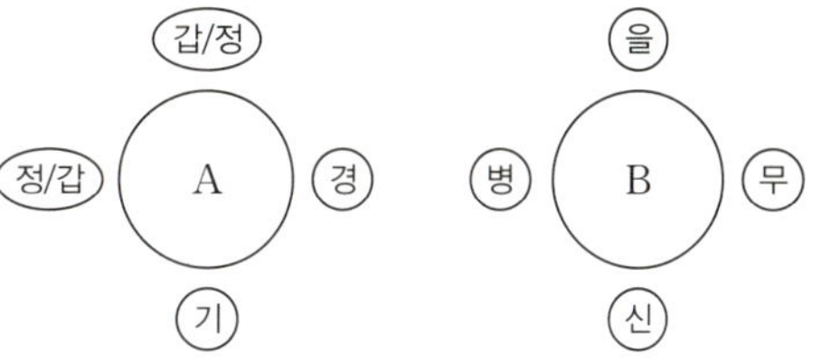

ⅱ) 갑과 정이 B테이블에 앉는 경우

갑과 정이 B테이블에 앉으면 을과 신을 제외한 자리에 갑 또는 정이 앉고, A테이블에는 경과 기를 제외한 자리에 병 또는 무가 앉는다.

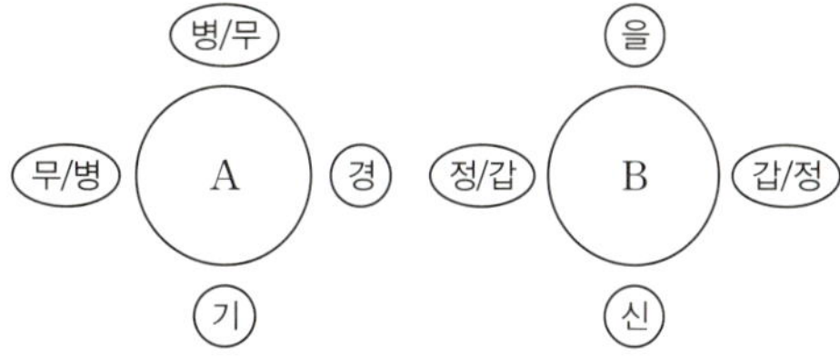

따라서 갑이 을의 오른쪽에 앉을 때, 무가 경의 왼쪽에 앉는 경우는 존재하지 않는다.

⏱ 빠른 풀이 스킬

테이블을 직접 그려 조건을 적용하면 가능한 경우를 쉽게 찾아낼 수 있다. 두 번째 조건을 통해 B테이블에 을과 신이 앉고, 세 번째 조건은 B 테이블에 그릴 수 없으므로 기와 경은 A테이블에 앉는다는 사실을 알 수 있다. 이에 따라 나머지 조건으로 가능한 경우를 쉽게 추론할 수 있다.

| 정답풀이 |

오른쪽으로(가로방향) 한 칸씩 이동할 때마다 전체 도형은 시계 방향 90° 회전

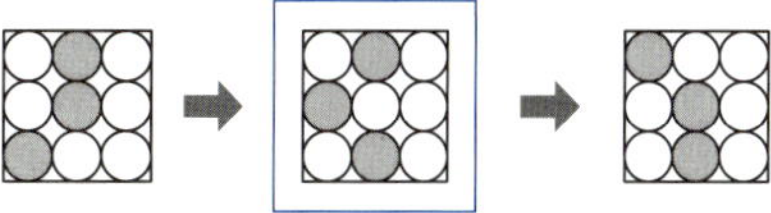

이때 도형의 색(음영)은 시계 방향으로 회전하지 않고, 위로 1칸씩 이동

PUMT → ●UTPM → ♠(VRSI)

A	B	C	D	E	F	G	H	I	J	K	L	M
(1)	(2)	(3)	(4)	(5)	(6)	(7)	(8)	(9)	(10)	(11)	(12)	(13)

N	O	P	Q	R	S	T	U	V	W	X	Y	Z
(14)	(15)	(16)	(17)	(18)	(19)	(20)	(21)	(22)	(23)	(24)	(25)	(26)

알파벳은 총 26개이고, 알파벳에 해당하는 숫자를 꼭 외워야 한다.(GSAT 특강에 쉽게 외우는 방법 참조)
문항에 주어지는 규칙은 변환규칙(가/감)이거나 배열규칙(위치이동, 위치교환, 역순나열)으로 출제된다.
또한, 규칙이 눈에 띄지 않는 경우(변환규칙) 알파벳을 숫자로 바꾸어서 비교한다.
각 기호들의 규칙을 찾을 때도 기호 1개인 곳을 먼저 풀어가며 기호 2개 이상인 곳을 풀어간다.

1. KT9J → △ → MU1K이므로, △는 변환규칙 (+2, +1, +2, +1)이다.
2. KTN7 → △(MUP8) → ● → U8MP이므로, ●는 배열규칙 1234 → 24130이다.
3. (　　) → △ → RN0V이므로, (PM8U)이다.
4. U8MP → ◇ → (PM8U)이므로, ◇는 배열규칙 1234 → 43210이다.
5. RQ5N → ◇ → N5QR → ♠ → O3TN이므로, ♠는 변환규칙 (+1, −2, +3, −4)이다.

---

16 도형추리   정답 ①

| 정답풀이 |

오른쪽(가로방향)으로 전체 기준 1열과 2열의 같은 위치의 도형 음영 유무 → 3열 같은 위치의 도형 음영 유무 결정한다.
1열과 2열의 음영을 모두 합친 것이 3열이 된다.

---

17 도형추리   정답 ⑤

| 정답풀이 |

아래쪽(세로방향)으로 외부 도형은 시계 방향 90° 회전, 내부 도형은 반시계 방향 90° 회전

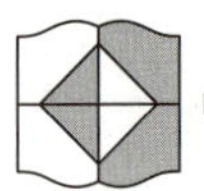  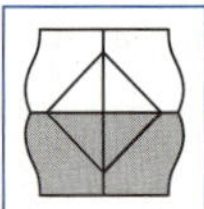 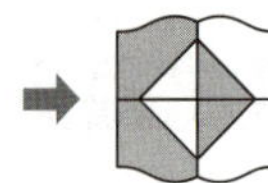

외부 시계 90°　　　외부 시계 90°
내부 반시계 90°　　내부 반시계 90°

도형이 외부 도형과 내부 도형으로 구분할 수 있게 출제된 경우에는 외부 도형과 내부 도형이 각각의 규칙으로 변화하는지 아니면 전체 도형으로 함께 변화하는지를 꼭 체크할 필요가 있다.

---

18 도식추리   정답 ④

| 정답풀이 |

기호	규칙
●	1234 → 2413
△	+2, +1, +2, +1
◇	1234 → 4321
♠	+1, −2, +3, −4

규칙을 적용하면 다음과 같다.

---

19 도식추리   정답 ③

| 정답풀이 |

규칙을 적용하면 다음과 같다.
HSK9 → △JTM0 → ♠KRP6 → ◇(6PRK)

변환규칙 △와 ♠가 연속으로 나올 때에는 △(+2, +1, +2, +1)와 ♠(+1, −2, +3, −4)를 한 번에 계산하여 (+3, −1, +5, −3)를 적용하면 시간을 줄일 수 있다.

---

20 도식추리   정답 ②

| 정답풀이 |

역으로 진행하는 변환규칙은 +/− → −/+ 로 계산해야 한다.
규칙을 적용하면 다음과 같다.
◇(TQPD) ← ♠DPQT ← ENTP

21 도식추리   정답 ①

| 정답풀이 |

역으로 진행하는 변환규칙은 $+/- \rightarrow -/+$ 로 계산해야 한다.

규칙을 적용하면 다음과 같다.

●(K6MH) ← ♠6HKM ← ◇7FNI ← INF7

22 문단배열   정답 ③

| 정답풀이 |

주어진 글은 반도체 기술의 전개 과정을 단계적으로 설명한다. 먼저 [나] 문단에서 반도체가 수십 단계의 공정을 거쳐 완성되며, 회로 형성의 정밀도가 성능을 좌우한다는 점을 통해 기본 배경을 제시한다. 이어 [가] 문단에서는 이러한 반도체가 우주 환경에서 활용될 때 요구되는 특수 소재인 탄화규소(SiC)를 소개하며 응용 가능성을 보여준다. 다음으로 [라] 문단에서는 반도체 구조를 안정적으로 유지하는 접착제 기술을 설명하며, 소재 발전과 함께 공정 외적 요소의 중요성을 강조한다. 마지막으로 [다] 문단에서 그래핀을 미래 반도체 소재로 제시하면서 연구 방향과 전망을 함께 제시한다.

따라서 논리적 순서에 맞게 배열한 것은 [나]-[가]-[라]-[다]이다.

⏱ 빠른 풀이 스킬

- 주어진 글은 '기술 전개 단계'가 뚜렷하므로, 기본 설명 → 특수 적용 → 보조 기술 → 미래 전망의 흐름을 먼저 설정하면 배열이 빠르게 좁혀진다.
- '우주 환경', '미래 지향적 연구', '마지막으로'처럼 적용 범위가 한정되거나 시점이 뒤로 가는 표현은 후반부 문단 후보로 먼저 분류하면 된다.

23 문단배열   정답 ④

| 정답풀이 |

주어진 글은 AAV 유전자 치료제의 특징과 한계를 제시하고, 실제 사례를 통해 문제를 구체화한 뒤, 해결 방안과 전문가 전망으로 이어지는 구조다. 먼저 [나] 문단에서 AAV의 장점과 반복 투여 시 발생하는 면역 반응이라는 한계를 함께 설명한다. 이어 [라] 문단에서는 실제 임상에서 나타난 면역 반응 문제를 제시해 해당 한계가 현실적으로 드러난 사례임을 구체화한다. 다음으로 [다] 문단에서는 코딩·논코딩 유전자의 역할을 활용해

면역 반응을 완화하고 치료 효과를 강화하려는 기술적 해결 방안을 제시한다. 마지막으로 [가] 문단에서는 전문가 의견을 통해 면역 억제와 발현 조절 기술을 결합해야 한다는 향후 연구 방향과 전망을 종합적으로 제시하며 글을 마무리한다. 따라서 논리적 순서에 맞게 배열한 것은 [나]-[라]-[다]-[가]이다.

⏱ 빠른 풀이 스킬

- 주어진 글은 AAV 치료제의 기술 전개 과정을 설명하므로, 기본 특성 제시 → 한계 발생 → 해결 방안 → 전문가 전망의 흐름을 먼저 잡으면 된다.
- 특히 임상 사례를 통해 문제를 구체화한 문단은 중간, 전문가 의견과 미래 방향을 제시한 문단은 마지막에 온다는 점을 활용하면 배열이 빠르게 정리된다.

24 독해추론   정답 ⑤

| 정답풀이 |

주어진 글에 따르면 플라잉디스크는 심판이 없는 자기 판정 제도를 운영하며, 이러한 규칙은 국제 대회에서도 동일하게 적용된다고 설명하고 있다.

따라서 국제 대회에서 심판이 배정되어 판정을 담당한다는 설명은 주어진 글의 내용과 반대되므로 반드시 거짓이다.

| 오답풀이 |

① 두 종목 모두 잔디 구장에서 7명이 한 팀으로 경기한다는 설명은 주어진 글과 일치한다.
② 플라잉디스크에서 접촉이 허용되지 않는다는 점은 설명과 일치한다.
③ 디스크를 잡은 선수가 이동하지 못하고 패스로만 전진해야 한다는 설명도 옳다.
④ 심판이 없고 합의가 안 되면 처음 상황부터 다시 시작한다는 규칙은 설명과 일치한다.

⏱ 빠른 풀이 스킬

- 해당 문항은 사실 확인형으로, 선택지를 보기 전에 지문에서 핵심 조건을 먼저 정리하는 것이 효과적이다.
- 특히 인원 수, 허용 여부, 규칙의 예외 조건처럼 명시적으로 제시된 내용이 선택지에서 반대로 서술되었는지를 확인하면 정답을 빠르게 찾을 수 있다.

| 정답풀이 |

주어진 글에 따르면 MLCC, OCF, OLED 공정은 모두 디스플레이 성능과 직결되며, 소재 · 공정 · 부품이 함께 발전해야 경쟁력이 확보된다고 설명한다. 즉, 디스플레이 반도체 기술은 성능과 기술적 완성도를 핵심 요소로 강조하고 있으며, 가격 경쟁력이 성능보다 더 중요하다고 평가하지는 않았다.

따라서 디스플레이 반도체 기술이 성능보다 가격 경쟁력이 가장 중요하다는 설명은 거짓이다.

| 오답풀이 |

① MLCC가 전류 안정화와 전자파 간섭 억제를 통해 디스플레이 구동칩에 필수적이라는 설명은 주어진 글과 일치한다.
② OCF 디스플레이가 투명 접착층을 활용해 화면 선명도와 얇은 구조를 구현한다는 내용은 주어진 글과 같다.
③ OLED 공정에서 발광층의 균일한 증착이 불량률과 생산 단가에 영향을 미친다는 설명도 주어진 글과 일치한다.
⑤ 과도한 마케팅 표현이나 불완전한 공정 설명이 소비자 혼란을 유발할 수 있다는 점 역시 주어진 글과 일치한다.

⏱ 빠른 풀이 스킬

- 해당 문항은 '성능 · 기술의 종합적 중요성'과 '단일 기준 강조'의 대비를 묻는 유형으로, 지문에서 강조하지 않은 요소를 최우선 기준으로 단정한 선택지를 먼저 의심한다.
- 특히 '오직', '가장 중요한'과 같이 단일 기준으로 일반화한 표현은 지문의 설명 범위를 벗어날 가능성이 높다.

| 정답풀이 |

주어진 글에 따르면 혼란 포장 마케팅은 단기적으로 매출 증대에는 기여할 수 있으나, 시간이 지날수록 소비자의 불신을 키우고 기업 이미지에 부정적 영향을 준다고 설명한다.

따라서 '브랜드 신뢰를 높이고 긍정적인 이미지를 만든다.'라는 진술은 글의 내용과 모순되므로 반드시 거짓이다.

| 오답풀이 |

① 혼란 포장은 실제보다 더 크게 혹은 고급스럽게 보이도록 만드는 행위이므로 주어진 글과 일치한다.
② 단기적으로 소비자의 오해를 유발해 구매 욕구를 자극하고 매출 증가 효과를 낸다는 설명은 주어진 글과 일치한다.

④ 공정거래위원회의 규제 강화는 주어진 글에 명확히 언급된 사실이다.
⑤ 소비자가 실제 용량과 성분표를 확인해야 한다는 점은 주어진 글에서 강조한 대처 방법이다.

⏱ 빠른 풀이 스킬

- 해당 문항은 '단기 효과 vs 장기 결과'가 명확히 대비된 글이므로, 장기적 평가를 긍정으로 바꿔 말한 선택지를 가장 먼저 의심한다.
- 특히 지문에서 '단기적으로는 효과가 있으나, 결국 부정적이다.'와 같은 구조가 제시되었을 때, '장기적으로 신뢰를 높인다.', '긍정적 이미지를 만든다.'처럼 결론을 반대로 일반화한 선택지는 빠르게 거짓으로 판별할 수 있다.

| 정답풀이 |

주어진 글에 따르면 SSD는 전원이 꺼져도 데이터를 보존할 수 있는 비휘발성 저장장치이며, 대용량 정보를 안정적으로 보관하는 데 적합하다고 설명하였다.

따라서 'SSD는 대용량 정보를 안정적으로 저장할 수 있는 비휘발성 저장장치다.'는 참이다.

| 오답풀이 |

① DRAM은 휘발성 메모리이므로 전원이 차단되면 데이터가 사라진다.
③ 주어진 글에서는 DRAM은 속도, SSD는 저장 용량과 안정성을 담당한다고 설명하므로, 두 장치가 모두 속도를 담당한다는 설명은 옳지 않다.
④ SSD의 속도가 개선되었지만 여전히 DRAM만큼 빠르지는 않다고 명시되어 있다.
⑤ DRAM은 가격 대비 용량이 제한적이며 대규모 데이터 보관보다는 속도 최적화에 주로 사용된다.

⏱ 빠른 풀이 스킬

- 해당 문항은 장치별 역할 대비(DRAM=속도, SSD=용량)가 핵심이므로, 각 장치의 정의 문장을 그대로 옮긴 선택지를 먼저 확인한다.
- 특히 '반드시 참' 유형에서는 지문에서 단정적으로 제시된 문장(예: SSD는 비휘발성 저장장치)을 그대로 옮긴 선택지를 우선 확인한다.

28 독해추론　　　　　　　　　　　정답 ④

| 정답풀이 |

주어진 글에서 직접 수령 서비스가 기업 입장에서 물류 비용을 절감할 수 있다는 점을 핵심 장점으로 제시하고 있다.

따라서 물류 비용 절감 효과를 얻을 수 있다는 주장은 반박이 아닌 논지를 강화하는 주장이다.

| 오답풀이 |

① 직접 매장을 방문해야 하는 번거로움으로 소비자 만족도가 오히려 낮아질 수 있다는 점은, 만족도 향상을 강조한 지문의 주장에 대한 타당한 반박이다.
② 교통이 불편한 지역 소비자의 접근성 문제는 직접 수령 서비스의 현실적 한계를 지적한 반박으로 적절하다.
③ 몸이 불편하거나 시간이 부족한 소비자에게 비현실적이라는 지적은 서비스의 적용 범위를 제한하는 반박이다.
⑤ 온라인 배송을 선호하는 소비자가 존재한다는 점은, 직접 수령 서비스가 모든 소비자에게 적합하지는 않음을 드러내는 반박으로 타당하다.

> **⏱ 빠른 풀이 스킬**
>
> • 장점이 중심이 되는 주장에서는, 근거를 뒤집기보다 한계나 예외를 지적하는 선택지가 반박으로 적절하다.
> • 반박으로 적절한 선택지는 지문의 주장을 약화하거나 예외·한계를 제시하는 것이다. 논점을 벗어난 선택지는 반박이 성립하지 않는다.

29 독해추론　　　　　　　　　　　정답 ③

| 정답풀이 |

주어진 글과 [보기]에 따르면, 모듈러 건축은 공장에서 주요 공정을 완료하고, OSC 현장에서는 설치·조립 중심의 작업만 진행되기 때문에 기존 방식에 비해 소음과 분진이 줄어드는 장점이 있다.

따라서 '현장에서 대부분의 공정이 진행되므로 소음과 분진 발생이 크다.'는 설명은 주어진 글과 [보기]의 내용과 모순되므로, 적절하지 않다.

| 오답풀이 |

① 모듈러 건축은 공장에서 제작된 모듈을 OSC 현장으로 운반해 조립·설치하여 완성된다는 점에서 설명과 일치한다.
② 날씨와 작업 환경의 영향을 상대적으로 덜 받는다는 설명은 주어진 글의 '품질 관리가 용이하다.'는 부분에서 추론 가능하다.
④ 콘크리트는 기초와 외벽에 사용되어 강도와 안전성을 확보하는 핵심 재료라는 점이 주어진 글에 명확히 제시되어 있다.

⑤ 고강도·저탄소 콘크리트가 친환경성과 지속 가능성에 기여한다는 점 역시 주어진 글에서 확인할 수 있다.

> **⏱ 빠른 풀이 스킬**
>
> • 해당 문항은 주어진 글과 [보기]의 역할 분담이 핵심이므로, 공정이 이루어지는 장소(공장vsOSC 현장)를 혼동한 선택지를 우선 확인한다.
> • 특히 주어진 글과 [보기]에서 장점으로 제시된 효과(소음·분진 감소)를 정반대로 일반화한 선택지는 적절하지 않은 추론으로 빠르게 소거할 수 있다.

30 독해추론　　　　　　　　　　　정답 ③

| 정답풀이 |

주어진 글과 [보기]에 따르면 OCF 디스플레이는 투명 접착층을 활용해 화면을 선명하게 유지하고 얇은 구조를 구현한다고 설명되어 있다.

따라서 '두껍게 만들고 선명도를 떨어뜨린다.'는 진술은 주어진 글과 [보기]의 내용과 정반대이므로 적절하지 않다.

| 오답풀이 |

① 디스플레이 반도체는 전기 신호 제어를 통해 화면 품질과 응답 속도를 결정한다는 설명이 주어진 글과 일치한다.
② MLCC는 전류 안정화와 전자파 간섭 억제를 통해 반도체 회로를 안정적으로 작동시킨다는 점에서 [보기]의 설명과 같다.
④ OLED 발광층 증착의 균일성이 불량률과 연결된다는 점은 [보기]에서 직접 확인할 수 있다.
⑤ 디스플레이 반도체 성능은 소재·공정·부품의 조화로 최적화되며, 연구개발 확대의 이유가 된다는 점에서 주어진 글과 일치한다.

> **⏱ 빠른 풀이 스킬**
>
> • 해당 문항은 [보기]의 기술 설명을 정반대로 왜곡한 선택지를 찾는 유형으로, OCF·MLCC·OLED의 기능을 뒤집은 진술을 먼저 확인한다.

수리논리									P.82
01	①	02	⑤	03	③	04	⑤	05	③
06	③	07	④	08	⑤	09	⑤	06	⑤
11	④	12	④	13	④	14	②	15	④
16	①	17	④	18	③	19	②	20	④

01 응용수리 정답 ①

| 정답풀이 |

지난해 A회사 전체 직원 수를 x명이라고 하면

$0.85x = 2,040$ $\therefore x = 2,400$

지난해 여자 직원 수를 a명이라고 하면

$0.8a = 1,120$

$\therefore a = 1,400$

따라서 남자 직원 수는 지난해에 $2,400 - 1,400 = 1,000$(명)이고 올해는 $2,040 - 1,120 = 920$(명)이다.

따라서 지난해와 올해 남자 직원 수의 차는 $1,000 - 920 = 80$(명)이다.

02 응용수리 정답 ⑤

| 정답풀이 |

여자 4명이 원탁에 둘러앉는 경우의 수는 $(4-1)! = 3 \times 2 \times 1 = 6$(가지)이다. 남자끼리 이웃하지 않으려면 여자 4명이 앉은 사이사이에 1명씩 앉으면 되는데, 여자 4명 사이에 공간이 4개 있으므로 남자 3명이 여자 사이사이에 앉는 경우의 수는 $_4P_3 = 4 \times 3 \times 2 = 24$(가지)이다.

따라서 구하는 경우의 수는 $6 \times 24 = 144$(가지)이다.

03 자료해석 정답 ③

| 정답풀이 |

연구인력의 비중이 가장 높은 분야인 바이오서비스산업의 박사와 석사를 합한 비율은 $\dfrac{(390 + 1,400)}{6,860} \times 100 ≒ 26.1$(%)인데, 바이오의약산업의 박사와 석사를 합한 비율은 $\dfrac{(1,500 + 4,700)}{21,800} \times 100 ≒ 28.4$(%)로 더 높다.

| 오답풀이 |

① 바이오장비 및 기기산업의 전체인력은 2,350명, 생산인력 비율은 31.0%이므로 생산인력은 $2,350 \times 0.31 ≒ 729$(명)이고, 바이오서비스산업의 전체인력은 6,860명, 생산인력 비율은 30.0%로 생산인력은 $6,860 \times 0.3 = 2,058$(명)이므로 생산인력은 바이오서비스산업이 바이오장비 및 기기산업보다 많다.

② 학사의 비율이 50% 이상인 분야는 학사 인력의 2배가 전체인력보다 많은 바이오환경산업, 바이오장비 및 기기산업, 바이오서비스산업 3개이다.

④ 전체 바이오산업 인력에서 바이오의약산업 전체인력의 비중은 $\dfrac{21,800}{53,650} \times 100 ≒ 40.6$(%)이므로 40% 이상이다.

⑤ 전체 바이오산업 인력에서 박사인력의 비중은 $\dfrac{2,970}{53,650} \times 100 ≒ 5.5$(%)이므로 6% 미만이다.

> **⏱ 빠른 풀이 스킬**
>
> 선택지 ②, ④, ⑤는 각각의 비중을 정확하게 계산하기보다는 선택지에 제시된 숫자를 활용하면 복잡한 계산 과정을 거치지 않아도 확인할 수 있다.
> 예를 들어 선택지 ②는 바이오산업 분야별 인력 합계의 50%, 즉 절반을 계산하여 비교하면 된다.
> 선택지 ④, ⑤는 각각의 수치가 전체 수치에서 40% 이상인지 6% 미만인지만 확인하면 되므로 전체 값에 각 비율을 곱해 수치를 비교하면 된다.

04 자료해석 정답 ⑤

| 정답풀이 |

19세 이상 남자의 비만율이 가장 높았던 해인 2023년에 19세 이상 남녀 인구 성비가 1:1이면 그 해의 전체 비만율은 $\dfrac{(41.9 + 28.1)}{2} = 35$(%)이다.

| 오답풀이 |

① 2012년 이후 19세 이상 여자의 비만율이 가장 낮은 해인 2019년에 남녀 비만율의 차는 $37.7 - 25.3 = 12.4$(%p)이다.

② 19세 이상 여자의 비만율이 가장 높았던 2017년에 남자의 비만율은 여자의 비만율의 $\dfrac{36.1}{29.7} ≒ 1.2$(배)이다.

③ 19세 이상 남자와 여자 모두 비만율이 두 번째로 높았던 해는 2021년으로 같다.

④ 2024년 19세 이상 남자의 비만율은 전년 대비 $41.9 - 41.4 = 0.5$(%p) 감소했다.

05 자료해석　　　　　　　　정답 ③

| 정답풀이 |

2024년 주택 1건 소유자의 $92.3+2.9=95.2(\%)$는 2025년 주택 1건 이상 소유자이다.

| 오답풀이 |

① 2024년 무주택자의 2.7%가 2025년 유주택자가 됐다.

② 2025년 유주택자는 2024년 유주택자의 95.8%이다.

④ 2024년 주택 1건 소유자의 4.8%가 2025년 주택 0건 소유자가 됐으나 기준 연도가 2025년일 때의 주택 0건 소유자에 대한 자료는 주어지지 않았다.

⑤ 2024년 주택 2건 이상 소유자의 $85.3+13.6=98.9(\%)$가 2025년 주택 1건 이상 소유자이다.

06 자료해석　　　　　　　　정답 ③

| 정답풀이 |

아시아 여행객 수는 2020년에 $500\times0.45=225$(만 명), 2023년에 $900\times0.2=180$(만 명)이므로 2020년 대비 2023년에 $225-180=45$(만 명) 감소하였다.

| 오답풀이 |

① 2021년 여행객 수는 $1{,}200+300=1{,}500$(만 명)이고, 2022년 여행객 수는 $800+400=1{,}200$(만 명)이므로 2022년에 2021년 대비 $\dfrac{(1{,}500-1{,}200)}{1{,}500}\times100=20(\%)$ 감소하였다.

② 2023년 해외 여행객 수는 900만 명임에 따라 북미 여행객 수는 $900\times0.3=270$(만 명)이므로 국내외 여행객 전체의 $\dfrac{270}{(1{,}500+900)}\times100=11.25(\%)$이므로 15% 미만이다.

④ 2021년 전체 여행객 수는 $1{,}200+300=1{,}500$(만 명)이다. 국내 여행객 비율은 $\dfrac{1{,}200}{1{,}500}\times100=80(\%)$, 해외 여행객 비율은 $\dfrac{300}{1{,}500}\times100=20(\%)$이다. $80-20=60(\%p)$이므로 국내 여행객 비율이 해외 여행객 비율보다 60%p 더 높다.

⑤ 2020년 유럽 여행객 수는 $500\times0.25=125$(만 명)이고, 2023년 유럽 여행객 수는 $900\times0.35=315$(만 명)이다. $315-125=190$(만 명)이므로 2023년 유럽 여행객 수는 2020년 유럽 여행객 수보다 190만 명 더 많다.

⚡ 빠른 풀이 스킬

② 2023년 해외여행 중 북미의 비율은 30%이므로 북미 여행객 수가 국내외 여행객 전체의 15%가 되려면 해외 여행객 수가 국내 여행객 수의 절반이 되어야 한다. 하지만 국내 여행객 수가 해외 여행객 수보다 많으므로 북미 여행객 수는 국내외 여행객 전체의 15% 미만임을 쉽게 알 수 있다.

07 자료해석　　　　　　　　정답 ④

| 정답풀이 |

2021년 점유율을 100이라 두면, 2022년$=100\times1.1=110$이고, 점유율의 전년 대비 증가량은 2022년 $100\times0.1=10$, 2023년 $110\times0.15=16.5$이다.

따라서 점유율의 전년 대비 증가량의 증가율은 $\dfrac{(16.5-10)}{10}\times100=65(\%)$ 증가했으므로 50% 이상 증가했다.

| 오답풀이 |

① 증감률이 모두 0보다 크므로 S사의 증가율은 즉, 2019~2023년까지 지속적으로 증가했다.

② 증가율 자료이고 2023년까지 지속적으로 점유율이 증가했으므로 2020년보다 2023년에 점유율이 더 높았던 것으로 보인다.

③ 2021년은 2019년 대비 20%p(15%+5%) 증가했고, 2019년 점유율을 100이라 두면 2020년 $100\times1.15=115$, 2021년 $115\times1.05=120.75$이므로 2019년(100) 대비 2021년(120.75)이 20% 이상 증가했다.

⑤ 2020년 S사의 점유율이 40%이면, 2021년 $40(\%)\times1.05=42(\%)$, 2022년 $42(\%)\times1.1=46.2(\%)$이므로 48% 이상 차지한 것은 아니다.

08 자료해석　　　　　　　　정답 ⑤

| 정답풀이 |

2024년 에너지 사용량이 2023년 대비 감소한 업종은 정유, 비금속 광물제품, 전자장비 제조업, 자동차 제조업이며 이 중 10% 이상 감소한 업종은 없다.

| 오답풀이 |

① 산업전체 GDP가 전년 대비 증가한 해는 2021년부터 2023년까지이다. 2021년의 전년 대비 증가율$=\dfrac{(470{,}000-453{,}000)}{453{,}000}\times100=\dfrac{17{,}000}{453{,}000}\times100=3.75(\%)$이므로 증가율이 가장 큰 해는 2021년이다.

② 2024년 펄프, 종이의 에너지 사용량은 전년 대비 변화가 없었고, 이와 동일한 추이를 보이는 업종은 섬유제품업 뿐인데 섬유제품업의 2020년부터 2022년까지 에너지 사용량 증감 추이는 펄프, 종이와 다르므로 펄프, 종이와 에너지 사용량 증감 추이가 동일한 업종은 없다.

③ 총산업부문이 제조업과 광업으로만 구성된다면, 2021년 총산업부문 에너지 사용량은 130,000(천 toe)이고, 제조업부문 에너지 사용량은 129,700(천 toe)이므로 광업의 2021년 에너지 사용량은 $130{,}000-129{,}700=300$(천 toe)이다.

④ 2023년 제조업부문 에너지 사용량 상위 3개 업종은 정유, 화학, 제1차 금속산업이고, 제조업부문 에너지 사용량에서 차지하는

비중은 $\dfrac{(36{,}300+35{,}900+33{,}500)}{130{,}700}\times100\fallingdotseq80.9(\%)$이므로 80% 이상이다.

① 그래프의 기울기로 판단할 수 있다. 2020년−2021년의 기울기와 2021년−2022년의 기울기가 비슷하다. 두 값의 계산식을 정리하면 2021년의 전년 대비 증가율$=\dfrac{17}{453}$, 2022년의 전년 대비 증가율$=\dfrac{16}{470}$이다. 이때 2022년이 2021년보다 분모는 더 크고 분자는 작으므로 2021년의 전년 대비 증가율보다 더 작다는 것을 알 수 있다.

09 자료해석 정답 ⑤

| 정답풀이 |

2024년 1분기 소비지출의 전년 동기 대비 증가율이 가장 낮은 소득 분위는 1.7% 증가한 소득 5분위이지만, 소득의 전년 동기 대비 증가율이 가장 높은 소득 분위는 14.6% 증가한 소득 1분위이다.

| 오답풀이 |

① 2024년 1분기 소득 1분위의 소득은 1,000만 원, 소비지출은 1,100만 원으로 소득이 소비지출보다 적다.
② 2024년 1분기 소득 4분위의 전년 동기 대비 소득 증가율은 7.1%이므로 2023년 1분기 소득 4분위의 소득은 $\dfrac{5{,}800}{1{,}071}\fallingdotseq5{,}415$(만 원)으로 5,500만 원 미만이다.
③ 2024년 1분기 소득 5분위의 소득은 10,800만 원이며, 소득 1분위 소득의 10배는 $1{,}000\times10=10{,}000$(만 원)이므로 10배 이상 많다.
④ 2024년 1분기 소득과 소비지출의 차이가 가장 큰 소득 분위는 유일하게 차이가 5,000만 원 이상인 소득 5분위이다.

10 자료해석 정답 ⑤

| 정답풀이 |

업체별 종합점수를 확인하면 다음과 같다.
- 업체 A: $60+30+70+60=220$(점)
- 업체 B: $80+50+50+50=230$(점)
- 업체 C: $60+70+80+20=230$(점)
- 업체 D: $70+90+60+40=260$(점)
- 업체 E: $50+80+90+30=250$(점)
ⓛ 종합점수가 가장 높은 업체는 D이므로 물건은 업체 D에서 구매하게 된다.

ⓒ 종합점수가 가장 높은 업체와 가장 낮은 업체는 각각 업체 D와 업체 A이고, 이 두 업체의 종합점수의 차는 $260-220=40$(점)이다.

| 오답풀이 |

㉠ 종합점수가 가장 낮은 업체는 A이지만, 가장 높은 업체는 D이다.

11 자료해석 정답 ④

| 정답풀이 |

각 업체의 항목별 평가 점수와 항목별 가중치를 곱해서 종합점수를 계산하면 다음과 같다.

구분	성능	내구성	불량률	가격	종합점수
업체 A	24	6	21	6	57
업체 B	32	10	15	5	62
업체 C	24	14	24	2	64
업체 D	28	18	18	4	68
업체 E	20	16	27	3	66

가중치 적용 전과 적용 후에 종합점수가 가장 높은 업체는 D로 동일하므로 물건을 구매하게 되는 업체는 가중치와 관계없이 모두 D이다.

| 오답풀이 |

① 가중치 적용 후 업체별 종합점수는 모두 서로 다르다.
② 종합점수가 두 번째로 낮은 업체는 B이다.
③ 종합점수가 가장 높은 업체인 D의 종합점수는 68점으로 65점 이상이다.
⑤ 가중치 적용 전 종합점수가 가장 낮은 업체는 A이며, 가중치 적용 후 종합점수가 가장 낮은 업체도 A이다.

12 자료해석 정답 ④

| 정답풀이 |

㉠ 2024년 1분기 이후 법인세비용은 1,000천만 원에서 1,500천만 원, 2,000천만 원, 2,500천만 원으로 매 분기 증가했다.
ⓒ 2024년 3분기 매출액은 2023년 3분기 대비 $12{,}000-8{,}000=4{,}000$(천만 원) 감소했다.

| 오답풀이 |

ⓛ 2023년 4분기 매출원가는 3,500천만 원이고, 판매관리비의 3배는 $1{,}500\times3=4{,}500$(천만 원)이므로 매출원가는 판매관리비의 3배 미만이다.

13 자료해석   정답 ④

| 정답풀이 |

2023년 4분기 이후 금융손익의 직전 분기 대비 증감 추이는 증가, 감소, 증가, 감소이며, 이와 동일한 증감 추이를 보이는 항목은 매출원가 1개이다.

| 오답풀이 |

① 제시된 기간 중 영업외손익이 적자인 시기는 2023년 4분기, 2024년 1분기 총 2개이다.

② 2023년 3분기 금융손익과 영업외손익의 합은 $-5,000+500$ $=-4,500$(천만 원)이므로 -450억 원이다.

③ 2024년 2분기 법인세비용은 2024년 1분기 대비

$\dfrac{(2,000-1,500)}{1,500}\times100\fallingdotseq33(\%)$ 증가했으므로 30% 이상 증가했다.

⑤ 제시된 기간 중 매출액과 매출원가의 차이가 가장 큰 시기는 $18,000-2,000=16,000$(천만 원)의 2024년 1분기이며, 이때 판매관리비는 5,000천만 원으로 최대이다.

14 자료해석   정답 ②

| 정답풀이 |

2020년 글로벌 이미지센서 시장 점유율 상위 5개 기업의 점유율 합은 $45+20+12+4.5+4=85.5(\%)$이므로 85% 이상을 차지한다.

| 오답풀이 |

① 2015년 스마트폰 시장 규모는 150억 달러×70%=105(억 달러)로 2020년 210억 달러×48%=100.8(억 달러)보다 크므로 5년 전 대비 감소했다.

③ 의료·과학 시장 규모는 2020년에 210억 달러×6%=12.6(억 달러)이고, 2015년에 150억 달러×2%=3(억 달러)이므로 2020년에 2015년 대비 4.2배 증가했다.

④ 2020년 글로벌 이미지센서 시장 점유율은 소니(일본)가 45%를 차지하고 있지만 상위 7개 기업의 점유율 합은 85.5%이므로 상위 7개 외의 기업이 모두 일본 기업이라 하더라도 절반 이상을 차지하지 않는다.

⑤ PC카메라 시장 규모는 2020년에는 210억 달러×6%=12.6(억 달러), 2015년에는 150억 달러×7%=10.5(억 달러)이므로 2020년이 2015년보다 더 많았다.

> ⏱ **빠른 풀이 스킬**
>
> ③ 2015년 의료·과학 시장 규모는 3억 달러이며 4.5배는 13.5억 달러이다. 2020년 의료·과학 시장 규모는 12.6억 달러로 4.5배 미만이다.

15 자료해석   정답 ④

| 정답풀이 |

2020년 글로벌 이미지센서 시장 규모는 210억 달러이고, 상위 7개 기업 내 한국 기업(삼성전자, SK하이닉스)의 점유율은 23%(20+3)이므로 210억 달러×23%= 48.3(억 달러)이다.

따라서 48억 달러이다.

16 자료해석   정답 ①

| 정답풀이 |

2019년 탄소배출권 1억 t당 거래대금은 $\dfrac{3,110}{1,470}\fallingdotseq2.1$(억 원/억 t)이므로 2억 원 이상이다.

| 오답풀이 |

② 2023년 탄소배출권 유형 중 수송의 거래대금은 $3,100\times0.08$ $=248$(억 원)이므로 200억 원 이상이다.

③ 제시된 기간 중 거래대금이 가장 많은 해는 2020년(4,000억 원), 거래량이 가장 많은 해도 2020년(1,780억 t)이다.

④ 2022년 탄소배출권 유형을 거래대금 비중이 높은 순서대로 나열하면 재생에너지, 토지이용, 화학공정, 에너지효율 순이므로 네 번째로 비중이 높은 유형은 에너지효율이다.

⑤ 2023년 탄소배출권 거래대금 비중이 2022년 대비 가장 많이 증가한 유형은 $35-30=5(\%\text{p})$ 증가한 토지이용이다.

17 자료해석   정답 ④

| 정답풀이 |

㉠ 2022년 탄소배출권 유형 중 화학공정의 거래대금은 $3,720\times0.1=372$(억 원)이므로 350억 원 이상이다.

㉢ 2021년 탄소배출권 거래량은 2019년 대비 $1,470-$ $900=570$(억 t) 감소하였으므로 600억 t 미만으로 감소하였다.

| 오답풀이 |

㉡ 탄소배출권 거래대금과 거래량의 전년 대비 증가율은 2020년에 각각 약 28.6%, 약 21.1%이고, 2022년에 각각 약 43.1%, 약 42.2%로, 모두 2022년에 가장 높다.

> ⏱ **빠른 풀이 스킬**
>
> ㉡ 2020년 이후 거래대금과 거래량이 전년 대비 증가한 해는 2020년과 2022년뿐이므로 2020년과 2022년의 증가율만 비교하면 된다. 이때 정확한 수치를 요구하는 것이 아니므로 그래프의 높이 변화로 2022년 거래대금의 증가율이 2020년보다 높다는 것을 파악할 수 있다.

18 자료해석   정답 ③

| 정답풀이 |

수치가 모두 제시된 S제품과 K제품의 수치를 각주의 식에 대입하면 다음과 같은 연립방정식을 세울 수 있다.

$$92 = a \times \left(\frac{18 \times 8}{24} \right) + b = 6a + b \qquad \cdots \text{ⓐ}$$

$$104 = a \times \left(\frac{21 \times 8}{24} \right) + b = 7a + b \qquad \cdots \text{ⓑ}$$

ⓑ−ⓐ를 계산하면 $a = 12$, $b = 20$이다.

㉠ L제품의 시간당 최대 생산량은 16개, 평가점수는 68점이므로 일 최대 가동시간을 구하면

$$68 = 12 \times \left(\frac{16 \times ㉠}{24} \right) + 20 \rightarrow ㉠ = 6(\text{시간})\text{이다.}$$

㉡ H제품의 시간당 최대 생산량은 24개, 일 최대 가동시간은 12시간이므로 평가점수는

$$12 \times \left(\frac{24 \times 12}{24} \right) + 20 = 164(\text{점})\text{이다.}$$

따라서 ㉠은 6, ㉡은 164이다.

19 자료해석   정답 ②

| 정답풀이 |

1~3학년 전체 학생들의 일주일 동안 운동 횟수와 비율을 구하면 다음과 같다.

(단위: 명, %)

구분	하지 않음	1회	2~3회	4~5회	6회 이상	합
전체 학생 수	238	236	298	137	91	1,000
비율	23.8	23.6	29.8	13.7	9.1	100

따라서 가장 적절한 그래프는 ②이다.

> **⏱ 빠른 풀이 스킬**
>
> 각각의 비율을 계산하기 전 전체 합계로 비율의 순서가 맞는 선택지만 남기도록 한다. 그리고 '하지 않음'과 '1회'의 합계는 차이가 매우 적으므로 비율의 차이도 적을 것이다.
> 이를 활용하여 복잡한 계산 과정 없이 해결할 수 있다.

20 자료해석   정답 ④

| 정답풀이 |

월별 제품 생산량의 전월 대비 증가량을 구하면 규칙을 파악할 수 있다.

A공장의 경우, 월별 제품 생산량의 전월 대비 증가량이 3월부터 6월까지 매월 40개이므로 제품 생산량은 매월 40개씩 증가함을 알 수 있다.

B공장의 경우, 월별 제품 생산량의 전월 대비 증가량이 2월부터 6월까지 매월 10개이므로 제품 생산량은 매월 10개씩 증가함을 알 수 있다.

C공장의 경우, 월별 제품 생산량의 전월 대비 증가량이 4월부터 6월까지 매월 60개이므로 제품 생산량은 매월 60개씩 증가함을 알 수 있다.

이에 따라 A~C공장의 월 합산 제품 생산량은 7월부터 $40 + 10 + 60 = 110$개씩 증가하므로 7월 이후 A~C공장의 월 합산 제품 생산량은 다음과 같다.

(단위: 개)

구분	7월	8월	9월	10월	11월
월 합산 제품 생산량	630	740	850	960	1,070

따라서 A~C공장의 월 합산 제품 생산량이 처음으로 1,000개 이상이 되는 시기는 11월이다.

01	①	02	②	03	④	04	⑤	05	④
06	③	07	①	08	③	09	③	10	③
11	①	12	⑤	13	②	14	①	15	⑤
16	⑤	17	⑤	18	②	19	⑤	20	①
21	⑤	22	①	23	①	24	④	25	⑤
26	②	27	④	28	④	29	②	30	③

01 명제

정답 ①

| 정답풀이 |

전제2의 대우명제와 전제1을 고려하면 다음과 같은 벤다이어그램을 그릴 수 있다.

'~채소'가 '~과일'을 포함하고 있으므로 '~과일 → ~채소'가 항상 성립한다.

따라서 항상 참인 결론은 '과일을 좋아하지 않는 모든 사람은 채소를 좋아하지 않는다.'이다.

🕐 빠른 풀이 스킬

모든 ~B → A
모든 C → ~A (대우명제 A → ~C로 바꿔 A를 맞춘다.)
• 결론: 모든 ~B → ~C
전제1과 전제2 모두 some 개념이 등장하지 않으므로 삼단논법을 사용하여 문제를 풀 수 있다. 과일을 좋아하는 사람을 '과', 고기를 좋아하는 사람을 '고', 채소를 좋아하는 사람을 '채'라고 표시하고 전제1과 전제2를 다시 써보면 다음과 같다.
• 전제1: ~과 → 고
• 전제2: 채 → ~고
전제1과 전제2에서 모두 '고'가 등장하므로 '고'가 전제1과 전제2를 연결하는 연결고리, 즉 매개념이다. 매개념을 이용하기 위해 전제2의 대우명제를 구해보면 '고 → ~채'이므로, 전제2의 대우명제와 전제1을 서로 연결하면 '~과 → ~채'라는 결론을 내릴 수 있다. 따라서 정답은 ①이다.

02 명제

정답 ②

| 정답풀이 |

전제2를 만족하는 벤다이어그램은 [그림1]과 같다.

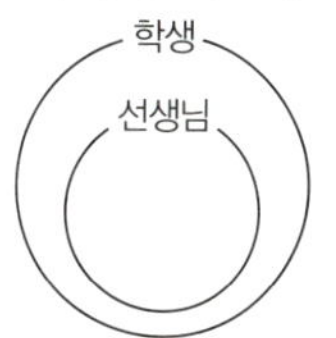

[그림1]

여기에 전제1을 덧붙인 기본적인 벤다이어그램은 [그림2]와 같이 나타낼 수 있으며, '선생님'과 '영어'의 공통영역에 해당하는 색칠된 부분이 반드시 존재해야 한다.

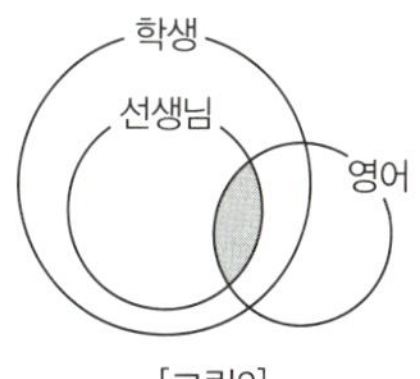

[그림2]

[그림2]에서 매개념 '선생님'을 제외한 '학생'과 '영어' 사이의 관계를 보면, 둘 사이에 뚜렷한 포함관계가 존재하진 않지만, 최소한 색칠된 부분만큼은 공통으로 포함하고 있다는 것을 알 수 있다. 즉, '학생'과 '영어' 사이에는 반드시 공통영역이 존재한다.

따라서 항상 참인 결론은 '영어를 가르치는 어떤 사람은 학생들을 사랑한다.'이다.

🕐 빠른 풀이 스킬

어떤 B → A (어떤 A → B)
모든 A → C
• 어떤 B → C
전제1에 "어떤 ~는 ~이다."라는 some 개념이 있으므로 벤다이어그램을 활용한다. 선생님을 '선', 영어를 가르치는 사람을 '영', 학생들을 사랑하는 사람을 '학'이라고 표시하자. some 개념이 없는 전제2부터 벤다이어그램으로 표현하면 [그림3]과 같다.

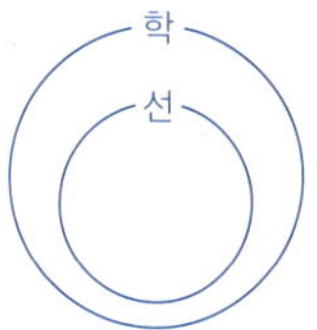

[그림3]

여기에 전제1을 덧붙인 기본적인 벤다이어그램은 [그림4]와 같이 나타낼 수 있으며, '선'과 '영'의 공통영역에 해당하는 색칠된 부분이 반드시 존재해야 한다.

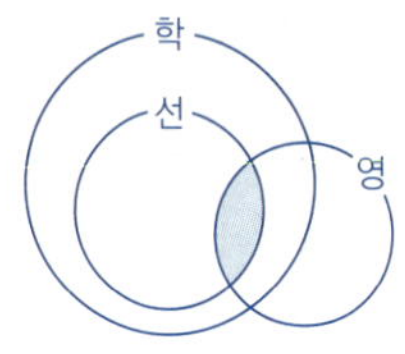

[그림4]

여기서 소거법을 사용하여 정답을 찾아보자. [그림4]를 보면 ①, ③, ⑤는 옳지 않다는 것을 알 수 있다. 한편 [그림4]의 색칠된 부분이 존재하기만 하면 '영'의 범위를 [그림5]와 같이 더 늘릴 수도 있다.

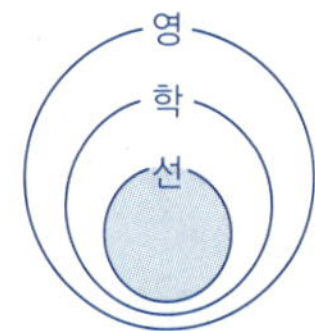

[그림5]

[그림5]의 경우 모든 선생님이 영어를 가르치는 것이 되었지만, some 개념은 all 개념을 포함하므로 전제1을 위배하는 것은 아니다. [그림5]의 경우 ④가 옳지 않다는 것을 알 수 있다. 어떠한 경우에도 항상 참인 결론을 골라야 하므로 ①, ③~⑤는 정답이 될 수 없고 소거법에 의해 ②가 정답이다.

<hr>

<table><tr><td>03</td><td>명제</td><td>정답 ④</td></tr></table>

| 정답풀이 |

전제1을 만족하는 가장 기본적인 벤다이어그램은 [그림1]과 같다.

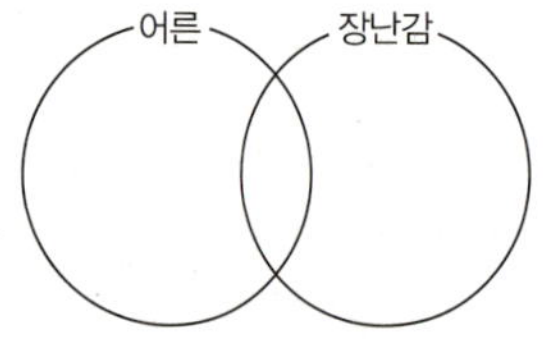

[그림1]

이 상태에서 '어른'과 '단 음식 싫어' 사이에 공통영역이 존재한다는 결론을 반드시 만족하기 위해선 [그림2]와 같이 '단 음식 싫어'가 '장난감'을 포함하고 있으면 된다.

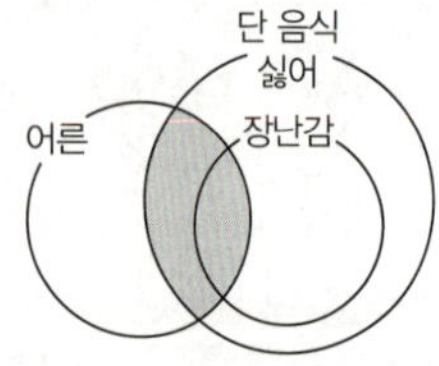

[그림2]

'단 음식 싫어'가 '장난감'을 포함하고 있으면 [그림2]의 색칠된 부분이 반드시 존재하게 되므로, '어른'과 '단 음

식 싫어' 사이에 공통영역이 존재한다는 결론을 반드시 만족하게 된다.

따라서 '장난감을 좋아하는 사람은 단 음식을 싫어한다.'의 대우명제인 '단 음식을 싫어하지 않는 사람은 장난감을 좋아하지 않는다.'가 결론을 항상 참이 되게 하는 전제이다.

⏱ 빠른 풀이 스킬

어떤 A → B

어떤 A → ~C

• 모든 B → ~C (대우명제: 모든 C → ~B)

전제1과 결론에 some 개념이 있으므로 벤다이어그램을 활용한다. 어른을 '어', 장난감을 좋아하는 사람을 '장', 단 음식을 싫어하는 사람을 '단싫'이라고 표시하자. 우선 전제1을 만족하는 가장 기본적인 벤다이어그램은 [그림3]과 같으며, 색칠된 부분이 반드시 존재해야 한다.

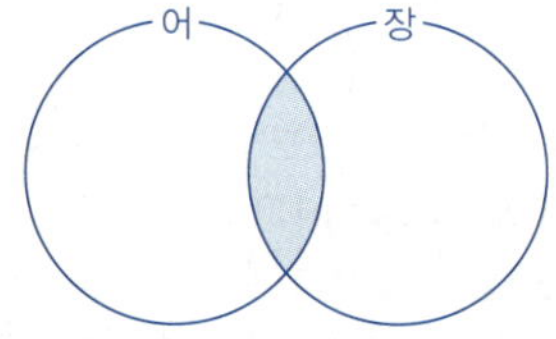

[그림3]

이 상태에서 ①을 만족하도록 '~단싫'의 벤다이어그램을 그려보도록 하자. ①을 만족하기 위해선 '장'이 '~단싫' 안에 포함되기만 하면 되므로 [그림4]와 같은 벤다이어그램도 그릴 수 있다.

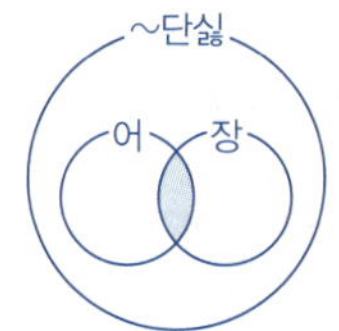

[그림4]

이 경우 전제1과 ①을 모두 만족하지만, 결론을 만족하지 못한다. 즉, ①을 전제2로 세울 경우 항상 결론이 도출되는 것은 아니므로 ①은 전제2로 적절하지 않다.

이와 같은 방식으로 전제1과 ②~⑤를 만족하는 벤다이어그램을 각각 그렸을 때, 결론을 위배하는 반례가 하나라도 발생한다면 해당 선택지를 소거할 수 있다. ②는 ①의 대우명제이므로 [그림4]를 반례로 들 수 있고, ③도 [그림4]를 반례로 들 수 있다. ⑤의 대우명제는 [그림5]를 반례로 들 수 있다.

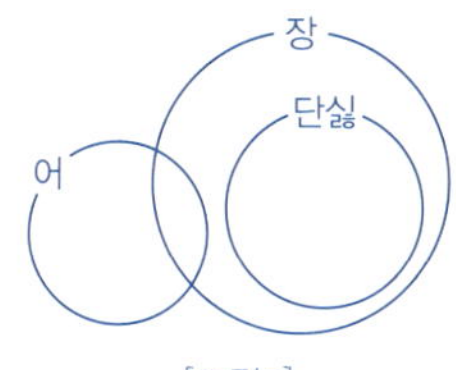

[그림5]

반면 ④는 전제2로 세웠을 때 항상 결론을 만족하므로 정답은 ④이다.

구분	A	B	C	D
모자	파랑	검정 또는 빨강	노랑	빨강 또는 검정
팔찌	검정 또는 빨강	노랑	빨강 또는 검정	파랑

따라서 A가 빨강 팔찌를 착용했으면 D는 검정 모자를 착용했다.

---

04 조건추리   정답 ⑤

| 정답풀이 |

A보다 결과 등급이 낮은 직원은 2명이므로 A는 3등급이다. 여기서 등급은 1등급부터 5등급 순으로 높은데, E는 결과 등급이 C보다 한 등급 높고, B는 결과 등급이 D보다 한 등급 높으므로 직원별 결과 등급은 다음과 같다.

1등급	2등급	3등급	4등급	5등급
B	D	A	E	C

따라서 결과 등급이 가장 낮은 4~5등급에 해당하는 안내문 발송 대상자는 C와 E이다.

---

05 조건추리   정답 ④

| 정답풀이 |

A는 파랑 모자, B는 노랑 팔찌를 착용하고 있으며, D는 A가 착용한 모자와 같은 색깔의 팔찌를 착용하고 있으므로 파랑 팔찌를 착용했다. 이에 따라 C는 빨강 또는 검정 팔찌를 착용했고, D는 C가 착용한 팔찌와 같은 색깔의 모자를 착용했으므로 빨강 또는 검정 모자를 착용했다.

구분	A	B	C	D
모자	파랑			빨강 또는 검정
팔찌		노랑	빨강 또는 검정	파랑

한 사람이 같은 색깔의 모자와 팔찌를 착용하지 않았으므로 B는 노랑 모자를 착용할 수 없고 C가 노랑 모자를 착용했다. 마지막으로 B는 검정 또는 빨강 모자를 착용했고, A는 검정 또는 빨강 팔찌를 착용했다.

| 오답풀이 |

① C는 빨강 팔찌를 착용할 수도 있다.
② B가 검정 모자를 착용하는 경우의 수는 1가지이다.
③ C는 D가 착용한 모자와 같은 색깔의 팔찌를 착용했다.
⑤ D가 빨강 모자를 착용했으면 C는 빨강 팔찌를 착용했다.

---

06 조건추리   정답 ③

| 정답풀이 |

A~E의 점수를 차례대로 a점, b점, c점, d점, e점이라고 하면 A~D의 평균 점수는 8.25점이고 A~E의 평균 점수는 8.6점이라고 하였으므로 다음과 같이 식을 세울 수 있다.

- $a+b+c+d=8.25\times4=33$(점)
- $a+b+c+d+e=8.6\times5=43$(점)

아래의 식에서 위의 식을 변끼리 빼면 $e=10$이므로 E의 점수는 10점이다.

그리고 A와 B의 점수 합계가 C와 D의 점수 합계보다 1점 낮고, $a+b+c+d=33$이므로 $a+b=16$, $c+d=17$이다. 이때, C와 D 중에서 6점이 있다면 나머지 한 사람이 11점이어야 하는데, 최대 점수가 10점이므로 모순이다. 즉, A와 B 중 한 사람이 6점이고, 나머지 한 사람이 10점임을 알 수 있다. 또한 C와 D 중 한 사람이 7점이라면 나머지 한 사람이 10점이어야 하는데, 10점을 맞힌 사람이 2명이라고 하였으므로 C와 D 중 한 사람은 8점이고 나머지 한 사람이 9점임을 알 수 있다.

이를 표로 나타내면 다음과 같다.

A	B	C	D	E
10 / 6	6 / 10	8 / 9	9 / 8	10

따라서 A, B, C의 점수 합계는 $6+10+8=24$(점) 또는 $6+10+9=25$(점)이므로 24점 이상이다.

| 오답풀이 |

① A의 점수는 6점 또는 10점이다.
② B의 점수는 6점 또는 10점이다.
④ C의 점수가 8점일 때, A의 점수가 10점일 수 있다.
⑤ C, D, E의 점수 합계가 $8+9+10=27$(점)이므로 평균 점수는 $27\div3=9$(점)이다.

| 정답풀이 |

D는 오른쪽에서 세 번째 자리에 앉았고, F는 왼쪽에서 두 번째 자리에 앉았으므로 이를 그림으로 나타내면 다음과 같다.

	F			D		

여기서 B의 오른쪽에는 3명 이상이 앉았고, B는 가장 왼쪽에 앉지 않았으므로 F와 D 사이에 앉았다. 이때 A는 C 바로 옆자리에 앉았으므로 D의 오른쪽에 앉은 2명은 A와 C이고, E는 양쪽 끝자리에 앉지 않았으므로 F와 D 사이에 앉은 2명은 B와 E이다. 이에 따라 나머지 왼쪽 끝자리에 앉은 직원은 G이다.

G	F	E B	B E	D	A 또는 C	C 또는 A

따라서 가장 오른쪽에 앉아서 영화를 본 직원은 A 또는 C이다.

| 정답풀이 |

오후 회의에서 8명 중 오전 회의 때와 동일한 가로줄에 앉은 사람은 없으므로 A, B, C, D는 아래쪽 가로줄, E, F, G, H는 위쪽 가로줄에 앉는다. 또한 서로 가장 먼 거리에 떨어져 앉은 두 쌍은 C와 G, B와 H이므로 두 쌍은 각각 (1)번과 (8)번 또는 (4)번과 (5)번 자리에 앉게 된다. 이때 오전 회의 때와 동일한 세로줄에 앉은 사람은 F뿐이므로 F는 (2)번 자리에 앉고, F의 옆자리에는 E와 H가 앉았으므로 H가 (1)번, E가 (3)번 자리에 앉고 B는 H와 가장 먼 거리인 (8)번 자리에 앉는다. 이에 따라 G와 C는 각각 (4)번, (5)번 자리에 앉는다.

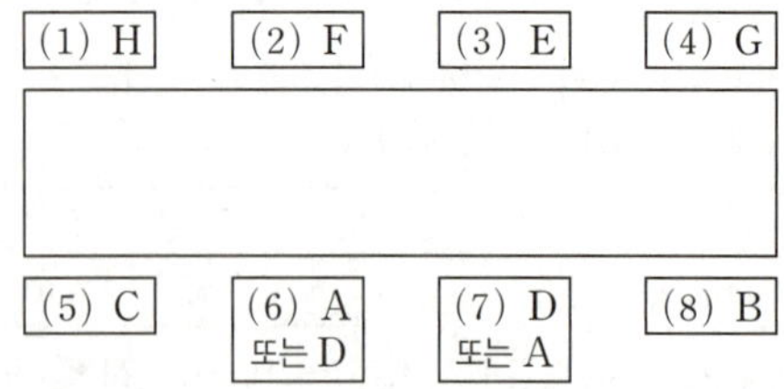

따라서 G와 마주 보고 앉은 사람은 B이다.

| 오답풀이 |

① B는 A 또는 D와 이웃하여 앉는다.

② D와 마주 보고 앉은 사람은 E 또는 F이다.

④ 오후 회의 때의 자리 배치로 가능한 경우의 수는 A와 D의 자리 배치에 따른 2가지이다.

⑤ C와 D가 이웃하여 앉는다면 E는 A와 마주 보고 앉는다.

| 정답풀이 |

B는 월요일과 화요일 오후에 당직을 서고, 금요일 오후에 당직을 서는 직원은 D이므로 다음과 같이 정리할 수 있다.

구분	월요일	화요일	수요일	목요일	금요일
오전					
오후	B	B			D

이때 E는 화요일에 당직을 서므로 화요일 오전에 당직을 선다. 여기서 F는 목요일에 당직을 서고, A와 D는 한 번 같은 요일에 당직을 서는데 A는 2번의 당직 모두 C보다 일찍 서므로 A와 D는 수요일에 함께 당직을 선다. 이에 따라 월요일 오전에는 A가 당직을 서며, 목요일과 금요일 오전은 C가 당직을 선다.

구분	월요일	화요일	수요일	목요일	금요일
오전	A	E	A ↕ D	C ↕ F	C
오후	B	B			D

따라서 금요일 오전에 당직을 서는 직원은 C이다.

| 오답풀이 |

① D는 수요일 오전에 당직을 설 수도 있다.

② A가 수요일 오후, D가 수요일 오전에 당직을 설 수도 있다.

④ A가 오전에만 당직을 서는 경우의 수는 C와 F가 순서를 바꾸는 경우에 해당하는 2가지이다.

⑤ F가 오후에 당직을 서도 A가 수요일 오후에 당직을 설 수 있다.

| 정답풀이 |

A(팔) 바로 다음으로 E(다리)를 수행하고, 같은 부위의 스트레칭은 연속적으로 수행하므로 A 전에 B를 수행한다. F를 일곱 번째로 수행하고 목은 가장 먼저 수행하지 않으므로 팔을 가장 먼저 하고, 다리를 다음으로 한다. 즉, B−A−E−다리1−다리2 순이므로 C, D는 네 번째 또는 다섯 번째이다. 만약 허리 스트레칭을 목 스트레칭보다 먼저 수행한다면 F를 일곱 번째로 수행하므로 G를 여섯 번째, H를 여덟 번째로 수행한다. 만약 목 스트레칭을 먼저 수행한다면 G를 여덟 번째, H를 여섯 번째로 수행한다.

이에 따라 가능한 모든 경우를 정리하면 다음과 같다.

1	2	3	4	5	6	7	8
B	A	E	C	D	G	F	H
B	A	E	D	C	G	F	H
B	A	E	C	D	H	F	G
B	A	E	D	C	H	F	G

따라서 모든 경우에 B를 가장 먼저 수행한다.

11 조건추리   정답 ①

| 정답풀이 |

B과장은 201호에 혼자 배정되었고, 여자 대리 중 1명은 302호에 배정되었는데 대리는 모두 같은 층에 배정되었으므로 C대리, D대리, F대리, G대리는 모두 3층에 배정되었다. 302호의 여자 대리 외에 다른 여자 대리는 301호 또는 303호에 배정되었는데, 사원이 배정된 방의 바로 윗방에는 남자 직원이 배정되었으므로 여자 대리는 301호, H사원은 203호에 배정되었다. 이때 각 방에는 1명 또는 2명이 배정되므로 303호에는 남자인 F대리와 G대리가 함께 배정되었다.

301호	302호	303호
여 대리	여 대리	F대리, G대리
201호	202호	203호
B과장		H사원

여기서 A과장과 같은 방에 배정된 직원이 있으므로 A과장은 301호 또는 302호에 배정되었고, 아무도 배정되지 않은 방은 없으므로 E과장은 202호에 배정되었다.

301호	302호	303호
A과장, C대리	D대리	
A과장, D대리	C대리	
C대리	A과장, D대리	F대리, G대리
D대리	A과장, C대리	
201호	202호	203호
B과장	E과장	H사원

따라서 E과장의 옆방에는 대리가 아닌 과장과 사원만 배정된다.

| 오답풀이 |

② F의 옆방에 A과장이 배정될 수도 있다.
③ B의 바로 윗방인 301호에 A가 배정될 수도 있다.
④ C대리가 301호에 배정되는 경우의 수는 2가지이다.
⑤ D대리가 302호에 배정되면 바로 아랫방인 202호에는 E가 배정된다.

12 조건추리   정답 ⑤

| 정답풀이 |

차장(B)은 검은색 구두를 신었고, 사원(G, H)은 흰색 신발을 신었으므로 흰색 운동화, 흰색 샌들을 신었다. 이때 C와 G는 샌들을 신었으므로 C가 갈색 샌들, G가 흰색 샌들을 신었고, H는 흰색 운동화를 신었다. 여기서 과장은 모두 같은 색의 신발을 신었고, 모두 구두를 신지 않았으므로 D는 갈색 부츠를 신었고, 부장(A)은 부츠를 신었으므로 검은색 부츠를 신었다. 마지막으로 E는 운동화를 신지 않았으므로 E는 갈색 구두, F는 검은색 운동화를 신었다.

구두		부츠		운동화		샌들	
검은색	갈색	검은색	갈색	검은색	흰색	갈색	흰색
B(차장)	E(대리)	A(부장)	D(과장)	F(대리)	H(사원)	C(과장)	G(사원)

따라서 운동화를 신은 직원 2명은 F, H이다.

13 조건추리   정답 ②

| 정답풀이 |

3등과 6등은 파랑팀인데 빨강팀 등수의 총합은 파랑팀 등수의 총합보다 크므로 2등, 4등, 5등이 빨강팀이고, 1등, 3등, 6등이 파랑팀이다. 이때 D와 E의 등수의 합은 6이고, D는 빨강팀, E는 파랑팀이므로 D는 5등이고, E는 1등이다. 여기서 빨강팀인 A는 파랑팀인 B보다 먼저 결승선을 통과했고, C는 3등 또는 6등이므로 A가 2등이면 B는 3등 또는 6등이고, A가 4등이면 B는 6등이다. 마지막으로 F는 빨강팀이다.

1등	2등	3등	4등	5등	6등
파랑팀	빨강팀	파랑팀	빨강팀	빨강팀	파랑팀
E	A	B	F	D	C
	A	C	F		B
	F	C	A		B

따라서 F가 2등이면 B는 6등이다.

| 오답풀이 |

① A가 2등이면 F는 반드시 4등이다.
③ F는 등수와 관계없이 빨강팀이다.
④ B가 3등이면 C는 6등이므로 F는 C보다 먼저 결승선을 통과했다.
⑤ 가능한 경우의 수는 총 3가지이다.

| 정답풀이 |

주어진 발언 중 1개만 거짓이고 나머지 발언은 참이므로 어느 한 발언이 거짓이라고 가정하면 나머지 발언은 참이 된다. 이를 바탕으로 모순이 되는 경우가 있는지 확인하면 다음과 같다.

1) A의 발언이 거짓일 경우

나머지 발언은 참이므로 D는 불국사에 다녀왔다. D가 불국사에 다녀왔으므로 C는 남산타워에 다녀왔고, 이에 따라 B는 남산타워나 불국사에 다녀와야 하는데 C와 D가 다녀온 곳과 겹치므로 이는 모순이다.

2) B의 발언이 거짓일 경우

나머지 발언은 참이므로 D는 불국사에 다녀왔다. D가 불국사에 다녀왔으므로 C는 남산타워에 다녀왔고, C가 남산타워를 다녀왔으므로 A는 월미도에 다녀왔으며, A가 월미도에 다녀왔으므로 B는 해운대에 다녀왔다.

A	B	C	D
월미도	해운대	남산타워	불국사

3) C의 발언이 거짓일 경우

나머지 발언은 참이므로 D는 불국사에 다녀왔다. D가 불국사에 다녀왔으므로 B는 남산타워에 다녀왔고, B가 남산타워에 다녀왔으므로 A는 월미도에 다녀왔으며, A가 월미도에 다녀왔으므로 C는 해운대에 다녀왔다.

A	B	C	D
월미도	남산타워	해운대	불국사

4) D의 발언이 거짓일 경우

가능한 경우를 정리하면 다음과 같다.

A	B	C	D
남산타워/ 월미도	남산타워/ 불국사	남산타워/ 불국사	남산타워/ 월미도/해운대

여기서 해운대에 다녀왔을 수 있는 사람은 D밖에 없으므로 D는 해운대에 다녀왔고, 이때 월미도에 다녀올 수 있는 사람은 A밖에 없으므로 A는 월미도에 다녀왔다.

A	B	C	D
월미도	남산타워/ 불국사	남산타워/ 불국사	해운대

따라서 가능한 모든 경우를 확인해 보면 A는 항상 월미도에 다녀왔다.

| 오답풀이 |

② D는 해운대에 다녀왔을 수도 있다.
③ B는 해운대 또는 불국사에 다녀왔을 수도 있다.
④ C는 해운대 또는 불국사에 다녀왔을 수도 있다.
⑤ 가능한 경우는 4가지이다.

| 정답풀이 |

3행의 도형은 1행 도형과 2행 도형에서 공통적으로 음영이 없는 부분에만 음영을 칠한 것이다.

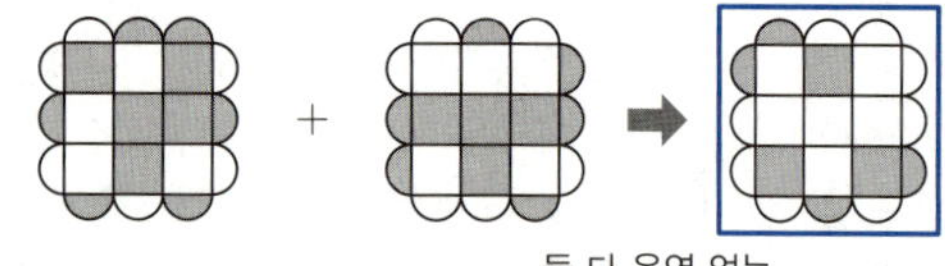

둘 다 음영 없는
부분에 음영

| 정답풀이 |

각 행의 도형은 다음 열 이동할 때마다 내부음영은 반시계 방향으로 90° 회전, 외부음영은 시계 방향으로 90° 회전한다.

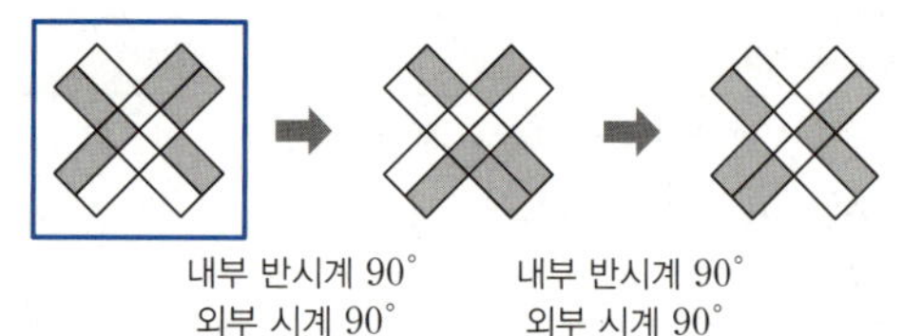

내부 반시계 90°　　내부 반시계 90°
외부 시계 90°　　　외부 시계 90°

| 정답풀이 |

1열에서 2열로 이동할 때는 도형 전체가 시계 방향으로 90° 회전하며, 2열에서 3열로 이동할 때는 도형 전체의 색이 반전된다.

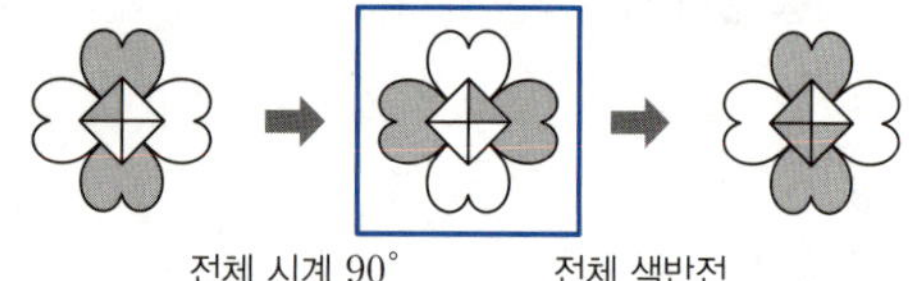

전체 시계 90°　　　전체 색반전

18 도식추리 정답 ③

| 정답풀이 |

주어진 기호의 규칙은 다음과 같다.

기호	규칙
△	−2, −2, −2, −2
□	+1, −1, +1, −1
◇	1234 → 2341
○	1234 → 1342

CUPS → ○ → CPSU → □ → (**DOTT**)

💨 빠른 풀이 스킬

다음과 같이 문자표를 일단 적어놓는다.

A	B	C	D	E	F	G	H	I	J	K	L	M
N	O	P	Q	R	S	T	U	V	W	X	Y	Z

주어진 도식을 보면 △ → □ → ◇ → ○ 순으로 규칙을 파악해야 한다.

- △: MLET → KJCR로 추론할 수 있다. 명백한 숫자연산 규칙으로, (−2, −2, −2, −2)이다.
- □: 3TPG에 △을 적용하면 1RNE이다. 따라서 □는 1RNE → 2QOD로 추론할 수 있다. 명백한 숫자연산 규칙으로, (+1, −1, +1, −1)이다.
- ◇: KBSJ에 □를 역으로 적용하면 JCRK이다. 따라서 ◇는 KJCR → JCRK로 추론할 수 있다. 명백한 순서 바꾸기 규칙으로, 1234 → 2341이다.
- ○: FTXP에 □를 적용하면 GSYO, GSYO에 ◇를 적용하면 SYOG이다. 따라서 ○은 SYOG → SOGY로 추론할 수 있다. 제시된 문자의 변화가 없으므로 순서 바꾸기 규칙이라고 가정하면, 1234 → 1342이다.

따라서 CUPS → ○ → CPSU → □ → DOTT이므로 정답은 ③이다.

19 도식추리 정답 ⑤

| 정답풀이 |

9735 → △7513 → ◇5137 → ○(**5371**)

20 도식추리 정답 ①

| 정답풀이 |

규칙을 역으로 적용한다.
△(**4TL6**) ← ○2RJ4 ← 2J4R

21 도식추리 정답 ⑤

| 정답풀이 |

규칙을 역으로 적용한다.
◇(**5487**) ← □4875 ← △5784 ← 3562

22 문단배열 정답 ①

| 정답풀이 |

우선 프롭테크의 개념과 시작을 설명하고 있는 [가] 문단이 가장 먼저 나와야 한다. 그리고 1세대 프롭테크의 특징인 [다] 문단, 2세대 프롭테크의 특징인 [마] 문단이 순서대로 이어져야 하고, [마] 문단 말미에서 언급한 아시아의 프롭테크 중 하나인 우리나라의 프롭테크를 소개하고 있는 [라] 문단이 와야 한다. 그 후에는 3세대 프롭테크의 특징인 [나] 문단이 마지막으로 와야 한다.
따라서 논리적인 순서에 맞게 배열하면 [가]−[다]−[마]−[라]−[나]이다.

23 문단배열 정답 ①

| 정답풀이 |

첫 문단으로 올 수 있는 것은 화제를 제시하고 있는 [나] 또는 [라]이며, [가]는 '그'를 지시하고 있기에 그 전에 지시하는 대상이 나와야 한다. [다]는 '이때'라는 접속어로 시작하므로 첫 문단이 되기에 적절하지 않다.
[라]에서 설명하는 내적 필연성이 [가]에서 소개되고 있으며 [라]에서 내적 필연성은 추상적인 형태로 표현해야 한다고 주장했다는 내용 뒤로 [다]의 추상에 대한 부연 설명이 이어진다.
따라서 논리적인 순서에 맞게 배열하면 [나]−[가]−[라]−[다]이다.

24 독해추론 정답 ④

| 정답풀이 |

물 표면에서는 빛의 방향이 급격히 변함을 알 수 있고, 상대적으로 빛의 방향이 서서히 변하는 경우는 두 공기층이 만나는 영역임을 알 수 있다.

| 오답풀이 |

① 기압이 높고 공기가 차가우면 공기의 밀도가 높아지면서 빛의 속도도 약간 더 느려짐을 알 수 있다.
② 공기의 밀도가 낮아지면 빛의 속도는 약간 더 빨라져 진공에서의 빛의 속도와 더 가까워짐을 알 수 있다.

③ 물이 채워진 컵과 유사한 상황이 만들어지면 실제보다 위에 있
는 것처럼 보이는 위 신기루 현상이 나타날 수 있음을 알 수 있
다.
⑤ 두 공기층이 만나는 영역에서는 공기의 밀도가 서서히 변하기
때문에 빛의 방향이 서서히 휜다고 보는 것이 적절함을 알 수
있다.

25 독해추론　　　　　　　　　　정답 ⑤

| 정답풀이 |

염장은 낮은 온도가 아니라 세균과 미생물이 이용할 수
있는 식품 내 수분을 외부로 빠져나오게 하는 삼투압에
의하여 미생물의 세포가 파괴되게 함으로써 저장성을 높
인다.

| 오답풀이 |

① 첫 번째 문단에서 수분의 증발, 온도 변화, 광선, 산소의 접촉,
미생물의 번식, 충해 등의 영향으로 열화(劣化)와 변패(變敗)가
수반되며, 이들 요인을 제거하는 것이 식품의 보존법이라 했다.
② 두 번째 문단에서 건조의 장점은 유통과 보관에 유리하고 맛과
향의 보존, 특히 미생물의 번식을 억제하여 부패를 방지하는 데
있다고 했다.
③ 두 번째 문단에서 반드시 그런 것은 아니지만 식품을 건조하면
물성변화, 풍미, 소화율, 색깔 등 품질이 다소 떨어지는 경향이
있다고 했다.
④ 세 번째 문단에서 염장의 소금은 방부제의 역할을 하는 것이 아
니라 삼투압 현상을 이용해 식품 내의 수분을 빠져나오게 하는
역할을 한다고 했다.

26 독해추론　　　　　　　　　　정답 ②

| 정답풀이 |

자이로 센서를 통해 카메라의 흔들림을 감지하는 기술은
광학식 손떨림 보정 방식이다.

| 오답풀이 |

① 스마트폰 카메라 성능이 경쟁 포인트로 부각되면서 손떨림을
방지하기 위한 방법과 기술이 요구되고 있음을 알 수 있다.
③ 광학식 손떨림 보정은 기기 사이즈가 좀 더 커져야 한다는 단점
이 있지만 화상 처리로 인한 화질 열화가 없는 것이 강점이고,
이 때문에 많은 제조사들이 채택하는 사례가 늘고 있다.
④ 전자식 손떨림 보정은 프레임 간의 공통 영역만을 사용하여 결
과물의 화소 수가 실제 이미지 센서에서 표시할 수 있는 화소 수
보다 줄어들 수밖에 없다고 하였다.
⑤ 손떨림을 방지하기 위한 일반적인 방법은 이미지 센서의 크기
를 키워 빛을 받아들이는 광량을 최대한 늘리는 방법임을 알 수
있다.

27 독해추론　　　　　　　　　　정답 ④

| 정답풀이 |

포토다이오드는 빛과 관련된 소자로 광소자에 해당하고
개별소자에 속한다.

| 오답풀이 |

① IC는 우리말로 집적회로인데, 우리가 일상생활에서 흔히 반도체
칩이라고 부르는 것임을 알 수 있다.
② 개별소자는 낱개로 되어 있는 소자로, 트랜지스터, 다이오드, 발
광다이오드 등이 있음을 알 수 있다.
③ IC는 두 개 이상의 반도체 소자들이 서로 연결되어 어떤 기능을
가지는 전자회로를 이루고 있는 하나의 소자임을 알 수 있다.
⑤ 여러 개의 트랜지스터가 하나의 물체로 만들어져 있다고 그것을
IC, 즉 집적회로라고 하지 않음을 알 수 있다.

28 독해추론　　　　　　　　　　정답 ④

| 정답풀이 |

두 번째 문단에 따르면 건식 식각은 원하는 부분만 식각
하기 수월해 미세 회로 구현에 유리하다고 했다.
따라서 건식 식각은 원하는 패턴을 제대로 구현할 수 있
다는 주장은 반박이 아닌 논지를 강화하는 주장이다.

| 오답풀이 |

①, ②, ③ 습식 식각의 장점이자 건식 식각의 단점이다.
⑤ 건식 식각에서 사용하는 플라즈마의 한계점이다.

29 독해추론　　　　　　　　　　정답 ②

| 정답풀이 |

[보기]는 딥페이크 영상으로 인한 문제점이 드러나 있
고, 주어진 글은 딥페이크 기술을 활용한 의료영상을 유
용하게 활용한 사례이다. 그러므로 단순히 영상에 딥페
이크 기술을 활용하는 것을 금지해야 한다는 것은 적절하
지 않다. 딥페이크 기술도 쓰이는 방향과 목적에 따라 명
과 암을 가지므로 악용을 방지하고 대책을 마련하기 위
한 논의가 필요하다고 정리하는 것이 적절한 추론이다.

| 오답풀이 |

① 딥페이크 기술의 긍정적인 활용과 부정적인 활용을 모두 언급
하고 있으므로 기술은 하나의 도구일 뿐 기술 자체는 윤리가 없
다는 내용은 추론할 수 있는 내용이다. 기술을 쓰는 사람의 윤리
를 강조하는 결론이기 때문이다.
③ 가짜 뉴스, 실존인물을 그려내는 것 등 딥페이크 기술 확산으로
진실과 거짓의 구분이 어려워지고 있음을 추론할 수 있다.

④ 의료계에서는 [보기]의 사례에서 볼 수 있듯이 사회적으로 비판
받는 딥페이크 기술을 바탕으로 연구를 진행하고 있다.
⑤ [보기]의 사례에서도 볼 수 있듯이 영상 제작 업계에서는 딥페
이크 기술로 특수효과를 만들어 내고 있다.

30 독해추론　　　　　　　　　　정답 ③

| 정답풀이 |

동작을 인식하는 기존의 비전 시스템은 복잡한 알고리즘
으로 인해 데이터 트래픽이 많고 전력 소모 또한 높은 한
계가 있어서 사물인터넷 장치에 적용되기 어려웠다. 반
면 K교수가 개발한 지능형 동작인식 소자는 고효율, 초
고속이라는 특징을 가지고 있으므로 사물인터넷 장치에
적용될 수 있음을 알 수 있다.

| 오답풀이 |

① 멤리스터 소자를 이미지 센서의 고도화로 볼 근거는 제시되지
않았다.
② 주어진 글에서는 트래픽과 전력 소모가 함께 나타났다고 할 뿐,
트래픽이 많으면 전력 소모가 반드시 증가한다고 일반화할 수
는 없다.
④ 곤충의 시각지능을 모사하기 위한 여러 시도가 있었다는 내용
을 통해, 해당 분야에 대해 누구도 관심 갖지 않았다는 내용은
적절하지 않음을 알 수 있다.
⑤ 기존 비전 시스템은 복잡한 알고리즘을 통해 물체와 그 동작을
인식하는 방식이라고 설명하였으므로, 간단한 시각 지능을 활용
한다는 설명은 적절하지 않다.

01 응용수리 　　　　　　　　　　정답 ③

| 정답풀이 |

전년도 수출액과 전년 대비 증감량을 정리하면 다음과 같다.

구분	메모리 반도체	비메모리 반도체	전체 수출액 (억 달러)
전년도	A	B	1,200
전년 대비 증감량	0.15A	0.25B	1,410−1,200 =210

$A+B=1{,}200$과 $0.15A+0.25B=210$을 연립하여 풀면 $A=900$, $B=300$이다.

따라서 올해 비메모리 반도체 수출액은 전년 대비 25% 증가하였으므로 $300\times1.25=375$(억 달러)이다.

02 응용수리 　　　　　　　　　　정답 ①

| 정답풀이 |

신입사원 중 2명을 영업부에 배치하는 경우의 수는 ${}_{10}C_2=\dfrac{10\times9}{2\times1}=45$(가지)이다. 이때 여직원의 수를 x명이라고 하면 여직원 중 2명을 영업부에 배치하는 경우의 수는 ${}_{x}C_2$가지인데 적어도 한 명은 남직원이 배치되는 경우의 수가 30가지이므로 ${}_{10}C_2-{}_{x}C_2=30$이 성립한다.

$45-{}_{x}C_2=30 \rightarrow {}_{x}C_2=15$

$\rightarrow \dfrac{x(x-1)}{2}=15$

$\rightarrow x(x-1)=30$

$\rightarrow x=6$

따라서 신입사원 중 남직원의 수는 $10-6=4$(명)이다.

03 자료해석 　　　　　　　　　　정답 ④

| 정답풀이 |

기타를 제외하고 인공위성 수가 세 번째로 많은 영국의 인공위성 수는 450대이고, 다섯 번째로 많은 일본의 인공위성 수의 2배는 $250\times2=500$(대)이므로 인공위성 수는 영국이 일본의 2배 미만이다.

| 오답풀이 |

① 전체 인공위성 수는 $2{,}400+1{,}020+450+390+250+220+140+760=5{,}630$(대)이므로 5,500대 이상이다.

② 전체 인공위성 중 정지궤도 위성은 $5{,}630\times0.24=1{,}351.2$(대)이므로 1,300대 이상이다.

③ 전체 인공위성 수에서 미국의 국가별 인공위성 점유율은 $\dfrac{2{,}400}{5{,}630}\times100\fallingdotseq42.6$(%)이므로 40% 이상이다.

⑤ 영국의 저궤도 인공위성 수는 $450\times0.62=279$(대)이고 중국의 정지궤도 인공위성 수는 $1{,}020\times0.24\fallingdotseq245$(대)이므로 영국의 저궤도 인공위성 수가 중국의 정지궤도 인공위성 수보다 많다.

> 🕑 빠른 풀이 스킬
>
> ③ 전체의 40%에 해당하는 인공위성 수는 $5{,}630\times0.4=2{,}252$(대)이고, 미국의 인공위성 수는 2,400대이다. 선택지에 주어지는 수치를 활용하여 계산하여 비교하도록 한다.

04 자료해석 　　　　　　　　　　정답 ③

| 정답풀이 |

중학교 학생 수는 2023년이 $560\times0.25=140$(만 명), 2024년이 $550\times0.28=154$(만 명)이다. 2024년 중학교 학생 수의 전년 대비 증감률은 $\dfrac{(154-140)}{140}\times100=10$(%)이므로 11% 이상이 아니다.

| 오답풀이 |

① 초등학교 학생 수=초등학교 비중×학령 인구수이며 계산하면 다음과 같다.

(단위: 만 명)

구분	2021년	2022년	2023년
초등학교 학생 수	600×0.38=228	580×0.4=232	560×0.45=252

따라서 2021~2023년 동안 초등학교 학생 수는 지속적으로 증가하였다.

② 2021~2024년 동안 학령별 비중에 대한 순위는 초등학교>중학교>고등학교>유치원으로 동일하다.

④ 유치원생 수는 2021년이 600×0.08=48(만 명), 2022년이 580×0.1=58(만 명), 2023년이 560×0.1=56(만 명), 2024년이 550×0.08=44(만 명)이므로 2024년이 가장 적다.

⑤ 고등학교 학생 수는 2021년이 600×0.26=156(만 명), 2022년이 580×0.2=116(만 명), 2023년이 560×0.2=112(만 명), 2024년이 550×0.26=143(만 명)이므로 2023년이 가장 적다. 2023년에 유치원생(10%)과 초등학교 학생 수(45%)의 합은 560×0.55=308(만 명)으로 280만 명 이상이다.

> 🕐 **빠른 풀이 스킬**
>
> ① • 학령 인구 수: 2021년 → 2022년(600의 20 감소=약 3.3% 감소) → 2023년(580의 20 감소=약 4% 감소)
> • 초등학교 학생 수 비중: 2021년 → 2022년(38의 2 증가=약 5% 증가) → 2023년(40의 5 증가=약 12% 증가)
> 따라서 2021~2023년 동안 초등학교 학생 수는 지속적으로 증가하였다.

05 자료해석　　　　　　　정답 ④

| 정답풀이 |

선진국에서 소비 비중이 가장 높은 에너지원인 석유의 비중은 37.5%, 네 번째로 높은 에너지원인 재생의 비중은 8.2%이므로 그 차이는 37.5−8.2=29.3(%p)이다.

| 오답풀이 |

① 글로벌 에너지원의 소비 비중은 석탄이 27.2%로, 수력의 4배인 6.9×4=27.6(%)보다 작으므로 소비량은 석탄이 수력의 4배 미만이다.

② 글로벌 에너지원의 소비 비중은 석탄과 천연가스가 총 27.2+24.7=51.9(%)이므로 전체의 절반 이상이다.

③ 석유와 천연가스의 소비 비중 차이는 선진국이 37.5−28.3=9.2(%p), 신흥국이 27.6−22.6=5.0(%p)이므로 선진국이 신흥국보다 크다.

⑤ 천연가스·수력·재생·원자력 에너지가 친환경에너지로 분류되므로 선진국의 친환경에너지 소비 비중은 28.3+5.7+8.2+8.1=50.3(%)이고, 신흥국의 친환경에너지 소비 비중은 22.6+7.5+4.3+2.0=36.4(%)이다. 선진국의 친환경에너지 소비 비중은 신흥국의 친환경에너지 소비 비중보다 50.3−36.4=13.9(%p) 더 높다.

06 자료해석　　　　　　　정답 ③

| 정답풀이 |

2024년 위암의 전체 수검 대상자 수는 3,000천 명이다. 2020년 간암의 전체 수검 대상자 수는 $\frac{80}{50}\times100$ =160(천 명)이다.

따라서 2024년 위암의 전체 수검 대상자 수는 2020년 간암의 전체 수검 대상자 수의 20배 이하이다.

| 오답풀이 |

① 2021년 전체 수검 대상자 수는 위암이 $\frac{950}{50}\times100$ =1,900(천 명), 대장암이 $\frac{850}{40}\times100$ =2,125(천 명)이므로 전체 수검 대상자 수는 위암이 대장암보다 적다.

② 2024년 전체 수검자 수를 확인하면 다음과 같다.

• 위암: $\frac{1,500}{50}\times100$ =3,000(천 명)

• 유방암: $\frac{1,050}{65}\times100$ ≒1,615(천 명)

• 폐암: $\frac{600}{50}\times100$ =1,200(천 명)

• 대장암: $\frac{1,500}{60}\times100$ =2,500(천 명)

• 간암: $\frac{180}{30}\times100$ =600(천 명)

따라서 전체 수검 대상자 수가 가장 적은 항목은 간암이며, 수검률은 30%로 가장 낮다.

④ 2019년 대비 2024년 수검자 수가 증가한 항목은 위암, 유방암, 대장암, 간암이며, 이 중 대장암은 유일하게 수검자 수가 2배 이상 증가했으므로 증가율이 가장 높은 항목은 대장암이다.

⑤ 유방암 전체 수검 대상자 수는 2020년에 $\frac{900}{50}\times100$ =1,800 (천 명), 2022년에 $\frac{1,200}{60}\times100$ =2,000(천 명)이므로 2022년에 2020년 대비 2,000−1,800=200(천 명) 증가하였다. 즉 20만 명 증가하였다.

> 🕐 **빠른 풀이 스킬**
>
> ② 직접 계산하지 않더라도 전체 수검 대상자 수를 비교할 수 있다. 위암과 유방암을 비교하면 수검자 수는 위암이 많은데 수검률은 유방암이 높으므로 주석으로 제시된 계산식을 고려하면 위암의 전체 수검 대상자 수가 훨씬 많다는 것을 알 수 있다. 또, 대장암의 경우에는 수검자 수가 위암과 같지만, 수검률이 더 높으므로 전체 수검 대상자 수는 위암이 많다는 것을 알 수 있다.

| 정답풀이 |

㉠ 2021년 이후 E사를 제외한 기업은 적어도 1번은 스마트폰 점유율이 전년 대비 감소하였고, E사만 매년 스마트폰 점유율이 증가했다.

㉢ 제시된 기업 중 2023년 스마트폰 점유율 2위인 C사의 스마트폰 출하량은 $1,370 \times 0.18 ≒ 247$(백만 대)이므로 200백만 대 이상이다.

| 오답풀이 |

㉡ 전체 스마트폰 출하량의 전년 대비 감소 대수는 2021년부터 2024년까지 $1,470 - 1,460 = 10$(백만 대), $1,460 - 1,400 = 60$(백만 대), $1,400 - 1,370 = 30$(백만 대), $1,370 - 1,290 = 80$(백만 대)이므로 2024년이 가장 크다.

㉣ 2020년에 스마트폰 점유율 하위 3개 회사의 합산 점유율은 $9.5 + 6.0 + 3.6 = 19.1$(%)이므로 A사의 스마트폰 점유율인 21.1%보다 낮다.

| 정답풀이 |

매출액에 대하여 1월 대비 3월의 증가율은 $\frac{(300-180)}{180} \times 100 ≒ 66.7$(%)이고, 4월 대비 6월의 감소율은 $\frac{(320-240)}{320} \times 100 = 25$(%)이므로 1월 대비 3월의 증가율이 4월 대비 6월의 감소율보다 더 높다.

| 오답풀이 |

① 2월 대비 3월 매출액 성장률은 $\frac{(300-210)}{210} \times 100 ≒ 42.9$(%)이므로 40% 이상이다.

③ 1월 매출액 중 기타에 해당하는 지출액은 $180 \times 0.2 = 36$(십만 원)이고, 5월 매출액 중 기타에 해당하는 지출액은 $250 \times 0.1 = 25$(십만 원)이므로 1월이 5월보다 $36 - 25 = 11$(십만 원) 더 많다.

④ 1월 저축에 해당하는 지출액은 $180 \times 0.3 = 54$(십만 원)이고, 5월 관리 비용에 해당하는 지출액은 $250 \times 0.2 = 50$(십만 원)이므로 1월 저축에 해당하는 지출액이 5월 관리 비용에 해당하는 지출액 대비 $\frac{(54-50)}{50} \times 100 = 8$(%) 더 많다.

⑤ 1월 매출액 지출 중 식비는 $180 \times 0.25 = 45$(십만 원), 5월 매출액 지출 중 식비는 $250 \times 0.3 = 75$(십만 원)이다. 1월 대비 5월의 매출액 지출 중 식비의 증가율은 $\frac{(75-45)}{45} \times 100 ≒ 67$(%)이므로 60% 이상이다.

| 정답풀이 |

조사기간 동안 매년 국적선과 외국적선의 합은 중국＞그리스＞일본＞한국 순으로 크다.

| 오답풀이 |

① 2023년 일본의 외국적선은 전년 대비 $\frac{(3,450-3,330)}{3,330} \times 100 ≒ 3.6$(%) 증가했다.

② 2022년 그리스의 국적선은 전년과 동일하고, 한국의 외국적선은 $920 - 910 = 10$(척) 감소했다.

④ 조사기간 동안 연평균 국적선은 그리스가 $\frac{710+690+690+650}{4} = 685$(척)이다.

⑤ 2022년 중국 국적선의 전년 대비 증가율은 $\frac{(3,830-3,000)}{3,000} \times 100 ≒ 27.7$(%), 2021년 중국 국적선의 전년 대비 증가율은 $\frac{(3,000-2,800)}{2,800} \times 100 ≒ 7.1$(%)이므로 2022년 중국 국적선의 전년 대비 증가율이 더 높다.

| 정답풀이 |

필기 전형 합격률을 계산하면 다음과 같다.

구분	A계열사	B계열사	C계열사	D계열사
필기 전형 합격률	$\frac{420}{3,500} \times 100$ $= 12$(%)	$\frac{720}{2,400} \times 100$ $= 30$(%)	$\frac{495}{3,300} \times 100$ $= 15$(%)	$\frac{540}{3,600} \times 100$ $= 15$(%)

따라서 B계열사가 가장 높고, 면접 전형 합격자 역시 B계열사가 240명으로 가장 많다.

| 오답풀이 |

① 모집 인원(면접 전형 합격자)은 B계열사가 가장 많고, 서류 전형 합격자는 D계열사가 가장 많다.

③ 서류 전형 합격자는 D계열사가 가장 많고, 필기 전형 합격자는 B계열사가 가장 많다.

④ 면접 전형 합격률은 모든 계열사가 동일하다.

구분	A계열사	B계열사	C계열사	D계열사
면접 전형 합격률	$\frac{140}{420} \times 100$ $≒ 33.3$(%)	$\frac{240}{720} \times 100$ $≒ 33.3$(%)	$\frac{165}{495} \times 100$ $≒ 33.3$(%)	$\frac{180}{540} \times 100$ $≒ 33.3$(%)

⑤ 모집 인원수는 B계열사＞D계열사＞C계열사＞A계열사 순이지만, 지원자 수는 A계열사＞B계열사＞D계열사＞C계열사 순이므로 모집 인원이 많을수록 지원자 수가 많은 것은 아니다.

11 자료해석　　　　　　정답 ⑤

| 정답풀이 |

㉠ 불합격자＝지원자 수－모집 인원이므로 불합격자가 가장 적은 곳은 C계열사이다.

(단위: 명)

구분	A계열사	B계열사	C계열사	D계열사
불합격자	5,000－140 ＝4,860	4,800－240 ＝4,560	4,400－165 ＝4,235	4,500－180 ＝4,320

㉢ 전체 지원자 수 대비 최종 불합격자 비율이 높다는 것은 경쟁률이 높다는 것을 의미한다.

(단위: %)

구분	A계열사	B계열사	C계열사	D계열사
전체 지원자 수 모집 인원	$\frac{5,000}{140}\times$ 100≒35.7	$\frac{4,800}{240}\times$ 100＝20	$\frac{4,400}{165}\times$ 100≒26.7	$\frac{4,600}{180}\times$ 100＝25

따라서 전체 지원자 수 대비 최종 불합격자 비율이 높은 곳은 A계열사이다.

| 오답풀이 |

㉡ 전체 경쟁률은 전체 지원자 수 : 모집 인원＝$\frac{전체\ 지원자\ 수}{모집\ 인원}$ 이다.

(단위: %)

구분	A계열사	B계열사	C계열사	D계열사
전체 지원자 수 모집 인원	$\frac{5,000}{140}\times$ 100≒35.7	$\frac{4,800}{240}\times$ 100＝20	$\frac{4,400}{165}\times$ 100≒26.7	$\frac{4,600}{180}\times$ 100＝25

따라서 전체 경쟁률이 가장 낮은 곳은 B계열사이다.

> **빠른 풀이 스킬**
>
> [보기]의 ㉡, ㉢은 표현은 다르지만, 모두 경쟁률을 비교하는 내용이므로 한 번의 계산으로 ㉡, ㉢을 동시에 판단할 수 있다.

12 자료해석　　　　　　정답 ④

| 정답풀이 |

㉠ 2023년 t당 수입금액은 다음과 같다.

- 백금: $\frac{250}{8}$＝31.25(백만 달러/t)

- 니켈: $\frac{730}{39,900}$≒0.018(백만 달러/t)

- 코발트: $\frac{80}{6,800}$≒0.012(백만 달러/t)

- 텅스텐: $\frac{90}{1,200}$＝0.075(백만 달러/t)

따라서 t당 수입금액이 가장 낮은 금속은 코발트이다.

㉢ 제시된 기간에 전체 수입금액 중 차지하는 비중이 가장 높은 금속은 매년 50% 이상인 니켈이며, 2024년 예상 수입금액 증가율은 니켈이 －40%, 백금이 50%이므로 2024년 수입금액을 구하면 다음과 같다.

- 백금: 250×1.5＝375(백만 달러)
- 니켈: 730×0.6＝438(백만 달러)

따라서 2024년 전체 수입금액 중 차지하는 비중이 가장 높은 금속은 백금이 아니다.

| 오답풀이 |

㉡ 2023년 텅스텐의 수입금액은 전년 대비 $\frac{(120-90)}{120}\times100=$ 25(%) 감소하였다.

> **빠른 풀이 스킬**
>
> ㉠ 백금은 분자가 분모보다 크므로 제외하고, 텅스텐은 코발트와 비교했을 때 분자는 비슷하지만 분모가 매우 작으므로 제외한다. 이에 따라 니켈 $\frac{730}{39,900}$과 코발트 $\frac{80}{6,800}$의 대소만 비교하면 되는데, 코발트의 분자와 분모에 각각 10을 곱한 후 비교해 보면 분자는 비슷하지만 분모는 코발트가 월등히 크므로 코발트의 분수가 더 작다는 것을 쉽게 알 수 있다.

13 자료해석　　　　　　정답 ②

| 정답풀이 |

2024년 금속별 예상 수입금액을 계산하면 다음과 같다.
- 백금: 250×1.5＝375(백만 달러)
- 니켈: 730×0.6＝438(백만 달러)
- 코발트: 80×1.25＝100(백만 달러)
- 텅스텐: 90×1.05＝94.5(백만 달러)

따라서 4개 금속의 2024년 예상 수입금액의 합은 375＋438＋100＋94.5＝1,007.5(백만 달러)이며, 소수점 첫째 자리에서 반올림하면 1,008(백만 달러)이다.

> **빠른 풀이 스킬**
>
> 해당 문항은 앞선 11번 문항과 계산 과정이 일부 겹친다.
> 이미 [보기]에서 백금과 니켈의 2024년 예상 수입금액을 계산했으므로, 코발트와 텅스텐의 예상 수입금액만 추가로 계산하면 된다.

구분	2022년 1분기	2분기
신용 1~3등급 신용대출 금액	1분기 신용대출 금액×52%	2분기 신용대출 금액×55% =1분기 신용대출 금액×1.1× 52%×1.06 =1분기 신용대출 금액×52%× 1.1×1.06

따라서 2022년 2분기는 1분기보다 $1.1 \times 1.06 = 1.166$(배)만큼 신용대출 금액이 더 크므로 증가율은 대략 17%이다.

14 자료해석 정답 ①

| 정답풀이 |

[그래프1]은 가계대출 금액 증가율 추이를 보여 주는데, 모두 양의 값(증가)을 나타내고 있으므로 주택담보대출 금액, 가계대출 금액, 신용대출 금액 모두 증가했다.
따라서 주택담보대출 금액과 신용대출 금액의 증감 추이는 같다.

| 오답풀이 |

② [그래프2]는 분기별 비중을 나타낸 것으로 2022년 3분기와 4분기에 4~6등급의 비중은 동일하다. 하지만 2022년 3분기보다 4분기에 신용대출 금액이 더 많으므로 4~6등급이 받은 신용대출 금액은 다르다.

③ [그래프1]은 증가율 추이이므로, 2023년 1분기와 2분기 증가율이 8%로 동일하다는 뜻은 모두 8%인 증가율로 증가하고 있다는 것을 의미한다.

④ [그래프1]은 증가율 추이를 보여 주는데 2023년 2분기 증가율이 8%이므로 2023년 2분기의 가계대출 금액은 1분기 대비 8% 증가했다.

⑤ 2022년 3분기 이후에도 주택담보대출 금액 증가율은 양수이므로 주택담보대출 금액은 지속적으로 증가했다.

15 자료해석 정답 ②

| 정답풀이 |

ⓒ 2023년 2분기까지 신용대출 금액은 지속적으로 증가했고, 신용 1~3등급의 비중 역시 분기별로 증가하고 있다. 그러므로 신용 1~3등급이 받은 신용대출 금액 역시 계속 증가했다.

| 오답풀이 |

㉠ 2023년 2분기에 4~10등급의 신용대출 금액은 전체 신용대출 금액의 28+8=36(%)이다.

ⓒ 2022년 2분기 신용대출 금액은 1분기 대비 10% 증가했다.
(2분기 신용대출 금액=1분기 신용대출 금액×1.1)

신용 1~3등급 신용대출 금액 비중의 증가율은 $\frac{(55-52)}{52} \times 100 \fallingdotseq 6(\%)$이다.

16 자료해석 정답 ④

| 정답풀이 |

브라질 지사와 대만 지사의 판매 실적은 2023년에 감소하였다.

| 오답풀이 |

① 2023년 중국 지사의 판매 실적은 2022년 대비 $\frac{(320-200)}{200} \times 100 = 60(\%)$ 증가하였다.

② 대만 지사의 판매 실적은 2024년에 전년 대비 100% 증가한 180개 증가했고, 이는 2022년, 2023년과 비교했을 때 가장 많이 증가한 수치이다.

③ 2021년부터 2024년까지 판매 실적 건수의 합은 브라질 지사가 480+640+580+900+60=2,660(개), 독일 지사가 650+460+720+720+90=2,640(개)이므로 브라질 지사가 더 많다.

⑤ 2021년 미국 지사의 판매 실적에서 모바일기기가 차지하는 비중이 11%라면 미국 지사의 판매 실적 중 모바일기기는 1,200×0.11=132(개)이고, 같은 해 A기업의 해외지사 모바일기기 판매량은 1,320개이므로 미국 지사가 차지하는 비중은 $\frac{132}{1,320} \times 100 = 10(\%)$이다.

17 자료해석 정답 ④

| 정답풀이 |

2024년 모바일기기 판매량의 전년 대비 증가율은 $\frac{(1,640-1,250)}{1,250} \times 100 = 31.2(\%)$, 가전기기 판매량의 전년 대비 증가율은 $\frac{(1,840-1,560)}{1,560} \times 100 \fallingdotseq 17.9(\%)$이다. 각각 소수점 첫째 자리에서 반올림하면 31%, 18%이고 두 값의 차는 31-18=13(%p)이다.
따라서 2024년 모바일기기 판매량의 전년대비 증가율과 가전기기 판매량의 전년 대비 증가율의 차는 13%p이다.

| **정답풀이** |

2020년과 2022년의 수치를 이용하여, a, b를 계산하면 다음과 같다.

$35=(28+8\times a)\div b$, $41=(38+9\times a)\div b$이므로

$a=14$, $b=4$이다.

- 2021년: $32.5=(32+\bigcirc\times14)\div4$, $\bigcirc=7(\%)$
- 2023년: $\bigcirc=(36+6\times14)\div4$, $\bigcirc=30(\%)$
- 2024년: $45=(\bigcirc+10\times14)\div4$, $\bigcirc=40(\%)$

따라서 ㉠은 7, ㉡은 40, ㉢은 30이다.

> ⏱ **빠른 풀이 스킬**
>
> ㉠의 값을 먼저 찾았다면 선택지 ④, ⑤에 제시된 수치만 확인하면 된다. 이때 ㉡의 수치는 40으로 동일하므로 ㉢의 수치만 계산하면 단계를 줄일 수 있다.

| **정답풀이** |

주어진 [표]를 바탕으로 전년 대비 증감률을 계산하면 다음과 같다.

구분	2020년	2021년	2022년	2023년
매출액	8%	25%	12%	25%
영업이익	−60%	−25%	60%	25%

따라서 가장 적절한 그래프는 ④이다.

> ⏱ **빠른 풀이 스킬**
>
> 선택지에 제시된 수치를 활용하여 계산과 소거를 병행하면 시간 단축에 효과적이다.
>
> 먼저 2020년 매출액의 전년 대비 증가율은 그래프에서 8%와 12%임을 확인할 수 있다.
>
> 2018년 매출액이 5,000억 원이므로, 전년 대비 8% 증가분은 400억 원에 해당한다. 이에 따라 2020년 매출액은 2019년 대비 8% 증가했음을 알 수 있으며, 이 단계에서 선택지 ①과 ⑤를 바로 제거할 수 있다. 이후 남은 선택지들은 매출액 증가율이 모두 동일하므로, 매출액을 추가로 계산할 필요는 없다.
>
> 같은 방식으로 영업이익 역시 증가율만 비교하면, 복잡한 계산 없이도 정답을 빠르게 도출할 수 있다.

| **정답풀이** |

최고기온과 최저기온의 변화량은 다음과 같다.

(단위: ℃)

구분	1월	2월	3월	4월	5월
최고기온	−2	4	2	8	4
변화량	−	+6	$\times\frac{1}{2}$	+6	$\times\frac{1}{2}$
최저기온	−25	−22	−19	−16	−13
변화량	−	+3	+3	+3	+3

최고기온은 $+6$, $\times\frac{1}{2}$을 반복하는 규칙이고, 최저기온은 $+3$을 반복하는 규칙이다. 이를 이용하여 6월 이후의 최고기온과 최저기온을 구하면 다음과 같다.

(단위: ℃)

구분	6월	7월	8월	9월
최고기온	10	5	11	5.5
최저기온	−10	−7	−4	−1
최고기온 − 최저기온	20	12	15	6.5

따라서 최고기온과 최저기온 평균의 차이가 처음으로 9℃ 이하가 되는 시기는 9월이다.

01	⑤	02	⑤	03	②	04	②	05	①
06	②	07	②	08	④	09	①	10	②
11	③	12	①	13	②	14	①	15	⑤
16	④	17	④	18	④	19	③	20	④
21	②	22	①	23	③	24	③	25	④
26	⑤	27	④	28	④	29	②	30	④

01 명제　　　　　　　　정답 ⑤

| 정답풀이 |

전제1을 만족하는 벤다이어그램은 [그림1]과 같다.

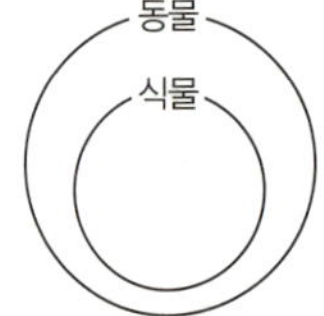

[그림1]

여기에 전제2를 덧붙인 기본적인 벤다이어그램은 [그림2]와 같이 나타낼 수 있으며, '식물'과 '쓰레기'의 공통영역에 해당하는 색칠된 부분이 반드시 존재해야 한다.

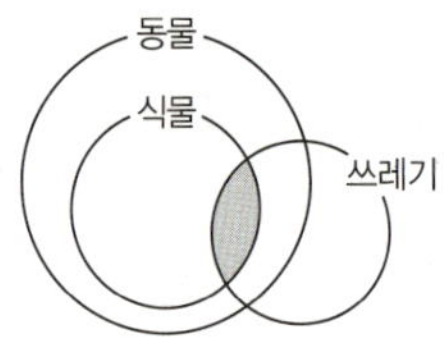

[그림2]

[그림2]에서 매개념 '식물'을 제외한 '동물'과 '쓰레기' 사이의 관계를 보면, 둘 사이에 뚜렷한 포함관계가 존재하진 않으나 최소한 색칠한 부분만큼은 공통으로 포함하고 있다는 것을 알 수 있다. 즉, '동물'과 '쓰레기' 사이엔 반드시 공통영역이 존재한다.

따라서 항상 참인 결론은 '동물을 소중히 하는 어떤 사람은 쓰레기를 함부로 버린다.'이다.

⏱ 빠른 풀이 스킬

모든 A → B
어떤 A → C
· 결론: 어떤 B → C

전제2에 "어떤 ~는 ~이다."라는 some 개념이 있으므로 벤다이어그램을 활용한다. 식물을 소중히 하는 사람을 '식', 동물을 소중히 하는 사람을 '동', 쓰레기를 함부로 버리는 사람을 '쓰'라고 표시하자. some 개념이 없는 전제1부터 벤다이어그램으로 표현하면 [그림3]과 같다.

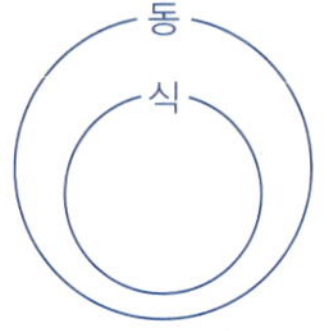

[그림3]

여기에 전제2를 덧붙인 기본적인 벤다이어그램은 [그림4]와 같이 나타낼 수 있으며, '식'과 '쓰'의 공통영역에 해당하는 색칠된 부분이 반드시 존재해야 한다.

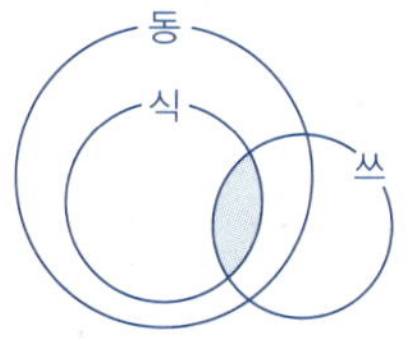

[그림4]

여기서 소거법을 사용하여 정답을 찾아보자. [그림4]를 보면 ①, ③은 옳지 않다는 것을 알 수 있다. 한편 [그림4]의 색칠된 부분이 존재하기만 하면 '쓰'의 범위를 [그림5]와 같이 더 늘릴 수도, [그림6]과 같이 더 줄일 수도 있다.

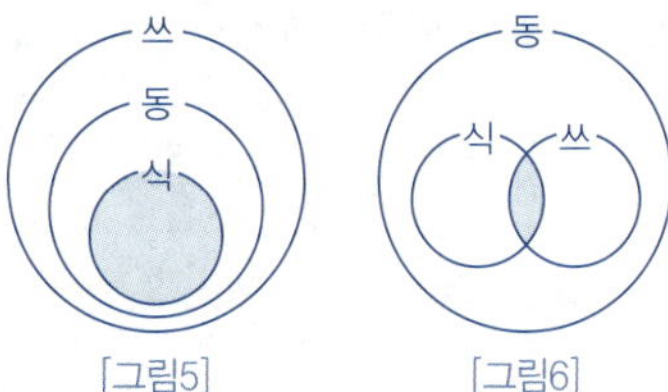

[그림5]　　　　　[그림6]

[그림5]의 경우 ④가 옳지 않다는 것을 알 수 있고 [그림6]의 경우 ②가 옳지 않다는 것을 알 수 있다. 어떠한 경우에도 항상 참인 결론을 골라야 하므로 ①~④는 정답이 될 수 없고 소거법에 의해 ⑤가 정답임을 알 수 있다.

02 명제　　　　　　　　정답 ⑤

| 정답풀이 |

[전제2]에서 이유식을 먹는 모든 사람이 아기라고 하였고, [전제1]에서 모든 아기가 우유를 먹는다고 하였으므로 삼단논법에 의해 이유식을 먹는 모든 사람이 우유를 먹게 된다.

따라서 항상 참인 결론은 '이유식을 먹는 모든 사람은 우유를 먹는다.'의 대우 명제인 '우유를 먹지 않는 모든 사람은 이유식을 먹지 않는다.'이다.

① 우유를 먹는 어떤 사람은 이유식을 먹지 않을 수 있으므로 항상
참인 결론이 아니다.

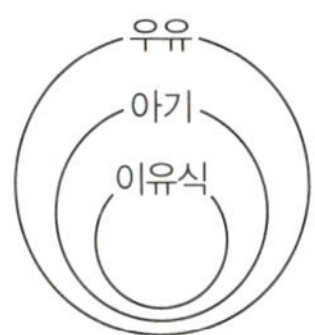

② 이유식을 먹는 모든 사람은 우유를 먹으므로 항상 거짓인 결론
이다.

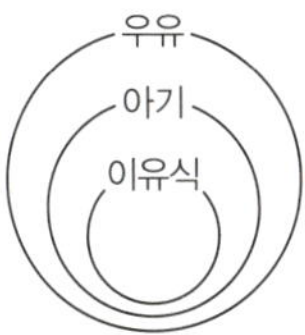

③, ④ 우유를 먹는 모든 사람은 이유식을 먹거나, 이유식을 먹지
않는 모든 사람은 우유를 먹지 않을 수도 있으므로 항상 참인
결론이 아니다.

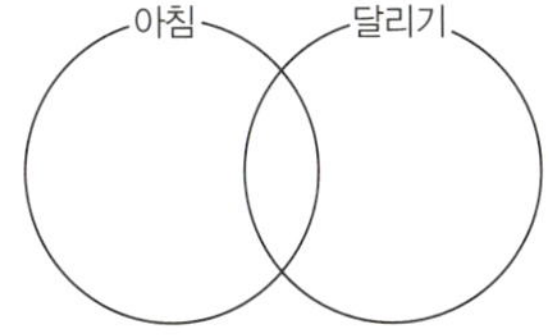

🕐 빠른 풀이 스킬

모든 A → B
어떤 C → A
• 결론: 모든 C → B (대우명제 ∼B → ∼C)

---

03 명제   정답 ②

| 정답풀이 |

전제1을 만족하는 가장 기본적인 벤다이어그램은 [그림
1]과 같다.

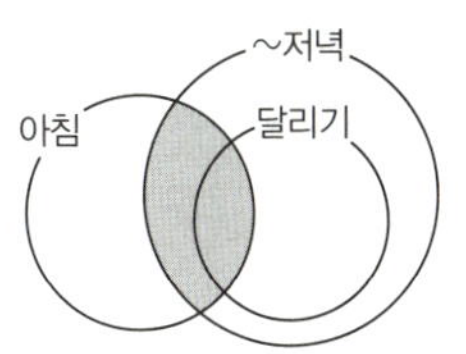

[그림1]

이 상태에서 '아침'과 '∼저녁' 사이에 공통영역이 존재한
다는 결론을 반드시 만족하기 위해선 [그림2]와 같이 '∼
저녁'이 '달리기'를 포함하고 있으면 된다.

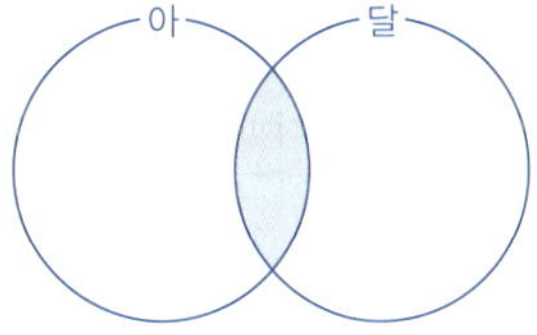

[그림2]

'∼저녁'이 '달리기'를 포함하고 있으면 [그림2]의 색칠된
부분이 반드시 존재하게 되므로, '아침'과 '∼저녁' 사이에
공통영역이 존재한다는 결론을 반드시 만족하게 된다.
따라서 결론이 반드시 참이 되게 하는 전제는 '달리기를
좋아하는 모든 사람은 저녁을 좋아하지 않는다.'의 대우
명제인 '저녁을 좋아하는 모든 사람은 달리기를 좋아하
지 않는다.'이다.

🕐 빠른 풀이 스킬

어떤 A → B
어떤 A → ∼C
• 전제: 모든 B → ∼C (대우명제 C → ∼B)
전제1과 결론에 some 개념이 있으므로 벤다이어그램
을 활용한다. 아침을 좋아하는 사람을 '아', 달리기를
좋아하는 사람을 '달', 저녁을 좋아하는 사람을 '저'라
고 표시하자. 우선 전제1을 만족하는 가장 기본적인 벤
다이어그램은 [그림3]과 같으며, 색칠된 부분이 반드시
존재해야 한다.

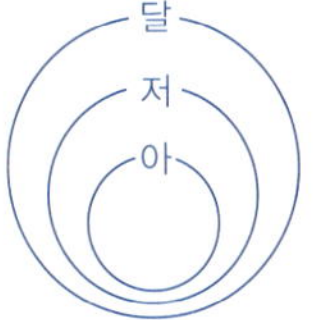

[그림3]

이 상태에서 ①을 만족하도록 '달'의 크기와 '아'의 크
기를 변형해서 '저'의 벤다이어그램을 그려보도록 하
자. ①을 만족하기 위해 '아'가 '달'에 포함되고, '저'가
'달'에 포함되면 [그림4]와 같은 벤다이어그램도 그릴
수 있다.

[그림4]

이 경우 전제1과 ①을 모두 만족하지만 결론을 만족하
지 못한다. 즉, ①을 전제2로 세울 경우 항상 결론이 도
출되는 것은 아니므로 ①은 전제2로 적절하지 않다.
이와 같은 방식으로 전제1과 ③∼⑤를 만족하는 벤다
이어그램을 각각 그렸을 때, 결론을 위배하는 반례가

04 조건추리 정답 ②

| 정답풀이 |

D는 본인이 두 번째로 방문했다고 말했고, E는 두 번째로 방문한 사람이 A라고 하였으므로 둘 중 한 명은 거짓을 말하고 있다. 이에 따라 A, B, C의 말은 모두 진실이다.

만약 D의 말이 진실이라면 두 번째로 방문한 사람은 D이고, E는 거짓을 말하였으므로 네 번째로 방문한 사람이다. 이때 C의 말에 따라 B는 A보다 늦게, C보다는 빠르게 방문하였으므로 A, D, B, E, C 순으로 방문했음을 알 수 있다.

첫 번째	두 번째	세 번째	네 번째	다섯 번째
A	D	B	E	C

만약 E의 말이 진실이라면 두 번째로 방문한 사람은 A이고, 네 번째로 방문한 사람은 D이다. 이때 B의 말에 따라 E는 짝수 번째로 방문해야 하는데 이미 두 번째, 네 번째로 방문한 사람이 정해졌으므로 모순이다.

따라서 세 번째로 방문한 사람은 B이다.

05 조건추리 정답 ①

| 정답풀이 |

희준이보다 키가 큰 사람은 2명이므로 희준이는 세 번째로 크다. 이때 희준이보다 키가 작은 사람은 175cm 미만이고, 현석이와 도영이 중 한 명만 키가 180cm 이상이므로 둘 중 한 명은 반드시 희준이보다 키가 크다. 여기서 경민이는 도영이보다 크고 재우보다 작으므로 만약 도영이의 키가 희준이보다 크다면 희준이보다 키가 큰 사람이 3명이 되어 모순이 발생한다. 즉, 키가 180cm 이상인 사람은 현석이고, 키가 가장 작은 사람은 도영이다. 현석이는 첫 번째 또는 두 번째로 키가 크고, 경민이는 도영이보다 크지만 재우보다 작으므로 희준이보다 작

고 도영이보다 크다.

첫 번째	두 번째	세 번째	네 번째	다섯 번째
현석 또는 재우	재우 또는 현석	희준	경민	도영

따라서 키가 네 번째로 큰 사람은 경민이다.

06 조건추리 정답 ②

| 정답풀이 |

홍보부에 배치된 직원들의 전공은 모두 같은데, 영업부에 영어영문학과, 기획부에 컴퓨터학과, 재무부에 경영학과 직원이 배치되었으므로 홍보부에 배치된 직원들은 모두 화학과이다. 여기서 기획부의 1년 차와 3년 차 직원은 전공이 같고, 2년 차 직원은 컴퓨터학과이며, 재무부는 모두 다른 연차의 사원이 배치되었으므로 모든 부서에 1년 차, 2년 차, 3년 차 직원이 한 명씩 배치되었다. 2년 차 직원 중 화학과는 홍보부, 컴퓨터학과는 기획부, 경영학과는 재무부에 배치되었으므로 영어영문학과 2년 차 직원은 영업부에 배치되었다. 또한 3년 차 직원 중 화학과는 홍보부, 영어영문학과는 영업부에 배치되었는데 기획부 2년 차 직원이 컴퓨터학과이므로 전공이 서로 같은 기획부 1년 차, 3년 차의 전공은 경영학과이다. 이에 따라 3년 차 직원 중 남은 과는 컴퓨터학과뿐이므로 재무부의 3년 차는 컴퓨터학과, 1년 차는 영어영문학과이며, 1년 차 영업부 직원은 컴퓨터학과이다.

구분	홍보부	영업부	기획부	재무부
1년 차	화학과	컴퓨터학과	경영학과	영어영문학과
2년 차	화학과	영어영문학과	컴퓨터학과	경영학과
3년 차	화학과	영어영문학과	경영학과	컴퓨터학과

따라서 기획부에는 영어영문학과를 전공한 직원이 없다.

| 오답풀이 |

①, ④ 모든 부서에 각 연차별로 직원이 한 명씩 배치되었다.

③ 재무부의 1년 차 직원은 영어영문학과이다.

⑤ 영업부에도 경영학과 출신 직원이 배치되지 않았다.

07 조건추리 정답 ②

| 정답풀이 |

주어진 조건을 정리하면 다음과 같다.

F=9

B−C=5이므로 B와 C는 (8, 3), (6, 1)

A+C=4이므로 A와 C는 (1, 3), (3, 1)

D+E=6이므로 D와 E는 (4, 2), (6, 0)

E는 가장 작은 수

조건에서 E로 가능한 수는 0과 2이며, E가 가장 작은 수라고 하였으므로 가능한 경우를 정리하면 다음과 같다.

1) E가 0인 경우

　E가 0이 되면 D+E=6이므로 D는 6이 된다.

　D가 6이 되면 B는 8, C는 3이 되며 A는 1이 된다.

　이때 가능한 비밀번호는 183609이다.

2) E가 2인 경우

　E가 2가 되면 D+E=6이므로 D는 4가 된다.

　D가 4가 되면 다음과 같이 두 가지 경우로 나뉘게 된다.

　B와 C가 (8, 3)일 때, A와 C가 (1, 3)

　B와 C가 (6, 1)일 때, A와 C가 (3, 1)

　이 경우에는 A 또는 C가 1이 되어 E가 가장 작은 수라는 조건을 만족하지 못하므로 불가능하다.

따라서 비밀번호는 183609이다.

> **⏱ 빠른 풀이 스킬**
>
> 선택지에 제시된 비밀번호를 주어진 조건에 맞춰서 소거하는 방식으로 해결하면 빠르게 해결할 수 있다.

08　조건추리　　　　정답 ④

| 정답풀이 |

갑을 그림상에서 가장 위쪽에 배치하면 병은 갑과 마주 보고 앉아 있으므로 갑의 맞은편에 앉아 있다. 이때 병은 을의 오른쪽 바로 옆에 앉아 있고 A와 B는 마주 보고 앉아 있는데 B와 이웃하여 앉은 사람은 모두 남자이므로 갑과 을 사이에 앉은 사람은 B이고 C는 남은 자리인 갑의 왼쪽 바로 옆에 앉아 있다.

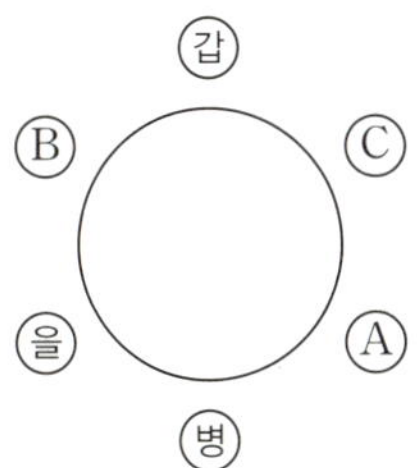

따라서 6명이 자리에 앉을 수 있는 경우의 수는 1가지로 정해진다.

| 오답풀이 |

① 갑은 B, C와 이웃하여 앉아 있다.

② 을과 이웃하여 앉은 사람 중 B는 여자이다.

③ 양옆에 모두 남자가 앉아 있는 여자는 B 1명이다.

⑤ 마주 보고 있는 사람의 성별이 다른 사람은 을과 C 2명이다.

09　조건추리　　　　정답 ①

| 정답풀이 |

아무도 선택하지 않은 교통수단은 없으며, 목적지에 도착하는 순서는 비행기 → 기차 → 버스이다. C는 비행기를 선택하였다.

또한 D와 E는 같은 교통수단, B는 D·E와 다른 교통수단을 선택하였고, A는 E보다 목적지에 늦게 도착한다.

이때 A가 선택할 수 있는 교통수단인 버스와 기차를 기준으로 경우를 정리하면 다음과 같다.

1) A가 버스를 선택하는 경우

비행기	기차	버스
C, D, E	B	A
C, B	D, E	A
C	D, E	A, B

2) A가 기차를 선택하는 경우

비행기	기차	버스
C, D, E	A	B

따라서 가능한 경우의 수는 4가지이다.

| 오답풀이 |

② C와 B가 서로 다른 교통수단을 선택하는 경우가 있다.

③ A가 버스를 선택하면 B보다 목적지에 늦게 도착하는 경우가 있다.

④ E가 비행기를 선택하는 경우 목적지에 동시에 도착한 사람은 E를 포함하여 3명이다.

⑤ D가 비행기를 선택하는 경우가 있다.

10　조건추리　　　　정답 ②

| 정답풀이 |

장신구는 시계, 팔찌, 목걸이 총 3가지이고, 신발은 구두, 운동화 총 2가지이다. 모든 종류의 장신구와 신발은 한 가지 이상 구매되었는데 을은 목걸이를 구매하였고, 팔찌를 구매한 사람만 운동화를 구매하였으므로 을은 구두를 구매하였다. 이때 시계를 구매한 2명 중 1명이 정이므로 정은 구두를 구매하였다. 마지막으로 갑 또는 병이 팔찌를 구매하였으므로 가능한 경우는 다음과 같다.

구분	갑	을	병	정
장신구	시계 또는 팔찌	목걸이	팔찌 또는 시계	시계
신발	구두 또는 운동화	구두	운동화 또는 구두	구두

따라서 병이 팔찌를 구매하였으면 갑은 구두를 구매하였다.

① 가능한 경우의 수는 2가지이다.
③ 을이 구매한 신발과 정이 구매한 신발은 구두로 같다.
④ 병이 구매한 장신구와 갑이 구매한 장신구는 시계 또는 팔찌이므로 서로 다르다.
⑤ 정이 구매한 장신구와 병이 구매한 장신구가 시계로 같은 경우가 있다.

11 조건추리　　정답 ③

| 정답풀이 |

택배 A는 택배 B보다 3층 높은 층에 전달되었으므로 택배 A가 전달된 층과 택배 B가 전달된 층 사이에는 2개의 층이 존재한다. 이때 택배 D는 택배 E 바로 아래층에 전달되었으므로 택배 A와 택배 B가 전달된 층 사이에 택배 D와 택배 E가 전달된 층이 있다. 또한 택배 C는 택배 A보다 낮은 층에 전달되었으므로 택배 C가 1층에 전달되었고, 5층부터 1층까지 전달된 택배는 A, E, D, B, C 순이다.

직급이 가장 높은 사람의 택배는 가장 높은 층에 전달되었으므로 5층에 근무하는 직원은 강 부장이다. 또한 과장들끼리는 바로 위아래 층에 근무하는데, 택배 B는 조 과장에게 전달되었고, 택배 D와 택배 E의 주인은 직급이 서로 같으므로 택배 C는 심 과장에게 전달되었고, 택배 D와 택배 E는 김 대리 또는 오 대리에게 각각 전달되었다.

구분	택배	직원
5층	A	강 부장
4층	E	김 대리 또는 오 대리
3층	D	오 대리 또는 김 대리
2층	B	조 과장
1층	C	심 과장

따라서 심 과장은 1층, 조 과장은 2층에 근무하므로 심 과장은 조 과장보다 아래층에 근무한다.

① 김 대리는 택배 D를 전달받았을 수도 있다.
② 오 대리는 택배 E를 전달받았을 수도 있다.
④ 가능한 경우의 수는 2가지이다.
⑤ 택배 A는 5층에 있는 강 부장에게 전달되었다.

12 조건추리　　정답 ①

| 정답풀이 |

금요일에는 커피를 제공하고, 수요일에는 과일을 제공하지 않으며, 과일을 제공한 날의 다음 날에는 커피를 제공한다. 또한 같은 디저트 요리를 연속된 요일에 제공하지 않고, 모든 디저트 요리는 적어도 하루는 제공하므로 월요일에 제공하는 디저트 요리에 따라 가능한 경우는 다음과 같다.

ⅰ) 월요일에 과일을 제공하는 경우
　월요일에 과일을 제공하면 화요일에는 커피를 제공한다. 따라서 수요일에는 아이스크림, 목요일에는 과일을 제공한다.

월	화	수	목	금
과일	커피	아이스크림	과일	커피

ⅱ) 월요일에 아이스크림을 제공하는 경우
　월요일에 아이스크림을 제공하면 화요일에는 과일 또는 커피를 제공한다. 만약 화요일에 과일을 제공하면 수요일에는 커피를 제공하고, 목요일에는 과일 또는 아이스크림을 제공한다. 만약 화요일에 커피를 제공하면 수요일에는 아이스크림을 제공하고 목요일에는 과일을 제공한다.

월	화	수	목	금
아이스크림	과일	커피	과일	커피
	과일	커피	아이스크림	
	커피	아이스크림	과일	

ⅲ) 월요일에 커피를 제공하는 경우
　월요일에 커피를 제공하면 화요일에는 과일 또는 아이스크림을 제공한다. 만약 화요일에 과일을 제공하면 수요일에는 커피, 목요일에는 아이스크림을 제공한다. 만약 화요일에 아이스크림을 제공하면 수요일에는 커피, 목요일에는 과일을 제공한다.

월	화	수	목	금
커피	과일	커피	아이스크림	커피
	아이스크림	커피	과일	

따라서 가능한 경우의 수는 6가지이다.

13 조건추리　　정답 ②

| 정답풀이 |

5층에는 A부장과 대리 총 2명이 묵는다. 이때 D대리의 바로 위층에는 F차장이, 바로 아래층에는 H사원이 묵는데 4층에는 사원이 묵으므로 G사원이 묵고, 1~3층은 순서대로 H사원, D대리, F차장이 묵는다. 여기서 다른

성별끼리는 같은 층에 묵지 않으므로 B차장은 2층에 묵고, C대리와 E대리는 2층 또는 5층 중 서로 다른 층에 묵는다.

5층	A부장, C대리 또는 E대리
4층	G사원
3층	F차장
2층	B차장, D대리, E대리 또는 C대리
1층	H사원

따라서 2층에 묵는 인원은 3명이다.

14 조건추리　　　　　　　　정답 ①

| 정답풀이 |

A는 운동화를 신었으며, B는 노란색 옷을 입고 구두를 신지 않았으므로 샌들 또는 장화를 신었다. 이때 C는 빨간색 옷과 초록색 옷을 입지 않았으므로 파란색 옷을 입었고, 초록색 옷을 입은 사람은 장화를 신었으므로 D가 초록색 옷을 입고 장화를 신었다. 이에 따라 B는 샌들을 신었고, A는 빨간색 옷을 입었으며, C는 구두를 신었다.

구분	A	B	C	D
옷의 색	빨간색	노란색	파란색	초록색
신발	운동화	샌들	구두	장화

따라서 C는 구두를 신었다.

| 오답풀이 |

② A는 빨간색 옷을 입었다.
③ 장화를 신은 사람은 D이다.
④ 빨간색 옷을 입은 사람은 A이다.
⑤ 4명이 색깔이 다른 옷과 다른 종류의 신발을 착용할 수 있는 경우의 수는 1가지이다.

15 도형추리　　　　　　　　정답 ⑤

| 정답풀이 |

1행에서 2행으로 이동할 때 전체 도형의 색이 반전되며, 2행에서 3행으로 이동할 때는 전체 도형이 상하 대칭된다.

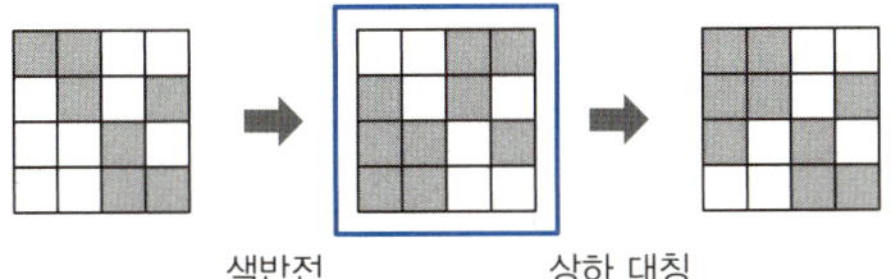

색반전　　　　　　상하 대칭

16 도형추리　　　　　　　　정답 ④

| 정답풀이 |

1열에서 2열로 이동할 때 전체 도형은 시계 방향으로 90° 회전하며, 2열에서 3열로 이동할 때는 전체 도형의 색이 반전된다.

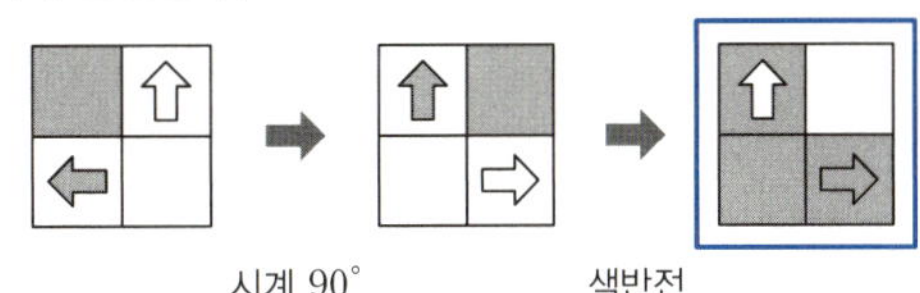

시계 90°　　　　　　색반전

17 도형추리　　　　　　　　정답 ④

| 정답풀이 |

3열의 도형은 1열 도형의 아랫부분과 2열 도형의 윗부분을 합친 것이다.

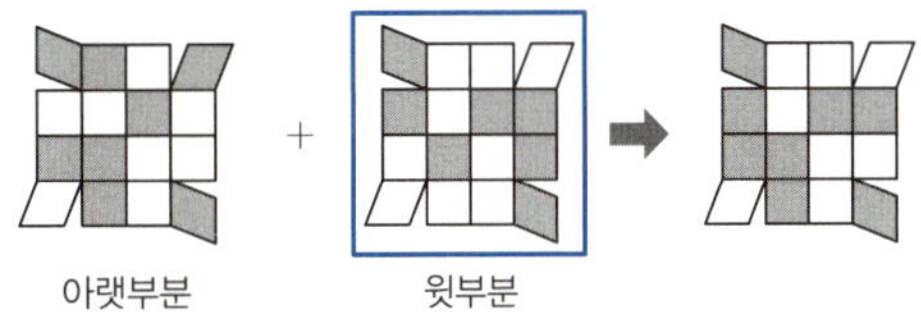

아랫부분　　　　　　윗부분

18 도식추리　　　　　　　　정답 ④

| 정답풀이 |

주어진 기호의 규칙은 다음과 같다.

기호	규칙
♣	1234 → 4321
♧	−1, −2, −1, −2
♥	0, +1, 0, +1
◇	1234 → 2143

1234 → ◇ → 2143 → ♧ → (1931)

⏱ 빠른 풀이 스킬

다음과 같이 문자표를 일단 적어놓는다.

A	B	C	D	E	F	G	H	I	J	K	L	M
N	O	P	Q	R	S	T	U	V	W	X	Y	Z

주어진 도식을 보면 ♣ → ♧ → ♥ → ◇ 순으로 규칙을 파악해야 한다.

• ♣ : P6V0 → 0V6P로 추론할 수 있다. 명백한 순서 바꾸기 규칙으로, 1234 → 4321이다.
• ♧ : Z6C2에 ♣를 역으로 적용하면 2C6Z이다. 따라서 ♧는 3E7B → 2C6Z로 추론할 수 있다. 명백한

숫자연산 규칙으로, (-1, -2, -1, -2)이다.
- ♥ : MJHC에 ♠를 적용하면 LHGA이다. 따라서 ♥는 LHGA → LIGB로 추론할 수 있다. 명백한 숫자연산 규칙으로, (0, +1, 0, +1)이다.
- ◇ : ANTM에 ♥를 적용하면 AOTN이며, NYMR에 ♠를 역으로 적용하면 OANT이다. 따라서 ◇는 AOTN → OANT로 추론할 수 있다. 문자의 변화가 없으므로 순서 바꾸기 규칙이라고 가정하면, 1234 → 21430이다.

따라서 1234 → ◇ → 2143 → ♠ → 1931이므로 정답은 ④이다.

---

19 도식추리   정답 ③

| 정답풀이 |

HUEI → ◇ → UHIE → ♥ → UIIF → ♠ → **(TGHD)**

---

20 도식추리   정답 ①

| 정답풀이 |

(A0N3) → ♣ → 3N0A → ♠ → 2L9Y

---

21 도식추리   정답 ②

| 정답풀이 |

(DYWI) → ♥ → DZWJ → ◇ → ZDJW → ♣ → WJDZ

---

22 문단배열   정답 ①

| 정답풀이 |

[나] 문단에서 물고기들이 떼를 지어 행동한다는 화제를 제시하고 있으므로 글의 도입임을 알 수 있다. [가] 문단은 '물고기들이 떼는 짓는 이유'를 설명하고 있고, [라] 문단은 [나] 문단의 이점을 설명하고 있으므로 [나] 문단 뒤에는 [가] 문단과 [라] 문단이 이어진다. [다] 문단은 물고기들이 떼를 짓지 않는 경우를 설명하고 있고, [마] 문단은 앞에서 설명한 물고기들이 떼를 짓는 경우와 떼를 짓지 않는 경우를 종합하여 결론을 내리고 있으므로 [다] 문단과 [마] 문단이 이어짐을 알 수 있다.
따라서 논리적 순서에 맞게 배열하면 [나]-[가]-[라]-[다]-[마]이다.

23 문단배열   정답 ③

| 정답풀이 |

주어진 글은 콘서트홀의 강도를 결정하는 요인을 소개하고 좋은 콘서트홀에서 초기 반사음을 어떻게 활용하는지에 대해서 설명하고 있다. 그러므로 콘서트홀의 강도를 결정하는 요인에 대해 소개하는 [다]가 가장 먼저 나오는 것이 적절하다. 이어서 좋은 콘서트홀의 특징에 대해 언급하기 위해서 [가]로 내용을 전개한다. 여기에 좋은 콘서트홀은 초기 반사음을 잘 활용한다는 내용이 있으므로 이 내용에 대한 실제 사례인 [라]가 연결된다. 그런데 여기에 언급된 사례는 좁은 직사각형 홀이었다. [나]의 경우, 앞에 언급된 내용과 반대되는 내용을 담은 '그러나'로 문두를 시작하고 있으므로 이번에는 좁은 사각형이 아닌 좌우로 넓은 홀의 사례가 이어짐을 알 수 있다.
따라서 논리적 순서에 맞게 배열하면 [다]-[가]-[라]-[나]이다.

---

24 독해추론   정답 ③

| 정답풀이 |

탄소의 s궤도 함수는 최외각 전자에 있는 것이 아니라 전자 껍질의 안쪽에 있다.

| 오답풀이 |

① 탄소는 옛날 생물들의 유해인 석유와 석탄의 주된 성분임을 알 수 있다.
② 탄소는 우리 몸을 구성하는 중요한 원소 중의 하나이고, 식물이 광합성으로 태양 에너지를 저장하여 우리에게 전달하는 과정에서도 아주 중요한 성분임을 알 수 있다.
④ 탄소는 최외각 전자 4개를 가지고 주위의 다른 원자 1~4개와 화학 결합을 할 수 있어서 무수히 많은 구조의 분자와 고체를 만들 수 있음을 알 수 있다.
⑤ 탄소는 산소와 결합하면 이산화탄소가 되고 이는 지구 온난화의 주범으로 지목되어 퇴출 대상임을 알 수 있다.

---

25 독해추론   정답 ④

| 정답풀이 |

전자빔을 이용하는 현미경은 전자 현미경이며, 광학 현미경은 가시광선을 이용한다고 하였다.

| 오답풀이 |

① 광학 현미경은 우리 눈에 보이는 가시광선을 이용함을 알 수 있다.

② 광학 현미경은 접안렌즈와 대물렌즈를 활용하여 가까이에 있는
물체를 확대해서 보여줌을 알 수 있다.
③ 광학 현미경의 접안렌즈와 대물렌즈의 위치와 구조는 다르지만
물체의 모습을 확대하는 역할은 같음을 알 수 있다.
⑤ 광학 현미경이 얼마나 확대해서 보여줄 수 있는가를 말해 주는
배율은 대물렌즈의 배율과 접안렌즈의 배율을 곱해서 말함을
알 수 있다.

26 독해추론　　　　정답 ⑤

| 정답풀이 |

첼로스퀘어는 2021년부터 물류가 필요한 대기업 화주사
가 아니라 중소, 이커머스 화주사들에게 해상·항공 운
송, 국제특송을 중개하였다.

| 오답풀이 |

① 삼성SDS의 물류 플랫폼 첼로스퀘어가 삼성SDS의 핵심 물류 사
업으로 부상했다.
② 삼성SDS는 첼로스퀘어를 글로벌 물류 사업으로 확장하려고
한다.
③ 2021년 첼로스퀘어는 서비스 지역 및 물류 서비스에 제한이 있
었다.
④ 화주사들은 첼로스퀘어를 통해 견적을 받거나 선적을 예약하고
운송통관 트래킹을 받을 수 있다.

27 독해추론　　　　정답 ④

| 정답풀이 |

HMD를 착용한 가상 현실 체험자는 눈을 통해 움직인
다는 정보를 받았지만 귓속 전정 기관은 움직임을 인지
하지 못했기 때문에 멀미나 두통을 느낄 수 있다.

| 오답풀이 |

① HMD를 사용하면 지연 시간을 느낄 수 있다.
② HMD를 사용하여 가상 현실을 체험할 수 있다.
③ HMD는 눈앞의 디스플레이를 의미하므로 눈에 정보를 제공할
수 있다.
⑤ HMD는 사용자에게 3차원의 가상 공간을 경험할 수 있게 하는
장치이다.

28 독해추론　　　　정답 ④

| 정답풀이 |

5나노 공정에서 TSMC보다 삼성전자의 불량률이 높다
는 것은 TSMC가 삼성전자보다 기술적으로 진보되어
있다는 것을 의미한다. 이는 TSMC가 파운드리 시장의

주도권을 놓치지 않을 것이라는 글의 주장에 동의하는
내용이므로 반론으로 적절하지 않다.

| 오답풀이 |

① 차세대 트랜지스터 구조인 GAA 기술을 적용한 3나노 공정이
삼성전자가 유일하다는 것은 삼성전자가 TSMC보다 더 진보된
생산 라인을 통해 파운드리 시장에 강한 경쟁력을 확보했다는
것이므로 적절한 반론이다.
② TSMC가 3나노 반도체를 만들겠다고 발표하기 전부터 삼성전
자가 3나노 반도체 생산에 들어갔다는 것은 삼성전자가 TSMC
보다 유리한 위치를 차지할 수 있다는 것을 의미하므로 적절한
반론이다.
③, ⑤ TSMC가 대만 기업이라는 점에서 미국의 대중국 반도체 수
출 규제, 중국-대만 간 갈등 이슈에서 자유로울 수 없으며 중국
의 대만 침공에 대비해야 하는 리스크를 안고 있어 파운드리 시
장의 주도권을 빼앗길 변수가 많다는 것이므로 적절한 반론이다.

29 독해추론　　　　정답 ②

| 정답풀이 |

주어진 글에서는 동양 산수화에서 자연에 비해 인물을
거대하게 그린다는 내용은 나와 있지 않다. 정선의 「박연
폭포」에서 폭포의 높이가 실제보다 높게 표현되었다는
것은 액자 내부에 있는 사람들의 시점이 반영된 것을 보
여 주는 예인데, 이러한 예시는 자연에 비해 인물을 왜소
하게 그린다고 추론을 할 수는 있어도 거대하게 그린다
고 추론하기는 어렵다.

| 오답풀이 |

① 실경(實景)을 그대로 담아낸 실경산수화 또는 진경산수화에는
흔히 액자 내부 시점과 액자 외부 시점이 혼재되어 나타난다고
나와 있다.
③, ④ 액자 내부 시점은 서양화에서는 거의 나타나지 않는 동양화
만의 특징이라고 나와 있으므로, 서양화는 대부분 액자 외부 시
점이 일관되게 적용됨을 추론할 수 있다. 또한, 액자 내부 시점
은 작가의 다양한 관점을 드러내려는 시도라는 것을 알 수 있다.
⑤ 조선 후기 회화에는 액자 내부 시점이라는 것이 존재하여, 인간
의 마음을 담으면서 해석의 다양성과 열린 구조를 지향하기 위
한 옛 동양화가들의 고심이 반영되었다고 하였다.

30 독해추론　　　　정답 ④

| 정답풀이 |

주어진 글을 보면 설탕은 '원당-세당-용해-탈색 및
여과' 과정을 거쳐 당액을 추출하고, 결정 공정에서 '농
축-결정화-분리 및 건조' 과정을 거쳐 만들어진다고
했다. 그리고 [보기]에서 이 제조 과정 중 맨 처음 만들어

지는 설탕이 백설탕이고 황설탕은 제조 공정 중 가해진 열에 의해 갈변화 된 것이며 흑설탕은 건조된 황설탕에 캐러멜을 첨가한 것이라 했으므로 설탕이 만들어지는 순서는 '백설탕 → 황설탕 → 흑설탕' 순임을 알 수 있다.

① 설탕 제조 과정 중 맨 처음 만들어지는 '백설탕'은 순도 99.9% 이상의 순수한 제품으로, 색이 하얀 이유는 설탕의 순수한 성분이 흰색이기 때문이지 표백을 해서 하얀 것은 아님을 알 수 있다.

② 흑설탕이 백설탕보다 당분이 적다는 근거는 찾을 수 없다.

③ 황설탕이나 흑설탕이 백설탕보다 건강에 좋다는 근거는 찾을 수 없다.

⑤ 백설탕이 황설탕, 흑설탕보다 가격이 비싸다는 근거는 찾을 수 없다.

① 설탕 제조 과정 중 맨 처음 만들어지는 '백설탕'은 순도 99.9%

수리논리									P.156
01	⑤	02	④	03	⑤	04	①	05	②
06	④	07	④	08	③	09	⑤	10	③
11	③	12	①	13	③	14	⑤	15	④
16	⑤	17	⑤	18	①	19	②	20	③

01 응용수리 정답 ⑤

| 정답풀이 |

정가가 15만 원인 제품 A를 30% 할인하여 10개를 판매하였으므로 제품 A의 매출은 $150,000 \times (1-0.3) \times 10 = 1,050,000$(원)이다. 이에 따라 제품 B를 10개 판매해서 올린 매출은 $2,490,000 - 1,050,000 = 1,440,000$(원)이고, 1개당 판매가는 $1,440,000 \div 10 = 144,000$(원)이다. 따라서 제품 B의 정가를 20% 인상한 가격이 144,000원이므로 인상 전 정가는 $144,000 \div (1+0.2) = 120,000$(원)이다.

> **⏱ 빠른 풀이 스킬**
>
> 제품 A는 정가 15만 원에서 30% 할인: $15 \times 0.7 = 10.5$(만 원)
> 제품 B의 정가를 x라 할 때, 정가에서 20% 인상: $1.2x$(만 원)
> 두 제품을 각각 10개씩 판매한 총 매출: 249만 원
> 두 제품을 각각 1개씩 판매한 총 매출: 24.9만 원
> 식을 세우면 $10.5 + 1.2x = 24.9$
> 따라서 제품 B의 정가인 $x = 12$(만 원)을 구할 수 있다.

02 응용수리 정답 ④

| 정답풀이 |

총 10명 중 3명을 뽑는 경우의 수는 $_{10}C_3 = \dfrac{10 \times 9 \times 8}{3 \times 2 \times 1} = 120$(가지)이고, 제조팀 6명 중 2명을 뽑는 경우의 수는 $_6C_2 = \dfrac{6 \times 5}{2 \times 1} = 15$(가지)이며, 영업팀 4명 중 1명을 뽑는 경우의 수는 $_4C_1 = 4$(가지)이다.

따라서 10명 중 3명을 뽑을 때 제조팀 2명과 영업팀 1명을 뽑을 확률은 $\dfrac{15 \times 4}{120} = \dfrac{1}{2}$이다.

03 자료해석 정답 ⑤

| 정답풀이 |

2021년 이후 서점 수의 전년 대비 변화량은 다음과 같다.

(단위: 개)

2021년	2022년	2023년	2024년	2025년
40	50	30	60	20

따라서 서점 수의 전년 대비 변화량이 가장 적은 해는 2025년이다.

| 오답풀이 |

① 2021년 서점 수는 200개이므로 절반으로 감소하려면 100개이어야 하는데 2024년 서점의 수는 120개이므로 절반으로 감소하지 않았다.

② 커피 전문점 매장 수는 2021년에 전년 대비 감소하였으므로 2021년 이후 매년 증가하진 않았다.

③ 2025년 커피 전문점 매장 수는 2023년 대비 $\dfrac{(500-400)}{400} \times 100 = 25$(%) 증가하였다.

④ 2021년에는 커피 전문점 매장 수와 서점 수가 모두 전년 대비 감소하였으므로 증감이 매년 반대로 나타나진 않았다.

> **📖 알아두면 좋은 TIP**
>
> **'이전'과 '이후'의 의미**
> '이전'과 '이후'는 기준이 되는 때를 포함하는 표현이다. 예를 들어 '2026년 이후'라고 하면 2026년을 포함하여 그 뒤의 시기를 뜻하는 것이고, '2026년 이전'이라고 하면 2026년을 포함하여 그 앞의 시기를 뜻하는 것이다. 헷갈릴 수 있는 표현이므로 미리 숙지하도록 한다.

04 자료해석 정답 ①

| 정답풀이 |

2021년 ICT 산업 매출액은 $\dfrac{130}{0.52} = 250$(조 원)이다.

| 오답풀이 |

② 2023년 반도체 산업 매출액은 2022년 대비 $\dfrac{(154-140)}{140} \times 100 = 10$(%) 증가하였다.

③ 2024년과 2025년 ICT 산업 매출액은 다음과 같다.

- 2024년: $\dfrac{180}{0.6}=300$(조 원)

- 2025년: $\dfrac{160}{0.5}=320$(조 원)

  따라서 $320-300=20$(조 원) 증가하였다.
④ 반도체 산업 매출액은 2021년부터 2024년까지 130조 원, 140조 원, 154조 원, 180조 원으로 증가하였으나 2025년에 160조 원으로 2024년 대비 감소하였다.
⑤ 제시된 기간 중 반도체 산업 매출액이 가장 높은 해는 180조 원인 2024년이고, ICT 산업 매출액 중 반도체 산업 매출액의 비중이 가장 높은 해도 60%인 2024년으로 같다.

> **⏱ 빠른 풀이 스킬**
>
> ① 2021년 ICT 산업 매출액이 260조 원이라면 반도체 산업 매출액의 비중은 $\dfrac{130}{260}\times100=50$(%)이어야 하는데 52%이므로 2021년 ICT 산업 매출액은 260조 원 미만이다.

05 자료해석 정답 ②

| 정답풀이 |

2022년 로봇사업체 수는 제조업용 로봇이 로봇시스템의 $\dfrac{830}{530}=1.57$(배)이므로 1.5배 이상이다.

| 오답풀이 |

① 2023년 대비 2024년 로봇사업체 수가 감소한 분야는 로봇시스템, 로봇서비스 2개이다.
③ 2024년 매출액이 10억 원 미만인 로봇사업체는 전체 로봇사업체의 $19.1+33.1=52.2$(%)이므로 절반 이상이다.
④ 2023년 로봇사업체 수가 전년 대비 가장 많이 증가한 분야는 $1,180-450=730$(개사) 증가한 로봇서비스이고, 증가율은 $\dfrac{(1,180-450)}{450}\times100=162$(%)이므로 150% 이상이다.
⑤ 2024년 전체 로봇사업체 수는 $560+330+130+1,410+610+160+1,140=4,340$(개사)이고, 2024년 10억 원 이상 50억 원 미만의 매출액을 보이는 로봇사업체의 비중은 16%임에 따라 $4,340\times0.16=694.4$이므로 650개사 이상이다.

06 자료해석 정답 ④

| 정답풀이 |

2024년 전년 대비 증가한 종사자 수는 운수업이 20천 명, 물류산업이 10천 명이므로 2배 이상이다.

| 오답풀이 |

① 2024년 운수업의 기업체 수는 전년 대비 10천 개(1만 개) 증가하였다.

② 2024년 물류산업의 종사자 수는 전년 대비 1.7% 증가하였다.
③ 2024년 기업체 수의 전년 대비 증감률은 물류산업이 운수업보다 $4.8-2.6=2.2$(%p) 더 높다.
⑤ 2024년 운수업과 물류산업의 영업비용은 총 $140.0+85.0=225$(조 원)이다.

07 자료해석 정답 ④

| 정답풀이 |

B산업의 규모는 2020년에 2000년 대비 100이고, 2024년에는 2020년 대비 110이므로 2024년 산업 규모는 2000년 대비 $\dfrac{(110-100)}{100}\times100=10$(%) 늘어날 것으로 예상된다.

| 오답풀이 |

① 2010년 A산업의 규모는 5년 전 대비 $\dfrac{(110-105)}{105}\times100=4.8$(%) 늘어났다.
② C산업의 규모는 2020년에 2000년 대비 105이고, 2021년에는 2020년 대비 5% 줄어들 것으로 예상된다. 2021년 산업 규모는 2000년 대비 $105\times0.95=99.75$이므로 0.25% 줄어들 것으로 예상된다.
③ 2024년 C산업의 예상 규모는 2020년 대비 101이므로 1% 늘어날 것으로 예상된다.
⑤ 주어진 자료의 숫자들은 기준이 되는 연도 대비 산업별 규모가 얼마나 변화하였는지만을 나타내므로 산업 간 규모 비교는 불가능하다.

08 자료해석 정답 ③

| 정답풀이 |

제품 C의 가격은 2023년에 $\dfrac{250}{5}\times100=5,000$(만 원), 2024년에 $\dfrac{160}{4}\times100=4,000$(만 원)이므로 2023년 대비 2024년 제품 C의 가격은 $\dfrac{(5,000-4,000)}{5,000}\times100=20$(%) 감소하였다.

| 오답풀이 |

① 제품 B의 가격 대비 연간 유지비 비율은 2022년과 2024년에 동일한데 연간 유지비는 2022년이 2024년보다 더 크므로 제품 B의 가격은 2024년에 가장 높을 수 없다.
② 2024년 제품별 가격은 제품 A가 $\dfrac{300}{5}\times100=7,000$(만 원), 제품 B가 $\dfrac{400}{5}\times100=8,000$(만 원), 제품 C가 $\dfrac{160}{4}\times100=4,000$(만 원), 제품 D가 $\dfrac{420}{7}\times100=6,000$(만 원)이므로 가격

이 가장 높은 제품은 B이다.

④ 제품 A의 가격은 2022년에 $\frac{300}{6}\times100=5{,}000$(만 원), 2023년에 $\frac{320}{5}\times100=6{,}400$(만 원), 2024년에 $\frac{350}{5}\times100=7{,}000$(만 원)으로 꾸준히 상승하였다.

⑤ 2022년 가격 대비 연간 유지비 비율이 가장 높은 제품은 C이지만, 연간 유지비가 가장 높은 제품은 B이다.

09 자료해석   정답 ⑤

| 정답풀이 |

• 홈쇼핑 전년도 매출액 $=\dfrac{900}{1.15}\fallingdotseq783$(억 원)

 증가액 $=900-783=117$(억 원)

• 인터넷종합몰 전년도 매출액 $=\dfrac{1{,}700}{1.2}\fallingdotseq1{,}417$(억 원)

 증가액 $=1{,}700-1{,}417=283$(억 원)

따라서 홈쇼핑의 전년 대비 매출액 증가액과 인터넷전문몰의 전년 대비 매출액 증가액의 차이는 $283-117=166$(억 원)으로 홈쇼핑의 전년 대비 매출액 증가액이 인터넷 전문몰의 전년 대비 매출액 증가액보다 150억 원 이상 적다.

| 오답풀이 |

① 카메라는 매출액의 전년 대비 성장률이 -27%이므로 감소했다.

② 가전전문점 매출액은 13,200억 원이고, 대형마트와 오픈마켓 합산 매출액은 $7{,}200+5{,}400=12{,}600$(억 원)이므로 가전전문점이 더 높다.

③ 전년 대비 매출액 성장률은 소셜커머스가 백화점보다 $58-15=43$(%p) 더 높다.

④ 주방가전 매출액의 성장률이 내년에도 동일하다면 내년 성장률도 20%이므로 주방가전 매출액은 $3{,}800\times1.2=4{,}560$(억 원)으로 5,500억 원 미만이다.

10 자료해석   정답 ③

| 정답풀이 |

2024년 30대 1인 가구 수의 전년 대비 증가율: $\dfrac{100}{1{,}100}\times100\fallingdotseq9.1(\%)$

2024년 40대 1인 가구 수의 전년 대비 증가율: $\dfrac{100}{900}\times100\fallingdotseq11.1(\%)$

따라서 2023년 대비 2024년 1인 가구 수의 증가율은 30대 보다 40대가 높다.

| 오답풀이 |

① 2025년 1인 가구 수는 모두 7,200천 가구이고, 2025년 가구 비율 중 1인 가구가 차지하는 비중은 36%이므로 2025년 전체 가구 수는 $\dfrac{7{,}200}{0.36}=20{,}000$(천 가구)이다. 즉 2천만 가구이다.

② 2025년 가구 비율은 3인이 4인 이상보다 $21-13=8$(%p) 더 높다.

④ 2023년과 2024년에 20대 1인 가구 수가 10%씩 증가했다면 가구 수는 각각 $1{,}000\times1.1=1{,}100$(천 가구), $1{,}100\times1.1=1{,}210$(천 가구)인데 각각 2024년, 2025년 가구 수와 같으므로 매년 10%씩 증가하였다.

⑤ 2024년과 2025년 모두 20세 미만 1인 가구는 70천 가구이고 비율의 분모에 해당하는 합계는 2024년이 더 작으므로 비중은 2025년이 2024년보다 낮다.

⏱ 빠른 풀이 스킬

선택지 ③은 실제로 계산을 하지 않아도 수치의 크기 비교만으로 확인 가능하다.
30대와 40대 모두 1인 가구 수의 변화량이 동일하므로 기준이 되는 1인 가구 수가 더 적은 40대의 증가율이 30대보다 높다는 것을 알 수 있다.

11 자료해석   정답 ③

| 정답풀이 |

㉠ 50대 이상 1인 가구 수는 2024년에 $1{,}100+2{,}100=3{,}200$(천 가구), 2025년에 $1{,}200+2{,}400=3{,}600$(천 가구)이므로 2025년에 2024년 대비 $\dfrac{(3{,}600-3{,}200)}{3{,}200}\times100=12.5(\%)$ 증가하였다.

㉡ 2024년 1인 가구 수는 20세 미만을 제외한 연령대에서는 10만 가구($=100$천 가구)씩 증가하였지만 20세 미만은 1만 가구만 증가하였다.

| 오답풀이 |

㉢ 2025년 2인 가구의 비율은 30%, 3인 가구의 비율은 21%이다. 2인 가구에는 2명, 3인 가구에는 3명이 살고 있으며, 전체 가구 수는 2천만 가구이므로 2인 가구와 3인 가구에 사는 사람의 수는 다음과 같다.

 • 2인 가구: $2{,}000\times0.3\times2=1{,}200$(만 명)
 • 3인 가구: $2{,}000\times0.21\times3=1{,}260$(만 명)

따라서 3인 가구에 사는 사람의 수가 더 많다.

⏱ 빠른 풀이 스킬

㉢ 비율과 가구 수는 비례하므로 비율을 이용하면 (2인 가구 사람 수) : (3인 가구의 사람 수)$=(30\times2=60)$: $(21\times3=63)$이다. 따라서 3인 가구에 사는 사람의 수가 더 많다.

| 정답풀이 |

색조 화장품은 2023년과 2024년의 시장 규모가 18억 원으로 동일하지만, 자외선차단제의 시장 규모는 2023년 24억 원에서 2024년 26억 원으로 증가했으므로 증감 추이가 같지 않다.

| 오답풀이 |

② 2024년 남성 기초 화장품 중 20대와 30대의 구매금액 구성비가 가장 낮은 것은 팩이므로 구매금액이 가장 낮은 화장품은 동일하다.

③ 2024년 10대 남성의 구매금액 구성비는 토너(28%)가 크림(20%)보다 $\dfrac{(28-20)}{20}\times100=40(\%)$ 더 크므로 구매금액 역시 40% 더 크다.

④ 2024년 남성 기초 화장품 중 50대가 가장 많이 구매한 화장품은 세안(30%)이다.

⑤ 남성 화장품 전체 시장 규모는 자외선차단제＋색조 화장품＋기초 화장품이므로 매년 증가하였다.

(단위: 억 원)

2019년	2020년	2021년	2022년	2023년	2024년
20＋5 ＋220 ＝245	24＋10 ＋225 ＝259	21＋15 ＋245 ＝281	19＋12 ＋260 ＝291	24＋18 ＋300 ＝342	18＋26 ＋330 ＝374

| 정답풀이 |

2024년 기초 화장품 시장 규모는 330억 원이다. 40대 남성의 기초 화장품 비중이 20%를 차지하므로 330×0.2＝66(억 원)이다. 이 중 40대 남성의 로션 구매금액 구성비는 8%이므로 66×0.08＝5.28(억 원)이며, 소수점 둘째 자리에서 반올림하여 5.3억 원이다.

따라서 2024년 40대 남성의 로션 구매금액은 5.3억 원이다.

| 정답풀이 |

전년 대비 수검자 수 변화량은 2020년에 6,840－6,400＝440(천 명)인데, 2023년에 6,850－6,400＝450(천 명)이므로 옳지 않다.

| 오답풀이 |

① 수검자 수가 꾸준히 증가하는 암은 간암이 유일하다.

② 2019년 자궁경부암 수검자 수의 전년 대비 감소율은 $\dfrac{(1,250-1,000)}{1,250}\times100=20(\%)$이다.

③ 위암의 수검자 수가 매년 가장 많으므로 전체에서 차지하는 비중도 가장 크다.

④ 2023년 대장암 수검자 수는 4년 전인 2019년 대비 $\dfrac{(1,000-900)}{900}\times100≒11(\%)$ 증가하였으므로 10% 이상 증가하였다.

> **⏱ 빠른 풀이 스킬**
>
> ④ 2023년 대장암 수검자 수는 1,000명이고 4년 전인 2019년에는 900명이다. 증가율을 구할 때, $\dfrac{(1,000-900)}{900}=\dfrac{1}{9}$ 을 계산해야 하는데, $\dfrac{1}{10}=0.1$ 이라는 것을 이용하면 $\dfrac{1}{9}>\dfrac{1}{10}$이므로 증가율은 10% 이상임을 쉽게 알 수 있다.

| 정답풀이 |

㉠ 2021년 대장암 수검자 수가 전체 암 수검자 수에서 차지하는 비중은 $\dfrac{1,150}{7,000}\times100≒16.4(\%)$이므로 15% 이상이다.

㉢ 유방암 수검자 수가 전체 암 수검자 수에서 차지하는 비중은 2018년에 $\dfrac{1,300}{6,500}\times100=20(\%)$이고 2023년에 $\dfrac{1,200}{6,400}\times100=18.75(\%)$이므로 감소하였다.

| 오답풀이 |

㉡ 위암 수검자 수가 전체 암 수검자 수에서 차지하는 비중은 2018년에 $\dfrac{2,000}{6,500}\times100≒30.8(\%)$이고 2021년에 $\dfrac{2,050}{7,000}\times100≒29.3(\%)$이므로 감소하였다.

> **⏱ 빠른 풀이 스킬**
>
> [보기]의 ㉢에서 2018년 비중을 구할 때, 1,300×5＝6,500이므로 $\dfrac{1,300}{6,500}=\dfrac{1}{5}$에서 20%임을 쉽게 알 수 있고, 1,200×5＝6,000<6,400이므로 $\dfrac{1,200}{6,400}<\dfrac{1,200}{6,000}=\dfrac{1}{5}$에서 20% 미만임을 알 수 있다. 또한 이와 유사하게 ㉡에 적용하여도 비중이 감소하였음을 어렵지 않게 확인할 수 있다.

16 자료해석 정답 ⑤

| 정답풀이 |

2020년의 1인 귀농 가구원 수는 전체의 $\dfrac{8,000}{12,500}\times100$
$=64(\%)$이므로 65% 미만이다.

| 오답풀이 |

① 여성 가구주는 $\dfrac{(5,000-4,000)}{5,000}\times100=20(\%)$ 감소하였다.

② 가구원 수가 2인 이하인 귀농 가구의 비율은 2020년에

$\dfrac{(8,000+2,500)}{12,500}\times100=84(\%)$이고 2023년에 $\dfrac{(6,500+3,000)}{12,000}$

$\times100\fallingdotseq79(\%)$이므로 감소하였다.

③ 두 해 모두 50대의 귀농 가구주가 가장 많다.

④ 40대의 귀농 가구주는 200명 증가하였다.

17 자료해석 정답 ⑤

| 정답풀이 |

40대는 귀농 가구주 수가 증가하였고 60대는 유지하고
있으므로 두 연령대를 제외한 나머지 연령대의 감소율을
확인해 보면 다음과 같다.

- 30대 이하: $\dfrac{(1,200-1,000)}{1,200}\times100\fallingdotseq16.7(\%)$

- 50대: $\dfrac{(5,200-5,000)}{5,200}\times100\fallingdotseq3.8(\%)$

- 70대: $\dfrac{(800-500)}{800}\times100-37.5(\%)$

따라서 감소율이 가장 큰 연령대는 70대이다.

> ⏱ **빠른 풀이 스킬**
>
> 40대는 귀농 가구주 수가 증가하였고 60대는 유지하
> 고 있으므로 나머지 연령대의 감소율만 확인하면 된
> 다. 그런데 이때, 30대 이하는 1,200명에서 200명 감
> 소하였고, 50대는 5,200명에서 200명 감소하였으므
> 로 30대의 감소율이 더 크다는 것을 알 수 있다. 그런
> 데 70대는 800명에서 300명이 감소하였다. 전체에 해
> 당하는 수치인 800도 1,200보다 작은데 감소폭 또한
> 300으로 200보다 크다. 따라서 직접 계산하지 않아도
> 70대 귀농 가구주 수의 감소율이 가장 크다는 것을 알
> 수 있다.

18 자료해석 정답 ①

| 정답풀이 |

1분기와 2분기의 구매개수와 할인율을 이용하면

$1.1\times100=\left(a\times\dfrac{100}{100}\right)^2+b,$

$1.31\times100=\left(a\times\dfrac{110}{100}\right)^2+b$이므로

$a=10,\ b=10$이다.

- 3분기: $1.54\times100=\left(10\times\dfrac{\text{㉠}}{100}\right)^2+10,$ ㉠$=120$(백 개)

- 4분기: ㉡$\times100=\left(10\times\dfrac{150}{100}\right)^2+10,$ ㉡$=2.35(\%)$

따라서 ㉠은 120, ㉡은 2.35이다.

19 자료해석 정답 ②

| 정답풀이 |

주어진 자료의 단위는 억 원이지만, 그래프는 조 원으로
되어 있으므로 단위를 수정하면 다음과 같다.

(단위: 조 원)

구분	2019년	2020년	2021년	2022년
매출액	5.5	5.9	6.8	7.2
영업이익	−0.19	−0.39	−0.99	−0.2

| 오답풀이 |

① 매출액이 모두 6조 원 이상이므로 적절하지 않다.

④ 영업이익이 모두 −1조 원 이하이므로 적절하지 않다.

③, ⑤ 매출액이 지속적으로 증가하고 있으므로 적절하지 않다.

20 자료해석 정답 ③

| 정답풀이 |

주어진 자료는 1일 후, 3일 후, 4일 후, 5일 후로 제시되
어 있다. 즉, 2일 후는 제시되어 있지 않지만 시간의 차
이에 따라 추론해 나가면 다음과 같다.

(단위: 개)

구분	첫날	1일 후	(2일 후)	3일 후 (1일 후 대비)	4일 후	5일 후
세포 A	982	991	1,000	1,009	1,018	1,027
변화량	−	+9		+18	+9	+9
세포 B	1	2	4	8	16	32
변화량	−	×2		×4	×2	×2

즉, 2일 후 세포 A는 1,000개, 세포 B는 4개로 추론해
낼 수 있다.

각 세포 배양에 따라 세포 A는 1일 후마다 9개씩 늘어나고, 세포 B는 1일 후마다 2배(×2)로 늘어나므로 이를 적용하여 6일 후, 7일 후, 8일 후의 세포 수를 구하면 다음과 같다.

(단위: 개)

구분	6일 후	7일 후	8일 후
세포 A	1,036	1,045	1,054
세포 B	64	128	256
합계	1,100	1,173	1,310

따라서 총 세포 수가 1,300개 이상이 되는 것은 8일 후이다.

01	③	02	③	03	②	04	③	05	②
06	②	07	④	08	④	09	⑤	10	④
11	⑤	12	③	13	③	14	②	15	①
16	⑤	17	①	18	③	19	②	20	④
21	⑤	22	⑤	23	④	24	③	25	①
26	④	27	④	28	②	29	⑤	30	③

01 명제　　　　　　　　　　　　　　　정답 ③

| 정답풀이 |

두 개의 명제를 기본적인 형태의 벤다이어그램으로 표현하면 다음과 같다.

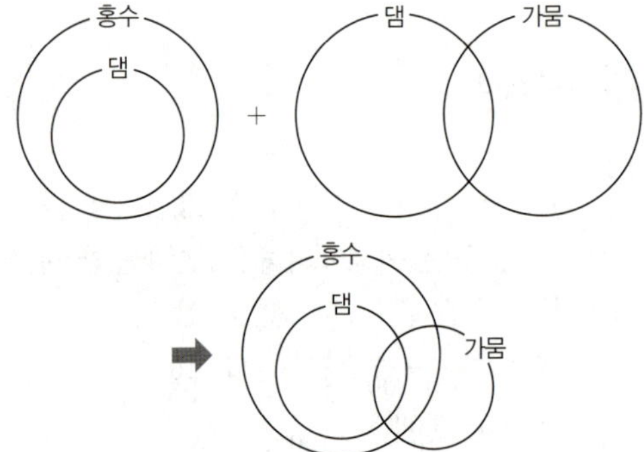

따라서 항상 참인 결론은 '가뭄 대비능력을 갖춘 어떤 댐은 홍수 재해 예방능력을 갖췄다.'이다.

🕑 빠른 풀이 스킬

모든 A → B
어떤 A → C
· 결론: 어떤 B → C (또는 어떤 C → B)
전제2에 "어떤 ~는 ~이다."라는 some 개념이 있으므로 벤다이어그램을 활용한다.

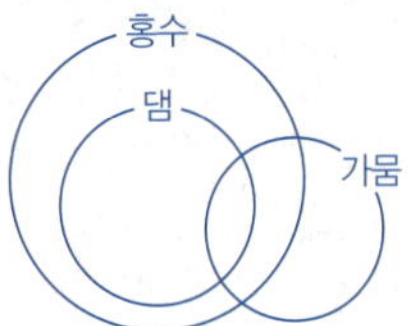

위의 벤다이어그램을 보면 ①과 ②가 옳지 않음을 알 수 있다. 또한 색칠된 부분에 해당하는 범위를 늘리거나 줄였을 때 아래와 같은 벤다이어그램을 그릴 수 있다.

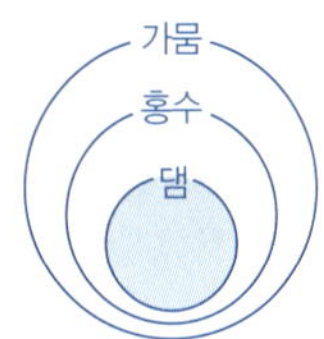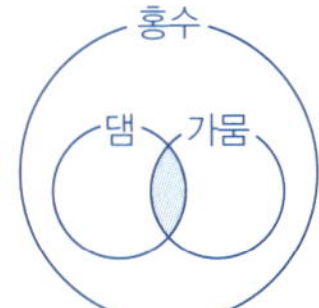

왼쪽 벤다이어그램의 경우 ④가 옳지 않고, 오른쪽 벤다이어그램의 경우 ⑤가 옳지 않다. 따라서 항상 참인 결론을 고르면 ③이 정답이다.

02 명제
정답 ③

| 정답풀이 |

전제2의 대우명제와 전제1을 고려하면 다음과 같은 벤다이어그램을 그릴 수 있다.

'~국내'가 '크루즈'를 포함하고 있으므로 '크루즈 → ~국내'가 항상 성립한다.
따라서 항상 참인 결론은 '모든 국내 여행은 크루즈 여행이 아니다.'의 대우명제인 '모든 크루즈 여행은 국내 여행이 아니다.'이다.

⏱ 빠른 풀이 스킬

모든 B → ~A (대우명제인 A → ~B로 바꿔 A를 맞춘다.)
모든 C → A
• 결론: 모든 C → ~B (대우명제: B → ~C)
전제1과 전제2 모두 some 개념이 등장하지 않으므로 삼단논법을 사용하여 문제를 풀 수 있다. 크루즈 여행을 '크', 저렴한 것을 '저', 국내 여행을 '국'이라고 표시하고 전제1과 전제2를 다시 써보면 다음과 같다.
• 전제1: 크 → ~저
• 전제2: 국 → 저
전제1과 전제2에서 모두 '저'가 등장하므로 '저'가 전제1과 전제2를 연결하는 연결고리, 즉 매개념이다. 매개념을 이용하기 위해 전제2의 대우명제를 구해보면 '~저 → ~국'이므로 전제1과 전제2를 서로 연결하면 '크 → ~국'이라는 결론을 내릴 수 있다. 따라서 정답은 ③이다.

03 명제
정답 ②

| 정답풀이 |

전제1의 벤다이어그램과 결론의 대우명제 벤다이어그램은 각각 [그림1], [그림2]와 같다.

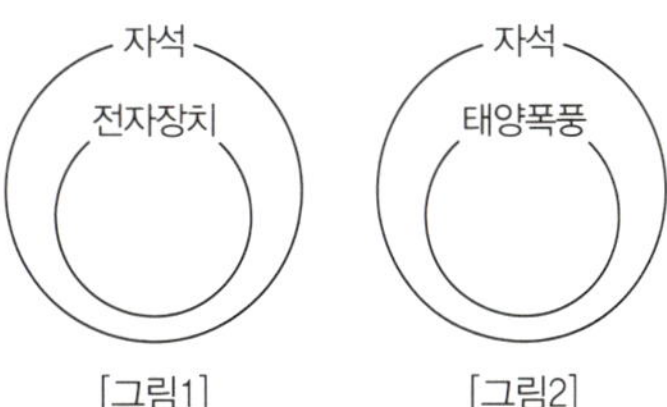

[그림1]의 상태에서 '전자장치'가 '태양폭풍'을 포함하고 있다면 자연스럽게 [그림2]처럼 '태양폭풍'이 '자석' 안에 포함될 것임을 알 수 있다. 즉, 전제2는 '전자장치'가 '태양폭풍'을 포함하는 명제인 '태양폭풍 → 전자장치'가 되어야 한다.
따라서 결론이 반드시 참이 되게 하는 명제는 '태양폭풍에 취약한 것은 모두 전자장치이다.'이다.

⏱ 빠른 풀이 스킬

모든 B → A
모든 ~A → ~C (대우명제: C → A)
• 전제: 모든 C → B
전제1과 결론 모두 some 개념이 등장하지 않으므로 삼단논법을 사용하여 문제를 풀 수 있다. 전자장치를 '전', 자석에 취약한 것을 '자', 태양폭풍에 취약한 것을 '태'라고 표시하고 전제1과 결론을 다시 쓰면 다음과 같다.
• 전제1: 전 → 자
• 결론: ~자 → ~태
결론의 대우명제는 '태 → 자'인데, 이는 '태'로 시작하여 '자'로 끝나고, 전제1이 '자'로 끝나므로 전제2는 '태'로 시작해야 할 것이다. 즉, 전제2를 '태 → 전'으로 두면 전제1과 결합하여 '태 → 자'라는 결론의 대우명제를 얻을 수 있다. 따라서 '태 → 전'에 해당하는 ②가 정답이다.

04 조건추리
정답 ③

| 정답풀이 |

A는 목요일에 당직을 서는데 이틀 후에 C가 당직을 서므로 C는 토요일에 당직을 선다.

월요일	화요일	수요일	목요일	금요일	토요일	일요일
			A		C	

한편 F가 당직을 서고 3일 후에 G가 당직을 서며, E가 당직을 서고 바로 다음 날 G가 당직을 서므로 F─( )─E─G 순으로 당직을 선다. 이에 따라 F는 금요일 또는 일요일에 당직을 선다. 만약 F가 금요일에 당직을 서면 당직 순서는 다음과 같다.

월요일	화요일	수요일	목요일	금요일	토요일	일요일
G			A	F	C	E

이때 B가 당직을 서고 바로 다음 날 D가 당직을 서므로 최종적인 당직 순서는 다음과 같으며 모순이 없다.

월요일	화요일	수요일	목요일	금요일	토요일	일요일
G	B	D	A	F	C	E

만약 F가 일요일에 당직을 선다면 G가 수요일에 당직을 서고 화요일에 E가 당식을 서게 되어 B가 당직을 선 바로 다음 날 D가 당직을 설 수 없으므로 모순이다.
따라서 D가 당직을 서는 요일은 수요일이다.

05 조건추리　　　　　정답 ②

| 정답풀이 |

K대리와 J대리가 서로 다른 사람을 범인으로 지목하고 있으므로 둘 중 한 명이 거짓말을 하고 있으며, S과장, G과장, A대리의 말은 모두 참이다.
1) K대리의 말이 거짓인 경우
　나머지 사람들의 말은 모두 참이므로 J대리의 말에 따라 G과장이 범인이며, J대리는 A대리와 함께 있었다. S과장과 G과장은 누군가를 단둘이 만났는데, 만약 S과장과 G과장이 서로 만났다고 가정하면 S과장의 말이 거짓이 되므로 S과장과 G과장은 서로 만나지 않고 각자 다른 사람을 만난 것이 된다. 그런데 J대리는 A대리와 함께 있었고, S과장과 G과장이 서로 다른 사람을 만났다면 용의자가 총 6명이 되므로 모순이다.
2) J대리의 말이 거짓인 경우
　K대리의 말은 참이므로 A대리가 범인이다. 이때 G과장과 G과장이 만난 사람 둘 중 한 명이 범인인데 A대리가 범인이므로 G과장은 어제 A대리를 만났다. 이에 따라 K대리가 어제 만난 과장은 S과장이고, J대리는 아무도 만나지 않았다.
따라서 A대리가 범인이고, 범인이 어제저녁에 만난 사람은 G과장이다.

06 조건추리　　　　　정답 ②

| 정답풀이 |

설악산은 가장 먼저 등산하지 않고, 무등산, 북한산보다 빨리 등산하므로 두 번째 또는 세 번째로 등산한다.
관악산을 가장 먼저 등산하고, 설악산을 다음으로 등산하면 북한산은 세 번째 또는 네 번째로 등산한다. 북한산을 네 번째로 등산하는 경우 도봉산과 연달아 등산하게 되므로 옳지 않다. 이에 따라 북한산을 세 번째, 도봉산을 다섯 번째, 무등산을 네 번째로 등산한다.
관악산을 가장 먼저, 설악산을 세 번째로 등산하면 북한산은 네 번째, 무등산은 다섯 번째로 등산하고, 도봉산을 두 번째로 등산한다.
도봉산을 가장 먼저, 설악산을 다음으로 등산하면 북한산과 관악산은 세 번째 또는 네 번째로 등산해야 하므로 무등산은 다섯 번째로 등산한다. 설악산을 세 번째로 등산하면 북한산과 무등산은 설악산보다 늦게 등산하고, 북한산은 마지막으로 등산하지 않으므로 북한산을 네 번째, 무등산을 다섯 번째, 관악산을 두 번째로 등산한다.
이에 따라 가능한 경우는 다음과 같다.

첫 번째	두 번째	세 번째	네 번째	다섯 번째
관악산	설악산	북한산	무등산	도봉산
관악산	도봉산	설악산	북한산	무등산
도봉산	설악산	관악산	북한산	무등산
도봉산	설악산	북한산	관악산	무등산
도봉산	관악산	설악산	북한산	무등산

따라서 모든 경우에 북한산은 무등산보다 먼저 등산한다.

| 오답풀이 |

① 설악산을 두 번째, 관악산을 세 번째로 등산할 수 있다.
③ 도봉산을 다섯 번째, 북한산을 세 번째로 등산할 수 있다.
④ 도봉산을 첫 번째, 설악산을 세 번째로 등산할 수 있다.
⑤ 무등산을 다섯 번째, 관악산을 네 번째로 등산할 수 있다.

07 조건추리　　　　　정답 ④

| 정답풀이 |

C, F, G와 I, A, E가 각각 제시된 순서대로 같은 층에 연달아 거주하고, C의 바로 아래층 호수는 비어 있으며, 그 바로 아래층 호수에는 A가 거주하므로 C, F, G는 3층, I, A, E는 1층에 제시된 순서대로 거주하고 있다. 이때 C와 A는 같은 라인에 거주하므로 C, F, G가 2~4호 라인, I, A, E가 1~3호 라인에 거주하는 경우만 가능하다.

301호	302호	303호	304호
없음	C	F	G
201호	202호	203호	204호
	없음		
101호	102호	103호	104호
I	A	E	없음

D는 I와 같은 라인에 거주하고 있으므로 D는 201호에 거주하고 있으며, H의 바로 위층과 바로 아래층 중 한 곳에만 거주자가 있으므로 H는 204호에 거주하고 있다. 마지막으로 B는 203호에 거주하고 있다.

301호	302호	303호	304호
없음	C	F	G
201호	202호	203호	204호
D	없음	B	H
101호	102호	103호	104호
I	A	E	없음

따라서 D와 H는 연이은 호수에 거주하지 않는다.

| 오답풀이 |

① B와 E는 같은 3호 라인에 거주하고 있다.
② D의 바로 위층 호수에는 거주자가 없다.
③ 가능한 전체 경우의 수는 1가지이다.
⑤ F는 3호 라인, A는 2호 라인에 거주하고 있다.

---

08 조건추리   정답 ④

| 정답풀이 |

세 번째 자리 숫자는 3이고, 비밀번호의 각 자리 숫자는 8 이하의 자연수이며, 서로 같은 숫자는 없으므로 세 번째 자리를 제외한 나머지 자리에 가능한 숫자는 1, 2, 4, 5, 6, 7, 8이다. 이때 두 번째 자리 숫자와 다섯 번째 자리 숫자의 곱은 첫 번째 자리 숫자인데, 가능한 숫자 중 서로 다른 두 수의 곱으로 만들 수 있는 숫자는 $2 \times 4 = 8$ 뿐이다. 이에 따라 두 번째 자리 숫자와 다섯 번째 자리 숫자는 각각 2 또는 4이고, 첫 번째 자리 숫자는 8이다. 마지막으로 네 번째 자리 숫자로 가능한 숫자는 1, 5, 6, 7인데 네 번째 자리 숫자는 짝수이므로 6이다.

첫 번째	두 번째	세 번째	네 번째	다섯 번째
8	2 또는 4	3	6	4 또는 2

따라서 두 번째 자리 숫자가 세 번째 자리 숫자보다 큰 4 이면, 다섯 번째 자리 숫자는 2이므로 세 번째 자리 숫자보다 작다.

| 오답풀이 |

① 첫 번째 자리 숫자는 8이므로 짝수이다.
② 각 자리 숫자 중 첫 번째 자리 숫자가 8로 가장 크다.
③ 다섯 번째 자리 숫자가 4이면 세 번째 자리 숫자보다 크다.
⑤ 네 번째 자리 숫자가 4이면 다섯 번째 자리 숫자와의 합이 10 이상이고, 이에 따라 두 번째 자리 숫자는 2, 첫 번째 자리 숫자는 8이므로 두 수의 합도 10 이상이다.

---

09 조건추리   정답 ⑤

| 정답풀이 |

주어진 조건에 따라 표를 만들어 표시하면 다음과 같다.

구분	은영	정은	상현	민준	재현
에스프레소	×		×		
헤이즐넛 커피		×	×	×	×
아이스 라테	×	×			
레몬티		×	×		×
아이스 아메리카노	×				×

이때, 헤이즐넛 커피를 시킬 사람이 은영이밖에 없으므로 은영이는 헤이즐넛 커피를 시켰고, 표는 다음과 같이 채워진다.

구분	은영	정은	상현	민준	재현
에스프레소	×		×		
헤이즐넛 커피	○	×	×	×	×
아이스 라테	×	×			
레몬티	×	×	×		×
아이스 아메리카노	×				×

그러면 민준이는 레몬티를 시켰음을 알 수 있다. 가능한 조합을 정리하면 다음과 같이 2가지 경우로 정리할 수 있다.

구분	은영	정은	상현	민준	재현
에스프레소	×	×	×	×	○
헤이즐넛 커피	○	×	×	×	×
아이스 라테	×	×	○	×	×
레몬티	×	×	×	○	×
아이스 아메리카노	×	○	×	×	×

구분	은영	정은	상현	민준	재현
에스프레소	×	○	×	×	×
헤이즐넛 커피	○	×	×	×	×
아이스 라테	×	×	×	×	○
레몬티	×	×	×	○	×
아이스 아메리카노	×	×	○	×	×

따라서 상현이가 아이스 아메리카노를 시키면 정은이가
에스프레소를 시켰음을 알 수 있다.

| 오답풀이 |

① 은영이는 헤이즐넛 커피를 시켰다.
② 재현이는 에스프레소 또는 아이스 라테를 시켰으므로 항상 옳
은 것은 아니다.
③ 민준이는 레몬티를 시켰으므로 항상 옳지 않다.
④ 가능한 모든 경우의 수는 2가지이다.

10 조건추리   정답 ④

| 정답풀이 |

토요일과 일요일에는 운동을 하지 않고 월요일에는 운동
을 하므로 화요일부터 금요일 중 이틀 동안 운동을 한다.
 ⅰ) 화요일에 운동을 하는 경우
　　화요일에 운동을 하면 수요일에 운동을 하지 않으므
　　로 나머지 목요일 또는 금요일에 운동을 한다.
 ⅱ) 수요일에 운동을 하는 경우
　　수요일에 운동을 하면 화요일과 목요일에 운동을 하
　　지 않으므로 금요일에 운동을 한다.
 ⅲ) 화요일과 수요일에 운동을 하지 않는 경우
　　목요일과 금요일에 운동을 하는 경우만 존재한다.
즉 가능한 경우는 다음과 같다.

월	화	수	목	금	토	일
O	O	X	O	X	X	X
	O	X	X	O		
	X	O	X	O		
	X	X	O	O		

따라서 이틀 연속으로 운동을 한 경우는 월/화/목 또는
월/화/금 또는 월/목/금에 운동을 한 경우이므로 수요일
에는 운동을 하지 않았다.

| 오답풀이 |

① 가능한 경우의 수는 4가지이다.
② 월요일, 화요일, 목요일에 운동을 하면 수요일과 금요일에 운동
　을 하지 않는다.
③ 월요일, 목요일, 금요일에 운동을 하면 화요일과 수요일에 운동
　을 하지 않는다.
⑤ 금요일에 운동을 하지 않으면 수요일에도 운동을 하지 않는다.

11 조건추리   정답 ⑤

| 정답풀이 |

A는 검은색 양말을 샀고, D는 검은색 양말을 사지 않았
으므로 흰색 또는 회색 양말을 샀다. D가 산 양말의 색
깔에 따라 가능한 경우는 다음과 같다.
 ⅰ) D가 흰색 양말을 산 경우
　　D가 흰색 양말을 샀다면 흰색 양말을 산 사람은 2명
　　이므로 D를 제외한 1명만 흰색 양말을 샀다. B와 D
　　는 같은 색 양말을 샀으므로 흰색 양말이 아닌 검은
　　색 또는 회색 양말을 샀고, C가 흰색 양말을 샀으면
　　F는 회색 또는 검은색 양말을 샀으며, F가 흰색 양
　　말을 샀으면 C가 회색 또는 검은색 양말을 샀다.

A	B	C	D	E	F
검은색	검은색	흰색	흰색	검은색	회색 또는 검은색
	회색	흰색	흰색	회색	회색 또는 검은색
	검은색	회색 또는 검은색	흰색	검은색	흰색
	회색	회색 또는 검은색	흰색	회색	흰색

 ⅱ) D가 회색 양말을 산 경우
　　D가 회색 양말을 샀다면 흰색 양말을 산 사람은 2
　　명이므로 B와 D가 흰색 양말을 사거나 C와 F가 흰
　　색 양말을 샀다. 이때 C와 F는 다른 색 양말을 샀으
　　므로 가능한 경우는 B와 D가 흰색 양말을 사는 경
　　우이다. 이에 따라 C와 F는 회색 또는 검은색 양말
　　을 샀다.

A	B	C	D	E	F
검은색	흰색	회색	회색	흰색	검은색
	흰색	검은색	회색	흰색	회색

따라서 B가 흰색 양말을 샀다면 E와 F는 다른 색 양말
을 샀다.

| 오답풀이 |

① 가능한 경우의 수는 10가지이다.
② D가 회색 양말을 샀다면 C는 회색 양말을 샀을 수도 있다.
③ E가 검은색 양말을 샀다면 F는 회색 또는 검은색 양말을 샀을
　수도 있다.
④ F가 흰색 양말을 샀다면 C는 회색 양말을 샀을 수도 있다.

| 정답풀이 |

공장마다 1명 또는 2명이 배치되었으므로 E의 진술은 B, F와 서로 엇갈린다. 만약 E가 참이라면 B, F는 거짓이므로 나머지 A, C, D는 모두 참이어야 하는데 C와 D가 모두 참이라면 C, D, F 3명이 한 공장에 배치되므로 모순이 발생한다. 이에 따라 E는 거짓이고 B, F가 참이며, C와 D 둘 중 하나는 거짓임을 알 수 있다.
B, F는 참, E는 거짓, C와 D 둘 중 하나는 거짓이므로 A는 반드시 참이다. A, B, F의 진술을 정리하면 다음과 같다.

1공장	2공장	3공장	4공장
E(혼자)	F		B(혼자)

A와 C는 같은 팀이 아니므로 2공장과 3공장에 서로 나뉘어 배치된다. 만약 C가 참이라면 D가 거짓이므로 최종 결과는 다음과 같다.

1공장	2공장	3공장	4공장
E(혼자)	A, F	C, D	B(혼자)

아무런 모순이 발견되지 않으므로 3공장에 배치된 사람은 C, D이다. 만약 C가 거짓이라면 D가 참이므로, 최종 결과는 다음과 같다.

1공장	2공장	3공장	4공장
E(혼자)	D, F	A, C	B(혼자)

이 경우 A와 C가 같은 공장에 배치되므로 모순이 발생한다.
따라서 3공장에 배치된 사람은 C, D이다.

| 13 | 조건추리 | 정답 ③ |

| 정답풀이 |

B팀은 2를 뽑아서 우승하였고 A팀은 한 번만 승리하고 결승에 올랐으므로 5 또는 6을 뽑았다. C팀은 D팀에게 패배했는데, C팀이나 D팀이 3, 4를 제외한 번호를 뽑았다면 C팀과 D팀이 맞붙을 수 없으므로 C팀과 D팀은 3 또는 4를 뽑았다.

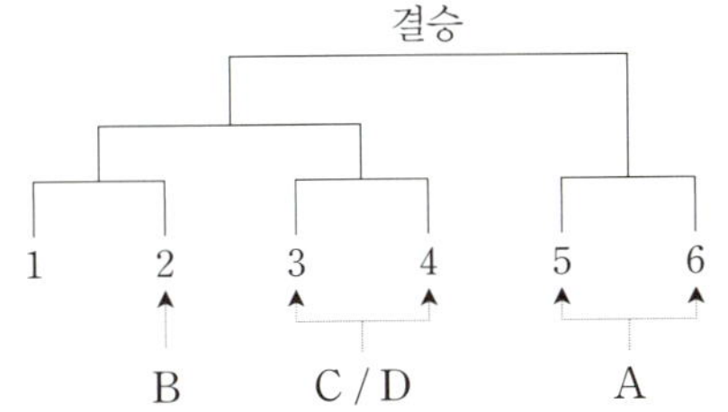

F팀은 홀수가 적힌 제비를 뽑았으므로 1 또는 5를 뽑았다. 만약 F팀이 1을 뽑았다면, 남은 E팀은 5 또는 6이 가능하고, F팀이 5를 뽑았다면 E팀은 1을 뽑았다.
따라서 F팀이 1을 뽑는 경우의 수는 E팀이 5 또는 6을 뽑는 경우의 수 2가지, C와 D가 3 또는 4를 뽑는 경우의 수 2가지를 곱해 총 2×2＝4(가지)이다.

| 오답풀이 |

① F팀이 1을 뽑으면 E팀은 A팀과 대결하고, F팀이 5를 뽑으면 E팀은 B팀과 대결하는데 A팀과 B팀 모두 결승까지 올랐으므로 E팀은 승리할 수 없다.
② C팀을 이기고 올라온 D팀은 B팀을 만나 패배한다.
④ A팀이 뽑을 수 있는 홀수가 적힌 제비는 5이고, 5를 뽑았다면 F팀은 1을 뽑고 B팀에게 패배한다.
⑤ E팀이 뽑을 수 있는 짝수가 적힌 제비는 6이고, 6을 뽑았다면 A팀은 홀수가 적힌 제비인 5를 뽑는다.

| 14 | 조건추리 | 정답 ② |

| 정답풀이 |

A는 배구를 좋아하므로 나머지 B~E는 배구를 좋아하지 않는다. B는 농구와 탁구를, C는 탁구를, D는 농구와 탁구를, E는 축구와 야구를 좋아하지 않으므로 각자 좋아할 수 있는 운동을 표로 나타내면 다음과 같다.

A	B	C	D	E
배구	축구 야구	축구 야구 농구	축구 야구	농구 탁구

이때 탁구를 좋아할 가능성이 있는 사람은 E뿐이므로 E는 탁구를 좋아한다. 남은 B, C, D 중에서 농구를 좋아할 가능성이 있는 사람은 C뿐이므로 C는 농구를 좋아한다. 남은 B, D는 축구 또는 야구를 좋아한다.

A	B	C	D	E
배구	축구/야구	농구	야구/축구	탁구

따라서 E는 탁구를 좋아한다.

| 오답풀이 |

① C는 농구를 좋아한다.
③ 가능한 모든 경우의 수는 2가지이다.
④ C는 항상 농구를 좋아한다.
⑤ E는 항상 탁구를 좋아한다.

3058 → ▲ → 0853 → ◆ → **(0976)**

15 도형추리   정답 ①

| 정답풀이 |

1열 도형 → 2열 도형 → 3열 도형: 우측으로 1칸씩 색
(음영) 이동한다.

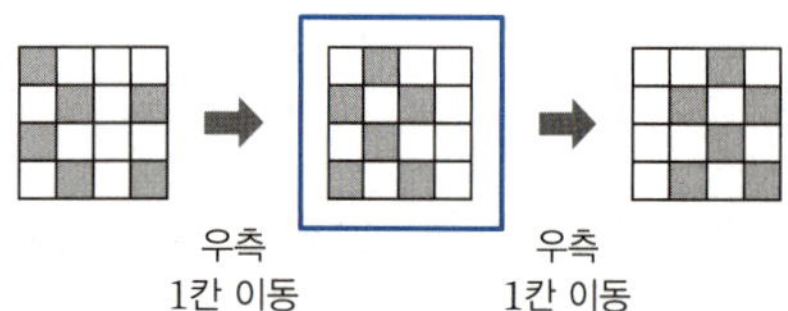

16 도형추리   정답 ⑤

| 정답풀이 |

- 외부 도형은 시계 방향으로 90° 회전한다.
- 내부 도형은 반시계 방향으로 90° 회전한다.

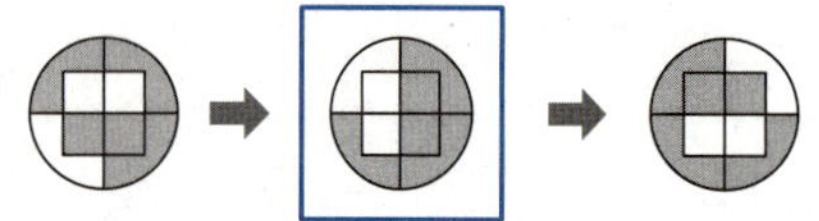

17 도형추리   정답 ①

| 정답풀이 |

1열에서 2열로 이동할 때, 내부 도형이 오른쪽으로 한
칸, 아래쪽으로 한 칸 이동한다. 2열에서 3열로 이동할
때, 내부 도형이 시계 방향으로 90° 회전한다.

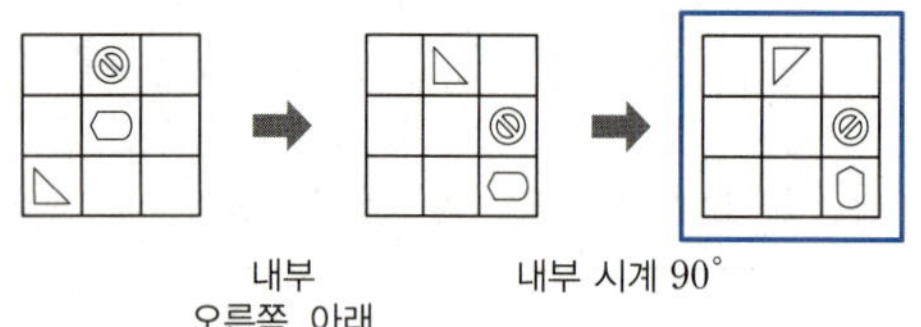

18 도식추리   정답 ④

| 정답풀이 |

주어진 기호의 규칙은 다음과 같다.

기호	규칙
●	1234 → 3241
◆	+0, +1, +2, +3
▼	−1, +1, −1, +1
▲	1234 → 2431

3058 → ▲ → 0853 → ◆ → **(0976)**

⏱ 빠른 풀이 스킬

다음과 같이 문자표를 일단 적어놓는다.

A	B	C	D	E	F	G	H	I	J	K	L	M
N	O	P	Q	R	S	T	U	V	W	X	Y	Z

주어진 도식을 보면 ● → ◆ → ▼ → ▲ 순으로 규칙
을 파악해야 한다.

- ●: 07NT → N7T0으로 추론할 수 있다. 명백한 순
서 바꾸기 규칙으로, 1234 → 3241이다.
- ◆: T1O4에 ●를 역으로 적용하면 41TO이다. 따라
서 ◆는 40RL → 41TO로 추론할 수 있다. 명백한 숫
자연산 규칙으로, (+0, +1, +2, +3)이다.
- ▼: KJFB에 ◆를 역으로 적용하면 KIDY이다. 따라
서 ▼는 LHEX → KIDY로 추론할 수 있다. 명백한 숫
자연산 규칙으로, (−1, +1, −1, +1)이다.
- ▲: M3S9에 ▼를 적용하면 L4R0이다. 따라서 ▲는
L4R0 → 40RL로 추론할 수 있다. 명백한 순서 바꾸
기 규칙으로, 1234 → 2431이다.

따라서 3058 → ▲ → 0853 → ◆ → 0976이므로 정
답은 ④이다.

19 도식추리   정답 ②

| 정답풀이 |

9S2W → ◆ → 9T4Z → ▲ → TZ49 → ▼ → **(SA30)**

20 도식추리   정답 ④

| 정답풀이 |

(5526) → ▼ → 4617 → ● → 1674

21 도식추리   정답 ⑤

| 정답풀이 |

(EANR) → ● → NARE → ◆ → NBTH → ▲ →
BHTN

22 문단배열 정답 ⑤

| 정답풀이 |

[가], [나], [라]는 텔레비전 요리 프로그램이 인기를 끄는 이유에 해당하고, [다]와 [마]는 그에 따라 발생하는 부정적 영향에 대한 설명이다.

제시된 첫 문장에서 요리 프로그램이 인기를 끌고 있다고 하였고, 이어서 [나]의 지시어 '이는(요리 프로그램이 인기를 끄는 이유)'으로 연결된다. 그리고 [라]의 '이러한 높은 관심(텔레비전 요리 프로그램에 대한 관심)을 반영'으로 이어지고, [가]에서 '시청자들은 요리 프로그램의 요리에 친숙함을 느낀다'와 같이 이유를 언급하는 것이 자연스럽다. [마]의 '그러나'는 역접 접속어로, 요리 프로그램의 부정적 영향을 제시하고, [다]의 접속어 '또한'으로 부정적 영향을 추가하여 진술하는 것이 자연스럽다. 따라서 논리적 순서에 맞게 배열한 것은 [나]-[라]-[가]-[마]-[다]이다.

23 문단배열 정답 ④

| 정답풀이 |

첫 문단으로 올 수 있는 것은 화제를 제시하고 있는 [가] 또는 [라]이며, [나]는 '이러한' 시도라고 이전에 언급한 내용을 말하고 있기에 첫 문단이 될 수 없다. [다] 역시 '특히'라며 내용을 강조하고 있기에 첫 문단이 되기에 논리적으로 적절하지 않다. 이후 [라]에서 마지막에 입체주의가 대상을 주관적으로 묘사하고자 한 시도의 내용을 [나]에서 이어 설명하며 이러한 시도에 대해 입체주의가 받은 평가 내용을 제시하고 있어서 [라] 다음으로는 [나]가 적절하다. 이후 [나]에서 아폴리네르를 소개한 내용이 [다]에 이어진다. 이후 [가]에서는 [다]에서 소개한 '과학적 입체주의'를 보충 설명하고 있다. 따라서 논리적 순서에 맞게 배열한 것은 [라]-[나]-[다]-[가]이다.

24 독해추론 정답 ③

| 정답풀이 |

웨이퍼의 구조를 구별하기 위해 플랫존으로 구성할 수 있는데, 노치로 대신하면 더 많은 다이를 만들 수 있어 효율이 높다는 것을 알 수 있다.

| 오답풀이 |

① 다이와 다이가 일정한 간격을 두고 서로 떨어져 있을 수 있도록 한 것이 스크라이브 라인임을 알 수 있다.

② 단결정 기둥을 적당한 두께로 얇게 썬 원판을 의미하는 웨이퍼는 대부분 실리콘으로 만듦을 알 수 있다.

④ 웨이퍼라는 얇은 기판 위에 다수의 동일 회로를 만들어 반도체 집적회로를 만들 수 있음을 알 수 있다.

⑤ 반도체 집적회로는 다양한 기능을 처리하고 저장하기 위해 많은 소자를 하나의 칩 안에 집적한 전자부품임을 알 수 있다.

25 독해추론 정답 ①

| 정답풀이 |

'네모 가든'은 이름이 Nemo인 것이지 이것이 square를 뜻하는 것은 아니다. 주어진 글을 보면 '네모 가든'은 구 형태이며 돔 모양임을 알 수 있다.

| 오답풀이 |

② 네모 가든은 식물을 토양이 아닌 바닷속에서 키우는 대규모 실험 프로젝트라고 하였다.

③ 네모 가든은 투명 플라스틱 돔의 습한 공기가 햇빛에 의해 데워지면 벽면에 결로 현상이 일어나는데, 이 물을 이용해 식물을 재배한다고 하였다.

④ 네모 가든에는 플라스틱 돔으로 된 수중 생태계에 수경재배장치와 공기 순환을 위한 팬을 설치하였으며 현재 다양한 허브가 자라고 있다고 하였다.

⑤ 네모 가든은 바닷속 온실의 실현 가능성을 검증할 수 있으며 반복 재배에 따른 황폐화가 불가피한 토양과 달리 식물의 영구 재배의 가능성을 보여 주는 프로젝트라고 하였다.

26 독해추론 정답 ④

| 정답풀이 |

고분자 유기발광소자는 고분자를 발광체로 활용해 전기에너지를 빛에너지로 변환하는 소자로 높은 생산성을 기대할 수 있지만 불안정성이 단점으로 지적되었음을 알 수 있다.

| 오답풀이 |

① 처리 온도에 따라 자발적으로 형성되는 물결 모양의 나노 구조 산화아연을 사용해 발광효율을 5%에서 17.8%로 3배 정도 높였음을 알 수 있다.

② 고분자 유기발광소자의 발광효율과 안정성을 높일 수 있는 공정이 개발되었음을 알 수 있다.

③ 유기태양전지 등을 실용화하려면 소자의 안정성을 한 단계 더 높일 필요가 있음을 알 수 있다.

⑤ 차세대 디스플레이 등의 광원으로 주목받는 고분자 유기발광소자는 형태 · 무게 등에 제약이 적음을 알 수 있다.

27 독해추론　　　　　　　　　　　　정답 ④

| 정답풀이 |

표적치료는 표적이 되는 특정 유전자나 단백질을 가지고 있는 환자에게만 효과적이며, 정상세포에서의 예기치 못한 교차반응으로 인하여 부작용이 동반될 수 있다고 했다.

| 오답풀이 |

① 첫 번째 문단에 인슐린은 인슐린 수용체를 가진 표적세포로 하여 이 세포에만 작용한다고 하였다.
② 두 번째 문단에 기존의 항암제는 세포독성 약물로서, 세포 내에 일반적으로 존재하는 DNA나 미세소관을 표적으로 하기 때문에 암세포에 대해서는 치료 효과를 나타내지만 정상세포에는 악영향을 끼치는 부작용을 초래한다고 하였다.
③ 두 번째 문단에 표적치료는 암이 발생하는 데 핵심적인 역할을 하는 것으로 알려진 특정 유전자나 단백질, 신호전달경로를 표적으로 하여 약물을 전달함으로써 암세포를 제거한다고 하였다.
⑤ 두 번째 문단에 표적치료를 한다 해도 선천적 혹은 후천적 약물 내성의 출현으로 인해 효과가 감소할 수 있다고 하였다.

28 독해추론　　　　　　　　　　　　정답 ②

| 정답풀이 |

주어진 글은 스타 토폴로지가 네트워크 토폴로지 중 최고의 네트워크 구성이라고 언급하고 있다. 그 이유에 대해 스타 토폴로지는 네트워크 안의 모든 노드가 동축 케이블이나 연선 또는 광케이블을 통해 직접 하나의 중앙 허브에 연결되어 있으므로 구조가 단순하고 관리가 쉽다는 특성을 들었다. 네트워크를 확장하거나 줄여나갈 때 설정과 관리가 간단하다는 것 또한 그 근거이다. 그러나 중앙 허브에 장애가 발생할 경우, 전체 네트워크가 동시에 마비될 수 있다는 구조적 한계가 존재한다.
따라서 중앙 허브 장애 시 전체 네트워크가 중단된다는 점을 지적한 것은 반론으로 가장 적절하다.

| 오답풀이 |

① 중앙 허브에서 전체 네트워크를 편리하게 관리할 수 있다는 것은 스타 토폴로지의 장점이므로 반론으로 적절하지 않다.
③ 스타 토폴로지는 구조가 복잡하지 않고 디자인이 단순하기 때문에 네트워크를 확장하거나 줄여나갈 때 설정과 관리가 간단하므로 설치 및 관리 측면에서 효율적이다. 따라서 스타 토폴로지의 속성이 아니므로 반론으로 적절하지 않다.
④ 주어진 글의 '네트워크 안의 각각의 노드에서 보낸 정보가 목적지에 닿기 위해서는 반드시 중앙 노드를 지나야 한다.'는 내용을 볼 때, 스타 토폴로지는 각각의 노드가 중앙 허브와 독립적으로 연결되어 있어서 안정적인 배치라는 것은 스타 토폴로지가 최고의 네트워크 구성이라는 근거가 되므로 반론으로 적절하지 않다.
⑤ 노드 하나에서 장애가 발생하더라도 나머지 네트워크는 영향을 받지 않고 기능하는 것 또한 스타 토폴로지가 최고의 네트워크 구성이라는 근거가 되므로 반론으로 적절하지 않다.

29 독해추론　　　　　　　　　　　　정답 ⑤

| 정답풀이 |

나무의 나이테 너비 변화에 영향을 주는 환경 요소들 중 더 큰 영향을 받는 요소에 관한 내용은 언급하지 않으므로 물보다 이산화탄소에 더 큰 영향을 받는지는 추론할 수 없다.

| 오답풀이 |

① 주어진 글에서 나이테는 위치에 따라 크게 심재, 변재로 구분된다고 하였다.
② 주어진 글에서 나무의 나이는 심재와 변재의 나이테의 수를 합하여 센다고 설명하였다.
③ 주어진 글에서 심재는 생장이 끝난 부분이고 변재는 생장 세포가 활성화되어 있는 바깥 부분이기에 나이테의 너비 변화는 생장이 이루어지는 변재에서 나타날 것이라고 추론할 수 있다.
④ [보기]에서 나무의 나이테의 너비 변화에 모든 환경 요소가 영향을 주는 것은 아니라고 하였다.

30 독해추론　　　　　　　　　　　　정답 ③

| 정답풀이 |

[보기]에 따르면 달 표면 대부분에서 물 유사 물질인 '하이드록실기'를 발견했다고 설명하고 있다.

| 오답풀이 |

① 달은 월면 지하에 사장암이 존재하는 것으로 전체가 모두 사장암으로 이루어져 있는지 알 수 없다.
② 달에는 대기가 없어 태양풍이 바로 표면에 꽂힌다고 설명하고 있다.
④ 달에는 햇빛이 드는 부분이 있음을 추론할 수 있으며 이때 물이 태양풍에 공격당해 변형된 것이라고 설명하고 있다.
⑤ 달에 존재하는 물 성분 중 남극의 물은 꽁꽁 언 상태로 존재하고 있다고 분석하고 있다.

| 수리논리 | | | | | | | | | P.190 |

수리논리									P.190
01	⑤	02	②	03	①	04	④	05	④
06	③	07	③	08	④	09	③	10	④
11	②	12	③	13	②	14	⑤	15	⑤
16	③	17	④	18	②	19	④	20	②

01 응용수리 정답 ⑤

| 정답풀이 |

전년도와 올해의 판매량을 정리하면 다음과 같다.

구분	무선이어폰	유선이어폰	전체 판매량 (만 대)
전년도	A	B	0.8B×3
올해	1.1A	0.8B	5,850

전년도 A+B=2.4B이므로, A=1.4B이다.

올해 전체 판매량 1.1A+0.8B=5,850에 A=1.4B를 대입하면 1.54B+0.8B=5,850이다.

따라서 A=3,500, B=2,500이므로 올해 무선이어폰 판매량은 3,500×1.1=3,850(만 대)이다.

02 응용수리 정답 ②

| 정답풀이 |

A학교의 남학생이 전체의 80%이므로 여학생은 전체의 20%이다.

- 운동을 좋아하는 남학생 비율:
  (전체의 80%)×80%=전체의 64%
- 운동을 좋아하는 여학생 비율:
  (전체의 80%)−(전체의 64%)=전체의 16%
- 운동을 좋아하지 않는 여학생 비율:
  (전체의 20%)−(전체의 16%)=전체의 4%

따라서 전체 여학생 중 운동을 좋아하지 않을 확률은 $\dfrac{전체의\ 4\%}{전체의\ 20\%}\times100=20(\%)$이다.

⏱ 빠른 풀이 스킬

해당 문항은 전체를 100명으로 가정하고 계산하면 빠르게 정리할 수 있다.

- 전체 학생: 100명
- 남학생: 80명
- 여학생: 20명

운동을 좋아하는 학생의 80%가 남학생이므로 운동을 좋아하는 남학생 64명, 운동을 좋아하는 여학생 16명이다.

따라서 여학생 20명 중 운동을 좋아하지 않는 학생은 4명이며, $\dfrac{4}{20}=20(\%)$이다.

03 자료해석 정답 ①

| 정답풀이 |

2020년부터 2024년까지 매출액을 확인해 보면 다음과 같다.

- 2020년: 10,000×1.1=11,000(백만 원)
- 2021년: 11,000×0.8=8,800(백만 원)
- 2022년: 8,800×1.15=10,120(백만 원)
- 2023년: 10,120×1.2=12,144(백만 원)
- 2024년: 12,144×0.9=10,929.6(백만 원)

따라서 2024년 매출액은 2019년 대비 증가했다.

| 오답풀이 |

② 2020년 매출액은 11,000백만 원이고, 2015년 매출액은 5,000백만 원이므로 2020년 매출액은 2015년 대비 100% 이상 증가하였다.

③ 제시된 기간 중 매출액이 가장 많은 해는 매출액이 12,144백만 원인 2023년이다.

④ 2016년부터 2019년까지 매출액이 전년 대비 감소한 해는 2018년 1개이다.

⑤ 2021년 이후 매출액의 전년 대비 증가율이 전년 대비 증가한 해는 2022년과 2023년 2개이다.

⏱ 빠른 풀이 스킬

① 증가율만 곱하면 증감 여부를 쉽게 파악할 수 있다. 2019년의 매출액을 100이라고 가정하고, 2020년부터 2024년까지의 증가율을 곱하면 10×1.1×0.8×1.15×1.2×0.9를 계산해야 하는데 10×1.1×0.8×1.15=10.120이고, 1.2×0.9=1.08이므로 10.12×1.08>10임을 계산하지 않고도 알 수 있다. 따라서 2024년 매출액은 2019년 대비 증가했다.

② 매출액을 살펴보면 [표]에서는 2019년이 가장 많고, 2020년은 전년 대비 증가했으므로 2020년부터 2024년 중 매출액이 가장 높은 해가 존재한다. 이

때 2021년과 2024년은 전년 대비 감소했고 2023
년은 2022년 대비 증가했으므로 가장 높은 해는
2020년과 2023년 중 하나이다. 여기서 계산을 통
해 2020년은 2022년보다 매출액이 적음을 확인하
면 매출액이 가장 많은 해는 2023년임을 쉽게 알
수 있다.

04 자료해석 정답 ④

| 정답풀이 |

2025년에 연구원 1인당 연구비가 감소한 D연구실은 제
외, A, B, C연구실의 2025년 연구원 1인당 연구비의 전
년 대비 증가율은 다음과 같다.

- A연구실: $\dfrac{(12{,}500-11{,}000)}{11{,}000}\times100 ≒ 13.6(\%)$

- B연구실: $\dfrac{(15{,}000-14{,}000)}{14{,}000}\times100 ≒ 7.1(\%)$

- C연구실: $\dfrac{(20{,}000-18{,}000)}{18{,}000}\times100 ≒ 11.1(\%)$

따라서 증가율이 가장 높은 연구실은 A연구실이다.

| 오답풀이 |

① 2025년 연구실별 총연구비는 다음과 같다.
- A연구실: $7{,}500+5\times12{,}500=70{,}000$(만 원)
- B연구실: $25{,}000+3\times15{,}000=70{,}000$(만 원)
- C연구실: $23{,}000+4\times20{,}000=103{,}000$(만 원)
- D연구실: $10{,}000+8\times11{,}500=102{,}000$(만 원)

따라서 총연구비가 가장 많은 연구실은 C연구실이다.

② 기초연구비는 매년 일정하므로 연구원 수와 연구원 1인당 연구
비의 곱만 비교하면 다음과 같다.

(단위: 만 원)

구분	2025년	2024년
A연구실	62,500	66,000
B연구실	45,000	28,000
C연구실	80,000	72,000
D연구실	92,000	72,000

따라서 총연구비가 전년보다 줄어든 연구실은 A연구실 1곳이
다.

③ 2025년 연구원 수가 전년보다 늘지 않은 연구실은 6명에서 5명
으로 감소한 A연구실과 4명으로 유지된 C연구실 2곳이다.

⑤ 각 연도별 전체 연구실의 연구원 1인당 연구비 평균은 다음과
같다.
- 2024년: $(11{,}000+14{,}000+18{,}000+12{,}000)÷4=13{,}750$
  (만 원)
- 2025년: $(12{,}500+15{,}000+20{,}000+11{,}500)÷4=14{,}750$
  (만 원)

따라서 연구원 1인당 연구비 평균 증가율은 $\dfrac{(14{,}750-13{,}750)}{13{,}750}$
$\times100=7.27(\%)$이므로 10% 이상 증가하지 않았다.

05 자료해석 정답 ④

| 정답풀이 |

B국과 C국의 실질GDP를 소수점 첫째 자리에서 반올
림하여 구하면 다음과 같다.

(단위: 십억 달러)

구분	B국	C국
2020년	1,000	1,000
2021년	1,010	1,035
2022년	1,025	1,076
2023년	1,046	1,124
2024년	1,072	1,141

따라서 B국의 실질GDP가 C국을 넘어선 적은 없다.

| 오답풀이 |

① A국의 실질GDP 증가율은 매년 양수이므로 실질GDP는 매년 증
가하였다.

② 2022년 C국의 실질GDP는 $1{,}000\times1.035\times1.04=1{,}076.4$(십
억 달러)이므로 1조 764억 달러이다.

③ A국과 B국의 실질GDP를 소수점 첫째 자리에서 반올림하여 구
하면 다음과 같다.

(단위: 십억 달러)

구분	A국	B국
2020년	1,500	1,000
2021년	1,575	1,010
2022년	1,630	1,025
2023년	1,654	1,046
2024년	1,728	1,072

따라서 실질GDP는 A국이 매년 B국보다 높다.

⑤ 2023년 실질GDP가 가장 높은 국가는 A국(1,654)이며, 가장 낮
은 국가는 B국(1,045)이다. 따라서 두 국가의 실질GDP 차이는
$1{,}654-1{,}045=609$(십억 달러)이다.

⏱ 빠른 풀이 스킬

③ A국과 B국 모두 실질GDP가 매년 증가한다. 이때 B
국의 2024년 실질GDP를 대략적으로 계산하면
1,100십억 달러 이하인데 이는 A국의 2020년 실질
GDP인 1,500십억 달러에 한참 못 미치므로 A국의
실질GDP는 매년 B국의 실질GDP보다 높음을 쉽게
알 수 있다.

④ 2023년까지 C국의 실질GDP 증가율이 B국보다 높
 으므로 2023년까지 C국의 실질GDP가 B국보다 높
 음을 알 수 있다. 이때 2024년에만 B국의 증가율이
 더 높은데, 그동안 2023년까지 누적된 증가율 격차
 가 매우 크므로 2024년에 B국이 역전하지 못한다
 는 것을 쉽게 알 수 있다.

06 자료해석　　　　　　　　정답 ③

| 정답풀이 |

2022년 대비 2023년 A사의 시장 점유율 증가폭은 $40-36=4(\%p)$이며, 2021년 대비 2022년 A사의 시장 점유율 증가폭은 $36-35=1(\%p)$이다.

따라서 2022년 대비 2023년 A사의 시장 점유율 증가폭은 2021년 대비 2022년 A사의 시장 점유율 증가폭보다 크다.

| 오답풀이 |

① 2020년 대비 2023년 국내 로봇청소기 전체 시장 규모 증가율:
$$\frac{(4,800-1,800)}{1,800}\times100≒167(\%)$$

2020년 대비 2023년 국내 로봇청소기 전체 시장 내 A사의 점유율 증가율: $\frac{(40-25)}{25}\times100=60(\%)$

국내 로봇청소기 전체 시장 규모의 증가율이 A사의 점유율 증가율보다 크다.

② 국내 로봇청소기 전체 시장 규모에서 A사의 점유율로 각 연도의 매출액을 계산하면 다음과 같다.

2020년: $1,800\times0.25=450$(억 원)

2023년: $4,800\times0.4=1,920$(억 원)

A사의 매출액 증가율: $\frac{(1,920-450)}{450}\times100=326.6(\%)$

같은 기간 전체 시장 규모의 증가율: $\frac{(4,800-1,800)}{1,800}\times100≒167(\%)$

A사의 매출액 증가율이 전체 시장 규모의 증가율보다 크다.

④ 국내 로봇청소기 A사의 2023년 4분기 매출액은 $1,920-220-470-560=670$(억 원)으로 680억 원에 미치지 못한다.

⑤ 2022년 4분기 영업이익은 280억 원×7%=19.6(억 원)이고, 2023년 1분기 영업이익은 220억 원×15%=33(억 원)이므로 2023년 1분기가 더 크다.

07 자료해석　　　　　　　　정답 ③

| 정답풀이 |

B기업의 2021년 매출액($5,500-4,800=700$)은 A기업의 2022년 매출액($7,400-6,700=700$)과 같다.

| 오답풀이 |

① A기업의 2021년 매출액($6,700-6,200=500$)은 B기업의 2022년 매출액($6,100-5,500=600$)보다 더 작다.

② C기업의 2022년 매출액($8,300-7,900=400$)은 A기업의 2023년 매출액($7,900-7,400=500$)보다 더 작다.

④ A기업의 2022년 매출액($7,400-6,700=700$)은 C기업의 2023년 매출액($8,800-8,300=500$)보다 더 크다.

⑤ B기업의 2023년 매출액($6,500-6,100=400$)은 C기업의 2021년 매출액($7,900-7,300=600$)보다 더 작다.

08 자료해석　　　　　　　　정답 ④

| 정답풀이 |

지능형농작업기 국내 시장 규모 전년 대비 증가량은 2020년(3,500), 2021년(1,500), 2022년(2,000), 2023년(1,000), 2024년(2,000)으로 2020년이 가장 많이 증가하였다.

따라서 2020년의 전년 대비 증가율은
$$\frac{(21,500-18,000)}{18,000}\times100≒19.4(\%)$$이므로 20% 이하이다.

| 오답풀이 |

① 시설원예 면적의 변화가 스마트 팜 보급 때문이라는 인과관계는 제시되지 않았다.

② 2019년 이후 생산시스템 국내 시장 규모의 전년 대비 증가량과 증가율은 다음과 같다.

구분	2020년	2021년	2022년	2023년	2024년
증가량 (억 원)	1,000	1,000	2,000	1,000	1,000
증가율	6.3%	5.9%	11.1%	5.0%	4.8%

2022년에 증가하였으므로 지속적으로 감소한 것은 아니다.

③ 축산 호수의 변화가 스마트 팜 보급 때문이라는 인과관계는 제시되지 않았다.

⑤ 식물공장의 규모가 전년대비 가장 많이 증가한 해는 2020년이며, 증가율은 다음과 같다.
$$\frac{(2,800-1,800)}{1,800}\times100≒55.5(\%)$$이므로 57% 이상이 아니다.

09 자료해석　　　　　　　　정답 ③

| 정답풀이 |

2018년부터 2020년까지 반도체 전체 글로벌 시장점유율의 평균은 $\frac{16.5+21.4+23.6+18.4+18.4}{5}=19.66(\%)$이므로 20% 미만이다.

| 오답풀이 |

① 2019년부터 2023년까지 반도체 수입액은 전년 대비 매년 증가했다.

② 2023년 반도체 수출액은 1,280억 달러로, 2018년 반도체 수출액의 2배인 620×2=1,240(억 달러)보다 많으므로 2배 이상 증가했다.

④ 2016년부터 2021년까지 글로벌 시장점유율은 반도체 전체와 메모리 반도체의 증감 추이는 증가, 증가, 감소, 증가, 증가, 감소로 동일하다.

⑤ 2018년 이후 시스템 반도체의 글로벌 시장점유율이 전년 대비 가장 크게 감소한 해는 0.5%p 감소한 2018년이고, 2018년의 DRAM 가격은 2.0달러로 2018~2023년 중 최저이다.

⏱ 빠른 풀이 스킬

③ 2018년부터 2022년까지 5개년도의 평균이 20 이상이려면 합이 100 이상이어야 하는데 5개년도의 반도체 전체 글로벌 시장점유율을 모두 더하면 그 수치는 98.30이므로 평균은 20 미만임을 쉽게 알 수 있다.

10 자료해석　　　　정답 ④

| 정답풀이 |

제시된 기간 중 GDP 대비 총 부담금 규모가 처음으로 1.2%를 초과하는 해인 2020년에 기타 부담금 규모는 전년 대비 4.1−3.1=1.0(조 원) 증가하였다.

| 오답풀이 |

① 2022년 총 부담금 규모는 2021년 대비 $\frac{(20.0-18.5)}{18.5}\times100≒$ 8.1(%) 증가하였다.

② 2017년 이후 금융부문 부담금 규모가 전년 대비 증가한 해는 2017년~2019년, 2022~2024년 총 6개이다.

③ 2024년 부담금 규모는 환경건설부문이 농림수산부문보다 4.1−1.4=2.7(조 원) 더 크다.

⑤ 2021~2024년 산업정보부문 부담금 규모는 연평균 $\frac{5+5+5.3+4.7}{4}=5$(조 원)이다.

11 자료해석　　　　정답 ②

| 정답풀이 |

2017년 이후 총 부담금 규모가 전년 대비 감소한 해는 2024년이다. 따라서 2024년 총 부담금 규모에서 기타 부담금 규모가 차지하는 비중은 $\frac{4.4}{19.0}\times100≒23$(%)이다.

12 자료해석　　　　정답 ③

| 정답풀이 |

2024년 A시의 온실가스 배출량 전년 대비 증감률은 $\frac{(520-550)}{550}\times100=-5.45$(%)이므로 −5% 이하이다.

| 오답풀이 |

① 2024년과 2025년 건물 온실가스 배출량(535만 톤×66%)이 동일할 때, A시의 온실가스 배출량은 2024년(520만 톤)이 2025년(535만 톤)보다 적으므로 배출 비율은 더 높아진다. 그러므로 66% 이상이다.

② 2025년 A시의 수송 온실가스 배출량은 535×0.3=160.5(만 톤)이므로 160만 톤 이상이다.

④ 2025년 A시의 폐기물 온실가스 배출량(4%)이 공공 건물 온실가스 배출량(5%)보다 적다.

⑤ A시의 온실가스 배출량은 2025년에 535만 톤이고, 2022년에 560만 톤이므로 25만 톤 이상 감소했다.

13 자료해석　　　　정답 ②

| 정답풀이 |

2025년의 수송 부문 온실가스 배출 비율은 30%이다.
- 2023년 수송 배출량: 550×0.3=165.0(만 톤)
- 2025년 수송 배출량: 535×0.3=160.5(만 톤)

따라서 2023년 대비 2025년 수송 온실가스 배출량의 증감률은 다음과 같이 계산한다.
$\frac{(160.5-165.0)}{165.0}\times100≒-2.72$(%)이므로 −2.7%이다.

14 자료해석　　　　정답 ⑤

| 정답풀이 |

2019년 국내 골프연습장 수의 전년 대비 증감률이 3%이므로, 2018년(전년도) 국내 골프연습장 수는 10,500개÷1.03≒10,194(개)로 10,000개 이상이다.

| 오답풀이 |

① 국내 골프연습장 수는 2022년부터 증가하기 시작했다.

② 2023년 창업 매장 수는 2022년보다 감소했으므로 지속적으로 증가한 것은 아니다.

③ 폐업 매장 수가 창업 매장 수보다 많았던 해는 2020년, 2021년으로 2번이다.

④ 2020년 폐업 매장 수와 2023년 폐업 매장 수는 전년보다 증가했으므로 매년 감소한 것은 아니다.

⑤ 2018년 국내 골프연습장 수를 10,000개라 두면, 2019년은 10,300개(10,000×1.03)가 되어야 한다. 2019년은 10,500개이므로 2018년은 적어도 10,000개 이상이다.
또는 골프연습장 수=전년도 골프연습장 수+(창업 매장 수−폐업 매장 수)이고, 2019년 10,500개=2018년 골프연습장 수+(800−500)이므로 2018년은 10,200개이다.

15 자료해석 　　　　정답 ⑤

| 정답풀이 |

ㄴ 골프연습장 수=전년도 골프연습장 수+(창업 매장 수−폐업 매장 수)이다.
2021년 창업과 폐업 매장 수가 동일했다면, 2021년 골프연습장 수는 9,500개(2020년)이었을 것이고, 2022년 전년 대비 증감률은 $\dfrac{(9,600-9,500)}{9,500}\times100$ ≒1.1(%)이므로 2%가 되지 않는다.

ㄹ 2024년 국내 골프연습장 수는 $10,000(2023년)+(950-250)=10,700(개)$이므로 2019년(10,500개)보다 더 많다.

| 오답풀이 |

ㄱ 2018년 골프연습장 수는 알 수 있지만, 창업 매장 수는 알 수 없다.

ㄷ 2019~2023년 창업 매장 수는 800+150+500+800+700=2,950(개)이며, 폐업 매장 수는 500+1,150+1,000+200+300=3,150(개)이므로 창업 매장 수가 폐업 매장 수보다 적다.

16 자료해석 　　　　정답 ③

| 정답풀이 |

2020년 사이버 범죄 검거율은 $\dfrac{107,000}{131,100}\times100$≒81.6(%)이므로 80% 이상이다.

| 오답풀이 |

① 2021년부터 2023년까지 망 이용과 불법콘텐츠 사이버 범죄 발생 건수는 매년 전년 대비 증가했다.

② 2023년 사이버 범죄 발생 건수의 2020년 대비 증가율은 망 침해가 약 38.7%, 망 이용이 약 86.9%, 불법콘텐츠가 약 42.9%이므로 가장 높은 유형은 망 이용이다.

④ 2022년 사이버 범죄 발생 건수 중 검거하지 못한 건수는 179,600−146,000=33,600(건)이다.

⑤ 2023년 사이버 범죄 발생 건수에서 불법콘텐츠 사이버 범죄 발생 건수가 차지하는 비중은 $\dfrac{30,000}{234,300}\times100$≒12.8(%)이므로 10% 이상이다.

② 2023년 사이버 범죄 발생 건수의 2020년 대비 증가량을 보면 망 이용은 2배 가까이 증가했지만 망 침해와 불법콘텐츠는 대략적으로 계산하면 1.5배 미만으로 증가했으므로 망 이용의 증가율이 가장 높음을 쉽게 알 수 있다.

③ 2020년 발생 건수의 80%는 131,100×0.8=104,880(건)이므로 107,000건인 검거 건수는 발생 건수의 80% 이상임을 쉽게 알 수 있고, 검거율은 발생 건수에서 검거 건수가 차지하는 비중이므로 검거율도 80% 이상임을 알 수 있다.

⑤ 2023년 사이버 범죄 발생 건수의 10%는 234,300×0.1=23,430(건)이고, 불법콘텐츠 사이버 범죄 발생 건수는 30,000건이므로 사이버 범죄 발생 건수에서 불법콘텐츠가 차지하는 비중은 10% 이상임을 쉽게 알 수 있다.

17 자료해석 　　　　정답 ④

| 정답풀이 |

ㄱ 2021년 사이버 범죄 검거 건수는 2020년 대비 112,000−107,000=5,000(건) 증가했다.

ㄷ 제시된 기간 중 사이버 범죄 발생 건수가 가장 많은 해인 2023년에 망 이용 사이버 범죄 발생 건수가 차지하는 비중은 $\dfrac{200,000}{234,300}\times100$≒85.4(%)이므로 90% 미만이다.

| 오답풀이 |

ㄴ 2022년 사이버 범죄 발생 건수는 망 이용이 망 침해의 $\dfrac{151,000}{3,600}$≒41.9(배)이므로 50배 미만이다.

18 자료해석 　　　　정답 ②

| 정답풀이 |

2021년과 2023년의 경제성장률, 장기경제성장률, 실업률을 이용하면
$6=(a\times3)-(b\times2)$와 $-4=(a\times2)-(b\times2)$이므로 $a=10$, $b=12$이다.

• 2022년: ㄱ=$(10\times4)-(12\times3)=4(\%)$

• 2024년: $-2=(10\times1)-(12\times(ⓛ-15.2))$,

           $ⓛ-15.2=1$,

           $ⓛ=16.2(\%)$

따라서 ㉠은 4, ㉡은 16.2이다.

19 자료해석   정답 ④

| 정답풀이 |

전분기 대비 변화량(%p)은 다음과 같다.

구분	22년 2분기	22년 3분기	22년 4분기	23년 1분기	23년 2분기
미국	1.5%p	1.5%p	1.25%p	0.5%p	0.25%p
한국	0.5%p	0.75%p	0.75%p	0.25%p	0%p

전분기 대비 변화율(%)은 다음과 같다.

구분	22년 2분기	22년 3분기	22년 4분기	23년 1분기	23년 2분기
미국	600%	약 86%	약 38%	약 11%	5%
한국	40%	약 43%	30%	약 8%	0%

따라서 정답은 ④이다.

📋 알아두면 좋은 TIP

변화량(%p)과 변화율(%)에 대해 구분만 해도 선택지 몇 개는 소거시킬 수 있다.

변화량(절대적인 증감량)의 단위는 %－%＝%p이고, 변화율(상대적인 증감률)의 단위는 $\dfrac{\%p}{\%}\times100=\%$이다.

②는 변화율(%)에 대한 것이고, ⑤는 변화량(%p)에 대한 것이다.

---

20 자료해석   정답 ②

| 정답풀이 |

호동의 저축액은 5만 원과 10만 원이 반복되고, 재석의 저축액은 매일 5만 원씩 늘어난다. 호동과 재석의 저축 누적액은 다음과 같다.

(단위: 만 원)

구분	호동	재석	호동×2
230일 차	105	105	210
231일 차	115	115	230
232일 차	120	130	240
233일 차	130	150	260
⋮	⋮	⋮	⋮
237일 차	160	280	320
238일 차	165	325	330
239일 차	175	375	350

따라서 처음으로 재석이 저축한 누적액이 호동의 누적금액의 2배 이상이 되는 것은 239일차이다.

📋 알아두면 좋은 TIP

재석은 5, 10, 15, …씩 누적되므로, 5×(1+2+3+…)으로 생각할 수 있고, 호동은 2일마다 5+10=15(만 원)씩 누적된다.

선택지를 확인해 보면 최대가 240일 차인데, 이때 재석의 저축액은 5×(1+2+3+…+11)=330이다. 저축 누적액은 재석이 100+330=430(만 원)이고 호동이 100+(15×5+5)=180(만 원)이다. 즉, 240일 차 저축 누적액은 재석(430만 원), 호동(180만 원)으로 재석은 호동의 2배 이상이다.

239일 차는 재석 430－55=375(만 원), 호동 180－5=175(만 원)으로 재석은 호동의 2배 이상이다.

238일 차는 재석 375－50=325(만 원), 호동 175－10=165(만 원)으로 재석은 호동의 2배 이상이 아니다.

따라서 처음으로 재석이 저축한 누적액이 호동의 누적액의 2배 이상이 되는 시기는 239일 차이다.

01	⑤	02	③	03	④	04	⑤	05	③
06	④	07	⑤	08	⑤	09	②	10	②
11	④	12	②	13	①	14	④	15	③
16	④	17	①	18	②	19	①	20	④
21	②	22	④	23	④	24	③	25	③
26	①	27	③	28	②	29	③	30	④

01   명제   정답 ⑤

| 정답풀이 |

전제2의 대우명제와 전제1을 고려하면 다음과 같은 벤다이어그램을 그릴 수 있다.

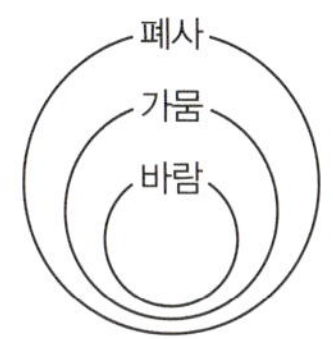

'폐사'가 '바람'을 포함하고 있으므로 '바람 → 폐사'가 항상 성립한다.

따라서 항상 참인 결론은 '바람이 세게 불면 닭들이 폐사한다.'의 대우명제인 '닭들이 폐사하지 않으면 바람이 세게 불지 않는다.'이다.

⏱ 빠른 풀이 스킬

모든 B → A
모든 ~C → ~A (대우명제로 부정 소거 A → C)
• 결론: 모든 B → C (대우명제 ~C → ~B)

전제1과 전제2 모두 some 개념이 등장하지 않으므로 삼단논법을 사용하여 문제를 해결할 수 있다. 바람이 세게 부는 것을 '바', 가뭄이 오는 것을 '가', 닭들이 폐사하는 것을 '폐'라고 표시하고 전제1과 전제2를 다시 써보면 다음과 같다.

• 전제1: 바 → 가
• 전제2: ~폐 → ~가

전제1과 전제2에서 모두 '가'가 등장하므로 '가'가 전제1과 전제2를 연결하는 연결고리, 즉 매개념이다. 매개념을 이용하기 위해 전제2의 대우명제를 구해보면 '가 → 폐'이므로 전제1과 전제2를 서로 연결하면 '바 → 폐'라는 결론을 내릴 수 있다. 따라서 정답은 '바 → 폐'의 대우명제인 ⑤이다.

02   명제   정답 ③

| 정답풀이 |

전제1의 대우 명제는 '건강하지 않은 모든 학생은 음식을 골고루 먹지 않는다.'이므로 건강하지 않은 모든 학생이 인스턴트 식품을 좋아하면 인스턴트 식품을 좋아하면서 음식을 골고루 먹지 않는 학생이 반드시 존재하게 된다.

따라서 결론이 반드시 참이 되게 하는 전제2는 '건강하지 않은 어떤 학생은 인스턴트 식품을 좋아한다.'이다.

| 오답풀이 |

음식을 골고루 먹는 학생을 A, 건강한 학생을 B, 인스턴트 식품을 좋아하는 학생을 C라고 하면

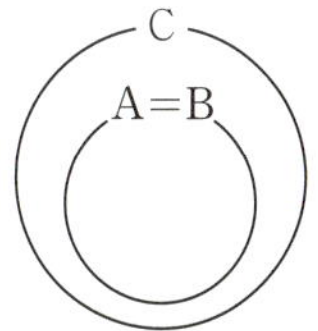

①, ② 음식을 골고루 먹는 모든 학생은 건강하고, 인스턴트 식품을 좋아하는 모든 학생이 건강하면 인스턴트 식품을 좋아하는 모든 학생이 음식을 골고루 먹을 수도 있으므로 결론이 반드시 참이 되게 하는 전제가 아니다.

④ 음식을 골고루 먹는 모든 학생이 건강하고, 건강한 어떤 학생이 인스턴트 식품을 좋아하지 않으면 인스턴트 식품을 좋아하는 모든 학생은 음식을 골고루 먹을 수도 있으므로 결론이 반드시 참이 되게 하는 전제가 아니다.

⑤ 음식을 골고루 먹는 모든 학생은 건강하고, 건강하지 않은 어떤 학생이 인스턴트 식품을 좋아하지 않으면 인스턴트 식품을 좋아하는 모든 학생은 음식을 골고루 먹을 수도 있으므로 결론이 반드시 참이 되게 하는 전제가 아니다.

⏱ 빠른 풀이 스킬

모든 A → B (~A를 맞추기 위해 대우명제로 변경 ~B → ~A)
어떤 C → ~A
• 전제2: 어떤 ~B → C

03   명제   정답 ④

| 정답풀이 |

전제1을 만족하는 벤다이어그램은 [그림1]과 같다.

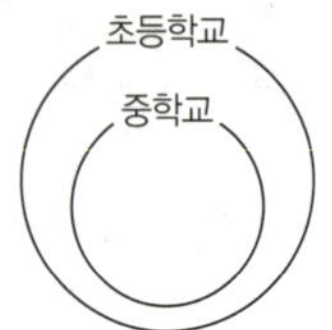

[그림1]

여기에 전제2를 덧붙인 기본적인 벤다이어그램은 [그림2]와 같이 나타낼 수 있으며, '중학교'와 '고등학교'의 공통 영역에 해당하는 색칠된 부분이 반드시 존재해야 한다.

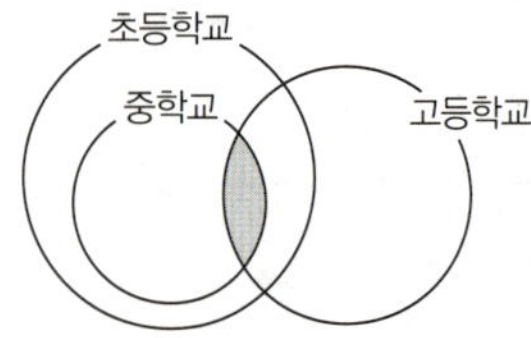

[그림2]

[그림2]에서 매개념 '중학교'를 제외한 '초등학교'와 '고등학교' 사이의 관계를 보면, 둘 사이에 뚜렷한 포함관계가 존재하진 않으나 최소한 색칠한 부분만큼은 공통으로 포함하고 있다는 것을 알 수 있다. 즉, '초등학교'와 '고등학교' 사이에는 반드시 공통영역이 존재한다.

따라서 항상 참인 결론은 '초등학교를 졸업한 어떤 사람은 고등학교를 간다.'이다.

모든 A → B
어떤 A → C
• 결론: 어떤 B → C

전제2에 "~ 중에 ~인 ~가 있다."라는 some 개념이 있으므로 벤다이어그램을 활용한다. 초등학교를 졸업한 사람을 '초', 중학생을 '중', 고등학교를 가는 사람을 '고'라고 표시하자. some 개념이 없는 전제1부터 벤다이어그램으로 표현하면 [그림3]과 같다.

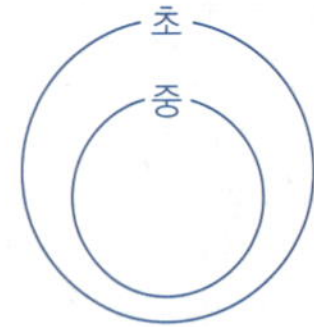

[그림3]

여기에 전제2를 덧붙인 기본적인 벤다이어그램은 [그림4]와 같이 나타낼 수 있으며, '중'과 '고'의 공통영역에 해당하는 색칠된 부분이 반드시 존재해야 한다.

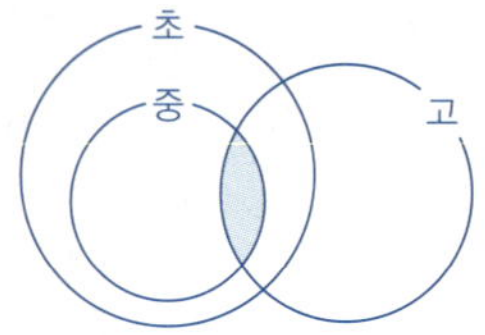

[그림4]

여기서 소거법을 사용하여 정답을 찾아보자. [그림4]를 보면 ①, ③은 옳지 않다는 것을 알 수 있다.

한편 [그림4]의 색칠된 부분이 존재하기만 하면 '고'의 범위를 [그림5]와 같이 더 늘릴 수도, [그림6]과 같이 더 줄일 수도 있다.

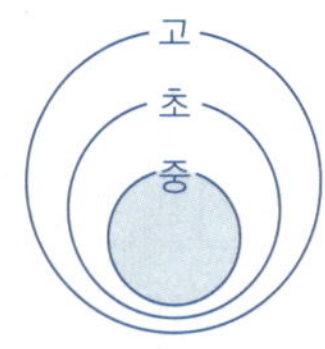 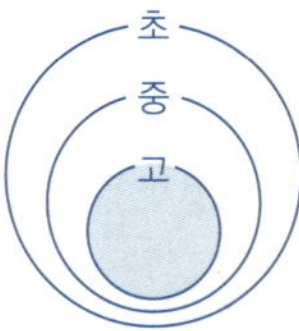

[그림5]　　　　　[그림6]

[그림5]의 경우 ②가 옳지 않다는 것을 알 수 있고, [그림6]의 경우 ⑤가 옳지 않다는 것을 알 수 있다. 어떠한 경우에도 항상 참인 결론을 골라야 하므로 소거법에 의해 ④가 정답임을 알 수 있다.

04 조건추리　　　　　　　　정답 ⑤

| 정답풀이 |

소요시간은 분리수거＜설거지, 청소기 돌리기＜걸레질, 빨래 개기＜설거지, 빨래 개기＜청소기 돌리기이다. 즉, 빨래 개기보다 소요 시간이 긴 일은 세 가지 이상이므로 빨래 개기는 첫 번째 또는 두 번째로 수행한다.

만약 빨래 개기를 가장 먼저 한다면 바로 다음으로 청소기 돌리기를 한다. 이때 분리수거를 세 번째로 하면 걸레질과 설거지를 네 번째 또는 다섯 번째로 한다. 또한 분리수거를 네 번째로 하면 설거지를 다섯 번째로 하고, 걸레질은 세 번째로 한다.

만약 빨래 개기를 두 번째로 한다면 바로 다음으로 청소기 돌리기를 한다. 걸레질과 설거지는 모두 빨래 개기보다 늦게 해야 하므로 분리수거를 가장 먼저 하고 걸레질과 설거지는 네 번째 또는 다섯 번째로 한다.

이에 따라 가능한 경우는 다음과 같다.

첫 번째	두 번째	세 번째	네 번째	다섯 번째
빨래 개기	청소기 돌리기	분리수거	걸레질	설거지
빨래 개기	청소기 돌리기	분리수거	설거지	걸레질
빨래 개기	청소기 돌리기	걸레질	분리수거	설거지
분리수거	빨래 개기	청소기 돌리기	걸레질	설거지

| 분리수거 | 빨래 개기 | 청소기 돌리기 | 설거지 | 걸레질 |

따라서 청소기 돌리기는 두 번째 또는 세 번째로 한다.

| 오답풀이 |

① 걸레질은 세 번째 또는 네 번째 또는 다섯 번째로 한다.

② 분리수거를 가장 먼저, 빨래 개기를 두 번째로 할 수 있다.

③ 청소기 돌리기를 세 번째, 설거지를 네 번째로 할 수 있다.

④ 걸레질을 세 번째, 분리수거를 네 번째로 할 수 있다.

05 조건추리　　　　　　　　　　정답 ③

| 정답풀이 |

을과 병은 정 기업과 한 팀으로 프로젝트를 수행한다고 했고, 정은 갑 기업과 한 팀으로 프로젝트를 수행한다고 했으므로 셋의 대화가 참이라고 가정하면 정은 갑, 을, 병 3곳의 기업과 프로젝트를 수행하므로 5개 기업은 동일한 횟수로 개발 프로젝트를 수행한다는 조건에 모순이 발생한다. 이에 따라 갑, 무의 말은 참이고, 거짓을 말하는 관계자의 기업은 을, 병, 정 중 1개이다. 갑과 무의 말에 따라 병 기업과 한 팀으로 프로젝트를 수행하는 팀은 갑, 무가 되는데 만약 병의 말이 참이라면 정 기업까지 한 팀으로 프로젝트를 수행하게 되어 모순이 발생한다. 병의 말이 거짓임을 바탕으로 각 기업이 한 팀으로 프로젝트를 수행하게 될 2개의 기업은 다음과 같다.

구분	갑	을	병	정	무
갑				○	○
을				○	○
병	○				○
정	○	○			
무		○	○		

따라서 거짓을 말하는 관계자의 기업은 병이다.

06 조건추리　　　　　　　　　　정답 ④

| 정답풀이 |

주어진 조건을 바탕으로 표를 그려 보면 다음과 같다.

구분	딸기	수박	사과	배	감
A		×		×	
B		×		×	×
C	×		×		
D		×	×		×
E	×			×	×

이에 따라 A를 기준으로 경우를 나누어 보면 다음과 같다.

1) A가 딸기를 좋아하는 경우

A가 딸기를 좋아하면 B는 사과를, D는 배를 좋아한다. 이에 따라 E는 수박을, C는 감을 좋아한다.

구분	딸기	수박	사과	배	감
A	○	×	×	×	×
B	×	×	○	×	×
C	×	×	×	×	○
D	×	×	×	○	×
E	×	○	×	×	×

2) A가 사과를 좋아하는 경우

A가 사과를 좋아하면 B는 딸기를, E는 수박을 좋아한다. 이에 따라 D는 배를, C는 감을 좋아한다.

구분	딸기	수박	사과	배	감
A	×	×	○	×	×
B	○	×	×	×	×
C	×	×	×	×	○
D	×	×	×	○	×
E	×	○	×	×	×

3) A가 감을 좋아하는 경우

A가 감을 좋아하면 B는 딸기 또는 사과를 좋아하므로 다음과 같은 2가지 경우가 발생한다.

구분	딸기	수박	사과	배	감
A	×	×	×	×	○
B	○/×	×	×/○	×	×
C	×	○/×	×	×/○	×
D	×/○	×	×	○/×	×
E	×	×/○	○/×	×	×

따라서 C가 배를 좋아한다면 E는 수박을 좋아한다.

| 오답풀이 |

① 가능한 경우의 수는 1), 2)가 1가지씩, 3)이 2가지이므로 총 4가지이다.

② 3)에서 B는 사과를 좋아할 수도 있다.

③ 3)에서 A는 감을 좋아할 수도 있다.

⑤ 3)에서 E가 사과를 좋아하면 D는 배를 좋아한다.

07 조건추리　　　　　　　　　　정답 ⑤

| 정답풀이 |

주어진 모든 선택지에서 다섯 자리의 수는 두 번째 숫자가 1이고, 첫 번째 숫자가 네 번째 숫자의 배수에 해당한다. 즉, 제시된 조건 중 두 번째 조건만 확인하면 된다. 3과 4의 공배수는 12이므로 $91230 \div 12 = 7{,}602.5$이다.

따라서 91230은 A씨가 설정한 비밀번호가 될 수 없다.

① 41328÷12=3,444
② 61032÷12=5,086
③ 61920÷12=5,160
④ 81324÷12=6,777

📖 알아두면 좋은 TIP

배수판정법이란 어떤 자연수가 다른 자연수의 배수인지 아닌지를 판별하는 방법을 말한다. 2부터 9까지의 배수판정법은 다음과 같다.

- 2의 배수: 오른쪽 끝 한 자리의 수가 2의 배수이면 주어진 수는 2의 배수이다. 즉, 일의 자리 숫자가 0, 2, 4, 6, 8 중 하나이다.
- 3의 배수: 각 자리의 숫자들의 합이 3의 배수이면 주어진 수는 3의 배수이다.
- 4의 배수: 오른쪽 끝 두 자리의 수가 4의 배수이면 주어진 수는 4의 배수이다.
- 5의 배수: 오른쪽 끝 한 자리의 수가 0 또는 5이다. 즉, 일의 자리 숫자가 0 또는 5이다.
- 6의 배수: 짝수이면서 동시에 3의 배수이면 된다.
- 7의 배수: 일의 자리의 수를 2배 한 것을 나머지 수에서 뺀 결과가 0 또는 7의 배수이면 주어진 수는 7의 배수이다.
- 8의 배수: 오른쪽 끝 세 자리의 수가 8의 배수이면 주어진 수는 8의 배수이다.
- 9의 배수: 각 자리의 숫자들의 합이 9의 배수이면 주어진 수는 9의 배수이다.

배수 판정법을 적용하여 주어진 문제를 해결해 보면, 선택지 ⑤의 91230은 오른쪽 끝 두 자리의 수가 30인데, 30은 4의 배수가 아니다. 즉, 정답은 ⑤이다.

08 조건추리 정답 ⑤

| 정답풀이 |

F의 바로 오른쪽에 B가 설치되어 있으므로 B와 F는 서로 같은 구역에 설치되어 있다. A와 D는 서로 마주 보므로 서로 다른 구역에 설치되어 있다. 만약 B, F가 가 구역에 설치되어 있다면 가 구역에 B, E, F가 설치되어 A, D가 나 구역에 함께 설치되므로 모순이다. 이에 따라 B, F는 나 구역에 설치되어 있다.

만약 B, F가 나-1, 나-2에 설치되어 있으면 A 또는 D가 가-3 또는 나-3에 설치되어 있다. C는 B와 서로 마주 보지 않으므로 가-2에 설치되어 있다. 이에 따라 E는 가-1에 설치되어 있다.

만약 B, F가 나-2, 나-3에 설치되어 있으면 A 또는 D가 가-1 또는 나-1에 설치되어 있고, C는 가-3, E가 가-2에 설치되어 있다.

이에 따라 가능한 모든 경우는 다음과 같다.

E	B
C	F
A 또는 D	D 또는 A
가	나

A 또는 D	D 또는 A
E	B
C	F
가	나

따라서 E는 B와 서로 마주 보도록 설치되어 있다.

| 오답풀이 |

① C는 A와 이웃하지 않을 수 있다.
② A는 가 또는 나 구역에 설치되어 있다.
③ 가능한 모든 경우의 수는 4가지이다.
④ C와 D가 이웃하면 E와 D 사이에 C가 설치되므로 E는 D와 이웃하지 않는다.

09 조건추리 정답 ②

| 정답풀이 |

4일 차에 C가 당직을 서므로 3일 차, 5일 차에는 C가 당직을 서지 않는다. A는 1일 차에 당직을 서므로 2일 차에는 A가 당직을 서지 않는다. D가 당직을 서는 날의 앞뒤로 B가 당직을 서므로 B−D−B 순으로 서고, 가능한 날은 5일 차, 6일 차, 7일 차 또는 6일 차, 7일 차, 8일 차이다.

1) B−D−B 순으로 5~7일 차에 당직을 서는 경우
   만약 E가 2일 차에 당직을 서면 3일 차에는 A, 8일 차에는 C가 당직을 선다. 만약 E가 3일 차에 당직을 서면 2일 차에는 C, 8일 차에는 A가 당직을 선다. 만약 E가 8일 차에 당직을 서면 2일 차에는 C, 3일 차에는 A가 당직을 선다.

2) B−D−B 순으로 6~8일 차에 당직을 서는 경우
   C는 반드시 2일 차에 당직을 서고, A 또는 E가 3일 차 또는 5일 차에 당직을 선다.

1일 차	2일 차	3일 차	4일 차	5일 차	6일 차	7일 차	8일 차
A	E	A	C	B	D	B	C
	C	E	C	B	D	B	A
	C	A	C	B	D	B	E
	C	A	C	E	B	D	B
	C	E	C	A	B	D	B

따라서 2일 차에 E가 당직을 서면 D는 6일 차에 당직을 선다.

A와 C가 당직을 서는 날이 이미 [조건]에 주어져 있으므로 먼저 1일 차, 4일 차에 A와 C를 적는다. B−D−B 순으로 연속해서 당직을 서려면 가능한 경우는 5일 차, 6일 차, 7일 차 또는 6일 차, 7일 차, 8일 차 밖에 없으므로 B−D−B를 기준으로 1차로 경우를 나눈 뒤 A 또는 C 또는 E를 기준으로 다시 나누어서 생각하면 쉽게 해결할 수 있다.

10 조건추리   정답 ②

| 정답풀이 |

A는 미국, B는 두바이, C는 태국으로 출장을 가며, A가 출장을 가는 곳만 인원이 3명이다.

미국(3명)	태국(2명)	두바이(2명)
A	C	B

A와 E는 서로 다른 곳으로 출장을 가므로 E는 태국 또는 두바이로 출장을 가고, C와 F도 서로 다른 곳으로 출장을 가므로 F는 미국 또는 두바이로 출장을 간다. 만약 E가 두바이로 출장을 가면 F는 미국으로 출장을 간다. D와 G는 서로 다른 곳으로 출장을 가므로 각자 미국 또는 태국으로 출장을 간다.

미국(3명)	태국(2명)	두바이(2명)
A, D, F	C, G	B, E
A, F, G	C, D	B, E

만약 E가 태국으로 출장을 가면 F는 미국 또는 두바이로 출장을 가는데, 만약 F가 두바이로 출장을 가면 남은 D, G는 모두 미국으로 출장을 가야 한다. 그런데 D와 G는 서로 다른 곳으로 출장을 가야 하므로 F는 두바이로 출장을 갈 수 없고, 미국으로 출장을 간다. D와 G는 서로 다른 곳으로 출장을 가므로 각자 미국 또는 두바이로 출장을 간다.

미국(3명)	태국(2명)	두바이(2명)
A, D, F	C, E	B, G
A, F, G	C, E	B, D

따라서 F는 항상 미국으로 출장을 간다.

| 오답풀이 |

① D는 미국 또는 태국으로도 출장을 갈 수 있다.
③ E가 태국으로 출장을 가는 경우의 수는 2가지이다.
④ E가 두바이로 출장을 가는 경우의 수는 2가지이다.
⑤ G가 두바이로 출장을 가면, D는 미국으로 출장을 간다.

11 조건추리   정답 ④

| 정답풀이 |

A는 경기를 총 세 번 하였고, E는 2조이며, A와 경기를 하였으므로 A가 1조 또는 2조인 경우로 나누어 생각할 수 있다.

A가 1조인 경우, C는 결승까지 올라가지 못했으므로 부전승이 아닌 1조 또는 2조이다. C가 1조라면 A와 E가 경기를 하였으므로 E와 경기하는 B 또는 D는 E에게 패배하고 나머지 한 명은 부전승으로 결승전에서 A와 대결한다. C가 2조라면 마찬가지로 E에게 패배하고, B 또는 D가 부전승으로 결승전에서 A와 대결한다.

A가 2조인 경우, B는 C와 경기를 하지 않았고 C는 결승까지 올라가지 못했으므로 B가 부전승이고 C와 D가 1조에서 대결한다. D는 경기를 한 번 하였으므로 C는 D와의 대결에서 승리하고, A는 C와의 대결에서 승리하여 결승전에서 B와 대결한다.

이에 따라 가능한 경우는 다음과 같다.

경우	1조		2조		부전승
1	A	C	B	E	D
2	A	C	D	E	B
3	A	B	C	E	D
4	A	D	C	E	B
5	C	D	A	E	B

경우 1~4는 A와 E가 예선에서 승리하고, A와 E의 대결에서는 A가 승리하며, 결승전 결과는 알 수 없다.
경우 5는 A와 C가 예선에서 승리하고, A와 C의 대결에서는 A가 승리하며, 결승전 결과는 알 수 없다.
따라서 B는 경기를 한 번만 하였으므로 항상 옳지 않다.

| 오답풀이 |

① 대진표로 가능한 경우의 수는 총 5가지이다.
② A는 1조 또는 2조이다.
③ D는 1조 또는 2조 또는 부전승이다.
⑤ C는 1승 또는 1패를 하였다.

12 조건추리   정답 ②

| 정답풀이 |

C의 할인권 개수가 D의 할인권 개수보다 1개 더 많은데, 5명이 적어도 할인권을 1개 이상씩 갖고 있으므로 D는 많아야 할인권 5개를 갖고 있다. 이때 B와 E가 가진 할인권 개수는 똑같다고 하였고, 짝수 개의 할인권을 가진 사람이 3명이라고 하였으므로 C, B, E가 짝수 개의 할인권을 갖고 있거나 D, B, E가 짝수 개의 할인권을

갖고 있다. 이에 따라 C는 4개 이하의 할인권을 갖고 있고, B의 할인권 개수가 A의 할인권 개수보다 많으므로 가능한 경우는 다음과 같다.

A	B	C	D	E
1개	2개	4개	3개	2개
1개	4개	2개	1개	4개

따라서 D는 항상 홀수 개의 할인권을 갖고 있다.

① A와 D가 서로 다른 개수의 할인권을 가질 수 있으므로 항상 옳은 것은 아니다.
③ A와 B의 할인권 개수의 차가 3개일 수 있으므로 항상 옳은 것은 아니다.
④ C의 할인권 개수가 B의 할인권 개수보다 적을 수 있으므로 항상 옳은 것은 아니다.
⑤ 할인권을 가장 많이 가진 사람은 4개를 갖고 있으므로 항상 옳지 않다.

13 조건추리 　　　　　　　　　　정답 ①

| 정답풀이 |

주어진 조건에 따라 6월의 달력을 표시해 보면 다음과 같다.

일	월	화	수	목	금	토
			1	2	3	4
5	6	7	8	9	10	11
12	13	14	15	16	17	18
19	20	21	22	23	24	25
26	27	28	29	30		

이때 정 과장이 연차를 사용할 수 있는 시기는 1~3일과 28~30일이므로 정 과장의 연차 휴가에 속할 수 있는 요일은 화, 수, 목, 금요일이다.
따라서 정 과장의 연차 휴가에 속할 수 없는 요일은 월요일이다.

14 조건추리 　　　　　　　　　　정답 ④

| 정답풀이 |

한 팀에 2명씩 배정하였고, 권 사원은 영업팀에 배정되었으므로 다음과 같은 표를 만들 수 있다.

영업팀		기획팀		홍보팀	
권 사원					

이때 오 사원은 홍보팀에 배정되지 않았으므로 경우를 영업팀 또는 기획팀 2가지로 나누어 생각할 수 있다.

1) 오 사원이 영업팀인 경우
박 사원과 민 사원은 같은 팀에 배정되었으므로 두 사원은 함께 기획팀 또는 홍보팀에 배정되었고, 나머지 강 사원과 장 사원은 홍보팀 또는 기획팀에 배정되었다.

영업팀		기획팀		홍보팀	
권 사원	오 사원	박 사원	민 사원	강 사원	장 사원
		강 사원	장 사원	박 사원	민 사원

2) 오 사원이 기획팀인 경우
박 사원과 민 사원은 같은 팀에 배정되었으므로 홍보팀에 배정되었고, 강 사원과 장 사원은 각각 영업팀 또는 기획팀에 배정되었다.

영업팀		기획팀		홍보팀	
권 사원	강 사원	장 사원	오 사원	박 사원	민 사원
	장 사원	강 사원		박 사원	민 사원

따라서 6명이 세 팀에 배정되는 경우의 수는 모두 4가지이다.

① 오 사원은 기획팀에 배정되었을 수도 있다.
② 박 사원은 홍보팀에 배정되었을 수도 있다.
③ 장 사원과 권 사원은 함께 영업팀에 배정되었을 수도 있다.
⑤ 강 사원과 권 사원이 같은 팀에 배정되지 않았을 때, 장 사원은 영업팀에 배정되었을 수도 있다.

15 도형추리 　　　　　　　　　　정답 ③

| 정답풀이 |

오른쪽으로 한 칸씩 갈 때마다 내부도형은 시계 방향으로 90°, 외부도형은 반시계 방향으로 90° 회전한다.

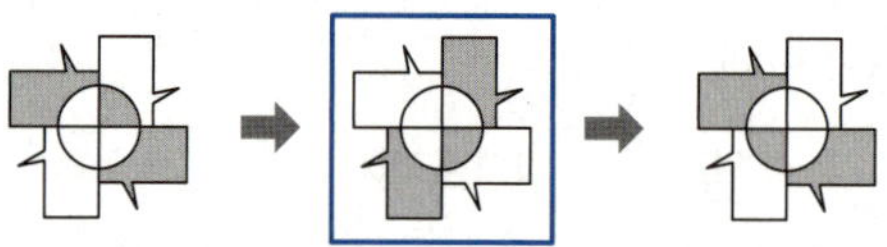

16 도형추리 　　　　　　　　　　정답 ④

| 정답풀이 |

오른쪽으로 한 칸씩 갈 때마다 4×4 도형의 1, 2행의 음영은 오른쪽으로 한 칸씩(이때 4열의 음영은 1열로 이동

한다), 3, 4행의 음영은 왼쪽으로 한 칸씩 이동한다(이때
1열의 음영은 4열로 이동한다).

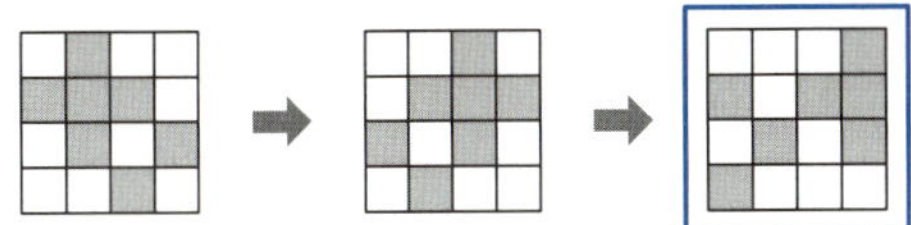

1, 2행: 오른쪽 한 칸　1, 2행: 오른쪽 한 칸
3, 4행: 왼쪽 한 칸　3, 4행: 왼쪽 한 칸

17 도형추리　　정답 ①

| 정답풀이 |

1행의 도형과 3행의 도형에서 둘 다 음영이 없거나, 둘 다
음영이 있는 부분만 색칠한 것이 2행의 도형이다.

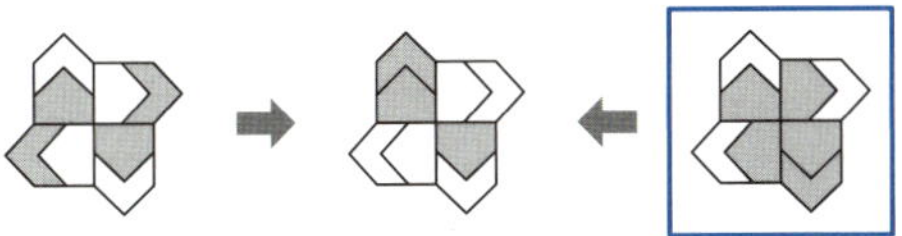

18 도식추리　　정답 ②

| 정답풀이 |

주어진 기호의 규칙은 다음과 같다.

기호	규칙
♥	+1, +3, +1, +3
♧	1234 → 1243
◆	1234 → 3142
☆	−1, 0, −1, 0

8367 → ♥ → 9670 → ◆ → **(7906)**

⏱ 빠른 풀이 스킬

다음과 같이 문자표를 일단 적어놓는다.

A	B	C	D	E	F	G	H	I	J	K	L	M
N	O	P	Q	R	S	T	U	V	W	X	Y	Z

주어진 도식을 보면 ♥ → ♧ → ◆ → ☆ 순으로 규칙
을 파악해야 한다.

- ♥: UZWN → VCXQ로 추론할 수 있다. 명백한 숫자
  연산 규칙으로, (+1, +3, +1, +3)이다.
- ♧: RPSF에 ♥를 역으로 적용하면 QMRC이다. 따
  라서 ♧은 QMCR → QMRC로 추론할 수 있다. 문자
  의 변화가 없으므로 순서 바꾸기 규칙이라고 가정하
  면 1234 → 12430이다.
- ◆: JEOA에 ♥를 적용하면 KHPD이다. 따라서 ◆는
  KHPD → PKDH로 추론할 수 있다. 문자의 변화가

없으므로 순서 바꾸기 규칙이라고 가정하면, 1234
→ 31420이다.

- ☆: 8R0D에 ♧를 적용하면 8RD00이며, C70R에 ◆
  를 역으로 적용하면 7RC00이다. 따라서 ☆은 8RD0
  → 7RC0으로 추론할 수 있다. 명백한 숫자연산 규칙
  으로, (−1, 0, −1, 0)이다.

따라서 8367 → ♥ → 9670 → ◆ → 79060이므로 정
답은 ②이다.

19 도식추리　　정답 ①

| 정답풀이 |

FPKQ → ☆ → EPJQ → ◆ → JEQP → ♧ → (**JEPQ**)

20 도식추리　　정답 ④

| 정답풀이 |

(**5206**) → ◆ → 0562 → ♧ → 0526

21 도식추리　　정답 ②

| 정답풀이 |

☆과 ♥는 연산 규칙으로 합쳐서 (0, +3, 0, +3)으로 단
계를 줄일 수 있다.
(**S50G**) → ♧ → S5G0 → ☆ → ♥ → S8G3

22 문단배열　　정답 ④

| 정답풀이 |

먼저 [나] 문단에서 음악의 3요소에 대한 의문을 제기하
고 [라] 문단에서 그중 '화성'의 한계를 지적한 후, [가]
문단과 같이 국악의 특성을 제시한다. 그리고 [다] 문단
에서처럼 국악을 이해하는 바른 자세를 제시함으로써 글
을 마무리해야 자연스럽다.
따라서 논리적 순서에 맞게 배열한 것은 [나]−[라]−
[가]−[다]이다.

23 문단배열 정답 ④

| 정답풀이 |

[가]는 '그뿐 아니라'로 시작하면서 무엇을 하기 위한 조건을 덧붙이고 있다. 그러므로 [가] 앞에는 '무엇을 하기 위한 조건'이 나와야 하는데 '은혜와 원수를 되갚는 것'과 대등한 자격을 가진 내용이 나와야 한다.

[나]에서 '협'이란 '사생취의, 살신성명'의 자세임을 이야기하고 있는데, '무공이 아무리 높다고 해서 협객으로 인정되지 않는 이유'를 '이런 원칙'에 어긋난다고 하므로 [나] 바로 앞에는 '이런 원칙'에 대한 언급이 있어야 한다.

[다]에서 '협'으로 인정받기 위한 조건으로 '절개와 의리, 개인의 존엄 중시, 신의'를 제시하고 있다. 이것으로 보면 [다] 다음에 [가]가 와야 한다. 물론 이 둘 사이에 다른 문단이 들어갈 수 있다.

[라]는 '협'의 개념을 소개하고 있으므로 가장 먼저 와야 한다. 그리고 [나]의 위치가 중요한데, [나]의 '이런 원칙'은 '사생취의, 살신성명'과 관련된 것이다. 이것과 관련된 것은 [다]가 아니라 [가]이다. 즉, [나] 앞에는 [가]가 와야 한다.

따라서 논리적 순서에 맞게 배열한 것은 [라]―[다]―[가]―[나]이다.

24 독해추론 정답 ③

| 정답풀이 |

두 번째 문단을 보면, 우울증 환자들은 좌뇌보다 우뇌 뇌파의 진동이 빠르게 나타난다고 되어 있다.

| 오답풀이 |

① 첫 번째 문단을 보면, 뉴로피드백 기술로 정신질환을 진단할 수 있음을 알 수 있다.

② 뉴로피드백 기술로 주의력결핍증 치료에 성공한 사례가 있는지는 주어진 글에서 알 수 없다.

④ 두 번째 문단을 보면, 주의력결핍증 환자들은 정상인에 비해 델타파나 세타파가 아주 강하게 나타난다고 나와 있다.

⑤ 두 번째 문단을 보면, 뇌파는 눈 깜박임과 같은 미세한 움직임에도 변화가 생기기 때문에 필터 회로를 통해 주된 뇌파만 걸러내어, 주된 주파수 대역을 찾아야 한다고 나와 있다.

25 독해추론 정답 ③

| 정답풀이 |

두 번째 문단을 보면, 인공 신경망은 다수의 퍼셉트론을 여러 계층으로 배열하여 한 계층에서 출력된 신호가 다음 계층에 있는 모든 퍼셉트론의 입력 단자에 입력값으로 입력되는 구조로 이루어진다.

| 오답풀이 |

① 인공 신경망에서 가장 처음에 입력값을 받아들이는 퍼셉트론들을 입력층, 가장 마지막에 있는 퍼셉트론들을 출력층이라고 함을 알 수 있다.

② 인간 신경 조직의 기본 단위는 뉴런인데, 인공 신경망에서는 뉴런의 기능을 수학적으로 모델링한 퍼셉트론을 기본 단위로 사용한다.

④, ⑤ 퍼셉트론은 여러 개의 입력값을 받아도, 가중치를 입력값에 곱한 값들을 모두 합한 가중합이 고정된 임계치보다 작으면 0, 크거나 같으면 1과 같은 방식으로 출력값을 내보낸다. 즉, 그 입력값들을 두 가지로만 구분하여 판정한다.

26 독해추론 정답 ①

| 정답풀이 |

주어진 글에서 실측실험은 실제 보관 또는 유통 조건으로 저장하면서 진행하는 실험으로 유통기한을 가장 정확하게 판정할 수 있는 방법이라고 설명하고 있다.

| 오답풀이 |

② 실측실험은 3개월 이내의 비교적 유통기한이 짧고 유통조건이 단순한 제품의 판정에 효율적이라고 밝히고 있으므로 실측실험과 가속실험을 비교하여 비용이 더 적게 드는 것을 비교할 수 없다.

③ 유통기한은 유통사가 아닌 제조사가 판정하는 것으로 설명하고 있다.

④ 유통기한은 설정실험을 통해 산출된 기간보다 대체적으로 짧게 판정한다고 설명하고 있다.

⑤ 아레니우스 방정식을 활용해 유통기한을 측정하는 것은 가속실험이라고 설명하고 있다.

27 독해추론 정답 ③

| 정답풀이 |

평형추에 작용하는 중력은 승강기의 회전축을 돌려 전기 에너지를 만들어 내므로 달리던 자동차의 관성으로 인해 바퀴가 일정 시간 굴러가며 회전자를 돌리게 되는 것과 유사한 역할을 한다. 이때 바퀴가 회전자를 돌리며 전자기 유도 현상에 따라 전기 에너지가 만들어지게 되는 것 역시 유사하다.

① 주어진 글에 따르면 카를 올려 보내야 할 경우 카와 평형추의 무게 차이에 따라 전기 에너지가 필요할 수도, 필요하지 않을 수도 있다고 설명하고 있다.

② 주어진 글에 따르면 카를 내려 보내야 할 경우 카와 평형추의 무게 차이에 따라 전기 에너지가 필요할 수도, 필요하지 않을 수도 있다고 설명하고 있다.

④ 카를 내려 보내야 할 경우, 카의 무게가 평형추의 무게보다 가볍다면 중력에 의해 카가 내려갈 수 없으므로 전기 에너지를 소모해야 한다. 따라서 이 경우는 전기자동차에서 회생제동에 의해 전기 에너지가 발생하는 상태와 유사하지 않다.

⑤ 카를 올려 보내야 할 경우, 카의 무게가 평형추의 무게보다 무겁다면 중력에 의해 카가 올라갈 수 없으므로 전기 에너지가 필요하다. 따라서 이 경우는 전기자동차에서 회생제동에 의해 전기 에너지가 발생하는 상태와 유사하지 않다.

28 독해추론   정답 ②

| 정답풀이 |

주어진 글에서 A교수는 예술의 본질을 '감정의 전달'로 보았고, 이로 인해 예술이 세상 발전에 기여해야 한다고 주장한다. 이에 따라 그가 지적한 예술의 본질에 대해 반박하거나 예술의 역할에 대한 의견에 반박하여야 한다. 따라서 예술의 본질이 감정의 전달이나 정리에 있다는 것은 A교수와 동일한 관점이므로 반론으로 적절하지 않다.

| 오답풀이 |

⑤ 예술의 시대 반영성, 평가 상대성에 대한 것은 주어진 글의 논점에서 벗어나는 것으로 반론 판단 대상에 해당하지 않는다.

> **⏱ 빠른 풀이 스킬**
>
> 반론 유형은 먼저 논점을 확인한다. 논점을 벗어난 주장은 반박 자체가 불가능하다.
> 반론＝같은 논점＋반대 방향

29 독해추론   정답 ③

| 정답풀이 |

주어진 글은 AI에게 공정성이란 결국 사람이 입력하는 것임을 알 수 있고, [보기]를 통해 AI 중에는 공정성이 필요 없는 경우도 있음을 알 수 있다. 즉 이 두 글을 통해 AI에게 공정성이란 필수불가결한 요소가 아니라 AI의 목적이나 용도에 따라 사람이 입력할 수도 그렇지 않을 수도 있는 가치임을 추론할 수 있다.

| 오답풀이 |

① AI 산출물의 공정함 자체를 요구하는 것이 윤리적으로 바람직하다고 볼 수는 있지만 그것이 과연 효과적인지는 의문이므로 이를 필수적으로 보기는 어렵다.

② AI에 공정함을 요구하는 것이 규범적으로 타당하다고 여길 수 있다. 그러나 공정함의 수준을 일치시키는 것은 사람마다 다를 수 있으므로 거의 불가능하다.

④ AI의 산출물을 공정하게 만들기 위해서는 AI 입력물이 근본적인 수준에서 진보적이기보다 보수적일 수밖에 없다. 왜냐하면 미래에도 공정성이 계속 유지되기 위해서는 진보적인 생각보다 보수적인 생각이 더 안전하기 때문이다.

⑤ 챗봇 AI의 경우 논란의 소지가 완벽하게 제거된, 물샐틈없이 '도덕적인 문장'만을 발화하도록 만들 수는 있다. 단지 옳은지에 관해 생각해 볼 문제이다.

30 독해추론   정답 ④

| 정답풀이 |

주어진 글에서 물은 대표적으로 표면 장력이 큰 액체라고 설명하고 있으며 [보기]에서 연잎은 돌기에 의해 연잎 표면과 물방울의 접촉 면적을 최소화하면서 강한 소수성을 띤다고 하였으므로 연잎의 돌기와 물 사이에는 분자끼리 결합하지 않으려는 힘이 작용한다고 추론할 수 있다.

| 오답풀이 |

① 물보다 표면 장력이 더 작은 액체는 물보다 둥근 형태를 더 잘 유지하지 못한다.

② 연잎의 돌기는 대상과 접촉하는 면적을 좁히면서 연잎 위의 물방울을 퍼지지 않게 한다.

③ 연잎과 달리 돌기가 없는 식물의 잎은 친수성으로 인해 물방울이 잘 흘러내리지 않는다.

⑤ 분자 간 인력이 작은 액체는 표면 장력이 작으므로 약한 소수성을 띤다.

수리논리   P.228

01	④	02	④	03	③	04	④	05	③
06	④	07	①	08	④	09	①	10	⑤
11	⑤	12	④	13	④	14	③	15	⑤
16	④	17	④	18	①	19	①	20	⑤

01   응용수리   정답 ④

| 정답풀이 |

전년도 B부품의 생산량을 x(만 개)라 하면

전년 대비 올해 A부품 생산 증가량$=440 \times 10\%=$ 44(만 개)

전년 대비 올해 B부품 생산 감소량$=x \times 0.05=$ $0.05x$(만 개)

전년 대비 올해 총 부품의 생산 증가량$=(440+x) \times$ $0.07=30.8+0.07x$(만 개)

$44-0.05x=30.8+0.07x \rightarrow x=110$(만 개)

따라서 올해 B부품의 생산량은 $110 \times 95\%=104.5$(만 개)이다.

02   응용수리   정답 ④

| 정답풀이 |

새로운 팀 4명의 인원 중 B팀에서 뽑은 인원이 적어도 1명은 들어가야 하고, 이는 A팀과 C팀에서 뽑은 인원 합보다 더 적어야 하므로 B팀의 가능한 인원은 1명이다.

가능한 경우의 수는 다음과 같다.

B팀	A팀	C팀
1명($_5C_1=5$)	0명($_4C_0=1$)	3명($_4C_3=4$)
	1명($_4C_1=4$)	2명($_4C_2=6$)
	2명($_4C_2=6$)	1명($_4C_1=4$)
	3명($_4C_3=4$)	0명($_4C_0=1$)

따라서 팀을 구성하는 경우의 수는 $5 \times (4+24+24+4)$ $=280$(가지)이다.

03   자료해석   정답 ③

| 정답풀이 |

2024년 제조업용 로봇을 제외한 분야의 합은 $100-51=49(\%)$이고, 개인서비스용 로봇 매출은 8%이므로, $\frac{8}{49} \times 100=16.3(\%)$이다.

따라서 개인서비스용 로봇 매출은 제조업용 로봇을 제외한 분야에서 20% 이상을 차지하지 못한다.

| 오답풀이 |

① 2022년 제조업용 로봇 매출은 28,000억 원으로 전문서비스용 로봇(4,600)+개인서비스용 로봇(4,000)+로봇부품 및 소프트웨어(17,000)=25,600(억 원)보다 크므로 전체 매출의 50% 이상을 차지한다.

② • 제조업용 로봇: 2022년(28,000)<2023년(29,000)<2024년(30,000)
   • 전문서비스용 로봇: 2022년(4,600)<2023년(5,000)<2024년(5,400)
   • 개인서비스용 로봇: 2022년(4,000)<2023년(4,100)<2024년(4,400)
   • 로봇부품 및 소프트웨어: 2022년(17,000)<2023년(18,000)<2024년(19,000)

④ 2023년 분야별 로봇 매출의 전년 대비 증가량과 증가율은 다음과 같다.

구분	제조업용 로봇	전문서비스용 로봇	개인서비스용 로봇	로봇부품 및 소프트웨어
증가량 (억 원)	1,000	400	100	1,000
증가율	3.6%	8.7%	2.5%	5.9%

따라서 증가율이 가장 큰 분야는 전문서비스용 로봇이다.

⑤ • 2022년 제조업용 로봇의 전체 매출액$=28,000+4,600+4,000+17,000=53,600$(억 원)

   2022년 제조업용 로봇의 매출 비율$=\frac{28,000}{53,600} \times 100 \fallingdotseq 52.3(\%)$

   • 2024년 제조업용 로봇의 매출 비율$=51(\%)$

두 해의 매출 비율의 차는 $51-52.3=-1.2(\%p)$이다.

> 📋 **알아두면 좋은 TIP**
>
> ④ 증가량만 봤을 땐 제조업용 로봇과 로봇부품 및 소프트웨어가 가장 크지만, 증가율은 2022년 대비인데, 2022년 제조업용 로봇(28,000억 원)보다 2022년 로봇부품 및 소프트웨어(17,000억 원)가 더 적으므로 증가율이 더 크다는 것을 알 수 있다. 즉, 증가

율이 가장 큰 분야는 제조업용 로봇이 아니라는 것을 빠르게 알아 낼 수 있다.

04 자료해석 정답 ④

| 정답풀이 |

2023년 전 세계 스마트폰 시장 규모를 100이라 두면, 삼성전자의 시장 규모는 22(100×22%)이고, 아프리카 스마트폰 시장 규모는 30이므로, 아프리카 시장 규모에서 삼성전자의 시장 규모는 8.1(30×27%)이다.

따라서 삼성전자의 전 세계 스마트폰 판매 중 아프리카에서 판매되는 비율은 $\dfrac{8.1}{22} \times 100 = 36.8(\%)$이므로 35% 이상이다.

| 오답풀이 |

① 2022년과 2023년 전 세계 스마트폰 시장에서 삼성전자의 점유율은 22%로 동일하다.

② 2023년 전 세계 스마트폰 시장에서 애플 점유율의 2022년 대비 증가율은 $\dfrac{(21-19)}{19} \times 100 = 10.5(\%)$이므로 15% 미만이다.

③ 2022년 전 세계 스마트폰 시장 규모를 100이라 두면 애플의 시장 규모는 190이다. 이때 2023년의 전 세계 스마트폰 시장 규모는 2022년 대비 10% 감소한 90이고, 애플의 시장 규모는 18.9(90×21%)이므로, 전년 대비 감소하였다.

⑤ 2023년 트랜션의 점유율은 50%, 2022년 트랜션의 점유율은 52%이므로 2%p 감소하였다.

05 자료해석 정답 ③

| 정답풀이 |

제시된 기간에 남자의 평일 일평균 여가 시간은 2021년과 2023년에 각각 2년 전 대비 증가했다.

| 오답풀이 |

① 제시된 기간에 남자의 주말 및 공휴일 일평균 여가 시간의 평균은 $\dfrac{5.8+5.2+5.5+5.3}{4} = 5.45$(시간), 여자의 주말 및 공휴일 일평균 여가 시간의 평균은 $\dfrac{4.8+5.2+5.3+5.0}{4} = 5.08$(시간)이므로 남자가 여자보다 많다.

② 2017년 10대의 주말 및 공휴일 일평균 여가 시간은 5.0시간이고, 2019년에는 4.5시간으로 감소하였다. 감소율은 $\dfrac{(5.0-4.5)}{5.0} \times 100 = 10(\%)$이므로 2017년 대비 2019년에 10% 감소하였다.

④ 제시된 기간에 20대의 평일 일평균 여가 시간의 평균은 $\dfrac{3.2+3.5+3.5+3.2}{4} = 3.35$(시간)이고, 30대의 평일 일평균 여가 시간의 평균은 $\dfrac{3.5+3.0+3.4+3.0}{4} = 3.225$(시간)이므로 20대가 30대보다 많다.

⑤ 2019년 70대 이상의 주말 및 공휴일 일평균 여가 시간은 7.0시간이고, 2023년 남자의 평일 일평균 여가 시간은 3.5시간이므로 7.0=3.5×2로 2배에 해당한다.

> 🚀 빠른 풀이 스킬
>
> ① 연도별로 남자와 여자의 주말 및 공휴일 일평균 여가 시간을 비교하면 매년 남자가 여자보다 많거나 같으므로 평균도 남자가 여자보다 많음을 쉽게 알 수 있다.

06 자료해석 정답 ④

| 정답풀이 |

2020년과 2024년 국내 특송업체 1개당 전체 특송물품 통관건수는 다음과 같다.

- 2020년: $\dfrac{9,240}{42} = 220$(천 건/개)

- 2024년: $\dfrac{17,220}{82} = 210$(천 건/개)

따라서 2024년이 2020년보다 적다.

| 오답풀이 |

① 2020년과 2024년 일반신고의 건수 대비 금액의 비율은 각각 다음과 같다.

  - 2020년: $\dfrac{5,538}{3,692} = 1.5$

  - 2024년: $\dfrac{16,998}{8,499} = 2$

  따라서 2024년이 2020년보다 크다.

② 제시된 기간에 목록통관의 건수 및 금액과 일반신고의 건수 및 금액 모두 매년 증가하였다.

③ 제시된 기간에 국내 특송업체 수는 42개부터 82개까지 매년 증가하였고, 전체 특송물품 통관금액은 6,076백만 달러에서 18,034백만 달러까지 매년 증가하였다.

⑤ 간이신고 통관금액은 매년 일정하거나 감소하는데, 전체 통관금액은 매년 증가하므로 간이신고 통관금액이 전체 통관금액에서 차지하는 비율은 매년 낮아지고 있다.

07 자료해석 정답 ①

| 정답풀이 |

통행거리가 5km 미만인 승차인원 백만 명당 평균 통행거리는 $\dfrac{1,071}{389} = 2.8$(km)이다.

② 제시된 통행거리 중 5~10km 미만의 승차인원이 436백만 명으로 가장 많다.

③ 제시된 통행거리 중 연인거리가 가장 긴 통행거리는 연인거리가 4,585km인 10~15km 미만이다.

④ 통행거리가 20~50km 미만인 승차인원은 170+49+15=234(백만 명)이다.

⑤ 전체 승차인원 백만 명당 평균 통행거리는 $\dfrac{19,797}{1,665}≒11.9$(km)이다.

08 자료해석　　　　　정답 ③

| 정답풀이 |

2021년 전체 상장회사 수의 전년 대비 증가율은
$\dfrac{(1,920-1,830)}{1,830}÷1,830×100≒4.9$(%)이고,
2022년 전체 상장회사 수의 전년 대비 증가율은
$\dfrac{(1,990-1,920)}{1,920}×100≒3.6$(%)이다.
따라서 2022년의 전년 대비 증가율은 2021년의 전년 대비 증가율보다 낮다.

| 오답풀이 |

① 2017년 전체 상장회사 수는 1,800개, 2022년은 1,990개로 증가량은 190개이다. 증가율은 $\dfrac{190}{1,800}×100≒10.6$(%)이므로 12% 미만이다.

② 2018년 유가증권시장 상장회사 수는 2017년 1,000개에서 1,005개로 0.5% 증가하였다.

④ 2023년 유가증권시장 상장회사 수는 2022년 1,210개에서 1,265개로 증가하였다. 증가율은 $\dfrac{(1,265-1,210)}{1,210}×100≒4.5$(%)로 5% 미만이다.

⑤ 2019년 전체 상장회사 수는 1,785개로 2018의 1,785개와 같다.

09 자료해석　　　　　정답 ①

| 정답풀이 |

CCTV가 설치된 공공기관 1개당 설치 대수를 연도별로 확인해 보면 다음과 같다.

- 2021년: $\dfrac{50,400}{800}=63$(대)
- 2022년: $\dfrac{49,410}{810}=61$(대)
- 2023년: $\dfrac{48,300}{805}=60$(대)
- 2024년: $\dfrac{52,480}{820}=64$(대)
- 2025년: $\dfrac{50,530}{815}=62$(대)

따라서 5년간 해마다 CCTV가 설치된 공공기관 1개당 설치 대수는 60대 이상이다.

| 오답풀이 |

② 공공기관의 직원 연봉 총액은 (직원 수)×(평균 연봉)인데 직원 수와 평균 연봉 모두 2021년이 2023년보다 많으므로 직원 연봉 총액은 2023년이 2021년보다 적다.

③ 공공기관 평균 연봉이 가장 낮은 해는 2025년이고, CCTV가 설치된 공공기관 수가 가장 적은 해는 2021년이다.

④ 전체 공공기관 수에서 CCTV 미설치 공공기관 수가 차지하는 비중은 2021년에 $\dfrac{(840-800)}{840}×100≒4.8$(%)이고, 2025년에는 $\dfrac{(830-815)}{830}×100≒1.8$(%)임에 따라 비중의 차이는 약 4.8-1.8=3(%p)이므로 2%p 이상이다.

⑤ 2022년 이후 공공기관 CCTV 설치 대수가 전년 대비 증가한 해인 2024년에 CCTV가 설치된 공공기관 수도 전년 대비 증가하였다.

10 자료해석　　　　　정답 ⑤

| 정답풀이 |

수출액이 전년 동월 대비 가장 많이 감소한 달은 증감율이 −25.7%인 2024년 4월이지만 수출액이 가장 적었던 달은 2024년 5월이다.

| 오답풀이 |

① 전년 동월 대비 2년 연속 수출액이 감소한 달은 2023년과 2024년 증감률이 모두 음수인 1월, 3월, 4월, 5월, 6월, 7월, 8월, 10월 총 8개이다.

② 2025년 7월 수출액은 같은 해 2월 대비 55,500-45,000=10,500(백만 달러) 증가하였다.

③ 2024년 11월 이후 매월 수출액은 전년 동월 대비 증감률이 모두 양수이므로 증가하였다.

④ 2024년 7~9월 수출액은 월평균 $\dfrac{42,800+39,500+47,820}{3}=43,373$(백만 달러)이다.

11 자료해석　　　　　정답 ⑤

| 정답풀이 |

2025년 수출액이 가장 적은 달은 2월이고 2025년 2월의 2023년 2월 대비 수출액의 증감률은
$\dfrac{(45,000-38,960)}{38,960}×100≒15.5$(%)이므로 소수점 첫째 자리에서 반올림하면 16%이다.

| 정답풀이 |

2021~2023년 동안 연평균 기여금은

$$\frac{(6,150+6,400+6,700)}{3}≒6,417(억 원)이다.$$

따라서 6,500억 원 미만이다.

| 오답풀이 |

① 2019년 이후 군인연금 예산은 전년 대비 매년 증가했다.

② 2019년부터 2023년까지 일반회계전임금은 매년 증가하였으므
로 연평균 증가량은 $\frac{(27,800-23,300)}{5}=900(억 원)$이다.

③ 2019~2023년 중 전년 대비 연금수급자가 두 번째로 많이 증
가한 해는 2,050명 증가한 2021년이다.

⑤ 2023년 반환금 및 기타 금액의 전년 대비 증가율은

$$\frac{(160-140)}{140}×100≒14.3(\%)이다.$$

13 자료해석   정답 ③

| 정답풀이 |

2021년과 2023년의 기금보유액은 다음과 같다.

- 2021년: $\frac{10,700}{1.07}=10,000(억 원)$

- 2023년: $10,700×1.05=11,235(억 원)$

따라서 2021년 대비 2023년의 기금보유액 증가량은
$11,235-10,000=1,235(억 원)$이다.

14 자료해석   정답 ③

| 정답풀이 |

2021년 전체 반도체 수출액에서 중국·홍콩이 차지하는

비중은 $\frac{85,800}{127,000}×100≒67.6(\%)$이므로 67% 이상이다.

| 오답풀이 |

① 2023년 일본에 대한 반도체 수출액은 $1,100×(1-0.081)=$
$1,010.9(백만 달러)$이므로 1,000백만 달러 이상이다.

② EU에 대한 전년 대비 반도체 수출액 증가율은 2021년이
$\frac{(2,200-1,800)}{1,800}×100≒22.2(\%)$이고, 2023년이 15.2%이므로
2021년이 2023년보다 높다.

④ 반도체 수출액을 비교하면 2020년과 2021년에는 대만이 미국
보다 크지만 2022년에는 미국이 대만보다 크므로 순위는 매년
동일하지 않다.

⑤ 2020~2022년 중 전체 반도체 수출액이 가장 큰 해는 2021년
이지만 싱가포르에 대한 반도체 수출액이 최대인 해는 2020년
이다.

15 자료해석   정답 ⑤

| 정답풀이 |

ⓛ 2021년 전체 반도체 수출액의 5%에 해당하는 값은
$127,000×0.05=6,350(백만 달러)$이고, 싱가포르와
EU에 대한 반도체 수출액은 $2,800+2,200=5,000$
(백만 달러)이므로 전체에서 차지하는 비중은 5% 미
만이다.

ⓒ 2020년부터 2022년까지 반도체 수출액은 매년 싱가
포르가 일본의 2배 이상이며, 2023년 반도체 수출액
은 싱가포르가 전년 대비 증가, 일본이 전년 대비 감
소하였으므로 2023년도 싱가포르가 일본의 2배 이상
이 되어 4년 동안의 반도체 수출액은 싱가포르가 일
본의 2배 이상이다.

| 오답풀이 |

㉠ 미국에 대한 2023년 반도체 수출액은 $6,000×1.25=7,500(백$
만 달러)임에 따라 2020~2023년 연간 반도체 수출액의 평균은
$\frac{3,400+6,400+6,000+7,500}{4}=5,825(백만 달러)$이므로
5,500백만 달러 이상이다.

16 자료해석   정답 ④

| 정답풀이 |

2021년 전년 대비 증감량은 카드사($-3\%p$), 핀테크기업
($+3\%p$)이고, 전년 대비 증감률은 카드사가 $-\frac{3}{38}×$
$100≒-8(\%)$, 핀테크기업이 $\frac{3}{62}×100≒5(\%)$이다. 따라
서 증감률의 절댓값은 카드사가 더 크다.

| 오답풀이 |

① 2023년 카드사의 전년 대비 비중 증감량은 $28-32=-4(\%p)$이
므로 4%p 줄어들었다.

② [그래프1]의 카드사와 핀테크기업의 비중의 합은 모두 100%이므
로 간편결제 서비스 시장에서 둘을 제외한 다른 결제수단은 없다.

③ [그래프2]에서 핀테크기업의 결제 규모는 주어진 기간 동안 우상
향하였으므로 지속적으로 증가하였다.

⑤ [그래프1]에서 2019~2023년 핀테크기업의 비중이 카드사의 비
중보다 크므로 결제 규모 역시 매년 컸다.

17 자료해석   정답 ④

| 정답풀이 |

㉠ 간편결제 서비스 전체 규모×핀테크기업 비중=핀테
크기업 결제 규모이므로 간편결제 서비스 전체 규모
와 카드사 결제 규모를 구하면 다음과 같다.

（단위: 억 원）

구분	2022년	2023년
간편결제 서비스 전체 규모	4,200÷68%=6,176	4,500÷72%=6,250
카드사 결제 규모	6,176×32%=1,976	6,250×28%=1,750

따라서 2023년 카드사 결제 규모는 전년 대비 감소하였다.

ⓒ 핀테크 기업 결제 규모의 전년 대비 증가율은 2023년이 2022년보다 더 낮다.

（단위: 억 원）

구분	2022년	2023년
증가량	4,200−3,200=1,000	4,500−4,200=300
증가율	$\frac{1,000}{3,200}×100=31(\%)$	$\frac{300}{4,200}×100=7(\%)$

ⓛ 2020~2022년 동안 핀테크기업 비중의 전년 대비 증가량은 일정하다(3%p). 하지만 증가율의 분모에는 전년도 값이 들어가야 하므로 증가율은 전년도 값이 작은 2021년이 2022년보다 더 높다.

📖 알아두면 좋은 TIP

4,200, 72, 32 < 4,500, 68, 28

㉠에서 식을 줄이면

- 2022년 4,200÷68%×32% vs 2023년 4,500÷72%×28%
- 2022년 $\frac{4,200×32\%}{68\%}$ vs 2023년 $\frac{4,500×28\%}{72\%}$
- 4,200과 4,500 비교 시 300은 4,200의 10%(420)보다 낮고, 32%와 28% 비교 시 4%는 28%의 10%(2.8%)보다 높다. 또한 분모는 2022년이 더 작으므로 정확히 계산해 보지 않아도 2022년이 2023년보다 클 것으로 예상된다.

---

18   자료해석   정답 ①

② 2019년 대비 2020년(120보다 큼) 증가율이 22%가 되려면 2019년은 적어도 100은 되어야 한다.

③ 2022년 대비 2023년 증가율이 3%(4)가 되려면 2023년은 140을 넘으면 안 된다.

④ 2021년 대비 2022년 감소율이 10%(14)가 되려면, 2022년은 126이 되어야 한다.

---

⑤ 2022년 대비 2023년 증가율이 3%(3)가 되려면, 2023년은 103을 넘으면 안 된다.

19   자료해석   정답 ①

2022년과 2024년을 이용하면,

$$100=\frac{(4+8)}{(4×a+8×b)}×100,\ 75=\frac{(5+4)}{(5×a+4×b)}×100$$

이므로 a=2, b=0.5이다.

(재료비는 백만 원 단위이지만, 분자 분모 모두 백만 원 단위이므로 백만 원 단위를 제외한 숫자를 써도 무방하다.)

- 2021년: $㉠=\frac{(5+5)}{(5×2+5×0.5)}×100$, $㉠=80(\%)$
- 2023년: $68=\frac{(㉡+3)}{(㉡×2+3×0.5)}×100$, $㉡=5.5$(백만 원)이므로 $㉡=5,500,000$(원)

따라서 ㉠은 80, ㉡은 5,500,000이다.

20   자료해석   정답 ⑤

A사와 B사 매출액의 전 분기 대비 변화량은 다음과 같다.

（단위: 억 원）

구분	2022년 1분기	2분기	3분기	4분기	2023년 1분기	2분기
A사	−	100	200	300	400	500
B사	−	100	0	100	0	100
합계	−	200	200	400	400	600

이때, 매출액 평균=(A사+B사)÷2=1(조 원)은 (A사+B사)=2(조 원)을 의미한다.

A사와 B사의 분기별 매출액 합과 변화량은 다음과 같으므로, 총 매출액 2조 원(평균 매출액 1조 원) 이상이 되는 것은 2024년 3분기이다.

（단위: 억 원）

구분	2022년 1분기	2분기	3분기	4분기	2023년 1분기	2분기	…	2024년 2분기	3분기
매출액 합계	14,000	14,200	14,400	14,800	15,200	15,800	…	19,000	20,000
전분기 대비 변화량	−	200	200	400	400	600	…	1,000	1,000

01	⑤	02	④	03	②	04	③	05	③
06	③	07	⑤	08	①	09	④	10	⑤
11	②	12	①	13	③	14	③	15	④
16	②	17	③	18	④	19	④	20	②
21	③	22	③	23	②	24	④	25	③
26	⑤	27	③	28	②	29	⑤	30	④

01   명제   정답 ⑤

| 정답풀이 |

전제2의 대우명제를 고려하면 다음과 같은 벤다이어그램을 그릴 수 있다.

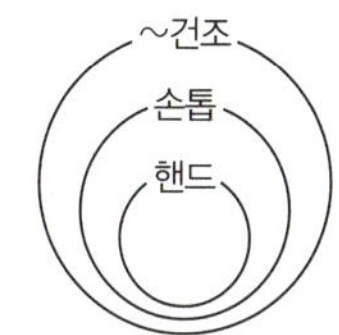

'~건조'가 '핸드'를 포함하고 있으므로 '핸드 → ~건조'가 항상 성립한다.

따라서 항상 참이 되는 결론은 '핸드크림을 바르는 사람은 손이 건조하지 않다.'이다.

⏱ 빠른 풀이 스킬

모든 B → A
모든 C → ~A
(A를 맞추기 위해 대우명제로 변경 A → ~C)
• 결론: 모든 B → ~C

전제1과 전제2 모두 some 개념이 등장하지 않으므로 삼단논법을 사용하여 문제를 풀 수 있다. 핸드크림을 바르는 사람을 '핸', 손톱이 긴 사람을 '손', 손이 건조한 사람을 '건'이라고 표시하고 전제1과 전제2를 다시 써보면 다음과 같다.

• 전제1: 핸 → 손
• 전제2: 건 → ~손

전제1과 전제2에서 모두 '손'이 등장하므로 '손'이 전제1과 전제2를 연결하는 연결고리, 즉 매개념이다. 매개념을 이용하기 위해 전제2의 대우명제를 구해보면 '손 → ~건'이므로, 전제1과 전제2를 서로 연결하면 '핸 → ~건'이라는 결론을 내릴 수 있다. 따라서 정답은 ⑤이다.

02   명제   정답 ④

| 정답풀이 |

그림을 그리는 모든 사람이 예술성이 깊고, 예술성이 깊은 모든 사람이 음악을 좋아하지 않는다면 삼단논법에 의해 그림을 그리는 모든 사람이 음악을 좋아하지 않는다. 즉, 음악을 좋아하는 모든 사람은 그림을 그리지 않게 된다.

따라서 결론이 항상 참이 되게 하는 전제는 '예술성이 깊은 모든 사람은 음악을 좋아하지 않는다.'의 대우명제인 '음악을 좋아하는 모든 사람은 예술성이 깊지 않다.'이다.

| 오답풀이 |

그림을 그리는 사람을 A, 예술성이 깊은 사람을 B, 음악을 좋아하는 사람을 C라고 하면

①, ③ 그림을 그리는 모든 사람이 예술성이 깊고, 예술성이 깊은 어떤 사람이 음악을 좋아하거나 음악을 좋아하는 어떤 사람이 예술성이 깊으면 음악을 좋아하면서 그림을 그리는 사람이 존재할 수도 있으므로 결론이 반드시 참이 되게 하는 전제가 아니다.

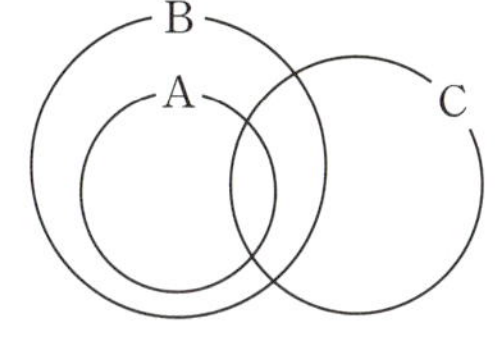

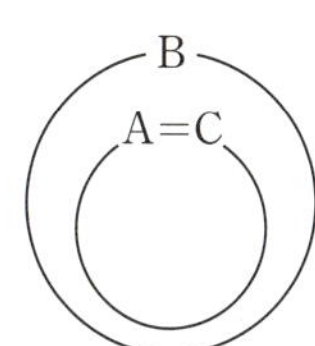

② 그림을 그리는 모든 사람이 예술성이 깊고, 예술성이 깊은 모든 사람이 음악을 좋아하면 그림을 그리는 모든 사람이 음악을 들으므로, 음악을 들으면서 그림을 그리는 사람이 존재하므로 결론이 반드시 참이 되게 하는 전제가 아니다.

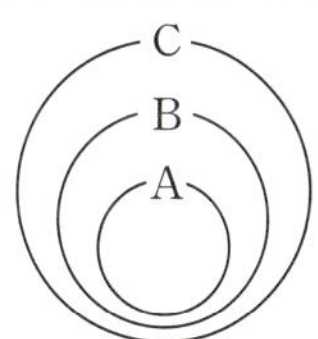

⑤ 그림을 그리지 않는 어떤 사람이 음악을 좋아하면 음악을 좋아하면서 그림을 그리는 사람이 존재할 수도 있으므로 결론이 반드시 참이 되게 하는 전제가 아니다.

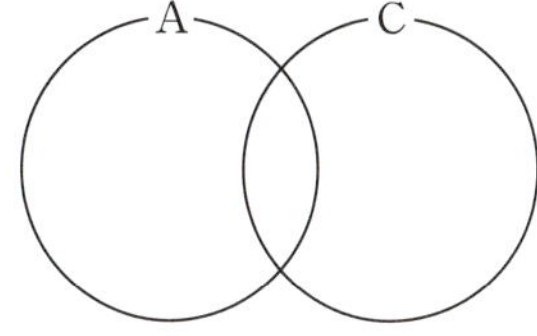

⏱ 빠른 풀이 스킬

모든 A → B
모든 C → ~A (A를 맞추기 위해 대우명제로 변경 A → ~C)
• 전제2: 모든 B → ~C

| 정답풀이 |

전제2를 만족하는 벤다이어그램은 [그림1]과 같다.

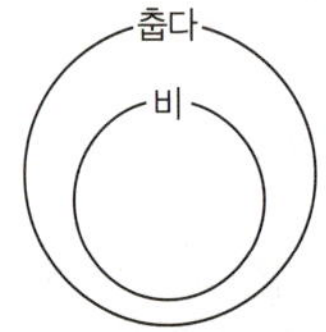

[그림1]

여기에 전제1을 덧붙인 기본적인 벤다이어그램은 [그림2]와 같이 나타낼 수 있으며, '춥다'와 '무릎'의 공통영역에 해당하는 색칠된 부분이 반드시 존재해야 한다.

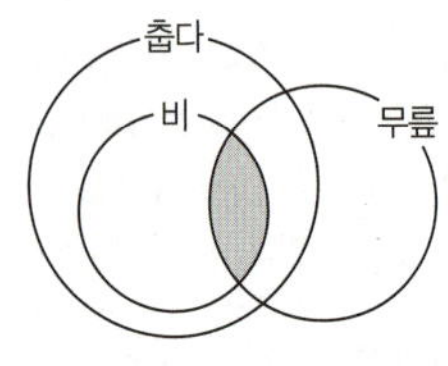

[그림2]

[그림2]에서 매개념 '비'를 제외한 '춥다'와 '무릎' 사이의 관계를 보면, 둘 사이에 뚜렷한 포함관계가 존재하진 않으나 최소한 색칠한 부분만큼은 공통으로 포함하고 있다는 것을 알 수 있다. 즉, '춥다'와 '무릎' 사이엔 반드시 공통영역이 존재한다.

따라서 항상 참인 결론은 '무릎이 아픈 날 중에 추운 날이 있다.' 또는 '추운 날 중에 무릎이 아픈 날이 있다.'이다.

> ⏱ **빠른 풀이 스킬**
>
> 어떤 A → B
> 모든 A → C
> • 결론: 어떤 B → C
> (어떤은 순서를 변경할 수 있다.)
> 전제1에 "어떤"이라는 some 개념이 있으므로 벤다이어그램을 활용한다. 비가 내리는 날을 '비', 무릎이 아픈 날을 '무', 추운 날을 '춥'이라고 표시하자. some 개념이 없는 전제2부터 벤다이어그램으로 표현하면 [그림3]과 같다.
>
> 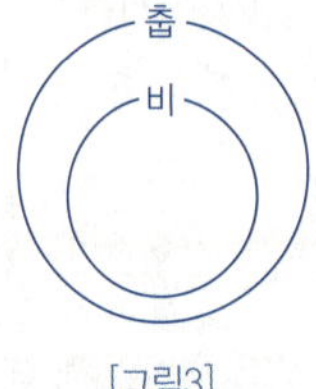
>
> [그림3]

여기에 전제1을 덧붙인 기본적인 벤다이어그램은 [그림4]와 같이 나타낼 수 있으며, '춥'과 '무'의 공통영역에 해당하는 색칠된 부분이 반드시 존재해야 한다.

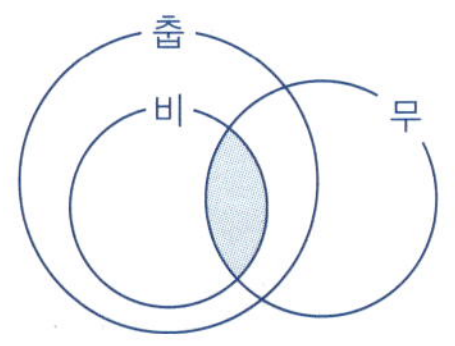

[그림4]

여기서 소거법을 사용하여 정답을 찾아보자. [그림4]를 보면 ①, ③, ⑤는 옳지 않다는 것을 알 수 있다. 한편 [그림4]의 색칠된 부분이 존재하기만 하면 '무'의 범위를 [그림5]와 같이 더 줄일 수도 있다.

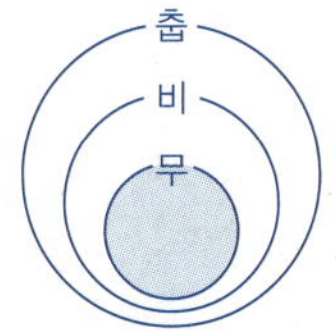

[그림5]

[그림5]의 경우 ④가 옳지 않다는 것을 알 수 있다. 어떠한 경우에도 항상 참인 결론을 골라야 하므로 소거법에 의해 ②가 정답임을 알 수 있다.

| 정답풀이 |

주어진 대화에 따르면 A부장이 거짓말을 하고 있다는 C과장의 말이 거짓말이면, A부장의 말은 참말이 된다. 그러나 C과장의 말이 참말이면, A부장의 말은 거짓말이므로 C과장과 A부장 중 한 사람은 거짓말을 하고 있는 것이다. 이때, C과장과 A부장이 모두 거짓말을 하고 있다는 F사원의 말은 거짓말임을 알 수 있고, F사원이 거짓말을 하고 있다는 E주임의 말은 참말이 된다. 또한 E주임의 말이 참말이라는 B차장의 말이 참말이므로 B차장과 F사원이 모두 참말을 하고 있다는 A부장이 거짓말을 한 것이다. 즉, C과장의 말은 참말이다.

그리고 단 1명만이 거짓말을 하고 있다고 말한 D대리도 거짓말을 하고 있다.

따라서 거짓말을 한 사람은 A부장, D대리, F사원이다.

| 정답풀이 |

A는 보안, 안전 교육을 신청했고, B와 E는 리더십 교육, C와 F는 보안 교육을 신청했다.

리더십	보안	안전	코딩
B, E	A, C, F	A	

이때 코딩 교육을 들을 수 있는 사람은 A를 제외한 B, C, D, E, F인데 B와 D는 모두 코딩 교육을 신청하지 않았고, 코딩 교육은 3명이 신청했으므로 코딩 교육을 신청한 3명은 C, E, F이다. 또한 D가 신청한 교육은 모두 E가 신청한 교육과 다르므로 D는 보안 교육과 안전 교육을 신청했고, B가 신청한 나머지 1개 교육은 보안 교육 또는 안전 교육인데 리더십 교육과 안전 교육은 함께 신청할 수 없으므로 보안 교육을 신청했다.

리더십	보안	안전	코딩
B, E	A, B, C, D, F	A, D	C, E, F

따라서 안전 교육을 신청한 사람은 A, D이다.

| 정답풀이 |

다섯 번째 숫자는 맨 앞의 숫자의 2배이고, 세 번째 숫자는 네 번째 숫자보다 5만큼 작다고 하였으므로 다음과 같이 나타낼 수 있다.

첫 번째	두 번째	세 번째	네 번째	다섯 번째	여섯 번째
a		b	$b+5$	$2a$	

이때 (두 번째 숫자)=(첫 번째 숫자)+(다섯 번째 숫자)이므로 두 번째 숫자를 c라고 하면 $c=3a$이므로 c로 가능한 숫자는 3, 6, 9 중 하나이다. 그런데 (두 번째 숫자)=(세 번째 숫자)+(네 번째 숫자)이므로 $c=2b+5$에서 $c \geq 5$이면서 3의 배수이려면 $c=9$이어야 한다.
$c=9$이므로 $a=3$, $b=2$이다. 이에 따라 비밀번호를 써 보면 다음과 같다.

첫 번째	두 번째	세 번째	네 번째	다섯 번째	여섯 번째
3	9	2	7	6	?

비밀번호가 4의 배수라고 하였으므로 여섯 번째 숫자는 0, 4, 8 중 하나이다.
따라서 가능한 경우의 수는 3가지이다.

| 오답풀이 |

① 두 번째 숫자는 9이므로 항상 옳지 않다.
② 여섯 번째 숫자는 0, 4, 8 중 하나이므로 항상 옳은 것은 아니다.

④ 여섯 번째 숫자가 8일 때는 네 번째 숫자가 여섯 번째 숫자보다 작으므로 항상 옳은 것은 아니다.
⑤ 첫 번째 숫자는 세 번째 숫자보다 1만큼 크므로 항상 옳지 않다.

| 정답풀이 |

사원 H는 203호에 위치한다. 이때 대리와 사원 5명이 모두 1, 2층에 위치하고 과장끼리는 서로 옆방에 위치하므로 과장인 C, D는 모두 3층에 위치해야 한다. 한편 대리 E, F는 끝자리가 짝수인 102호와 202호에 위치하며, 사원 I는 과장인 C가 바로 윗방에 위치하므로 201호에 위치하고, 301호에 C, 302호에 D가 위치한다.

C	D	
I	E 또는 F	H
	F 또는 E	

마지막 사원 G는 101호 또는 103호에 위치할 수 있으며, A와 B는 남은 방에 위치한다. 이에 따라 가능한 경우는 다음과 같다.

C	D	A 또는 B
I	E 또는 F	H
G	F 또는 E	B 또는 A

C	D	A 또는 B
I	E 또는 F	H
B 또는 A	F 또는 E	G

따라서 B가 103호에 위치하면, A는 303호에 위치한다.

| 오답풀이 |

① A는 101호 또는 103호에 위치할 수 있다.
② B가 1층에 위치하는 경우는 101호와 103호에 위치할 때이며, 각 경우에 E와 F가 위치를 바꿀 수 있으므로 가능한 경우의 수는 2×2=4(가지)이다.
③ F가 202호에 위치하면 E는 102호에 위치하며, 이때 가능한 경우의 수는 G가 101호일 때의 2가지와 G가 103호일 때의 2가지, 총 2×2=4(가지)이다.
④ A가 303호에 위치하면, G는 103호에 위치할 수도 있다.

| 정답풀이 |

프랑스에 출장을 간 사람은 프랑스어를 할 수 있으므로 B 또는 C이고, 영국에 출장을 간 사람은 영어를 할 수 있으므로 A 또는 B 또는 D이고, 일본어를 할 수 있는

사람은 독일에 출장을 가지 않았으므로 독일에 출장을 간 사람은 B 또는 D이고, 일본에 출장을 간 사람은 3개 국어를 할 수 있으므로 A 또는 B 또는 C이다.

만약 프랑스에 출장을 간 사람이 B라면 독일에 출장을 간 사람은 D가 된다. 이에 따라 영국에 출장을 간 사람은 A가 되고, 일본에 출장을 간 사람이 C가 된다.

만약 프랑스에 출장을 간 사람이 C이고, 영국에 출장을 간 사람이 A라면 일본에 출장을 간 사람은 B이고, 독일에 출장을 간 사람은 D이다. 영국에 출장을 간 사람이 B라면 일본에 출장을 간 사람은 A이고, 독일에 출장을 간 사람은 D이다. 영국에 출장을 간 사람이 D라면 독일에 출장을 간 사람은 B이고, 일본에 출장을 간 사람은 A이다.

이에 따라 가능한 경우는 다음과 같다.

영국	프랑스	독일	일본
A	B	D	C
A	C	D	B
B	C	D	A
D	C	B	A

따라서 독일에 출장을 간 사람은 B 또는 D이고 모두 영어를 할 수 있다.

| 오답풀이 |

② 프랑스에는 B 또는 C가 출장을 갔다.

③ 일본에 출장을 갈 수 있는 B, C는 프랑스어를 할 수 있다.

④ 영국에 출장을 갈 수 있는 B, D는 일본어를 할 수 없다.

⑤ 프랑스에 출장을 갈 수 있는 C는 영어를 할 수 없다.

09 조건추리   정답 ④

| 정답풀이 |

C가 여행을 가는지 여부에 따라 경우를 나누어 살펴보면 다음과 같다.

1) C가 여행을 간다.

여행을 가는 전체 인원(C를 포함)은 짝수 → 2, 4, 6명
C가 여행을 가므로 D는 여행을 가지 않으며, D가 여행을 가지 않으면 B도 여행을 가지 않는다. 또한, E가 여행을 가면 A는 반드시 여행을 간다. 하지만 E가 여행을 가지 않는 경우 A는 여행을 가거나 가지 않을 수 있다. 이때, E가 여행을 가지 않으면서 A만 여행을 가면, 길동, A, C로 여행을 가는 전체 인원수가 홀수가 된다. 이에 따라 C가 여행을 가는 경우 A, E와 함께 여행을 가거나 함께 여행을 가지 않는 경우만 가능하다.

이를 정리하면 다음과 같다.

A	B	C	D	E	길동	여행자 수
×	×	○	×	×	○	2명
○	×	○	×	○	○	4명

2) C가 여행을 가지 않는다.

여행을 가는 전체 인원(C를 포함)은 짝수가 아님 → C를 제외한 전체 인원은 짝수

C가 여행을 가지 않으면 D는 여행을 가고, 이때 D가 여행을 가므로 B는 여행을 갈 수도 있고 가지 않을 수도 있다. 또한, E가 여행을 가지 않으면 A는 여행을 갈 수도 있고 가지 않을 수도 있고, E가 여행을 가면 A도 반드시 여행을 간다.

이를 정리하면 다음과 같다.

A	B	C	D	E	길동	여행자 수
×	×	×	○	×	○	2명
○	○	×	○	×	○	4명
○	×	×	○	○	○	4명

따라서 A와 D가 모두 여행을 가면 4명이 여행을 가게 된다.

| 오답풀이 |

① D가 여행을 가는 경우, 여행 인원은 최소 2명이다.

② C가 여행을 가는 경우, 길동, A, C, E가 여행을 가는 경우가 있다.

③ B가 여행을 가는 경우 C는 여행을 가지 않는다. 하지만 전체 여행 인원은 짝수이다.

⑤ 길동, A, C, E가 여행을 가는 경우가 있다.

> **빠른 풀이 스킬**   난이도 최상!
>
> 이 문항은 조건과 변수가 많아 전체 경우를 모두 찾으려 하면 시간과 멘탈을 동시에 소모하기 쉽다. 이러한 유형에서는 전체 경우를 모두 찾는 것에 집착하지 말고, 선택지가 제시하는 상황이 '항상 성립하는지'만을 집중적으로 검증하는 것이 효과적이다.
> 즉, 각 선택지에 대해 반례가 존재하는지만 빠르게 확인하여 판단한다.

10 조건추리   정답 ⑤

| 정답풀이 |

주어진 3개의 조건이 각각 거짓일 경우에 해당하는 조건은 순서대로 다음과 같다.

- 영희는 사과와 호빵 모두를 좋아하지 않는다.
- 영희는 호빵과 코코넛 모두를 좋아하지 않는다.
- 영희는 사과와 코코넛 모두를 좋아한다.

만약 첫 번째 조건이 거짓이라면, 영희는 사과와 호빵을 모두 좋아하지 않으며, 두 번째 조건에 의해 코코넛을 좋아한다. 이는 세 번째 조건과 모순을 일으키지 않으므로 영희는 사과와 호빵을 좋아하지 않고 코코넛을 좋아한다. 만약 두 번째 조건이 거짓이라면, 영희는 호빵과 코코넛을 모두 좋아하지 않으며, 첫 번째 조건에 의해 사과를 좋아한다. 이 역시 모순을 일으키지 않으므로 영희는 사과를 좋아하고, 호빵과 코코넛을 좋아하지 않는다. 만약 세 번째 조건이 거짓이라면, 영희는 사과와 코코넛을 모두 좋아하며, 두 번째 조건에 의해 호빵을 좋아할 수도, 좋아하지 않을 수도 있다. 이는 첫 번째 조건과 모순을 일으키지 않으므로 영희는 사과와 코코넛을 좋아하고, 호빵은 좋아할 수도, 좋아하지 않을 수도 있다.

거짓인 조건	선호 여부		
	사과	호빵	코코넛
첫 번째	×	×	○
두 번째	○	×	×
세 번째	○	○ 또는 ×	○

따라서 영희가 코코넛을 좋아하지 않으면 호빵을 좋아하지 않는다.

① 두 번째 조건 또는 세 번째 조건이 거짓이라면 영희는 사과를 좋아할 수 있다.
② 세 번째 조건이 거짓이라면 영희는 호빵을 좋아할 수 있다.
③ 첫 번째 조건 또는 세 번째 조건이 거짓이라면 영희는 코코넛을 좋아할 수 있다.
④ 두 번째 조건이 거짓이라면 영희가 사과를 좋아했을 때 코코넛을 좋아하지 않을 수 있다.

11 조건추리　　　　　　정답 ②

| 정답풀이 |

먼저 기획팀 2명을 서로 마주 보게 앉히고, 기획팀 박 대리의 왼쪽에 제작팀의 이 주임을 앉히면 다음과 같다.

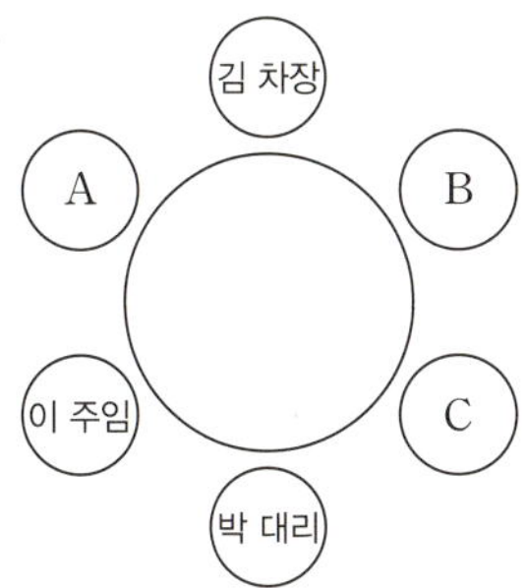

이때 개발팀 2명이 서로 옆에 붙어 앉아 있다고 하였으므로 개발팀은 B, C에 앉고, 제작팀의 한 과장이 A에 앉게 된다. 이를 나타내면 다음과 같다.

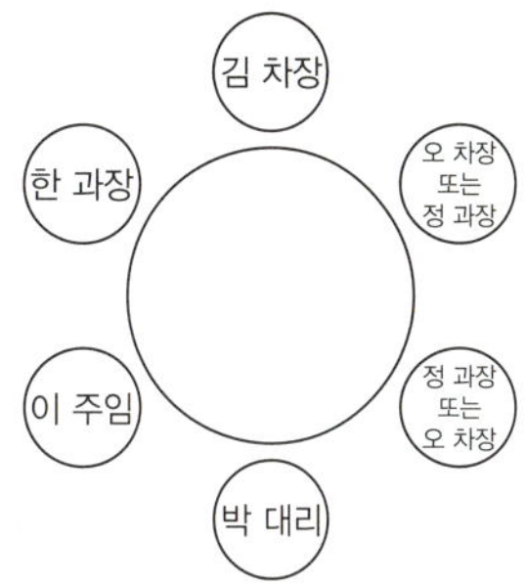

따라서 6명이 자리에 앉을 수 있는 경우의 수는 총 2가지이다.

① 제작팀 2명은 서로 옆에 붙어 앉아 있으므로 항상 옳지 않다.
③ 제작팀의 이 주임 왼쪽에는 같은 팀 한 과장이 앉아 있으므로 항상 옳지 않다.
④ 기획팀의 박 대리 오른쪽에 앉은 사람의 직급이 차장일 수 있으므로 항상 옳은 것은 아니다.
⑤ 기획팀의 김 차장의 왼쪽에 개발팀의 오 차장이 앉아 있다면, 오른쪽에는 제작팀의 한 과장이 앉아 있으므로 항상 옳지 않다.

12 조건추리　　　　　　정답 ①

| 정답풀이 |

파란색 펜을 받은 사람이 1명, 검은색 펜을 받은 사람이 2명이므로 빨간색 펜을 받은 사람은 2명이고, 이 중 한 명은 D이다.
만약 A가 검은색 펜을 받으면 C는 빨간색 펜을 받는다. B는 검은색 펜을 받지 않았으므로 파란색 펜을 받고, E는 검은색 펜을 받는다.
만약 A가 빨간색 펜을 받으면 A와 D가 빨간색 펜을 받고, B는 검은색 펜을 받지 않았으므로 파란색 펜을 받는다. C와 E는 검은색 펜을 받는다.
만약 A가 파란색 펜을 받으면 B는 검은색 펜을 받지 않으므로 빨간색 펜을 받고, C와 E는 검은색 펜을 받는다.

검은색	빨간색	파란색
A, E	C, D	B
C, E	A, D	B
C, E	B, D	A

따라서 E는 검은색 펜을 받는다.

② B는 빨간색 펜을 받을 수도 있다.

③ A가 검은색 펜을 받으면 E도 검은색 펜을 받는다.

④ C가 파란색 펜을 받는 경우는 없다.

⑤ D가 B와 같은 색 펜을 받는 경우는 빨간색 펜을 받는 경우이다.

13 조건추리 정답 ③

| 정답풀이 |

소희는 터치가 되지 않는 노트북을 구매했으므로 A노트북을 구매했고, 지혜는 B노트북을 구매했다. 윤정이는 180도 펼쳐지는 노트북을 구매했으므로 A 또는 C노트북을 구매했고, 성아는 터치가 되는 노트북을 구매했으므로 B 또는 C노트북을 구매했다.

윤정이가 A노트북을 구매했을 때, 성아가 B노트북을 구매했다면 각 노트북은 1명 이상이 구매했으므로 진영이는 C노트북을 구매했고, 성아가 C노트북을 구매했다면 B노트북은 2명이 구매했으므로 진영이는 B노트북을 구매했다.

윤정이가 C노트북을 구매했을 때, 성아가 B노트북을 구매했다면 진영이는 성아와 다른 노트북을 구매했으므로 A 또는 C노트북을 구매했다. 또한 성아가 C노트북을 구매했다면 B노트북은 2명이 구매했으므로 진영이는 B노트북을 구매했다.

A노트북	B노트북	C노트북
소희, 윤정	지혜, 성아	진영
소희, 윤정	지혜, 진영	성아
소희, 진영	지혜, 성아	윤정
소희	지혜, 성아	윤정, 진영
소희	지혜, 진영	성아, 윤정

따라서 진영이가 C노트북을 구매했다면 성아는 B노트북을 구매했다.

| 오답풀이 |

① 가능한 경우의 수는 총 5가지이다.

② 소희와 진영이 둘 다 A노트북을 구매하는 경우가 있다.

④ 성아가 C노트북을 구매했을 때, 윤정이는 A노트북을 구매했을 수 있다.

⑤ 윤정이가 A노트북을 구매했을 때, 진영이는 C노트북을 구매했을 수 있다.

14 조건추리 정답 ③

| 정답풀이 |

주어진 조건에 따르면 부장끼리는 같은 팀이 될 수 없고, A부장과 D과장은 같은 팀이 아니므로 A부장과 C차장, B부장과 D과장이 각각 한 팀이다. 이때 각 팀은 한 층씩 담당하여 면접에 들어가고, C차장은 201호에서 지원자 4명의 면접을 보게 되므로 A부장과 C차장은 2층, B부장과 D과장은 1층의 면접에 들어가게 된다. 또한 지원자는 총 18명이고 모든 조의 지원자 수는 최소 3명부터 최대 7명으로 서로 다르므로 네 개의 조는 각각 3명, 4명, 5명, 6명의 지원자로 이루어져 있음을 알 수 있다. 이때 201호에서 면접을 보는 지원자 수는 4명이고 1층과 2층 모두 1호에서 면접을 보는 지원자 수는 2호에서 면접을 보는 지원자 수보다 많으므로 202호의 지원자 수는 3명, 101호는 6명, 102호는 5명이다.

따라서 면접은 1호, 2호 순으로 진행되므로 1층의 면접에 들어가는 D과장이 두 번째로 면접을 보게 될 조의 지원자 수는 5명이다.

15 도형추리 정답 ④

| 정답풀이 |

• 내부 도형은 상하 대칭한다.

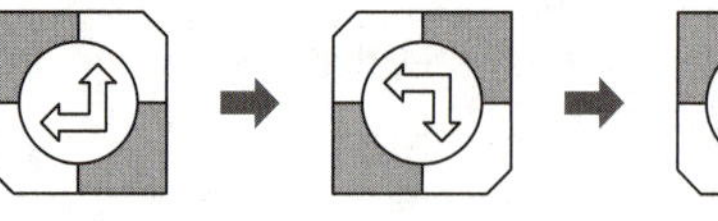

• 외부 도형은 시계 방향으로 90° 회전한다.

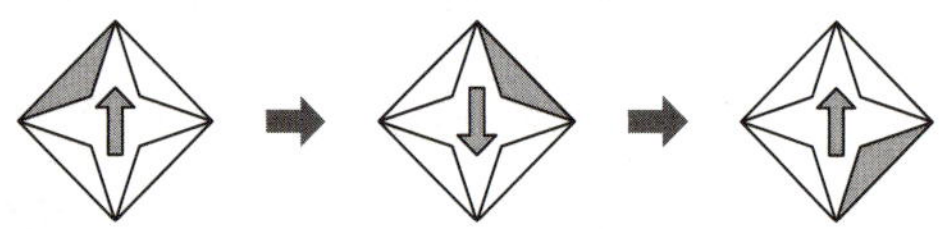

16 도형추리 정답 ①

| 정답풀이 |

• 1행에서 2행으로 갈 때, 도형은 시계 방향으로 180° 회전한다.

• 2행에서 3행으로 갈 때, 도형은 상하 대칭한다.

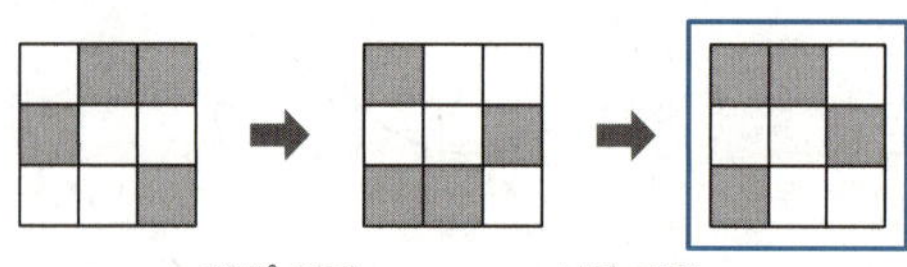

| 정답풀이 |

오른쪽으로 한 칸씩 갈 때마다 내부도형 음영은 시계 방향으로, 외부도형 음영은 반시계 방향으로 한 칸씩 이동한다.

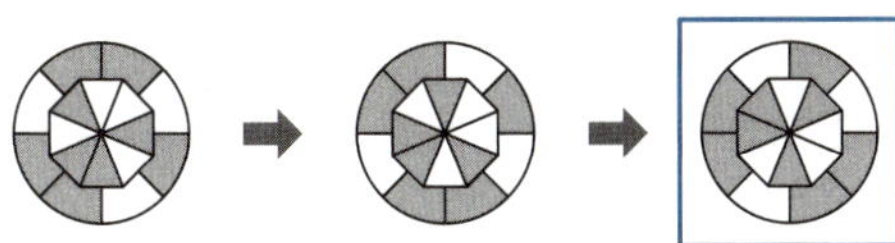

내부: 시계 방향　　　내부: 시계 방향
외부: 반시계 방향　　외부: 반시계 방향

| 정답풀이 |

기호	규칙
■	1234 → 4231
★	−1, −1, +2, +2
◇	+2, +2, −1, −1
○	1234 → 1324

규칙을 적용하면 다음과 같다.
QETU → ★ → PDVW → ■ → (**WDVP**)

⏱ 빠른 풀이 스킬

A	B	C	D	E	F	G	H	I	J	K	L	M
(1)	(2)	(3)	(4)	(5)	(6)	(7)	(8)	(9)	(10)	(11)	(12)	(13)
N	O	P	Q	R	S	T	U	V	W	X	Y	Z
(14)	(15)	(16)	(17)	(18)	(19)	(20)	(21)	(22)	(23)	(24)	(25)	(26)

알파벳은 총 26개이고, 알파벳에 해당하는 숫자를 꼭 외워야 한다.(GSAT 특강에 쉽게 외우는 방법 참조)
문항에 주어지는 규칙은 변환규칙(가/감)이거나 배열규칙(위치이동, 위치교환)으로 출제된다.
또한, 규칙이 눈에 띄지 않는 경우(변환규칙) 알파벳을 숫자로 바꾸어서 비교한다.
• 86YW(8 6 25 23) → ◇ → 08XV(0 8 24 22)이므로 변환규칙 ◇ : (+2, +2, −1, −1)
• X4Z6 → ■ → ◇(64ZX) → 86YW이므로 배열규칙 ■ : 1234 → 4231
• 7N1P → ■(PN17=16 14 1 7) → ★ → OM39(15 13 3 9)이므로 변환규칙 ★ : (−1, −1, +2, +2)
• QE32 → ◇(SG21) → ○ → S2G1이므로 배열규칙 ○ : 1234 → 1324

| 정답풀이 |

규칙을 적용하면 다음과 같다.
B1A4 → ★ → A0C6 → ○ → AC06 → ◇ → (**CE95**)

| 정답풀이 |

◇와 ★은 계산 규칙으로 단계를 나누지 않고 합쳐서 (+1, +1, +1, +1)을 적용하면 단계를 줄일 수 있다.
(**5824**) → ◇ → 7013 → ★ → 6935

| 정답풀이 |

규칙을 역으로 적용하면 다음과 같다.
(**3SR1**) → ■ → 1SR3 → ○ → 1RS3 → ◇ → 3TR2

| 정답풀이 |

주어진 글은 17세기 네덜란드의 정치, 종교, 경제 부문에 대해 언급하며 세속화가 유행하게 된 배경을 소개한다. 세속화 중에서도 풍속화에 대해서 소개하고, 이어서 풍속화의 대가인 베르메르의 작품에 대해서 설명하는 글이다.
그러므로 가장 먼저 배경이 되는 17세기 네덜란드에 대해서 소개한 [나]가 나오는 것이 적절하다. 이어서 경제적인 부흥기를 맞은 네덜란드가 어떻게 시민사회를 발전시켰는지를 설명하는 [라]가 이어지는 것이 적절하다. [라]의 마지막 부분에 세속적 미술의 발전이라는 내용이 있으므로 [다]에서 '이들 세속화'가 관련이 깊은 것임을 알 수 있다. [다]에는 베르메르가 등장하는데 그의 작품에 나타난 중산층의 모습과 취향을 구체적으로 언급하는 [가]가 가장 마지막에 오는 것이 적절하다.
따라서 논리적 순서에 맞게 배열한 것은 [나]−[라]−[다]−[가]이다.

| 정답풀이 |

[보기]에 제시된 내용을 바탕으로 첫 번째 문단을 골라야
한다. '학생이 욕을 하는 이유는 어른 세계에 대한 반항
이자 거기서 벗어나고 싶다는 표현'이 [다]의 '학생들이~
같은 이유에서였다.'와 연결된다는 것을 알 수 있다. 그
다음 문단의 후보는 [가]와 [나]인데, [가]는 주체를 '그
들'이라 칭하며 '학생'들이 폭언하는 것에 관한 내용을 드
러내고, [나]는 역접의 접속사를 통해 욕이 특수 용어가
아님을 드러내면서 새로운 관점에서 바라보고 있다. 그
러므로 연결 고리를 찾으면 학생들이 욕을 하는 이유에
관한 내용이 이어지는 [가]가 와야 한다. 그 후로도 연결
단어들을 찾으면 되는데, [가]의 '독자성을 가진 집단'은
[라]의 '어떤 집단'으로 이어지고, [라]의 '특수용어'가
[나]로 이어짐을 알 수 있다.
따라서 논리적 순서에 맞게 배열한 것은 [다]-[가]-
[라]-[나]이다.

24 독해추론 정답 ④

| 정답풀이 |

심해로 갈수록 탄산염을 용해시키는 성분이 많이 있기에
칼슘탄산염연니보다 실리카연니를 더 많이 찾을 수 있다.

| 오답풀이 |

① 수심이 깊은 해수에 이산화탄소가 더 많이 포함되어 있다.
② 수심이 깊은 곳은 얕은 곳에 비해 탄산염을 더 쉽게 용해한다.
③ 해저에 형성된 후 용해 속도가 느릴수록 연니의 퇴적량은 늘어
   난다.
⑤ 연니는 표층수에 사는 플랑크톤의 양과 비례한 정도로 해저에
   퇴적된다.

25 독해추론 정답 ③

| 정답풀이 |

주어진 글에서 산화막에 갇힌 전자를 빼내기 위해 기판
쪽에서 높은 (+)전압을 걸어주면 전자가 빠져나온다고
언급하였으므로 '기판 쪽에서 높은 전압을 걸어주면 산
화막(플로팅게이트) 안에 있는 전자를 이동시킬 수 있
다.'라고 해야 적절하다.

| 오답풀이 |

① D램은 커패시터가 있지만 플래시메모리는 없으므로 그 구조가
   다르다.
② 전원을 끊어도 데이터가 삭제되지 않는 비휘발성 특성을 가지
   고 있다.

④ 주어진 글에서 '이 플로팅게이트에 전하가 차 있으면 1, 전하가
   없으면 0으로 기록하게 된다. 플로팅게이트는 절연체인 산화막
   으로 둘러싸여 있어 기본적으로 닫힌 상태다. 그러나 컨트롤게
   이트에서 높은 (+)전압을 걸어주면 (-)전자가 산화막을 통과해
   플로팅게이트로 들어간다. 이것이 바로 낸드플래시 메모리의
   '쓰기' 작업이다.'라고 언급하고 있으므로 낸드플래시의 셀은 플
   로팅게이트에 전자를 채우고 비우는 방식으로 0과 1을 인식한
   다는 내용은 참이다.
⑤ 주어진 글에서 낸드플래시는 덮어쓰기가 안 되므로 해당 영역
   에 데이터를 새로 쓰려면 지우기 과정을 반드시 거쳐야 한다는
   내용을 통해 데이터가 저장된 플래시메모리에 데이터를 새로
   쓰기 위해서는 터널 릴리즈 작업이 선행되어야 함을 알 수 있다.

26 독해추론 정답 ⑤

| 정답풀이 |

MBC펫 구조를 적용하면 4나노 공정에서 성능을 향상
시키고 전력소모와 면적을 감소시키는 것이 아니라 3나
노 공정에서 5나노 공정 대비 성능을 향상시키고 전력소
모와 면적을 감소시킬 수 있다.

| 오답풀이 |

① 트랜지스터는 반도체 칩의 기본 소자이다.
② 지금까지 트랜지스터를 가장 작고 빠르게 만들 수 있는 기술은
   물고기의 등지느러미(Fin) 모양을 닮은 '핀 트랜지스터'였음을
   알 수 있다.
③ GAA는 반도체 칩의 기본 소자인 '트랜지스터'를 더 작고 빠르
   게, 적은 전력만 소모하도록 만드는 최신 기술이라는 서술을 통
   해 트랜지스터는 더 작고 빠르고 적은 전력을 소모할수록 더 좋
   음을 알 수 있다.
④ 핀 트랜지스터 구조로는 4나노 이하 공정에서 '동작 전압'을 줄
   이는 게 불가능했으나 이를 해결하는 기술이 바로 GAA임을 알
   수 있다.

27 독해추론 정답 ③

| 정답풀이 |

반도체의 적층화 기술이 2023년에는 200단을 돌파하였
으며, 앞으로 더욱 심화될 대용량화 요구에 대응하기 위
해 향후 1,000단을 넘는 로드맵을 그리고 있다고 했다.
즉 한계치가 1,000단이라는 것은 거짓된 진술이다.

| 오답풀이 |

① NAND 플래시 메모리는 PC나 스마트폰 등의 데이터를 저장한
   다고 했다.
② NAND 플래시 메모리는 보다 대용량의 데이터를 처리할 수 있
   도록 데이터 기록 단위인 메모리 셀을 더 많이 쌓아 올리는 '적
   층화' 기술의 혁신이 진행되고 있다고 했다.

④ 반도체의 대용량화, 고속화, 고신뢰성뿐만 아니라 환경 부하 저감을 위한 저소비 전력화도 동시에 실현해 가야 한다고 했다.
⑤ AI, 데이터 센터, 양자 컴퓨터 등 사회 발전을 이루는 신기술 개발에는 반도체의 진화가 필수적이며 강력하고 유연하게 지속 가능한 사회를 실현하는 인프라로서 반도체에 대한 기대는 점점 더 커지고 있다고 했다.

28 독해추론 정답 ②

| 정답풀이 |

문화인류학에서는 인간의 행동을 문화나 사회와 관련지어 이해하고 연구해야 한다고 주장하고 있다. 이러한 관점에서 사회생물학이 인간의 행위를 재생산적 성공과 인구 유전학의 관점에서 다루면서 문화나 학습 행위의 효과를 무시하고 있다고 비판할 수 있다.

| 오답풀이 |

① 사회생물학은 실험과 관찰에 초점을 맞춘 것이 아니라, 자연선택의 원리를 기초로 한 다윈의 진화론에 근간을 두고 있다.
③ 인간을 실험 대상으로 삼고 있다는 내용은 찾을 수 없다.
④ 제시된 내용과 거리가 멀다.
⑤ 사회생물학은 인간이 자연선택의 원리에 기초하여 진화하였다고 주장한다. 다양한 동물 종들의 사회적 행위를 그 개체들 사이에서 이루어진 재생산적 성공의 결과로서 진화해왔다고 보는 것이다. 다시 말해, 다른 동물의 행동과 선택적 비교를 하는 것이 아니다.

29 독해추론 정답 ⑤

| 정답풀이 |

첫 번째 글의 글쓴이는 경쟁의 공정성과 분배의 공평성을 강조하고 있다. 그런데 두 번째 글의 내용은 빈부의 양극화 사례로 '특정 분야에 대한 정부의 집중 지원으로 인한 과학 기술계의 양극화'를 들고 있다. 따라서 경쟁의 공정성을 바라는 첫 번째 글의 입장에서는 정부가 공정한 경쟁을 보장하는 정책을 펴도록 요구할 수 있다.

| 오답풀이 |

① 첫 번째 글의 글쓴이는 기업이 아니라 국가의 역할에 대해서 언급하고 있다.
② 두 번째 글에서는 불균형 성장 전략의 한계를 지적하고 있으므로 '성장 위주의 경제 정책'에 대한 주장은 적절하지 않다.
③, ④ 첫 번째 글의 글쓴이는 경쟁의 공정성과 분배의 공평성을 위해 국가가 나서야 함을 주장하고 있다.

30 독해추론 정답 ④

| 정답풀이 |

주어진 글은 악몽 치료를 위한 이미지 리허설 요법(IRT)에 대한 설명이고 [보기]는 IRT 치료에 특정 음악을 들려줬을 때 보인 효과를 설명하고 있다. IRT 치료에 특정 음악을 들은 환자들은 일주일에 평균 3회 꾸던 악몽을 0.2회만 꿨으므로 특정 소리를 이용한 악몽 치료로 환자의 악몽 횟수가 감소한다는 것은 가장 적절한 추론이다.

| 오답풀이 |

① IRT 치료를 받으면 환자가 꿈을 꿀 때 뇌가 활성화되면서 잠에서 깬다는 내용은 주어진 글에서 확인할 수 없으므로 부적절한 추론이다.
② 특정 소리를 들려주지 않는 IRT 치료는 악몽 장애 환자의 약 30%가 치료 효과를 보지 못한다고는 했지만 그렇다고 전혀 효과를 보이지 않는다고 보기 어렵다.
③ 특정 소리를 이용한 악몽 치료는 장기적으로 효과를 보았다고 했다.
⑤ 나이가 어린 사람이 나이가 많은 사람보다 악몽을 많이 꾼다고는 나와 있지만 IRT 치료와 특정 소리를 이용한 악몽 치료의 효과가 나이 많은 환자에게만 효과가 있고 나이 어린 환자에게는 효과가 없다고 추론하기는 어렵다.

수리논리								P.266

수리논리								P.266
01	①	02	②	03	②	04	④	05 ③
06	②	07	②	08	②	09	⑤	10 ③

01 응용수리 정답 ①

| 정답풀이 |

직급이 과장인 직원 수가 $400 \times 0.25 = 100$(명)이고 직급이 대리인 직원 수가 117명이므로 이 회사에서 직급이 부장, 차장, 사원인 직원 수의 합은 $400 - 100 - 117 = 183$(명)이다. 이때 직급이 차장인 직원 수를 a명이라고 하면, 직급이 부장인 직원 수는 $(a-17)$명이고 직급이 사원인 직원 수는 $6a$명이다. 즉, $a + (a-17) + 6a = 183$ 식을 정리하면 $8a = 200$, $a = 25$이므로 직급이 차장인 직원 수는 25명이다.

따라서 이 회사에서 직급이 사원인 직원 수는 $25 \times 6 = 150$(명)이다.

02 응용수리 정답 ②

| 정답풀이 |

주사위의 눈금 중 3의 배수는 3, 6이므로 A주머니에서 공을 뽑을 확률은 $\frac{2}{6} = \frac{1}{3}$, B주머니에서 공을 뽑을 확률은 $\frac{2}{3}$이다. A주머니에는 빨간 공 2개, 검은 공 2개가 들어있고, B주머니에는 빨간 공 3개, 검은 공 1개가 들어있으므로 각 주머니에서 2개의 공을 꺼냈을 때, 빨간 공과 검은 공을 1개씩 뽑을 확률은 다음과 같다.

- A주머니: $\frac{_2C_1 \times _2C_1}{_4C_2} = \frac{2 \times 2}{6} = \frac{2}{3}$
- B주머니: $\frac{_3C_1 \times _1C_1}{_4C_2} = \frac{3 \times 1}{6} = \frac{1}{2}$

따라서 구하고자 하는 확률은 $\frac{1}{3} \times \frac{2}{3} + \frac{2}{3} \times \frac{1}{2} = \frac{5}{9}$이다.

03 자료해석 정답 ②

| 정답풀이 |

2020년 대비 2024년 글로벌 VR시장 콘텐츠 규모의 증가율은 $\frac{(290-30)}{30} \times 100 \fallingdotseq 866.7(\%)$이므로 1,000% 미만이다.

| 오답풀이 |

① 글로벌 VR시장 이용자 1명당 콘텐츠 규모는 다음과 같다.

(단위: 달러/명)

2020년	2021년	2022년	2023년	2024년
15,000	1,570	467.7	226.6	169.5

글로벌 VR시장 이용자 1명당 콘텐츠 규모는 2024년에 가장 작다.

③ 글로벌 VR시장에서 하드웨어와 콘텐츠의 규모 차이는 다음과 같다.

(단위: 억 달러)

2020년	2021년	2022년	2023년	2024년
35	15	30	20	60

따라서 2021년에 가장 작다.

④ 하드웨어와 콘텐츠를 합한 글로벌 VR시장 규모는 2020년에 $65+30 = 95$(억 달러), 2021년에 $120+105 = 225$(억 달러)이므로 2배 이상으로 성장했다.

⑤ 2024년 전체 시장 규모는 $230+290 = 520$(억 달러)이며, 그 중 하드웨어는 230(억 달러)이므로 비중은 $\frac{230}{520} \times 100 \fallingdotseq 44.3(\%)$이다.

04 자료해석 정답 ④

| 정답풀이 |

[그래프2]의 AI제품 및 서비스 이용 경험에 응답한 비율은 인공지능 제품 및 서비스 이용 경험이 있는 인원($4,000 \times 70\%$) 중의 비율을 의미한다. 따라서 언어 번역기를 활용 중인 인원은 $4,000$명$\times 70\% \times 55\% = 1,540$(명)이다.

| 오답풀이 |

① 인공지능에 관심이 있는 인원은 $4,000 \times 59\% = 2,360$(명)이다.

② AI개인비서를 활용 중이라고 응답한 인원은 $4,000 \times 70\% \times 35\% = 980$(명)이다.

③ 인공지능에 대해 인지하지 못한 인원은 4,000명×(100%−99%)=40(명)이다.

⑤ '인공지능 제품 및 서비스를 잘 활용하고 있다'에 응답한 비율은 '제품 및 서비스 이용 경험이 있다'에 응답한 인원(4,000×70%) 중에서의 비율을 의미한다. 따라서 인공지능 제품 및 서비스를 잘 활용하고 있는 인원은 4,000명×70%×22%=616(명)이다.

05 자료해석 정답 ③

| 정답풀이 |

㉠ 언어 번역기 활용 중(55%)인 인원은 차량용 내비게이션 활용 중(56%)인 인원보다 더 적다.

㉡ 챗봇 이용 경험이 있다고 응답한 인원(29+46=75(%))은 차량용 내비게이션 이용 경험이 있다고 응답한 인원(18+56=74(%))보다 더 많다.

| 오답풀이 |

㉢ AI스피커 이용 경험이 있다고 응답한 인원수(4,000×70%×59%)와 '인공지능에 관심이 있다'에 응답한 인원수(4,000×59%)는 다르다.

06 자료해석 정답 ②

| 정답풀이 |

제시된 기간 동안 패류의 양식수입은 매년 어로수입의 3배 이상이다.

| 오답풀이 |

① 2020년 대비 2024년 수입의 증가율은

어류 어로수입이 $\dfrac{(15,200-9,800)}{9,800} \times 100 ≒ 55.1(\%)$,

어류 양식수입이 $\dfrac{(3,500-2,100)}{2,100} \times 100 ≒ 66.7(\%)$이다.

③ 2023년 어류 어로수입은 2021년 대비 $\dfrac{(14,100-9,700)}{9,700} \times 100 ≒ 45.4(\%)$ 증가하였다.

④ 2022년 패류 어로수입의 9배는 2,600×9=23,400이고 21,800<23,400이므로 9배 미만이다.

⑤ 2021년 이후 어류 양식수입이 전년 대비 감소한 해는 2024년이고, 어류 어로수입은 전년 대비 증가하였다.

07 자료해석 정답 ②

| 정답풀이 |

$\dfrac{\text{양식수입}}{\text{어업 총수입}} \times 100 = 60(\%)$이고, $\dfrac{\text{패류 양식수입}}{\text{양식수입}} \times 100 = 55(\%)$이다. 이때 두 식의 각 변끼리 곱하면

$\left(\dfrac{\text{양식수입}}{\text{어업 총수입}} \times 100\right) \times \left(\dfrac{\text{패류 양식수입}}{\text{양식수입}} \times 100\right) = 55 \times 60$

$\rightarrow \dfrac{\text{패류 양식수입}}{\text{어업 총수입}} \times 10,000 = 3,300$

이때 패류 양식수입이 25,400천 원이므로

위 식에 대입하면 $\dfrac{25,400}{\text{어업 총수입}} \times 10,000 = 3,300$

$\rightarrow \text{어업 총수입} = \dfrac{25,400}{3,300} \times 10,000 ≒ 76,969.6(\text{천 원})$

따라서 어업 총수입은 백원 단위에서 반올림하여 76,970천 원이다.

08 자료해석 정답 ②

| 정답풀이 |

2022년과 2024년의 신고율과 검거율을 이용하면

$18 = \dfrac{45}{a} + b$와 $19 = \dfrac{50}{a} + b$이므로 $a=5$, $b=9$이다.(신고율과 검거율 모두 백분율이므로, 백분율 그대로 계산해도 무방하다.)

• 2013년: $16 = \dfrac{㉠}{5} + 9$, $㉠ = 35(\%)$

• 2025년: $㉡ = \dfrac{65}{5} + 9$, $㉡ = 22(\%)$

따라서 ㉠은 35, ㉡은 22이다.

09 자료해석 정답 ⑤

| 정답풀이 |

연도별 가구 수 합계는 다음과 같다.

(단위: 만 가구)

구분	1인 가구	2인 가구	3인 가구	4인 이상 가구	합계
2015년	520	480	400	600	2,000
2020년	720	600	420	660	2,400
2025년	900	600	480	520	2,500

연도별 비중은 다음과 같다.

구분	1인 가구	2인 가구	3인 가구	4인 이상 가구
2015년	26.0%	24.0%	20.0%	30.0%
2020년	30.0%	25.0%	17.5%	27.5%
2025년	36.0%	24.0%	19.2%	20.8%

따라서 정답은 ⑤이다.

⏱ 빠른 풀이 스킬

첫 번째 [표]에 제시된 수치로 비중의 순서를 확인한다.
선택지 ①은 2인 가구와 4인 이상 가구의 비중이 같다
고 하였으나 4인 이상 가구가 더 많으므로 소거 가능
하다.
2020년의 비중은 1인 가구＞4인 이상 가구＞2인 가
구＞3인 가구 순이다. 선택지 ②, ③은 해당 비중의 순
서가 잘못되어 있으므로 소거한다.
선택지 ④, ⑤는 비중의 순서가 동일하므로 서로 다른
수치를 하나 계산하여 확인하면 된다.

10 자료해석 정답 ③

| 정답풀이 |

A지역과 B지역의 가로등 설치 대수 차이는 다음과 같다.

(단위: 대)

구분	2월	3월	4월	5월	6월
A지역−B지역	13	11	9	7	5
차	−	−2	−2	−2	−2

A지역과 B지역의 가로등 설치 대수 차가 매월 2씩 감소
함을 알 수 있다. 또한 B지역 가로등 설치 대수가 A지역
보다 5대 많은 것은 A지역−B지역＝−5를 의미하므로
A지역과 B지역의 가로등 설치 대수 차이를 구하면 다
음과 같다.

(단위: 대)

구분	7월	8월	9월	10월	11월
A지역−B지역	3	1	−1	−3	−5
차	−2	−2	−2	−2	−2

따라서 B지역 가로등 설치 대수가 A지역보다 5대 이상
많아지는 시기는 2025년 11월이다.

01 명제 정답 ②

| 정답풀이 |

전제2를 만족하는 벤다이어그램은 [그림1]과 같다.

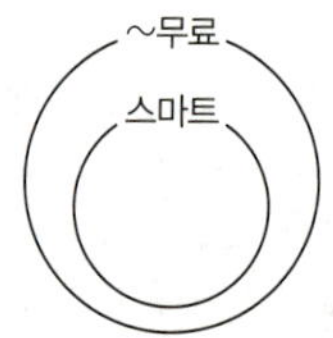

[그림1]

여기에 전제1을 덧붙인 기본적인 벤다이어그램은 [그림2]
와 같이 나타낼 수 있으며, '스마트'와 '접힘'의 공통영역
에 해당하는 색칠된 부분이 반드시 존재해야 한다.

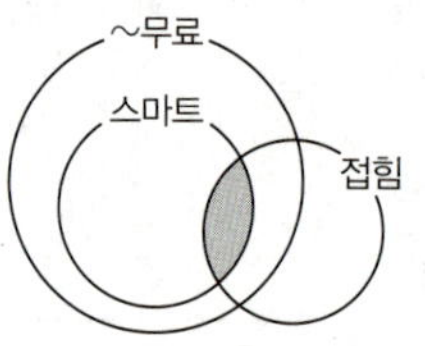

[그림2]

[그림2]에서 매개념 '스마트'를 제외한 '~무료'와 '접힘'
사이의 관계를 보면, 둘 사이에 뚜렷한 포함관계가 존재
하진 않으나 최소한 색칠된 부분만큼은 공통으로 포함하
고 있다는 것을 알 수 있다. 즉, '~무료'와 '접힘' 사이엔
반드시 공통영역이 존재한다.
따라서 항상 참인 결론은 '무료로 이용할 수 없는 어떤
스마트폰은 접힌다.'이다.

⏱ 빠른 풀이 스킬

어떤 A → B
모든 A → ~C
• 결론: 어떤 B → ~C (또는 어떤 ~C → B)
전제1에 "어떤 ~는 ~이다."라는 some 개념이 있으
므로 벤다이어그램을 활용한다. 스마트폰을 '스', 접히
는 것을 '접', 무료로 이용할 수 있는 것을 '무'라고 표
시하자. some 개념이 없는 전제2부터 벤다이어그램으
로 표현하면 [그림3]과 같다.

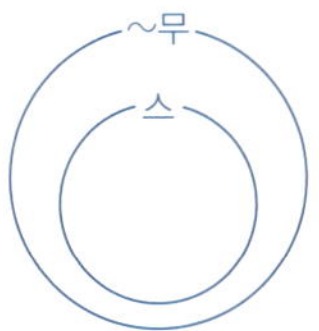

[그림3]

여기에 전제1을 덧붙인 기본적인 벤다이어그램은 [그림4]와 같이 나타낼 수 있으며, '스'와 '접'의 공통영역에 해당하는 색칠된 부분이 반드시 존재해야 한다.

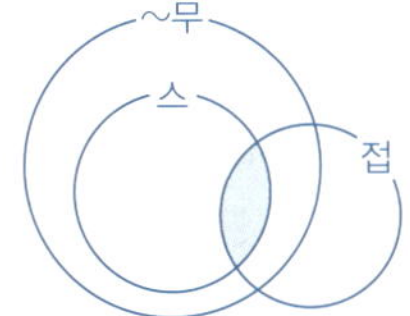

[그림4]

여기서 소거법을 사용하여 정답을 찾아보자. [그림4]를 보면 ③, ⑤는 옳지 않다는 것을 알 수 있다. 한편 [그림4]의 색칠된 부분이 존재하기만 하면 '접'의 범위를 [그림5]와 같이 더 줄이거나 [그림6]과 같이 더 늘릴 수도 있다.

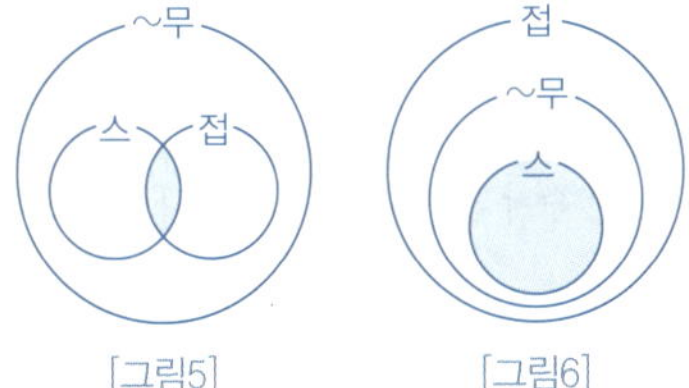

[그림5]　　　　　[그림6]

①의 경우 [그림5]를, ④의 경우 [그림6]을 반례로 내세울 수 있다. 반면 ②의 경우 '접'의 범위를 아무리 변형해도 항상 참이므로 정답은 ②이다.

02　명제　　　　　정답 ③

| 정답풀이 |

전제1을 만족하는 벤다이어그램은 [그림1]과 같다. 왕은 신하가 앉는 곳이 아닌 영역(~신하)에 포함되는 부분 집합이다.

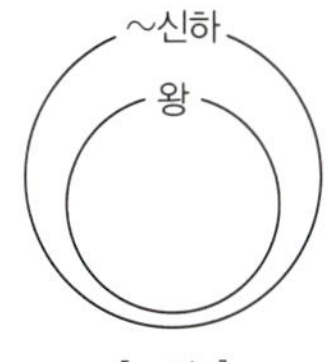

[그림1]

이 상태에서 결론을 항상 만족하기 위해서는 '왕'이 속할 수 있는 모든 경우에서 '의자'에 포함되어야 하므로, 다음과 같은 네 가지 상황을 생각할 수 있다.

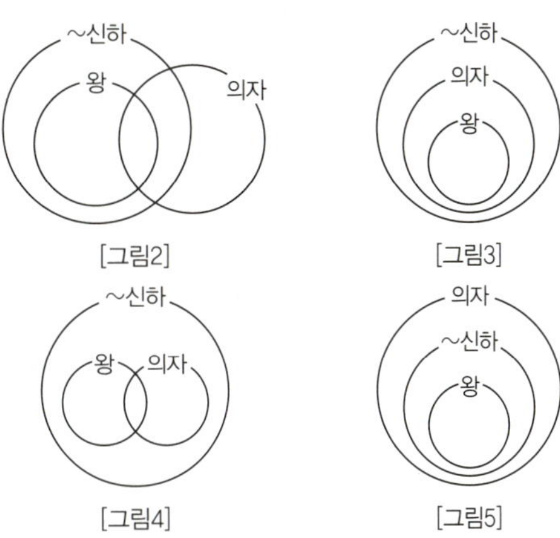

[그림2]　　　　　[그림3]

[그림4]　　　　　[그림5]

이때, '왕'이 '~신하'에 속해 있으므로 결론이 항상 참이 되려면 '~신하' 전체가 '의자'에 속한다는 전제가 필요하다. 따라서 결론이 반드시 참이 되게 하는 명제는 '신하가 앉지 않는 곳은 모두 의자이다.'이다.

| 오답풀이 |

① '의자'와 '~신하'가 겹친다는 것만으로는 '신하'에 속한 '왕'이 항상 '의자'에 포함된다고 할 수 없다.
② '의자'와 '신하'가 분리되어 있어도, '~신하'의 일부만 '의자'에 해당하는 경우 '왕'이 의자에 포함되지 않는 반례가 가능하다.
④ '~신하'의 일부만 '의자'일 경우, [그림4]와 같이 '왕'이 '의자'에 포함되지 않는 경우가 발생할 수 있다.
⑤ 모두 만족하지 않는다.

> ⏱ **빠른 풀이 스킬**
>
> 모든 A → ~B
> 모든 A → C
> • 전제: 모든 ~B → C

03　조건추리　　　　　정답 ①

| 정답풀이 |

A와 F는 모두 A가 가장 먼저 도착했다고 말하고 있고, B와 D는 모두 D가 두 번째로 도착했다고 말하고 있으므로 A가 참을 말했다면 F도 참을 말한 것이고, A가 거짓을 말했다면 F도 거짓을 말한 것이다. 마찬가지로 B가 참을 말했다면 D도 참을 말한 것이고, B가 거짓을 말했다면 D도 거짓을 말한 것이다. 참을 말한 사람이 3명, 거짓을 말한 사람도 3명이므로 A와 F가 참을 말했다면 B와 D는 거짓을 말한 것이며, A와 F가 거짓을 말했다면 B와 D가 참을 말한 것이다.

C는 E가 세 번째 이내에 도착했다고 하였으나 E는 본인이 세 번째 이내에 도착하지 못했다고 했으므로 C가 참을 말했다면 E는 거짓을 말한 것이고, C가 거짓을 말했

다면 E는 참을 말한 것이다. 이를 바탕으로 경우를 구하면 다음과 같다.

참	거짓	응시자 A	응시자 D	응시자 E
A, F, C	B, D, E	첫 번째	두 번째×	세 번째 이내
A, F, E	B, D, C	첫 번째	두 번째×	세 번째 밖
B, D, C	A, F, E	첫 번째×	두 번째	세 번째 이내
B, D, E	A, F, C	첫 번째×	두 번째	세 번째 밖

따라서 D가 두 번째로 도착했다면 A는 가장 먼저 도착할 수 없다.

대화를 살펴보면 A, D, E의 순서에 대한 정보만 존재하고 나머지 응시자들의 순서에 대한 정보는 없으므로 문제에서 6명의 정확한 도착 순서를 구할 수 없음을 알 수 있다. 그러므로 순서를 파악하기보다는 조건만 잘 살펴보면 A, F의 의견이 같고, B, D의 의견이 같은데 참을 말하는 사람은 3명이므로 A, F의 의견과 B, D의 의견은 동시에 참이 될 수 없다. 즉 A가 가장 먼저 도착하면서 D가 두 번째로 도착하는 것은 불가능하므로 정답이 ①임을 쉽게 알 수 있다.

04 조건추리　　　　정답 ②

| 정답풀이 |

A는 사과, 배, 수박을 좋아하지 않고, D는 복숭아를 좋아하므로 A는 참외를 좋아한다. 이에 따라 나머지 B, C, E가 좋아하는 과일로 가능한 경우는 다음과 같다.

구분	A	B	C	D	E
사과	×	×	×/○	×	○/×
배	×	○/×	×	×	×/○
복숭아	×	×	×	○	×
수박	×	×/○	○/×	×	×
참외	○	×	×	×	×

따라서 B가 수박을 좋아하면 E는 배를 좋아한다.

| 오답풀이 |

① E가 사과를 좋아하면 C는 수박을 좋아한다.
③ C가 수박을 좋아하면 B는 배를 좋아한다.
④ B가 수박을 좋아하면 E는 배를 좋아한다.
⑤ B가 배를 좋아하면 C가 좋아하는 과일은 수박 1가지이다.

05 조건추리　　　　정답 ④

| 정답풀이 |

부장인 C는 입구 맞은편에 앉았으며, 양옆에 대리가 앉아 있으므로 입구에서 가장 먼 쪽에 서로 마주 보고 앉아 있는 두 사람은 대리이다. 여기서 사원끼리는 서로 마주 보고 있지 않으므로 과장끼리도 서로 마주 보고 있지 않다. 이때 E와 G는 서로 마주 보고 있고, 직급이 같으므로 E와 G는 대리이다. 또한 F는 E의 바로 오른쪽에 앉아 있으므로 E는 부장 기준 오른편에, G는 부장 기준 왼편에 앉아 있다. F는 G보다 직급이 낮으므로 직급은 사원이다. 여기서 D는 B의 바로 오른쪽에 앉아 있고, 같은 변에 앉아 있으므로 G의 왼쪽 과장은 D이고, 그 왼쪽의 사원은 B이다. 이에 따라 B와 마주 보고 있는 과장은 A이다.

	C(부장)	
E(대리)		G(대리)
F(사원)		D(과장)
A(과장)		B(사원)

입구

따라서 A의 왼쪽에 앉은 사람은 F이다.

| 오답풀이 |

① 가능한 경우의 수는 1가지이다.
② F는 B와 다른 변에 앉아 있다.
③ A는 B와 마주 보고 있지만, A의 직급은 과장이다.
⑤ G는 입구를 기준으로 오른쪽 변에 앉아 있다.

06 조건추리　　　　정답 ②

| 정답풀이 |

B는 4층짜리 건물의 4층에서 사무실을 운영 중이며, C가 운영 중인 가게의 오른쪽에는 4층짜리 건물이 있으므로 B는 C의 오른쪽 건물에 있다. 또한 C가 있는 건물의 왼쪽에 3층짜리 건물이 있고, E가 있는 건물이 가장 오른쪽에 있으며, D가 있는 건물의 바로 옆에 2층짜리 건물이 있으므로 오른쪽에서 두 번째에 D가 있는 건물이 있다. 이를 바탕으로 조건을 정리하면 다음과 같다.

구분	왼쪽 ↔ 오른쪽				
자영업자	A	C	B	D	E
건물 층수	3	1	4	5	2
운영 층수	3	1	4	1	2
업종	치과	가게	사무실	휴대전화	식당

따라서 C는 1층짜리 건물에서 가게를 운영하므로 운영 중인 가게는 1층에 있다.

07 조건추리   정답 ⑤

| 정답풀이 |

민성이는 종찬이가 일식을 받은 것을 안다. 그러므로 민성이는 종찬이보다 뒤에 섰고, 민성이가 받은 음식은 중식이 아니므로 민성이가 받은 음식은 한식이다. 이에 따라 재훈이가 받은 음식은 중식이고, 재훈이는 마지막에 서지 않으므로 첫 번째 또는 두 번째로 줄을 섰다.

첫 번째	두 번째	세 번째
재훈(중식)	종찬(일식)	민성(한식)
종찬(일식)	재훈(중식)	민성(한식)

따라서 민성이가 받은 음식을 알 수 있는 사람은 없다.

08 도형추리   정답 ③

| 정답풀이 |

1열 도형에서 3열 도형과 공통되는 음영만 제거한 것이 2열 도형이다.

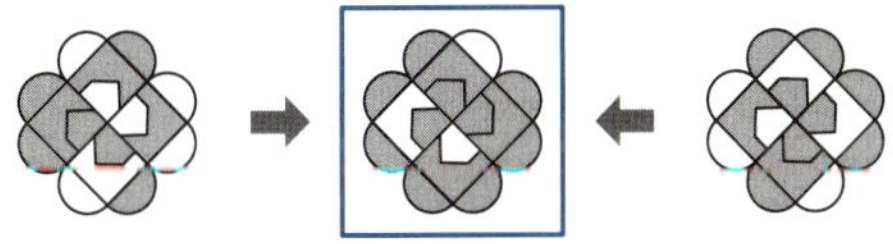

1열과 3열에서
음영이 공통되는 곳을
흰색으로 표기

09 도식추리   정답 ③

| 정답풀이 |

기호	규칙
■	+4, +3, +2, +1
☆	1234 → 4123
◆	−2, −2, −2, −2
○	1234 → 1432

규칙을 적용하면 다음과 같다.
G3W1 → ☆ → 1G3W → ■ → 5J5X → ○ → (5X5J)

10 도식추리   정답 ②

| 정답풀이 |

■와 ◆는 모두 계산 규칙으로, 합쳐서 계산하면 (+2, +1, 0, −1)이며, 이 규칙을 역으로 적용하면 된다.
(QNUQ) → ■ → UQWR → ◆ → SOUP

11 문단배열   정답 ②

| 정답풀이 |

우선 저영향 개발에 대한 설명과 주요 국가별 기술 적용 방식을 언급하고 있는 [나] 문단이 가장 먼저 와야 한다. 그리고 [나] 문단의 국가별 간략한 소개에 이어 [가] 문단에서와 같이 우리나라의 LID 기법 적용 사례를 소개하는 것이 자연스럽다. 이후 [다]와 [라] 문단에서는 논지가 전환되며 앞서 제시된 LID 기법의 적용 및 파급 확대를 위한 방안에 대하여 소개하고 있는데, [라] 문단에서 시급히 보완해야 할 문제점을 제시하며 한국 그린인프라 · 저영향 개발 센터를 소개하였고, 이곳에서의 활동 내역을 [다] 문단에서 구체적으로 제시하고 있다.
따라서 논리적 순서에 맞게 배열한 것은 [나]−[가]−[라]−[다]이다.

12 독해추론   정답 ③

| 정답풀이 |

탄소나노튜브와 폴리이미드의 복합섬유를 개발함으로써 탄소나노튜브 기반 탄소섬유의 제조원가를 획기적으로 낮출 수 있게 되었다고 설명하고 있다.

| 오답풀이 |

① 탄소나노튜브 섬유는 탄소나노튜브로만 섬유가 이루어진 '순수 탄소나노튜브'와 고분자 물질이 첨가된 '탄소나노튜브 복합 탄소섬유'로 나뉜다고 설명하고 있다.
② 탄소나노튜브는 강철의 100배 이상 강한 강도를 가지면서 무게는 4분의 1 이하로 가볍고 구리 수준의 높은 전기전도도를 가지는 신소재라고 설명하고 있다.
④ 저가 고분자를 활용함으로써 탄소나노튜브 기반 탄소섬유 제조원가를 획기적으로 낮출 수 있게 되었으며 그동안 가격 문제로 활용되지 못했던 항공우주, 국방 및 미래 모빌리티 산업에 향후 활용될 수 있을 것이라고 설명하고 있다.
⑤ 탄소나노튜브와 폴리이미드의 복합섬유를 제조한 뒤, 고온 열처리해 강도를 유지하면서 높은 탄성률을 가지는 섬유가 제조됐다고 설명하고 있다.

| **13** 독해추론 | 정답 ④ |

| **정답풀이** |

종자은행은 종자의 장기 저장에 적합하도록 온도와 습도가 조절되는 첨단의 운영 체계를 갖추고 있다고 했다. 즉, 온도와 습도 조절은 '종자의 장기 저장'을 위한 특정 공간에 해당한다는 것을 알 수 있다.
따라서 시설 전체를 일정한 온도와 습도로 유지한다는 서술은 지문의 내용을 확대 해석한 것이다.

| **오답풀이** |

① 종자은행의 효율적인 운영을 위해 탐색, 수집, 분류, 보존 연구를 수행하는 '연구실'과 X-RAY 검사장치, 종자 함수율 측정장치, 현미경 영상장치, 발아시험기 등을 갖춘 '종자검사실' 및 우량한 종자를 정선, 분리하기 위한 종자 정선기, 중력분리기, 훈증기, 건조기 등의 장치를 갖춘 '종자처리실'을 운영, 3가지 파트로 구성됨을 알 수 있다.
② 종자은행에서는 자생식물, 희귀·특산식물을 우선 수집함을 알 수 있다.
③ 종자은행은 식물자원의 연구, 보존과 이용에 근간이 되는 종자의 장기 저장을 위해 필수적인 시설임을 알 수 있다.
⑤ 종자은행은 국내 자생식물 및 해외 유용 식물 종자의 수집과 산림식물 종자의 장기 저장 기술 확립, 종자의 보존 센터 및 종자의 이용 산업 기반을 구축하고자 함을 알 수 있다.

| **14** 독해추론 | 정답 ④ |

| **정답풀이** |

주어진 글은 성장을 설명하는 기준으로 가장 부족한 영양소라는 단일 요소를 강조하고 있다. 그러나 실제로 식물의 생장이나 인체의 건강은 여러 영양소 간의 균형과 상호작용에 따라 달라질 수 있으며, 이를 하나의 기준으로만 설명하는 데에는 한계가 있다는 반론이 가능하다.
따라서 해당 진술은 주어진 글의 핵심 논지를 직접적으로 문제 삼는 반론에 해당한다.

| **오답풀이** |

① 영양소 결핍 판단 시 다양한 요인을 고려해야 한다는 내용으로, 글의 주장을 보완할 뿐 반론은 아니다.
② 부족한 영양소 보충의 필요성을 언급한 것으로, 최소량의 법칙과 충돌하지 않는다.
③ 과잉 섭취가 신체에 부담이 된다는 내용은 주어진 글의 주장과 일치한다.
⑤ 건강에 영향을 미치는 다른 요소를 언급한 것으로, 주어진 글의 핵심 주장에 대한 직접적인 반론으로 보기는 어렵다.

| **15** 독해추론 | 정답 ④ |

| **정답풀이** |

주어진 글에서는 음악이 구매행동에 영향을 미친다고만 했을 뿐, 그 영향이 항상 품질보다 우위에 있다거나 절대적인 기준이 된다고는 말하지 않았다.
따라서 '음악의 영향은 상품의 품질보다 항상 우선한다.'는 추론은 주어진 글의 범위를 넘어선 과잉 일반화에 해당하므로 적절하지 않다.

| **오답풀이** |

① 음악이 구매행동뿐 아니라 학습이나 정서와 같은 사회적 행동에도 영향을 미칠 수 있다는 내용으로, [보기]에서 제시된 사회적 행동 사례를 종합한 추론이다.
② 음악의 템포나 음량과 같은 요소 조절이 소비자의 행동 변화에 작용할 수 있다는 내용으로, [보기]에서 제시한 구매행동 영향 사례를 정리한 것이다.
③ 청각을 활용한 마케팅이 구매심리를 자극할 수 있다는 진술로, 주어진 글에서 설명한 음악 마케팅의 기본 개념에 부합한다.
⑤ 음악이 광고캠페인 등 다양한 커뮤니케이션 영역에서 활용될 수 있다는 내용으로, 주어진 글에서 제시한 활용 범위를 그대로 반영한 추론이다.

MEMO
MEMO

MEMO
MEMO

고객의 꿈, 직원의 꿈, 지역사회의 꿈을 실현한다

펴낸곳 (주)에듀윌 **펴낸이** 양형남 **출판총괄** 김기철 **에듀윌 대표번호** 1600-6700
주소 서울시 구로구 디지털로 34길 55 코오롱싸이언스밸리 2차 3층
© eduwill. Created with AI assistance.

에듀윌 도서몰 book.eduwill.net	• 부가학습자료 및 정오표: 에듀윌 도서몰 > 도서자료실 • 교재 문의: 에듀윌 도서몰 > 문의하기 > 교재(내용, 출간) / 주문 및 배송